Landrechtsentwurf für Österreich unter der Enns 1573

Rechtshistorische Reihe

Band 461

Zur Qualitätssicherung und Peer Review der vorliegenden Publikation

Die Qualität der in dieser Reihe erscheinenden Arbeiten wird vor der Publikation durch den einen Herausgeber der Reihe geprüft.

Notes on the quality assurance and peer review of this publication

Prior to publication, the quality of the work published in this series is reviewed by one of the editors of the series.

Wilhelm Brauneder (Hrsg.)

Landrechtsentwurf für Österreich unter der Enns 1573

PL ACADEMIC RESEARCH

Bibliografische Information der Deutschen Nationalbibliothek
Die Deutsche Nationalbibliothek verzeichnet diese Publikation in der Deutschen Nationalbibliografie; detaillierte bibliografische Daten sind im Internet über http://dnb.d-nb.de abrufbar.

Umschlagabbildung:
Justitia. Allegorie der Gerechtigkeit.
Druck aus dem 17. Jahrhundert.

ISSN 0344-290X
ISBN 978-3-631-57007-4 (Print)
E-ISBN 978-3-653-06252-6 (E-Book)
DOI 10.3726/978-3-653-06252-6

PL Academic Research ist ein Imprint der Peter Lang GmbH.

Peter Lang – Frankfurt am Main · Bern · Bruxelles · New York · Oxford · Warszawa · Wien

Diese Publikation wurde begutachtet.

www.peterlang.com

In Memoriam
Hans Lentze
Ordinarius für Rechtsgeschichte an der Universität Wien
1909–1970

Mit seinem Seminar führte mich Hans Lentze zur Rechtsgeschichte und ermöglichte meine akademische Laufbahn.

Die umsichtige Transkription aus der Sammlung Chorinsky besorgte Frau Dr. Gabriele Schneider, die vielfältige weitere Betreuung des Manuskripts Frau Renate Hoffmann am Institut für Rechts- und Verfassungsgeschichte an der Universität Wien.

Inhalt

Einleitung

A) Allgemeines

Mit der Edition des Landrechtsentwurfs 1526 (= Rechtshistorische Reihe 452, 2015) verringerte sich die Editionslücke in den österreichischen Privatrechtsquellen der frühen Neuzeit[1]. Die Edition des chronologischen Nachfolgers von 1573 schließt sie in erheblichem Maße. Dies trifft umso mehr zu, da dessen Bedeutung insoferne über ihn hinausgeht, als er die Grundlage für die weiteren Entwürfe gleicher Art von 1595 und von 1654 für Österreich unter der Enns bildet und auch für jenen für Österreich ob der Enns von 1609[2]. Liegt die Bedeutung des früheren Landrechtsentwurfs 1526 darin, daß er den ersten umfassenden Niederschlag der neuzeitlichen Privatrechtswissenschaft in den Ländern des heutigen Österreichs insgesamt darstellt, so die des Landrechtsentwurfs 1573 vor allem in seiner weiten, wenngleich bloß handschriftlichen Verbreitung und Verwendung in der Rechtspraxis sowie in der Legistik und in der wissenschaftlichen Literatur. In der Kette der Landrechtsentwürfe von 1526 bis 1654 bildet er das wichtigste Glied[3]. Seinen chronologischen Vorgänger von 1526 übertrifft er um das Doppelte an Umfang. Die landesfürstliche Sanktion erhielt er wie dieser nicht. Als Gesetzesvorhaben steht er allerdings nicht isoliert, sondern bildet einen Teil der gerade im 16. Jahrhundert besonders ausgeprägten Gesetzesproduktion[4]. Nur kurz sei erwähnt die Landgerichtsordnung 1540 für den Strafprozeß, die Landrechtsordnung für den Zivilprozeß 1557 und die umfangreichen Polizeiordnungen, insbersondere ab 1542. Besonders deutlich sind diese Zusammenhänge durch die häufigen Verweisungen auf die Landrechtsordnung 1557 für den Zivilprozeß (z.B. I/16/20, I/33/29, I/34/1, II/25), auf die

---

1 Dazu W. Brauneder, Landrechtsentwurf für Österreich unter der Enns 1526 (= Rechtshistorische Reihe 452), 2015, Einleitung, 7 f.

2 Diese ediert von H.-W. Strätz, Landtafel des Erherzogtums Österreich ob der Enns, 1990.

3 Besonders G. Wesener, Zur Bedeutung der österreichischen Landesordnungsentwürfe des 16. und 17. Jahrhunderts für die Neuere Privatrechtsgeschichte, in: Festschrift Nikolaus Grass I, 1974, 613 ff., ältere Arbeiten von Wesener ebda 614, insbesondere ders., Geschichte des Erbrechtes seit der Rezeption, 1957. Weitere Arbeiten verzeichnet bei ders., Erlebtes und Erstrebtes, in: H. Wünsch (Hg.), Professoren erinnern sich, 2008, 320 ff.

4 U. a. W. Brauneder, Zur Gesetzgebungsgeschichte der niederösterreichischen Länder, in: ders., Studien I, 1994, 437 ff.; weitere Arbeiten verzeichnet ebda 463 ff., 473 ff., 489 ff.

Niederösterreichische Polizeiordnung 1552 (z.B. II/4/38, II/23/4, III/129), allgemein auf etliche „generalen" (z.B. II/5, II/13, II/27/21, IV/37/2, IV/94/1), konkret solche vom 20 VIII 1565 (II/1/30), 29 I 1565 (IV/35/2), 22 IV 1545 (IV/51/1), 18 III 1546 (IV/52), mehrere 1548 (IV/58/1) und auch auf einen Reichsabschied Augsburg 23 IV 1550 (III/71) im vorliegenden Landrechtsentwurf 1573.

B) Der Landrechtsentwurf 1573

1) Zur Edition

Die nachfolgende Edition beruht ausschließlich auf dem Text der Bände III und IV der lithographierten „Sammlung Chorinsky"[5], einer Abschrift des Exemplars des Juridisch-Politischen Leseverein zu Wien[6], Signatur 44/R34. Dieses Exemplar, vom Herausgeber eingesehen, enthält überwiegend den edierten Text (fol. 1 – 394; s. u. S. 396). Die lithographierte Abschrift dieser Quelle in der Sammlung Chorinsky wie auch der in ihr lithographierte Text des Landrechtsentwurfs 1526 wurde von Carl v. Chorinsky 1894 der interessierten Öffentlichkeit vorgestellt[7]. In der Einleitung zur erwähnten Edition des Landrechtsentwurfs 1526 war bereits auf die mit dem hier edierten Landrechtsentwurf 1573 in engem Zusammenhang stehende Edition „Bernhard Walthers privatrechtliche Traktate" des 16. Jahrhunderts von Max Rintelen (1937) hingewiesen worden, und zwar mit dem auch zu dieser Edition zutreffenden Bemerken, deren Zielsetzung sei bescheidener. Es geht darum, rund 120 Jahre (!) nach der erwähnten Präsentation von 1894 eine wesentliche Quelle im Druck zugänglich zu machen, welche für die Privatrechtsgeschichte des 16. Jahrhunderts schlechthin unentbehrlich ist. Die quellenbezogene Rechtfertigung für die weniger akribische Edition liegt in mehreren Umständen: Wie die Edition des Landrechtsentwurfs 1526 zeigt, betreffen Abweichungen zwischen verschiedenen Handschriften die Schreibweise einzelner Wörter, aber nicht den Wortsinn; sodann hat der Kopist des Textes in der Sammlung Chorinsky diesen äußerst textkritisch wiedergegeben, was seine zahlreichen Anmerkungen erweisen. Sie sind in dieser Edition fortgelassen. Allerdings nimmt sie auf die „Fassung 1581" (s. u. 3) Bedacht, und zwar nach der Handschrift der Rechtswissenschaftlichen

---

5 Zu ihr im Überblick Brauneder, wie Fn. 1, 8 mit weiteren Hinweisen.

6 Zu ihm W. Brauneder, Leseverein und Rechtskultur, 1992, allg. 140, 497. Folio-Band, in Pergament gebunden, Aufschrift auf Deckel: „1573"; nun Bibliothek der Rechtsanwaltskammer Wien.

7 Wie Fn. 1, 8.

Fakultät der Universität Wien, Signatur „Deutsches Recht I 46 596“[8] sowie einer weiteren, mit dieser identischen im Eigentum des Herausgebers[9].

Der Kopist hat die Absätze jeweils pro Titel durchnummeriert und mit einem Paragraphen-Zeichen versehen. Diese Gliederung des Kopisten wurde hier beibehalten, da die Sekundärliteratur nach ihr zitiert. Von ihm stammen auch die Folierungsangaben, wobei v für „versus“ die Blattrückseite angibt. Die Interpunktion wurde vereinheitlicht. So schließt jeder Paragraf mit einem Punkt und nicht auch mit einem Komma, ebenso die Überschriften. In seltenen Fällen ist im Text Komma durch Punkt ersetzt. Aufgelöst wurden z.B. „ň“ in „nn“, „ậ“ in „o“. Einfügungen in eckigen Klammern [...] stammen vom Kopisten, solche in Klammern kursiv *[...]* vom Herausgeber. Falsche Paragraphenzählung und eindeutig fehlende Buchstaben wurden berichtigt. Bei Zweifeln über Groß- und Kleinschreibung wurde für letztere entschieden (insbesondere k statt K).

Insgesamt kann der folgende Text, wie schon zum Landrechtsentwurf 1526 bemerkt, getrost rechtshistorischen Forschungen übergeben werden.

Eine wichtige Ergänzung und Erklärung zum Entwurf 1573 stellt von dessen Verfasser Dr. Wolfgang Püdler ein Schlußbericht an seine Auftraggeber, die Landstände von Österreich unter der Enns, dar sowie deren Erledigung. Beide Texte sind hier zum leichteren Gebrauch als Anhänge beigefügt, obwohl Püdlers Bericht bereits publiziert wurde, aber immerhin vor genau 115 Jahren[10]. Der Edition beider Texte liegt die Abschrift des Kopisten vom Original im Niederösterreichischen Landesarchiv (Fascikel B.4.2) zugrunde, die sprachlich behutsam durchgesehen ist.

---

8 Folio-Band, weiß gebunden mit Blindprägungen und Aufschrift „1609“. Wie ähnlich gebundene Folianten der Stiftsbibliothek Admont erweisen, muß damit keinesfalls ein Erscheinungsjahr gemeint sein. Außerdem wäre eine Bearbeitung des Entwurfs 1573 nach dem jüngeren Entwurf 1595 höchst unwahrscheinlich. Die Sekundärliteratur kennt daher auch keinen „Entwurf 1609“: u.a. Ch. Neschwara, Landständischer Einfluß auf die Gesetzgebung in der Frühneuzeit – Am Beispiel des Landesordnungsprojekts für Österreich unter der Enns von 1650, in: M. Stolleis – K. Härter (Hg.), Studien zu Polcey und Policeywissenschaft, 2008, insbes. 178 ff.

9 Folio-Band, in bedruckten Palimpsest (Wiegendruck?) gebunden, am Schnitt lederne Verschlußbändchen, 191 folierte Blätter, 41 nicht folierte Blätter, danach Titel-Register auf 5 nicht folierten Blättern unvollständig bis 101. Titel des 3. Buches mit Linien für die Fortsetzung; keine Datierung. Im Unterschied zur Hs. wie Fn. 8 sind die Titel im Register abgekürzt.

10 Th. Motloch (Hg.), Bericht des Dr. Wolfgang Püdler über den Entwurf einer Landtafel des Erzh. Österreich unter der Enns, 1573, in: ZRG/GA 21, 1900, 235 ff.

2) Die Bezeichnung und die Datierung

Der Landrechtsentwurf 1573 selbst trägt vor dem territorialen Zusatz die sachliche Bezeichnung „Landtafel oder Landesordnung". Der Ausdruck „Landtafel", auch schlechthin „Tafel" begegnet schon im Zusammenhang mit dem Landrechtsentwurf 1526 und auch mit dem Landrechtsentwurf 1573[11], überdies weiters in dessen Umarbeitungen von etwa 1581 sowie 1585 und im nächstfolgenden Entwurf 1595[12]. Besonders häufig aber ist unser Text mit „Landesordnung" bezeichnet, und zwar von seinem Verfasser selbst (s. u. 3). Dieser Ausdruck steht in der Regel für ein mehrere Materien umfassendes Gesetzeswerk[13]. Tatsächlich geht der Landrechtsentwurf 1573 über jenen von 1526 hinaus. Er enthält zusätzlich zu dessen Inhalt – Gerichtsorganisation, Zivilverfahrensrecht, materielles Zivilrecht – ein 4. Buch als weiteren Teil, nämlich in der Diktion des Verfassers „von allerlai sachen welliche auf dem land am maisten gewöntlich und breüchig" sind samt den „davon herriereten strafmessigen handlungen" – der Ausdruck „jura incorporalia" wird hier nicht verwendet. So schien es dem Verfasser gerechtfertigt, von einer „landsordnung" zu sprechen, einmal sogar von „unser(em) corpus juris". Dazu fühlte er sich umso mehr befugt, als er vorschlug, die „malefiez- und landgerichts-ordnung", gemeint die Landrechtsordnung 1557, an seine „newe landsordnung" als „aigeges puech" anzufügen oder einzuarbeiten, allenfalls weiters auch die „Freiheiten und Privilegien der Landstände" und möglicherweise dazu noch den von ihm 1577 vorgelegten Traktat zum Lehenrecht, zumal dieses „in corpore juris" auch enthalten sei: Hier sind die dem Corpus iuris Civilis als „decima collatio novellarum" damals angeschlossenen „libri feudorum" gemeint. Zu dieser umfassenden Landesordnung kam es jedoch nicht; nur mit dem erwähnten 4. Buch geht der Landrechtsentwurf 1573 über jenen von 1526 hinaus. Damit aber änderte sich der Landrechts-Charakter kaum: Die Materien fallen gleichfalls in die Zuständigkeit der Landrechts-Instanz (I/II/2) und sie zählen zum Privatrecht wie das Geteilte Eigentum und das Leibgedinge oder stehen damit im Zusammenhang wie selbst die wenigen Straftatbestände – noch das ABGB wird das Geteilte Eigentum regeln. So rechtfertigt es sich durchaus, diese Quelle ebenso wie den chronologischen Vorgänger von 1526 als „Landrechtsentwurf", und zwar im materiellen Sinn, zu bezeichnen.

11 Wie Fn. 1, 10, 12; 1573 im Bericht Püdler.

12 Th. Motloch, Landesordnungen (geschichtlich) und Landhandfesten, in: J. Mischler – J. Ulbrich (Hg.), Österreichisches Staatslexikon III, 2. Aufl. 1907, 339. Zu 1581 und 1585 u. 3) und 5).

13 W. Brauneder, Landesordnung, in: HRG III, 2. Aufl. 2013, 451 ff.

Was die territoriale Geltung anlangt, so benennt sie der entsprechende Titelbestandteil mit das „Hochlöbliche Erzherzogtum Österreich unter der Enns", auf dieses bezieht sich manchmal ausdrücklich auch der Text. Trotz der Herrschaftsteilung von 1564 spricht dieser von den „nidern und ober-österr. Landen" (II/1), obwohl jene aus den ersteren die innerösterreichischen Länder mit einer eigenen Regierung zu Graz ausgeschieden hatte. Die Behördenbezeichnungen blieben davon unberührt: weiterhin z.B. „niederösterreichische" Kammer (z.B. I/8/37), insbesondere „Regierung" und „Kanzlei" (s. sogleich 3). Nach der Teilung von 1564 waren sie zuständig nur für die Länder Österreich unter und auch ob der Enns.

Anders als zum Landrechtsentwurf 1526 ist die Datierung eindeutig: So findet sich im Titel nach dem territorialen Zusatz die Jahreszahl „1573" und ergibt sich aus der Erledigung des Berichts des Verfassers zu seinem vollendeten Werk: Sie ist mit 19. Dezember 1573 datiert (s. u. Anhang II). Die Fassung 1581 ist undatiert.

3) Der Verfasser und seine Arbeitsweise

Bei dem Verfasser handelt es sich um Dr. Wolfgang Püdler[14], geboren in Wien 1525 als Sohn des Arztes Dr. med. Peter Püdler. Er durchlief einen im 16. Jahrhundert typischen Studiengang: Nach seiner Heimatuniversität Wien studierte er an den Universitäten zu Padua, Ferrara und Siena, hier erwarb er den Grad eines Doctor utriusque iuris 1552. Schon ab 1553 lehrte er in Wien als Professor des Kanonischen Rechts, zeitweise auch der Pandekten, bekleidete mehrfach akademische Ämter wie 1561 und 1566 das des Rektors. Wie damals üblich wirkte er daneben als Advokat und ab 1567 als Rat der Niederösterreichischen Regierung, sodann ab 1588 der Hofkammer. 1595 starb er.

Wohl aufgrund der umfassenden juristischen Tätigkeiten hatten ihn die Landstände Österreichs unter der Enns mit landesfürstlicher Genehmigung 1571 mit der Arbeit am Landrechtsentwurf beauftragt, die er 1573 abschloß; er hatte ihn als „extraordinari arbeit" neben seinem „schwaren ordinari ratsdienst" verfaßt. Bei der Übergabe an die Landstände bemerkte er, es handle sich um eine Art Vorschlag, aus dem die Landstände bei „revision und beratschlagung" noch „auskhlauben und erwellen" könnten. Dazu bzw. dem gegenüber betont Püdler

14 Zu ihm u.a. G. Wesener, Die Epoche des Usus modernus pandectarum in Österreich, in: I. Egger – G. Kabbe (Hg.), Aspekte der Rechtsgeschichte und der Gesellschaftspolitik, 2013, 279 f.

aber den hohen Wert seines Werkes mit Hinweisen auf den Zeitaufwand, auf die Intensität, Sorgfalt und Materienvielfalt sowie auf die verwendeten Quellen.

Bezüglich der Quellen verweist er überwiegend pauschal auf die „geschribnen weltlichen und gaistlichen rechten, auch derselben glossen scribenten consulenten decidenten tractaten und repertorien“ einerseits, wobei er „ungefährlich auß 60 underschiedlichen püechern mit sonderm vleiß“ exzerpiert habe, und andererseits weiters („danebens“) auf „etliche teütsche püecher landsordnung gerichtsordnungen und statutten, deßgleichen daz generall-puech so bei der n[nieder]. O[esterreichischen]. canzlei vorhanden, item daz consuetudinaripuech, welliches bei der n. o. regierung“ geführt werde, und habe auch „die Khirchpergerischen oder Waltherischen tratätl gebraucht“. Konkrete Titel fehlen. Den Landrechtsentwurf 1526 erwähnt er nicht. Dem Lehentraktat hingegen hatte Püdler ein Verzeichnis von zweiunddreissig „Authores und Skribenten“ beigefügt, das an heimischen Autoren u.a. Justinus Gobler, Andreas Perneder und Ulrich Zasius ausweist[15].

Von besonderem Interesse sind auch die legistischen Ausführungen Püdlers. Er begründet Einteilung (s. u. 4), Stil und Umfang. Der Stil sei „mittermassig khlar und verstandlich“, wozu er sich auf Cicero und Marcus Fabius Quintilianus beruft. Der Umfang möge, so bemerkt er, manchem „etwas lang“ erscheinen, könne jedoch angesichts der „so vil ansehenlich vielfeltig und unterschiedlich materi warlich in khain andere eng noch khierz gebracht“ werden. Eventuell könne man einige Titel zur Gänze („in rubro“) wie auch Passagen im Text („in nigro“) streichen und überdies schrumpfe der Text im Druck um ein Drittel oder sogar auf die Hälfte zusammen: Insgesamt nahezu eine kleine Gesetzgebungslehre!

Tatsächlich hat Püdler wohl 1581 eine gekürzte Fassung erstellt, die „Fassung 1581“[16]. Sie ist mit „Landt Tafel“ bezeichnet. Vorbehaltlich genauer Untersuchungen unterscheidet sie sich von der Fassung 1573 durch den Entfall zahlreicher Titel wie eben schon 1573 angedacht. So schrumpfte das I. Buch von 37 Titel 1573 auf 25 Titel 1581, das II. Buch von 30 Titel auf 18 Titel, das III. Buch von 129 Titel auf 113 Titel, das IV. Buch von 135 Titel auf 133 Titel. Die 1581 fortgelassenen Titel sind unten im Inhaltsregister kenntlich gemacht. Erwähnt sei noch, daß nach Püdlers „Fassung 1581“ Dr. Melchior Hofmayr, mit ähnlicher Laufbahn wie Püdler, überdies Mitglied des Reichshofrates, etwa 1585, zehn Jahre vor Püdlers Tod, seitens der Landstände den Auftrag zur Neufassung einer

15 Motloch, wie Fn. 12, 339.

16 Motloch, wie Fn. 12, 339; hier nach Handschriften wie o. Fn. 8 bzw. Fn. 9.

„Landtafel" erhielt, wozu er sich am Entwurf 1573 orientierte. Von drei geplanten Teilen („Büchern") lagen bei seinem Tod 1586 lediglich 9 Titel des 1. Buches vor; in Püdlers „Fassung 1531" umfaßte es 25 Titel, 1573 noch 37 Titel.

Zu seiner Arbeitsweise bemerkt Püdler, daß er trotz des Anscheins als wäre „der maiste thail" einfach aus seinen Quellen „gezogen", doch vieles „augiert, gemert und gebessert" hatte. Besonders machten die graphischen Erbrechtsfälle „mihe und arbait". Insgesamt unterlag der Text sieben Arbeitsschichten von der Materialzusammenstellung nach sachlichen Kriterien über das Ausmerzen von Wiederholungen und Widersprüchen bis hin zur Kollationierung der Endfassung. Hiebei unterstützte Püdler eine von ihm verköstigte „cancleiperson".

4) Die Einteilung Püdlers und das Inhaltsregister des Kopisten

Püdler hat seinen Gesamttext, den er als „compillation" bezeichnet, nicht etwa als „Buch" wie vom Landrechtsentwurf 1526 bekannt, in „vier unterschiedliche puecher abgetailt", und zwar nach dem Kriterium, daß das 1. Buch „das gerichtlich wesen" betrifft, während die restlichen drei Bücher das enthalten, was bei Gericht „gebillicht oder erkhent solle werden", also das materielle Zivilrecht. Das 2. Buch handelt „von contracten", denn sie gehen insbesondere der „erfahrung nach denen letsten willen vor, wie daz leben dem todt". Demnach enthält das 3. Buch das Erbrecht. Das 4. Buch faßt, wie schon erwähnt, „landsachen" zusammen. Interessant ist, daß Püdler diese „ordnung in corpore juris und andern juridischen puechern" gefunden habe, was eigens zum 4. Buch wiederholt wird, sozusagen als dessen Rechtfertigung für diese „extraordinari landsachen", die im Corpus Iuris Civilis auch „erst nach denen lezsten willen gehandlet werden".

Die Einteilung der Bücher erfolgt nach benannten „titl", sie gliedern sich in unbenannte „articl", jeweils als „absacz" kenntlich gemacht. Insgesamt betont Püdler die logischen Zusammenhänge dieser Einteilung, insbesondere der Artikel, wobei er „andern lands- und statordnungen" gefolgt sei. Dem Gesamttext hat Püdler ein Titelverzeichnis angeschlossen.

Der Kopist der Sammlung Chorinsky erstellte vor allem ein in der Quelle nicht vorkommendes Inhaltsregister, und zwar anders als im Landrechtsentwurf 1526 nicht zum Gesamttext, sondern zu den einzelnen vier Büchern. Sie sind allerdings in dieser Edition nach dem Text zusammen abgedruckt. Unter Beibehaltung der Titelüberschriften des Originals versah der Kopist die einzelnen im Original unbenannten, durch Absätze kenntlich gemachten „Artikeln" mit einem Paragraphen-Zeichen und sozusagen mit Überschriften, fasste sie allenfalls unter einer römischen Ziffer zu Sachgruppen zusammen, die er mit a) etc. pro Paragraphen oder selten auch für mehrere unterteilt. Püdlers Titelverzeichnis wurde angesichts des Inhaltsregisters des Kopisten fortgelassen. Dieses nämlich bietet eine überaus detaillierte Inhaltsangabe durch eine knappe Glossierung der einzelnen Paragraphen und so den Ersatz für ein Stichwortverzeichnis. In seinem Aufbau entspricht es jenem zum Landrechtsentwurf 1526, was es wahrscheinlich macht, daß beide vom selben Verfasser stammen. Ihn könnte man in Theodor Motloch vermuten, von Chorinsky als einen seiner Mitarbeiter bezeichnet, von dem mehrere einschlägige Arbeiten stammen[17].

5) Kurzcharakteristik

Der Landrechtsentwurf 1573 ist ein typisches Werk des ius romano-germanicum. So besteht die Quellenbasis sowohl aus Gemeinem wie aus heimischem Recht, in beiden Fällen aus Gesetzen und wissenschaftlicher Literatur (s. o. 3) über seinen Geltungsbereich hinaus auch aus anderen deutschen Ländern. Dazu tritt deren Verarbeitung im Sinne des usus modernus pandectarum nach dem Zeugnis des Verfassers Püdler selbst, zumal er an italienischen Universitäten im mos italicus ausgebildet worden war. Die Hinweise auf Gemeines Recht neben solchen auf den Landsbrauch und den Gerichtsbrauch sind zu diesen übereinstimmend, gegensätzlich oder ergänzend. Dem Gemeinen Recht entstammen beispielsweise Entschlagungsrechte der Zeugen (I/23/77), die Stillschweigenden Pfänder, auf zwölf Fälle erweitert (II/16/6 ff.), und das Generalpfand (II/16/4), insbesondere für die Heiratsgüter der Frau (II/16/8). Andererseits wird fast stets am Landsbrauch ausdrücklich gegen das Gemeine Recht festgehalten (z. B. I/23/75, II/3/21, II/4/38, II/8/21, II/11/8, II/17/18, II/30/13), besonders im Ehegüterrecht (II/28,24 II/29/5), im Erbrecht (z.B. III/16/4, III/19/13, III/22/6, III/62, III/68/1, III/70, III(83, III 89/1), auffallend mit der Einrichtung von Grund- (I/24/8) und von Testamentenbüchern (III/30), ferner auch zu den iura incorporalia (z. B. IV/44, IV/75/2, IV/102/4). Zum Teil geschieht dies unter Hinweis (z. B. II/19/4, IV/74/1, IV/104 ff) oder ausdrücklicher Berufung auf das landesfürstliche Gesetzgebungsrecht (z. B. I/14/11, I/13/11, II/8/36, II/26/14, IV/13/5). Auch Kanonisches Recht schließt der Landsbrauch aus (IV/44). Püdler konnte allerdings, anders als der Verfasser des Landrechtsentwurfs 1526, bereits die Aufarbeitung des heimischen Rechts insbesondere durch die Traktate Bernhard Walthers verwenden,

17 Von ihm stammt der große Artikel „Landesordnungen" wie Fn. 12, verfaßt „von der Hand eines unserer Mitarbeiter" nach C. v. Chorinsky, Beiträge zur Erforschung österreichischer Rechtsquellen, in: Allgemeine österreichische Gerichtszeitung 1896, 21 in Fn.; von ihm ediert ferner der Bericht Püdler wie Fn. 10 sowie: Traktat über das eheliche Güterrecht in Österreich ob der Enns, in: ZRG/GA 23, 1902, 275 ff.

die vor 1560 entstanden waren. Sein Vorbild allgemein bildete das corpus iuris civilis, dem er schon in der Anlage folgt, mehr aber noch mit dem Bemühen um eine umfassende und intensive Regelungsdichte, allerdings in einer normativen Sprache der zeitgenössischen Gesetzeswerke (s. o. 4).

Über das grundsätzliche Verhältnis des Landsbrauchs zum Gemeinen Recht enthält der Entwurf keine Aussage – im Gegensatz zu dessen Ausschluß im Landrechtsentwurf 1526 (II/3/4). Aber man wird nicht fehl gehen, daß diese Haltung auch der vorliegende Entwurf einnimmt. Wie 1526 war eine umfassende Kodifikation des im Lande geltenden Zivil- und Zivilprozeßrechts erstellt worden. Dies zeigt einmal die besonders intensive, umfassende, streckenweise kasuistische Regelungsdichte und das Anfügen der iura incorporalia: Wie gesagt insgesamt der dreifache Umfang von 1526! Inhaltlich übernehmen zahlreiche Bestimmungen Gemeines Recht einerseits, enthalten andererseits aber auch seine Ablehnung durch Berufung auf den Landsbrauch. Vor allem ging die Absicht des Verfassers dahin, einen „summaribegriff des ganzen khaiserlichen rechtens und der hielendischen landbreuch" zu schaffen (s. Anhang I): Also eine lückenlose – „des ganzen" – Zusammenfassung dieser Materien. Manche Diktion spielt dabei auf das landesfürstliche Gesetzgebungsrecht an, vor allem wird es auch ausdrücklich genannt. Ein corpus iuris civilis, so Püdler selbst, des Landesfürsten hätte so in Kraft treten sollen. Dies alles bedeutet wohl den Ausschluß einer nicht vom Gesetzgeber, dem Landesfürsten, stammenden Rechtsordnung, eben des Gemeinen Rechts. Nur so weit es in den Entwurf Aufnahme fand hätte es gelten sollen, sozusagen als Transformation in Landesrecht.

Dem scheint die einfache Aussage in Bernhard Walthers Witfrauen-Traktat zu widersprechen: „Dan wa ein Landsbrauch zweifelig und ungewiß ist, soll dem yederzeit geschriebenen Rechte nach erkennt werden". Aber die Traktate Walthers betrafen geltendes Recht, sind insgesamt keine Kodifikation, geben die zeitgenössischen Rechtsregeln wieder mit ihrer Lückenhaftigkeit und damit dem Bedürfnis nach Ergänzung des Landsbrauchs: Hier hat die zitierte Auffassung vom (all)Gemeinen Recht mit subsidiärer Geltung neben dem lückenhaften Landsbrauch sehr wohl seine Berechtigung. Nicht aber in Püdlers Entwurf einer geschlossenen Kodifikation kraft Gesetzesbefehl des Landesfürsten.

Ebenso wie die gleichfalls im normativen Gesetzesstil abgefassten Traktate insbesondere Bernhard Walthers empfahl sich der Landrechtsentwurf 1573 – auch ohne landesfürstliche Sanktion – als Fundgrube von detaillierten und systematischen Regeln, was seine große Verbreitung erweist. Für die tatsächliche Benutzung in der Praxis spielen die Zusätze in der kopierten Handschrift (s. o. S. 12): ein „General“ und insbesondere das „Tax“-Verzeichnis (u. S. 396). Trotz der Umarbeitungen wohl 1581 und teilweise 1585 bildete er das Vorbild für weitere derartige Entwürfe in etwa den nächsten neunzig Jahren, fand Berücksichtigung in der zeitgenössischen Literatur bis in das 18. Jahrhundert hinein und in diesem in den Vorarbeiten zum Codex Theresianus.

Landt Taffel oder Landts ordtnung des Hochlöblichen Ertzhertzogthumb Österreich vnder der Ennß. 1573

Das Erste Buech.
Von den Gericht und gerichtpreüchigen Acten und processen auch was dem gerichtlichen wesenn sonsten Zugehörig vnd anhengig

Der Erste Tittl. Von dem Gericht vnndt Gerichts Persohnen auch in was fällen sich ainer des Richterlichen Ambts enthalten, oder aber seinn selbs Richter sein möge

(fol. 2.)

§ 1 Zu ainem ordentlichen und Rechtmessigen Gericht gehörn fürnemblich dreÿ Persohnen, ein Richter, Cläger und beclagter.

§ 2 Soviel nun den Richter und seine Zugeordtnete Gerichts Persohnen anlangt, mag ein ieder so Zu dem Ambt ordentlich beruffen, beÿ denen daselbst für „Kombenden handtlungen siczen, auch darüber Judiciern und Recht sprechen.

§ 3 Doch sein etliche sondere fäll, in welchen sich ein Gerichts Persohn der gerichtlichen Cognition und erkentnus enthalten solle.

§ 4 Erstlichen in seiner aigen schwebenden Rechtssachen, darunter dann seiner ehefrauen und Kinder handtlungen auch begriffen, deßgleichen wann der ehehalten, diener unnd underthanen sachen, für die höheren Instantz komben, solle sich Ihr Hauß und ober Herr derselben massen.

§ 5 Also auch fürs ander solle kein Nahender bluetsfreundt ob seines befreundten handlungen siczen.

§ 6 Für das driete, welche gerichts Persohn mit ainem Andern in widerwillen, mißgunst und Zwitracht stehet, solle sich von seines widerwertigen sachen enthalten.

§ 7 Zum Vierten, welcher beÿ der strittigen handlung, inn einem oder dem andern fall, gegenwürtig oder künftig interessiert, der solle sich derselben sachen nit anmassen.

§ 8 Zum fünften welcher vor Gerichtt ainen schwebent hat der sich mit dem strittigen vergleichen thuet, soll den strittigen mit entschaiden helfen.

§ 9 Zum Sechsten welcher in ainer sachen Gerichtliche Zeug(fol. 2v))nuß laisten mues, soll sich des Richterlichen Ambs darinnen enthalten.

§ 10 Zum Sibenden, welcher Zu der strittigen sachen als ein Advocat oder gewalttrager gebraucht worden, oder sonst raht und that vor dem Richterlichen Ambt darczu geben, der soll ob derselben sachen nit siczen.

§ 11 Wiewohl die geschribnen Rechten vermögen, das keinn Gerichts Persohn, so mit ainem andern Rechts anhengig worden, bey seines gegenthails sachen siczen, noch darüber Judiciren solle, so ist doch das widerspiel dem wissentlichen Landtsbrauch nach, bißhers erhaltenn worden, darbeÿ wie es nochmahlen aus Landtsfürstlicher volmacht gnedigst beruhen lassen.

§ 12 Deßgleichen solle ainem Lehensman Zugelassen sein, obseines Lehenherren handlung Zusiczen, doch ausser des Lehens, das er von Ihme possedirt.

§ 13 Und dieweill die Löb: gericht darumben eingeseczt und verorddtnet, das darbeÿ recht und gerechtigkait Zusuchen, so solle keiner Parteÿ gebüren, mit einziehung gewalt, verbott, Pfendung aufhalt oder in ander thättliche weeg sein selbs Richter und Rechner Zusein, sonder Zu aller fürfallender notturfft der für geseczten ordenlichen obrigkait pflegen, doch ist hiebeÿ außgenomben, das sich ein ieder Grundtherr umb seiner ausstende gewisse dienst, Steur und andere landtsgebreuchige herrusforderung auf seinen (fol.3) selbst dienstgrundt, mit aufhalt, verbott und pfendung selbst handthaben möge.

§ 14 Deßgleichen kann sich ein Perckrechts und Zehentherr umb ausstassige richtige Pergkrechts und Zehent selbst handhaben.

§ 15 Item so ainem ein frembdes Viech schaden thät, und auf wahrer that betretten würdt, so mag er gepfendt werden.

§ 16 Also mag auch ein Haußherr und bestandts verlasser, seinen bestandtmann die guetter, welche in dem bestandnen guett befunden werden, prorata des schuldigen verfallenen Zinß, biß auf völlige beczahlung aufhalten, dann Ihme dieselben hÿpotheciert seinn.

§ 17 Item welchem Gewalt am Leib oder guett Zugefuegt würdt, der mag auf frischer that sein selbs Richter wohl sein und sich gewalts mit gewalt erwekrenn, Doch das solches stracks und in continenti, auch mit gebürlicher maß und unerweißlicher Defension, so die Rechten moderamen inculpatae tutelae nennen, beschehe.

Der ander Tittl. Von ordinari und Summarisachen auch welche Handlungen fur die Niderösterreichische Regierung oder des Landtsrechten erster Instantz gehörig

§ 1 Die Gerichtlichen sachen, sein fürnemblich Zwaÿer ort (fol.3^{v}) und aigenschafft, etliche müessen durch einen ordentlichenn process in ofnen gehenden ordinari Landtsrechtenen ventiliert, etliche aber extra ordinari, summariter und schriftlich ausser oder ofnen Rechten, durch das gancze Jhar abgehandlet werden.

§ 2 Inn das ordinari Landrecht gehörn alle realsachen, und wann umb ein ligendes guet, gestritten wirdt, desgleichen alle Schermbs und gegenschermbshandlungen, so von ligenden guettern herrüren, Item wann umb das aigenthumb unsichbarlicher Rechten und gerechtigkaiten, als Vischweiden, Wildtbanen, Vogteÿen, Lehenschaften Kriegt wirdt, dann derleÿ Jura werden den liegenden guettern verglichen.

§ 3 Die Iniuri sachen oder wortliche Ehrenhändl, desgleichen Lantsfürstliche Lehen, Causae feudales genent, sollen in den ordinari Recht vor unserer Regierung der Niderösterreichischen Landen außgeführt werden.

§ 4 Summarÿ Landtrechtssachen und handlungen aber, seint nemblichen die Clagen und sachen so betreffen schulden Gewalt, Arme Leutt, welche das ordinarÿ Recht Zumerlegen unnd außczustehen unstathafft sein, Item depositum oder vertrautte behaltnuß, Item alimenta unnd Aczungen Item gefancknussen, Item personas miserabiles, Item arme Pupillen und Wittiben, insonderhait Ihr der Wittiben vermächt und abfertigung/: wogleich dieselben Wittiben (fol.4) sonst mit armbsein:/ Item edict oder Crida handlungen, Item execution sachen, Item Lidtlon, Item außlender/: wo augenscheinlich das sie dem ordenlichen rechten an Ihr verderben, mit außworten mögen, Item gerharbschafften sachen, und sonst all ander dergleichen handlungen, Item alle Clagen so ainer possession halben beschehen und possessoristritt sein, gehören in das Summari Recht, Item wann umb die quasi possession unsichtberlicher Gerechtigkaiten, als Wildtpanen, Vischwaidt, groß und klain Zehent, Robatt und was dergleichen herrns anforderung sein, kriegt wirdt.

§ 5 Wo ein strittiger handl Gerichts anhengig ist, alda soll er erörtert werden derwegen so sich ain oder der anderfaill inhangenden Rechten, unter ein ander Jurisdiction begeb, solle sich dasselb neu gericht, der sachenn nit anmassen.

§ 6 Es begibt sich wohl, das ein Parteÿ etwo mancherleÿ Jurisdictionen underworfen, vor welcher obrigkait dann der beclagt der Clag statt gegeben, und sich würcklich eingelassen, daselbst soll es biß Zum beschlus der sachen außwarten, und solche handlung nach beschekener Kriegsbefestigung, fur Kain andere obrigkait Ziechen, dann die Gerichtlich Instantz lest sich nit tailen. (fol.4[v])

Der Dritte Tittl. Von der Jurisdiction und under welchen Gerichts Zwang ain iede Persohn gehörig

§ 1 Unsere Geistliche und Weltliche Landtleutte, sollen vor unserm Lande ober= oder under Marschalch Ihrer gebürlichen Obrigkait erster Instantz verclagt unnd darwider niemandts beschwert werden.

§ 2 Doch sein etliche sondere fäll, darin non unsere Praelaten und Landtleutt, auch derselben underthanenn vor unser Regierung der Niderösterreichischen Landen, Zu recht stehen, und sich auf das Landtmarschalchisch Gericht nit waigern können.

§ 3 Erstlichen wann unser Cammer Procurator, in unserm als Herrn und Landtsfürsten Nahmen, wider ainen Praelaten herrn und Landtmann, auch derselben Underthanen Zu Clagen hat, so soll solches vorgedachter unserer Niderösterreichischen Regierung beschehen.

§ 4 Hergegen auch, welcher wider unsern Camer procurator in ordinari oder Summarÿ Rechten Zuclagen hatt, der solle solches vor emolter unserer Niderösterreichischen Regierun thuen.

§ 5 Gleichsfals da ainer umb das aigenthumb lig unter guetter, deren nit wir, sonder andere von unsert (fol 5.) wegen, Pfandtschafftweise oder auf widerkauf in possess sein, Zu Clagen hette, der solle solche darbeÿ, gemelter unserer Niderösterreichischen Regierung, wider den Inhaber oder unsern Camer procurator, da sich der Inhaber auf Ihne waigert, ausführen, Wo aber iemandts umb gewalt eingrief oder andere Persöhnliche Spruch, wider solche Pfandtschaffter oder Inhaber auf wider Kauf Zuclagen vermaint, der solle dasselb vor unerer Regierung und Cammer, wider den Inhaber selbst ohn unsern entgelt thain, und solle unser Cammer procurator die Inhaber Zu schermen, oder darleÿ Clag von unsertwegen außczustehen, mit schuldig sein.

§ 6 Item, wann einer umb liegende haab und güetter, vor dem Landtrechten fürgenomben wirdt, darumben wir Ihme schermbs halben verschriben, so soll die selbe sachenn nach fürgebrachten genuegsamben schein, des Verschribenen Schermbs, für ermelte unser Niderösterreichische Regierung remittiert werden,

§ 7 Deßgleichen sollen alle andere sachen, unser Cammer guet berührendt, für unser N.O.Regierung gewisen werden.

§ 8 Verrer welcher wider ainen Praelaten, Landtmann oder ein ganze Statt, unns als Herrn und Landtsfürsten Zugehörig, umb Iniuri oder Ehrenhändel Zuclagen, der solle solche vor angeregter unser N.O.Regierung, in gehenden Hofrechten thun (fol.5v).

§ 9 Ebner massen, wo ainer wider ainen Praelaten oder Landtmann umb Landtsfürstliche Lehen in diesem Landt Zuclagen hatt, der solle dieselben vor kainem andern Gericht, als vielbemelter unser N.O: Reg., in wehrendem hofrechtem fürnehmen.

§ 10 Umb Affterlehen aber, solle vor dem Affterlehens herrn clagt werden, der ist alßdann schuldig, seinen Lehensmann, und desselben gegenthail, ein unparteÿsch Lehensrecht nider Zusetzen, und was sich gebüert erkennen Zulassen.

§ 11 Wann sich auch in Afferlehens sachen Zwischen dem Lehensherrn selbst, und seinen Lehensmann, völligkait oder anderer ursachen halben, von Lehen herrüerent, stritt erheben, so sollen dieselben vor des Lehensherrn Vasallen und Lehensleutten pares Curiae genent oder aber vor unsern Landtsrechten, wie in mehr fällen beschehen, außgetragen werden.

§ 12 Alle Praelaten gehörn mit denen handtlungen, welche von Ihren Vogtheÿen und Geistlichen Lehenschafften herrüeren, under mehrbemelte unser N.Ö.Regr.

§ 13 Dergleichen alle Pfarherrn, Sie sein Cläger oder beclagte, sollen mit Ihren handlungen, die Pfargüetter, und lehenschafften betreffent, es seÿ umb das aigenthumb oder die possess Zuthuen, under unser N.O.Regierung, sonsten aber in Persöhnlichen spruchen für Ihren ordinari Richtter und den officialen gehören. (fol.6.)

§ 14 Die Stätt unnd Märcktt, unns als herrn und Landtsfürsten Zugehörig, sollen in sachen die gantz Communen antreffendt es seÿ gleich in Real oder personalspruchen, vor unserer N.O.Regierung und Cammer beclagt werden, welches auf die Stätt und Märckt, so pfandtschafft weiß oder auf wider Kauf, von andern innen gehabt werden, Zuverstehen ist, Die andern Stätt und Märckt aber, so nit unns sonder Praelaten, herrn und Landtleutten Zugehören, sollen in Communen sachen vor Ihren Herrschafften als obrigkaiten erster Instantz beclagt werden.

§ 15 Umb ungelt, und Zapfenmaß, soll vor unserer N.Ö.Regierung und Cammer Clagt werden.

§ 16 Ein ieder so in diesem Landt erbt, soll die Erblichen spruch in diesem Landt, und beÿ der obrigkait darunter die Erbschafft gefallen ausstehen, ungeacht das er etwo sonst ainer andern Jurisdiction underworfen.

§ 17 Vor welchem Gerichtt der abgestorben Principal ainn sachen anhengig gemacht, beÿ denselben soll es der Erb austragen, und kann sich auf sein odenliche obrig kaitt nit Ziehen.

§ 18 Welcher in diesem Landt mit kauffen, verkauffen, Schulden, bestanden oder in ander Rechtmessige weg Contrahiert, der solle umb solchen Contract im dem Landt auch Zu recht steen, und sich ob Er gleich sonstenn ein außlender und anderstwo mit ruckgesessen, (fol.6v) auf sein ordenliche obrigkait erster Instantz nit waigern.

§ 19 Welcher auslendischer sich in diesem Landt ausser der Contract sonsten verobligiert oder umb etwz verschreiben thuet, der soll im Landt darumben Zu recht stehen.

§ 20 Welcher außlender sich verschriben oder verbunden in diesem Landt beczahlung Zuthain, es geschehe gleich für sich selbst, oder fur ainen andern, der soll im Landt und an dem ortt, da die solution bedingt wordenn, Zu recht stehen, und die exception auf sein ordenliche Obrigkeit, nit statt haben.

§ 21 Also auch welcher Außlender in diesem Landt, an einem gewissen ortt hantiert, und daselbst offentlich oder in Zugelaßnen heimblichen Gwelben, Kaufmanschaften treibt, der solle unter desselben orts Jurisdiction ungeachtet das er ainderstwo haussässig, soviel seinn handtierung belangt, gehören.

§ 22 Gleichermassen welcher Außlender in disem Landt ain Administration Ambt oder Verwaltung hatt, der solle darumben im Landt antwort geben, und sich auf sein Vatterlandt oder Haimbsieg nit referiren.

§ 23 Welche Außlender umb ein guett in diesem Landt gelegen, wider ainen andern Außlender, dem es Zugehörig clagen wiell, der soll solches nit der orten, da der beclagtt haussessig, sonder in diesem Landt da das guett liegt, thain.

§ 24 Welcher Außlender in diesem Landt, malefitz unnd (fol.7.) strafmessige that begeet, der soll sein verbrechen darin büessen, des nit allein in Capital und hochern malefitzen delicta publica genant, sondern auch dem gemeinen so privata haissen, statt haben solle, dann da ein Außlender einen in diesem landt Iniuriren oder vergwaltigen thätte, so soll er darumben im Landt fueß halten.

§ 25 Wann ein Außlender in diesem landt claget, so soll er die gegenclag und reconvention in dem Landt auch ausstehen.

§ 26 Wann sich ein Weibs Persohn verechlicht, so kombt sie under Ihres Ehemanß Jurisdiction, und solle alda beclagt werden.

§ 27 Ein Widtfrau bleibt so lang bey Ihres vertorbenen Ehemannes Gerichts Zwang, biß Sie iehren Standt verkehret, und sich under ein andere Jurisdiction verheürahtt.

§ 28 Die kinder so lang sie unter Ihrer Eltern Gewaltsamb sein, so gehören sie unter derselben Eltern Jurisdiction.

§ 29 Welcher sich wider Ehehalten, haußgesindt und dienstleutt Zubeschweren hatt, der soll sein notturft vor Ihren herrn und frauen, vor allen dingen anbringen, da Ihme aber auf ersuchen Kein außrichtung eruolgt, so stehet Ihme bevor, die Ehehalten vor derselben herrn und frauen ordentlichen obrigkait, wie sich gebüert Zuerclagen (fol.7v).

§ 30 Gleichsfals gehören der Praelaten, herrn und Landtleutt underthanen mit der ersten Instantz, under Ihre grundt und oberherrn, da aber einem Cläger von denselben Kaine ausrichtung ervolgt und dessen schein fürczwlegen were, Sollen sie alßdann vor Ihrer herrn ordentlichen obrigkait beclagt werden.

§ 31 Ein ieder Gerhab ob er gleich sonsten ainer andernn Jurisdiction, so solle er doch umb sein gepflegte Gerhabliche verwaltung, vor seiner pupillen obrigkait Zu recht stehen.

§ 32 Ein verschribener Schermb soll die Schermbung vor des Principalns gericht, und mit seiner aignen Jurisdiction thuen.

§ 33 Welcher ainen auf widerstellung außgebürgt, der gehört solcher gelaisten Burgschafft halben, under seines Principalns darfür er guet worden, Gerichtsstab.

§ 34 Die andern gemainen Burgen aber sollen vor Ihrer ordentlichen Obrigkait, und nit Ihren Principalns bericht fürgewont werden.

§ 35 Wer umb Matrimonial unnd Ehesachen Zuclagen hatt, der solle sein notturft beÿ der Geistlichen obrigkaitt anbringen, und dasebst ausführen, derhalben da ein Landtmann von dem officialen in derleÿ fellenn citiert, oder umb stellung seiner undergegebnenn Persohnen ersucht wirdt, so solle er sich in diesem specialfall des gehorsamb nit waigern, noch wider (fol.8) die Geistlich Obrigkait, auf sich selbst oder sein ordenliche Instanz excipieren.

§ 36 Welcher umb Weingarten, Wisen, Acker oder dergleichen behauste und unbehauste ligende Grundt Zuclagen hat, der solle vor desselben guets Grundtherrn, er seÿ geistlich oder weldtlich agieren.

§ 37 Es solle allen Laÿschen und Weldtlichen Parteÿenn bevorstehen, sich in ainer oder mehr particular sachen Ihrer ordenlichen obrigkait Zuuercziechen und einen frembden Gericht underczugeben, doch das solches aus keinem Irrthumb noch in allen Handtlungen universaliter beschehe, sonsten würdt der ordentlichenn obrigkait Ihr Hocheit und Instantz, dardurch benomben und geschmellert.

§ 38 Also ist allen Parteÿen unerwereth, hindann gestelt, Ihrer ordenlichen Obrigkait inn Compromiss oder Commission handlung einzugeben, auch darczue solche Persohnen Zuerkiesen, welche mit Ihrer, sonder ainer frembden Jurisdiction seÿen.

§ 39 Sonsten und in der gemain solle alle Zeit der Cläger des beclagten Gerichts Zwang nachfolgen, und daselbst seinn notturfft ordenlich fürbringen.

(fol.8[v]).

Der Viertel Tittl. Vonn Ladungenn, Citationen und erforderungen

§ 1 Welcher ainer Ladung betürftig solle dieselb (:doch ausserhalb des gemaineneingangs und beschluß:) selbst stellen, und dem Gericht fürbringen, auch darneben das gericht durch ein Supplication bittenn, Ihme solcheladung fertigen Zulassen, die solle alßdann in der Canczleÿ mit dem gewöhnlichen nigres und beschlus geschriben und verfertigt werden.

§ 2 Wiewohl beÿ denen Kaÿserlichen Rechten verordtnet, das die Ladungen mündtlich und schrifftlich beschechen mögen, so werden doch dem uralten Gerichtsbrauch nach die Ladungen allein schrifftlich gestelt.

§ 3 Ain iede schriftliche Ladung, solle von Rechtswegen siben underschiedtliche stuckh begreiffen, Erstlich den Namben des Richters so die Ladung außgehen lest

Zum andern den Namben des Clägers,
Zum dritten den Namben des Beclagten,
Zum vierten das strittig stuckh darumben die Ladungen geworben,
Zum fünften die Zeit der auferlagten erscheinung,
(fol. 9.) Zum Sechsten das ortt, dahin der gladen erscheinenn solle,
Zum siebenden das solche Ladung aufainen entlichen und peremptorischen termin gestelt seÿ.

§ 4 Soviel nun den ublichen Gerichts brauch anlangt, sollen alle Ladungen unter unsers Landtmarschalchs Titl in unserm als Herrn und Landtsfürsten Namben gefertigt werden.

§ 5 Also solle auch der so die Ladung außgebracht, mit seinemtauf und Zu Nahmen, und da der Außbringer mehr wehren, dieselben Persohnen alle mit Ihrenn underschiedtlichen Tauf und Zunamben in der Ladung benent werden.

§ 6 Wann aber ein Praelat in sachen sein Gottshauß betreffendt, ein ladung erlangt, soll er mit seinem Taufnamben, und neben Ihme das Convent oder das Capitl einverleibt werden.

§ 7 Gleicher weiß in den Ladungen, welche die Stätt oder Marckt erlangen, solle des N. Burgermaisters oder Richter und Rahts gedacht werden.

§ 8 Wann durch die ladung mehr als ein Persohn beruffen wirdt, sollen dieselben alle mit Ihren Tauff und Zunamben darinnen bemelt werden.

§ 9 Wo einer wider angenogte Pupillen Zuclagen hatt, (fol.9v) solle sein ladung auf derselben verordtnete Gerhaben gestelt, solche auch mit Ihren Namben darinnen verleibt werden.

§ 10 Wo ein Persohn Zu aines verstorbenen Haab unnd guettern ansprach hett, und die Wittib von solchenn guettern noch unabgefertigt wehre, so soll die Ladung an die Wittib unnd Erben mit ein ander gestelt werden, So baldt aber die Wittib abgefertigt, ist sie im Rechten weiters Zuverfahrenn nit schuldig, sondern die Erben sollen ausser der Wittib beÿsein und entgelt, ohn ainige neue ladung und verkundigung in der angefangen sachen biß Zu ende procedirn.

§ 11 Das ienig darumben der Cläger agieren wiel, sambt dem ganczen geschicht und beschließlichen begehrnn, solle in die Ladung nit mit schlechter sonder aller nottürfftiger und volkombener ausführung inserirt werden, also das die substanz und der inhalt der Clag in der ladung allerdings begriffen, Zumahl weill beÿ unsern Landtsrechten, nach der ladung kein absonderliche Clag eingelegtt, sonder die Ladung an Clag statt gehalten wirdt, doch soll niemandts verbotten sein, ein ordentliche Clag, und neben derselben alle brifliche Uhrkundenn oder glaubwürdige Copeÿen, dessen darein sich sein Ladung oder Clag Ziehen thuet, dem Gericht fürczubringen (fol.10).

§ 12 So viell den Termin der fürforderung belangt, wiewohl beÿ gemainen Rechten verordtnet, den beclagten durch dreÿ underschiedtliche ladungen Zuerfordern, so wirdt doch nach gerichts gebrach dem Cläger nit mehr als ein ainige ladung bewilligt, darinnen dreÿ underschidtliche frist, Nemblichen vierzehentag fur den ersten vierczehen tag für den andern, und tag für den dritten leczten unnd entlichen peremptori Rechts termin, dem Antworter gegeben, und solche tag von dato der geantworten ladung geraidtet worden, der tag aber darann die uberantwortung beschehen, gehört Zu dem termin nitt.

§ 13 Beÿ unsern Lands rechten ist nit gebreuchig, den beclagten Zu einem ieden gerichtlichen Act obsonderlich Zuerfordern, sondern er solle durch ein ainige ladung im eingang des Rechtens citiert werden, welche sich alß dann auf alle und iede gerichtliche Act erstrecken thuet, Also das der citiert ohn verrer ladung Zu allen Gerichts tägen oder Acten in aigener Persohn, oder durch ainen volmechtigen Gwalttrager Zuerscheinen schuldig, Thuet er das nit, so wirdt auf des Cläger anruffen gegen Ihme in contumaciam verfahren.

§ 14 Die gemeinen Rechten vermögen, wann einer inn Gerichtbetretten wirdt, das Er daselbs ohne ainige (fol.10.^{v}) neue ladung mit Clag fürgenomben werdenn möge, Solches hatt aber beÿ unsern Landtsrechten nit statt, sondern es solle umb ein iede handlung ein ordentliche ladung außgebracht werden.

§ 15 Wann etliche Persohnen umb schulden, burgschafftenn oder in ander weeg samentlich verschriben seinn, so ist nit von nötten einer ieden Persohn ein besondere ladung Zuczuschicken, sonder genueg, das soviel ladungen, alls viel der beclagten Persohnen seÿen, gefertigt und underschriben werden, Welchem Consorten alßdann unter ihnen allen die Hauptladung, sambt denen Andern abschrifften Zugeschickt würdt, der soll seine andern mit verwanten mit solchen abschrifften ersuchen, und Ihnen die ladung also verkunden, damit sie erscheinen und Ihme die Clag verantworten helfen, Es komben nun seine mitverwanten oder nit, solle nichts weniger gegen dem so die ladung empfangen, gehandlet werden waß recht ist, doch ist Ihme vorbehalten seinen verlust, gegen seinenn mitverwanten, die Ihme in der sachen verlassen Zu ersuchen wie recht ist.

(fol.11.)

Der Fünffte Tittel. Von Exequirung der Ladungen

§ 1 Alle Ladungen, so mann in der Statt alhie exequiren kann, die sollen durch gemeiner Landtschafft fürbietter und nit andere geschworne botten denen Parteÿen uberantwort, ausserhalb der Statt aber, und auf dem Landt, sollen die Ladtungen durch gemeiner Landtschafft geschworne Botten, dem geladnen Zugestelt und exequirt werden, sonsten ist der geladnenn dieselb von andern anczunemben, oder darauf beÿ Gericht Zuerscheinen nit schuldig.

§ 2 Ein Landtbott ist nit schuldig, einen Landtmann mit der Ladung Persohnlich Zubetretten, sonder genüegen, das er Ihme die ladung auf seinen sicz oder haimbwesen antworte, und ob gleich der geladen nit anheimbs, so soll doch seinn Pfleger, diener und leutt, die ladung anczunemben verbunden seinn, da aber die ladung von denen herrn oder derselben Leutten, nit angenombem würdt, mag der Bott dieselb in oder vor des geladnen Sicz und Haimbwesen niderlegen, welches soviel gelten soll, alls ob er die ladung dem geladtnen würcklich Zugestelt, doch das solches in der execution vermeldt werde.

§ 3 Welcher wider ainen obwesendten Landtmann Zu(fol.11v)clagen hatt, der solle nit verbunden sein, Ihme solche ladung ausser Landts Zuczuschicken, sonder genue das er dieselb in des beclagten Sicz, denn er im Landt hatt antworten lasse.

§ 4 Wann der geladen mehr als ainen Sicz im Landt hatt, so solle die oberantwortung alda beschehen, da der beclagtt mit rucken Zu wohnen Pflegtt.

§ 5 Wann der geschworn Bott, die ladung geantwortt, so solle er dem Pottenmaister mit allen umbstenden, wann, wo und wie er die ladung exquiriret, und was Ihme darauf ervolgt, vleissig, ordenlich, underschiedtlich und wahrhafftig wie es an Ihme selbst ist, anczaigen, von welcher ausrichtung alsdann der Bottenmaister dem Cläger ein gefertigte Kundtschafft und Execution mitthailen solle.

Der Sechste Tittl. Von Gerichtlichen Bevelchen so in Summarj sachen gebreuchig

§ 1 So viell aber die Summari und Extra ordinarÿ sachen anlangt, ist nit gebreuchig, einiche ladung auficzubringen, sonder der Cläger mag sein beschwerung in ainer Supplication dem gericht fürbringen, So wirdt alßdann dem beclagten durch einen ver(fol.12r)schloßnen bevelch auferlegtt, den Cläger unclaghafft Zuhalten.

§ 2 Es solle niemandts im ersten bevelch etwas durch aufgesagte Poenfall, Straff oder Pöenen sonder erst im dritten, oder wos es die notturfft so hoch erfordert beÿ dem andern bevelch auferlegt werden.

§ 3 Also solle auch kainer im ersten bevelch peremptorie oder beÿ bekantnus der sachen citiert, noch Ihme nit derleÿ Clauseln etwas auferlegt werden.

§ 4 Alle Gerichtliche bevelch und auflagen tragen Clausulam Justificatoriam tacite auf dem Rucken, nemblichen woferr dem fürgebrachter massen also.

§ 5 Welcher ainen gemeinen bevelch oder andern gerichtlichen brieff, nit annemben wiell, dem soll er nach Landtbrauch beÿ seinen haimbwesen nidergelegt werden.

§ 6 Es solle sich weder frau, Pfleger, Verwalter noch iemandts anderer in abwesen Ihrer Ehemänner und Herrn der annembung Gerichtlicher Bevelch waigern,

Sonderlich weill Ihnen Ihre bericht des abwesens halbern bevorsteen, sonsten soll gegen ihnenn mit gebürlicher straff fortgangen werden.

§ 7 Die Advocaten, procuratorn unnd gewaltträger aber seinn die verschloßnen bevelch unnd andere Gerichtliche verfertigte brieff, so an Ihre Principalen lauten, anczunemben nit schuldig (fol.12v).

Der sibendt Tittl. Von etlichen anhengigen aigenschafften der Citationen

§ 1 Wann einer auf anhalten seines Gegentails, fur ein obrigkait erfordert wirdt, und under dasselbig Gericht erster Instantz nit gehörig, so solle er demnach gehorsamb laisten, und sein exception incompetenticae, Nemblichen das er anderstwohien erster Instantz gerichtbar seÿ, fürbringen, Alßdann auch beÿ seinen ordentlichen Gerichts Zwang gelassen werden.

§ 2 Wann ein Parteÿ auf einen gewissen Termin erfordert wirdt, so gehet solcher Termin an dem Tag des empfangenen bevelchs nit ahn, sonder erst den darauf negstvolgenden tag.

Der Achte Tittl. Von billicher entschuldigung der Vermainten Ungehorsamb

§ 1 Wiewohl ein erforderter, gehorsamblich Zuerscheinen schuldig, so seÿen doch etliche fäll, welche sein abwesenhait von Rechtwegen entschuldigen, als Kranckhait und schwachhait, ungewitter, gefehrliche uberfuher, (fol.13.) böse weeg, grosse gewässer unsicherheit der strassen

Itrem das er von gemeines nutz wegen, und reipublicae causa verreisen müessen, Item das er Kundtschafft unnd Zeugniß halber anders wohin erfordert, Item das ein Weib, Kinder oder negste freundt abgeleibt,

Item das Er in verhafftung Arrest oder verbott seÿ,

Item das Ihm. Der fürgesczte Termin Zu der Reiß Zukurtz gewesen,

Item das Ihme der bevelch oder Gerichtlich auflag Zu spatt Zu Komben,

Item das er damals uber Landt gewesen,

Item das sein Hausfrau niderkomben,

Item das er mit seiner Hochczeit freudt occupiert,

Item das er ein Ambt oder verwaltung hab, und der Zeit nit erlaubnis bekomben mögen,

Item das er für die höcher Obrigkait erfordert worden und beÿ dem nidern Gerichtt nit erscheinen mögen, unnd was dergleichen rechtmessige billiche ursachen mehr sein, so in des löblichen Gerichts discretion steen sollen.

§ 2 Und ob sich wohl gebüert solche und dergleichen billiche impediment und verhinderungen das löb: Gericht Zuberichten, Jedoch wann solches durch die (fol.13v) Parteÿen auß ehehafften on verachtung der Obrigkait underlassen, sollen sie einen weeg alls den andern entschuldiget und ohn straff sein.

§ 3 Welcher ainen erforderten fürseczlicher weise verhindert, das er auf gesezten tag nit erscheinenn Kundt, derselb solle dem Clager allen desthalben erlitttenen schaden abczutragen schuldig sein.

Der Neundte Tittl. Von bestandt oder Caution Zum Rechten

§ 1 Welcher wider ainen Landtmann clagt, und dem Landtmarschalckischen Gericht weder mit Persohn noch guet underworfen, der solle des beclagten begehren, Ungeacht das der Cläger im Landt angesessen, oder under ainer andern Obrigkait begüetet, dem beclagten Caution und bestandt Zum Rechten, mit einem angesessnen Landtmann und Bürgen, thain sich auch dahin verobligieren, das er Cläger oder sein Bürg des Rechten ausstehen, und der erkandtniß in alweeg geleben, auch dieselb volcziehen völle, sonsten ist Ihme der beclagt Zu antworten nit schuldig

§ 2 Welcher Cläger Kainen gerichtlichen Burgen abgehörter massen bekomben und die fideiussori caution nit haben kann, der soll ein pfandt nach gelegenhait und werth der strittigen sachen, unter Gericht erlegen, und die pignoratitiam cautionem laisten.

§ 3 Da er aber armueth halben deren kaines hette, noch Zu bekomben wüsste, soll er dem Gericht glaubwür(fol.14v)digen Schein fürbringen oder mit seinem Aÿdt beteurn, das er sich beÿ Landtleutten und Burgschafft beworben, aber Kainen dar Zu vermögen können, Allß dann damit er nicht rechtloß bleibe, soll er Zu der Juratori caution gelassen werden, und dem Gericht beÿ seinem Aÿdt angeloben, das er dem Rechtenn außwarten auch der erkantnuß geleben und nachkomben wölle.

§ 4 Die Caution Zum Rechten solle vor der kriegs befestigung begehrt werden, sonst hatt sie nit mehr statt.

§ 5 Von ainem angesessnen Landtman, ob er gleich inn grossen schulden stecket, solle kein Caution alweill er für ainen wurcklichen Landtmann gehalten und gelitten begert werden.

(fol.15.)

Der Zehent Tittl. Von der Gerichtlichen Burgschafft auf widerstellung

§ 1 Der sich beÿ Gericht auf widerstellung außbürgen weil, der solle dem Gericht ein angeseßne Persohn darstellen dann ein unbegüetter ist kainer Gerichtlichenn Bürgschafft gemeß.

§ 2 Es solle auch solcher Bürg umb den ganzen werth des anhengigen strits gesessnen, und der Jurisdiction, darunter der Pricipal gehörig sein, da er aber eines andern Gerichts Zwang wehre, soll er sich desselben soviel die Burgschafft belangt, begeben und verczeichen.

§ 3 Die unVogtbarn Weibs bilder und alle Mannß Persohnen, welche Ihre Vogtbaren Ihar noch nit erraicht oder bewisen, sollen Zu Gerichtlicher Bürgschafft nit angenomben werden.

§ 4 Wann der Principal vor bestimbten Termin der auferlegten widerstellung neue Schulden macht, solle sein pürg dessen nit entgelten, es were dann sach, das Ihme Principalen, Gerichtliche Inhibition beschehen, biß auf widerstellung mit seinem Guett nichts Zu innovieren (fol.15^{v}).

§ 5 Wann aber der Burg in wehrender Bürgschafft ann guett abnimbt, oder mercklichen erarmen thuet, soll dem Principalen, welchen die Burgschafft beschehen, neue Burgen Zubegern, bevor stehen.

§ 6 Welcher mit aignen ligenden Guettern angesessen, der solle Zu der Burgschafft auf widerstellung nit gehalten werden, dann sich kainer flucht beÿ Ihme Zubesorgen.

§ 7 Deßgleichen wo einer Ihärliche einkomben auß frembden liegenden guettern hette, dann dieselben denenliegenden guettern verglichenn werden.

§ 8 Also auch da einer viel bewegliche Guetter hett, welche nit leichtlich vertuscht noch verführt werden mügen.

§ 9 Welche aber kein anders guett, allß das strittig hatt, der solle dieser Burgschafft nit erlassen werden.

§ 10 Deßgleichen so er andere aber geringschäczige liegende guetter hette, welche dem anhengigen stritt nit gemes.

§ 11 Also auch da Er deren guetter, welche Er possediert, nicht rechter Aigenthumber sonder nur ein blosser fruchttgeniesser were,

§ 12 Wann ein Principal seinen Bürgen verstehen lest, (fol.16) unnd der Bürg die widerstellung nit mehr laisten kann, so soll der Burg nit strax Condemnirt, sonder Zu allen seinen und seines unhaltigen Principalns behelfen gelassen werden.

§ 13 Wann der Principal in hangender Burgschafft stürbt, so ist der Burg von seiner Zusag und verbindtnuß entbrochen.

(fol.16v)

Der Aindtlifft Tittl. Von Clagen Libelln, und Beschwär, Supplicationen auch derselben Zierligkait und aigenschafft

§ 1 Ain iede Gerichtliche Clag, solle Zu Ihrer Substantz und Zierligkait, siben stuckh begreiffen, Erstlich den Nambes des Richters, Zum andern den Namben des Clagers, Zum dritten den Namben des Beclagten, Zum vierten das stuckh oder ienig darumben clagt würdt, Zum fünften die gerechtigkait oder haubtursachen, darauf der Cläger sein Clag grundtet, Zum Sechsten, das geschicht, Zum siebenden die petition und … begehrn.

§ 2 Inn denen Clagen, welche umb ein herrschafft, Marckt, Dorff, Erbschafft oderdergleichen Universal stuckh beschehen, und Actiones universales sein, ist nit von nötten, alle und iede haab und guetter oder derselben Zugehörung Zu specificieren, sonder genueg, das der Clager die Herrschafft, Marckt oder das Dorff, mit seiner ein: und Zugehörung in genere, also auch die Erbschafft in der gemein benenne und begere, Doch solle das geschicht (fol.17.) lautter außgeführt werden, damit der Beclagtt desselb aigentlich vernomben und hierüber seinn notturfft einbringen möge. Insonderhait aber soll erleuttert werden von welher Persohn diese Clag herrüere, und ob mann das gantz stuckh oder desselben tail begehre.

§ 3 Beÿ denen Clagen aber so generales genent werden, darinnen mann umb Raittung von Gerhabschafften oder andern verwaltungen herrüerent, agieren thuett, ist gleicher weiß nit von notten alle und iede posten davon die Raittung beschehen solle, in dem Clag Libell einczuleiben, oder dieselben Zu specificiern, sonder es mag die Raittung in gmain erfordert und begert werden.

§ 4 Die Particular Clagen, so singulares und speziales actiones gehaissen werden, sollen mit aller nottwendigen specification und erleutterung beschehenn Nemblichen wann die Clag umb Weingarten, Äcker, Wisen, Gehültz, Waÿdt oder andere ligende stuckh, die besonder Namben haben, Zuthuen, So sollenn dieselben stuckh mit Ihren Namben in der Clag, auch Rainen und stainen, wo die verhanden, deßgleichen die negsten anreinenden Nachtbarn benent werdenn (fol.17v).

§ 5 Deßgleichen da die Clag nit auf ligende sonder Varende haab und güetter steet, so sollen dieselben auch in specie nach eines ieden guets art und aigenschafft, erleuttert werden, Nemblichen was sich Zehlenn lest, dessen solle die Anczahl, was gewegen wirdt, das Pfundt, was gemessen die Edlen, was gestrichen der meczen, was genisiert der Emer, was gearbeit werckh sein, der formb, was Thüer sein derselben Namben exprimirt werden.

§ 6 Und Summariter nach gestalt und art einer ieden Clag, soll der Cläger die specificierung dermassen ordentlich und teuglich thuen, damit sich der Beclagt aigentlich bedencken möge, ob er der Clag statt geben, oder den Cläger unclaghafft halten wölle, wo aber der Cläger solches nit thette, sonder mit seiner Clag unlautter fürkömb, so mag der Beclagt die specification und erleütterung begern, ob auch ein guett, darumben Clagt wirdt, in der Clag obermelter massenn nit specificiert noch aigentlich angeczeigt wirdt, so steet dem beclagten abermals bevor, den Augenschein desselben beclagten guts Zubegehren.

§ 7 Welcher umb ainen Persöhnlichen spruch Clagen wiel, der solle die ursach seiner Clag erleuttern, Nemblichen das er diß oder Jenes, als ein gelihens geldt, ver(fol.18.)trauttes guett, oder erkaufftes stuckh begehre, und was dergleichen rechtmessige Contract mehr sein, welcher beÿ den geschribenen Rechten causa proxima petendi genant wirdt.

§ 8 Wann mann aber umb ein liegents guett clagt, ob wohl die Rechten Zugelassen, das in derleÿ fällenn der Cläger sich des aigenthumbs allein berühmenn müge, der Ursachen aber, warumben Ihme solches aigenthumb Zugehöre in seiner ladung und Clag nit specificiren dörfe, so solle doch hinfür ahn Zwischen den Real und personal Clagen in diesen unsern Landt Österreich under der Ennß kein underschiedt gehaltn werden, sonder in obbemelten Realsachen ein ieder Cläger schuldig sein, den Titl seines habenden aigenthumbs in der Clag Zu erleuttern, dann damit werden viel exceptione abgestelt, auch weisungen und erweitterung der sachen verhuett.

§ 9 Es ist nit vonnötten, die abgenombenen nuczungen in der Haubt Clag Zu specificieren, wann aber hernach dem Cläger die abnuczung neben der Haubtsach Zuerkendt. Allß dann soll er dieselben in ainer aestimation schrifften particulariter anschlagen, darüber durch das Gericht noch beeder Parteÿ fürgebrachten notturfft, messigung beschehen solle.

§ 10 Jedoch wann der Clager solche abgenombene nutzung (fol.18^{v}) in der Clag particulariter benennen, oder dieselben auf ein Summa gelts anschlagen wolte, solle Ihme solches unuerwert sein, Wann Ihme der Cläger die abgenomben nutzungen in seiner Clag Zuerstatten begehrt, so werden in solcher generalitet nit alleinn die frucht, so der Beclagt vor der Clag eingenombem, sondern alle könftige biß Zu austrag der sachen eingeschlossen und verstanden, derwegen unnott, das der Cläger die gegenwürtigen und könfftigen expresse erfordere.

§ 11 Wann der Beclagte dem Cläger umb die Schäden oder vertzinsung, so in der gemain Interesse genant wirdt Insonderhait verschriben, so solle er Clager seine schäden und Interesse inn der Haubtclag austrucklich neben dem Haubtguett begehren, sonsten sollen sie Ihme nit Zuerkendt werden, Also solle er auch expens mit austruckten wortten begehren, sonsten werden Ihme dieselben nit Zugesprochen.

§ 12 Ein iedes Liebell, es seÿ gleich schrifften Bericht, Supplicationen, Anruffen, oder alle andere Product, welche mann dem Gericht fürbringt, sollen vermüeg unserer iungst publicierten Ordnung, von dem Schrifftenmacher mit Tauf und Zunahmen underschrieben werden (fol.19.).

§ 13 In welchem Libell Ehrnrührige einführungen, stumpfierungen oder Verschimpfungen begriffen, der solle nit erledigt, sonder der Parteÿen /:daselb der ordnung gemeß stellen Zulassen:/ wider hienaus gegebenn werden, Es solle auch die Parteÿ sambt dem Schrifftenmacher nach gelegenhait der verweislichen wort gestrafft werden.

§ 14 Welcher sein fürgebrachte Clag oder beschwär Supplication an der Substanz corrigieren, verendern und verbessern wiel, dem soll es vor des[c] Krigsbenestigung bevorsteen, Nach verfangenem Rechten aber und der litis contestation soll dise verenderung niemandts gestattet werden, Allein es wolte der Cläger in seiner neuen Clag weniger als Zuvor beschehen, fordern, da er aber mehrers Zubegeben vorhabens, kann Ihme die mutation von seinem gegentaill gewaigert werden, doch soll Ihme die ubermaß durch ein besonders Libell Zuersuchen unbenomben sein.

§ 15 Also soll auch kain Cläger die mutation und verkehrung seiner Clag vor der Litis contestation, öffter dann nur ainßmals Zugelassen werden.

§ 16 Welcher Cläger die Substantz seines Libels nit verendern, sondern allein den Inhalt desselben erleuttern wiel, dem solle es sowohl nach, als vor der Krigsbefestigung bevorstehen, dann wer etwz erleutert, der macht nichts neues (fol.19[v]).

§ 17 Welcher Clager vor oder nach der Krigsbefestigung von seiner Clag fallen, und derselben auf ewig abstehen wolt, dem soll es ob gleich der Beclagt darein nit willigen wolt, unuerwehrt seinn, Es werde dann sach, das dem Beclagten solches der auferlofnen Expens halben, oder in ander billich weeg beschwerlich, in welchen fall der Cläger seinn Action prosequieren und außtrag des Rechtens erwarten soll.

§ 18 Wann der Cläger aber, sein angebracht Clag nit einmahl für alle mahl aufgeben, sondern nur ein Zeitlang nach seinem wohlgefallen aufhalten unnd suspendieren oder in ain ander Instantz verwechslen wolt, solle Ihme solches nit gestatt werden.

§ 19 Wiewohl die geschribnen Rechten, vermügen, das die verendung des Libels nit beschehen möge, es erstatte dann der Cläger den angeclagten die Expens, so hatt doch solches dem Landtsbrauch nach nitt statt.

§ 20 Mitt wieviel schrifften in ainer ieden Haubt exception incident oder anderer sachen vor Gericht procediert werden, deßgleichen wann die einlagen beschehenn sollen, und was sonsten der verfahrung anhengig, Ist in der Landtgerichts ordtnung, so des 57 Ihars publiciert worden, underschiedtlich und lautter fürgesehen, darbeÿ lassen wir es nochmahlen gnedigist verbleiben (fol.20).

§ 21 Zuclagen kann von Rechts wegen niemandts wider seinen willen und gelegenheit gedrungen noch compelliert werden, es were dann sach, das sich ainer ausser gerichts, wider einen ehrlichen Landtmann ehrnrühriger und beschwerlichen reden oder inzichten vernemben lest, dann in diesem fall mag die Persohn, so also außgemähert, betzichtigt und diffamiert worden, den Verleimbter und diffamanten für Gericht erfordern, und Ihme auftzulegen begehren, das er die außgegossen Iniuri oder intzicht in einer fürgesetzten peremptori Zeit darbring, Wo nit das Ihme diffamanten ein ewiges stillschweigen, sambt abtrag der elittnen Schmach, gebotten werdenn.

§ 22 Also auch in andern fällen, do sich der Antworter Könfftiger ansprach von dem Clager oder einen andern Zubesorgen hatte, Mag er vor Gerichtt begehrn, dem auftzigigen Cläger, Zeit und termin Zu Volfiehrung seiner vermainten Clag Zusetzen, Er mag auch disfals Zeugen Zu ewiger gedechtnus führen, damit Ihme sein rechtliche defension, Durch des Clägers geverlichen vertzug nit entgehe.

§ 23 Es ist kein notturft die Action damit ainer agiern wiell, in seiner Clag Zubenennen, wann er nur (fol.20v) sonsten derselben gemeß Libelliert, auch sein begern und beschlues dahin gestelt, das mann aigentlich wissen kann, ob er umb aigenthumb oder possess, Realich oder Persöhnlich, und auf waserleÿ weg clage.

§ 24 Der seinen Beclagten vor der Clag guetlich nit ersucht, der solle sein Clag dardurch nit verwürckt haben.

§ 25 Die Real Clagen, welche umb güetter beschehen, sollen nit allein wider den ersten inhaber, sonder alle volgende possessoren statt haben, doch stehet ainem ieden seinem Gaber und Schermb fürtzuwenden bevor.

§ 26 Welcher ein guett geverlicher weiß, Zu ausflucht künftiger Clag verwenden oder alienirn thuet, der ist für ainen würcklichen Inhaber Zuhalten, und von der Real Clag nit enttprochen, doch solle dem Cläger die wahl und election bevorstehen, ob er den Rechten Inhaber oder seinen Gaber für Gericht wenden wölle.

§ 27 Die Persöhnlichen Spruch und Actionen, so aus denen Contracts Handtlungen herfliessen, sollen nit allein wider die Contrahenten und Principaln sondern auch Ihre Erben, statt haben, Es seÿ gleich der Erben in dem Contract gedacht worden oder nit, Es hatt auch solche transmission und nachvolg der Clag, wider die Erben nit allein vor, sondern auch nach (fol.21.) der Krigsbefestigung Zubaiden tailen, des Clägers und Beclagtens statt.

§ 28 Die Persöhnlichen spruch, welche von kainem Contract, sonder aus unthaten als Gwalt, Iniuri oder dergleichen privat ubel herrühren, die werden auf des Beclagten Erben nit transmittiert, allein da der Krieg in Ihrer Principalen lebtzeiten befestiget worden, oder sie die Erben wehren solcher unrechtmessigeten guetter in würcklicher possess, der Cläger Erben aber, mögen Ihrer Principalen Clag in derleÿ fällen, vor und nach der Kriegsbefestigung wohl prosequieren.

§ 29 Allein die Iniurÿ sachen außgenomben, dann umb Iniuri wann der Cläger vor dem verfangnen Krieg stirbt, kann sein Erb nit mehr, obgleich der Iniurierent thaill noch im leben, agieren.

§ 30 Deßgleichen kann des beclagten Erb, wann sein Principall vor der Litis contestation nit Tott abgangen umb abtrag der angelegten Iniuri nit fürgenomben werden.

§ 31 Wann die Erben und Successorn Ihre habende Erbliche spruch Rechts anhengig machen wöllen, sollen sie sich mit der Instantz nit thailen, sonder unuerschaidenlich und in einem ainigen Libell Ihr Clag einbringen, do sie auch durch einen Gewalttrager agiern wolten, sollen sie sich nit absondern nebeneinander ainen ainigen Gewalthaber verordtnen, damit (fol.21[v]) der gegentaill durch unter underschiedtliche, doch gleichmessige Clagen mit beschwert, auch die Gerichtt nit unnotwendigen processen vergebens behelliget werden, da sich aber die Erben diser Ainhelligkait nit vergleichenn kündten, und der stritt umb schulden und dergleichen andere tailbare sachen Zuthuen were, Solle ainem ieden Erben für sein portion absonderlich Zu clagen, bevor stehen, Also und gleichermassen, wann ainerwider mehr Erben Zuclagen hatt, soll er keinen allein umb seinen gebürenden thaill, sonder die Erben alle unverscheidenlich fürnemben, es were dann umb thailbare sachen Zuthain wie obgehörtt.

§ 32 Vielweniger soll er ainen Erben, allein umb die gantz anforderung und insolidum fürnemben, dann die Erben sein die Erblichen Actionen pro haereditaria portione und nach mass der Erblichen gebüehrnuß mit einander außtzusteen schuldig, Es were dann sach, das umb ein solches erbliches stuckh clagtt würde, welches einen Erben durch geschäfft oder thaillung allein Zugestanden, so kan solcher Erb in solitum alls Inhaber desselben stucks, wohl fürgenomben werden.

§ 33 Welcher in die verschreibung mehrers als Ihme sein gelter Zuthain, geuerlicher weiß setzen, und auf solche obermessige verschreibung Clagen thuett der soll die gantz Schuldt dardurch verwürckt haben.

§ 34 Wann einer auf Frist und Termin etwas schuldig, und (fol.22) vor der bedingten Zeit beclagt wirdt, so solle der unzeittige Cläger dem Zu frue beclagten taill noch so lang alls die noch oberige Zeit gewesen, aus dem weeg Zuhalten schuldig sein.

§ 35 Wann ein Erb mit Legat oder Praelegat mehrers alls sein mitterb betreut worden, So ist er demnach nit pro rata des Legats oder Praeclegats, sondern allein nach maß und gelegenhait der Institution und pro rata portione seiner Erblichen gebüernus, die Erblichen anforderu Zuentrichten schuldig.

§ 36 Die Erblichen Creditorn und Glaubinger sollen umb Ihre Persönliche Sprüch wider die Haubt Erben, und nit die geschäfftiger oder legatorien clagen.

§ 37 Da aber ainem ein guett verschafft worden, welches dem Cläger verpfendt oder hipotheciert, so mag er den geschäfftingen darumben wohlfürnehmen.

§ 38 Wann ein Wittfrau umb Ihr abfertigung Clagenn wiell, solle sie die Erben und nit die Erbschafft Schuldtner oder debitorn fürnemben.

§ 39 Welcher umb ein Erbschafft aus einem Testament herrüerent clagen wiell, der bedarf keiner beweisten Freundtschafft noch anderer legitimation, als des Testaments, Wer aber umb ein Erbschafft ab intestats Clagt, der soll sich Zu der Clag und dem guett wie Landtbreuchig durch beaidigte Persohnenn legitimirn, (fol.22^{v}).

§ 36 Zu Erblichen Clagen solle kain gewalthaber Zugelassen werden, er seÿ dann mitt ordentlichen Gewaltt und genuegsamber Legitimation gefast, welches alles in der Gerichtsdiscretion und approbation stehett.

Der Zwelfte Tittl. Von denen Rechtmessigenn Einreden, oppositionen und Exceptionen, welche wider das Gericht, Ladung, und der Clager Persohn nach Landtsbrauch für gewendt werden, desgleichen welche Persohnen Clagen mögen oder nit

§ 1 Erstlichen und vor allen dingen, wann der geladen und Beclagt unter das Gerichtt dahin er Citirt worden, nit gehörig, sonder ainem andern Gerichtstzwang unterworfen, soll er vor der Krigsbevestigung die exeption incompetentis Judicis fürbringen, und sich fur sein ordenliche Obrigkait Zu remitiern begehrenn, wohin aber ein ieder mit der ersten Instantz gehörig, ist oben beÿ dem dritten Titl, von denen Iurisdictionen und Gerichtszwang außgeführtt.

§ 2 Zum andern wann der beclagt vor seiner ordenlichen obrigkait fürgewendt wirdt, Ihme aber dieselb aus billichen Ursachen verdechtlich oder suspect ist, So solle Ihme doch mit bester beschaidenhait vor der Litis contestation bevorstehen, dieselben Ursachen und bewegnüssen, dem negsten höhern Gerichtt (fol.23v) schriftlich fürtzutragen, welches alßdann das under Gericht, so verdechtlich angetzogen wirdt, mit seiner schrifftlichen notturfft vernemben, und durch Summarische Cognition solchen eingefallen verdachts strit, entschaiden solle.

§ 3 Und so der beclagt recht hette, solle die sachen fur ermelte negst gebürende Iurisdiction getzogen, und alda erörtert werden, da aber der beclagt seiner fürgewenten Suspition nit befuegt, solle Er Zu erhaltung des untern gerichts reputation, nach gelegenhait der sachen gestrafft, und hierinnen niemandts verschont werden.

§ 4 Welche Ursachen aber einen Richter suspect und Verdechtig machen, deren fürnembste sein oben beÿ dem ersten Titl von Gerichten vermeldt worden, diewell aber die Persohnen handlungen und derselben umbstendt fast vergleicht, so solle in des höhern Gerichts /:dahin die suspition gelangtt worden:/ discretion und erkantnuß stehen, welche ursachen disfals erheblich und genuegsamb, und sollen andere mittl, davon beÿ denen geschribenen Rechten furgesehen, hiebeÿ nit vonnötten sein.

§ 5 Und obwohl obensvermeldt, daß solche exception vor der Kriegsbefestigung beschehen solle, iedoch (fol.24.) wann sich das Gericht erst nach der Litis contestation verdechtlich ertzaigt, so mag die verdechtligkaitt hernach auch fürgewendt werden, dann was von neuem fürfelt, betarf neuer einsehung.

§ 6 Wann eine oder mehr Gerichts Persohnen doch weniger als halber taill, und nit das gantz Gericht, fur verdechtlich angetzogen werden, so solle obgemelte exception nit stat haben sonder denen uberigen unparteÿschen die Cognition Zugelassen sein.

§ 7 Fürs dritte, wann der Cläger minder Ihärig und seine Vogtbare Ihar noch nit bewisen, so solle der beclagt sich gegen Ihme eintzulassen nit schuldig sein, sonder mag vor der Krigsbefestigung wider des Cläger ungerichtsmessige Persohn excipiern, Unnd obwohl beÿ den geschribenn Rechten versehen, das die minder Ihärigen in possessori clagen, Zutzulassen, so solle doch dem Landtsbrauch nach Zwischen den Petitorn und possessorn striten, disfals kain underschiedt sein.

§ 8 Wann sich aber ein minder Ihärige Manßpersohn vor Zwaÿ und Zwantzig, oder ein Weibsbildt vor Zwantzig Iharen in ehestandt begeben thet, solle die selben von stundt an für Vogtbar gehalten unnd Clags vehig sein, Also auch wann ein minder Ihäriger vor seinem ehestandt seines alters volkombenhait und Veniam aetatis durch unser Kaÿserlich oder (fol.24v) Landtsfürstliche begnadung erlangt, solle Ihme seiner notturfft nach Zuclagen unverwehrt sein.

§ 9 Zum vierten wiewohl die geschriebnen Rechten ordnen, das alle Kinder, welche Ihre eltern noch im leben haben und under derselben gwaltsamb sein, allein inn eltichen besondern fällen, als umb Iniuri, Gwalt vertrauttes und außgelihenes gelts; und sonsten inn gemein nit clagen mögen, so solle doch wie bißher ublich gehalten, kainem Kindt, welches nunmehr verehelicht, oder sein Vogtbare Ihar, obgehörter massen erraicht, verbotten sein, umb alle fürfallende notturfften sowohl als ander Zuclagen, ungeacht das seine eltern leben, und patria potestas noch unerloschen, Demnach solle die exception patriae potestatis wider die Vogtbaren und verheürahten Kinder, dem Landtsbrauch nach nit statt haben.

§ 10 Zum funften, die Kinder mögen vermüeg geschribner Rechten, wider Ihr eltern allein in etlichen besondern fällen clagen, aber den bißher erhaltnen Landt brauch nach, solle Ihnen das clagen in gemein /:doch mit bescheidenhait und verbis civilibus:/ unbenomben sein.

§ 11 Zum Sechsten ist den Knechten allein in etzlichen specialschachen, vermüeg geschribner Rechten Zuclagen (fol.25.) Zugelassen, dieweill aber die Dienstleuth und ehehalten, und den Christenthumb freÿ und ledig Persohnen sein, auch ihr aigens guett und peculium haben, können sie nit allein umb Ihren Lidtlohn sonder alle andere notturfft clagen, Also auch der Praelaten, Herrn und Landt leutt underthonen, Holden und Stiffleutt, doch wo sie wider Ihre Herrn und frauen Clagen wolten, sollen sie solches von gebürender ehr wegen Cum Venia und mit sonderer erlaubnus des Gerichts, auch höchster bescheidenhait und verbis civilibus thain.

§ 12 Zum Siebenden, welchen von wegen augenscheinlicher verthuligkait und prodigalitet oder aus andern Rechtmessigen ursachen die Administration und freÿ verwaltung Ihrer guetter verbotten, die sollen vor Gericht nit stehen, noch Zuclagen befuegt sein.

§ 13 Zum Achten ein untichtiger und infamierter Cläger solle in aigner Persohn vor Gericht nit stehen, sonder sein notturfft durch einen ordenlichen Gewalttrager handlen lossen, sonsten kan wider ihn vor der Krigsbefestigung excipiert werden.

§ 14 Wann einer wider Unns als Landtsfürsten mißhandlet und Crimen lesae Maiestatis begangen, so mag vor Gericht wider sein Clag vor und nach der Krigsbefestigung excipiert werden.

§ 15 Die ordens Leutt so unter Ihrer Praelaten Geistlichen gehorsamb sein, sollen in aigner Persohn nitt agiern, sonder durch einen ordenlichen Gwalttrager ihr Recht mit Ihrer praelaten Consens ersuchen lassen, sonsten solle die exception ordinis vor der litis contestation wider sie statt haben.

§ 16 Die Praelaten aber mögen in aigner Persohn alls Rechtmessige administratorn wohl clagen, und soll dem ublichen Landtsbrauch nach unnott sein, das sie von Ihrem Convent gewalt oder Ihrer höhern obrigkait Consens fürbringen, doch solle Ihr clag sowohl auf das Convent als Ihre Persohnen gestelt sein.

§ 17 Ein Capitel und Convent, soll mit aigner Clag seinen fürgesetztten Praelaten nit fürgreifen, allein es geschehe mit vorwissen und Consens ermelter Ihrer praelaten und Geistlichen ober herrn.

§ 18 Wann ein ordensmann seinen Praelaten verclagen will, soll solches mit sonderes erlaubnus des Gerichts beschehen, sonsten solle die Exception non imperatae Veniae statt haben.

§ 19 Wann ein Weibs Persohn anstalt und im Nahmen Ihrer kinder clagenn wiell, so soll es nit statt haben, allein sie wehrenn der kinder fürgesetzte Gerhaben, Ihrer (fol.26.) aignen Eltern aber, mag sie sich wohl annehmen so verr dieselben alters oder unvermögens halben nit clagen können.

§ 20 Frembder Persohnen solle sich kein Weibsbildt mitt gerichttlicher Clag mächtigen.

(fol.26.v)

Der Dreÿtzehent Tittl. Von allerleÿ Dilatori oder peremptori Exceptionen, einreden und austzügen, so einer Clag entgegen stehen, auch Zu was Zeit ain iede fürgewendt soll werden

§ 1 Die erst Rechtmessige Exception, so wider ein Clag opponirt werden kann, heist exceptio rei Judicatae, das Ist ein außtzueg oder einredt eines Zuvor behaltnen abschiedts oder Urtls, dann da einer umb etwas fürgenomben wirdt, und dasselb Zuvor mit recht erhalten, So kann er sich dieser exception füeglich betragen, und damit der clag begegnen, Zu dieser exception aber gehören etliche nottwendige stuckh.

§ 2 Am ersten das das Urthell eben wider die Persohnn so ietzo von neuen clagt, oder desselben Vorsidel, Antecessor oder Gewalttrager ergangen, dann wider ainen andern neuen Cläger hatt dise exception nit platz, angesehen, das ainer gegen einem Cläger obsiegen, gegen dem andern aber wohl verlustig werden kann.

(fol.27.)

§ 3 Am andern hat diese exception alßdann statt, wo eben umb das Stuckh, so Zuvor erhalten, von neuen clagt wirdt, dann umb ein gleichtmessiges mag von neuen wohl geclagt und alßdann nit füeglich excipiert werden.

§ 4 Zum dritten ist vonnötten, das die ursach und causa petendi in der alten und neuen clag gleichförmig seÿ, Wann sie aber underschiedtlich, so mag diese exception nitt statt haben, Als wann einer erstlich umb hundert gulden geliehen geldt clagt und verlustig wirdt, so möchte Er hernach umb solche hundert gulden als eine vertrauttes geltt wohl agiern.

§ 5 Zum Vierten, so mues in Jure agendi ein gleichhait seinn, dann wer umb aigenthumb clagt hatte, und verlustigt worden, der möcht dasselb guett, durch ein Persöhnliche Clag, von neuen wohl ansprechen, Also auch der in possessorio verlustigt worden, der kann dasselb guett in petitoris und umbs aigenthumb ansprechen.

§ 6 Zum fünften mues das behabt Urtl, Zwischen dem Cläger und Beclagten Zuvorergangen seinn, Dann da es Zwischen andern Persohnen beschehen, so kann solche Urthel als Res inter alias acta, dem Cläger nit schaden noch praeiudiciern.

(fol.27v)

§ 7 Zum Sechsten mues das Urtel definitif unnd in der Haubtsachen Zuvor ergangen sein, dann wo ein Beclagter allein von der Instantz absolviert worden, so mag ihn der vorig Cläger in der Haubtsachen ohne scheuch obbemelter exception widerumben fürnemben.

§ 8 Zum Siebenden ist vonnötten, das solches ergangen Urtl in sein würckliche execution komben, dann da es durch ein Landtsfürstliche restitution aufgehebt, und der cläger Zu seinen rechten von neuenn gelassen worden, so kann vielberürte exception nitt statt haben.

§ 9 Zum Achten wann einer das gantz guett mit Urtl verlohren, so kann er umb einen thaill daraus nit mehr clagen, sonsten stehet ihme mehrgedachte exception im weg.

§ 10 Zum Neunten, welcher das Haubtstuckh verlohren, der kann die Acessorien, als Interesse, frucht, expens, Schäden und dergleichen nit mehr begehren sonsten hat diese Exception statt.

§ 11 Solche exception aber Rei Judicatae, mag der Beclagt vor und nach der Kriegsbefestigung biß die Haubtsachen beschlossen, fürwenden.

§ 12 Die ander exception so einem Clager Zu nichtigung seiner clag fürgeworfen kan werden, heist (fol. 28.) Exceptio doli mali ein ansetzung der geuer.

§ 13 Solche Exception hat erstlich statt, wann mann ein Schuldt oder andere sachen Zwier Gerichtlichen erfordern thuet.

§ 14 Zum andern, da einer anderst Clagt, als der conditioniert und bedingt Contract beschlossen.

§ 15 Zum dritten wann einer was begehrt, das er stracks dem Beclagten wider restituiern müsse, Alls wann ein Erb ein schuldt einfordern woltt, welche der Testator dem Schuldtner freÿ geschafft.

§ 16 Zum Vierten wann der Clager den beclagten in ainem Contract genart, und umb voltziehung solches geuerlichen Contracts clagen thuett.

§ 17 Zum funften, Wann ein Gelter seinen Creditoren Zu rechter weill und Zeit wiel Zahlen, aber der Glaubiger solches nit annemben wolte, und das der Schuldtner nachmals durch unfall umb solches gelt kombt, so kann es glaubinger nit mehr fordern, sonsten stehet Ihm die exception entgegen,

§ 18 Zum Sechsten, Wann ein erkauftes guett, strittig wirdt, und der verkauffer die Kaufsumma in hangenden stritt erfordern thet, kann ihme obberüerte exception opponiert werden.

§ 19 Zum Siebenden welcher auf eines andern grundt, bona fide bautt, der ist dem Aigenthumber des(fol.28^{v})selben grundts, das geben, so lang eruolgen Zulassen nit schuldig, bis er sich mit Ihme das bau und anbau nach billichen dingen Zuertragen, sonsten da der Aigenthumber umb abtrettung des erbauhten grundts claget, kann die exception doli mali, fürgewendt werden.

§ 20 Zum Achten mag die Exception wider alle unbefüegte begehrn opponiert werden, dann sie ist general und concurriert mit allen andern rechtmessigenn außtzügen, Sie kann auch vor der Krigsbefestigung und hernach biß die sachen beschlossen und sentenciert gebraucht werden.

§ 21 Die dritt haubt exception, wirdt metus causa genant, und hatt wider den Cläger statt, welchem der beclagt, aus Zwungner und getrungner nott, etwas Zugeben, Zuthain oder Zulassen, versprochen, Es mues aber solcher des Clägers geüebter gewalt und notzwang der massen geschaffen seinn, das sich damit nicht allein ain liederlicher schreckhafftiger Mensch, sonder aines ieden bestendigen Mannß Hertz und gemühtt Zu derleÿ Zusag bewegen hette lassen, Alls wann einer mit Wehr, Waffen und geuar, leibs und Lebens dermassen umbgeben, das er den Tott vor augen hatt.

§ 22 Deßgleichen da ainer mit schwerer unleidenlicher (fol.29.) gefencknus Zu einer verschreibung oder Zusag benöttigt und geursacht wirdt, Die Exception ist peremptorisch, und hatt nach gethaner Krigsbefestigung biß die Haubtsachen beschlossen statt.

§ 23 Die Viert exception Juris iurandi, ist ein Außtzug aines geschwornen Aÿdts, dann wobeÿ gericht ein thail dem andern die Haubtsachen auf seinenn Aÿdt gelassen, und solcher Aÿdt wie Recht ist, beschehen, So kann die Parteÿ, welche auf den deferierten Und Zugeruchtten Aÿdt geschworen, Deßgleichen derselben Erben und Nachkomben, umb dasselb stuckh und guett darüber Jurirt worden von dem vorigen Cläger, oder desselben Nachkomben, verrer nit fürgenomben werden, sonsten hat obbemelte Exception statt.

§ 24 Ainen andern und Neuen frembden Cläger aber kan solcher Aÿdt nit praeiudiciern solche exception ist wie die negst peremptorisch.

§ 25 Der fünffte austzug heist exceptio solutionis und hatt wider ainen solchen Cläger statt, welcher dessen so er von neuem begehrt, Zuvor vergnüegt und entricht worden, solche vergnuegung und satisfaction aber kan auf etliche weiß beschechen.

§ 26 Erstlich mit würcklicher betzahlung.

(fol.29.^{v})

§ 27 Furs ander da sich der Glaubiger der betzahlung guetwillig begeben oder den Schuldener durch ein acceptilation freÿgesagtt hett.

§ 28 Zum dritten, wann der Glaubiger under das so mann Ihme Zuthain gewesen /:doch ausser gwalt:/ sellbst komben.

§ 29 Zum Vierten, wo der Glaubiger die Erbar und völlig betzahlung nit annemben wöllen, auch das gelltt Zu ersparung der lauffenden Vertzinsung von dem Schuldtner unter Gerichtt erlegt werden, dann derleÿ gerichtliche deposition wirdt ainer würcklichen bezahlung verglichen.

§ 30 Zum fünfften, wann ein schuldiges stuckh durch des glaubingers verursachung verdorben, So ist der Schuldtner von Ihme sowohl als ob die betzahlung beschehen entbrochen,

§ 31 Zum Sechsten, Wann die solution ainem Volmechtigenn gwalthaber beschehen, so kanns der Principal Zum andern mahl nit fordern.

§ 32 Zum Sübenden, Wann die betzahlung rechtmessigen Administratorn als Gerhaben und Curatorn beschehen, so künnens Ihre Pupillen noch erreichter Vogtbarkaitt ferrer nit einmohnen.

§ 33 Zum Achten, wann die betzahlung ainen frembden auß der Creditorum ubergab beschehen, so kans (fol.30.) der ubergeber ferrer nit einfordernn.

§ 34 Wo die völlig betzahlung nit beschehen, hatt diese exception demnach pro rata statt.

§ 35 Wann aber etwas das schaden manglhafftig were, betzahlt würdt, und das der Schuldtner an solchem mangl schuldig, so ist solche betzahlung nit gerechtt, es hatt auch diee exeption nit statt.

§ 36 Deßgleichen wann die betzahlung nit mit einem freyen ledigen guett, sonder aufgeladtner beschwerung beschichtt, so hatt dise exception nit statt, Alls wann einem ein freÿes guett verschafft worden, Welhes der Erb verpfenden, und nachmals dem gescheftinger ubergeben hett.

§ 37 Also auch wann die ubergab mit aller bedingten gelegenhait nit beschehe, so kann mehrberürte Exception nit bestehen, Alls wann der Verkauffer dem Kauffer das guett, doch ohn Kauf und Schermbrief tradirt, und das der Kauffer nochmals umb solche Schein clagen thet, so kündt die beschehen ubergab des beschloßnen guetts nach gegenwertige exception dem Verkauffer nit fürtragen, diese Exception hatt nach der Krigsbefestigung biß Zu der sachen beschlues statt.

§ 38 Die Sechste einredt wirdt Exceptio transactionis, daß ist der Außtzug ainer vertragner sachenn genant, der wegen da ainer wider ainen beschloßen (fol.30v) Vertrag clagen thett, möcht Ihme solche exception füeglich opponiert werden.

§ 39 Es ist auch disfals genueg, das der Vertrag beschlossen, ob er gleich nit verbriefft noch aufgerichtt.

§ 40 Doch sein etlich sondere fäll, darinnen die vertrag nit bündig, auch angezogne Exception statt hat,

Erstlich wo der vertrag mit betrug und gevar beschehen,

Zum andern, da er auf fürgebrachte falsche schein beschehen,

Fürs dritt, da er auf falsche Kundtschafft oder Zeugnus ervolgt,

Zum Vierten, Wann Er mit betrangnus und gewalt aufgerichtt,

Zum fünften wann sich ein Gewaltthaber ausser eines spezial gewalts in den Vertrag eingelassen,

Zum Sechsten wann beÿ dem Vertrag von dem stritt, so iezunt einfelt nichts beschlossen worden,

Zum Siebenden, da die gerechtigkait darumben von neuem clagt wirdt, Zur Zeit des vertrags nit in rerum natura gewesen, sonder ist seithero entstanden,

Zum Achten, wann das stuckh, darumben der Zeitt clagtt wirdt, von dem gegenthail Zuvor gehfärlicher weiß verhalten oder verschwigen worden,

Zum Neunten, Wo im vertrag, ein oder der ander taill uber halben werth des strittigen haab und guets beuert und enormirter laedirt worden (fol.31.).

Zum Zehenden, Wann der Vertrag nit mit dem neuen Clager, sonder ainem andern beschehen, den Abwesenden und unwissenden Persohnen, kann kein vertrag praeiudiciern noch schaden.

§ 41 Solche exception vertragner sachen ist peremptorisch, doch mag sie vor und nach der Krigsbefestigung fürgewent werden.

§ 42 Die Siebendt Haubt exception wirdt ein austzug praescriptionis und beschehener verihärung genant, dann wer nach Landtsbrauch ein liegendt haab und guett, Zweÿ und dreÿssig Ihar nach einander ohn ainigen unterpruch besitzt, dem kann es ferrer nit aberholten, sonder dem Cläger dise Exception fürgeworfen worden.

§ 43 Es hatt aber solche exception mit etlichen fällen nit statt,

Erstlichen wider unsern Landtsfürstlichen fiscum,

Am andern, wider unsere Landtsfürstliche Regalien,

Zum dritten wider gemeine anlagen unnd Herrnsforderungen, so functiones publicae genent werden,

Zum vierten, in entfrembdten und vergwaltigtten Haab und güettern, dann wo ainer gleich derleÿ haab und guetter bona fide und unbewust diser mängl erkaufft, so kündt ers dennoch in Zwaÿ und dreÿssig Iharen nit praescribiren, sonder wehre (fol.31v) dem rechten herrn oder seinen Erben, nach solcher Verlofner Zeitt, sowohl als auf vorgehende Clag dieselben ervolgen Zulassen schuldig,

Zum funften hat die verikärung in geistlichen geweichten guettern nitt statt,

Zum Sechsten hatt solche exception wider ainen Pupillen oder minderihärigen nit statt.

§ 44 Die achte exception haist ein Außtzug einer beschehen novation oder eines verneuerten Contracts, denn wann die Contrahenten von dem ersten Contract schreiten und sich neuer geding, Condicionen und berednuß vergleichen, so kann auf den alten Contract nitt clagt werden, sonsten hatt ermelte exception wider die Clag statt, doch ist kein novation Zu vermuetten, es kombe dann darumben Schein für.

§ 45 Die Neunte exception haist der Außtzug Ainer ubergebnen oder delegierten schuldt.

§ 46 Wann nun ein Glaubiger dz, so mann Ihme schuldig, einem andern beÿ seinem Schuldtner uberschafft, so kann er nach beschehener ubergab, solche schuldt ferrer nit abfordern, sonsten stehet Ihme obgedachte Exception im weeg,

§ 47 Solche negst gehörte exceptionen sein peremptorisch und sollen erst nach beschechener Krigsbefestigung (fol.32.) gebraucht werden.

§ 48 Die Zehende Exception Senatus Consulti Macedoniani hatt wider die anlechen statt, welche, Söhnen, Töchtern oder Einecklen an vorwissen ihrer Eltern in derer gewaltsamb sie noch sein bestehen, Dann umb betzahlung derleÿ schulden künnen weder die Kinder noch Ihre eltern oder Burgen beclagt werden.

§ 49 Es hatt auch disfals kein bedencken, ob das Lehen mit oder ohn vertzinsung beschehen, also gült Es eben gleich, es seÿ das Lehen in gelt oder geltswerth, Zuverführung der Jugent beschehen.

§ 50. Solche exception aber hatt in etlichen fällen nit statt,

Erstlich Wann die Kinder, das Lehen nit in Ihrem aignen sonder der Eltern nutz verwenden,

Am andern, wann die Eltern des Lehens ein wissen haben, dasselb mit wider sprochen noch darwider protestien,

Zum dritten, da die Söhn solches entlehnet gelt Zu Ihres Studirens notturfft brauchen thetten, doch dz solches Lehen nit ubermessig seÿ, noch den gewöhnlichen Vätterlichen vertrag ubertref,

dann wagt ein Sohn mehrers als Ihme sein Vatter Zu Ihärlicher underhaltung deputiert und raichet, entlehent hette, were der Vatter solche ubermaß Zu erstatten nit schuldig. Zum Vierten, Wann der Sohn ein Krigsmann were, (fol.32[v]) und solches Lehen Zu Kriegs notturfft aufgebrachtt hette,

Zum funften, wann das Lehen von kainem frembden sondern von einem Brudern beschehen,

Zum Sechsten wann der entlechnet von menniglich für Vogtbar und seiner selbst mächtig gehalten worden.

§ 51 Diese Exception mag nach beschehener Kriegsbevestigung auch ergangenem Urtl fürgewendt werden.

§ 52 Die Aindlliffte einredt und Exception des Velleianischen Rechtes und Weiblichen freÿhait hatt alßdann statt, Wann sich ein Weibs Persohn für ainen andern verbunden, und für Ihne bürg worden, Dann wo sie auf Ihr obligation oder gelaiste Bürgschafft beclagt, kann sie sich der Clag mit dieser Exception entschutten, desgleichen auch Ihre Erben und Bürgen.

§ 53 Doch hatt dise freÿhait und einredt in etlichen sondern fällen nit statt,

Erstlichen wo sich ein fraw umb Heüratguett fur einen andern verobligiert,

Zum Andern wann ein frau selbst schulden machtt, oder in ander weeg Contrahiert,

Zum dritten, wo sich ein fraw fur andere leutt verpflichte, und beÿ derselben sachen gegenwüertig und Könfftig ainen genies Zugewarten hatte;

Zum Vierten wann ein fraw umb Ihr Pürgschafft viel oder wenig eingenomben, und solches einnembens oberwisen kündt werden,

(fol.33.) Zum fünfften, wann sich ein fraw arger mainung, und damit der Glaubinger Ihrer Persohn halber gevert wirdt, in derleÿ verbindtung eingelassen, So kann sie solches Velleianisch Rechten nit entheben,

Zum Sechsten, Wann sich frau solcher freÿhait des Velleianischen Rechtens austrücklich in beÿsein dreÿer Zeugen verzigen und Zuvor Ihrer Weiblichen freÿhaitt lautter berichtt verständigt und certioniert worden.

§ 54 Diese Exception kann nach der Litis contestation und ergangenen Urtel gebrauchtt werden.

§ 55 Die Zwelfft einredt Non numeratae pecuniae, wirdt aines nit dargetzehlten gelts halben fürgeworfen, dann da einer auf guett vertrauen und in Hofnung gelt Zuempfahen einen Schuldtbrief bekandtnuß, oder sein Handtschrifft von sich gegeben, Und[c)] nachmals der würcklichen dartzehlung des gelts nit habhafft worden, so mag er dem Clager, welcher auf derleÿ bekandtnuß agiern, und die betzahlung begehren thete, innerhalb Zwaier Iharen obbemelte Exception opponiern, in welcher Zeit alßdann der Cläger die würcklich außtzahlung unverhindert seines habendenn Schuldtbriefs mit anderm glaubigem schein, darbringen mues, Nach verstreichung aber berüerter Zwaÿer Ihar, wirdt der Cläger solcher weißung enthebtt (fol.33v.) und dem Beclagten, das er nichts empfangen, die probation aufgebunden.

§ 56 Dise Exception ist peremptorisch, und soll nach gethaner Krigsbefestigung fürgewendt werden, doch steet dem, so sein Handtschrifft also auf gueten glauben und trauen von sich gegeben, auch bevor, umb das geltt oder herausgebung seiner bekantnuß vor oder nach Zwaÿen Iharen Zuclagen, deßgleichen seinen Erben und Bürgen.

§ 57 Die dreÿ Zehendt einredt, Non numeratae dotis, oder eines unbetzahlten heürathguets mag sich ein ehemann gebrauchen, welcher in Heurahtsbrief, oder in ander weeg bekent, das er seiner Ehefrauen haimbsteur und Zugebrachtes heürath guett empfangen, dann da er derselben mit barer betzahlung nit habhafft worden, Und die ehe nit Zwaÿ Ihar gewert, mag er Ihren Erben so umb widergeltung desselben heürats guets clagen, innerhalb eines Ihars, Hette aber die Ehe uber Zweÿ Ihar gewertt, inner dreÿ Monaten dise exception, des nit empfangen Heüratguetts fürwerfen, da sie aber uber Zehen Ihar gewehrt, und sie mit einander ehelich gelebt, und der Mann solchen Ausstandt nit geant, So kann er sich nachmals ehebemelter Exception nit mehr behelfen, Sonder ist das heürat guett denen erben richtig Zumachen schuldig.

§ 58 Solche (fol.34.) exception ist peremptorisch, und hat auch nach der Litis contestation statt.

§ 59 Die Viertzehendt exception divisionis genant, gebürt einen Burgen, welcher neben andern Bürg worden, dann da er umb die gantz Haubtschuldt insolidum fürgenomben wirdt, mag er sich auf seine mittbürgen waigern oder in crafft dieser exception begehrn, das er für sein gebürnus allein beclagtt werde, Es were dann sach, das sich der Bürg sament und sonderlich verschriben, oder solcher freÿhait austruckenlich begeben, oder die andern Bürgen unuermöglich und nit solvendso Alßdann hett solche einredt nit Platz.

§ 60 Diese Excepetion ist gleichsfals wie die vorige peremptorisch.

§ 61 Die Funftzehende Einredt Renuntiationis hatt nach der Krigsbefesstigung, und in dem fall statt, Wann sich ainer Zuvor seines Rechtens oder gerechtigkaitt begeben, und ungeacht solcher Renuntiation darumben clagen thet, Doch ist hiebeÿ vonnötten, das der begegent thaill Vogtbar, und sein selbs mechtig seÿ, sich auch deren sachen vertzeiche, welche in seiner gwaltsamb allein stehen und privat Juris sein, dann gemainer sachen oder Solenniteten und Zierligkaiten kan sich niemandt begeben.

§ 62 Die Sechtzehendt Einredt Litis pendentis oder Instantiae non diüidendae kan sich ein ieder Beclagter gebrauchen, (fol.34[v]) welcher mit dem Clager vor einem gericht Zu rechtt steet, aber durch Ihne Cläger, davon für ein andere Jurisdiction gezogen wirdt, dann weill ein iede sach vor dem Gericht erordert werden solle, da sie rechts anhengig worden, So Zimbt dem Cläger in undertragnen Rechten nit mit der Instantz also zu wechßlen, oder dieselb Zuhalbieren, Thuet ers aber, so mag sich der Beclagt mit gedachter Exception defendiren, unnd dieselb von der Krigsbefestigung, oder wo der abwechsell erst nach verfangnem Rechten beschehe, hernach fürwerfen.

§ 63 Der Siebenzehent einredt, mag sich ein Erb, doch vor der litis contestation behelfen, wann er vorgehaltnem dreÿssigsten aufgerichten Inventari oder in hangender deliberation Ehe und Zuvor er sich Zu ainen erben erclärtt, und Erbliche sprüch für Gericht gewendt wirdt.

§ 64 Also auch Zum Achzehenden, da einer in wehrenden Gerichtsferien fürgenomben würdt.

§ 65 Die neunzehendt einredt, Non servatae fidei, hatt in denen fällen statt, wann sich Zwen Contrahenten gegen einander reciproce, der ein taill umb das, oder ander umb ein anders verbunden, dann wo dem Beclagten nit gehalten wirdt, so ist er von seinem gegen Zusagen auch entsprochenn, Und mag dem Cläger dise exception nach der Krigsbefestigung fürwerfen.

§ 66 (fol.35) Die Zwantzigist exception wirdt Zugelassen, wann einer was begehrt, so wider rechtt statt Landtsbrauch, general Policeÿ und dergleichen gemaine satzungen ist, Solche exception kann allezeit opponiert werden, dann was wider gemeines oder Landtrecht ist, kan weder vor noch nach dem Urtel bestehen.

§ 67 Die Ain und Zwantzigiste Einredt, einer untzeitigen clag wirdt nach der Krigs befestigung gebraucht, Nemblichen wann einer vor gebürlicher Zeit clagt, Alls wann umb unschuldten vor Außgang des verschribnen Termins oder umb bestandtgelt, vor endtung der verglichnenn bestandtsfrist, oder da der verkauffer umb die Kaufsumme vor beschehener einantwortung des verkaufften guets, oder der Erkäuffer umb einantwortung des guets, vor beschehener betzahlung, oder der schuldtner umb Herausgebung des pfandts, vorgethaner solution clagtt.

§ 68 Die Zwaÿ und Zwantzigiste Einredt hatt statt, wann einer sein aigne Handlung und Factum proprium retractiert, alls da einer etwas verkaufft und hernach clagweis fürgeben wolt, Er hett dessen nit fueg noch macht gehabt, so kann sich der Beclagt, obberürtes außtzugs, wider Ihne behelfen, und derselben vor dem abschiedt opponieren.

§ 69 Zum dreÿ und Zwanzigisten ist ain Einredt von factae dispositionis Alls wann ainer sich reden vernemben (fol.35v) liesse, da Er stürb, wolt er dem oder disem das oder ienes verschaffen, aber solches nit beschehen were, So kann auf solche reden, welche in kain würckliche disposition komben, niemandts rechtlich Clagenn, geschicht es aber, so steet denn Erben dieser behelf vorbeschloßner sachen bevor.

§ 70 Zum Vier und Zwanzigisten, wann die Actionen und Clagen dermassen geschaffen, das sie auf gewisse Ihar und Zeit, als umb Iniuri oder gewält, so in Ihars frist beschehen sollen, gestelt seÿen, und das in solcher gordtneter Zeit nit clagt wirdt, so mag sich der beclagtt, der Einredt verloschener Clag dissimulatae vel expiratae actionis vor der litis contestation betragen.

§ 71 Zum fünf und Zwantzigisten, Wann ein Cläger von uns als herrn und Landtsfürsten was mit verhaltnem grundt obreptine erlangt, so hatt die exception obreptionis statt.

§ 72 Zum Sechs und Zwantzigisten, Wann ein schein Handel oder simulierter contract aufgericht, so mag die exception simulationis vor beschloßner sachen gebraucht werden.

§ 73 Zum Siben und Zwantzigisten, Wann durch den Cläger etwas mit falsch beschehen, beschlossen oder aufgericht, so mach sich der Beclagt mit der Exception falsi vor und nach ergangnem Ubschiedt schutzen, (fol 36.).

§ 74 Zum Acht und Zwantzigisten, wann einer umb Erbschafft clagen wiell, kann in die Exception, das er sich darzu wie Landtbreuchig Legitimiren solle, und nach der Krigsbefestigung opponiert werden.

§ 75 Und in Summa alle vernunfftige Rechtmessige Landt und gerichtsgebreuchige behelf, damit sich einn Beclagter wider den Cläger vor Gericht vertaidigen, schützen und schermen, kan, sollen und mügen für Außtzung unnd einredten billich gehalten unnd gebraucht werden, Angesehen das die Exceptionen in gemain nichts anderst alls Rechtliche defensionen sein. (fol.36v)

Der Viertzehent Tittl. Von der Exceptionen, Einreden und Auszugen underschiedt, art und Aigenschafft

§ 1 Der Gerichtlichen Exceptionen, einreden und Außtzugen kann man sich auf Zweÿerleÿ weeg gebrauchenn,

Erstlich aufschieblich und dilatorie, in welchem fall die Clag und Action ein Zeit lang aufgehaltenn, aber nit gar noch auf ewig außgeschlossen wirdt, Alls da mann wider des Richters, Clägers oder Procurators Persohn, deßgleichen wider die ladung, Clag oder gewalt excipiert, dann dardurch felt des Clägers Jus und Intention nit, sondern wirdt allein so lang verschoben, biß die Persohnen, Ladungen Clagen und gewält verendert werdenn.

§ 2 Solche dilatori einredt sollen vor der Krigs befestigung, ehe sich der beclagt verfäncklich oder im Haubtsächliche antwort einläst, beÿ Gericht fürgewendt werden, sonsten sollen sie nach verfangenem Krieg oder litis contestation nit statthaben, allein in ethischen besondern fällen.

§ 3 Erstlichen wann die Exception nach beschehener Haubtsächlicher Antwortt, entstünde, alls wann sich dz Gericht erst nach des Krigs befestigung (fol.37.) verdechtlich ertzaiget oder ein neuer gewalttrager fürgestelt wirdt, so nit rechtmessig were.

§ 4 Zum andern, Wann das Gerichtt dieselb Dilatori Exception, erst hernach Zuvernemben, für ein notturfft erachtet, Alls wann sich ein Cläger, Zu ainer Erbschafft legitimiren soll, mag das Gerichtt seinn Haubt legitimation, welche zum guett geschehen mues, Zu dem Haubtsächlichen disputat verschieben, unnd entzwischen den Beclagten, wann er sich nur Zu der Clag legitimirt, in antwortt erkennen.

§ 5 Fürs dritt wann der Beclagt der Ihme gebürenden dilatori exception Zuvor kain wissen gehabt, sondern derselben erst nach seiner beschehen antwort de facto erindert worden.

§ 6 So ein Parteÿ mehr alls eine dilatori exception fürtzuwenden hette, sollen sie dieselben samentlich auf einmahl fürbringen, dann eine nach der andern Zugeunerlichen auftzueg der sachen einzuwerfen, solle nit gestat werden.

§ 7 Under allen Dilatori austzugen aber, sollen die welche wider das Gericht geordtnet, am ersten fürgewendt und proponiert werden, dann da mann in das Gericht ainmahl verwilligt, hat derselben recusation ferrer nit statt.

§ 8 Die Andere weiß exceptionen und Einredt vor Gerichtt fürzubringen, geschicht peremptorie (fol.37^{v}) und ausleschlich, Nemblichen in dergestalt und mainung, das die clag und Action, dardurch gar außgelescht, todt und abgemachtt wirdt, dahin sein nun alle behelf, Eintrag und defensionen Zu verstehen, welche Zu der Haubtsachen gehören, Und dem Cläger seine vermainte haubtgerechtigkaitt abstricken, alls da sein die exception eines behabten Rechtens, Ainer beschehener betzahlung, begangner gevar, angelegter betrangnus, und was dergleichen mehr ist.

§ 9 Solche peremptori Exceptionen sollen nach der Krigsbevestigung fürgewendt werden, Und haben so lang statt, biß in der Haubtsachen beschlossenn, doch die Schlußschrifften außgenomben, darumb kain neue einredt, dem Gerichtsbrauch nach Zu gedulten.

§ 10. Welcher sich aufschieblicher und Dilatorischer einredt gebrauchtt hatt, dem sollen seine peremptori Aufzueg nach verfangenem Rechten fürtzubringen, unbenomben sein.

§ 11 Wiewohl die geschribenen Rechten vermögen das ein peremptori excepetion nach der andern underschiedtlich fürgebracht und außgeführt mög werden, so wöllen, ordnen und setzen wir, doch auß Landtsfürstlicher Volmachtt von wegen schleüniger befürderung des Rechtens, wo ein Parteÿ mehr als mitt ainer peremptori exception gefast, das (fol. 38) Sie dieselben all unter einsten fürbringen und Ventilieren solle.

§ 12 Welcher Zum austrag der Haubtsachen gereifft und hindangesetzt seiner habenden Dilatori einreden, seine permptorischen Austzug strax gebrauchen wiell, dem soll es umb weniger behelligung wegen doch nach des Kriegsbefestigung bevor stehen.

§ 13 Es seindt etliche peremtori einredt, welche dilatorie und peremtorie auch vor und nach der Krigsbefestigung fürgewendt künnen werden,

Erstlich wann der Beclagtt fürgibt, das die sachen darumben clagt wirdt, mit dem Aÿdt Zuvor erörtert,

Zum andern, wann er antzeucht das solche sachen Zuvor vertragen,

Zum dritten das er von der sachen Zuvor mit Rechtt und Urtel ledig erkendt,

Zum Vierten, Wann der beclagtt die veriährrung wider den Clager einführt,

Zum funften, wann er sich vor beschehener betzahlung oder anderer liberation behüelfft,

Zum Sechsten wann die Legitimation Zu der Erbschafft begert wirdt.

§ 14 Der formb Dilatorischer Exception mag ohngeverlich in negstbemelten sechs einreden also beschehen,

Weill mich N.Cläger umb ein vermainte Schuldt fürnimbt, so bring ich hiemit der beschehen bezahlung halben, dise glaubwürdige quittung (fol.38v) für, wiell mich derhalben in kain erweiterung noch verfenckligkait einlassen, sonder bitt mich in craft des fürgebrachten lauttern und gefertigten scheins ausser alles ferrern Proceß von der Instantz und des Clägers unbefuegten Clag, ledig Zu erkennen, sambt abtrag der Expenß.

§ 15 Peremptorie aber werden sie also proponiert,

Ich gestehe dem Cläger kainer schulden, dann er derselben vergnüegt, welches ich mit Ihme wie recht ist außtzutragen keinen scheich hab, etc.

§ 16 Die peremptori und außleschischen einreden sollenn nach ergangenem abschiedt, oder entdt Urtel nit mehr statt haben, doch werden etliche sondere fäll hierbeÿ außgenomben,

Erstlichen die exception einer andern Jurisdiction und Instantz,

Zum andern die Exception eines vermaintenn gewalthabers, welcher mitt keinem gewaltt versehen gewesen,

Zum dritten die Einredt eines unordentlichen und nichtigen process,

Zum Vierten die Exception aines falschs

Zum fünfften die einredt der Weiblichenn freÿhait und des Velleianischen Rechtens,

Zum Sechsten der Außtzug der Macedonischen freÿhaitt (fol.39.)

Zum Siebenden, das ein Erb, so die Erbschafft cum beneficio Inventarÿ angetretten, uber desselben vermügen Zutzahlen nit schuldig,

Zum Achten, Wann ein peremptori einredt, erst nach ergangenem abschiedt entstanden, so soll dieselb hernach statt haben.

§ 17 Die exceptionen und einreden verihären sich, wie etliche clagen in Ihars frist nit, sondern sollen biß auf verihärte Zeitt, statt haben, doch die exception aines unbetzahlten heürat guets und unerlegten gelts, wie oben gehört außgenomben.

§ 18 Aller exceptionen, so dem Beclagten bevorsteen, deren mögen sich ihre Erben und singular successorn auch gebrauchen, deßgleichen Ihre bürgen,

§ 19 Welche exception die Haubtsachen außlescht, die ertöttet auch alle accessorien, so der Hauptsachen sonsten nachvolgen.

§ 20 Welcher unrechtmessig und muetwillig Zu geverlichen auftzueg der sachen excipiert, der solle dem Clager die Expens abtzutragen schuldig sein.

(fol. 39v)

Der 15. Tittl.* Von des Clagers Ungehorsamb in ordinari sachenn

§ 1 Wann der Cläger auf den ersten gebürenden Rechtstag, weder in aigner Persohn, noch durch seinen Gewalttrager (das sich weniger als mit dem beclagten begibt) erscheint, so mag der Beclagt die Ladung originaliter fürbringen mit begehrn, Weil der Clager noch iemandts von seinet wegen verhanden, sich vonn der Instantz und außgebrachten Ladung ledig und muessig Zuerkennen, sambt abtrag der expens.

§ 2 Wann aber der Cläger auf den fürgesetzten Rechtstag erscheinet, und sein ladung Clag und Execution einlegtt, doch volgents der Clag nit nachkombt, sondern ungehorsamblick aussenbleibtt, so solle der Beclagt Zu dreÿen Rechtstägen, wider Ihne umb Recht anruffen, Und solche anrueffen, mögen auf Zwen weeg beschehen.

§ 3 Erstlich wann des Beclagtenn mainung nit ist, das das Gericht auf die einkomben Acta erkandtnuß thain solle, mag er begehren, sich von der Ladung und clag, auf des Clägers ungehorsamb, sambt abtrag der Expens ledig Zuerkennen. (fol. 40.)

§ 4 Da aber dem Beclagten gemaint, aus die einkomben Acta und producten wir recht ist, erkennen Zulassen, so steet Ihme solches in seinem dritten und letstenn anruffen Zubegehren bevor, Unnd sodann daß Gericht aus den Actis befindt, das der Krieg verfangen, auch baider thaill notturfften und gerechtigkaiten genuegsamb einkomben, mag in der Haubtsach erkantnus beschehen, Unnd wann alßdann der beclagt definitive ledig erkent, so wirdt der Cläger zu solcher Handtlung ferrer nit Zugelassen, sonder es bleibt allerdings beÿ dem Endt Urthel, So aber das Gericht die einkombenen Acta ietz bemelter massen nit befindet, so geschicht kein entliche erkantnuß, sondern der beclagt wirdt allein auf ungehorsamb von der Instantz des Gerichts, sambt abtrag der Expens müessig erkendt, Und da solche erkandtnuß auf ungehorsamb beschehen, so wirdt dennoch dem Cläger hernach Zugelassen gegen betzahlung des Expens innerhalb Ihars frist, in sein Rechtt einzustehen.

(fol.40v)

* Wechsel auf Ziffern-Numerierung im Original.

Der 16. Tittl. Von den Ungehorsamb, welcher sich vor dem Abschiedt oder Endt urthel, in ordinari sachen durch den Beclagten beschicht

§ 1 Wann der Cläger in gehendem ordinari Landts rechtens sachen, auf den Ersten Rechtstag sein Ladung Clag und Execution einlegt, und der Beclagt, oder Jemandts von seinetwegen nit erscheinet, soll er umb dem beruff Zum ersten mahl beruffen und solchen Zu prothocollieren begehrn, Und da weder der Beclagtt noch iemandts von seinet wegen den andern Rechtstag fürkümb, so mag der Cläger Zum andern mahl umb den berueff anrueffen und solches abermals Zu prothocollieren begeren.

So nun der geladen abermals nit erschienen und der Cläger auf volgenden Rechtstag Zum dritten mahl umb den beruff anruffet, solle derselb durch das Gericht, auf nachvolgenden Rechtstag erkendt und von dem füerbietter exequiert werden.

§ 2 Unnd wann der beruff also ergangen, mag der Cläger (fol. 41) nach demselben Rechtstag umb den Ansatz ex primo Decreto anruffen, und solches anruffen in das prothocol eintzuschreiben begehren, Wo alßdann der Beclagt erscheint und sich den beruf gulden dem fürbietter Zuerlegen erbent, wirdt er wider Zugelassen doch nicht eher als wann Er solchen gülden würcklich erlegt, da aber solches nit beschehe, und der Cläger Zum andern und dritten mahl umb den Ansatz anruffet, auch mitler weill weder beclagter noch iemandts von seinetwegen mit gewalt erschine, solle dem Cläger der Ansatz erkent werden, Nach welcher erkantnis der Clager Zwischen rechten umb den Ansatz supliciern mag, der solle Ihme beÿ der Cantzleÿ gefertigt werden.

§ 3 Wann nun der Cläger die angesetzten guetter ainn gantz Ihar innen gehabt, mag er vor Gerichtt umb den Ansatz ex secundo decreto Zu dreÿen Rechtstägen anruffen, und so dann der Beclagt Innerhalb Ihars frist erschiene, Soll er gegen erstattung aller anferlofnen expens Zu seiner notturfft verlassen werden, Erscheinet er aber noch iemandts von seinetwegen nit, solle der Cläger mit Rechtlicher erkantnus ex secundo Decreto von Neuem in die güetter gesetzt werden.

§ 4 Wann nun der Cläger solchen Ansatz ex secundo (fol.41^{v}) Decreto vor Gericht erlangt, so solle Er einn ordentliche Commission begehren und sich mit Gerichts handten, in das strittig guett einsetzen lassen, doch nach gelegenhait seiner Ladung und Clag dann da Er nicht auf das gantze guett, sonder nur halben taill clagt hette, kan Ihme das gantz guett nit eingeantwort werden, allein es beschehe pro rata der Expens unnd schäden.

§ 5 Wann aber der Beclagt, gegen dem Clager auf die Ladung und Clag erscheinet, sich doch in kain antwort einliesse, Sonder wider den Cläger excipiern, volgendts der sachen nit nachsetzen, sondern ungehorsamblich außen Bleiben thette, So mag der Cläger umb erkantnus in der exception anruffen darauf soll uber das so in der exception einkomben, mit erkantnus fürgangenn werden, da nun der beclagt in antwort erkendt würdt, aber auf seiner ungehorsamb verharren thet, solle der Cläger Zu dreÿen Rechts tägen, wider den Beclagten umb recht unnd verrer erkantnus anruffen, darauf solle erkent werden, Der Cläger habe auf des Beclagten Umgehorsamb (fol.42) seine spruch behabt unnd erlangt, Alß dann mag der Clager umb den Ansatz anhalten, der solle Ihme der ordtnung gemes Zwischen der rechten mitgethailt werden.

§ 6 Wo dann der Beclagt hernach inner Ihars frist vor Gericht erscheint, und sich gegen betzahlung der Expens Zu seiner Haubtsächlichen notturfft Zutzulassen begehrt, soll er mit seiner antwortt gegen erlegung solcher Expens Zugelassen werden.

§ 7 Wann aber der Beclagt in der Handlung so weit verfahren, das er den Krieg verfangen, das auch die sachen durch weisung oder in andere weeg so lauter, das das Gericht darüber definitive Urtln mag, So solle der Cläger Zu dreÿen Rechts tägen, wider den ungehorsamb beclachten umb recht anruffen, mit den begehrn, Auf das so in der Haubtsachen einkomben erkantnus Zuthain, alß dann sollen die Acten und producten, durch das Gericht furgenomben, und wo dz gericht in Actis befindt, das der Parteÿen notturfften und gerechtigkaiten genuegsamblich außgeführt und erleuttert, Sonderlich wann die weisung volfüertt, so solle in der Haubtsachen entkantnuß beschehen, darauf mag der Cläger umb den gebotsbrief und die andern Execution mittl suppliciren, die sollen Ihme nach (fol.42v) ordtnung mitgetailt werden.

§ 8 Wann aber die Acta dermassen, wie ietzt vermelt nit befunden, so solle die erkantnus nit definitive sondern allein auf ungehorsamb als Zuvor vernomben, beschehen, doch wann der beclagt Innerhalb Ihars frist nach dem Urtel so auf Ungehorsamb ergangen erscheinet, und die Expensen bezahlet, solle er widerumben als oben gehört Zugelassen werden.
(fol.43.)

Der 17. Tittl. Von der Cläger Ungehorsamb, so sich beÿ denen Summarj sachen begeben

§ 1 In Summari und Extraordinari Gerichtlichen sachen, wann der Cläger vor der Krigs befestigung seiner eingebrachten Clag nit nachsetzt, soll der beclagtt begehren, das Ihme Cläger durch dreÿ underschiedtlich bevelch Zu prosequierung seiner Clag verkundt werde, Erscheinet er alß dann, so solle er gegen erlegung der expens Zuvolfüehrung seiner clag gelassen erscheint er aber nit, solle der beclagtt auf sein begern, vonn der Instantz absolviert werden.

§ 2 Da aber nach beschechener Krigsbefestigung doch vor dem Endt Urtl ain Cläger saumig und auftzigig wehre, auch sein clag hangen ließ, mag der beclagtte Thaill abermals begehren dem Cläger Zu ausführung seiner Clag dreÿmahl durch gerichtliche bevelch Zuerkunden, erscheint er, Allßdann solle Er gegen erstattung der Expens wider Zugelassenn werden, kombt er aber nit so mag der Anclagt begehrn, auf das so vor der ungehorsamb, von baiden (fol.43ᵛ) Thailen ordenlich einkomben, wie recht ist Zuerkennen und da die Haubtsachen dermassen lautter ausführlich und genuegsamb für komben were, das das Gericht in derselben schließlichen entschiedt thain möchte, so solle Haubtsachlich erkent, und der Anclagt nach gelegenhait befundener sachen condemnirt oder absolviert, auch der Cläger Zu seiner notturft gegen erbietung der Expens ferrer nit Zugelassen werden.

§ 3 Wann aber kain weisung lautterkait noch gewißhaitt in der Haubtsachen verhanden, so solle der Beclagt von der Instantz sambt abtrag der expens ledig und müessig erkent werden, und vonn solchem Urtel es were gleich der Cläger in der Haubtsachen oder Instantz verlustig, solle er Zu ainer straff seiner geübten ungehorsamb nit appellieren, Er kömbt dann, weill das Gerichtt noch Zu rahtt sitzt, und thet seinen Ungehorsamb purgiren.

Der 18. Tittl. Von des Beclagten ungehorsam in summari sachen

§ 1 Wann sich der Beclagt thaill vor der Krigsbefestigung (fol.44) ungehorsamblich verhelt und der Clag nit statt thuen wiell, so hat der Cläger allerleÿ mittl dardurch der anclagtt Zu gehorsamb compelliert mag werden,

Erstlich durch peremptori bevelch, Am andern durch Poenfall, Zum dritten, durch bevelch beÿ unserer straf und Ungnadt, Zum Vierten beÿ bekantnuß der sachen, Zum fünften mag der Beclagt auf das Landthaus persöhnlich ervordert werden, Zum Sechsten mögen wider Ihme die Gerichtlichen und Landtsgebreuchigen Execution mittl alls gebots brief, Ansatz, Anbatsbrieff Urlaub und Commission nach ordtnung geworben werden.

§ 2 Es ist auch dem Gericht unbenomben, die Gerichtlich verachtung, an den Ungehorsamben insonderhait Zustrafen.

§ 3 Erschein nun der Beclagte tail auf obgehörte mittl, soll er die Expens retardati processus, dem Clager erstatten, und Zu seiner notturfft gelassen werden.

§ 4 Erscheint er aber nit, so mag der Clager so des rechtens haubtsächlichen austrag begehren thuet, gegen Ihme bis auf die euserste execution fürgehen, oder uber das so einkomben auf ungehorsamb erkennen lassen.

§ 5 Wann alßdann der Beclagt innerhalb Ihars frist kombt, und sich gegen erstattung der expens Zu seiner (fol.44[v]) notturfft Zutzulassen begehrt, solle Ihme solches gebillicht werden, wo nit stehet dem Clager auf den ergangenen Abschiedt die execution bevor.

§ 6 Wann aber der beclagt nach der Krigsbefestigung ungehorsamb wirdt, und dem Gerichtlichen austrag der sachen fleucht, alsdann mag der Clager gleichfals begehren, Ihme dreÿmahl oder ainßmals peremptorie nach gelegenhait seiner grossen ungehorsamb, Zu austrag der befestigten sachen Zuerkunden, Im fall er kömb, soll er gegen erstattung der expens ferrer Zugelassen werden, kömb er aber nitt, und die Acten und producten so ausführlich und bescheinet, So solle Haubtsächlich verabschiedt, und da der Ungehorsamb verlustigt würdt, Zu keiner appellation gelassen, Sonder neben der Haubtsachen in die expens erkent werden, Es solle auch der Beclagt gegen erlegung der Expens inner Iharsfrist nitmehr Zugelassen werden, er seÿ dann Zu der Haubtsachen außsondern beweglichen Ursachen von uns als Herrn und Landtsfürsten restituiert, da aber nit soviel fürkomben, das in der Haubtsachen erkendt werden möcht, Alßdann soll der Cläger sein Clag auf ungehorsamb erhalten, und also von Gericht auf ungehorsamb erkendt werden.

§ 7 Wann alßdann der beclagt Innerhalb Ihars frist (fol.45.) Kombt, und sich gegen erstattung der expens Zu seiner notturfft Zutzulassen begehrt, solle Ihme solches gebillicht werden, wo nit, stehet dem Cläger die Werbung oder execution bevor.

§ 8 Weil dann der Cläger mit obbemelter Erkantnus nit befürdert sein, sonder den volkombenen austrag der saachen unter ainsten bekomben, so steet Ihme bevor, wider den ungehorsamben beclagten umb Poenfall Persöhnliche erforderung, eintziehung oder Arrestirung der Persohn oder gebots, Ansatz Anbots etc und urlaubbrieff abgehörter massen antzuruffen, welche gebürliche Execution mitl Ihme nach ordtnung und wie Landtsbreuchig nit vertzigen werden sollen.

§ 9 Wie aber gegen denen Ungehorsamben nach ergangenen Urtel oder abschiedt Zuverfahren seÿ, solle hernach an seinem gebürlichen ortt geordtnet werden.

§ 10 Die aufgesetzten Pöenfallen eintzufordern und die ungehorsamben nach der Litis contestation Zustraffen, solle dem Gericht absonderlich bevorstehen.

Der 19 Tittl. Von verfenklicher antwort Litis Contestation oder verfahrung des Krigs

§ 1 Wann der Beclagt, dem Cläger sein Clag durchauß (fol.45v) oder fürgebrachter massen vernaint, so wirdt dardurch der Krieg verfangen und befestigt.

§ 2 Wann auch der Beclagt protestiert, das er sich verfänglich eintzulassen nit bedacht, und dennoch die Haubtsachen einführen und disputiern thett, so solle ainen weeg als den andern der Krieg verfangen sein.

§ 3 Dieweill auch die Außleßlichen peremptorische außtzug und exceptionen, die Haubtsachen auf Ihnen tragen, sollen sie für verfänckliche Antwort gehaltenn werden, Demnach welcher in antwort erkendt und darauf peremptori excipiern thuet, der hatt dem Abschiedt oder Urtl ein benüegen gethan.

Der 20 Tittl. Von der Kriegsbefestigung aigenschaft und Wurckung

§ 1 Durch die Kriegsbefestigung werden Veriährung und praescriptionen unterbrochen.

§ 2 Deßgleichen werden alle Persohnliche Sprüch, so sonsten Ihärig als gewalt, eingriff und Iniuri durch die Krigsbefestigung perpetuirt und biß auf veriährte Zeit geewigt.

§ 3 Also sollen auch durch die Litis contestation alle (fol.46.) Rechtssachen auf die Erben Transmittiert werden, ungeacht das sie poenales sein.

§ 4 Die Zeugen sag und lebendige Kundtschafft, welche der Cläger auftzunemben begehrt, sollen vermüeg geschribner Rechten vor beschechener Krigsbefestigung, nit Zugelassen noch aufgenomben werden, es were dann sach, das solches aus sondern nachvolgenden ursachen und bewegnüssen Zu ewiger gedechtnus beschehe,

Erstlichen sollen solche Kundtschafftten vor des Krigs verfahrung voluiert werden, wann die Zeugen gevehrlich Kranck, und sich Ihres ableibens Zubesorgen,

Zum andern, wann sie an orten, da die sterbens leuff regieren wohnten,

Zum dritten, Wann die Zeugen gleich nit ligerhafftig, sonder ein sochete kranckheit, welche unversehens endt macht, hetten,

Zum Vierten, das die Zeugen ein geverliche Reiß, als in den Krieg, oder uber Meehr vor Ihnen hetten,

Zum fuenften, Wann die Raiß nit geverlich aber dermassen lang wüerig, das mann sich der Zeugen wider herkonfft so baldt nit Zugetrösten,

Zum Sechsten, wann die Zeugen aines grossen bedachten Alters,

Zum Siebenden, Wann unser Cammer Procurator und Fiscal schulden handlet,

Zum Achten, wann die sachen aines Pidermannß (fol.46v) Ehr und gueten Leobmuett antroffen, dann weil ainem ieden Principalen, und seinen Erben an derleÿ stritten mehrers als andern gelegen, auch die Iniuri sachen, sonsten langwürig, so solle die Zeugnuessen umb soviel fürdersamber dem Landtsbrauch nach hinfüehran aufgenomben werden,

Zum Neundten, Wo spüerlichen Zubefinden das der beclagt die sachen durch ungebürlich exceptionen und ausflicht auf das der Clagendt thaill, Zu der weisung und haubtsachen lang nit komben soll, in die hare Zeucht.

§ 5 Aber dem beclagten taill mag ieder Zeit und bevorab wann der Cläger mit seiner Clag saumig erschien, und die sach selbst auftzügt, die verhörung der Zeugen Zu könfftiger gedechtnus ohn underschaidt und ungeacht, ob gleich der hievor ertzehlten Ursachen keine verhanden, gestattet, Doch sollen Zu solchen verhörungen der Zeugen den gegentail iedertzeit ordentlich und wie Recht ist verkündt werden.

§ 6 Und wann nun dergleichen weisungen, ad perpetuam rei memoriam aufgenomben, sollen die Kundtschafften durch dis Zeugs verhörer, in die Cantzeleÿ verschlossen, und Zu der ordentlichen registratur gebracht, und daselbst uneröffnet untzt die Parteÿen mit erkandtnus dartzu gelassen, behalten werden.

§ 7 Nach beschehener Krigsverfahrung, solle keinn (fol.47.) dilatori exception mehr statt habenn.

§ 8 Deßgleichen die Verkherung der Ladung und Clagen.

§ 9 Die verenderung aber aines Gewalttragers solle nach der Krigs befestigung sowohl als Zuvor in des Principalens willkühr steen und hierinnen ungeacht geschribnen Rechten niemandts gespert sein.

Der 21 Tittl. Von Gegenclagen und Reconventionen

§ 1 Dieweill die gegenclagen und Reconventionen beÿ unsern Landtmarschalchischen Gericht von alters her nit breuchig gewesen, so lassen wir es aus Landtsfürstlicher Volmacht nochmahlen gnedigist beruhen.

§ 2 Demnach welcher wider ainen Landtmann Gegenspruch Zuhaben vermaint, der soll es nit per modum Reconventionis, sonder durch ein absonderliche Clag thuen, wie sich gebüertt, und wie recht ist.

(fol. 47v)

Der 22 Tittl. Von beweisungen und probationen in gemain, auch denen vermuettungen und Praesumptionen

§ 1 Dem Cläger solle nach ordtnung der Rechten beweisung seiner Clag und nit den Beclagten ordinarie auferlegt werden.

§ 2 Doch wann sich beclagter der beweisung selbst anbeutt und dieselb uber sich nimbt, solle er datzu gelassen werden.

§ 3 Item wann der Beclagt fürgibt, es seÿ ein geschicht oder sachen nit ordenlich Landtbreuchig, Zierlich oder Gerichtmessig beschehen, solle Ihme die Probation Zustehen.

§ 4 Deßgleichen da der beclagt in seiner exception unnd einredt etwas antzeucht, welches ein affirmation auf Ihme hatt, alls da er fürgeb, er habe betzahlt, oder daß strittig guett mit recht und Urtel erhalten, und was dergleichen behelf mehr sein, So solle der Beclagt, solche sein exception Zu beweisen schuldig sein.

§ 5 Also auch wann der Beclagt die praesumption und vermuettung geschriebner Rechten wider sich hatt, so steet Ihme die weisung Zu, als da er fürgeb, er wehre gevärdt worden oder betrangt und betrogen, dann deren keines Zuvermuetten, biß es genuegsamlich erwisen, Also auch wann ein Beclagter fürgeb, das (fol 48.) strittig guett wehre Ihme geschenckt worden, Item die schuldt wehre Ihme nachgelassen.

Item er hab sein Zusag nit im ernst, sonder schertz gethan so gebüert Ihme solches wahr Zumachen.

§ 6 Ebenermassen, Wann beclagter das geschicht der sachenn besteet,[a] darnebens aber fürwendt, er habs aus rechtmessigen und befuegten Ursachen gethann, so solle Ihme die Haubtweisung auferlegt werden.

§ 7 Welcher das geschicht durchaus, fürgebrachter massen widerspricht, dem soll kain Haubtweisung sonder seinem gegentaill aufgebunden werden.

§ 8 Welcher etwas vernaint, da nit in facts sonder Jure steet, dem soll die Haubtweisung auferladen werden, Alls wann ein Parteÿ fürgeb der Testator hatte nicht macht gehabt, ein Testament Zumachen, Item es wehre einer nit ehelich, Item mit Lehen fechig, Und was dergleichen einwürf mehr sein.

§ 9 Welcher fürgibt, das etwas fälschlich beschehen, der mues es weisen,

§ 10 Deßgleichen welcher antzaigt, mann seÿ von dem vorigen contract in ein neue Handtlung eingangen, der soll es weisen.

§ 11 Also auch welcher einführt, das erkaufft guett seÿ vor dem Kauff mangehafftig gewesen, der solle es weisen.

§ 12 Der ainen letzten willen inpugniern thuet, dem steet (fol.48[v]) die weisung billig Zu, also auch mit allen andern Instrumentischen behelffen.

§ 13 Es ist kein Irrthumb Zu vermueten, er werde dann bewiesen.

§ 14 Was beÿ Gericht gehandlet wirdt, solle für ordenlich und rechtmessig gehalten werden, biß das widerspiell erleuttert und bewisen wirdt.

§ 15 Es ist Zuvermueten, das ein ieder ein guett bona fide und Erbarlich innen hab, biß das wider spiel dargebrachtt.

§ 16 Es solle keines Brieflichen Scheins, noch anderer sachen verlust vermuettet werden, ohn genuegsambe weisung.

§ 17 Der umb das Aigenthumb von alters her Zutzaigenn hatt, desselben soll es nachmahlen verbleiben, es werde dann ein Iungerer Titl und Rechtmessige ankonfft erwisen,

§ 18 Also auch mit der Eltern possession.

§ 19 Wann in possessori stritten beede tail der Clager sowohl als der beclagt die possession bewisenn, so solle der thaill mit seiner weisung fürtziehen, welcher mehrer und glaubwürdiger Zeugen hatt, oder die Elter possess oder dem Titl seiner possess bewisen hatt.
(fol.49.)

Der 23. Tittl. Von lebendigen Kundtschafften und Zeugen sagen

§ 1 In aignem sachen und Handlungen soll sich keinn Principal selbst Zu bestettung seiner weiß Artickel darstellen, Es wolle dann Ihne sein gegentail darzu guetwillig komben lassen.

§ 2 Wann aber ein gegentaill den andern selbst fürstellet, und sich der fürsteller seiner andern habenden Zeugen freÿwillig begibt, So ist der fürgestellt an waigerung uber die eingebrachten weiß Articl Zu kundtschafften schuldig.

§ 3 Wann die Eltern und Uhreltern in aufsteigender lini als Anherr Anfraw, Uhranherr, Uhranfrau in Ihrer Kinder oder Einckhl sachen kundtschafften.

§ 4 Deßgleichen so die Kinder und Eineckhl in absteigender Lini, in Ihrer Eltern und Ihrer Uhreltern Handlungen Zeugnus geben, so ist Ihr Aussag verdechtlich, derhalben kan nach eröfneter weisung wider die excipiert werden, welches auf Ziech Vätter unnd (fol.49v) Ziech Kinder alweill sie beÿ einander wohnen, auch Zuverstehn.

§ 5 Doch sein etliche sondere fäll, darinnen der Elternn aussag Zutzulassen, und von Rechts wegen gültig,

Erstlich wann die Vogtbarkait oder Bluets freundtschafft Zubeweisen, dann in derleÿ fällen kann niemandts bessern noch aigentlichen bericht haben, als eben die Eltern,

Zum andern in Ehe und Matrimonieal sachen, sonderlich wo Zwischen den Parteÿen, des standts oder Vermögens habben ein gleichhait oder doch ein schlechter unterschiedt verhanden,

Fürs dritte, Wann Zwischen dem Zeugen führer und seinem gegenthaill des gebluets oder gradts ein gleichhait ist, dann wo Zweÿ geschwistriget oder Eineckhl mit einander Kriegten, möchten Vatter und Mutter, Anherr oder fraŭ wohl Zeugnuß laisten, angesehen, das der Zeug ainem taill so nahendt als dem andern, derwegen sein aussag ohn verdachtt,

Zum Vierten, Wann die Eltern und Kinder von frembden Parteÿen miteinander fürgestelt werden, so soll solches unverwerth sein, dann es ist wider geschribne Rechtten und vernunfft gar nit auß ainem ainigen Hauß mehrerleÿ Persohnen /: ob sie gleich ainen ander befreundt:/ furtzustellen,

Zum fünfften, da die Eltern Ihre Kinder und Kindts (fol.50.) Kinder, oder her gegen die Kinder Ihr Eltern Zu kainer mündtlichen, sonder Instrumentischen beweisung, Nemblichen Zu befestigung und Zeugnus aines Contracts brauchen wolten, so mögen dieselben /:da es der gegentaill nit antet:/ Zugelassen werden.

§ 6 Die Geschwistriget mügen in Burgerlichen und Civil sachen, so kain Malefitz auf Ihnen haben fur oder wider Ihre mitgeschwisteriget, wohl Kundtschafften alleinn etliche sondere fäll, darin der geschwisteriget Zeugnus nit statt haben mag, außgenomben,

Erstlich wann sie noch unverthailt sein,

Zum andern, da sie gleich vertailt, aber sonst beÿ dem stritt interessiert,

Furs dritt, Wann es umb einen Burgerlichen doch Hochwichtigen Handl Zu thain, so solle kein geschwistrict fur das Ander Zeugnus geben, dann derleÿ sachen, so grosser importanz, werden den Criminal und Malefitz handlungen verglichen, in welchen kein geschwistret des andern Zeug sein kann, allein die purgation sachen außgenomben, dann der anclagten unschuldt, ist beÿ denen geschribenen Rechten so hoch befreÿet, das auch ein Bruder den andern Zu darthueung seiner unschuldt fürstellen kan,

Welche sachen aber hochwüchtig oder nit, solle nach ge(fol.50.v)legenhait der strittigen Persohnen, des Krigbaren guts und anderer umbstandt gelegenhait in des Gerichts discretion stehen.

§ 7 Also auch die andern Collateral und beÿsteits bluetsfreundt, ober und unters stambens, als Vettern, Maymben und dergleichen Persohnen, mögen in Ihrer befreundten burgerlichen und Civilischen sachen Kundtschafft geben.

§ 8 Die geschwägerten Persohnen mögen biß auf den Sibenden gradt, wider einander Zu Zeugen fürgestelt werden, doch sein hiebeÿ die Schweher und Aÿden, desgleichen Schwiger und Schnuer ausgenomben.

§ 9 Und obwohl hievor verstanden, das die blutsfreundt und Schwäger, in sachen Ihre befreundte und geschwägerte betreffent, kundtschafften mögen, so sein doch ihre Außagen nit so glaubwüerdig als der andern frembden Zeugs Persohnen desposition.

§ 10 Inn allen obbegriffnen exception fällen, darinnen die befreundten und geschwägerten nit Zugelassen sein, soll es eben die mainung haben, wie Zuvor von denen Eltern vermeldt worden, dann da einen freundt Zwischen Zweien gleichen Befreundten oder ein Schwager Zwischen Zwaÿen gleichen Schwägern kundtschaffen thet, so wehre solches unverwerth, es hette auch ainige exception darwider nit statt.

§ 11 Die Ehemänner sollen von Ihren Hausfrauen Zu Zeugen (fol.51) nit benent noch fürgestelt werden, Beschicht es aber so hatt die Exception nach eröfneter weisung statt, doch wider Ihre Hausfrauen mügen sie auf des gegentails begehren wohl kundtschafft geben.

§ 12 Die Ehefrauen sollen von Ihren Ehemännern auch nit furgestelt werden, deßgleichen sollen sie wider Ehemänner nit kundtschafften, Geschicht es aber kann nach publicierter weisung wider sie excipiert werden, Doch so sich der gegentail guetwillig Zuließ, oder sonsten kein Zeug verhanden wehre, sein die Ehefrauen nit außtzuschliessen.

§ 13 Die Ehehalten, diener, dienerin und alle ander Persohnen, so in eines Herrn und frauen brott, glüeb unnd pflicht sein, kunnen für Ihre herrn und frauen, desgleichen wider Ihre Herrn und frauen fürgestelt werden, doch sollen Sie Ihres glubs Zuvor wie Landtsbreuchig erlassen sein, und denen Commissarien derhalbenn verfertigete Schein fürbringen.

§ 14 Also soll es auch mit den Underthanen, holden und Stifftleutten, die sie Ihre grundt Vogtt oder oberherrn fürstellen, gehalten werden.

§ 15 Die Lehensleutt mögen in Ihrer Lehenherrn sachen dem Landtsbrauch nach, wo sie Ihrer pflicht erlassen werden, Kundtschafften, doch die Lehen so sie selbst besitzen außgenomben, als auch die Lehensherrn in Ihrer Lehenleüt sachen. (fol 51ᵛ)

§ 16 Die unbefreundten Tischgenossen, so beÿ ainem Zu cost geen, sollen dem Landtsbrauch nach, Zugelassen werden.

§ 17 Die mit einander in gemeinschafft vor oder ausser Gericht stehen und Consorten einer sachen sein, künnen für oder wider einander nit kundtschafften, es wölle dann der gegenthail einen oder den andern selbst furstellen.

§ 18 Welcher Zeug ainem auß den Parteÿen freundt ist der kann wider ihne nit kundtschafften, allein es wehre ein schlechter und geringer unwill, dergleichen wann der Zeug ainer oder der andern Parteÿ gar Zu fast anhengig und wohlgemaint, so ist er verdechtig.

§ 19 Die Advocaten , Schrifftenmacher, Procuratorn, Gewalttrager und Sollicitatorn, sollen in denen sachen darin sie handtlen oder sollicitiern für Ihre Principalen mit Zeugnussen, Im fall sie aber fürgestelt werden, soll mann vor eröfnung der weisung wider sie nit excipiern, sonder erst hernach, in denen sachen aber darinnen nit sie sondern andere verwant, mügen sie Ihren Principalen wohl Zeugnuss geben, desgleichen ist Ihnen das Kundtschafften wider Ihre Principalen da sie von dem Gegentaill fürgestelt werden unverwertt.

§ 20 Die Gerichts Persohnen, künnen in denen sachen, darinnen sie erster oder ander Instantz erkennen sollen, nit Zeugen sein.

§ 21 Die Vertrags Leutt, Underhandtler und erbetne beÿstandt mögen in denen handtlungen, dartzu sie erbetten und gebraucht werden wohl kundtschafften.

§ 22 (fol.52.) Ein Gerhab mag in seines Pupillen sachen dem Landtsbrauch nach Zeugnuß geben.

§ 23 Welcher ein gleichmessige handtlung, mit der, darüber er kundtschafften solt, hat, der mag dem Landtsbrauch nach, nit außgeschlossen werden,

§ 24 Ein Bürg soll in der sachen, darinnen Er Bürg worden nit Zeugnuß geben, in andern sachen aber ist Ihme solche unverwehrt.

§ 25 Wann Zwischen dem Erben und einem andern des Erbrechts halben stritt einfelt, so mag ein geschafftmann und legatari wohl kundtschafften, dann es erhalte die Erbschafft ain oder der ander taill, so bleibt Ihme sein legat.

§ 26 Wann sich aber der stritt Zwischen den Erben und ainem geschäfftmann selbs des legatis halben hülte, so kan der geschafftmann nit Zeugnus geben, angesehen, das er Parteÿ und Zeug, in aigner sachen nit sein kann, seine mit legatarien aber, mögen von Ihme wohl fürgestelt werden, Es were dann sach, das der Krieg nit umbsein legat, sonder umb das gantz Testament zuthain, dann weill sie alle darbey Interessiert, sein sie billich verdechtlichen.

§ 27 Wann das Testament strittig wirdt, so kann der eingesetzt Erb nit Zeug sein.

§ 28 Der ainem andern, ein guett durch ainen Contract (fol.52^{v}) volmächtiglich ubergibt, oder sonst Cediert, der mag hernach /:wann dasselb strittig wirdt, wohl Zugenüssen, so er anderst Schermbs halben unverbunden ist, dann Er hatt darbeÿ keinen gwin noch verlust, da er aber Zu Scherbmen schuldig, oder umb die eviction unnd Schadtloßhaltung verschriben, so kan er nit Zeug sein, sondern möchte wider ihne nach eröfneter weisung excipiert werden.

§ 29 Wann ein Praelat in sachen sein Closter oder Kirchenn belangent Kriegt, so kan er nit Parteÿ oder Zeug mit einander sein.

§ 30 Die Priester mögen in handtlungen Ihrer Kirchen betreffent Zeugnus geben, in frembden weltlichen sachen aber nit, Es weren dann andere Zeugen nit verhanden.

§ 31 Also auch die Ordens Leutt und regulierten, doch mit sonderer erlaubnus Ihrer Geistlichen oberherrn.

§ 32 Die Benachtbarten mögen an ein ander Zeugnus geben.

§ 33 Die Weibs Persohnen mügen in Burgerlichen und Civilclagen, vor Gericht Zeugnus laisten, desgleichen wann mann umb mißhandtlung Burgerlich und Peinlich agiert, als da mann umb gewalt oder Iniuri auf einen aestimirten abtrag und keinen offenen widerruf clagt.

§ 34 Die Unvogtbaren sollen zu Zeugs Persohnen nit gebrauchtt werden.

§ 35 (fol.53.) Deßgleichen die welchen die Administration ihr guetter als verthuelichen verboten worden.

§ 36 Die Juden künnen wider ainen Christen nit Zeugnuß geben, aber ein Christ wirdt wider sie Zugelassen.

§ 37 Ein guett mag den andern fürstellen, Welche Malefitzische intzicht auf Ihnen haben und in der purgation stehen, sein nit Zeugs gemeß.

§ 38 Item die diffamierten und untüchtigenen Persohnen.

§ 39 Item die Mainaÿdigen, oder welche Zuvor falsche Zeugnuß geben.

§ 40 Item alle Persohnen, so sich mit Kleingelt gelts werth, bitt oder in ander weg Zu der Zeugnuß Corrumpieren lassen.

§ 41 Item der aines Ambts mit unehren entsetzt.

§ 42 Die Armen Unvermügigen Persohnen sollen gleich wohl Zugelassen werden, aber ihr aussag ist nitt volkombentliches glaubens, wie dann auch der Nachtbaurn und aller anderer Persohnen, welche Zu dem fürsteller ein affection tragen.

§ 43 Daß Alter und Kranckhait, wo der verstandt noch verhanden, verhindert Keinen Zeugen.

§ 44 Wann ein Marckt, dorffmerig oder andere Gemain ein Rechtsachen fürth, dessen ein ieder auß der (fol. 53[v]) Gemain genieß oder schaden haben Kan, alß da umb ein Viechwaidt, auf welche alle aus der gemein treiben, oder umb ein gehültz, daraus sich ein ieder behültzen mag, gestritten wirdt, So Kann die gemein samentlich oder Zum taill in derleÿ sachen nit Zeugnus geben, In andern gemainen handtlungen aber, deren sie absonderlich nit geniessen, sonder allein wegen erhaltung Ihrer freÿhaiten, clagen, mögen etliche aus der gemain Zu Zeugen wohl fürgestelt werden.

§ 45 Welches Zeug von der Parteÿ oder iemandts andern in seinem Namben /: was er aussagen soll:/ unterrichtt worden, der ist nit taugentlich.

§ 46 Deßgleichen die eingedrungen Zeugen, oder welche sich selbst der Zeugnus anbieten.

§ 47 Alle obbemelte Persohnen, welche aus oberzehlten sondern ursachen, Zu der Zeugnuß nit tauglich sein sollen Zu steur der Wahrheit, auf dem fall Zugelassen werden, Wann andere rechtmessige Zeugs Persohnen nit verhanden, doch die Malefitzischen untüchtigen, Mainaÿdigen und Corrumpierten außgeschlossen.

§ 48 Welche Parteyen ainen oder den andern berüerten mangl, wider fürgestelten Zeugen, fürtzuwendenn hat, die solle nach alten hergebrachten Gerichtsbrauch, solches vor eröfnung der weisung, nit thain sonder sein einredt erst nach der attetaten publi (fol. 54.) cation fürbringen, und also umb weniger behelligung willen der Persohnen und aussag mangl, mit einander ausführen. Es were dann des Zeugens untauglichkait der massen geschaffen, das sein aussag in omnem eventum nichts gelten thett.

§ 49 Alls wann sich ainer in seiner aignen sachen Zu Zeugen selbst oder andere unvogthbare maleficische untüchtige corrumpierte Mainaydige und dergleichen Persohnen fürstellet, welche für gericht gar Keinen platz haben, Doch das solche mängl Notori und offen wissentlich sein, sonsten da sie ainiger erleutterung bedürftig, sollen sie erst nach eröfneter weisung opponiert und probiert werden,

§ 50 Welche Persohnen aus vorgehörten billichen Ursachen Zu lebendiger Kundtschafft untauglich wider derselben aussag ist ohn nott nach der eröfneten weisung, /: da manns umbgehen wiel:/ zu excipiren, dann weill Ihr fürstellung nit gëlt, so ist Ihren aussag auch nichtig.

§ 51 Wider der Teuglichen Zeugs Persohnen aussag aber, Kan mann auf vielerley weeg nach der attestation, publication, excipiren.

§ 52 Erstlichen, Wann des Zeugen führers gegenthail, Zu einbringung seiner frag stuck nit ordenlich verkündt worden Am andern, Wann sich der Zeug Zu der Weisung selbst eingetrungen (fol. 54v).

§ 53 Zum dritten, da er beÿ der weisung in einem oder den andern weeg interessiert.

§ 54 Zum Vierten, Wann er angelehrnt worden, was er sagen solle, oder sich mit seinem mitZeugen underredt hat.

§ 55 Zum fünften, Wann Ihm etwas von seiner aussag versprochen worden, oder da er ainiges nutzs darvon gewartet.

§ 56 Zum Sechsten, Wann Er den gegentaill feindt.

§ 57 Zum Siebenden Wann Zeug sein aussag mit Keiner vernunfftigen Ursachen sterckhet, dann da er aus des gegentails fragstucken, oder von denen Commisarien ex officiso umb die ursachen seiner wissenhait befragt wirdt, und deren Kainer Zugeben wisse, Kündte sein blosse aussag nit bestehen, Die ursachen aber der wissenhait solle Zeug auß den fünf sinnen, Als dz ers gesechen, selbst gehört, oder anderer glaubwürdigen schließligkait nemben. Derhalben welches Zeugens aussag nit von seinem aigentlichen wissen sonder glauben, erachten, Vermainen und geduncken meldet, dieselb solle nit für glaubwürdig gehalten werden.

§ 58 Zum Achten, Wann ein Zeug mit seinen mit Zeugen nit concordirt und Zustimbt, sonder in seiner Kundtschafft ainig und singular ist, auch etwas besonders aussagt, so ist sein nichtig (fol. 55.). Dise singularitet aber soll nit aus den wortten sondern der Substantz, und derselben notwendigen umbstenden geschlossen werden. Alß wann ein Zeug von gelt, der ander von geltswerth, der ain hundert gulden, der ander von weniger oder mehr Summa, der ain von gelt, der ander von silbener müntz, der ein von dem, der ander von einem andern ortt, der ain von der Zeitt, der ander von einer andern, der ain in beÿseinn deren Persohnen, der ander von gegenwert anderer, der ain auf die frist, der ander auf ein andere, der ein ohn Interesse, der ander mit Interesse, der ein mit denen bedingten Conditionen, der ander mit andern außagt, Dise und dergleichen umbstendt machen ein aussag Singular und Crafftloß, Wann aber die Zeugen von einem gelt, einem ortt, ainer Zeit, gleichen Persohnen, frist, Interesse und bedingten reden, auch in den andern haubtstucken gleichen Kundtschafften, obschon solches ainer mit andern worten als der ander thete, So sein sie doch nicht für Singular, sonder einhellig Zeugen Zu achten.

§ 59 Zum Neundten, Wann sich ein Zeug, mit gelt, geldts wert, bitt, oder in ander weeg corrumpiren lest, solle sein sag nichts gelten.

§ 60 Zum Zehenten, Wann des Zeugens aussag dunckel, Irrig verwirrt und unverstendig, so sollen sie nichts furtragen.

§ 61 Wann ein Zeug mit seiner Aussag verihrt ist, und des articuliert, geschicht an einem ortt also, an dem (fol. 55v) andern aber anderst, aussagt, so solle sein ungleiche sag weder an einem noch an dem andern glaubwürdig sein.

§ 62 Wann ihme Zeug selbst widerwertig ist, so mag darwider excipiert werden,

§ 63 Daßgleichen, wann ein Zeug dem andern in der Sustantz oder Haubtstucken Zu wider, so ist Keiner auß ihnen glaubwürdig, sonder Kan wider ihr beider aussag excipiert werden, Allß wann der ain sagt, das geschicht seÿ beÿ dem tag, der ander, beÿ der nacht beschehen.

§ 64 Wann ein ainiger Zeug andern vielen Zeugen widerwertig ist, so solle nit sein sondern der mehrern Zeugen aussag gelten.

§ 65 Wann viel Zeugen Ihrer mitzeugen in der Haubt oder gegenweisung, oder die in der Haubtweisung denen in der gegenweisung Zuwider seindt, so solle denen mehrern oder bessern Zeugen, glaubt werden.

§ 66 Wann des Zeugens aussag Zweiflich und wanckelmühtig, so ist dieselb vergebens.

§ 67 Wann ein Zeug von aignem hören sonder das ers vonn andern vernomben, Kundtschafftet, so Kan wider sein Aussag excipiert werden, allein etliche sondere fäll außgenomben.

§ 68 Erstlichen in beweisungen der Sipschafften und bluts freundtschafften, dann es begibt sich vielmals, das sich ein freundt Zu dem andern uber hundert Jhar oder etlich mentschen gedencken, Legitimiren muß. (fol. 56.) Derwegen nit wohl müglich derlaÿ Persohnen alletzeitt fürtzustellen, welche die vor lengst abgestorbenen haubt Persohnen davon solche gemaine freundtschafft herrüerent erkent hetten, und von aigner wissenhait sagen Kunaten.

§ 69 Furs ander davon unrhalten geschichten, wercken oder wesen, als alten Confinien, Gränitzen, Rainen, Stainen oder dergleichen getzeukt mueß werden, dann derleÿ stritt werden gemainiglich nach uhralten Zeitten und wann die aigentlich wissenhait mit denen Persohnen so anfangs darbeÿ gewesen, nunmehr abgestorben erweckt.

§ 70 Zum dritten in Ehe und Matrimonial sachen.

§ 71 Aines ainigen Zeugens aussag soll nichts gelten, dann ein Zeug Kein Zeug, es were dann ein gerichtlicher anzueg, unnd das ein tail dem andern, die weisung auf seinen Aÿdt gelassen.

§ 72 Wann ein Zeug mehrers als der Articuliert Inhalt, daruber er fürgestelt worden, vermag, aussagt. So macht er sein sag damit verdechtig, es were dann sach, das er in gemain, was Ihme von dem ganzen Handl wissent, befragt würdt, oder aber uber des Articels gemessene wort ain solche ausführung thet, welche Zu desselben erleitterung und nitweitterung der Substantz dienstlich were (fol. 56v).

§ 73 Wann ein Zeugnus vor der Krigs befestigung ausser Gerichtlicher Zulassung geführt worden, solle sie nichts fürtragen.

§ 74 Wann ein Zeugnuß nit Gerichtlich aufgenombenn sonder von der Parteÿ ausser Gericht, durch verfertigte und unverfertigte Kundtschafften erlangt worden, so sollen dieselben, weill der gegentaill mit seinen fragstucken, gegenweisung oder ander notturfft darüber nit vernomben, nichts gelten, sonder darwider füeglich excipiert werden.

§ 75 Wiewohl die geschribenen Rechten lautter vermögen, das Keiner Zeugnus, was standts oder würdens derselb Immer seÿ, Kain außag vor Gericht gelten solle, Er seÿ dann Zuvor wie rechtt ist, ordentlich beaidigt worden, So haben wir doch auß Landtsfürstlicher Volmacht, und von sondern gnaden, wegen unsern getreuen Landtleutten in Österreich under der Ennß herrn und Ritterstandts, dahin gnediglich befreÿet, begabt und begnadt, das sie Ihre Kundtschafften hinfürahn schrifftlich under Ihren aignen handtschrifften, petschafften oder Sigillen, ausser alles Corporal aÿdts thain mögen und sollen, wie wir dann insonderhait bevohlen, solche freÿhait in dise unsere neue Landtsordt und derselben ietzt und Künfftig würcklichen Zugenissen haben, und lantt die angeregte freÿhait. Also (fol. 59) …… *[sic!]*

§ 76 Welcher vor eröfnung der attestata in additional weisung führen wiel, der soll damit Zugelassen werden, nach publicierter Weisung aber haben die lebendigen Kundtschafften nit mehr statt, es were dann sach das die attestaten verlohren, oder die Parteÿen guetwillig an einander Zuliessen, oder das beÿ erster verhörung etwas ubersehen worden, oder die erst aussag dunckel were,

§ 77 Es sein beÿ vorberürten Kaÿserlichen Rechten etliche Persohnen dahin befreÿet, das sie wider Ihren guetten willen Zu der Zeugnus nit gegrundt werden mügen,

Alls ein bluetsfreundt wider den andern, ein Schwager wider den andern, Krancke, Alte und andere mehr Persohnen, welches aber dem Landtsbrauch nach, nit statt hatt, dann Zu steur der wahrheit und befürderung des Rechtens, solle sich niemandts des Zeugnussen enteusern Im fall es beschech sollen die fürgestelten Zeugen, durch Gerichtliche einsehung dartzu Zuhalten, und dahin ernstlich compellirt werden.

§ 78 Welche Persohnen der Cläger verhören lest, dieselben mag der Beclagt Zu seiner gegenweisung dem Landtsbrauch nach, auch producíern,

§ 79 Es ist ohn nott die Gerichtlichen Zeugen, wie die Testamentischen Zeugen, von wegen leistung Ihrer Kundtschafften antzusprechen, Im fall es aber geschehe, so schadet solches nit, dann Kainem Zeugenführer verbotten, mit seinen Zeugen von (fol. 59v) der Kundtschafft Zureden, wann er nur den Zeugen was und wie er Kundtschafften solle nit informiert noch unterrichtt.

§ 80 Dieweill die Gerichtt, mit uberigen und unnotwendigen Zeugen behelligt, die gegen parteÿ Zu gleichen uberflus geursacht, und die Zeugs Persohnen mit raisen und in ander weeg vielmals ohn notturfft bemuhet werden, So sollen sich die Parteÿen hinfuran aller uberflüssiger fürstellung der Zerungen gentzlichen enthalten, unnd niemandts uber dreÿssig Zeugen aufs aller maist fürtzustellen erlaubt sein.

§ 81 Welche Zeugen glaubwürdiger sein, und dem fürsteller mehres fürtragen, das stehet in des Gerichts discretion und Cognition, doch werden hierrinnen etliche nottwendige anlaitung durch die geschribenen Rechten docirt,

§ 82 Erstlich soll denen von Adel mehrers als gemainen Persohnen glaubt werden.

§ 83 Zum andern frembder Persohnen Kundtschafften sein alle Zeit unverdechtlicher als der befreundten, geschwägerten Haußgenossen, verglübten und verpflichten.

§ 84 Zum dritten, Wievoll der armen unvermögigenn aussag nit Zuverwerfen, iedoch weill sie der Corruption halber etwas verdechtlicher, wirdt der vermuglichern Persohnen Kundtschafft fur glaubwürdiger gehalten (fol. 60).

§ 85 Zum Vierten die Aussag der Mannßpersohnen ist sterker als der Weibsbilter,

§ 86 Zum funfften umb alte geschichtt, recht oder Gerechtigkait, solle alten Persohnen mehrers als Jungern glaubt werden,

§ 87 Zum Sechsten, Es wirdt gar Recht und billich vermuth, das ein Nachbar umb seines Nachbarn sachen gerechtigkaiten und Zugehörungen bessers wissen hab alls die weit gesessen, derwegen in der leÿfällen solle der nahent gesessen Zeugen Kundtschafft glaubwürdiger sein, als der andern ferr entlegnen.

§ 88 Zum Siebenden, welcher Zeug die Aussag mit besserer Ursachen seiner wissenhait stercket, der solle glaubwürdiger sein.

§ 89 Zum Achten, welche Zeugen sich auf die sachen, darüber sie Kundtschafft mehrers verstehen, denen ist als peritis in arte auch mehrers Zuglauben,

§ 90 Zum Neundten, denen Persohnen so dem Gericht geschworen, soll inn gerichtlichen sachen mehrers als frembtden Persohnen so dem Gericht nit verwant, glaubt wer werden.

§ 91 Zum Zehenden, welche Zeugen glaubwürdiger und aigentlicher von der sachen Kundtschafften auch gemainer vernunfft, ain bessers benüegen thain, die sein andern Zeugen fürzutziehen.

§ 92 Zum Aintlifften, Wann beÿ der Zeugen Persohnen (fol. 60v) kein sonders bedencken, sondern dieselben all obgehörter massen qualificiert und omni exceptione maiores seinct, so solle mann alßdann in gleicher aussag der Parteÿen beÿfallen, welchs Ihr Articulierte Intention mit mehrern Zeugen bewisen.

§ 93 Zum Zwelften, Wann auf einem tail mehrere und auf dem andern thail bessere unverdechtlichere undt glaubwürdigere Zeugen sein, soll das Gerichtt nit nach der antzahl, sonder guete der Zeugs Persohnen urthailen.

§ 94 Zum dreÿtzehenden, Wann die Zeugen und Ihr aussag an der Zahl und guete gleich, so soll der beclagtt obsiegen, Dann Caeteris paribus sein die anclagten im Rechten mehrers begünstigt als die Kläger allein die Ehesachen, heürahts vermächt und Testament handlungen außgenomben, in welchen fällen der Cläger sein Clag, und mit der anclagt auf gleiche gefüerte weisung erhalten solle.

§ 95 Wie aber die Zeugen sag volführt aufgenomben und eröfnet werden sollen, ist beÿ dem Gerichts process so das 57 Jahrs außgangen notturfftiglich furgesehen.

Der 24. Tittl. Von Instrumentischer weisung Brieflichen Uhrkunden, auch derselben glaubwürdigkaitten

§ 1 Die brieflichen Uhrkunden haben in probation sachen eben die Crafft und würckung wie der lebendigen Zeugen Kundtschafft.

§ 2 All Gerichtliche Brieff so mit unsern als Lanndtsfürstenn und Herrn Secret oder unsers nachgesetzten Landt ober und untermarschalch Sigilln verfertigt worden, alls Gerhab brief, Raittbrieff, Willbrieff, Mehlbrieff, Exceution brief und dergleichen Gerichtliche Instrument sollen für glaubwürdig gehalten und daruber als Uhrkunder volkombener Probation erkent werden.

§ 3 Deßgleichen alle General, Edict, Crida, Vorder unnd andere signierte brieff, so beÿ den gewöhnlichenn und gerichtlichen orten wird Tafeln angeschlagen werden.

§ 4 Also auch alle Vidimierte briefliche Uhrkunden, welche durch unsern obern und untern Landtmarschalch sambt Zweÿen des Landtsrechtens beÿsitzern, in gehörenten Landtsrechten oder ausser der Rechtenn (fol. 61[v]) von unsern Landtschreiber collationirt und authenticiert werden, doch solle derleÿ Vidimierung ohn sondere bewegliche Ursachen nit beschehen.

§ 5 Die Gerichtlichen prothocol gedenckh, Inventari Testament und abschiedt bücher auch in gemein alles dz, was von Ambts und Künfftiger gedechtnus wegenn beÿ dem Landtmarschalchischen Gericht eingeschriben und ad acta publica inserirt wirdt, das alles tregt volkombenen glauben und genuegsambe probation auf Ihm,

§ 6 Deßgleichen alle verfertigte abschrifften und extract auch außtzug so daraus genomben werden,

§ 7 Auch also die extract, so mann ans grundt oder andern glaubwürdigen büchern Zeucht,

§ 8 Die Gwehr und grundtbücher, machen nach Landtsbrauch volkombene probation, dann es wirdt Niemandts an nutz und Gewehr geschriben, Es hab sich dann Zuvor Zu dem grundt ordentlich legitimiert,

Doch sollen derleÿ Gwern, nit so starcker Crafft sein, das darwider Kein weisung statt haben möcht, sonder welcher sich mit besserer gerechtigkait Zu einem Grundt legitimirn Kan, der solle den selben ungeacht der Zuvor außgebnen Gewehr erhalten,

§ 9 Die Executionen unnd Kundtschafften so unser für(fol. 62.)bieter und Potenmaister, beÿ dem Landts rechten als ein geschworne Persohn seiner oder seiner undergebnen Landtbotten halben außgibt, sein glaubwurdig, und Zu darthuung beschehener außrichtung genugsamb, da aber darinnen, wessen sich die Parteÿen beÿ der uberantwortung verhalten oder vernemben lassen, oder andere Impertinent sachen, eingemischt würden, so ist solches außer andern Schein Keiner probation gemeß.

§ 10 Welche brieff ausser Gericht, Zu darthueung aines beschloßnen Contracts oder handels aufgericht worden, die sollen neben dem Contrahenten Petschafft oder Sigill dreÿ Zeugen oder fertiger haben, Alßdann auch fur original und glaubwürdig gehalten werden.

§ 11 Die Unterschrifft solcher Zeugen ist nach Landts brauch nicht vonnötten, die Parteÿen aber müssen sich unterschreiben oder sich von andern da sie nit schreiben Kundten, undertzeichnen lassen.

§ 12 Wann in solchen briflichen Uhrkunden, was verfast stehet, welches wider den fertiger ist, so solle ihme solches mit praeiudiciern noch schaden, ungeacht das etwo das gemain Clausl (:doch Ihme und seinen Erben ohn nachtl und schaden:) worden, denn es nemben sich derleÿ Landtbreüchige vorbehalt selbst tacite aus (fol. 62[v)]).

§ 13 Welcher ein brieflichs Uhrkundt schreibt, der mag neben andern Zeugen, Zu der mitfertigung wohl gebraucht werden.

§ 14 Die briefs Zeugen sollen Manns und Weibs Persohnen sein.

§ 15 Wann ein Schuldtbrieff von dem Schuldtner unterschriben, und mit seinem aignen Petschafft oder Sigill verfertigt worden, so soll er glaubwürdig sein, welches Schuldtner aber, neben sein mehrere Zeugen brauchen oder den Schuldtbrieff in das gedenckh buch beÿ gericht verleiben will lassen, dem soll es unverwehrt sein.

§ 16 Ein Schuldtbrief so des Schuldtners handt underschrifft ohn sein Petschafft oder Sigill, deßgleichen der fertigung ohn die handt underschrifft hatt, soll nit für glaubwürdig gehalten werden, derwegen wo der Schuldtner nit schreiben Kundt, soll er einen andern Zeugen und nebenfertiger, für sich erbieten.

§ 17 Die Quittung betürfen mehrer Zierligkait nit, als der quittirenden Persohnen Handt underschrift und fertigung, es geschehe gleich mit Petschafft oder Sigill.

§ 18 Die alten Urbar Bücher, so vor Mentschen gedencken aufgerichtt, und von ainen Inhaber auf den andern würcklich gebraucht werden sollen Zu darbringung der possession glaubwürdig in aigenthumblichen (fol. 63.) stritten, aber ausser anderer Haubtschein, als thail Kauf, Wechßlbrieff, Testament, Vertrag, Grichts Uhrkundt oder dergleichen Rechtmessige titl, nit volkombener Probation sein.

§ 19 Die Gemain Haußvertzaichnus, Handtbücher, Zehent Register und dergleichen Privat schrifften, so von besserer richtigkait und memori wegen gemachtt werden, tragen als domestica Instrumenta kein weisung auf Ihnen.

§ 20 Der Verordtneten herrn Commissarien Remiss Relationen und bericht, so unter Ihren handtschriftlichenn und Petschafften beschehen, sollen gleichsfals glaubwürdig sein, Doch weill dieselben nit allein von beaidigten Persohnen noch in plena causae cognitione aufgenomben werden, sollen denen thailenn mit beschaidenhait darwider fürtzubringen bevorstehen.

§ 21 Die erkundigung und inquisitionen, so ex officio eingezogen werden, sein nit volkombener probation, derwegen da sich ein Parteӱ das widerspiel Zubeweisen anbeuth, soll sie dartzu gelassen werden.

§ 22 Die gemainen Pergrecht, Zechent und dienst Register sein ausser anderer haubtschein nit glaubwürdig.

§ 23 Die Kundtschafften so mann außer gerichtlicher bevelch (fol. 63^{v}) Compul sorial von unbeaidigten Persohnen erwirkt, sollen forthin nit glaubwürdig gehalten werden, Es were dann sach, das sie von einem gantzen gerichtt und under desselben Sigill außgiengenn oder das die Kundtschaffter geschworne Persohnen weren, und an Aӱdtsstatt beӱ Gericht umb ihr wissenhait angesagt hatten, oder das derleӱ Kundtschafften ein solche Zeugnuß in sich hielten, welche ausser Gericht verfasset werden möcht, Alls Maisterbrief, Lehrbrieff, Postparten und dergleichen extra Judicialische Kundtschafften sein, desgleichen da es umb geringschätzig sachen Zuthuen, möchte solche Kundtschafft, da der Zwen, dreӱ oder mehrers und aines gueten beruef glaubt werden.

§ 24 Die Brieflichen Uhrkunden, so offene und geschworne Notarien in unserem Landt Österreich under der Ennß, under Ihrem Namben aufrichten und verfertigen sein, bißhers für glaubwürdig nit gehalten worden, darbeÿ wir es der Zeit noch genedigist beruhen lassen.

§ 25 Wann ein Handlßmann in crafft seiner Handts bucher schulden oder ausstandt begehrt, so solle seinem antzaigen, nach Landtsbrauch nit glaubt werden, (fol. 64.) es bringe dann sein Handlsbuch, darinnen solche begerte Ausstendt begriffen, orginaliter und uncassiert für, und thue darüber vor Gericht einen Corporal Aÿdt, wie recht ist.

§ 26 Welcher etwas mit seiner aigen handt und Petschafft Missiv weise, oder in ander weeg wider sich selbst schreibt, der soll es in crafft seiner aignen schrifftlichen bekantnus halten.

§ 27 Welcher aber etwas für sich selbst oder Ihme Zuguettem mit aigner handt schreibt, desselben handtschrifft und Petschafft solle Ihme ausser anderer glaubwürdiger schein nit fürtragen.

§ 28 Wann sich ein briflich Uhrkundt in einem andern Haubtbrief Ziechen thuet, so solle derselb fürgebracht werden, sonsten ist eines ohn des ander nit glaubwürdig, Es were dann sach, das beÿder inhalt beÿ einander begriffen.

§ 29 Ain Abschrifft ohn das original ist nit glaubwurdig, sie were dann ordentlich Vidimirt, oder das gegentail dieselb originalis statt, guetwillig Zuließ.

§ 30 Die Legitimationen und beweisten freundtschafften so von beaidigten Zeugen außgesagt und testiert worden, sein dem Landtsbrauch nach nit Crefftig und gültig, darnach sich alle Außlender, so sich etlicher spruch halben in dieses Landt verfüegen, Zuersparung dopelter raiß und Uncostens, Zu richten werden haben (fol. 64ᵛ).

§ 31 Die Panthaidung Büchel, gebenn Keine volkombene probation, es were dann ein Landtman derselben in würcklichen nutz unnd gebrauch.

Der 25. Tittl. Von Exceptionen und Einreden, welche wider briefliche Uhrkunden beschehen

§ 1 Wider ein briefliches uhrkundt Künnen allerleÿ Rechtmessige einredt beschehen, Erstlich das es die gebürlichenn Solennitet unnd Zierligkait nit hab, Alls nemblich der Contrahenten Tauf und Zunamben, Item das geschicht oder den Contract darumben die verbriefung beschehen, Item das ortt des Contracts oder der verfassung, Item den tag und die Ihar Zahl, Item der Contrahenten unterschrifft und aigene fertigung, Item der Zeugen Namben, Item das die Fertiger nit Mannß Persohnen, Item das derselb nebenfertiger Zu wenig, Item das sie daselbst gleichwohl benent, aber mit allgefertigt.

§ 2 Zum andern, das der fürgebrachtt Briff nit glaub (fol. 65.) würdig, noch Zu volkombener weisung dienstlich wie oben auß etlichen Artickeln vernomben,

§ 3 Fürs dritt, das der brieff nur ein abschrifft und Kain original.

§ 4 Zum Viertten, das der brief nit aufrichtig sonder falsch seÿ, welche einredt nit allein vor sonder auch nach ergangenem Urthail, beschechen mag, solche falschhait aber wirdt aus etlichen antzaigen und vermuettungen erkendt.

§ 5 Erstlich wann der Brieflich inhalt, anderst gestellt als derselb beredt unnd beschlossenn, welches ainer ieden parteÿen Zubeweisen bevor stehet.

§ 6 Zum andern, Wann obbemelte Zierligkaiten oder Substantz allstuckh, welche ein briflichs urkundt haben, soll nit gerecht noch wahr sein, wie es dann die umbständt der Persohnen des handls dertzeit und des orts gibt's.

§ 7 Zum dritten, Wann der brieff sonsten nit ordenlich noch förmblich gestelt, sonder mit ungebrauchigem Inhalt verfast, doch wo allein in der orthographia oder ainer silben verfehlt, solle diser gering mangl und defect nicht schaden, deßgleichen wo ainer oder mehr wort außgelassen, daran die Substantz nit hengt.

§ 8 Zum Vierten, Wann der Brief, an verdechtlichen (fol. 65v)) ortten als im Namben, Zeit, örter, Haubtsumma Vertzinsung, fristen und Terminen, bedingtenn Conditionen, datum, oder anderer dergleichen Sustantz puncten geradirt worden. Wann nun die Rasur an einen unverdechtlichen ort beschehen, so hat dieselb da sie nur leßlich nit nott.

Daßgleichen wann die radtierung an ainem bedechtlichen ort beschehen, und der inhalt von einem Zeugen bestet wirdt, so schadet die Rasur auch nit.

§ 9 Zum fünften wirdt die falschhait auch aus der Handtschrifft erkent, dann da einer fürgibt, der fürgebracht brieff wehre mit seiner Handt nit geschriben oder underschriben, Solle er disfals Zu seiner weisung gelassen werden.

§ 10 Zum Sechsten erscheint die falschhait aus falschen Petschafften oder Sigillen, Nemblichen wann dieselben das ordentlich Wapen oder die gebürlich ober oder umbschrifft nit haben.

§ 11 Zum Siebenden auß dem wachs, Als da sich ainer rohtes Wachs gebraucht, welcher dahin mit befreuet.

§ 12 Zum Achten, aus gegenhaltung der Contrahenten rechten handtschrifften so Comparatio literarum genant wirdt.

§ 13 Wann ein briflich Uhrkundt, an einem ortt falsch (fol. 66.) ist, so soll es durch und durch nichts gelten, es wehre dann sach, das die darinnen verleibten geschicht unnd Artickl underschiedtlich, in welchen fall wann ein Artickel im geschicht verfelscht, soll er dem andern abgesunderten nit schaden, da aber der brieff an der Substantz als am Doto oder dergleichen orten falsch, soll er durchaus richtig sein.

§ 14 Welcher ainen falschen brief vor Gericht wißlich fürbringt, ob er gleich denselben nit gemacht noch aufgerichtt, so solle er dennoch gestrafft werden, der es aber unwissentlich thet solle strafloß sein.

§ 15 Die fünffte einrect wider ein brifliches Uhrkundt, ist die verdechtligkait, dann ein verdechtlicher brief beweiset nichts.

§ 16 Die Verdechtligkait aber wirdt aus etlichen Indicien vermerckt,
Erstlichen wann der Brieff mehrlaÿ Handtschrifft hatt,
Zum andern wann nit allein die Handtschrifft sonder die Titl ungleich,
Zum dritten, wann Zwischen den Zeilen etwas uberschriben,
Zum Vierten, wann etwas heraus am randt und ad marginem vertzeichnet,
Zum funften, wann etwas darinnen durchstrichen oder außgethan, (fol. 66v)
Zum Sechsten, wann die schrifften punctiert unnd nit leßlich,
Zum Siebenden, Wann der brieff verwexelt und am inhalt mangelhafftig,
Zum Achten, Wann ein Sigill unterschiedtlich wax hatt,
Zum Neundten, wann die Sigill Zerbrochen und nit erkantlich,
Zum Zehenden, Wann die Sigill von briefen abgeschnitten.

§ 17 Doch stehet in diesen fällen allein der Parteÿen, welche ainen solchen verdechtlichen brief furbringt, die verdechtlichkait Zuentschuldigen bevor, welcher aber solches nit thett, soll nach gelegenhait der sachen gestrafft werden, solche purgation mag auch durch ainen ainigen Zeugen beschehen.

§ 18 Die Sechste einredt, so ainem briflichen Uhrkundt fürgeworfen mag werden, ist dise, das die darinnen bemelte Zeugen, das geschicht oder ihr fertigung widersprechen, Wann ihnen aber die beschlossenn handlung allein abgefallen, soll darumben der brief nit crafftloß sein.

§ 19 Die Siebendt einredt ist, Wann die Parteÿ des brifs inhalt selbs widerspricht, und sich das widerspiell mit lebendiger Kundtschafft oder andern brief (fol. 67.) lichenn scheinn Zubeweisenn anbeutt.

§ 20 Die Acht einredt steet in dem, das ein iungerer Vertrag oder anderer Contract und schein verhanden.

§ 21 Gleichsfals die neundte in dem, das dem fürgebrachten brief nunmehr ein benügen und volstrechtung beschehen.

§ 22 Wann die Parteÿ beÿ Gericht wider wertige brifliche Uhrkunden fürbringt, so solle weder einem noch dem glaubt werden, Wann aber baide Parteÿen widerwertig brief fürertragen, solle das Gericht dem Brief beÿfallen, welche unverdechtlicher ist, und auf mehrere antzaigung der wahrheit schleust, dann derleÿ unzeugen gleich solle in dubio des Anclagten Schein fürtziehen.

§ 23 Welcher fürgibt, das er umb seine brifliche Uhrkunden Komben, und dieselben verlohren, der solle nit allein den verlust, sonder auch solcher brief inhalt, da er sich desselben clag oder exception weiß behelfen wolt beweisen, und da solche weisung mit briefs verstendigen Persohnen geschehe, thuet sie ein volkombene, wo sie aber mit gemeinen leutten, nur ein halbe probation gebeeren, da darauff die Parteÿ mit Ihrem Aidt, Zu erstattung der weisung gehalten werden mag.

§ 24 Welcher fürgibt das Ihme sein gegentaill seine Uhrkunden (fol. 67^{v}) untergangen, der ist solches dartzuthain schuldig, und da er solche Subtraction erwise, solle umb den inhalt derselben brief seinen Aÿdt, so er mit anderer weisung nit gefast, Zu straff der entwendung glaubt werden.

§ 25 Wiewohl die lebendigen Kundtschafften nach eröfneter weisung nit statt haben, so mögen doch die briflichen Uhrkunden biß in der sachen beschlossen, fürgebracht werden.

§ 26 Allein die letzten Zwo schlusschrifften außgenomben, darinnen Kain neuerung Zugestatten.

§ 27 Wann ein brief erst nach beschloßner sachen erfunden und solches mit ainem Aÿdt bestat würdt, so mechte derselb biß Zu des Abschiedts eröfnung wohl fürgebracht werden, Nach ergangenem Urtel aber Kann mann Kainen brieflichen schein noch Instrumentischen beheff Zu retractierung des Sententz für bringen, ungeacht das derselb erst nach publiciertem Urtail an tagslicht Komben und gefunden worden, allein die Fiscal Commun, Kirchen, Clöster und Pupillen Sachen außgenomben, doch solle ainer ieden Parteÿen unverwehrt sein, durch neue clag und Instantz sein notturfft auf den iungst erfundenn brief fürtzubringen, oder beÿ uns als herrn und Landtsfürsten umb restitution anzuhalten (fol. 68.).

§ 28 Wann ein Contract anders gehandlt und beschlossen und anderst gestelt und verbriefft worden, so scheidet solche ungleichhaidt, sie seÿ fürsetzlich oder ungebüer durch Irthumb beschehen, denen Parteÿen, da sie das widerspiel darbringen nit, sonsten aber wirdt dem briflichen Inhalt so lang glaubt, biß sie das widerwertig auskindig machen,

§ 29 Wann ein Schein brieff aufgericht wirdt so gielt solches simulirtes uhrkundt nach beschehener beweisung der Simulation nichts.

§ 30 Wann ein briefsteller die Landtbreuchigen Clauseln und Cantellen außlest, so sollen dieselben tacite verstanden werden.

§ 31 Es ist Niemandts verwart, ainenn taill des briefs Zubestehen, den andern aber Zu widersprechen.

§ 32 Was in einem briflichen uhrkundt nit principaliter incidenter gemelt wirdt, das gepert Kain weisung.

§ 33 Ain iedes brieflichs Uhrkundt soll dem Landtsbrauch nach mit soviel Zeugen widertriben werden, alß vil darinnen Zeugen begriffen.

§ 34 Wann die brifs fertiger vor der Gerichtlichen production mit Tott abgehen, so solle der verfertigt brief dennoch bestehen, Welches in Testamenten und letzten willen ungeacht geschribener Rechten (fol. 68ᵛ) Wann nur der fertiger Petschafft und Sigil unversehrt sein, auch statt haben sollen.

§ 35 Welcher brieff an einem Substantzial ortt als ahn dem dato oder dergleichenn haubt sächlichen stell Zernagen oder Zerrissen, der probirt nichts, do er aber an einem andern gemeinen ortt manglhafftig, so hat er sein würckung.

§ 36 Ein Zerschnitnes Instrument probiert nichts, es werde dann bewisen, das solche Cassation nit fürsetzlich sonder ungeuer oder durch einen unfall beschehen.

§ 37 Welche Parteÿ ainen briflichen schein für sich hatt und beÿ gericht fürbringt, derselben solle die haubtweisung nit auferlegt werden, sonder seinen gegenthaill.

§ 38 Ein fürgebrachtes briefliches Uhrkundt soll unverscheidentlicher wirckung sein, und nit allein in dem so für den Producten, sonder auch was wider Ihne ist, probations crafft haben.

§ 39 Der einen briflichen schein einmahl in gestalt und formb seiner weisung dem Gericht fürbringt, der Kann denselben nit mehr revocieren noch abstellen, es wölle dann der gegentaill solches willig Zugeben.

Der 26. Tittl. Von edierung brieflicher Uhrkunden

§ 1 Wann sich der Cläger in des beclagten briefliche Uhrkundt Zeucht, und dieselben Ihme Zu ediren begehrt, so solle der Beclagt dieselben Zu befürderung des Rechtens und damit die grundtliche wahrheitt an tag Kombe, ungeacht geschribener Rechten alle Zeit Zu ediren schuldig sein, doch solle der Cläger Zuvor einen Aÿdt thain, das er solche edition nit generlicher weise, sonder aus unvermeidtlicher notturfft begehre.

§ 2 Also solle es auch mit dem Beclagten, da er Ihme des Clägers briefliche Uhrkunden Zu edieren begehrt abgehörter massen gehalten werden.

§ 3 Wann ein oder der ander thail fürgeb, Er hette die begehrten briflichen Uhrkunden oder aber mehrere als er edirt, in seiner gewaltsamb nit, so soll er auff seines gegentails begehren ainen Aÿdt der geuer Zuthain schuldig sein, das er mehrere nit inhendig noch dieselben geverlicher weise vertilgt hab.

§ 4 Wann die Ediction bewilligt wirdt, so ist der gegenthaill schuldig die original brieff Zu der Cantzleÿ (fol. 69[v]) Zuerlegen, davon sollen dem begehrten taill Collationierte und Vidimierte abschrifften des gantzen Inhalts ervolgen, Wann aber die Ediction ann Lehens buchern, Urbarn, Grundtbuchern und dergleichen Urkunden geschech, welche nit allein von der Rechts anhengigen, sondern andern mehr sachen meldung thetten, so solle dem begerten tail mehrers nit edirt, noch aus der Cantzleÿ mitgethailt werden, als was sich Zu dem gegenwertigen stritt reimbt.

§ 5 Welcher die edition fur das Gerichtt Zuthain begehrt, dem soll es gestatt werden, derhalben wann ainer mitt Quittungen nit gefasst, die betzahlung aber durch des gegentails Raitt, Zehent, Perckrechtt und dienst buch darbringen möcht, so solle denn Gegentail vom Gerichtt aufgeladen werden, dieselben originaliter fürtzubringen.

Der 27. Tittl. Von Gerichtlichen und wilkhurlichen Aÿdt

§ 1 Es solle sich Kain Cläger Zu darthueung seiner clag (fol. 70) noch Kain Beclagter Zu entschuttung des Clägers anspruch, eines Gerichtlichen Aÿdts selbst anbieten, dann solches verdechtlich und Keines weegs Zugestatten.

§ 2 Wann aber der Cläger dem Beclagten die Haubtsachen auf seinen Aÿdt lest und Ihme selbst das Jurament anbeutt, so soll des Beclagt Zu dem darbottenem Jurament gelassen werden, Also mag auch der Beclagt dem Cläger die sachen auf seinen Aÿdt lassenn.

§ 3 Wann der Beclagt den deferirten Aÿdt nit thain woltt, stehet Ihme bevor, denselben dem Cläger widerrumb haimtzustellen und Zu referiren, in welchem fall der Clager alß dann unverweißlich schweren mag und da er gleich für sich und in seinen beuttl iuriert, so behabt er dennoch sein Clag.

§ 4 Da aber der Beclagt den dargebottnen Aÿdt nicht laisten, noch dem Cläger wider haimbsetzen woll, so gielt dise unbefuegte waigerunng eben soviell alls bekanntnus der sachen, derwegen mag der beclagt condemnirt werden.

§ 5 Wann der beclagt, von dem Cläger dem Aÿdt der geuer begert, Nemblich das Cläger schweren soll, das er Ihme Beclagten den Aÿdt nit geverlicher weise darbiet, So soll der Cläger solchen Zulaisten schuldig sein.

§ 6 Die darbietung oder widerstellung des Aÿdts, mueß von denen Principalen selbst beschehen, derwegen soll Kein Gewalttrager macht habenn solchen Aÿdt dem gegentail Zu deferirn oder Zureferirn (fol. 70v), Er habe dann darumben von seinen Principaln ainen sondern gemeßnen special gewaltt.

§ 7 Die unvogtbaren und minderihärigen Kunnen derleÿ Aÿdt, weder darbieten, haimbsetzen noch laisten.

§ 8 Wiewohl die geschribenen Rechten vermögen, daß die Gewalttrager, anstatt Ihrer Principalen solchen gerichtlichen Aÿdt guetwillig thain mögen, Jedoch weill solches Jurament an Probations statt beschicht, und ain Aÿdt der wahrheit ist, solle derselb dem Landts brauch nach, Zu verhuettung Mainaÿdts Keinem Gewalttrager Zugemuetth noch von Ihme aufgenomben, sondern iedertzeit der Principal sacher selbst dartzu gehalten werden.

§ 9 Ein Gerhab mag seines Pupillens sachen wo sonsten Kein weisungen verhanden, dem gegenthaill auf seinen Aÿdt lassen.

§ 10 Ein Weibs Persohn mag Zudiesem Aÿdt gelassen werden.

§ 11 Wann sich ein Parteÿ den Zugemuetten Aÿdt Zuthain erbentt, und die gegen parteÿen an diesem erbietten benüegig, auch den angebotten Aÿdt guetwillig nachsicht, (fol. 71.) so ist es gleich soviel alls ob der Aÿdt würcklich beschehen.

§ 12 Die Gerichtlichen Aÿdt haben in real und personal sachen statt.

§ 13 Wann der Principal ainen Aÿdt thuet, so tregt derselb dem Burgen, desgleichen wann der Burg schwert, dem Principalen für.

§ 14 Also auch Wann der Consorten viel sein, so nutzet aines tails Gerichtlicher Aÿdt denen andern allen.

§ 15 Die Gerichtlichen Aÿdt dienen und nutzen dem schwerer, seinen erben singular Successorn allein wegen denen Persohnen, wider welche geschworen worden, auch gegen desselben erben, andern frembden aber Können sie nit schaden noch praeiudicirn.

§ 16 Welcher Cläger die Haubtsachen dem Antworter auf seinen Aÿdt einmahl gelassen, der mag sein delation revociren und sich anderer ordinariweisung alles lebendiger Kundtschafften oder Instrumentischer behelff anbieten, das Ihme biß die sachen beschlossen, bevor stehen solle, doch mit der bescheidenhait, da er hernach wider umbkehren und auf die Aÿdts laistung fallen wolt, das Ihme solches ferrer nit Zugestatten.

§ 17 Wann der Cläger solches Gerichtliches Jurament thuet und damit sein Clag bestet, so behabt er sein Clag, für sich seine Erben und Nachkomben, nit allein in der Haubt sachen, sondern auch denen abgenombenen (fol. 71v) früchten, thuets aber der Beclagt, so soll Er wie Recht ist aller dings absolviert werden, dann die Abschiedt sein in derleÿ fällen nach gethanem Aÿdt vonnetten.

§ 18 Dise gerichtliche Aÿdt, und die darüber beschehene erkandtnuß Kunnen nit mehr retractiert werdenn, Wann gleich nach beschehenem Urtel neue briefliche Uhrkunden anß tags licht Komben, allein es wehre ain Testament verhanden,

§ 19 Zu laistung dieser Aÿdten solle dem gegenthaill al Zeit verkundt werden.

§ 20 Wann ein Parteÿ in solchen wilkürlichen Juramenten ainen Mainaÿdt begangen, soll sie nach gelegenhait aller umbstendt gestrafft werden, und die Zugesprochen sachen von Ihme wider abgefordert, auch dem gegentaill Zugestellt werden.

Der 28. Tittl. Von denen Ayden, welche Zu erstattung ainer unvolkomnen weisung beschehen

§ 1 Wann ain Parteÿ Ihr Intention und aufgeladtner weisung, wie Zu Recht genueg dargethan, so soll der(fol. 72.)selben vom Gerichtt ferter Kain Aÿdt Zugemuhtt.

§ 2 Desgleichen da ein Parteÿ gar nichts erhebliches bewisen soll ihr vom Gericht Kain Jurament aufgeladen, sondern die gegen Parteÿ billich absolviert werden.

§ 3 Wann ein Parteÿ nur ein halbe und unvolkombene weisung so semiplena probatio genent wirdt, volführt hette, und sich mehrern schein, im fall der nottufft furtzubringen erbentt, oder solches auß denen umbständen für Kombener sachen, sonsten Zuhoffen wehren, so soll die Parteÿ Zu mehrer weisung durch die erkantnus gelassen werden.

§ 4 Da dann weder auf einem, noch dem andern tail mehrere beweisung verhanden, und solches die umbstendt der sachen Zuerkennen geben, so mag das Gericht, entweder dem Cläger oder dem Beclagten auf ihr begehren, nach gelegenhait Ihrer erbarkeit, guetts berufs, wahrhafftiger aigenschafft, und in summa dem taill den Aÿdt Zuerstattung seiner volkombener weisung auferladen, welcher umb die sachen bessers wissen hat, und des Monaidts halben unverdechtlicher ist.

§ 5 Und da die Persohnen dermassen qualificiert, das sie disfals gleich, so soll das Jurament dem Beclagten, als von Rechtswegen dem befreutenn taill auferlegt werden.

§ 6 Es gehören aber Zu aufladung (fol. 72v) obberuertes Aydts nottwendige stuckh, Erstlich das die Persohn so den Aÿdt thain soll, aines ehrlichen berufs wandls und Lobmuets seÿ, denen diffamierten untuchtigen, verdechtlichen und unglaubwürdigenn Persohnen, solle diser Aÿdt Zu fürkomb des Monaidts nit Zugemuetet werden.

§ 7 Zum andern ist vonnötten, daz dieses Jurament von den Principaln selbst und Keinem Procurator beschehen, angesehen, das es nit ein Aÿdt der geuer sonder der wahrheit.

§ 8 Zum dritten sollen die Principalen selbst schweren, Ihre Erben aber Zu disem Aÿdt nit gelassen werden, Es were dann sach, das sie die strittig sachen selbst gehandelt, stettigs omb den versterbenen Principalen gewesen, oder sonsten umb sein thain guettes wissen hatten.

§ 9 Zum Vierten ist vonnötten, das die strittig handtlung also geschaffen, daß sie dieses Aÿdts fehig, dann in Burgerlichen sachen, so wichtig und grösser importanz, desgleichen Lehens sachen, beinlichen und geistlichenn handtlungen, hatt solcher Aÿdt nit statt.

§ 10 Zum fünfften soll dieser Aÿdt, dem Thail aufgebunden werden, welcher der sachen bessern bericht hatt, und de facto proprio schweren Kann.

§ 11 Zum Sechsten soll dieser Aÿdt, dem tail gelassen werden, welcher eines bessern berufs und wandls (fol. 73).

§ 12 Wiewohl Zum Siebenden, die geschribenen Rechten vermugen, das solcher Aÿdt Kainer Parteÿ sie begehr es dann selbst aufgebunden solle werden, So solle doch dem Landtsbrauch nach in des Gerichts discretion stehen, solchen Aÿdt auch unbegehrter sachen, ainem oder dem andern thaill auftzulegen.

§ 13 Wann nun diser Aÿdt, Ainer oder der andern Parteÿ, durch das Gericht mit erkantnus aufgeladen wirdt, so Kann sich Kein Parteÿ desselben waigern. Gleichfals Kan sich der gegentail dessen nit beschweren, es geschehe dann durch die ordentlich appellation, Es solle auch Kein Parteÿ solchen Aÿdt seinem gegentail Zuschieben, oder wider haimbstellen, dann solche Relation hat allein in wilkürlichen Aÿden, davon oben in den nechsten Titl gehandtlet, in derleÿ nottwendigen Juramenten aber nit statt, darumben wirdts auch Juramentum necessarium genant.

§ 14 Wann nun der Cläger solchen von Gericht angebotten Aÿdt thuet, soll er sein Clag erhalten, Thette aber denselbn der beclagt, soll er von der Clag absolviert werden.

§ 15 Wann nach gethanem Aÿdt briefliche Uhrkunden und Instrumentische behelf von neuem erfunden werden, so stehet der verlustigen Parteÿen, unverhindert des gelaisten Aÿdts bevor, die(fol. 73v)selben beÿ Gericht fürtzubringen, doch soll die Parteÿ ainen Aÿdt der geuer thain, das sie umb solche brief Kein wissen Zuvor gehabt, sonder dieselben erstlich nach dem Jurament bekomben.

Der 29. Tittl. Von halbmässigen Beweisungen, welches Semiplenae probationes genent werden

§ 1 Wann ein Parteÿ Ihr Intention nur mit ainem Ainigenn Zeugen bewise, so ist solche weisung nit volkomben, dann weill in Zwaÿer oder dreÿer Zeugen Mundt, alle wahrheit stehet, kann ein ainigen Zeugen, wie Zu recht nit genueg sein, sonder sein sag wirdt allein fur ein halbmessige probation, so die Rechten semiplenam nennen, gehalten, Solches hatt aber statt wann derselbig ainig Zeug ain Persohn und aussag, nit verdechtlich, derhalben da Er ein blutsfreundt geschwägerter oder sonsten dermassen qualificiert, das er alles verdachts nit freÿ, So gilt sein aussag für kein halbe weisung, Es kann auch dieselb mit dem Aÿdt nit erstatt werden (fol. 74).

§ 2 Zum andern ist vonnötten, das solcher Zeug sonsten ohn mangl, und wie es die geschribenen Rechten nennen omni exceptione maior. Derhalben die infarmirten untüchtigen maleficischen und ander mehr persohnen so Zu lebendiger Kundtschafft nit taugentlich, kunnenn kein halbe weisung würcken.

§ 3 Zum dritten, so gebert aines ainiges Zeugens aussag alß dann halbe weisung, wann der Zeugsführer nit mehrern als einen Zeugen furtzustellen, oder aber mehrere fürgestellt hette, darunter doch nur ein ainiger Ihme fürsteller mit seiner Kundtschafft beÿ fiel, dann wo der Zeugenführer, mehrere Zeugen producirn kundt, dieselben aber mit vleiß und auf den Vorthail Zuerhören unterließ, damit er Zu seinem Aÿdt komben möchtt, so hette derselb nit statt.

§ 4 Zum Vierten ist vonnötten, das solcher ainig Zeug seiner wissenhait, ein vernufftige ursachen aussag dann sein blosse Kundtschafft ohn die ursachen, /: er werde gleich darumben gefragt oder nit:/ macht Kein halbe weisung.

§ 5 Zum funften gebert ain ainiger Zeug in denen orten und fällen halbe weisung, welche mit Zwaÿen Zeugen bewisen kunnen werden, Alßdann Contract, pactionen und vertrag sein, wo aber mehr als Zwen Zeugen, wie in Testament sachen vonnötten, so würcket ain Zeug solche halbe weisung da nichtt (fol. 74ᵛ).

§ 6 Die ander unvolkomben weisung stehet in der Handls Leutt bücher, dann wo sie dieselben originaliter und uncassiert fürbringen, mögen sie volgents ainen Aÿdt darauf thuen.

§ 7 Die dritt stehet in der Gerhaben und Curatorn haus vertzaichnussen, dann wo die Posten nit hochwichtig, sonder geringschätzig und darumben kein Quittung verhanden, mag Ihnen solches Jurament Zu besterckung Ihrer vertzaichnussen aufgeladen werden.

Der 30. Tittl. Von Gerichtlichen Bekandtnussen

§ 1 Die Confessionen und Bekantnussen, so vor Gericht mundtlich oder schrifftlich beschehen, sein fur die hochst weisung Zuhalten, dann sie bedoerfen keiner andern probation, sondern es soll der bekent thail, nach gelegenhait seiner Confession, darauf eintweder Condemnirt oder absolviert werden, doch sein Zu solcher Confession etliche fürnembe stuckh vonnötten.

§ 2 Erstlich das die bekantnus von den Principaln selbst beschehe, dann der Gewalthaber oder Advocaten (fol. 75.) Confessionen, welche sie im abwesen Ihrer Principalen thain, sollen denen Principalen nit schaden, Wann aber die Principalen gegenwertig sein, und Ihrer gewalthaber bekantnus nit widersprechen, so gelten dieselben eben soviel als ob sie von denen Principalen selbst beschehen.

§ 3 Am andern ist vonnötten, das die Confession wohlbedechtlich und mit grundt beschehe, dann die ihrigen Confessionen sindt ohne schaden, Kunnen auch alle Zeit von dem abschiedt widersprochen und revociert werden.

§ 4 Furs dritt muessen die Gerichtlichen bekandtnussen, von Vogtbaren Persohnen beschehen, was aber ein minderihäriger bestehet, das ist nichtig.

§ 5 Zum Vierten, die bekantnussen, welche von ainem fremden Gericht beschehen, sein unpraeiudicierlich.

§ 6 Zum funfften ist vonnötten, das derleÿ Gerichtliche Confessionen, nit fur den bekennen, sonder wider Ihme sein, dann da ein oder der ander Parteÿ Ihr selbs Zugnetten was bekennen thett, hat solche Confession Kain crafft, ist auch fur Kein probation Zuhalten.

§ 7 Zum Sechsten mues solche Confession in des gegentails oder seines gewalthabers beÿsein beschehen, do aber der gegentail oder sein Gewalthaber abwesig, oder im fall sie gegenwürtig die angehörte Con(fol. 75v)fession nitt für bekandt annemben, so ist sie unschedtlich.

§ 8 Zum Siebenden mueß dieselb Confession special sein und etwas gewis begreiffen, dann auf ein general und ungewisse Confession, Kan Kein gewisser abschiedt erfolgen.

§ 9 Zum Achten wann die Gerichtlich bekantnus ainem andern Zu nachtl geraichen thet, so ist sie ohngültig angesehen, das dem dritten abwesendten thail, damit nit praeiudiciert werden kann.

Der 31. Tittl. Von Verfahrungenn

§ 1 Nachdem die Gerichts Verfahrung Zuerkennen gibt, das die Parteÿen nach eröffnung und publicierung der Volführten attestaten ober Ihre weiß und gegenweisung mit unnotwendigen wortt reichen und weitschweiffigen probation und einredtschrifften verfahren, auch die claren Kundtschafften, mit Ihrer ubermessigen lang, und vonnotturfftiger ausführung Zu offtermahlen mehrers verdunckeln als erleuttern, derhalben damit die Gerichtt ferrer (fol. 76) nit vergebens behelligtt, auch denen strittigen tailen umb soviel ehers aus Ihren handtlungen geholffen werde, So setzen, ordtnen und wöllen wir vonn Landtsfürstlicher volmacht wegen, das hinfurahn aber weiß, und gegenweisung, nit mit acht underschiedtlichen schrifften, deren Vier uber die Haubtweisung, die andern Vier uber die gegenweisung, bei derseits produciert werden, verfahren, Sonder angeregte Haubt und gegen weisung nur mit Vier Libelln, allermassen es in unserem Landt ob der Ennß gebreuchig, außgeführt werden solle.

§ 2 Nemblichen und also wann die stittigen Parteÿen die eröffneten attestation angehendigt, so solle der taill welcher die Haubtweisung geführt, innerhalb viertzehn tagen die negsten darnach sein erste schrifften einlegen, und darinnen anfengklich sein volführte Haubtweisung ausführen, Nachmals im andern taill solcher schrifften, seines widersachers gegenweisung mit seinen nottwendigen einreden, doch aufs kürzest widertreiben, und solche schrifften, sein probation und einredt schrifften Copulative intitulieren, Gleichermassen solle dergegentail sein habende gegenweisung in seiner ersten schrifften erleuttern, und nachmals eben im selben Libel des gegentails haubtweisung impugnieren und widerlegen (fol. 76v).

§ 3 Darauf nachmals beede thail noch mit einem beschluß und gegenbeschluss nach ordtnung verfahren, und also mit vier schriften Ihre geführte weisungen deduciren und ausfindig machen sollen,

§ 4 Soviel aber andere verfahrung, welche in der Haubtsachen emergent und incitent stritten, auch denen execution handlungen beschehen anlangt, ist uns glaubwürdig fürkomben, das darinnen bißher ungeacht des wissentlichen Gerichts gebrauch, und voriger publicierter ordtnung, mehrmals grosse verordtnung und ubermessige antzahl, der schrifften Zugelassen werden, Also das auch in geringen Summarisachen Zu Zeitten zwelf, sechtzehen oder mehr schrifften und producten von baiden thailen einkomben, Demnach damit solcher auftzigig mißbrauch abgestelt und denen verfahrungen ein schleiniger auch richtiger weeg gemacht werde, ordtnen, setzen und wöllen wir von Landtsfürstlicher Volmacht wegenn, Wann der Cläger sein Clag oder begehren eingebracht, unnd der gegenthaill darruber mit seinem bericht oder notturfft vernomben worden, aber Clager daran nit ersettigt Zu sein vermaintt sonder seinen gegenberichtt oder ferrere notturfft, deßgleichen der beclagt sein Duplicen und andere notturfft einlegt, das alßdann in lauttern Liquitierten und unwidersprechlichen sachen, als schulden oder andern (fol. 77.) bescheinten handtlungen, unser Landt ober oder unter Marschalch den Proceß Zu ferrer verfahrung nichtt richten, sonder aber solche lautterkait und Vier einkombene schrifften einen endtlichen bescheidt, nach geschaffenhait der sachen, durch einn Decret oder Rahtschlag geben solle, doch dem beschwerten thaill die Appellation für unser Niderösterreichische Regierung vorbehalten.

§ 5 Und Zum fall ein oder der ander thaill an solchem Rahtschlag und beschaidt nit ersettigt, sonder darüber mitt seiner vermainten verzern notturfft fürkomben thette, So soll es unser Landtmarschalch, oder in abwesen Landt under marschalch beÿ vorigem Rahttschlag und beschaidt nochmahlen verbleiben lassen, und die Parteÿ der bevorstehenden Appellation erindern.

§ 6 Wann aber die anhengig sachen Zweiflich, disputirlich und unbescheint, auch des völligen Proces und gesambter erkantnuß bedürfftig, Welches dann in des Gerichts discretion und bescheidenhait steet, So solle nach eingebrachtem gegenbericht oder der dritten schrifft, die sachen Zu ordentlicher und volkombener verfahrung berahttschlagtt werden, und iedes tails Zwo schrifften sambt einem beschlus so einkomben, auch nach beschloßner sachen ordentlich Collationirt wird, auch daruber rechtlich erkent werden, Und solches ist von der Haubtsachen Zuverstehen, dann in fürfallenden nebenstritten, sollen uber vier schrifften baiderseits vermueg voriger publi(fol. 77ᵛ)cierter ordtnung nit Zugelassen noch gestattet werden.

§ 7 Und dieweill ein iede Parteÿ die Haubtsachen in summari oder extra ordinari sachen mit dreÿen schrifften, die neben stritt aber mit Zweÿen Libeln der notturfft nach wohl ausführen Kann, so soll das Gericht hinfurahn Kainem taill ainiges aufschreiben Zuverlengerung des handls gestatten, sonder da der Cläger in seinem beschlus neuerung gebraucht, steet dem beclagten dieselben in seinem gegen beschlus abtzulainen bevor, Da aber der Beclagt in seinem nachstreich dergleichen neuerung eingeführt, oder mit neuen einschluessen fürkömb, mag der Cläger solche nach wissentlichem Gerichts brauch unterstreichen und ad marginem die neuerungen verzaichnen, doch steet dem Beclagten sein Nain gleichfalß herauß Zu setzen, bevor.

§ 8 Dieweill auch die beclagten mit sondern liest Ihre best behelf und ausführungen in ihre beschlus fürsetzlich sparen, und mit solchem grief den Clager, so Kein nachschrifften hatt Zubevaren, vorhaben, So sollen die Gericht nach befundtner sachen, auf solche verbottne vorthailige neuerungen, nit allein nichts erkennen, sonder die Beclagten, sambt derselben Schrifftmacher darumben nach notturfft, unableßlich straffen.

§ 9 Wann sich der Clager in seiner ersten oder andern schrifften (fol. 78.) der weisung selbst anbeutt, und der handl also geschaffen, das derselb der angebotnen probation bedürfftig, So solle das Gerichtt Zu erlengerung der sachen, den process auf Kein ferrere Verfahrung richten, sondern den Cläger durch ein Decret oder Ratschlag Zu begerten, oder wo es vonnötten einer gemessnen unnd specificierten Weisung lassen, Doch dem gegenthaill sein gegenweisung unnd rechtliche notturfft vorbehalten.

§ 10 Also soll es auch wan der beclagt die haubtweysung guettwillig uber sich nämb, gehalten werden.

§ 11 Die nachschrifften, so wider ordnung und gebürliche antzall der schrifften, nach beschlossner sachen Zu Information des Gerichts einkhomben sollen von Gericht nit angenomben, vill weniger darüber Ichtes erkhendt werden.

Der 32. Tittl. Von Gerichtlichen Urtln, Abschiedten und Erkhandtnußen

§ 1 Es solle ein Jeder Sententz, Abschiedt unnd Urtl (fol. 78v) auf das, so dem Gericht fürkhomben, unnd baiderseits Producieret worden, beschechen, auf das aber so die Partheÿen nicht einbracht, sonder dem Gericht sonsten bewüsst; solle nit Judiciert, noch erkhendt werden. Es were dan sach, das solches Nota unnd offen wissentlich, oder das die Partheÿen unnd Ihre beÿständt etwas fürzubringen, underlassen hetten, Welches nit in facto sondern Jure stehett, dann in solchem fall kann und soll das Gericht supplicieren, mag auch auf die Landtbreuch, Gerichtsordnung, Genera,l geschribene Rechten und dergleichen gemaine oder special Landtsatzung /:ungeachtt das solche Parteÿen nit angetzogen noch fürgebrachtt:/ wohl gehen und darauf Sentecieren.

§ 2 Wann der Cläger sein Clag instificirett hatt, so solle die erkantnuß nach gelegenhait seiner Haubt petiticion beschehen, Es wehre dann im process mehrers als in der Clag begehrt, von dem Clager erleuttert und bewisen oder von dem Beclagten Gerichtlich bekandt worden, dann in solchen fällen mag der Abschiedt nach geschaffenhait des ganzen process ergehen.

§ 3 Ein iedes Endt Urthel und Sentenz mues auf ein gewisshait gestelt sein, dann da verabschiedet würdt der Beclagte seÿ dem Cläger Zubezahlen oder Ihme (fol. 79) daß guett abtzutretten schuldig, unnd aber die Summa oder das guett in abschiedt nit begriffen so Kundt solcher abschiedt nit bestehen.

§ 4 Wann in einem urtel die bewegnussen und motif der beschehenen erkantnuß nit begriffen, so soll der Sententz darumben nit fallen, dann das Gericht ist nit verbunden, derleÿ ursachen inn die abschiedt Zuverleiben.

§ 5 Alle Sententz so beÿ ainer fremden und ungebührlichen Obrigkait beschehen, die sollen für ein nullitet gehalten werden.

§ 6 Deßgleichen wann ohn gwalt oder aber mit falschem gewalt gehandlet und darüber verabschiedt worden so solle der abschiedt nit Crefftig sein.

§ 7 Also auch wann ein abwesender und unverhörter contemnirt worden, es were dann auf ungehorsamb beschehen.

§ 8 Item wann der abschiedt auf falsche Zeugen sag unnd brifliche Uhrkunden oder irrige Rechten unnd Landtsbrauch ergangen

§ 9 Item wann ein abschiedt inn hangender dilation unnd erlangtem stilstandt ervolgtt.

§ 10 Auf plosse Exempl und vorige etwo in gleichenn fall beschehene erkandtnussen, soll das Gericht nit gehen, dann sie umbständt der sachen, seint ungleich, also auch die ausführung der Parteÿen.

§ 11 Die erkandtnussen, sollen an denen gewöhnlichen (fol. 79v) Gerichtsstaten in gar nit in privat heusern beschehen.

§ 12 Also auch gar keinn Sententz an heiligen festenn oder ferien gefelt werden,

§ 13 Wann ein Parteÿ nach ergangenem Urtel, fürgeb Sie hette Ihre Instrumentische behelff, der notturfft nach nit fürgebrachtt, so solle dennoch die ordentlich erkandtnuß darumben nit retractiert werden.

§ 14 Also auch wann die Parteÿ nach beschehener erkandtnus brifliche Uhrkunden vonn neuen erfunden, so kann dadurch der Zuvor ergangenen abschiedt nit umbgestossen werden, Es were dann umb Fiscal Commun, Kirchen oder Pupillarsachen Zuthain, Doch sollen der verlustigten Persohnen solche neue erfundtne behelff in einer neuen Instantz fürtzubringen bevorstehen.

§ 15 Ain Rechtmässige erkandtnus Kann nit revociert werdenn, ob gleich ain oder die ander Parteÿ hernach das widerspiell bekent.

§ 16 Deßgleichenn soll kain erkandtnuß retractiert werden, wann der beclagt einn peremtorische exceptionem erst nach dem entschiedt fürbring wolte, es were dann dieselben der artt unnd aigenschafft, das sie sowohl nach als vor dem viertzehenden Titel (fol. 80.) vonn Exceptionen unnd außtzungen underschiedt vernemben.

§ 17 Item Wann sich ein Parteÿ dessen Zubehelfen vermaint, das sie Keinen Advocaten gehabtt, oder derselb hette, die gebürlich notturfft nit gehandlet, so solle dennoch der abschiedt nit fallen.

§ 18 Die Urtel abschiedt unnd gerichtliche erkandtnussen sein enges verstandt und stricti Juris, kunnen auch weiters nit alts der lebendig und buchstablich inhalt vermag, getzogen werden.

§ 19 Wann viel Krigs Consorten in ainem ainigen abschiedt Condemnirt werden, so ist einer für den andern Zubezahlen nit schuldig, ungeacht das einer oder derselben mehr von solvendo wehren, Wann aber ainer fur den andern guetwillig Zahlet, so stehet Ihme seinn regress zu seinen mitverwanten bevor.

§ 20 Welchen Sententz mann innerhalb Zehen tagen nit Appelliert, derselbe erreicht sein wilkühr unnd ist der execution fehig.

§ 21 Nach beschenener publication und eröfnung solle keinn urtel noch erkandtnuß, weder an worten noch an der Substantz geendert werden.

§ 22 Wiewohl die geschribnen Rechten Zulassen das die höhern Gerichtt Ihre erkandtnussen declariren unnd erleutern mügen, Dieweill aber solches (fol. 80v) allerleÿ incident stritt und behelligung erweckenn möchtt, auch dem beschwerten taill die Appellation bevorsteet, so sollen derleÿ declarationen nitt statt haben.

§ 23 Die Urtel und gerichtlichen erkandtnussen sollen als res inter alios actae, keinem abwesenden dritten thaill schaden noch praeiudiciern, Derhalben wann gleich der Clager seine spruch wider ainen Erben, welchen er in sonderhait furgenomben, erhalten, So Kan solches denen andern ungehörten mit erben nit schedtlich seinn.

§ 24 Wann der Haubt Clager /:als ein gesetzter Erb ist:/ verlüstigt wirdt, so schadt solcher abscheidt allein andern abwesenden Interessierten und special geschaftleutten.

§ 25 Wann ein Urtell oder abschiedt wider einen Gerhaben in seines Pupillens Namben ergangen, So ist der Gerhab nach abgelegter Gerhabschafft davon entbrochen.

§ 26 Alle possession stritt sollen vor dem Aigenthumblichen disputat außgetragen und decidirt werden. Also soll mann auch die eingefallen neben stritt, als Incident und emergent Krieg, Deßgleichenn die exceptionen, vor der Haubtsachen entschaiden (fol. 81.).

§ 27 Welcher schädenn uncosten, fruchtt Interesse oder ander dergleichen accessorien, so der Haubtsachen nahvolgen in seiner Clag nit begehrtt, dem sollen sie nit Zuerkent werden.

Der 33. Tittl. Von gedingnussen und Appellationen

§ 1 Wiewohl die Appellationen von Natürlicher billigkait allen beschwerten thailen bevorstehen so sein doch etliche sondere fäll, darinnen sie nit statt haben sollen.

§ 2 Erstlich welcher auß ungehorsamb verlustig worden demselben Zu straff seiner ertzaigten ungehorsamb die Appellation abgeschnitten werden.

§ 3 Am andern wider seine aigne Gerichtliche bekantnus, soll niemandt Appellieren.

§ 4 Zum dritten, Wann ein Parteÿ der andern die (fol. 81v) Haubtsachenn auf den Aÿdt gelassen, und nach solchem Jurament verlustig worden, so Kann nit mehr gedinget werden.

§ 5 Zum Vierten, Welcher auf das so Notori und offentlich wissent Condemnirt wirdt, dem solle kain Appellation gestatt werden.

§ 6 Zum funfften, von straffen und Poenen, welche inn Crafft der Gerichts ordtnung oder geschribnen Rechten, aufgelegt werden, solle niemandt appellirn, Vonn andern straffen aber, welche die Rechten oder gerichtsgebrauch nit verordtnenn sonder aus andern beweglichen Ursachen, denen Parteÿen durch das Gericht aufgebunden werden mag mann wohl appellirn.

§ 7 Zum Sechsten von Gerichtlicher Execution unnd des Weispotens außrichtung Kan nitt Appelliert werden, da Er aber die Gerichtsbreuchig maß unnd ordtnung uberschritt, mag dasselb Supplicando dem Herrn Landt ober oder unter Marschalch als seiner geburlichen Obrigkait fürgebrachtt werden, unnd wo sich solches befindt, solle nottwendig einsehung und abstellung auch bestraffung des Weißbotens ervolgen.

§ 8 Welcher wider ainen wissentlichen Landt: oder Gerichts brauch appelliert, dem solle die (fol. 82.) Appellation abgestricktt werdenn,

§ 9 Welcher verlustigt worden, und ainen Termin Zu der betzahlung von Gericht begehrt, der kann nit mehr appellirn.

§ 10 Von Fiscal schulden auch gemeinen auflagen und Contributionen als Steurn Zehenten, Robaten und dergleichen Landtbreuchigen herrn diensten soll niemandt Zu appellirn gestaltt werden.

§ 11 Wiewohl die geschribnen Rechten vermögen, das in possessori stritten Kein Appellation statt haben solle, iedoch weill solcher satzung der Uhraltt ublich Landtbrauch Zu wider, so lassen wirs aus Landtsfürstlicher Volmachtt darbeÿ nochmahlen genedigist wenden.

§ 12 Also auch wan uber ein sachen Commissari verordtnet und Ihnen die erkantnuß Zuthain bevohlen worden, mag der beschwertt tail ungeachtt geschribner Rechtten, davon appellirn, fur das Gerichtt welches die Commission verordtnet, und nit stracks für die höcher Instanz beschehen.

§ 13 Gleichermassen soll es mit denen Compromissen handlungen gehalten werden, es wehre dann sach daß sich die Parteÿen der Appellation austrücklich begeben.

§ 14 Denen geschribenen Rechten nach, kann in Criminal und malefitz sachen, sowohl als in Burgerlichen und Civil Handlungen, appellirt werden, welches aber allein in denen fällen statt haben solle, Wann mann wider ainen Thätter, Clag, Accusation oder denunciation weise procedirt, Wann aber das Gerichtt von Ambtswegen ex officio unnd inquisition weise gegen ainen Thätter handlet, der soll auch auf sein aigne guettige und Peinliche bekandtnuß, Zum todt verurthailt werden, so hatt die appellation wider solche aigene Confession nit statt, also auch wo der Thätter auf ofner wahrer thatt betretten worden.

§ 15 Wiewohl etliche Geistliche und Weldtliche fursten in unserm Landt österreich under der Ennß begüettet sein, so solle doch vermüeg derwegenn außgangener general, derselben Pflegern, Ambtleutten und underthanen Keines wegs gebühren fur gemelte Ihre Herrn aus unserm Landt Zu appelliren, oder denen Underthanen ainige appellation dergestalt auftzurichten, dann solches wider unsers Löblichen Hauß Österreich und unserer getreuen Landtschafft wohl hergebrachte ersessene freÿhaiten auch denen Parteÿen nit wenig beschwerlich fallen wirdt, (fol. 83.) Solche außlendische Fürsten in führung der appellation mit schwerem Uncosten Zubesuchenn.

§ 16 Wann einem die Expenß aberkendt, oder tacite aufgehebt worden, so mag derselb ob er gleich die Haubtsachen erhalten, wegen ermelter expens wohl appellirn.

§ 17 Wann die Appellation in gebürlicher Zeit auß verhinderung der Cantzeleÿ oder andern billichen Uhrsachen nit aufgericht worden, so Kann solcher verzug den Appellanten nit schaden.

§ 18 Es mag ein ieder Appellant von seiner Appellation fallen und dieselb desertieren.

§ 19 Obwohl die geschribenen Rechten Zugelassen, das ein Parteÿ alles das was in der ersten Instantz verabseumbt, in der appellation und beÿ der andern auch höhern Instantz einbringen möge, So lest doch der Uhralt Landt und Gerichtsbrauch mehrers nit zu, als was beÿ der ersten Instanz ordenlich einkomben, derwegen solle Keine nebenschrifften beÿ der Höchern Obrigkait angenomben, nach auf ainiges neues product erkendt werden.

§ 20 Wann der Principall Appellant mit Todt abgehet, solle sein Erb die gedingnuß prosequiren oder dem Urtel ein benüegen thuen, doch solle Ihme (fol 83ᵛ) von Gericht ein Zeit vergünstigt werden darinnen er deliberiren möge, ob Ihme die prosecution oder desertation gemainter sein wölle.

§ 21 Wann ainer aus denen Krigs Consorten appelliert und die sachenn beÿ der höchern Instantz erhalten solle dasselb seinen mitverwanten, auch nutzen.

§ 22 Es soll kainer Parteÿ für mehrere als Zwo unterschiedliche Instantz nach ordtnung Zu appelliren erlaubt sein.

§ 23 Wann der abschiedt etliche underschidtliche Artickel begreiffet, so soll denen Parteÿen bevorstehen ainen taill Zu aingen, und den andern Unappellirt Zulassen.

§ 24 Der erlassung des Appellation Aÿdt, solle sich kein gewalttrager mechtigen, er habe dann derwegen von seinem Principalen besondern schriftlichen special gewaltt.

§ 25 Allso soll auch ainem Gewaltthaber, welcher mit ainem schrifftlichen special gewalt versehen, den appellation Aÿdt fur seinen Principalen Zuthuen unverwehrt sein.

§ 26 Wann ein Principal oder Gewalttrager die Appellation nit vor Gericht, sonder beÿ der Canzleÿ vermeldt, solle dieselb dennoch statt haben.

§ 27 Inn hangender Appellation sollen die Parteÿen (fol. 84.) ainige Novation oder attentation nit fürnemben, Sie wolten dann in vergleichung oder Commission eingehen.

§ 28 Deßgleichen solle das Gericht wider den Appellanten in hangender Appellation nichts fürnehmen, alleine in etlichen besondern fällen,

Erstlichen wann der verlustig taill in wehrunder Appellation fluchtigen fueß setzen wolt, möcht er in Arrest genomben werden,

Zum andern wann der Verlustig thaill, die aber halten frucht, verschwendt oder verwendt, so mag das Gerichtt ungeachtt seiner dingnus durch Sequestration, einsehen thain,

Zum dritten, da der verlustig taill, den obsiger in der possess turbiert und betrüebt, möcht das Gerichtt entzwischen dem obsiger Zu Hüelff komben, Also auch da ein Urtel auf weisung ergangenn und die sachen mit denen verhandnen Zeugen Kranckheitt halben oder in ander wēg geuerlich stundt, möchte das Gerichtt davon gedingt werden, entzwischen solche Zeugen Zu ewiger gedechtnuß verhören lassen.

§ 29 Waß massen aber die Appellationen vermelt aufgerichtt prosequirt und Remittirt sollen werden, ist in der Gerichtsordtnung so des 57 Jhars ergangen, nach notturfft furgesehen, darbeÿ wir es nochmahlen gendigist beruhen lassen.

(fol. 84v)

Der 34. Tittl. Von der Ungehorsamb welche nach ergangenem Urthel oder Abschiedt beschicht, auch denen Gerichtlichen executionen

§ 1 Waß gestalt die Gerichtlichen Executionen nach ordtnung geworben und in welcher Zeit, dieselben bewilligt werden sollen, ist in vorbemelter Landtgerichts Ordtnung, so des 57 Jhars außgangen ausführlich begriffen, darbeÿ es nochmahlen allerdings verbleiben solle.

§ 2 Wann ein Parteÿ umb ein liegendts oder Vahrendts guett clagtt, und dasselb mit recht und Urtel erhelt, so solle der Ansatz, soviel dem Haubtstritt betrifft, auf das erhalten und kein anders guett beschehen, der Expens schäden oder anderer unerkenten accessorien halben aber mag sich die Parteÿ auf des verlüstigen thails aingne guetter wohl ansetzen lassen, dieselben auch durch anbott brieff und Urlaub hernach aigenthumblich bekomben (fol. 85.).

§ 3 Do aber die Clag und der behabt Abschiedt auff Kein liegendts guett, sonder Persohnliche spruch als schulden oder dergleichen Contract gieng, und dieselb anforderung sich uber fünfftzig gulden erstrecktt, mag sich der obsigent tail, auf der verlüstigen Parteÿen guetter dreÿmahl, oder da die anforderung weniger als fünftzig gulden, viermals so hoch als dieselb anforderung ist, würcklich ansetzen lassenn.

§ 4 Welches auch in dem fall statt haben soll, wann gleich dem obsigenden thaill der Gerichts Uncosten oder anderer accessorien nit Zuerkendt worden, dann weil die verlustig Partheÿ, die sachen Zu Gerichtlicher execution ungehorsamblich komben lest, und den Cläger Zu neuem außgeben verurasachtt, So ist beclagter taill dieselben expensen, welche auf die execution und Gerichtliche behebnuß laufen, billich Zuerstatten schuldig, Derhalben dann die Execution auf solchen uncosten, sowohl als die Haubtsachen geworben wirdt.

§ 5 Wiewohl die geschribnen Rechten vermögen, das die execution, Persohnlichen spruch, erstlich auf Varende und nachmals erst liegende guetter beschehen mues So solle doch dem allgemeinen österreichischen brauch nach, in des obsigers wohl steen, sich auf ligende oder varende guetter ansetzen Zulassen (fol. 85ᵛ).

§ 6 Welche ein Schuldt mit recht erhalten, dem ist der Verlustig, da er sich nach ergangenem Abschiedt ungehorsamblich verhelt und der execution statt gibt, das Interesse vom dato des abschiedts ahn, Zubezahlen schuldig.

§ 7 Wann einem Viech Wein, Traidt oder dergleichenn bewegliche sachen Zuerkent worden, Aber vom wegen des verlustigen thails geverlichen auftzugs unnd ungehorsamb hernach umbgefallen oder verdorben, So mag die execution auf derselbenn sachen werdt und aestimation geworben werden.

§ 8 Dem Landt und Gerichtsbrauch nach, mag der obsiegent thaill, den Ansatz auf den belehneten güetern unverhindert, ob der Verlustig, sonst freÿ aigne Guetter hatt, nehmen, und sich nit allein, auf die frücht oder nutzungen, sondern auch auf des Lehens Haubtguett antsetzen lassen, Und wann er nach erlangtem Ansatz soweit verfehrt, das ihme dz Urlaub gegeben wirdt so mag er umb verleichung der Lehen anhalten, Alßdann werden Ihme die Lehen durch unser Niderösterreichische Regierung an unser als Landtsfürsten statt und andere Lehens herrn verliehen (fol. 86.).

§ 9 Wann aber der Ehemann verlustig worden, so solle die Execution auf seiner Ehefrauen guetter nitt beschehen, also auch wann die Ehefrau Condemnirt worden, sollen Ihres Ehemans guetter mit ainiger gerichtlichen execution, nit beschwert werden.

§ 10 Auf Jhärliche Ambts besoldung, provisionen und dergleichen gnaden gelt, soll Kain execution bewilligt werden, Es hette dann der verlustig taill sonsten an liegenden und Varenden guettern nichts.

§ 11 Also solle auch der obsiegendt thail auf seines gegentails schulden Kain execution werben alleweill andere ligende und varende guetter verhanden.

§ 12 Auf Mühlen Viech oder dergleichen sachen, so Zu täglicher Menschlicher aufenthaltung dienstlich, solle alleweil andere guetter verhanden, Kein Execution efolgen, Also auch auf Rist Cammer und allen dem dardurch gemeiner nutz gespert wirdt.

§ 13 Wann der verlustig thaill, in hangender execution mit todt abgehett, so ist nit vonnötten, dieselb wider seine Erben von neuem antzufahen, sonder mag in denen terminis /:darinnen sie stehet:/ prosequirt werden (fol. 86^{v}.).

§ 14 Inn hangender Appellation hatt Kein execution statt, Wann aber an unns als herrn und Landtsfürsten umb revision suppliciert worden, solle die execution Ihren fertigen lauf haben, es werde dann dieselb von unns durch sondere bevelch eingestelt.

§ 15 Wann der Verlustig thaill das guet, welches er mit Rechtt und Urtel verlohren, nach beschehener erkandtnuß in frembde handt geverlicher weiß alienirt und verwendt, so solle die execution, ainenn weeg als den andern auf solches guett ervolgen.

§ 16 Wann ein Parteÿ obsiegt oder etwas mit recht und Urtel behabt, verihärt sich die execution nichtt, sonder stehet der Parteÿen oder seinen Erben bevor, umb dieselb innerhalb Zweÿ dreÿssig Jharen antzuhalten.

§ 17 Wann ein Gerhab in sachen seiner Pupillen betreffent verlustig wirdt, solle der gebots brief an dem Gerhaben gestelt, die ferrer Execution aber in des Pupillen gar nit des Gerhabenn haab und guetter ervolgen, Vermaint alß dann der Pupill nach erlangter Vogtbarkeit der Gerhab hab Ihne beÿ der haubtsachen verkürtzt oder in (fol. 87r) solche gerichtliche behebnuß unbillich geführt, steet Ihme dasselb gegen den Gerhaben mit Recht Zuersuchen bevor.

§ 18 Gleicher gestalt solle die execution altzeit in des Principalens und Keines verwalters oder Gewalthabers haab unnd guetter ergehen.

§ 19 Wann der Haubt Principal verlustig worden, so solle auf das Burgens haab und guetter mit der Execution nit griffen werden.

§ 20 Wann ein guett Zuvor angesetzt worden, so mag sich ein ander auf die ubermaß desselben guets und werts auch ansetzen lassen.

§ 21 Do ein guett Zwischen Zweÿen Parteÿen strittig, so solle sich Kain dritter in praeindicium des hangenden strits alweill andere haab und guetter verhanden darauf ansetzen lassen.

§ 22 Wann ein Parteÿ durch ein Real Clag die Gerichtliche behebnus auf das gantz guett erhalten, So solle Ihme dasselbig völlig eingeantwort werden.

§ 23 Wann Ihme aber ein guett umbschulden oder Persohnlich sprüch geurlaubtt wirdt, so solle Ihme das angesetzte guett pro rata sein seiner anforderung durch die dartzu verordtneten Commissarien eingeraumbt, die ubermaß aber dem ver(fol. 87v)lustigen thaill widerumb an guettern selbst Relaxirt und von dem Ansatz ledig getzehltt.

Doch die wahl an solchen guettern nit dem Verlustigen sonder obsigendem taill gelassen werden, unnd obgleich der obsigundt thaill die Guetter beÿsamben behalten, und den verlustigen die ubermaß der guetter mit gewalt erstatten wolt, so soll doch der verlustig thaill wider seinen willen, von seinen guettern nit getrungen werden, es solle auch hernach in seiner wilckhüer stehen, dieselben wem er wiell Zuverkauffen oder in ander weeg Zuverhandteln, Wann aber das geurlaubtt guett, als ein Schloß oder Hauß unthailbar wehre, so soll der verlustig thaill die ubermaß dem obsiegenden thail abtzulösen geben und dessen er thue es gleich gern oder nit, schuldig sein.

§ 24 Die Warnungs bevelch so bißher Zwischen dem gebotts brieff und Urlaub wider die ungehorsamb bewilligt werden sollen hinfurahn, abgestelt und der billichen execution, ihr richtiger und fertiger lauf immediate gelassen werden,

§ 25 Nach behabtem Urlaub und erlangtem würcklichen aigenthumb hatt die redemption und losung des eingeantworten guets /:da sich gleich der verlustig tail desselben stracks anbieten, auch die Uncosten vokombenlich ablegen woltt:/ (fol. 88.) wider des obsiegenden thails willen und gelegenhait, nit statt,

§ 26 Wann einem obsiegendten thaill der verlustigenn Parteÿ Holden oder Underthanen geurlaubt worden, so mag er an solche geurlaubte Underthanen von Gericht, einen gehorsamb brief begehrn, welcher Ihme gewilligt werden solle.

§ 27 Wann der Verlustig und angesetzt thaill nach ergangenem Ansatz dem Urtel oder Abschiedt ein benügen thuet, so solle er die angesetzte guetter, aignes gewalts nit antretten, noch die beschehen gerichtliche Spännung vertilgen, Sonder von Gericht Relaxierung des Ansatz, oder an die gespändten underthanen, einen gehorsamb brief begehren.

§ 28 Welcher aber ohn vorwissen der obrigkait selbst in die gespändten güetter greifft, der soll in des Gerichts straff verfallen sein.

§ 29 Wann die verlustig Parteÿ in disem Landt ainiges ligents guett nit hatt, so mag der obsigent thail das Heilendisch Gerichtt anlangen, Ihme an des uberwundtnen ordentliche obrigkait, darunter er gesessen und begüet, Compaßbrieff, damit das alhie ergangen Urtel derselben orten volzogen werde, ervolgen Zulassen, Es solle auch dem obsiegendten thail bevorstehen, dem verlustigen so nichts im Landt, mit seiner Persohn, darinnen (fol. 88^{v}) so lang verarrestiren Zulassen, biß er der beschehenen erkantnuß ein benuegen thuet, doch wo Zwischen denen thailen, das disputat der guetter halber einfühl, Solle die Arrestirung oder verhafftung so lang nit verwilligt werden biß der obsiger ausfindig macht, das der Verlustig tail nichts im Landt, oder doch nit soviell hab das er seiner behabten sprüch völlig vergnüegt werden Kündt.

§ 30 Es solle keiner das gespänt guett seinem gegentail wider ervolgen Zulassen schuldig sein, Er seÿe dann Zuvor der Haubtsachen sambt aller erlitnen Uncosten so auf die Gerichtlich behebnus geloffen völlig contentiert.

§ 31 Wann die execution von der Cognition fürgenomben unnd das Gerichtt die sachen ab executivis anfangt, So kann die execution nit bestehen, Also auch, wann die Executions mitl verwechselt und aines dem andern wider ordtnung fürgesetzt wirdt, gleicher gestalt wann sie nit nach ordtnung auf einander, sonder per saltum beschehen, Item wann die Execution in hangender Appellation ervolgtt. Item wann sie ubermessiger weiß unnd wider ordtnung beschichtt, (fol. 89) Item, Wann sie wider ain erlangte Landtsfürstliche restitution /:darinnen die Parteÿ ungehindert des ergangenen Urtels Zu Ihrer defension unnd notturfft gelassen:/ mitgethailt worden.

Der 35. Tittl. Von Expensen Gerichtlichen uncosten und Schäden

§ 1 Welche Parteÿ der andern den aufgewenten Gerichts uncosten, und auß waserleÿ Ursachen abtragen und erstatten solle, das alles stehet in des Gerichts discretion und erkantnuß, doch sein beÿ denen geschribnen Rechten, etliche sondere fäll begriffen, darnach sich das Gericht füeglich richten soll und mag.

§ 2 Erstlich welcher wider ainen wissentlichen Landt oder Gerichtsbrauch, Clagen Excipieren, oder sich verantworten thuet, der solle für ein muetwillige Parteÿ gehalten, und in die expens con(fol. 89^{v})demnirt werden, Also auch da die Parteÿ wider ein lautters geschribenes Rechtt, welches durch den Landtbrauch nit aufgehebt, Krigen thett, Item welcher wider ain general oder Landtsfreÿhait streit.

§ 3 Item welcher Parteÿ auf ungehorsamb Condemnirt wirdten, die solle alle Zeit den gehorsamben thaill in die expens Zuerkent werden,

§ 4 Item welcher Beclagter einn muettwillige exception Zu auftzug der sachen führt, der solle in die expens retardati processus erkent werden,

§ 5 Item welcher taill sich der weisung angebotten und dieselb fallen lest, soll in die expens condemnirt werden,

§ 6 Item welcher nach eröfnung der Attestation vermercken, kan das sein weiß oder gegenweisung nichtig, und demnach dieselb ausführen und guett machen wiell, der soll in die expens von dato der publicierten attestaten Condemnirt werden.

§ 7 Welche verlustig worden, und die sachen Zu der Gerichtlichen execution Komben lest, der soll allen uncosten, so auf die gerichtlich behebnuß gangen abtzutragen schuldig sein.

§ 8 Wann denen Parteÿen in schuldt oder andern (fol. 90.) briefen der uncosten verschriben und versprochen worden, so soll der, mit haltendt thail neben der Haubtsachen die expensen Zubetzahlen schuldig sein.

§ 9 Wann ein Erb umb geschicht und sachen von seinem antecessor herrüerent beclagt wirdt, und erligen thuet, soll derselb in Kein expens Condemnirt werden, dann die Erben haben in Erbs sachen ain unverweißliche unwissenhait.

§ 10 Welcher taill für sein Intention ainen brifflichen Schein fürbringt, und damit dennoch aus billichen Ursachen nit gelangen Kan, der soll von der Expens entbrochen sein.

§ 11 Deßgleichen welcher seinn mainung nit Volkombmentlich, sonder allein Zum taill, als mit ainem einigen Zeugen oder mit Zeugs Persohnen, deren doch Keiner Rechtmessig, und omni exceptione maior bewisen, dessen solle mit Condemnierung der Expens verschonet werden, Also auch wo ein Parteÿ dermassen qualificiert, das sich ainicher muetwilln beÿ Ihr nit Zubesorgen.

§ 12 Ebenermassen da ein Parteÿ dem Gericht furzubringen hett, das sie sich mit vorberahttung Rechts und Gerichts verstendiger Leutt, in den oberkenten stritt begeben, so solle beÿ derselben (fol. 90v) kain fräfel vermueth, noch Sie in die Expens neben der Haubtsachen erkent werden.

§ 13 Wann die Parteÿen kein Expens begehren, so sollen ihnen dieselb wo gleich ursachen verhanden nit zuverkent werden,

Es solle kein Parteÿ ainige super expens begehrn, sie bringe dann schein für, das Ihr solche Zuerkent worden, Also auch soviel die schäden verzinsung und andere accessorien, Welche der Haubtsachen nachvolgen, belangen thuett.

Der 36. Tittl. Vonn mässigung der Expensen, schädenn, abgenombner Frucht Interesse und andern Accessorien

§ 1 Nachdem die Expens und aestimation schrifften mehrersmals unordenlich unbescheindt und dermassen ubersezt fürkomben, das nit allein die Parteÿen dadurch beschwerdt, sonder auch die Gericht beÿ messigung derselben fast behelligt werden, wiel die notturfft erfordern hierinnen wen(fol. 91.)dung fürtzunemben, und obbemelte Expens und aestimation forderung auf einen bessern und ordentlichen weeg Zurichten, Nemblichen also und volgender massen.

§ 2 Erstlichen und vor allen dingen, wann ein obsigende Parteÿ und Expens schäden, abgenombene nutzung Interesse oder dergleichen anhang und Zugehörung, so der Haubtsachen nachvolgen, clagen will, soll der Abschiedt, Urtel, Declaration oder Rathschlag, darinnen dem Anforderer aines oder das ander austrucklich Zuerkent worden, Zu ainem fundament seiner eingelegten schrifften originaliter in glaubwürdigem schein fürgebracht werden.

§ 3 Deßgleichen soll die erst Haubtclag mit dem ordentlichen product fürgebracht werden, damit mann daraus vermercken möge, Wann sich die Haubtsachen angefangen und widerumb geendet.

§ 4 Soviell die Aussgaben, welche beÿ Canzleÿ beschehen anlangt, mit denselben soll es also gehalten werden, Nemblichen als offt ein obsigendt Parteÿ Kundtschafft aus der Cantzleÿ Zu verführung seiner eingestelten Expens Posten bedürfftig, soll sie deßhalben die ordentlich obrigkait ersuchen, die soll beÿ dem Taxator in der Cantzleÿ alßdann verordtnung thain, damit ihr aller und ieder auß(fol. 91[v])gaben, so in die Tax derselben sachen halben, vonn anfang biß zu endt nach ordtnung beschehen, ain glaubwürdige und specificierte Kundtschafft unter sein des Taxators fertigung gegeben werde, doch solle in dise Kundtschafft nit der gantz inhalt verleibt, sonder umb weniger behelligung wegen, dieselb summariter gestelt und davon die ordentlich Tax bezalt auch solche außgab neben andern in der kundtschafft vertzaichnet, und von der Obrigkait derleÿ Cantzleÿ außgaben, so unter des Taxator fertigung fürkomben, fur guet Passiert werden.

§ 5 Welche Parteÿ aber solches umbgehen wiel, die solle alle und iede Canzleÿ Posten keine außgenomben, mit glaubwürdigem Schein, der dartzu gehörigen Rahtschlegen, bevelch, vorderbrieff, Verkündung Zeugen sag, Execution brieff und dergleichen einschlüessen Verificiern, damit welcher Artickel nit bescheinet noch erleuttert, solle nit passiert, sondern als nichtig außgestelt werden.

§ 6 Ebener massen soll es mit dem Uncosten so denen Thüerhüettern und furbittern umb Execution und dergleichen verrichtungen geschicht gehalten, und von Ihnen aller und ieder daselbst beschehener außgaben ain glaubwürdige specificierte Summari bekandtnus unter Ihrer fertigung (fol. 92.) genomben, Ihnen auch von solcher kundtschafft, was sich nach billichen dingen gebüert betzahlt, und beÿ der messigung passiert werden.

§ 7 Wiel dann ein Parteÿ alle dergleichen Possten mit seinen beÿgelegten glaubwürdigen executionen particulariter bescheinen, soll es unverwert seinn doch das solche execution alle Zusamben gezogne und under ein Summari posten weniger behelligung haben, gestelt werden.

§ 8 Es sollen auch die Meilwegs von Richtiger meßigung wegen hinfuhran in die execution gesetzt werden.

§ 9 Die uberantworttung Gerichtlicher Bevelch und auflag, soll soviel immer müeglich durch die geschwornen Potten beschehen, Wo aber dieselben nit Zubekomben, soll mann uber Zwo Persohnen hinfurahn Zu ersparung uberiges uncosten nit gebrauchenn, doch daß dieselben angesessen, und eines ehrlichen berufs sein.

§ 10 Was dann den Weißbotten von wegen der exequirten ansatz und anderer gerichtlichen Executionen ansatz und anderer Gerichtlichen Execution behebnuß betzahlt würdt, darumben sollen die Parteÿen alle Zeit von Ihnen verfertigte quittungen fürbringen.

§ 11 So viell die Raiß so uber Landt beschehen und der(fol. 92v)selbenn außgaben anlangt inn dem sollen die Parteÿen bona fide handtlen unnd Kein unnottwendige Reiß fürnemben noch etwas ubermessigs, wie bißhero Zu Ihrem vortl und sondere behelligung des gerichts beschehen, Zehren, Insonderhait aber sollen sie Zu denen sachen und Acten, darzu Ihr aigene gegenwart nit vonnötten, Persohnlich nit herraisen sonder Ihr notturfft, durch einen diener, Botten oder gesanten, ahn Ihre bestelte Gewalttrager alher gelangen lassen, und dieweill disfals welche Raiß nottwendig oder nit seÿ, Ainige gewisse oder allenthalben gleiche maß nit fürgeschribenn werden Kann, solle die nottwendigkaitt in des Gerichtts Discretion und erkantnuß stehen.

§ 12 Es sein aber dennoch etlich fäll, welche ein procurator oder Gewalttrager von Ambts und bestallung wegen ausser seines Principals hiesein, verrichten Kan und soll, als gemeine bevelch ausbringen, der gegentailen bericht vernemben, umb verfahrung eröfnung der attestaten, Collationierung und verabschiedtung antzuruffen, vorder Uhrkundt unnd execution brieff Zuerlangen, umb erstreckung antzuhalten, unnd was dergleichen gemaine begehrn sein, in forma communi beschehen auch an des Principals gegenwart und berichtt (fol. 93.) wohl gehandelt werden mögen, Wo nun Zu disen oder dergleichen fällen ain Principal persohnlich herraisen oder der für Ainig außgabenn setzen wirdt, soll dieselb als unnottürfftig nit Passiert werden.

§ 13 Es begibt sich mehrmals, Wann die Parteÿen Ihrer habenden Rechtsachen halben auf dem Wasser herabfahren das sie nichts destoweniger Ihre expensen dahin stellen, als ob die Raiß Zu Landt beschehen, Darauf soll beÿ der Gerichtlichen messigung Vleissig acht gegeben werden, Und da ein Parteÿ dermassen qualificiert, das sie Zu Wasser viel gelegner als Zu Landt herabkomen mögen, soll derselben die unnöttig Landtraiß nit Passiert sonder auf die Wasser gelegenhait gemessigt werden, Es were dann sach das mann Winters, Eÿß, Windtsgröse der Thonau oder anderer gefahr, auf dem Wasser nit fahren Künnen, welches die Jhars Zeit so beÿ ainer ieden Raiß absonderlich Zu specificiern Zuerkennen wirdt geben.

§ 14 Die Stätt und Märckt haben bißhero in gebrauch gehabt, daß sie Zu Ihren Schwebenden handtlungenn vier oder mehr Persohnen hergeschickt, dieweill sie aber Ihre ordentliche Gewalthaber der gerichts ordtnung gemeß alhie haben, und sich Zwo abgesante Persohnen mit denselben auf Zuvor berathne sachen und habenden gemeßnen bevelch nach notturfft bereden (fol. 93.v) mügen, solle diser nottwendig uberfluss abgesteltt und mehrers nit als Zwo oder aufs maist dreÿ Persohnen Passiert werden.

§ 15 Verhörung der Zeugen belangent, soll die fürstellendt Parteÿ von denen Zeus Commissarien verfertigte Kundtschafften fürbringen wie viel derselben Zeugs Persohnen in der antzahl gewesen und wie lang sie von wegen der begehrten verhörung alhie verharren muessen, beÿ derselben Kundtschafft solle specificiert werden, wie viell darunter vom Adl, Burgerschafft oder Baurschafft gewesen, damit das gericht mit gebürlicher messigung fürüber gehen möge.

§ 16 Wann die Zeugen inn Wirdtsheusern an heer und haimbraisen, oder alhie Zehren, solle die fürstellendt Parteÿ der beschehenen außgaben von dem Wirdt ein verfertigte Unparteÿsche Kundtschafft nehmen, unnd dem Gericht dieselb fürbringen, doch solle desfals nit mehrers als was die gemain Tax vermag. Passiert werden.

§ 17 Dem alten gebrauch nach soll einem Grafen nit mehr als funf Pferdt, einem Praelaten und Herrn Viere ainem Ritter dreÿ, ainem Edlmann Zweÿ, einem Priester oder Burger ains, und alweg auf ein iedes, tags Zwanzig Kreutzer, ainen Hauer und Baurn aber nit meher als Zehen Kreutzer fur Zehrung geraicht und Passiert werden (fol. 94.).

§ 18 Wiewohl denen Baurn und Haursleutten in aigenn sachen Kein Roß noch wagen Zu passiern, jedoch wann sie sich Zu steur der Wahrheit als Zeugen uber Landt gebrauchen lassen, und Ihr nahrung dadurch versaumben, soll dem fursteller unverwehrt sein, dieselben Zu und von Ihrer aussag führen Zulassen, doch umb ein billiches allen uberflus außgeschlossen.

§ 19 Ainem Advocaten, Schrifftenmacher oder Procuratorn solle nach altem[b)] herkomben, von einer ieden sachen die er vom anfang biß Zum ende geführt, Jhärlichen Vier gulden fur sein ergetzligkait passiert werden.

§ 20 Die extra ordinari vergeltung aber, welche denen Advocaten und procuratorn ausser der bestallung offtermahlen verschriben und geraicht worden, solle mann in keinem Expens Libel einstellen.

§ 21 Deßgleichen sollen die außgaben, welchen den Sollicitatorn und Schreibern beschehen, nit mehr eingestelt werden.

§ 22 Die außgaben so vor der Ladung oder Haubtclag beschehen, sollen keiner obsigenden Parteÿn passiert werden, Es were dann sach, das sie nit allein die Expens, sonder auch die Schäden expresse erhalten.

§ 23 Der erlitnen und Zuerkenten schäden halben, sollen (fol. 94v) die Parteÿen beÿ Ihren Expens schrifften so viel immer muglich, verfertigte Kundtschafften fürbringen, als wann Ihnen durchs verlustigen tails verursachung viech umbgefallen, Maisch, Wein oder Traidt verdorben, und was dergleichen Augenscheinliche und beweißliche schäden mehr sein mögen.

§ 24 So es aber umb schäden an liegenden stucken, alls Heusern, Weingarten, Ackher und dergleichen Zu thain, soll der obsigendt thail, von der ordentlichen obrigkait unparteÿsche Commissarien Zu ersehung und beteurung derselben ausbringen die sollen die erlitnen schäden in beÿsein des verlustigen thails ordentlich besehen nach billichen dingen und gelegenhait der verlofnenn Jahr, erbarlich beteuren, dessen auch der obsigenten Parteÿ unter Ihrer fertigung Kundtschafft mitthailen, sich derselben beÿ der Expens schrifften Zu gebrauchen haben.

§ 25 Die Schäden so der verlustig taill, mit seinem bewißnen gewalt ungehorsamb oder dergleichen unbillich weeg nit verursacht, sonder durch Gottes gewalt oder Zustehündt unfall beschehen, ist Kein Parteÿ den obsiger Zuerstatten schuldig, Alls wann einem an herraisen oder in seinem aussein, diebstal, Prunst, Leibschäden oder dergleichen gevar und unversehene unfäll Zustünden (fol. 95.).

§ 26 Die Schädenn so ainer am ausstendigen gelt leidet sollen anderer gestalt nit aestimirt noch erstatt werden, als mit dem gebreuchigen Interesse, nemblichen funfgulden von hundert.

§ 27 Deßgleichen wann einem die Vertzinsung oder das Interesse Zugesprochen wirdt, soll dasselb nit höcher als wie Landtsbreuchig funf vonn hundert aestimirt werden.

§ 28 Damit die abgenomben und Zuerkenten fruchtt dest aigentlicher gemessigt mögen werden, solle die obsigendt Parteÿ alle Zeit ordentlich erleuttern von wehe solche frucht herrüren, nemblichen obs Weingarten, Acker, Wisen, Gehultz oder dergleichen Grundt sein, Es soll auch die Parteÿ underschiedtlich antzeigen, wieviel der Weingarten Viertl, der Acker Joch, die Wisen Tagwerck, und der gehültz gewanten sein.

§ 29 Deßgleichen solle sie von denen grundt unnd Perckherrn Kundtschafft furbringen, oder durch andern glaubwürdigen Schein erleuttern, wessen mann derselben Grundt Jhärlichen oder Zu mittern Jharen geniessen Künnen, mehr soll specificiert werden wie viel Jhar der verlustig thaill abgenombner frücht genossen (fol. 95v).

§ 30 Wehre es aber umb ein gantze Herrschaft, Vesten oder solches stuckh Zuthain, dessen Jhärliches einkomben, mit dem Urbar probiert Kundt werde, so solle die Parteÿ dasselb mit der Expens schrifften fürbringen.

§ 31 Es sein etliche abgenumbene nutzung der massen geschafften, das sie durch ordentliche beschau am besten dociert werden mögen, als die Wäldt, gehültzt, Auen, Forst, Wildtpan, Fischwasser, Stainbruch und dergleichen Inn derleÿ oder gleichmessigen fällen mögen die obsiegendten Parteÿen unparteÿsche Commissari begehrn, die sollen in beÿsein des gegentails auf den augenschein komben und die Jhärlich nutzung, nach billichen dingen anschlagen, auch dem obsigendten Thaill, davon verfertigte Kundtschafftenn erfolgen lassen.

§ 32 Wann die abgenombenen frucht nit vertzehrt oder verwendt, sonder in des verlustigen Thails gewalttsamb noch verhanden, so mag der obsigendt thaill derselben restitution begehren, und ist darfur die astimation in gelt oder gelts wehrrt anzunehmben nit verbunden.

§ 33 Wann ein Parteÿ die Expens, schäden, abgenombener nutzung frucht oder dergleichen accessoria erhalten und der gegentail vor abtrag derselben mit Todt abgieng, so sein dennocht des abgeleibten Erben von erstattung derselben accessorien nit entbrochen (fol. 96). Dann derleÿ erkandtnuß fallen auf die Erbenn ungeachtt das Ihrer in denen behabten Abschieden urtl oder declarationen nit gedacht werden.

§ 34 Wann strittig Parteÿen in der Haubtsachen verglichen unnd sich der guetter begeben, Aber darbeÿ der Expenß oder frucht nit gedacht worden, so sein dieselben auch tacite verglichen und aufgehebt, dann wo das Principall felt, Können die accessorien ferner auch nit bestehen, Es wehre dann sach, das ain oder der ander thaill, solche Zuständt ihme austrucklich vorbehalten.

§ 35 Beÿ messigung der abgenombenen früchten dem verlustigenn thaill bevor, alles das, was Ihme auf erbauung und einfescung der frücht notwendig und unvemeidtlich gangen, dem Gericht in glaubwürdigen schein fürtzubringen, dieselben außgaben sollen vermüeg geschribner Rechten herdan gezogen und dem obsiger omb soviel weniger ann den abgenombenen fruchten gemessigt werden, es wehre dann sach das der verlustig thail die aberhaltnen guetter, an allen Titl, fueg oder scheinn mit ofnem unrecht, als gewalt, eingrief, abtrang oder ander dergleichen strafmessig weeg an sich brachtt, Alßdann soll er Zu straf seines geuebten gewalts, frävels und unbilts, allen (fol. 96ᵛ) aufgewenten Uncosten, dem Landsbrauch nach billich verliehren.

§ 36 Die meliorration, welcher der verlustig thail auf besserung und erhebung der aberhalten guetter gelegt, kann er Ihme Zuerstatten nit begehren, vielweniger was er auf Ziergarten, gemäll, füerneuß oder dergleichen unnottwendig lustgebeu gewendt.

§ 37 Die guetter aber so er darzu erkaufft, oder durch andere rechtmessige ankonfft und Titl an sich gebrachtt, sollen Ihme billich bleiben.

§ 38 Entgegen so in hangendem stritt von denen beclagten Guettern was geverlicher weiß alienirt und verwendt, oder solche aus nachlessigkait von seinen handen komben lassen, dieselben ist er ainen weeg als den andern, dem obsiegundten thaill einzuraumben oder guett Zumachen schuldig.

Der 37. Tittl. Vonn Restitutionen

§ 1 Wiewohl die Restitutionen darumben vielfältig (fol. 97.) angelangt werden ein weißlichs Regal, unns auch als herrn und Landtsfürsten aus haben der volmachtt ohn mittl Zusteet, iedoch die weill die Rechten denen wachenden und nit den schlaffenden Zu hülff Komben, auch die aigentlich erfahrung Zuerkennen gibt, das sich die aufzigigen Parteÿen mehrmals auf solche extra ordinari hüelff verlassen, und dem ordinari weg des Rechtens umb soviel leßlicher außwarten.

Zu dem es sich mehrmals Zutregt, was ainer mit schwerenn darlegen etlich viel Jhar erhalten, das Ihme solches durch die Restitution unter ainsten abgestrickt wirdt.

§ 2 Demnach damit sich niemandts solcher Landtsfürstlicher gnaden hinfurahn Zu mißbrauchen hab, seindt wir auß sondern genedigen Wohlmainen dahin bedachtt, und entlich entschlossen, das wir Kunfftig in ainige Restitution ainer versambten verfahrung, Weisung Schubs oder anderer dergleichen verschlafnen sachen nit willigen wellen, seÿ dann Zuvor des Supplicanten gegentail mit seinem berichtt uber die begertt restitution auch das Gericht vor welchem dieselb handtlung erster Instantz schwebt, sambt unserer Landtsfürstlichen nachgesetzten Obrigkait der Niderösterreichischen Regierung, mit guetbeduncken daruber vernomben, Auf welches alles alßdann an unserem Kaÿserlichen Hoff schließlich deliberiert unnd erkendt solle werden, ob die begehrt resti(fol.97ᵛ)tution, der billigkait nach statt habe oder nit.

§ 3 Es solle auch hinfuhran ainige Restitution nit bewilligt werden, Es were dann die fürgebracht verabsaumbnus mit verstendigen gegründten und rechtmessigen ursachen erleuttert, purgiert und bescheinet.

§ 4 Doch wöllen wir umnß unsers Cammerguets der Clöster, Kirchen, Spittaler, Siechheuser, Wittib, Waisen, Pupillen, Munderihärigen, deren so umb gemeines nutzwegen und Rei publicae causa abwesig seindt, deßgleichen der Armsehligen Leutt, so personae miserabiles genent werden, auch anderer dergleichen in Rechten hochvergünstigten Persohnen Rechttsachen und Handlungen, darinnen nach unserm genedigen willen, und wohlgetzimbneter Landtsfürstlichen Volmacht Zu disponiren hiemit vorbehalten haben.

§ 5 Komben uns aber etliche bedenckliche fäll fur, darinnen ainige Restitution hinfuhran nit statt haben, sonder ietzt alß dann gewaigert werden solle.

§ 6 Erstlich wann ein Parteÿ auf beschehene versaumung die Restitution alßbaldt und re integra nit wirbt, sonder die sachen Zu ordentlicher verabschiedung Komben lest, und verlustig wirdt, so solle derselben Parteÿen die Appellation als der ordentlich weg und nit die restitution bevorstehen, da aber solche (fol. 98.) erkandtnuß Zu crefften gesprochen wirdt, mag umb die Restitution auß billichen mitlauffendtenn ursachen gebeten werden.

§ 7 Inn hangentem Appellation standt solle niemandts umb ainige restitution der gedingten sachen anhalten, dann die ordinari und extra ordinari hüelf können nit Commerciern und mit einander statt haben.

§ 8 Zum andern wann ein Parteÿ nach erindertem Abschiedt die Appellation umbgehet, und die enserist execution wider sich lauffen lest, so solle die restitution ferrer nit statt haben, Angesehen daß solchem beschwertem tail Zu appeliren oder die restitution Zubegehren bevor gestanden.

§ 9 Zum dritten Wann abschiedt uber abschiedt ergehet so solle nach doppelter erkantnuß die restitution uber den ersten Abschiedt nit mehr statt haben,

§ 10 Zum Vierten Wann sich der beschwert taill nach beschehener Condemnation in einen solchen Act einließ, dadurch er den Abschiedt ratificiert unnd becrefftigt, so solle dieselb Parteÿ ainiger restitution ferrer nit fehig sein, Alls wann sich der verlustig thaill, der betzahlung selbst anbieten, oder dieselb aines tails voltziehen thett.

§ 11 Ob aber die Restitution mit oder ohne betzahlung (fol. 98v) der expens retardati processus beschehen solle, Darinnen wöllen wir alle Zeit obbemelter Unser Niderösterreichischen Regierung guett bedunckhenn gewertig sein, und unns darüber alles billichkait gemeß auf einen oder den andern weeg disfals austruckenlich resolvieren.

§ 12 Da auch ainer Parteÿen sein sachen durch seinen Gewalttrager, Procuratorn oder Sollicitatorn verabsaumbt oder verschlafen, und derselbenn die Restitution auß billichen bewegenden Ursachen gewaigert wirdt, so solle solcher Parteÿen dennoch bevorstehen, sein erlittne schäden durch ordentliche weeg und Clag, beÿ gedachtem seinen Gewalttrager, Procurator oder Sollicitator wie sich gebüert und recht ist, Zuersuchen.

(fol. 99.: leer)

(fol. 100.)

Das Ander Puch etc.
Von allerlei conträcten gedingen und verpintlichen handlungen

(fol. 101.)

Der erst titl. Von kaufen und verkaufen

§ 1 Denen eltern sollen ihrer eheleiblichen Kinder frei aigenthumbliche haab und gueter (welche sie ererben oder durch andere rechtmessige weeg bekomben und bona adventicia castrensia vel quasi castrensia genant werden) zu verkaufen unverwehrt sein. da sie aber solcher gueter ordentliche gerhaben verordnet werden, oder dieselben biß auf ermelter ihrer Kinder vogtbarkeit durch heüratsabredt, letzte willen oder in ander weeg zu geniessen hetten, so sollen derlei keuf ohn vorwissen der negsten befreundten und bewilligung des gerichts nit creftig sein.

§ 2 Ein ehemann mag seiner ehefrauen desgleichen die ehefrau ihres haußwirts haab und güetter wohl erkaufen, dann die contract und verbintlichen handlungen sein denen ehe- und conleuten zugelassen (fol. 101^{v}).

§ 3 Wann ein ehemann seiner ehefrauen zugebrachte heuratliche ligünde haab und gueter so res dotales genant werden verkaufen wolt, solle dieses, obgleich die ehefrau darinnen verwilligt, auß sondern beweglichen ursachen verbotten sein. wann er aber aus dem uberigen res paraphernales genant, was verhandlet und solches mit seiner ehefrauen guetem wissen und willen beschech, so ist solcher kauf creftig.

§ 4 Einem gerhaben solle seines pupillen haab und gueter mit volgender maß und gelegenhait zu erkaufen ânverboten sein: nemblichen und fur das erst, das solches palam et bona fide mit vorwissen der negsten befreundten beschehe, dann da sie in den kauf einstehen wolten, solle ihnen solches bevorstehen.

§ 5 Am andern, daß solcher verkauf aus unvermeitlicher nottuft fürgenomben und dessen dem gericht glaubwurdiger schein fürgebracht, auch alßdann darein verwilligt werde.

§ 6 Zum dritten das der mitgerhab in solchem verkauf bewillige und denselben mit seiner authoritet ratificier.

§ 7 Zum vierten, das dieselben gueter durch unparteüsche commissari oder geschworne persohnen geschätzt werden (fol. 102.).

§ 8 Zum funften das der gerhab solches guet eben in dem werth annembe, welcher ein anderer auch uber die schäzung darumben geben wolt. doch sollen hierinnen geverliche staigerung, so etwo die negsten befreundten aufwiglen und expracticier° möchten, umbgangen werden und Keinesweegs nit statthaben.

§ 9 Zum sechsten das der gerhab die Kaufsumma seinem mitgerhaben straks nach beschloßnem und approbirtem Kauf in barem gelt zustelle und nit erst zu zeit der raittung richtig mache, oder entzwischen seinem mitgerhaben umb die Kaufsumma einen schultbrief gebe.

§ 10 Die gerhaben sollen ihrer pupillen und minderjärigen ligende haab und gueter ohn vorwissen und zugeben der obrigkait nit verkaufen, sonder sich allezeit um ainen gerichtlichen wilbrief zum verkaufen bewerben. dergleichen solle auch beschehen, wann sich die inventierten varunden haubtgueter sament oder sonders verkaufen wolten. was aber die haubtgueter järlichen ertragen, dieselben frücht und nuzbarkeit mögen sie als rechtmessige administratorn ân der obrigkait conses wohl alieniren, dann es wirdt beschwerlich fallen aines ieden verkaufs halben das gericht zu behelligen, sonderlich weil sie umb ihr administration geburliche verantwortung und raitung thain muessen (fol. 102v).

§ 11 Ein gerhab mag in wehrender und nach abgelegter tutel seine gueter wohl verkaufen; wann er aber seinen pupillen von wegen der administration in abtrag erkent worden, Kunnen seine gueter nit verwendt werden, es wolle dann der kaufer die büert der hypotekh so der pupill darauf hat uber sich nemben.

§ 12 Wann ein testamentlicher executor oder außrichter eines letsten willens auß des verstorbnen verlassung selbst was erkaufen wolt, solle ihme solches eben mit denen conditionen und gelegenhaiten, so obens der gerhaben halben verordnet worden, zugelassen sein.

§ 13 Ein gewalttrager soll seines principalens haab und gueter ausser eines besondern specialgewalts nit verkaufen, es were dan sein volmacht so starkh und ausführlich, das ihme das verkaufen in seinem habenden generalgewalt austrüklichen zugelassen.

§ 14 Die geistlichen praelaten und inhaber der geistlichen gueter sollen kein ligents haab und guet ausser unser als lantsfürsten und herrn besondern consens zuverkaufen macht haben.

§ 15 Also auch kein järliches einkomben oder andere recht und gerechtigkaiten, als lehenschaften vogteien zehent perkrecht wildpan vischwasser und (fol. 103.) was dergleichen mehr ist, dann derlei jura incorporalia werden den ligenden guetern verglichen.

§ 16 Gleicher gestalt sollen unsere vasalln und lehensleut die lehengueter oder derselben ein- und zugehörung, so von uns zu Lehen rühren, ausser vorgehunder aufsantung und unsers darauf ervolgten consens nit verkaufen.

§ 17 Wiewohl die geschribenen rechten vermögen, wann einem nachbarn ein liegent guet fail ist, das ers seinem benachtbarten vor andern ervolgen lassen solle, iedoch weill dem lantsbrauch nach ein ieder mit seinem guet frei ist, solle kein lantmann dahin verbunden sein, sonder ihme bevorstehen sein guet nach seinem verlangen zuverkaufen wem er wiel.

§ 18 Ein erb mag nach beschehener antretung der erbschaft die erbgueter wohl verkaufen, es weren dann dieselben des erbrechts halben strittig und rechtsanhengig.

§ 19 Wann ein guet commun und gemain ist, so solle keiner seiner mitverwanten gebürenden tail neben dem seinigen ohn ihr vorwissen und bewilligung verkaufen, beschehe es aber, so kann der kauf der ubermaß halben nit bestehen. und obgleich der maiste tail aus denen consorten darein consentiert und sich nur ein einiger mitgenoß dessen (fol 103^{v}) waigert, so solle dennoch der Kaufbrief so viel sein gebürnus anlangt nit bindig sein. da aber ein solcher consort seinen tail allein verkaufen wolt, solt ihme solches nach ervolgter ordentlicher thailung unverwehrt sein, doch das er sein portion seinen mitverwanten für andern anfail; und wo solcher anbietung beschicht, solle der welcher den mehrern tail am guett hat, denen andern so weniger haben, in Kauf fuerziehen, da aber die thail gleich wehren, stehet in des verkaufers wilkhüer, wem ers auß ihnen ervolgen wölle lassen.

§ 20 Was ein pupil und minderjäriger ohn vorwissen seiner gerhaben oder curatorn von seinen guetern verkauft, das kann für ainen creftigen kauf nit bestehen.

§ 21 Gleichsfals wann einer ein vergweltigsts entweder abgetrungenes spoliertes haab und guet kauft, so ist der kauf nichtig.

§ 22 Also auch da mann entfrembdts guet kauft, ungeacht das der keufer der untren und entfrembdung kain wissen hette.

§ 23 Welcher ein frembdes guet kauft, der ist dasselb dem rechten aigenthumber auf sein begehren abzutreten schuldig, doch stett ihme der regres gegen seinem verkaufer bevor.

§ 24 Welcher auch ainem unwissenden ein frembdes guet verkauft, demselben mags der kaufer, ehe und zuvor er nit rechten darumben furgenomben würdt, wider haimbgeben und abtrag seines erlitnen schadens begehren.

§ 25 Welche gueter ein fideikommiss oder erblichen widerfall auf ihnen haben, die sollen keinesweegs verkauft noch in ander weg verwendt werden, geschech es aber, so mag die persohn auf welche der widerfall gestelt nach entstandnem widerfall das verkauft guet gegen erlegung der kaufsumma wider vendiciern und an sich bringen.

§ 26 Die litigios kriegbaren und rechtanhengigen haab und gueter sollen in wehrendem stritt vor austrag der sachen nit verkauft werden. welcher aber umb solchen stritt wist und dennoch dasselb strittig guet erkauft, der soll vermüeg geschribener rechten die kaufsumma verwirkt haben und dieselb unserm Fisco ohne mitl heimbstellen und verfallen sein. doch solle solches auf den fall verstanden werden, wann mann umb der gueter aigenthumb kriegt, dann die possessoris stritt machen kein guet litigios noch unverwendlich.

§ 27 Wann ein erb auß unzerthailter erbschaft ein guet erkauft, so haben seine miterben keinen tail (fol. 104[v]) am guet, umb ihr geburendes gelt aber mögen sie den kaufer wohl furnehmen.

§ 28 Seine schulden mag ein ieder nach seiner gelegenhait verkaufen, obgleich der schuldner nit darein verwilligen wolt; also auch realisch recht und gerechtigkait.

§ 29 Golt silber und pergament solle niemant aufkaufen noch aus unsern landen verführen bei poen und straf, welche in denen deßhalben außgangnen generalen verleibt sein.

§ 30 Keinen außlender frembder nation, wer und was stands der sei, so unsern nidern und ober-österreichischen landen nit zugethan, solle ainiges lantherrn oder edelmanß guet in diesem unsern erzherzogthum Österreich gelegen ohne besondern unsern und einer ersamben lantschaft consens willen und bewilligung nit angefailt oder verkauft, noch auch in bestant satz- oder pfantschillingsweise verlassen, gleichfals auch in unserer statt Wienn heuser zu verkaufen ohn sondere stattliche wichtige ursachen Keineswegs gestatt werden. wo aber solches hierüber beschech, solle ein ieder solcher contract Kaufbestand satz oder pfantschilling an ihme selbst unbündig craftloß und nichtig sein und noch darzu gegen den ubertretern mit sonderer straff furgefahren werden, als ver(fol. 105) mueg unsers außgangen general, deren datum den 20. augusti im 65. jar.

§ 31 Die kaufsabredt haben keine gewisse maß noch stäten formb sonder stehen in des verkaufers und kaufers freihen wilkühr, wie dann sonsten in allen verbintlichen handlungen der contrahenten vergleichner weil und beschlossener mainung fur ein satzung zu halten und davon nit zu schreiten, da aber eins oder des andern articels bei der Kaufshandlung nit gedacht wirdt, solle es mit denselbigen nach gemeinem lantsbrauch, oder wo disfals keiner verhanden, der geschriebnen rechten decision gehalten werden.

§ 32 Wann der verkaufer mit ubergebung der verkauften gueter nach empfangener völliger kaufsumma geverlicher weise saumbig were, so soll er dem kaufer allen destwegen erlidtnen schäden nach erkantnuß des gerichts abzutragen schuldig sein. da er aber der kaufsumma nit volkombentlich habhaft worden, stehent ihme die gueter pro rata des ausstendigen gelts dem erkaufer vorzubehalten bevor.

§ 33 Gleicher gestalt wann der verkaufer dem kaufer daß verkauft guet volkommentlich eingeraumt und tradiert hatt, aber der Kaufer mit der bezahlung ainer oder der andern abgeredten wehrung verzigig wehre, so solle er dem verkaufer die gebürlich verzinsung von dato des erzaigten saumbsales neben der haubtsumma zu raichen schuldig sein, dann (fol. 105^{v}) es wehre der naturlichen billigkait zuwider, das der kaufer guet und gelt miteinander ohn verzinsung brauchen und seines geverlichen verzugs genieß empfahen solle. deßgleichen soll er dem verkaufer allen uncosten, welcher ihme zu einbringung der kaufsumma auferlassen, nach billichen dingen erstatten.

§ 34 Da aber der verkaufer ihme kaufer am verkauftem guet oder kaufbriefen urbaren gruntbüchern oder dergleichen brißlichen uhrkunden etwas der kaufabredt zuwider verhielt oder sich der schermung waigert, so mag der kaufer die Kaufsumma innen behalten oder bei gericht in verbott legen, der solle auch daselbst so lang verbleiben, biß er kaufer seiner habenden mängl von seinem verkaufer allerdings contentirt werde.

§ 35 Wann in den kaufsanschlag unrichtige und strittige güeter begriffen, welche der verkaufer seinem kaufer mit tradiern noch uberliefernk, so ist der kaufer die vollige kaufsumma seinem verkaufer zu bezahlen nitt schuldig, sonder mag so viel an der kaufsumma innen behalten oder bei gericht in verbott legen, als derselb guetanschlag pro rato betrift, es were dann sach das der kaufer dieser mängellt bei der kaufsabred erinnerung emfangen und sich derselben ausdruklich begeben oder die schermung guetwillig uber sich genumben.

§ 36 Was einem erkauften ligenden guet nach beschloßner (fol. 106) kaufshandlung mit wassergueß fruchten oder in ander weeg zustehet, das gehört dem kaufer und nit dem verkaufer zue.

§ 37 Wann ein kaufer vor bezahlter kaufsumma umb das erkauft guet furgenomben wirdt, so ist er dem verkaufer die kaufsumma von handen zu geben nit schuldig, es were dann der verkaufer umb disen stritt angesessen oder er versichert dem kaufer umb Könftige schadloßhandlung mit genuegsamber burgschaft.

§ 38 Die schäden, welche der verkaufer dem kaufer unbilliches verzugs halben wie oben vernomben abzutragen schuldig, die sollen nit nach seiner affection oder aestimation, sonder wie es der gemein lantleuftige wert vermag, auch nach der zeit gelegenhait, da sich der schaden begeben gemessiget werden. da nun einem ein erkauftes trad zu gebürlicher zeit nit geliefert wirdt und dasselb hernach aufschlagen thett, soll dem kaufer der wert zur zeit des angehenden verzugs gangen und gar nit die ubermaß, so hernach zur zeit der clag aufgeschlagen, ergözt werden.

§ 39 Der verkaufer ist dem kaufer ein freies ledigs gueth einzuantworten schuldig. derwegen wo das verkauft guet mit pfandschaften dienstbarkeiten oder andern dergleichen burden und servituten beladen, mag der kaufer aintweder umb abledigung derselben clagen oder an der kaufsumma ainen (fol. 106v) nachlaß nach gelegenhait solcher auf dem guet liegenden beschwerung quanto minoris actione begehren, es were dann sach das der kaufer solcher bürden bei der kaufsabredt erinnert worden und dieselb uber sich genomben. wo aber der verkaufer solche stillschweigent verhalten, so Kunnen sie den kaufer nit aufgebunden werden es wehren dann steur perkrecht gruntdienst und dergleichen realische onera, welche vom grunt selbst herrüeren, dann dieselben volgen dem inhaber nach.

§ 40 Wann der verkaufer dem kaufer die bürden so auf dem grunt ligen, als perkrecht gruntdienst oder dergleichen functionen, ungleich und weniger als järlich geraicht mueß werden, anzaigt so solle dem kaufer bevorstehen umb solchen schaden quanto minoris actione zu clagen und die ubermaß der kaufsumma, welche (da er der sachen recht bericht worden, umb das guet nit geben hette) wider zuerholen.

§ 41 Wan ein lantguet verkauft worden, so gehört die varunt hab in solchen kauf nit, es hetten sich dann die contrahenten derselben austruklich verglichen, also auch kain waid- noch arbeitviech.

§ 42 Gleicherweise gehören die abgenombenen und auf dem feld liegenden frucht, als abgeschnittens traid hew und dergleichen fexungen, wo dieselben in der kaufsabredt nit expresse begriffen, in kainem kauf; (fol. 107.) die stehenden und ungefexten frucht aber, weil sie pars fundi sein, volgen dem kaufer billich, eß hett ihms dann der verkaufer austrukentlich vorbehalten.

§ 43 Also stehet auch kainem kaufer alle realische dienstbarkeit als weg stegrecht viechtrieb planab gesuch und dergleichen servituten, so von guet herrüeren, obschon davon nichts gehandelt worden, billich zu.

§ 44 Der ein aigenes guet zweien underschietlichen kaufern verkaufet, begert damit einen falsch und soll darumben gestrafft werden; dem thail aber solle das guet bleiben, welcher die würkliche tractation auß ihnen am ersten bekomben, der ander mag den verkaufer umb seine erlittene schäden fürnehmben.

§ 45 Welcher dem andern ainen auf zusagt und denselben gar nit helt, der ist den schaden nach billichen dingen abzutragen schuldig.

§ 46 Wann der kaufer seinen verkaufer nit zu bezahlen hatt, so kann er ihme wider seinen willen und gelegenhait das verkauft guet nit haimbgeben noch ihme mit seinem aigen guet zahlen; also auch wann der verkaufer mit der bezahlung aufgehalten wirdt, so mag er daß verkauft guet wider des verkaufers gelegenhait nit begehren, sonder soll umb bezahlung der kaufsumma clagen.

§ 47 Die kaufhendl erstrecken sich auf des verkaufers und kaufers erben, obgleich derselben in der kaufs(fol. 107^{v})abredt oder denen kaufbriefen nit gedacht worden.

§ 48 Wann der verkaufer seinen kaufer einen solchen mangel unguet oder schaden an verkauftem verhelt, welcher den kaufer, da er desselben erinnerung gehabt, von den kauf abgehalten, so stehet dem kaufer bevor von dem kauf gar abzustehen und das mangelhaftig stuckh oder guet dem verkaufer widerrumb haimbzustellen. da aber der kaufer solches mangelhaftig guet einen weeg als den andern nit geschehen, sonder der von wegen des mangls allein im geringen wert angenomben het, so solle ihme dennoch bevorstehen das erkauft guet zu behalten und seinen verkaufer uber die ubermaß quanto minoris actione furzunemben.

§ 49 Wann der kaufer die gueter inmassen im kaufsanschlag begrifen nit erfragen noch derselben habschaft werden kann, so mag er ein ordentliche bereitung an sein entgelt begehren, deren ist ihme der verkaufer stattzuthuen und die verkauften gueter auf seinen aigen uncosten richtig zu machen schuldig.

§ 50 Wann dem erkauften guet nach beschehener einantwortung und tradition mangel schaden oder gevar durch prunst wassergueß ungewitter feints not oder dergleichen unfall zusteet, so mueß solchen erlittnen schaden der Kaufer allein tragen.

§ 51 Deßgleichen da der kaufer saumig were und das (fol. 108) erkauft guet zu bedingter zeit nit annemben wolt, so soll ihme nach seinem geverlichen verzueg aller schaden abliegen; also auch wann der verkaufer die einantwortung zu beschloßner und gebürlicher zeit nit thett, mues er allen hernach ervolgten schaden biessen.

§ 52 Die beschloßnen kaufshandlungen kunnen nit revociert werden, allein es geschehe mit baider contrahenten guetem und freuem willen. und da gleich der verkaufer doppelte kaufsumma dem kaufer zu reukauf widerrumb geben wolt, dennoch ist er wider seinen willen von dem kauf abzustehen nit schuldig. (fol. 108v)

§ 53 Welcher verkaufer an der kaufsumma ultra dimidium justi praetii gevait und uber den halben thail des rechten und lantleufigen werts seines verkauften guets verforthailt worden, der mag sein verkauft guet gegen heraußgebung der ungleichen geringen kaufsumma wider begehren.

§ 54 Wiel ihme aber der kaufer die ubermaß des rechten werts erstatten, so ist der verkaufer dieselb anzunemben schuldig, dann die wahl stehet in diesem fall nach ordnung der rechten bei dem kaufer und nit dem verkaufer.

§ 55 Wann sich aber die befahrung nit auf oder uber halben tail der rechtens werts erstrekt sonder etwas schlechter und und weniger ist, so kan der verkaufer ungeacht das er bevorthailt worden von dem kauf nit stehn. ob auch ein guet umb rechten oder unzimblichen werth verkauft worden, in dem solle die gegenwertig zeit des getroffnen kaufs und nit die vor oder nachlaufent angesehen werden, dann die gueter schlagen auf und ab nach gelegenhait der zeit.

§ 56 Wann etwas nach der maß, als joch viertl oder dergleichen, (fol. 109.) verkauft wirdt, und sich weniger befindt dann anzaigt worden, so ist der verkaufer die ubermaß der kaufsumma herauszugeben schuldig, wirdt aber mehrers befunden, so erstatt der kaufer die ubermaß billich.

§ 57 Wann der Verkaufer den kaufer nit allein an der kaufsumma sonder mit der ganzen kaufshandlung gewärt, so Kann der kauf nit bestehen, dann der betrueg ist denen contracten so bonae fidei seind zuwider.

§ 58 Es solle kein kauf under dem schein revociert werden, das der verkaufer auß unvermeitlicher dringeter schult oder anderer notturft sein haab und guet weniger als es werth verkaufen muessen, dann die verkauf sein pur lauter wilkühr. also were auch zu widerrufung des kaufs nit genuegsamb, da der verkaufer anzeigt, er hette seines verkauften guets aigentlich werth nit gewist, dann schimpflich das einer in facto proprio irren solt.

§ 59 Von wegen aines unbedingten leütkaufs solle kein rechtmessiger kauf widerruft werden.

§ 60 Obwohl ein ieder kauf auf bares gelt zu schliessen, iedoch wann man hernach für das gelt andere sachen dem verkaufer mit seinem gueten willen in solutum gibt, bringt solches dem kauf keinen mangl. (fol. 109[v])

§ 61 Wann ein grunther ainen grunt von wegen ausstendiger herrndienst mit eines unparteiischen nidergesezten gedings erkantnus einzeucht so sollte dem voringen inhaber oder desselben erben gegen erlegung der billichen kaufsumma der vorkauf bevorstehen; da er aber denselben re integra nit begehret und erst hernach in den kauf einstehen auch einen frembden kaufer davon stossen wolt, solle ihme solches nit gebilligt werden.

§ 62 Wann der verkaufer bei der kaufsabredt die ausstendigen herrndienst gleich uber sich nemb, so solle solches geding dem gruntherrn nit praeiudiciern, dann derlei ausstänt werden bei dem kaufer als inhaber billich ersucht.

§ 63 Wann etwas beweglichs als weinn traid oder dergleichen, verkauft worden, so ist der verkaufer nit schuldig solches dem keufer zu lifern sonder der kaufer mues es selbst heben, es wehre dann daß widerspiel gedingt worden.

Der ander titl. Von vorbehalten widerkaufen

§ 1 Wann ainer sein guet verkauft, so mag er (fol. 110.) mit dem kaufer auf einen widerkauf handlen, nemblichen da solches guet dem kaufer widerrumb fail würdt, das es ihme verkaufer oder seinen erben vor allen wider erfolgen solle.

§ 2 Ein widerkauf Kann eintweders in des verkaufers oder in des erkaufers wülkühr gestelt werden. inn des verkaufers willen wirdt es auf zweierlei weis gestelt: erstlich auf gewisse und bedingte zeit, als funf, zehen, funfzehen jar oder dergleichen gemeßne zeit, zum andern auf ein ungewisse zeit, nemblichen wann es ihme verkaufer gelegen so solle ihme das erkauft guet wider keuflich erfolgen, in welchen fall der verkaufer oder seine erben dem widerkauf innerhalb verjärter zeit und zwei und dreissig jaren begehren mögen in des erkaufers wilkühr aber wirdt solches geding des widerkaufs am gemeinesten gestelt also und dergestalt: wann ihme oder seinen erben das verkauft guet widerrumben uber kurz oder lang fail würdt, das dem verkaufer oder seinen erben der widerkauf vor andern bevorstehen solle.

§ 3 Wann nun der widerkauf auf gewisse jar beschlossen, so gehet die bedingzeit nit von dato der kaufs abredt sonder erst nach der tradition und einantwortung des guets an; es stehet auch (fol. 110[v]) dem verkaufer bevor den widerkauf nit allein zu endt der verglichnen jaren sonder auch innerhalb derselben zeit wann es ihme gefellig zu begehren, da er aber in solcher ausgetragner zeit den widerkauf nit ersucht, so kann er nachmals davon ausgeschlossen werden.

§ 4 Des verkaufers erben mügen das verkauft guet widerrumb an sich lösen, wo gleich von ihnen in dem ersten verkauf Kein meldung beschehen.

§ 5 Es werden auch zu diesem widerkauf nit allein des verkaufers not- und leibserben sonder auch seine beiseits erben und testamentlichen successorn in craft des vorbehalten pacts zugelassen. also auch hergegen seint des verkaufers bluetsfreund oder fremde erben dem widerkauf stattzuthain schuldig.

§ 6 Wann der verkaufer mehr erben under sein verlest so kan einer an den andern den widerkauf nit begehren, es wehre dan sach das sie mit einander thaileten und ainem aus ihnen solche gerechtigkait allein zugethailt würdt; im fall sie aber unverthailt blieben, so möchte ein erb den andern zu der widerlösung vermitlung des rechtens tringen.

§ 7 Da der kaufer viel erben under ihme verließ und ainer daraus das verkauft guet beseß, so möcht er nit allein umb seinen ererbten anthail sonder des ganzen guets widerkauf in solidum furgenomben werden; wo aber die erben das erkauft (fol. 111.) guet samentlich innen hetten, sollen sie mit einander umb den ganzen widerkauf angesprochen werden.

§ 8 Wann sich der verkaufer und kaufer bei der ersten kaufshandlung darinnen der widerkauf bedingt worden der kaufsumma, so zur zeit der widerlösung außgezehlt werden solle, auf einen oder den andern weg verglichen, so bleibt es bei der contrahenten wilkühr und convention billich; da aber bei ermelten ersten kaufshandlung davon nichts geschlossen wirdt, so vermügen die geschribenen rechten, das der verkaufer dem kaufer nit mehr alß die erst summa, so er von ihme kaufer empfangen gewesen, zu geben schuldig; dann da er ihme ein mehrers bezahlen muest, würde solches fur einen würklichen contract gehalten. darbei wir es auß lantsfürstlicher volmacht auch genedigist verbleiben lassen, es were dan sach das die gueter in stehender widerkaufs gerechtigkait in gemain aufgeschlagen hetten, in welchen fall die kaufsumma bei dem letzten kauf billich höcher und grösser als bei dem ersten nach gelegenhait derselben zeit sein soll.

§ 9 Da der verkaufer sein verkaufts guet in craft des vorbehaltnen widerkaufs widerrumb an sich lösen wolt, so soll er den kaufer erstlich ersuchen und ihme die ganz kaufsumma unter einstem nit mit plossem anbieten sonder barem gelt würklich erlegen. und so der kaufer dieselb nit haben noch annemben wolt, so mag die kaufsumma verpetschiert unter gericht (fol. 111^{v}) erlegt werden. es solle aber solche erlegung volkommentlich und ohn allen abgang beschehen, dann so an der kaufsumma ein ainiger gulden abgieng, möchte der kaufer dem verkaufer das ganze guet vorhalten, es wehre dann sach das der verkaufer solches nit mit vleiß wißlich und bedechtlich sonder ohn gevär oder auß irrthumb des zehlens und raitens gethann, so were ihme alßdann diser schlecht abgang ohn schaden.

§ 10 Dise kaufsumma solle biß zu austrag des strits bei gericht ligent verbleiben. dann wo der verkaufer solches sein unterlegts gelt widerrumb von gericht hebt, so thuet er sich damit des widerkaufs begeben und verzeihen. wann ers aber ungehebt bei gericht ligen lest und den stritt des widerkaufs halben erhelt, solle ihme nit allein das haubtguet sonder die abgenombenen frucht desselben guets von dato an des gewaigerten widerkaufs billich ervolgen; doch solle der samen und andere notturftig angewendt baucosten von solchen fruchten abgerait und herdan gezogen werden.

§ 11 Wann ein aufer von wegen angehender zeit der widerlösung die gueter fursezlich unerbant liegen ließ oder dieselben ubl baut oder denselben zuviel aufsetzen thet, wie dann ein weingarten mit dem schnit beschehen mag, so ist er dem ersten verkaufer allen erlitnen schaden abzutragen schuldig.

§ 12 Nach beschehener widerlösung ist der kaufer welcher das guet wider an sich bringt dem verkaufer zu erstatten schuldig: erstlichen so er fur ihne kaufer ausstendige herrnforderungen, als steur zechent perkrecht gruntdienst und dergleichen, bezahlt hette, darunter dann unsere lantfürstliche anlagen so auf die gueter geschlagen werden auch gehörig; furs ander wo der verkaufer in zeit seines inhabens zu dem erkauften guet ain dienstbarkait oder andere nuzbarkait gebracht hette, so solle ihme dieselb bei der ablösung erstatt werden;

zum driten wann der kaufer die gueter seiner inhabung auf seinen uncosten erhebt und gebessert, solle ihme solche melioration billich ergezt werden; doch solle dieses allein auf den costen, welcher auf ein ewige oder bleibliche nuzbarkeit angelegt, verstanden werden, dann der costen so zu einbringung der frucht aufgangen wirdt mit den jarlichen fruchten, deren der verkaufer vor der widerlösung genossen, billich compensiert.

§ 13 Es ist auch der verkaufer vor völlicher entrichtung solcher besserung das guet abzutreten nit schuldig.

§ 14 Und ob gleich der kaufer fur sich selbst soviel, als der verkaufer gethan, in das guet nit gewendt hette, so ist er dennoch dem verkaufer die besserung zu erstatten verbunden; doch das er die maß des gewöhnlichs costens nit uber(fol. 112[v])schritten, noch das guet dermassen uberschwenklich erbaut, das der erst verkaufer die ablösung nit erschwingen sondern sich derselben wider seinen willen verzeichen muest.

§ 15 Die gueter, so von unsern bistumben praelaturen pfarren beneficien und geistlichen stiftungen ausserhalb unserer vorfahren löblicher gedächtnus oder unserm consens verkauft verpfendt oder versezt worden, dieselben sollen zu ihren stiften davon sie herrüeren wider gebracht werden, auch alle inhaber derselben gestiften gueter solchem widerkauf und der ablösung statt zu thuen vermueg derhalben außgangenen general schuldig und verbunden sein.

§ 16 Die verstandnen pfant mögen auch auf widerlösung verkauft werden.

§ 17 Wann in einem solchen auf widerlösung verkauften guet ein schatz gefunden würdt, so gehört der halb thail, soviel dem aigenthumb gebuert, dem verkaufer und der ander halb tail dem kaufer zu.

§ 18 Wann ein guet auf widerlösung verkauft wirdt, so stehett dem negsten blutsfreunden bevor, innerhalb jarsfrist in solchen kauf einzustehen und künnen von dem verkaufer ungeacht seins vorbehaltnen widerkaufs nit gespert noch gehindert werden.

§ 19 Wo der erkaufer ein solches auf widerlösung erkauftes guet nit verkaufet sonder seinen leibsfreunden (fol. 113) so ihme ab intestato succedirten verschaffet, so hat die widerlösung nitt statt, dann die paction der widerlösung ist stricti juris und soll allein auf den verkauf und Keinen letzten willen verstanden werden.

Der drit titl. Von der gesipten freund vorkauf so jus protomiseos genant wirdt

§ 1 Wann einer ain liegents guet zu verkaufens willens, soll er dasselb seinen negstgesipten bluetsfreunden anzufailen schuldig sein.

§ 2 Im fall er aber denen negstgesipten bluetsfreunden die anfailung obgemeltermassen nit thet und die freund der verkaufung sonsten ihn ander weeg erindert würden, so bestehet ihnen bevor, innerhalb jarsfrist von zeit der beschehenen erinderung und ihrer wissenhait anzuraiten in den Kauf einzustehen; doch wo sie sich in solcher zeit des einstands anbieten thetten, sollen sie hernach inner dreissig tagen die negsten die kaufsumma erlegen, dann da sie sich innerhalb jarsfrist in den kauf einzustehen nit anbieten (fol 113^{v}) noch in obbemelten dreissig tagen die kaufsumma erlegten, sollen sie weiter nit zugelassen werden.

§ 3 Die negsten bluetsfreund mögen biß in den zecheten grad der sipschaft zu dem einstand gelassen werden, doch solle alle zeit der negst in grad dem weidern bei dem kauf fürgehen; wann sich aber der negste freund des verkaufs entschlieg, so mag alsdann der negst nach ihme den kauf begehren. und wiewohl die eltern dem lantsbrauch nach ihre kinder ab intestato nit erben, so sollen sie dennoch vor allen andern collateral-freunden zu dem vorkauf ihrer kinder gueter nach altem herkomben gelassen werden.

§ 4 Wann mehr bluetsfreund dann ainer allein verhanden und im gleichem grad der sipschaft seint, auch mit einander den einstand haben wöllen, so sollen sie samentlich dazu gelassen werden. iedoch wann ein guet unthailbar were und nit zertrent werden kunte, möchte ein freund die andern mit barem gelt davon ablesen, da aber solche ablösung in der zeit nit statt hette, sollen sie darumben lösen und sich also das loß entschaiden lassen, es sollen auch die weibspersohnen von diesem einstandrecht so wenig als die manßpersohnen außgeschlossen werden, doch bei dem adl erst nach abgang des manstambens, dann alleweil der manstamben in leben, bleiben die erbgueter bei demselbigen zu erhaltung des geschlechts und der agnation gar billich.

§ 5 Die unehelichen kinder mögen in keinen kauf ihrer vermainten vätter gueter stehen, auch derselben kinder ob sie gleich ehelich gebohren würden nit; weil sie aber das müeterlich auch ihre mueterliche befreundten erben mögen, so stehet ihnen solcher mutterlichen erbgueter halben der vorkauf bevor.

§ 6 Welcher sich des vorkaufs einmahl begeben, der solle zu dem einstand ferrer nit gelassen werden.

§ 7 Wann zwen brüder oder bluetsfreund ein guet, so commun und ihnen baiden zugehörig, ainer ainigen persohn samentlich verkaufen thetten, so wirdt solches fur ainen unverschaidentlichen kauf gehalten.
Derwegen kan ihr kainer dem andern in kauf stehen.

§ 8 Der negst blutsfreund mag nit allein von dem ersten andern und dritten sondern noch von einem weutern kaufer das verkauff guet in craft des einstands recht an sich bringen doch das solches vor verscheinung der rechtmessigen einstand zeit, so sich mit dem ersten kauf angefangen hatt, nemblichen vor außgang des jars beschehe.

§ 9 So der einstehent negste befreund das guet durch den einstand an sich bringt und dasselb dem frembden kaufer, welchen er zuvor (von) dem kauf ausgeschlossen, strachs widerrumben ervolgen ließ, so mugen alßdann die negsten befreundten in solchen kauf einstehn; wann aber der frembdt kaufer daz (fol. 114^{v}) erkauft guet uber jarsfrist widerrumb verkauft, so mögen seine negste bluetsfreund in den kauf nit einstehen, angesehen das solches kein erbguet sonder aus frembden handen durch das kaufrecht an ihne komben.

§ 10 So ein weiter freund mit dem verkaufer oder kaufer dahin practiciert, daß sie ihme guet keuflich ervolgen liessen, so möchte der nächner freund in den kauf stehen und ist nit schuldig ihnen ausser der kaufsumma einigen ferrern uncosten abzutragen, es hette dann der weiter freund den nächern zuvor guetlich angesprochen und bei ihme soviel erhalten, das er sich des verkaufs begeben.

§ 11 Wann ein ehemann ein guet so sein aigen verkaufen wolt, so künnen seiner ehefrauen negste freund nit in kauf stehen, dann sie sein nit bluetsfreund sonder nur schwäger, und als wenig die schwagerschaft das erbrecht gibt so wenig gebüert sie auch das einstandrecht.

§ 12 Der einstehent bluetsfreund mag und soll sein gerechtigkait des einstands keinem frembden ubergeben, er kans auch auf seinen testamentlichen erben, so ein frembder oder extraneus ist, ihme auch ab intestato nit succediern kunt, nit transmittiern. da er aber sein gerechtigkait dem negsten bluetsfreund nach ihm ubergab, so hatt solche cession wohl statt ainen weitern freund aber (fol. 115.) kann er sein jus in praejudicium deß nächern nit cediern.

§ 13 Der erst kaufer mag das guet so erkauft voraus vor außgang der einstandzeit ainen andern wohl verkaufen, dann er ist desselben erkauften guets ein herr; es mag aber der negst freund des ersten verkaufers von dem andern kaufer nichts weniger den einstand begehren, dann dise gerechtigkait des einstands geet nit auf die persohn des kaufers, sonder auf das guet.

§ 14 Alle erbgueter sollen nit allein den negsten besipten grads verwanten, sondern allen bluetsfreunden samentlich angefailt werden, wann es aber zum kaufrecht kombt, soll allzeit der so im grad der negste ist zu den kauf den vorgang haben und den weitern ausschliessen.

§ 15 Die gesipten blutsfreund haben allein in den ligünden haab und guetern die gerechtigkait des vorkaufs und einstands, als nemblichen heusern ackern weingarten vischwassern teuchten wisen gärten wälden und auen, auch allen andern was ligent und unbeweglich ist oder denen liegenden guetern verglichen würdt, nemblichen deren fruchten so noch zu velt und auf der wurzel stehen, als das Korn so noch nit abgeschnitten oder die trauben (fol. 115^{v}) welche noch an den weinstockh stehen, item meuten zollen auflegen prukgelt ungelt, item deren järlichen gewissen renten gülten zinsen und einkomben, item zechenten perkrecht vogteien kirchlehen perkwerken und was dergleichen, item in denen verkauften geltschulden ansprachen und anforderungen welche auf unbeweglichen stuken gestelt seint, item denen dienstbarkeiten welche dem erdbotten und unbeweglichen dingen anhangen, als bluembbesuchen und viechwaiden.

§ 16 In verkaufung der varenden und beweglichen haab und güetern aber haben die vorkauf nit statt, dann damit soll ein ieder verkaufer frei sein, deßgleichen auch mit denen ränten zinsen und gülten, welche nit stättig noch ewig seint sonder sich nur auf etlich wenig jar erstrecken, dann dieselben werden denen varenden guetern verglichen.

§ 17 Das einstandrecht hat nit allein in aigenthumblichen sonder auch denen lehenguetern statt; und wann der mansstamben abgangen, solle die ahnfailung derselben dem untern und weibsstamben auch beschehen, dann solcher stamben der lehengueter vermueg unserer gegebnen lehensgnad auch vechig.

§ 18 Wann ein praelat pfarherr oder geistlicher ein gestiftes guet mit unserm consens zu verkaufen willens, soll er dasselb des stifters negsten be(fol.116) freundten anfailen; dann da solches umbgangen würdt, möchten desselben stifters bluetsfreund vermueg derhalben außgangener general in den kauf einstehen.

§ 19 Wo ain erbschaft verkauft würdt darinnen ligende und bewegliche gueter miteinander begriffen, so hatt der einstand statt; wo aber allein bewegliche erbliche gueter verhanden, so künnen die negsten freund in den kauf nit stehen.

§ 20 Das jus prothomiseos und einstandrecht hat allein in den keufen statt; derhalben da ainer ain liegents guet auswexeln verschenken verheurahten in einen lezten willen verschaffen oder sonst vermachen thette oder dasselb seinem gelter in solutum gäb oder das guet durch ainen vertrag einem frembden ervolgen ließ, sollen ihme seine bluetsfreund darinnen Kain verhindernuß zufüegen, er ist ihnen auch ainige anbietung oder anfailung in solchem fall zu thain nit schuldig.

§ 21 Wiewohl die geschribnen recht vermögen, das in aufgebung der zinßgueter so emphiteoses genant werden das jus prothomiseos statt habe, so solle doch mit derlei guetern contracten dem lantsbrauch nach ain ieder frei sein.

§ 22 Wann einer sein guet verpfenden wolt, so künnen (fol. 116v.) die negsten freund nit einstehen, dann der verpfender bleibt seines guets ein herr, es were dann das pfant so hoch versezt, das Kein hofnung mehr der ablösung verhanden, alßdann hat der einstand statt.

§ 23 Das einstandrecht hatt allein in stambenguetern welche der verkaufer von seinen voreltern oder befreundten ererbt stat. was aber die gueter belangt, die einer iezt bemelter massen nit ererbt sonder von neuem erkauft erdient erheurath oder sonst erobert, die ist er seinen gesipten bluetsfreunden wider seinen willen anzufailen nit schuldig. doch solle es in den erbguetern auch dise underschaid haben:

§ 24 Nemblichen wann einer seiner vätterlichen erbgueter zu verkaufen vorhabens, so ist er dieselben seinen geschwistrigten und befreunden, die ihme allein mutterhalben verwant, anzufailen nit schuldig oder verbunden. also ist er auch nit schuldig seine mutterliche erbgueter seinen geschwisterichten und befreundten, die ihme allein vatterhalb zugethan, anzufailen.

§ 25 Wann einem schulden und anderer persöhnlichen spruch halben seine gueter angesezt werden, so sollen dieselben gespänten gueter durch ofne edict dem negsten befreundten angeboten (fol. 117) werden, ihnen auch bevorstehen solche aus dem ansatz zu lösen und an sich zu bringen.

§ 26 Wann einer ein liegents guet seinem negst gesipten blutsfreunden anfailt, so sollen sie die Kaufsumma innerhalb dreissig tagen nach beschehener anfailung erlegen, es were dann sach das sie durch ehehaft ursachen daran verhindert würden.

§ 27 Es solle auch die erlegung in vorgedachter zeit nit durch blosses anbieten sonder würklich und mitt bahrem gelt beschehen, und da der verkaufer dasselb nit annomen wolt, mögen die negsten befreundten solches gelt unter gericht deponirn.

§ 28 Wann ein verkaufer einem frembden kaufer die bezahlung auf bestimbte zeit und wehrung vergunstigt, so solle dem gesipten bluetsfreund welcher in den Kauf stehet solche tag und termin auch billich zugelassen werden.

§ 29 Wann die bluetsfreund alle oder zum tail nit im lant wehren, so ist der verkaufer ihnen ausser lants nachzuschicken nit schuldig, sonder mag die anfailung in ihrem abwesen an das ort thuen da sie ihr wohnung oder sitz im lant haben.

§ 30 Wo auch ein gesipter freund noch unvogtbar und vergerhabt were, solle die anfailung seinem gerhaben beschehen, der solle nach lantsbrauch die (fol. 117v) Kaufsumma innerhalb dreissig tagen sowohl als ein anderer erlegen.

§ 31 Die anfailung des kaufs mag ausser gericht, auch an einem feirtag, durch den principalen oder einen andern in seinem namben beschehen. es ist auch Kein notturft dieselb anbietung öfter als ain ainigesmahl zu thuen. und obgleich der negste befreundt des kaufs so ainem frembden beschicht wissen hette, so ist dennoch der verkaufer schuldig ihme die lantbreuchig anfailung zu thain.

§ 32 Wann ein kauf nit pure sonder auf gewisse conditionen und Könftige fall beschlossen wirdt, so hat das einstandrecht alßbald nit statt, dann es Kann Kein Kauf vor volbrachter condition fur würkhlich noch volkomben gehalten, wann sich aber die condition begibt so mögen die negsten befreundten den verkauf billich begehren.

§ 33 Also wann einer dem andern ainen kauf auf könftige zeit verhieß und verschrieb, so hatt der einstand so lang nit statt, biß der kauf würklich uberging.

§ 34 Deßgleichen wo der verkaufer und keufer vor einantwortung des erkauften guets guetwillig auß dem kauf giengen, so kann der einstand nit begert werden, wann aber die tradition und ubergab dem kaufer würklich beschehen, so mögen die contrahenten von den kauf durch bereuung (fol. 118.) oder in praejudicum der negsten befreundten nit stehen und hatt alßdann der einstand statt.

§ 35 Wann einer ein liegents guet ainem frembden zu kaufen gibt und dasselb seinen blutsfreunden zuvor nit anfailt, sie auch in den kauf einzustehen bedacht, sollen sie ihr clag nit gegen dem verkaufer sonder dem kaufer als inhaber des guets stellen; derselb mag sich auf seinen verkaufer und scherm mit nichte waigern, sonder ist die clag da er das guet ausser recht nit abzutreten vermaint, fur sich selbs anzustehen schuldig. es mag auch solche clag summariter intendirt werden und kan sich der beclagt auf das ordinari recht nit waigern.

§ 36 Wann nun der kaufer gegen des verkaufers gesipten freunden verlustig und der ablösung stattzuthuen erkent wirdt, woverr er bei beschliessung des kaufs wissen gehabt das der verkaufer die lantsbreuchig anfailung seinen freunden nit gethan, so ist ihme der verkaufer ainigen abtrag zu thain nit schuldig, er hette sich dann insonderhait darumben verschriben.

§ 37 Wann der negst blutsfreund in den kauf einstehen wiel, so ist der verkaufer ihme die kaufsumma anzuzaigen, auch im fall der notturft und von mehrer gewißhait wegen die kaufsabredt oder den kaufbrief furzulegen schuldig. (fol. 118v)

§ 38 Entgegen da der kaufer sich besorgt, das der negste bluetsfreund unter dem schein des einstandsrecht das guet nit ihme selbst sonder einem frembden verkaufen wolt, so möcht der kaufer begehren dem blutsfreund desthalben ainen aid aufzulegen und damit zu beteuren, das er des einstands allein ihme selbst und keinen anderm zu nutz und wohlfart begehre.

§ 39 Es möchte auch der kaufer derohalben bei gericht protestiren oder zu Könftiger sicherhait einen meldbrief außbringen.

§ 40 Umb den einstand mag der negst blutsfreund aintweders vor des kaufers instanz oder vor der obrigkait clagen, darunter das strittig guet gelegen.

§ 41 Daß einstandrecht kan nit zertailt noch zertrent werden, derhalben da ein frembder etliche stuckh mit ein ander in einer unverscheidentlichen kaufsumma annemben wolt, so ist der negste blutsfreund schuldig, dieselben stuckh alle gleicherweise wie der frembt an sich zu bringen. da aber viel stuckh unterschiedlich und ein iedes in ainem besondern anschlag verkauft, daruber auch underschidlichen kaufbrief aufgericht würden, so soll ein iedes stuckh fur einen besondern kauf gehalten werden, es hette auch der einstand umb ein iedes stuckh (fol. 119.) besonderbar nach des einstehers willen und gefallen statt; es were dann sach das ungeacht des abgetailten kaufs der verkaufer keines ohn das ander annehmen wöllen, dann in diesem fall, mueß der negst freund solche stuckh auch mit einander annemben. das auch guets und böses, nutzes und unnutzes, fruchtbars und unfruchtbars unverschaidentlich einen fremden verkauft würdt, ist der negst freund aines neben dem andern anzunemben schuldig.

§ 42 Wann ein frembder bona fidei ohn simulation und subornation mehrers als ein blutsfreund umb das feilbar guet geben wolt, so ist der verkaufer nit verbunden seinen negsten freunden solches guet umb ein geringers ervolgen zu lassen. da aber der verkaufer umb ein ubermessige summa gelts mit einen frembden ainen scheinkauf treffe und damit seinen negsten freund wider billigkait steigern wolt, so mag der negst freund das gericht anrufen und die messigung des rechten lantleufigen werts begehren.

§ 43 Wann der negst freund mit dem verkaufer strittig wirdt und den vorkauf mit recht erhalten, auch entzwischen das guet aufschlieg, so ist der negst freund nit schuldig solches nach dem aufgeschlagnen wert anzunemben, sonder weil der verkaufer (fol. 119v) in mora gewesen und ausser recht dem Kauf nit stattgeben wöllen, mueß er sich an dem wert wie er zur zeit des angebotnen einstands geloffen benüegen lassen.

§ 44 Wann der negst bluetsfreund in den kauf einstehet und also den frembden Kaufer ausschleust, so ist der einsteher dem kaufer allen uncosten so ihme uber den kauf gangen sambt der kaufsumma den leutkauf, auch alles anders so aus redlichen und notwendigen ursachen an disen kauf gelegt worden, bar zu bezahlen schuldig. wo aber der einsteher solches nit thain wolt, so hatt der kaufer macht, sein erkauftes guet zu bezahlen.

Der viert titl. Von gewerschaft schutz und schermb der gueter

§ 1 Welcher ainem andern sein haab und guet verkauft der solle seinen Kaufer darumben zu schutzen und zu schermen schuldig sein. und obgleich bei der Kaufsabredt die schermung nit begehrt noch in den kaufbrief verbleibt worden, so gebuert dennoch dem (fol. 120.) verkaufer ainen weeg als den andern seinen kaufer, wann es umb solches guet wie recht ist angesprochen wirdt, bei gericht zu vertretten und ihne ohn nachtl und schaden zu halten, doch ist disfals vonnötten, das sich der kaufer gegen dem clager, so ihme das erkeuft guet als der dritte tail anspricht, nit verfänklich einlaß, sonder seinem gaber dem verkaufer zum rechten und seiner defension verkunden lasse, der solle alßdann wie kaufsrecht vermag auf die empfangen verkindung bei gericht erscheinen und seinem Kaufer wie recht ist schermen.

§ 2 Wann alßdann der haubtclager wider den caufer und beclagten umb recht anruft, solle der beclagt nach furgebrachter verkundung und execution gegen seinen schermb gleichsfals umb recht anruefen. und so derselb schermb erscheint, aber ursachen furzuwenden vermaint warumben er zu schermben nit schuldig, solle er solche ursachen schriftlich furbringen und dem beclagten copi davon zustellen, volgents baide tail ieder mit zweien schriften und einem rechtsatz verfahren und beschliessen; darüber solle das gericht was recht ist erkennen, wann auch der haubtcläger von solchen ihren producten und einlagen abschriften zu haben begehren wurdt, (fol. 120v) sollen ihme der beclagt und sein furgewenter schermb dieselben abschriften vor gericht zustellen.

§ 3 Do dann der beclagt und sein schermb in der verfahrung saumig sein und zu denen ordentlichen rechtslagen der ordnung nach nit verfahren würden, so mag der haubtclager auf ihr verzigige handlung gegen dem haubtbeclagten umb recht anrufen mit beger, ihne unverhindert seines furgewenten,schermbs in antwort zu erkennen.

§ 4 Im fall aber der schermb nach behendigter verkündung gar nit erscheinen thette, so solle der haubtbeclagt, als oft der haubtcläger wider ihne haubtbeclagten anruft, gegen seinen verkundten schermb umb den gerichtlichen beruef zum ersten, nochmals andern und lezlich zum drittenmahl auch anrufen.

Und wann solches drei rechtstag nach ordnung beschicht, würdet der haubtbeclagt dem clager in verfahrung erkent und entgegen dem haubtbeclagten wider seinen abwesenden schermb der beruef, volgents auch auf sein verrers anhalten der ansatz ex primo decreto bewilligt.

§ 5 Wann aber der haubtbeclagt umb keinen beruef, sonder allein blößlich umb recht wider seinen furgewenten schermb, auch der haubtclager wider dem beclagten umb recht anrufen thet und solche anrufen also zu dreien rechtstägen der ord(fol. 121.)nung nach von beeden thailen beschehen, so solle der haubtbeclagt dem haubtclager abermals in verfahrung erkent, entgegen dem haubtbeclagten seine spruch gegen seinem schermb von wegen der nitschermung in dem urthail vorbehalten werden.

§ 6 Wo aber der schermb auf des haubtbeclagten dritten anruefen vor gericht erschine und sich der schermung anbieten thet, so solle der schermb, allermassen wie es sonsten dem haubtbeclagten zu thuen gebüert, gegen dem haubtclager im rechten verfahren.

§ 7 Doch solle nichts weniger der haubtbeclagt vor gericht ieder zeit durch sich selbst oder seinen volmechtigen gewalttrager zu erscheinen schuldig sein, dann das anrufen von dem haubtclager nit gegen dem schermb sonder allein wider den haubtbeclagten beschicht, derwegen so oft wider ihne haubtbeclagten von dem haubtclager angeruft wirdt, soll haubtbeclagter gegen seinen schermb auch anrufen, welcher ihme iederzeit zu verantworten und mit der defension zu vertretten schuldig. da aber der beclagt nit verhanden were oder wider seinen schermb entgegen nit anruffen thett, ist der schermb nit schuldig sich gegen dem clager mit verfahrung einzulassen, er wölle es dann freiwillig thain.

§ 8 Die schermbung ist aber nit allein der verkaufer als principal sonder auch sein erb dem kaufer und seinen erben zu laisten schuldig. und do gleich der erben bei der kauf und schermbabredt nit gedacht (fol. 121.v) worden, so sollen sie dennoch sich der schermb nit waigern, dann alle contract und verbintliche handlungen werden auf die erben transmittirt, es were dann sach das sich die contrahenten des widerspils, nemblichen das der contract allein auf ihre persohnen stat haben solle, verglichen; doch ist vonnötten das des Kaufers erben sowohl als ihren antecessorn ordentlich verkündt worden. es solle auch solche verkundung nit ainem sondern allen erben mit einander beschehen, sonsten ist sich einer ohn den andern einzulassen oder seinem miterben selbst zu verkunden nit schuldig.

§ 9 Solche schermbsverbindung aber geschicht auf dreierlei weise:

erstlichen durch ein schermbsverschreibung oder schriftliche obligation;

am andern durch purgschaft, welche dem lantsbrauch nach alßdann von nötten, wann der verkaufer gleichwohl ein lantman, aber mit ligenden guetern umb die gewehrschaft in disem lant nit angesessen, deßgleichen wann ein außlender in disem lant haab und gueter ererbt oder durch andere rechtmessige weeg erobert und dieselben nachmals einem hielendischen verkaufen thette, solle er dem kaufer mit angeseßnen lantleuten dieses lants umb künftiger ansprüch und schermung wegen burgschaft thain, da er aber mit purgschaft nit (fol. 122.) gefast, mag er vermüeg geschribener rechten fur das dritt pignorantiam cautionem laisten und dem kaufer mit beweglichen pfanden vergwissen.

§ 10 Es sein aber etliche besondere fäll darinnen ein verkaufer seinem kaufer zu schermen oder schadloß zu halten nit schuldig:

Erstlich da der kaufer die schermung bei der kaufsabredt guetwillig uber sich genomben und derselben den kaufer und seine erben wielkürlich erlassen, in welchem fall der verkaufer alle brifliche uhrkunden schein und behelf zu könftiger defension dienstlich seinem kaufer ubergeben, ihme auch mit aller habenden notturft armiren solle es kann sich auch nachmals der kaufer aller und ieder behelf gebrauchen so dem verkaufer wider ainem kunftigen clager bevorgestanden.

§ 11 Zum andern wann der verkaufer seinem gaber oder desselben erben zum rechten nit verkundt, sonder sich selbst vor gericht verfenklich einlasset und darüber verlustig wirdt, so kan er ferrer ainige schermung nit begehren, dann solche verkundung hat dem wissentlichen lantsbrauch nach allein vor der Krigsbefestigung, hernach aber nit mehr statt.

§ 12 Für das dritt wann der kaufer bei erster instanz verlustig wirdt und die appellation fur die höher obrigkait verschläft oder verwarlost, so ist der ver(fol. 122^{v})kaufer von aller schadloßhaltung entbrochen.

§ 13 Zum vierten da sich der kaufer in ein compromisshandlung on des verkaufers wissen und willen einlasset und daselbst verlustig wirdt, so ist der verkaufer abermals von ihme entbunden.

§ 14 Also auch zum funften da der kaufer dem clager das erkauft guet ausser recht guetwillig abtritt und der gerichtlichen defension nit erwartet oder dasselb sonsten pro derelicto hielt.

§ 15 Zum sechsten wann der kaufer oder seine erben das erkauft guet uber zweiunddreissig jar ruebig und ohn einige interruption besessen, so ist ainige schermbung ferrer nit vonnöten, dann daß guet hatt sich bei ihnen verjärt derhalben mögen sie sich der praescription selbst behelfen und betragen.

§ 16 Zum siebenden wann der kaufer zur zeit der gepflegten kaufshandlung aigentlich und wohl waiß, das daz erkauft guet nit des verkaufers, sondern ainem andern und frembden zugehörig, so kan er hernach kein schermung begehren, es were dann sach das sich kaufer und verkaufer ainen weeg als den andern derselben austrückenlich verglichen hetten.

§ 17 Zum achten wann der kaufer nit umb das aigenthumb sonder allein die posses des erkauften guets angesprochen wirdt, so ist der verkaufer ihne zu schermen nit schuldig; dann die possessornstritten (fol. 123.) mueß ein ieder inhaber selbst ausführen und sich bei seiner possession on des verkaufers entgelt hanthaben.

§ 18 Zum neunten wann dem kaufer an erkauftem guet gewalt bewisen wirdt, so kan er den verkaufer umb schutz rettung und abstellung solcher gewalt thättigen eingrif nit angesprechen, dann die schermung haben allein vor gericht und nit ausser gericht statt.

§ 19 Zum zehenten wo der keufer des erkauften haab und guet nit durch recht und urtl sonder wassergüeß feinds not oder andere dergleichen unfäll verleret und darumben kombt, so ist ihme der verkaufer dafür ainiger erstattung zu thuen nit schuldig.

§ 20 Zum aintliften da der kaufer auß seiner verschuldung um daß erkauft guet durch straff confiscation felonei oder dergleichen verwürckhung kombt, so ist der verkaufer disfals von ihme entbrochen, ihme auch fur daß eingezogen guet ainige ergetzung zu thain unverbunden.

§ 21 Zum zwelften wann der kaufer dem verkaufer erbt, so ist mit solcher succession die gewerschaft und schermung erloschen.

§ 22 Zum dreizehenden wann ein verkauftes guet strittmessig, aber derwegen noch kein clag furkomben were, so kan der erkaufer nit begehren ihme das erkauft guet richtig zu machen dann weil kein würkliche clag verhanden, ist ainiger vertretung oder richtigmachung nit von nöten. (fol. 123.^{v})

§ 23 Zum vierzehenten wann ein kaufer haab und güeter nach getrofnem kauf an sich bringt so ist ine der verkaufer umb dieselben zu schermen nit schuldig, dann die schermung erstrekt sich allein auf die gueter, deren der kaufer zur zeit des verkaufens im inhaben gewesen oder darzu billiche spruch vermueg des urbars oder alten herkombens gehabt; was einer aber fur sich selbst darzu bringt das ist er auch selbst zu verthettigen schuldig, oder da es durch einen Kauf beschiecht solte ihne kaufer der neu verkaufer darumben schermen wie recht ist.

§ 24 Die schermb- und schadloßhaltung hatt nit allein in kaufshandlungen sonder auch denen außwechslung und permutation statt, deßgleichen wann ein schuldner seinem glaubiger ein guet in solutum und an gelts statt ubergibt.

§ 25 Also auch wann die erben mit einander thailen, sein sie an einander scherm und schadloß zu halten schuldig. und in gemein, welcher von ainem andern guet durch einen oder den andern contract aigenthumblich bekomben, der mag die gewehrschaft begehren und sich mit der schermbung versichern.

§ 26 Also hatt auch die schermbung und schadloßhaltung nit allein in freis aignen sonder denen verkauften lehensguetern, deßgleichen in liegenden und vahrenden haab und guetern, item es werde das ganz guet oder nur ain tail daraus dem Kaufer aberhalten, statt.

§ 27 Welcher einem ain guet schenkt oder ohn alle recompens frei ledig ubergibt, der ist umb solche donation und freiwillige gab zu schermen nit schuldig, er hette sich dann dessen austruckenlich verbunden oder verschriben. gleicherweise wann ainem gescheftman sein legiertes und verschaftes guet nit recht aberhalten wirdt, so ist ihme der eingesezt erb darfür einige erstattung zu thain nit schuldig, es were dann sach der gescheftman kein frembder sonder ain notterb were und ihme das gescheft fur sein naturliche legitima verlassen worden.

§ 28 Wann des verkaufers erben mehr dann ainer verhanden, so seien sie den kaufer samentlich und unverschaidentlich vor gericht zu schermen und zu defendiren schuldig, da sie aber erlegen und verlustig würden, sollen sie den kaufer pro haereditaria portione, auch nach eines ieden erbgebürnus und nit weiter schadloß halten; derwegen in derlei fällen ain erb fur den andern oder mehrers als seiner erblichen portion gebüert zu bezahlen nit schuldig. also soll es auch wann die erben selbst die verkaufung thetten gehalten werden.

§ 29 Wann ein hinderlaßnes cridaguet zu bezahlung der ansprecher durch die glaubiger selbst oder die obrigkait anstatt der glaubinger oder die darüber verordneten caratorn denen creditorn zu guetem verkauft und das gelt unter sie die (fol. 124v) glaubinger pro rato gethailt wirdt, so sein die glaubinger und nit das gericht noch die curatorn den kaufer zu schermen, und daß gericht auch die curatorn, als die ex officio handlen und darbei kain interesse haben, schadloß zu halten nit schuldig.

§ 30 Das schermbrecht hatt kain gewisse zeit, sonder wann der kaufer umb sein erkauftes guet es sei uber kurz oder lang angesprochen wirdt, so mag er die schermbung begehren.

§ 31 Es solle auch die schermbung nit vor des verkaufers sonder des kaufers jurisdiction und obrigkait, auch nach gelegenhait derselben gerichtsbrauch beschehen.

§ 32 Die schermung leidet kein erweiterung, sonder solle allein umb die gueter beschehen so in dem kaufsanschlag begriffen.

§ 33 Wann der schermb vor gericht verlustigt wirdt und der kaufer das erkauft guet dem cläger würklich abtrit, so mag er die widergeltung der außgezelten kaufsumma nach gelegenhait der zeit, da die kaufhandlung beschlossen und nit da das guet mit recht und urthail verlohren worden, begehren.

§ 34 Furs ander ist ihme der verkaufer die expens und erlitne schäden nach messigung des gerichts abzutragen schuldig. (fol. 125).

§ 35 Furs dritt wann der verkaufer das guet sambt denen aufgehebten nutzungen verlohren, so solle ihme der verkaufer dieselben auch erstatten.

§ 36 Zum vierten da er das erkauft guet gebessert und erhebt, hat er solche melioration bei dem verkaufer vermüeg der rechten auch zu ersuchen.

§ 37 Dem clager aber so das guet mit recht und urtel erhalten kan weder erstattung der kaufsumma noch abtrag ainiges accessori nit aufgebunden werden, denn er hatt sein aigenthumb erhalten derwegen ist er allerdings von dem kaufer entbrochen.

§ 38 Und wiewohl bei denen geschribnen rechten versehen, wann das verkauft aberhalten guet pretios und hochwüchtig, das der verkaufer dem kaufer dasselb in doppelten wert erstatten solle, so ist doch dem lantsbrauch nach zwischen denen guetern bißher kein diffenrenz gehalten worden sonder der abtrag alzeit mit einfachem werth beschehen, darbei wie es nochmahlen genedig ist verbleiben lassen, es hetten sich dann die contrahenten des widerspiel verglichen.

§ 39 Wiewohl die rechtlich ansprechung der gueter niemants verbotten, so ist doch bei denen rechten insonderhait verordnet, das der kaufer, seine erben und (fol. 125v) bürgen das verkauft guet selbst nit ansprechen berechtnen noch evinciren mügen, welches er naturlichen billigkait gemeß.

Der funft titl. Von furkauf

Waß den verbotnen und strafmessigen furkauf belangen thuet, darinnen ist in der zuvor publicierten policeiordnung und etlichen derhalben außgangnen generalen notwendige ordnung und fürsehung beschehen, darbei wir es nochmahlen genedigist verbleiben lassen.

Der sechst titl. Von dem auß- und einwechsel

§ 1 Die Geistlichen sollen kein liegents guet noch andere kirchische rechten und gerechtigkaiten verwechßlen, es geschehe dann solche permutation mit unserm als lantsfursten und herrns vorgehendem consens und bewilligung. (fol. 126.)

§ 2 Deßgleichen die lehensleut und vasallen ihr inhabende lantsfürstliche lehensgueter ohn unsern consens nit außwechßlen, also auch die pupillen und minderjärigen ohn erlaubnus ihrer furgesezten vormunder gehaben und curatorn.

§ 3 Ebenermassen sollen tutoren und curatorn die pupillargueter ohn der ordentlichen obrigkait wilbrief nit verwechßlen.

§ 4 Denen chonpersohnen ist unverwert ihre haab und gueter unter einander außzuwechßlen.

§ 5 Die ligenten heuratgueter mögen gegen andern bessern grunden verwechßlet werden.

§ 6 Wann ein außwechsel beschlossen und einem oder dem andern tail auf das auß- oder eingewechselt guet pargelt nachgeben wirdt, so bestehet die permutation dennoch bei ihren creften.

§ 7 Es mögen nit allein die aigenthumblichen haab und gueter sonder auch ander rechten und gerechtigkaiten gegen einander permutiert werden.

§ 8 Welcher in ainem außwechsel ultra dimidium justi praetii und uber halben tail des billichen werts ledirt und gevert worden, der mag die ubermaß von dem gegenwechßler begehren oder den ungleichen außwechsel nitt halten.

§ 9 Welcher einem unwissenden durch wechsel ein schadhaft und mangelhaftig guet einreimbt, der ist dasselb wider anzunemben schuldig (fol. 126v).

§ 10 Wann sich die contrahenten des auswechsels verglichen, aber derselb weder von einem noch dem andern tail in das wer eck getzogen worden, so steet einem oder dem andern thail bevor von den auswechsel wider abzusteen, ungeacht das solches der ander thail widersprechen thett.

§ 11 Wann aber ein thail der contrahenten das verwechselt guet seinem gegenwechsler anhendigt und derselb mit ubergebung des gegenwexelten guets saumig were, so ist der haltent tail befuegt, aintweder die restitution seines uberlieferten guets oder aber die würkliche tradition des gegenwechsels zu begeren, darinnen der haltent thail und nit der verzügig die wahl haben solle.

Der sibent titl. Von denen beständen und hinlassungen

§ 1 Die eltern mögen ihrer kinder und hergegen die kinder ihrer eltern gueter bestehen.

§ 2 Ein eheman kan seiner ehefrauen heuratliche gueter, res dotales genant, nit bestehen, dann er hatt dieselben von wegen der conlichen burden, welche er ohn entgelt seiner ehefrauen tragen mueß, ausser ainiges bestants als lang die ehe wert sonsten (fol. 127) zu geniessen. die andern gueter aber, welche ihr die ehefrau frei und ledig vorbehalten, die mag er sowohl als ein anderer bestehen.

§ 2 Obwohl des ehemans gueter seiner hausfrauen von wegen des heuratlichen zubringens hypotheciert und verpfendt, so möchte sie dennoch dieselben im ehestand annemben, dann nit verboten, ein verpfantes guet unvergriffen der pfantsgerechtigkait zu bestehen.

§ 3 Die gerhaben mügen ihrer pupillen haab und gueter mit bewilligung der ordentlichen obrigkait bestehen, die solle zu aufrichtung des bestants unparteiische commissarien verordnen, welche nach aigentlicher und genuegsamber ersehnung der gueter mit den gerhaben einen bestant nach gelegenhait derselben schliessen und ihren beschlus der obrigkait umb ratification furbringen sollen mit notturftiger versehung, das die gütter nit geschmehlert noch der pupillen arme underthanen wo deren verhanden beschwert werden.

§ 4 Wann ein gerhab seines pupillens ainzige gueter andern verlassen wiel, so bedarf er keines wilbrifs; do er aber ainen haubtbestant aller gueter treffen wolt, solle solches mit vorwissen und zugeben der obrigkait beschehen.

§ 5 Die praelaten pfarherrn und geistlichen sollen ihre clöster- und kirchengueter uber zehen jar ohn unsern als herrn und lantsfursten consens keineswegs hinlassen, auf zehen jar aber inclusive mögen sie solche gueter ohn unsern consens, doch mit vorwissen des convents oder capitels wohl verlassen. deßgleichen da sie dieselben güeter von jar zu jar locirn wollten, (fol. 127v) solle ihnen solches ohn einigen lantsfurstlichen consens zugelassen sein.

§ 6 Obwohl die zehent, so zu geistlichen guter gestift, fur geistliche gueter zu halten, iedoch mögen diselben nit allein von geistlichen sonder auch weltlichen persohnen bestanden werden.

§ 7 Die lantsfürstlichen lehengüeter mögen under zehen jar ohn unsern consens verlassen werden, uber zehen jar aber solle dieselben ohn unser vorwissen und bewilligung niemants hinlassen.

§ 8 Es solle sich kein gewalthaber noch verwalter ainiges bestants mechtigen, er hab dann darumben ainen gemesnen specialgewalt.

§ 9 Die bestant sein wie andere contract ein pur lautter wilkühr, derhalben do ainer sein guet locieren oder hinlassen wolt, kann sein negster bluetsfreund in den bestant dem lantsbrauch nach nit einstehen, dann mit seinen guetern solle ein ieder frei und ungebunden sein, es geschehe dann der bestant auf so lange zeit, das er einer alienation gleich were, nemblichen uber zehen oder mehr jar, alßdann möcht der negst befreundt billich in den bestant doch umb zinß, einstehen.

§ 10 Auß obbemelter natürlicher freihait fleist auch das heer, das ein bestantheer seinen bestantman nach außgang des bestants verkehren kann. dann obgleich der bestantman oder seine voreltern viel jar lang solches guet bestantweiß innegehabt, so gebärt ihme doch solcher langwürig gebrauch vor einem andern kein jus, er (fol. 128.) kan auch keinen bestantherrn wider sein gelegenhait nit tringen, ihme das guet vor einem neuen bestantmann zu lassen.

§ 11 Alß hergegen solle kein bestantherr seinen bestandman, ob er ihme gleich vor andern dem bestand vergünstigt und aus guetwilligkait lange zeit im guet gelassen, nach außgang der bestantjar wider sein gelegenhait cogieren in dem bestant lenger zu verharren, dann disfals ein tail sowohl als der ander frei, es were dann das widerspiel außgetragen und bedingt worden.

§ 12 Welcher einem ein guet in bestant verlassen, der ist sein zusag, ob dieselb gleich nit verbrieft worden, zu halten schuldig; dann der will und consens macht einen bestant und nit die schrift.

§ 13 Es kan auch der bestantherr von dem versprochnen oder verschribnen bestant, ehe sich der bestantman einzogen, nit weichen, allein aus etlichen sondern ursachen:

erstlichen wann sich der bestantman des bestant guetwillig begeben thett, furs ander wann der bestantherr dem bestantman ein anders guet, so dem bestantman gleich und gemeß oder dem bestantmann sonsten annemblich, einraumben thette, zum dritten do der bestantherr aus einer hernach entspringenden ursachen seines guets selbst bedurftig were,

zum vierten wo der bestantherr in dem bestantguet auß hernach eingefalner unvermeidenlichen notturft bauen und darzu raumb haben müest.

§ 14 Gleicherweiß kan der bestantherr seinem bestantman nach beschehener antrettung vor ausgang der bedingten be(fol. 128v)stantszeit den bestant nit aufkunden noch ihme aus dem bestandnen guet nit treiben, allein aus nachvolgenden ursachen:

§ 15 Erstlichen wann der bestantman den zinß zur bedingter ungeburlicher zeit nit raichen thette.

§ 16 Am andern wann der bestantman das bestanden guet verwüstlich hielt und deterioriren thett.

§ 17 Furs dritt wann in werender bestantzeit ursachen vom neuen furfiehlen, dardurch der bestantherr unvermeidtlicher weise bewegt würde, sein guet selbst zu gebrauchen.

§ 18 Zum vierten wann der bestantherr nit umbgehen kunte, auß neuer eingefalner hoher notturft das bestandne guet zu bauen oder zu bessern und darzu raumb zu haben, do aber der bestantherr sein guet auf etliche benante jar verlassen und mit dem zinß anticipiert, auch denselben zu eingang des bestants ainmahl fur alle volgende jar empfangen hette, so kundten ihne die vorgehörten ursachen zu abschaffung des bestantmans nit furtragen.

§ 19 Zum funften wann der bestantherr des bestandnen guets durch einen lezten willen verschaffen thett, were der bestantman dem geschaftmann zu weichen schuldig.

§ 20 Also auch zum sechsten, wann der bestantherr das bestanden guet verkaufet, solle der bestantmann den kaufer weichen, sonsten möcht, ihne der kaufer austreiben; dann die kauf brechen alle bestant doch steet dem bestantman bevor, den zuvor bezalten zins pro rato der unverseßnen zeit sambt abtrag (fol. 129.) seines schadens, welchen er der unversehnen weichung halben erleiden mueß, von dem bestantherrn zu begehren. den ist ihme auch der bestantherr neben widergeltung des unabgeseßnen zinß zu erstatten schuldig.

§ 21 Wann sich aber der bestantman mit dem bestantherrn anfangs dahin austrüklich verglichen, das er vor ausgang der bedingten zeit, im fall gleich das guet verkauft würde, unvertriben sein solle, so ist ihme der bestantherr die völlige zeit zu halten verbunden und kan sich mit vernuegung des schaden nit entbinden.

§ 22 Derhalben ist er schuldig, seinen kaufer des bestants und der uberigen bedingten zeit aigentlich zu erinnern, auch bei ihme soviel zu erhandlen, das er den bestantman biß zu des bestants entschafft unbetriebt verbleiben lasse; dann do das underlassen würdt, mag sich der bestantman seines habenden bestants betragen und der kaufer seine schaden bei dem bestantherrn suchen. hergegen mag auch der bestantherr bei der hinlassung ihme die verkaufung expresse vorbehalten, so ist er alßdann mit seinem guet frei.

§ 23 zum siebenden wann der bestantherr das bestanden guet mit recht und urthail verleurt, mueß der bestantman dem obsieger weichen, er kan auch von dem bestantherrn keinen abtrag begehren, dann wider recht kan niemants.

§ 24 Wann der bestantman vor endung des beschloßnen bestants außziehen wolt, so ist er dessen nit befuegt, (fol. 129v) er bezahle dann dem bestantherrn nit allein den verseßnen sonder den ganzen bedingten zinß.

§ 25 Und obgleich die infection daselbst einries und der bestantman weichen muest, so ist er dennoch den völligen haußzins zu bezahlen schuldig. gleichsfals wann das bestanden guet baufellig, so kan es der bestantman nit verlassen; es were dann dermassen besorglich, das ers ohn gevar nit bewohnen kunt, in welchem fal der bestantman die besserung von seinem bestantherrn begeren mag, die ist er zu thain schuldig. do er sich aber derselben besserung waigerte, mag der bestantman sicherlich außziehen.

§ 26 Wann nun solche besserung beschicht, solle der bestantman dieselb, do sie ihme an seinem bestant, thain und wesen keinen sondern mangl bringt, ohn abschlag des haußzinß guetwillig gedulden; do er aber des bestandnen guets entzwischen gar nit geniessen kündt sondern ausziehen muest oder mit seinem thain und narung gespert were, solle ihme der bestantherr hierinnen mit dem zinß oder in ander weeg ohn schaden halten.

§ 27 Die ordenlichen aufgerichten bestant sein nit allein der bestantherr und bestantman als principalen sonder auch ihre erben beiderseits zu halten schuldig, ungeacht das etwa die erben in dem bestantbrief nit verleibt; es were dann sach das der bestant auf eines oder des andern leben lang und nit weiter austruklich beschlossen.

§ 28 Wann ein eheman seiner hausfrauen gueter in bestant bona fide und mit ihrem vorwissen verlasset, so kan sie nach seinem todt den bestant nit prechen. (fol. 130.)

§ 29 Gleicherweise mueß ein pupil oder minderjähriger nach erreigter vogtbarkeit die bestant, welche seine gerhaben oder curatorn geburlicherweise aufgericht, halten.

§ 30 Also auch wann ein bischoff, prelat pfarrherr oder anderr, so ainer kirchen volmechtiger administrator ist, von seinen kirchen- oder closstergüeter in namben der khirchen oder des gotshauß haab und güeter under zechen jaren ohn consenß oder uber zechen jar mit consenß ordentlicherweiß verlassen, so khan nach seinem ableiben sein successor und nachvolger solchen bestant nit aufheben. do aber der bestant allein auf des bischofs prelaten oder pfarherrs persohn bedingt worden, so weret derselb nur sein leben lang und thette sich mit seinem todt enden.

§ 31 Gleichermassen wann ein thumbherr oder beneficiat von seinem canonicat- oder beneficigueter etwas verlassen, so weret solcher bestant, er sei gleich im nahmen der kirchen oder ihrer persohn beschehen, nur ihr leben lang, dann sie haben kein administration oder kirchengewalt sonder sein allein ihrer pfründen und beneficien ihr leben lang fruchtgeniesser.

§ 32 Derhalben Kan sich ihr hingelaßner bestant uber ihr leben lang nit erstrecken darumben wann sich die bestant ihr zur zeit ihrer ableibung noch nicht geendet, mögen ihre successorn den bestant wohl widerrufen und die gueter an sich bringen. doch wo ein bestantman in hofnung der völligen verschribnen bestantzeit solche hingelaßne gueter erhebt erbaut oder bessert, were sich der successor mit dem bestantman nach billigen dingen umb solche besserung zu vertragen schuldig.

§ 33 Ebenermassen helt es sich mit einem weltlichen usu(fol. 130^{v})fructuaris, der ein guet sein lebenlang zu gebrauchen hatt, auch dann, da er dasselb guet weiter verließ (das ihme dann unverwert), so felt solcher bestant mit seinem todt und ist der aigenthumber, welchem der ususfructus wieder haimbgefallen, die uberigen bestant jar zu halten nit schuldig, doch ist solcher bestantman von dem uberigen und abgeseßnen zinß entbunden, und da derselb anticipiert worden, soll er ihme bestantman von des hinlassers ererben pro rato wider erstatt werden.

§ 34 Wann ein bestantherr mit dem zinß ultra dimidium justae pensionis gevärdt worden, ihme auch weniger als der halbtail des rechten und billichen zinß geraicht wirdt, so mag er den bestant nit halten; wann er aber umb ein schlechten fraudiert, Kan er den bestant under dem schein, das er sein guet zu wolfail hingelassen, nit revocieren; also auch wann in wehrenden bestant ain anderer herr füerkömb, welcher dem bestantherrn mehrers geben und verzinsen wolt, so gebüert dennoch dem bestantherrn nit, den bestant vor der zeit aufzuheben; nach außgang aber dasselben mag er den bestantman steigern oder sein guet einem andern verlassen.

§ 35 Do ihr etlich ein guet mit einander unverschaidenlich und samentlich bestehen, so mag der haußherr von ihr iedem den ganzen zinß in solidum begern; wo sie aber den bestant sonderlich und verscheidenlich angenomben ist Keiner fur den andern zu betzahlen schuldig.

§ 36 Wann ein ehefraw in den bestantbrief neben ihrem (fol. 131.) eheman nit verschriben, so ist sie ainigen zinß zu bezahlen nit schuldig, es were dan sach das sie ihres mannes instituierte erbin.

§ 37 Ein bestantman soll das bestanden guet bona fidei und wie einem vleissigen getreuen haußhalter gebüert innenhaben und gebrauchen, derhalben do er dasselb mit abprechen verwisten verwarlosen unvleiß oder böser wirtschaft deterioriert und letzer macht, solle er solchen schaden dem bestantherrn nach billigen dingen (do gleich im bestantbrief davon kein meldung beschehen were) abtragen; dann derlei schaden nemben sich ex natura contractus selbst aus. es gilt auch disfals gleich, ob derlei schäden durch ihne bestantman, seine ehehalten haußgenossen oder auß- und eingeher beschehen, dann er den schaden fur sie alle zu büessen schuldig; doch steet ihme gegen frembden sein regres bevor.

§ 38 Deßgleichen do der bestantman wider die bestant verschreibung oder derselben bedingten conditionen handlet, ist er umb solchen misprauch seinem bestantherrn verbunden. do er auch in werender bestantszeit von dem bestandnem guet etwas entziehen ließ und dinstbarkeiten oder ander nuzbarkaiten vergeben thett, solle er solchen schaden gleichfals erstatten.

§ 39 Fur zustende unfall aber, als ungewitter wassergieß schaur krieg erdbiden und dergleichen casus fortuitos ist der bestantman von den bestantherrn entbrochen.

§ 40 Wann sich von aussen ain prunst erhebt und in das be(fol. 131^{v})standen guet einfelt, soverr der bestantmann alle menschliche und nuzliche rettung, so trewlich und vleissig als ers in seinem aigen guet thet, furgewendt, aber dennoch der prunst nit furkomben mugen, so ist er den bestantherrn ainigen prunstschaden abzutragen nit schuldig.

§ 41 Deßgleichen wann sich die prunst durch unversehene unfall als krigsleuf wilde oder gelegte feuer, zutrueg, so ist der bestantman von dem bestantherrn entsprochen, es were dann sach das der bestantman an solcher prunst schuldig und das feur mit seiner persohn durch feintschaft oder ander unzimblich weg geursacht hette.

§ 42 Do aber der bestantman fursezlich aus frävel frechhait oder dolo malo ein prunst im bestandnen guet stiftet, solle er dem bestantherrn allen erlittnen schaden zu seinem benügen erstatten; also auch wann die prunst durch sein oder seiner ehehalten und haußgenossen unvleiß nachlessigkait und unwirtschaft außkemb, solle er solchen prunstschaden seinem bestantherrn nach billichen dingen abtragen; welches also dem lantsbrauch nach gehalten werden solle.

§ 43 Es solle aber solcher unvleiß, es beweise dann denselben der bestantherr wie zu recht genueg, nach lantsbrauch nit vermuetet werden.

§ 44 Wiewohl die geschribenen rechten vermögen, das ein bestantman das bestanden guet ainem andern seines gleichens und zugleichem gebrauch ohn vorwissen seines bestantherrn weiter verlassen möge, iedoch (fol. 132.) weil, under denen bestantleuten ain grosse underschaid, auch ein anderer dem bestantherrn nit sowohl gemaint oder umb Künftige schäden angesessen sein mag als der erst bestantman, so ordnen setzen wellen wir auß lantsfürstlicher volmacht, das hinfurahn kein bestantman den haubtbestant ainer andern persohn ohn vorwissen und zugeben seines bestantsherrn hinlassen solle, es hette dann der bestantherr den bestantman dise frehait in bestantbrief bevorgesezt oder es were nit umb das ganz bestanden guet sonder nur umb ein oder mehr particularstuckh zu thain.

§ 45 Wann der bestantherr seinen bestantman zu ordentlicher und bedingter zeit nit aufkündt, so wirdt der bestant wider tacite confirmirt; derhalben kan er den bestantman vor endung derselben neu angehenden bestantzeit nit austreiben.

§ 46 Do der bestantman den bestant zu rechter weil aufkündet oder zu gebürlicher zeit außziehen wolte, soll ihne der bestantherr nit aufhalten; thett ers aber, so ist er ihme den schaden abzutragen schuldig.

§ 47 Was auch der bestantman in das bestanden guet fur besserung nottwendig und mit vorwissen gewendet, dieselben melioration solle ihme der bestantherr erstatten oder an den zinß abgehen lassen.

§ 48 Wiel dann der bestantman das, so er etwo an (fol. 132v) gätter thierposten fenster oder dergleichen gewönlichen und notturftigen stucken gebessert, mit sich weknehmen, das solle ihme auch bevorstehen.

§ 49 Damit sich aber der melioration halben zwischen denen contrahenten destweniger unrath erhebe, solle hinfuran Keinem bestantman erlaubt sein, in das bestandguet etwas zu legen oder zu bauen, es geschehe dann mit seines bestantherrn wissen und willen, außgenombenes were die ausgab gering oder der bestantherr ausser lant oder es were die besserung in augenschein so notwendig befunden, das sie nit umbgangen hett mögen werden. was aber Keinen notturft sonder ainem lust zier oder uberflueß gleich, das solle nit passiert noch an dem zinß abgezogen werden.

§ 50 Wann der bestantman den bedingten zinß zu rechter weil und zeit nit bezahlt, so ist er den bestantherrn das interesse von dato der verfalnen zahlzeit neben den haubtzinß richtig zu machen schuldig.

§ 51 Die recht zeit aber ist die, deren sich die contrahenten vergleichen, und do durch sie von der zeit nicht beschlossen worden, were der bestantman den zinß nit zum eingang sonder außgang des jars zu erlegen schuldig.

§ 52 Welcher sambt seinen erben und successoren uber zweiunddreissig jar ein guet in bestant gehabt, der oder desselben erben bekomben daran oder darauf kein aigenthumb, dann die langwürigen bestant gebehren kein praescription noch verjärung (fol. 133.)

§ 53 Auf ewig ann kein guet verlassen werden, dann solche unwiderrufliche hinlassung keinen bestant sonder ainer aigenthumblichen alienation gleich.

§ 54 Wann dem bestantman an seinem bestant von andern derlei spör und hinderung in wehrender bestantzeit begegnet, welche der bestantherr wenden kunte, aber solches auf ersuchen nit thuet, so ist er dem bestantman den schaden abzutragen schuldig; do er aber die irrung nit abstellen möcht, soll er den bestantman des unverseßnen uberigen zinß freisagen, oder da er anticipirt demselben pro rata widerumb hienausgeben.

§ 55 Wann ein inman lange zeit ausser lants were und den haußzins nit richtig machet, mag der haußherr begeren, das die behausung durch commissarii eröfnet, und was darinnen befunden ordentlich inventirt, ihme auch die behausung eingeraumbt werde.

Der achte titl. Von geltschulden und paren furlehen

§ 1 Die kinder und leibserben, so ihre vogtbare jar nunmehr erraicht und (in) ihrer eltern gewaltsamb nit mehr sein, mögen ihren eltern, deßgleichen die eltern ihren vogtbaren kindern, gelt leihen. (fol. 133^{v})

§ 2 Ebenergestalt mögen die ehemänner ihren ehefrauen und herwider die ehefrauen ihren ehewirten von der parschaft damit sie in croft des heiratsvermacht gegen einander unverbunden und frei sein leihen, die parschaft aber so ihr ein ehefrau vorbehalten kan der mann on ihren willen andern persohnen nit außleihen.

§ 3 Die vogtbaren und minderjärigen sollen ohn vorwissen und bewilligung ihrer furgesezten gerhaben oder curatorn nichts außleihen, sonsten mögen bemelte gerhaben und curatorn solches gelt oder do es nit mehr verhanden desselben gleichmessige erstattung wider einfordern.

§ 4 Die gerhaben und curatorn sollen ihrer pupillen und minderjärigen parschaft deren sie zu ihrer verwaltung nit bedurftig lehensweise anlehgen, sonsten do sie dieselb verhielten oder unnüzlich verligen ließen, sein sie ihren pflegkindern die lantgebreuchige verzinßung auß ihrem aigen guet zu betzahlen schuldig.

§ 5 Solche ausleihung alle solle an ehrliche gewöhnliche und sichere ort beschehen, damit ihr pflegkinder wann sie zu ihren vogtbaren jaren komben solche schulden ohne ainigen abschlag und schaden der haubtsumma sambt denen davon herrürenden vertzinsungen einfordern mögen.

§ 6 Wann nun solches furlehen bona fide erbarlich und treulich beschicht, obgleich nachmals die pupillen-schuldner erarmeten aufstünden oder sonst zu betzahlen nit stathaft weren, so kündten die pflegkinder ihre schäden bei angeregten ihren furgesezten pflegvättern nit suchen, so were dann sach das sie die einforderung zu ordentlicher zeit nit furgenomben. (fol. 134.)

§ 7 Do sie aber einer oder mehr persohnen furstreken thetten, welche zur zeit des furlehens um die schult nicht genuegsamb noch solvendo weren oder mit ihren thain und wesen damals fur suspect gehalten werden oder umb glauben und trauen zuvorkomben weren, so sollen sie ihren pflegskindern fur solche schedliche ausleihung da sie anderer gestalt nit bezalt kunten werden guet sein, ihnen auch dieselb schulden erstatten.

§ 8 Es solle kein gerhab seiner pflegkinder parschaft selbst brauchen noch lehensweise geniessen, es geschehe dann mit vorwissen der ordentlichen obrigkait. also soll auch kein gerhab seinem mittutorn aus der gerhabschaft leihen ohn vorwissen bemelter obrigkait.

§ 9 Die andern gewalthaber pfleger und verwalter sollen von ihrer herrn oder derselben underthanen guet einiges furlehen nit thain ohn vorwissen und specialgewalt gedachter ihrer oberherrn.

§ 10 Die ambtleut und dergleichen persohnen, welche ihren herrn raitungen zu thain schuldig, sollen das gelt so ihnen zu ihrer administration vertrauet wirdt zu aignem nutz nit brauchen noch ohn vorwissen ihrer obrigkait außleichen.

§ 11 Die lehensleut und versallen sollen auf ihre habende lehensgueter ainiges furstrecken nit aufbringen, es were dann sach das sie sonsten kein eigenthumblichs guet hetten und ihr entlehnen mit unseren als herrn und lantsfursten consens beschehen. (fol. 134.v)

§ 12 Die geistlichen praelaten und administratorn sollen ohn vorwissen ihres capittels und conventualen kein namhafte parschaft außleihen noch die schultbrief auf ihre persohn allein ohn vermeldung ihres convents stellen lassen.

§ 13 Wann zwo oder mehr persohnen in gleicher gemeinschaft als einem erbrecht oder andern rechtmessigen societet stehen, so soll keiner ohn des andern vorwissen von solchem gemeinen guet etwas außleihen.

§ 14 Welcher gelt entlehnet der mag dasselb ferrer seinem andern hinumbleihen, doch soll er der erst außleiher sein lehen bei dem ersten schuldner ersuchen und Kan von seinem schuldner auf den andern nachschuldner nit gewisen werden.

§ 15 Ein unvogtbarer soll ohn vorwissen und zugeben seiner gehaben und curatorn nichts entlehnen, do ihme aber ausser derselben willen gelt oder geltswerth gelihen würdt, soll der glaubinger keiner betzahlung wider habhaft werden, er bringe dann in glaubwurdigen schein fur, das der unvogtbar solches gelt nit bößlich anworden sonder zu seiner notturft und wohlfart verzehrt.

§ 16 Denen gerhaben und curatorn solle unverwert sein zu ihrer pflegkinder unvermeidtlichen notturft gelt aufzubringen, dasselb sollen auch ihre pflegkinder nach ihrer erraichten vogtbarkeit wo die erstattung zuvor nit beschehen ohn entgelt ihrer gerhaben und curatorn zu entrichten (fol. 135.) schuldig sein; doch ist disfals vonnötten das solches gelt zu der pflegkinder nutz und frumben angelegt oder in ihre gueter verwendt sei worden.

§ 17 Gleichermassen mögen die geistlichen zu ihrer clöster und kirchen fugefallenden notturften schulden machen und gelt auftreiben, doch das solches darlehen wie oben bei der gerhaben und curatorn persohn vernomben zu der Kirchen nutz und fromben angelegt werde, sunsten sein ihre successoren solche schulden zu erstatten nit schuldig.

§ 18 Die gewalthaber pfleger verwalter und ambtleut sollen ohn sondern ihrer herrn consens und specialgewalt nichts entnemben, sonsten stehet ihnen und nit ihren herrn die bezahlung zu.

§ 19 Unsere lantsfurstlichen ambtleut desgleichen einer ersamben gemeinen lantschaft einnember sollen sich mit dem entlehen ihrer instruction gemeß verhalten und darwider keineswegs handlen.

§ 20 Waß andere factorn agenten und freihandler in ihrer herrn namben entlehnen und in ihrer herrn nutz verwenden das sein die herrn ohn weigerung zu erstatten schuldig.

§ 21 Bei den geschribnen Kaiserlichen rechten ist versehen das kein obrigkait von seinen undergebnen deßgleichen kein gerichtspersohn von denen gerichtsanhengigen parteien gelt entlehnen solle; dieweil aber der wissentlich lantsbrauch diser satzung (fol. 135v) entgegen, lassen wir es bei solchem alten herkombenten gebrauch genedigist verbleiben, doch das solches ohn verdacht corruption und allen argen wohn beschehe.

§ 22 Die schultverschreibung werden underschidtlicher massen gestelt: erstlichen das sich die schuldigen persohnen ‚samentlich' oder furs ander ‚unverscheidenlich' verschreiben, welcher clausl iedes dise würckung auf ihme tregt, das kein verschribene persohn in solidum oder allein sondern nur pro rata portione und fur seinen geburenden tail umb die betzahlung furgenomben kan werden.

furs dritt verbrieft man die schultbrief auf daz clausl ‚sunderlich' oder zum vierten mit dem wort ‚verscheidenlich', in welchem fall ein iede persohn welche umb die schult verschriben in craft angeregter wort in solidum und umb die ganz schultsumma verobligiert, auch die betzahlung allein ohn einige weigerung auf seine mitverwanten zu thain schuldig. der funft inhalt beschicht mit den worten ‚sament und sonderlich' oder aber ‚sament unverschaidenlich, sonderlich und verschaidenlich' in welchen fall sich die persohnen all miteinander und ein ieder daraus insonderhait umb die schult verbunden: derwegen steet dem glaubinger bevor solche schuldner all miteinander oder aber einen daraus umb die vollige betzahlung furzunemben. die schuldbrief aber so mit baiden worten ‚sament und unverschaidenlich' qualificiert (fol. 136.) haben eben die deutung, als ob deren clausl nur eines darin verbleibt, dann sie sein beede ainer gleichmessigen würkung, nemblichen das die schulden pro rata portione anzumahnen sei.

§ 23 Was sich mehrer persohnen umb ein ainige schult verschreiben und in solcher obligation obbemelter oder gleichformiger clausl keines begriffen, so soll die verbindung pro rata portione vermueg geschribener rechten verstanden werden, derowegen keiner umb mehrers alß seinen der anzahl nach gebürenden thail furgenomben soll werden.

§ 24 Welcher gelter nit ‚sonderlich' sonder ‚sament und unverscheidenlich' umb schulden verschriben und von seinem glaubinger umb die ganz summa furgenomben wirdt, der mag sich derselben waigern und seinen gebürenden thail pro rata portione zu betzahlen anerpieten, dabei soll er auch gelassen werden.

§ 25 Im fall er aber die völlige betzahlung aus guetwilligkait und keiner gerechtigkait thett, steet ihm der regres umb die ubermaß gegen seinen mitverschribnen in allweg bevor, darzu ihme durch beraite und fertige execution geholfen soll werden.

§ 26 Wann ein glaubinger mehr schuldner ‚sament und sonderlich' verschriben, so solle in seiner wahl steen dieselben alle oder allein ainen aus ihnen umb die völlig summa furzunemben. (fol. 136v)

§ 27 Gleichfals wann sich mehr persohnen umb schulden mit dem clausl ‚sonderlich' verschriben, so steet abermals dem glaubinger bevor ainen vor dem andern umb die ganze summa furzunemben, also ist auch der glaubinger befuegt sein habende action zu tailen und die schulden, darumben ihr mehr sonderlichen verschriben, von einem ieden pro rata portione einzufordern.

§ 28 Wann einer das entlehnet gelt außgäb und der haubtschuldner hernach nit solvendo würdt, so kan der so das gelt von ihme schuldner ausser lehen in ander rechtmessige weeg empfangen dem ersten glaubiger nit furgenomben werden

§ 29 Auf lautere und liquidierte schultbrief sollen die gericht vermüeg außgangner general fertige und schleinige aussrichtung thain, darwider auch Kein exception gestatten, sie haben dann paratam probationem und könne in continenti aufgelegt oder dociert werden sonsten wo unlauter unrichtig oder unliquidiert gegenanforderungen componsationen oder exceptionen furkomben, sollen die unwidersprechlichen richtigen schulden damit nit aufgehalten noch gespert sonder dem opponierenden thail sein gegenspruch oder einträgen in einer absonderlichen instanz furzubringen bevorgestelt werden, dann das unlauter Kan das lauter nitt sperren. (fol. 137.)

§ 30 Wann ein schuldner zu vermainten behelf furgeb, sein glaubinger hab das gelt so er ihme gelihen mit Keinem rechten fueg sondern mala fide und bösem titl an sich gebracht, so solle er mit diser ausflucht nit gehört sondern abgewisen werden, dann er solches fur sein persohn nit zu anten.

§ 31 Es haben die außlendischen schuldner vielmals im brauch, wann sie im lant betretten und wegen der bezahlung angesprochen werden, das sie sich nit einlassen wöllen sonder auf ihre obrigkait darunter sie mit rucken sitzen excipiern. dieweil aber ein ieder in dem lant do er contrahiert von rechtswegen die betzahlung thain und im fall der waigerung daselbst zu recht steen mues, so ordnen und setzen wir aus lantsfurstlicher volmacht, das gegen derlei außlendischen schuldnern die gericht denen inlendischen mit arrestierung der persohn und guets auch verschaffung würklicher betzahlung fürdersambe außrichtung thain sollen, ungehindert aller allegierten lantsfreihaiten gewohnhaiten und statuten, so von denen außlendischen angezogen werden.

§ 32 Also begibt sich auch vielmals, wann die inlendischen lantleut von persohnen welche unserm lantmarschalchischem gericht nit zugethan gelt aufbringen und nachmals umb betzahlung desselben verclagt werden, das unsere lantleut von solchen ihren glaubingern wider lautere liquidirte (fol. 137[v]) schultbrief allein zu aufzug der sachen caution zum rechten begern und sich ehers nit einlassen wollen, welcher mißbrauch Keinesweegs zu billichen; dann wer einem lantman zum darlehen guet genueg ist, des persohn soll wanns zum zahlen kombt auch genuegsamb sein.

§ 33 Derhalben setzen und ordnen wir das keinem liquidirten glaubinger die exception der caution zum rechten hinfurahn gestatt werden solle, zumal weil die schultbrief kein disputat leiden.

§ 34 Wann ein schuldner durch prunst wassergieß krigslauf oder dergleichen casus fortuitos verdirbt und von seinem vermögen kombt, so ist er dennoch von den schulden nit entsprochen; ihme steet aber bevor mit seinen glaubingern auf leidenliche frist und termin zu handlen. wo nun dieselb bei denen creditorn stat findt, mag sich der gelter ihrer wilkuhr betragen; do aber die guete bei ihnen nit verfenklich, solle der ordentlichen obrigkait hiemit zugelassen sein durch taugliche commissarien mit denen creditorn wilkürliche handlung pflegen, und im fall was erhandlet, den schuldner dawider nit tringen zu lassen. wo aber dieselb commission ohn frucht abgieng und bei denen glaubingern in der güet nichts zu erheben, so mag die obrigkait auf furgebrachten glaubwürdigen schein oder nach wohrhafter erkundigung solcher unversehener zugestandner unfall oder unverschuldter erarmung nach gelegenhait der creditorn und debitorn auch der jarn (fol. 138.) geschaffenhait denen creditorn einen zimblichen und leidenlichen stilstant, nemblichen auf ein halbes oder ganzes jar, gegen laistung bürgschaft oder wo dieselb nit zu bekomben gerichtlicher moratori caution gebüeten. lenger moratori-zeit aber wöllen wir unß als herrn und lantsfürsten in alweg vorbehalten haben. sonsten wo derlei unfall oder gleichmessige billiche ursachen nit verhanden, solle hiemit alle eisene brief, moratori freihaiten freibrief gelait bevelch und was dergleichen sein mag hinfurahn aufgehebt und denen schuldnern zu geverlichen aufstant, fallierung, abhandlung der verfalnen interesse, abbruch der haubtsumma, erweiterung der schultfristen und anderer gleichmessiger beschwerlichen handlungen so in disem lant vast einwurzlen, dardurch auch das gemein credit, glauben und trauen in grossen abfall komben, under einem oder dem andern gerichtlichen schein nit gegeben werden.

§ 35 Und nachdem in unserem lant Österreich under der Ennß bei wenig jaren heer etliche neue geverliche und hochschädliche contract aufkomben so man partita nennet, bei welchen partitahandlungen denen gelts notturftigen persohnen neben oder ohn gelt wahren heuser weingarten wein silbergeschier geschmeid und andere dergleichen gattungen in hohen ubermessigen und unertreglichen werth ohn einige schatzung denen geltern eingeraumbt und die schultbrief auf den vorthail und aigennutz gestelt, als ob der furlehen in guetem barem gelt beschehen, welches alles strafmessig dahin gerichtt, damit man auf solche schultbrief als lauter liquidirte instrument (fol. 138.[v]) fudersambe und bereite execution thain solle; demnach dieweil wir in gewisser und eigentlicher erkundigung befunden, das mit derlei gefehrlichen und betrüeglichen handlungen unsere underthanen, sonderlich die armen nöttigen und einfeltigen leut, nit allein ultra dimidium justi pretii sondern viel umb ein höhers vergriffen bevärdt und verfortailt werden, auch durch solche geschwinde und schädliche contract mehrmals euserstes verderben und gar an den pettelstab gerathen.

§ 36 So setzen und ordnen wir aus lantsfürstlicher volmacht, wo ein schuldner mit glaubwürdigen schein darthuen und ausfindig machen kan, das sein schulden vonn derlei verbottnen partitahandlungen herrüert, so solle er von dem partitamacher und glaubinger aller anforderung entbunden sein, darüber auch bei allen gerichten frei und ledig gesprochen werden.

§ 37 Soviel aber das recht lehen nach lantleufiger schatzung oder erkantnuß des gerichts, außgeschlossen der gefährlichen und beschwerlichen ubermaß bringen thätt, dasselb solle uns in unser cammer doch ohn ainige verzinsung verfallen, auch der schuldner dasselb unserer niderösterreichischen cammer auf erforderung nach verstrichnem schulttermin zu erlegen schuldig sein, und do ein gelter in derlei partitahandlungen mehrers als einmals befunden wirdt, soll er nach gelegenhait seines aufbringens am leib oder guet gestrafft und hierinnen niemants verschont werden. die partitamacher und creditorn (fol 139.) aber sollen uber confiscierung des lehens, do sie zum andernmahl betretten, aus der stat Wien, und wo sie ferrer furkomen allen unsern landen Künigreichen geschafft und darin bei verlierung leibs und guets nit gelitten werden.

§ 38 Wie es mit furleihung auf die feltfrucht gehalten soll werden, ist durch ofne general lauter furgesehen, darbei wir es nochmahlen genedig ist wenden lassen.

§ 39 Welcher in einem schultbrief mehrers alß die recht schuldig summa trifft gevärlicherweiß setzen lest, der solle dardurch die ganze schult verwürkt haben.

§ 40 Wann ein glaubinger sein furlehen vor außgang der gedingten zahlfrist abfordert, solle dem schuldner der termin von dato der beschehenen unzeitigen abforderung gedoppelt werden.

§ 41 Alßbalt der schuldner oder sein gewalthaber an seiner statt das gelichen gelt in seine hant und gewahrsamb empfangen, mues er damit ohn des glaubingers entgelt alle gefähr durch feur diebstall und in ander weeg ausstehen.

§ 42 In die schultbrief wirdt oftermahlen gesetzt, wann der schuldner zu ordentlicher und bedingter zeit nit zahlen thett, daß der glaubinger fueg und macht haben solle, sein des schuldners gueter selbst ohn all gerichtliche hüelf execution oder behebnus antzutretten und sich derselben aignes gewalts habhaft und fehig zu machen.

Dieweil aber durch solche pactionen nit allein (fol. 139v) gerichtlich hohait umbgangen sonder aus derlei aigenthettigen antrettungen so von denen glaubingern beschehen vilmahlens gevärliche geweltige und lantsschädliche mißhandlungen unrath und etwo todtschleg ervolgen, dem allen furzukomben wöllen ordnen und setzen wir, das hinfüro solche eigennutzige geding kein craft noch würkung haben sondern on alle frucht und operation sein sollen. welcher auch under dem schein solcher verbriften und unverbrieften bedingnus dem andern sein haab und guet aus gerichtshanden occupiren und einnehmen thett, der solle dem belaidigten tail in abtrag des erlitnen gewalts nach messigung des gerichts erkent werden.

§ 43 Welcher aber seiner verschribnen oder hypothecierten gueter habhaft werden will, der solle hinfurahn die gerichtlich hüelf begehren und mit gerichtshanden in dieselben würklich gesezt werden.

Der neünte titl. Von natur art und aigenschaft der schulden und crediten in gemein

§ 1 Welcher glaubinger seinen schuldner ausser (fol. 140.) gerichtshanden selbst einziehen, gefenknussen oder verhaften thuet, der solle dardurch sein darlehen verwürkt und verlohren haben, auch von wegen des geübten gewalts und propter privatos carceres von der obrigkait gestrafft werden, es sei dann sach das der schuldner fhlüchtigen fueß zu setzen im werkh wer, alßdann möcht er fueglich durch seinen creditorn eingetzogen und innerhalb vierundzwanzig stunden dem ordenlichen gericht uberliefert werden.

§ 2 Deßgleichen welcher sich mit bewerter oder geweltiger hand selbst zahlhaft macht und die gerichtlich hüelf umbgehet, der solle dardurch sein fürlehen verlohren haben und dasselb nit dem fisco sonder dem vergweltigten schuldner (wie auch in obgehörtem fall) zustendig sein.

§ 3 Welcher glaubinger ainen andern inlendischen oder außlendischen an seines schuldner statt ausser sonderbaren lantsfürstlichen concession pfenden aufhalten vergweltigen oder gefanknussen lest oder sich mit seinem guet selbst zahlhaft machet, der solle dardurch sein schult verwürkt haben und dem aufgehalten oder vergweltigten allen erlitnen gewalt uncosten schaden schand spott und versaumbnus nach erkantnus des gerichts abzutragen schuldig sein.

§ 4 Wann ein unhaltiger schuldner in disem lant nit angesessen noch verbürgtt, sein glaubinger auch mit (fol. 140v) kainem underpfant von ihme versehen, so mag glaubinger solchen schuldner der betzahlungen halben im lant durch die obrigkait mit leib und guet wohl verstriken und verarrestirn lassen, ihne auch solcher verstrickung so lang nit begeben, biß er würklich zahlt oder ihme glaubinger zu seinem benügen assecuriert. welcher aber ainen angeseßnen oder verbürgten umbschulden arrestiren oder gefenknussen lest, der solle ihme den erlitnen gewalt spott schand und schaden abzutragen schuldig sein.

§ 5 Do der glaubinger etwas inhendig hett oder in stand der wehrenden schult bekumben thett, welches seinem schuldner zugehörig, so soll er sich selbst nit pfenden noch davon zahlhaft machen sonder sein furlehen mit gerichtshanden bekomben wie recht ist.

§ 6 Also ist auch Kein glaubinger befuegt unersucht seines schuldners auf desselben schuldners nachschuldner zu greifen oder ihne umb betzahlung erster instanz furzunemben; wann aber der haubtschuldner nit solvendo were, so möcht der glaubinger auf den nachschuldner sein execution werben.

§ 7 Wann ein glaubinger neben des principals-schuldners obligation mit burgschaften oder verpfendten ligunden gueter versehen, so soll ihme nach lantsbrauch bevor- und seiner wall steen seinen habenden burgen vor dem haubtschuldner furzunemben oder vor allen dingen auf sein underpfant zu clagen. do auch dieselben verpfendten gueter von einem (fol. 141) andern besessen, mag er glaubinger solchen inhaber darumben furnemben.

§ 8 Welcher glaubinger auf ein gelt verbott thuet, der solle sein verbott inner monatsfrist vor gericht prosequiren, auch wie recht ist erleutern und ausführen; thett er solches ohn genugsambe verhinderung in obbestimbten termin nit, so solle auf anhalten des gegentails das verbott wider relaxiert werden.

§ 9 Welcher im lant angesessen oder verbürgt, gegen demselben solle kein verbott noch arrest statthaben.

§ 10 Ein schuldner kan seinen creditoren wider seinen willen nit nötten al sein guet in solutum anzunemben und von der ubermaß seine glaubinger zu contentieren.

§ 11 Die creditorn sollen gegen des abgeleibten schuldners erben vor ordentlicher inventierung oder dem gewöhnlichen dreissigisten nichts thättlichs noch gerichtlichs furnemben, auch sein verlassung nit sperren lassen, es weren dann die erben abwesent oder der verstorben im lant nit angesessen.

§ 12 Wann der glaubinger seinen schuldner erbt, so wirdt die schult dardurch todt und ab, es were dann die schult mehr als der erblich tail, dann im solchen fall möcht der glaubinger die ubermaß der schulden bei seinen mitterben ersuchen. (fol. 141ᵛ)

Der zehent titl. Von gevehrlicher alienation des schuldners haab und gueter auch von derselben revocation und erholung

§ 1 Wann ein schuldner viel oder wenig seiner haab und gueter in stehender schult-zeit seinen glaubingern zu gefar und schaden alienirt vergibt oder verwent, so mögen seine glaubinger dasselb verwendt guet von den inhabern innerhalb jarsfrist von dato ihrer wissenhait an zu rechnen revociern oder aber den schuldner in obbemelter zeit furnehmen und von ihme rechtlich begeren, das er das verwent guet wider an sich löß, sie auch ohn schaden halte.

§ 2 Es ist aber zu diser revocation vonnötten: erstlich das der contrahent, welcher das alienirt guet bekomben, der geverlichen alienation ein guetes wissen hab, dann da er bona fide mit dem schuldner handlet und seines betrieglichen vorhabens nit bericht hett, könten die gueter ihme nit genomben werden.

§ 3 Zum andern hat dise revocation statt, wann die glaubinger der beschehenen alienation kein wissen (fol. 142.) haben, dann so sie solcher verwendung erinnerung empfangen und dieselb nit verwehren noch den contrahenten darfur warnen, mögen sie die revocation nit begeren.

§ 4 Zum dritten kunnen die alienierten gueter als dan erholt und revociert werden, wan sich die glaubinger wurkhlich laedirt und gefärt befindten, also und dergestalt das sie nunmehr ihrer habenden spruch und schulden volkhombentlich nit contentiert werden mögen; wann aber der schuldner ungeacht seiner gevärlichen alienation noch solvendo wehre und einen weg als den andern seine creditorn zu betzahlen hette, so kunte die revocation nit beschehen, dann ihnen dardurch nichts entgangen.

§ 5 Zum vierten ist vonnötten daß solche alienation wilkurlich beschehe, dann do ein schuldner aines oder das ander seiner haab und gueter durch gerichtliche erkantnuß absteen muest, kündt ihme noch dem inhaber ferrer nichts zugemuetet werden. doch stiendt ainem ieden glaubiger disfals bevor sein habende prioritet mit dem inhaber wie recht ist auszuführen.

§ 6 Wann nun solche revocation beschehen und das alienirt guet zu handen des alienanten gebracht worden, so stehett dem widergeber sein regress (fol. 142[v]) nitt gegen denen glaubingern sonder ihme alienanten bevor.

§ 7 Wann ein glaubinger seiner schulden vor ander creditorn guetlich oder gerichtlich habhaft würdt, so Können sich dessen die nebenglaubinger nicht beschweren, dann die wachenden sollen ihres vleiß billich geniessen; es were dann sach das der betzahlt glaubinger sein darlehen mit gewalt oder durch böse practicken bekomben, alßdann mues er sich neben andern billich einlassen, dann gevehrliche handlungen sollen niemants patrociniern.

Der aindlift titl. Von der unvogtbaren Kinder gemachten schulden und dem Macedonischen rechten

§ 1 Die eltern sein deren kinder, welche noch in ihren gewaltsamb verhaftt, gemachte schulden zu bezahlen nit schuldig, allein in etlichen furgesehenen fällen:

§ 2 Erstlichen, wann die kinder daz aufgebracht furlehen zu ihrer eltern notturft wenden. (fol. 143.)

§ 3 Zum andern, do die kinder solches darlehen zu ihres studirens notturft brauchen, doch soll solche schult nit ubermessig sein noch dem gewöhnlichen verlag, welchen die eltern kunten auf ihre kinder jarlich wenden, ubertreffen; dann do sie mehrers als ihnen zu järlichem deputat verordnet wirdt entlehneten, weren die eltern solche ubermaß erstatten nit schuldig.

§ 4 Furs dritt, wann das lehen mit der eltern willen und consens beschicht.

§ 5 Zum vierten, wann die eltern der gemachten schulden hernach erinnert worden und dieselben expresse ratificiern oder aber stilschweigent guet lassen sein und darwider nichts protestiren.

§ 6 Zum funften, wann die kinder des gelihenen gelts zu ihrer unvermeidtlichen krigsnotturft brauchen.

§ 7 Zum sechsten, wann die kinder solches gelt zu ihrer underhaltung, als atzung klaidung und dergleichen unvermeidtlichen naturlichen notturft, verzehren.

§ 8 Und obwohl die geschribnen rechten vermögen, das nit allein die eltern sonder auch die Kinder selbs derlei schulden, so sie in ihren unvogtbaren jaren und der eltern gewaltsamb machen, nach erreichter vogtbarkeit zu betzahlen nit schuldig, angesehen daz sie dardurch in ihren volkombenen jaren zu allerlei leichtfertigkait und verschwendung ge(fol. 143^{v})ursacht werden, iedoch weil die darlehen nach lantgebrauch getreulich und ohn gevar beschehen, halten wir fur billich das solche schulden durch die vogtbaren kinder als die principalen selbst betzahlt werden sollen.

§ 9 Gleichermassen wie die eltern ihrer inder gemachte schulden abzurichten nicht schuldig, also sollen auch hergegen die kinder umb ihrer eltern schulden nit furgenomben werden, sie hetten dann dieselben würklich geerbt oder weren der eltern haab und gueter in posses.

Der 12. titl.* Von usuren interesse und verzinsungen

§ 1 Wann der schuldner seinem glaubinger kein interesse versprochen noch verschriben, so ist er biß zu ausgang der ordenlichen zahlfristen Keines zu entrichten schuldig; do er aber eine, mehr oder alle fristen nit hielte sonder dem glaubiger mit der bezahlung uber die bedingt zeit geverlicherweiß aufzug, solle er ihne des unbillichen verzugs halben ohn schaden halten und die gebreuchig verzinsung funf gulden vom hundert von dato an seines verzügigen auf(fol. 144.) haltens betzahlen. und obgleich der glaubinger seinen schuldner der verfalnen fristen nit erinnert noch die betzahlung von ihme einmahnet, iedoch weil die bedingten und gemessen zahlfrist fur den glaubinger interpelliert, solle ihme der schuldner von seinem verzug ahn das interesse einen weeg als den andern richtig machen.

§ 2 Da sich aber die contrahenten der verzinsung selbst verglichen, solle es bei ihrer bedingten convention verbleiben, auch solche verzinsung vor und nach dem aufzueg erstatt werden. doch das solches interesse sich auf ein höhers nit als zehen gulden von hundert floren erstrecke; dann do unsern nachgesezten obrigkaiten glaubwürdig fürkomb, das hierwider beschwerlich gehandlet oder ubermessig usuren verschriben und empfangen würden, sollen dieselben einsehung furnehmen und einen tail sowohl als den andern nach gelegenhait der persohnen der ubermessigen verzinsung halben unableßlich straffen.

---

* Wechsel auf Ziffern-Numerierung im Original; vgl. im 1. Buch bei „15. Titel".

§ 3 Wann sich die contrahenten der verzinsung gleichwohl verglichen, aber wie hoch dieselb sein soll austrüklich und in specie nit bedingt, so sollen funf per cento vermug der außgangnen policeiordnung und nit mehrers passiert werden.

§ 4 Also sollen sich auch alle interesse und verzinsungen so bei gericht gemessigt werden uber funf gulden (fol. 144v) vom hundert nit erstrecken.

§ 5 Die verzinsungen mögen nit allein auf dargelichnes pars gelt sonder alle andere contracten, darumben man schultbrief aufrichtt geschlagen werden, doch mit vorgehörter maß und nit höher.

§ 6 Wann der aufer und verkaufer uber die bedingte oder verschriben zahlfrist mitt der kaufsumma geverlicherweiß aufhelt, solle er ihme das gebreuchig interesse funf per cento von dato des aufzugs erstatten, es hetten sich dann die contrahenten eines mehrern verglichen.

§ 7 Welchem gelt ohn interesse durch erkantnus zugesprochen wirdt, aber dasselb ausser gerichtlicher execution von dem verlustigen thail nit bekomben an, dem solle die gebreuchig verzinsung funf vom hundert passiert werden.

§ 8 Gleichsfals welchen pargelt vertestiert oder verschafft worden und dasselb auf guetlich ersuchen von dem erben oder executorn nit bekomben kan, dem solle das lantbreuchige interesse von dato des aufzugs neben dem verschaften haubtlegat ervolgen.

§ 9 Welcher gerhab oder curator seines vertrauten pflegskinds barschaft ohn der obrigkait wissen und willen zu seinem aignem nutz gebraucht, der soll demselben pflegkint zu seinen vogtbaren jaren nit allein die haubtsumma sonder daz geburlich interesse erstatten. (fol. 145.)

§ 10 Deßgleichen welcher gerhab oder curator seiner pupillen und minderjärigen gelt nit anlegt sonder dasselb ohn frucht feiren und verligen lest, die sollen ihnen das gebreuchig interesse funf per cento von dato ihres unfleiß betzahlen, es were dann sach das sie ihrer pflegkinder gelt an sichere und gewisse ort nit anlegen Kunten oder solches gelts zu ihrer gerhaben verwaltung selbst brauchen muessen, welches denen gerhaben und curatorn zu beweisen billichen zuestehet.

§ 11 Welcher bestantmann den verlihnen oder verschriben zinß zu geburlicher und bedingter zeit nit zaltt, der solle seinem bestantherrn das gebreuchig interesse funf per cento von dato des unbillichen aufzugs neben dem haubtzinß erstatten.

§ 12 Deßgleichen do einer vertrauttes oder depentirtes gelt angreift und braucht, der solle das interesse neben der haubtsumma richtig machen.

§ 13 Wann der glaubinger der ordenlichen und bedingten betzahlung nit statt geben sonder den schuldner zu gevar und von wegen des laufenden interesse in die här aufziehen thet, solle der schuldner daß schuldig haubtgelt sambt denen verfallenen verzinsungen under gericht erlegen und alßdann von seinem glaubinger allerdings entbunden sein.

§ 14 Die verzinsung sollen zu der zeit wie sich der contrahent (fol. 145v) verainiget betzahlt werden; da aber der zeit halben durch sie nichts außgetragen, solle abrichtung der interesse erst zu außgang des jars beschehen.

§ 15 Welcher die haubtsumma allein empfangt, der hatt sich dardurch des anstendigen interesse nit begeben, es geschehe dann solches mitt außgedrukten worten.

§ 16 Welcher die haubtsumma guetwillig nachlest, der begibt sich auch der verfallen interesse, er thette ihm dann dieselben austruckenlich vorbehalten.

§ 17 Daß superinteresse so man auf die ausstendigen usuren schlegt sollen keinem ohn gerichtliche erkantnus erstatt werden.

Der 13. titl. Von denen wucherlichen contracten

Waß die verbottnen und strafmessigen wucherlichen contract belangt, darinnen ist in der zuvor publicierten policeiordnung und etlichen derhalben außgegangenen generalen vormals notwendige orderung und fursehung beschehen, darbei wir es nochmahlen gnedigist verbleiben lassen.

(fol. 146.)

Der 14. titl. Von pfanden hypothecken sätzen und derselben aigenschaft

§ 1 Denen chon- und eheleuten solle vermueg geschribner rechten erlaubt sein ihre freisaigene gueter fur einander zu verpfenden.

§ 2 Deßgleichen denen eltern und vogtbaren kindern.

§ 3 Also ist auch einem jedem frembden unverwert sein haab und guet fur ainem anderm welcher ihme mit keiner blutsfreuntschaft zugethan, zu versezen.

§ 4 Die pupillen und minderjärigen sollen ihr haab und gütter ohn ihrer furgesezten pfleger vätter wissen und willen nit versezen.

§ 5 Hergegen aber mögen die pflegvätter ihrer pflegkinder particular-haab und gueter aus furfaltender notturft ohn der obrigkait consens wohl versetzen, es were dann ein generalpfant aller und ieder pupillengüeter, in welchem fall der obrigkait vorwissen von nötten.

§ 6 Die gerhaben sollen fur oder zu ihrer aignen notturft ihrer pupillen gueter nit verpfenden.

§ 7 Die gewalttrager und bevelchhaber pfleger ambt(fol. 146v)leut und dergleichen persohnen sollen ihrer herrn und aigenthumber haab und gueter ohn specialgewalt nit verpfenden; do aber von ihren ainiger versatz geschehe und derselb durch ihre herrn ratificiert würdt, solle das underpfant bestehen. deßgleichen wo das entlehnet gelt in ihrer herrn nutz verwendt wirdt, mag sich alßdann der außleiher seines habenden pfandts so lang betragen, biß er seines darleihen völlig contentirt.

§ 8 Ein iede communitet und gemein mag ihrer commungueter sowohl verpfenden als die privatpersohnen.

§ 9 Die underthanen und holden sollen ihr ligende grünt und güeter ohn vorwissen ihrer gruntherrn nit verpfenden; mit denen vahrenden aber sollen sie disfals frei sein.

§ 10 Die geistlichen mögen ihre gestifte Kirchengueter mit unsern als herrn und lantsfürstlichen vorwissen und consens zu ihrer Kirchen notturft dem uralten lantbrauch nach, es geschehe gleich solcher versatz geist- oder weltlichen persohnen, verpfenden. wann sie aber solche gueter zu ihrer aignen privat-notturft versetzen, so sollen sie oder ihre erben dieselben ohn der Kirchen entgelt wider lösen und freimachen.

§ 11 Es mögen nit allein die abgenombenen sonder auch die hangenden und stehenden frucht pignoriert werden.

§ 12 Deßgleichen die zehenten oder leibgedings haab und (fol. 147.) gueter, so man nit erblich sonder auf gewisse jar und leib aufgibt, mögen ohn vorwissen des aigenthumbers verpfendt werden, doch soll sich der versatz uber die verschriben leibsgedingzeit nit erstrecken. also mag auch einer die gueter deren er fruchtgeniesser ist verpfenden, doch uber sein lebenlang nit.

§ 13 Die lantsfurstlichen lehengueter sollen ohn unser vorwissen und consens weder ehefrauen noch andern persohnen bei verwürkung des lehens nit hypotheciert noch versezt werden.

§ 14 Die strittigen und kriegbaren gueter sollen vermueg der rechten auch nit versezt werden.

§ 15 Ein gemeines unvertailtes guet solle keiner in solidum sonder allein fur die gebürnus, welche ihme zuestendig, versezen.

§ 16 Ein glaubinger mag seines habents underpfant weiter einem ander versezen, doch steet dem ersten schuldner die lösung seines guets bevor, es solle aber dieselb verpfendung umb höhers gelt oder mit beschwerlichen conditionen als der erst glaubinger gethan nit beschehen, der ander neu glaubinger solle es ferrer zu versezen nit macht haben.

§ 17 Die schultbrief auch alle andere verbrift und unverbrifte gerechtigkaiten mögen pfantsweiß eingesezt werden.

§ 18 Ein ainiges stukh haab und gueter mag underschidlichen persohnen pro rata der schulden hypotheciert werden, doch solle der schuldner die nachvolgenden glaubinger der uberigen ver(fol. 147v)pfendung und wie hoch dieselben beschehen derzeit erindern, alßdann mag das nachpfant pro rata des ubermessigen werts wohl bestehen.

§ 19 Welcher aber ein haab und guet, so zuvor volkommentlich und in solidum versezt, ainem andern unwissenden glaubinger ferrer pfantsweis geverlich einreumbt, der solle ihme allen desthalben erlitnen schaden abzutragen schuldig sein, auch von wegen der gepflegten betrueglichen handlung nach gelegenhait der persohn und des geüebten betrugs von der obrigkait gestrafft werden.

§ 20 Deßgleichen welcher schuldner frembdes guet ohn des rechten aigenthumbers bewilligung wißlich versezt, der soll seinem glaubinger ein anders pfant, so sein aigen und gleiches werts, ubergeben und umb sein geverliche handlung gestrafft werden.

§ 21 Welcher schuldner den unwissenden glaubiger ein anders pfant als bedingt worden fursezlich einreumbt, der solle darumb gestrafft werden und den glaubinger mit uberlieferung des rechten underpfants ohn schaden halten.

§ 22 Wann ein schuldner seinem glaubinger alle seine haab und gueter verschreibt, so solle die dieselb obligation fur ein außgetrukte verpfendung, welche die rechten expressam hypothecam nennen, gehalten werden und ist disfals in efectu kein underschied, es lautte gleich die aufgerichtt verschreibung auf alles haab und guet oder alle haab und gueter.

§ 23 Under solcher generalverpfendung werden nit (fol. 148) allein die gegenburtigen gueter so der schuldner zur zeit der aufgerichten verschreibung hatt sondern auch die Künftigen, nemblichen was er nachmahlen ererbt erobert oder rechtmeßiger weiß uberkombt, begriffen und verstanden, deßgleichen nit allein die liegenden und farenden sonder auch verbrieften und unverbriften schulden,

item pares gelt,

item handels- und kaufmanswaren,

item leibgedingsgueter.

§ 14 Es seint aber hergegen etliche stuck haab und gueter, welch in kein unversalverpfendung eingeschlossen sonder in craft geschribnen Kaiserlichen rechten davon tacite außgenomben werden, als nemblichen die lehensgueter, es were dann ein consens derwegen verhanden. welches aber allein auf die lehenshaubtgueter verstanden werden soll, dann der lehngueter abgenombene frucht aufgehebte nutzungen werden fur aigenthumb gehalten, darumben gehören dieselben sowohl als andere aigenthumbliche haubtgueter in solches universalpfant.

§ 25 Zum andern werden die gueter, welche fideicommiss und auf künftiger restitution stehen, von einem universalpfant außgeschlossen.

§ 26 Zum dritten auch alle haab und gueter, welche auf einem widerfall stehen, als heuratgueter und dergleichen. doch werden die verzignen gueter hierbei fur (fol. 148.v) nemblich außgenomben; dann obwohl dieselben auf Kunftigen anfall das under und weibsstamben gestelt, iedoch weil der mannstamben so lang er in leben solcher verzignen gueter legitimus administrator, solle ihme dieselben wie andere seine freis aigne gueter zu versetzen und zu hypothecirn nach lantsbrauch bevorstehen.

§ 27 Zum vierten werden die heuratgueter außgenomen; dann obgleich ein ehemann alle seine haab und gueter verpfenden thett, so wer doch darunter die gueter, welche ihme sein hausfrau verheürat, nit begriffen.

§ 28 Zum funften vermögen gleichwohl die geschribnen Kaiserlichen rechten, das die stuck, derer man zu taglicher narung bedurftig, als betgewant leibsklaider Kuchelgeschir veltgeschier mühlgeschir viech, aines gelerten bücher, eines Krigsmans wehr und rüstung, eines hantwerchers werchzeug und was dergleichen mehr, in keinem generalversatz verstanden soll werden. iedoch weil nach algemeinem gerichtsbrauch die gerichtlichen behebnussen ungeacht ehebemelter geschribnen rechten auf solche gueter ergehen, und sollen dieselben dem lantsbrauch nach in ein iedes unversalpfant auch begriffen sein und davon (man hette sich dann des widerspiels austrukenlich verglichen) gar nit außgeschlossen werden. (fol. 149.)

§ 29 Wann sich ein schuldner mit seinem creditorn dahin verglichen, im fall er das versezt pfant in einer gewissen zeit nit widerrumb an sich lösen wirdt, das es alßdann ihme glaubinger fur die haubtsumma verbleiben und genzlich verfallen sein soll, kan solches geding pactum legis commissoriae genent von rechtswegen nit beschehen.

§ 30 Do aber die contrahenten ihr convention und willen auf einen solchen weg richten, nemblichen wann das pfant in der furgesezten zeit nit gelöst wirdt, das alßdann nach billichem werth oder ordentlichen schatzung oder erkantnus gutter leut dem glaubinger an betzahlungstatt eingesezt werden solle so ist diese paction dem rechten und billigkait nit zuwider.

§ 31 Die versezten underpfant erstrecken sich nit allein auf die haubtschult sondern andere anhengige accessorien, als verzinsung erlitne schäden und dergleichen fäll; derhalben, obschon die haubtsumma entricht, aber der glaubinger des verfallnen interess oder seiner erlitnen schäden nit contentirt worden, mag er das underpfant seinem schuldner billicherweise vorhalten.

§ 32 Welcher wißlich und wohlbedechtlich seinem glaubinger doppelt so viel oder noch mehrers als die schult macht versezt, der kan solches pfant under dem schein, daz er ultra dimidium justi praetii ledirt (fol. 149v) worden, vor der würklichen bezahlung nit revocieren noch abfordern; do ers aber unwissent gethan und das underpfant thailbar were, kunt er herausgebung der ubermas begeren; und zum fall dasselbe pfant einunthailbar stukh als hauß oder anderer ligender grunt were, solle ihme schuldner bevorstehen auf die ubermas an der zu verweisen.

§ 33 Wann ein ainiges guet zwaien underschidtlichen persohnen verpfendt worden, so solle es dem, welcher am ersten contrahiert, ungeacht daz es etwo dem andern und jungern glaubigern eingereumbt worden, verbleiben.

§ 34 Welchem ein beweglichs oder ligents guet verpfendt worden, der soll dasselb nit nutzen noch brauchen sondern es fur sein plosse assecuration behalten, es were dann sach das der schuldner seinem glaubinger die nuzbarkeit austruklich bewilligt oder verschriben, alsdann möcht er ohn abschlag der haubtschult nutzen und geniessen. wo aber solches guets nuzbarkeit ihme glaubinger nit expresse bewilligt, so stehet dem schuldner bevor solchen genieß in die betzahlung pro rato der schulden einzuschlagen.

§ 35 Die beweglichen underpfant sollen andern bestantweis nit verlassen werden. die ligenden aber mag der glaubinger wohl hinlassen; doch das der genieß dem schuldner evolge oder aber der (fol. 150.) aufgehebt zins dem glaubinger in abschlag der haubtschulden eingerait werde.

§ 36 Wann die contrahenten die alt schulden verendern und in ainen neuen contract eingeen, so begibt sich der glaubinger durch solche novation seines von dem alten contract heerrürenden und habenden underpfants, es sei dann sach das er ihme dasselb austrukenlich vorbehalten.

§ 37 Wann einem underpfant durch wassergieß oder in ander billich weeg zusteet, dardurch er grösser oder besser wirdt, dasselb kan der schuldner nit separiren sonder bleibt dem glaubinger zu seiner assecuration unvertailt billich.

§ 38 Deßgleichen wann ein verpfendes guet durch feur wassergüeß oder ander unfall schlechter wirdt, so endet sich dardurch die pfantschaft nit, sonder bleibt einen weeg alß den andern; weil es aber geringschätziger worden, stehet dem glaubinger bevor mit dem schuldner umb neupfant oder erstattung des vorigens zu handlen.

§ 39 Wann das underpfant gar verdirbt vergehet oder in rerum natura zu sein aufhöret, so felt damit die pfantsgerechtigkait auch; doch so der glaubinger an disem undergang nit schuldig, mag er umb ein neue assecuration und versezung anhalten, die haubtschult aber verbleibt disfals ainen weeg als den andern bei ihren wert.

§ 40 Welcher glaubinger in die alienation seines under(fol. 150^{v})pfant bewilligt, es geschehe gleich die alienation durch contract oder lezte willen, der begibt sich dordurch seiner darauf habenden gerechtigkait.

§ 41 Deßgleichen do er wißlich zuließ, das sein pfant ainem anderm glaubinger eingesezt wirdt oder das er sein habende pfantsverschreibung oder das pfant selbst auß den handen geb.

§ 42 Wann der schuldner das underpfant haubtsächlich und mit recht verleurt, so Kan der glaubinger dasselb dem obsigenden thail ungeacht seiner darauf habenden gerechtigkait nit vorhalten, er mag aber seine schäden bei dem schuldner wie sich gebüert ersuchen oder sich in ander weeg assecuriren lassen.

§ 43 Der glaubinger mues allen unvleiß und gevar, welche er dolo oder culpa an dem underpfant verursacht, büessen und solche erlitne schäden dem schuldner wider ergenzen; dergleichen do er das underpfant deteriorieren thet oder in obpau Komben ließ; also auch do er neuerung oder dinstbarkeit auf das underpfant wider alt herkomben brecht.

§ 44 Fur unversehene unfäll aber casus fortuiti genant als wassergies prunst Krieg und dergleichen schäden, ist der glaubinger dem schuldner ainigen abtrag zu thain nit verbunden; es begeben sich dann derlei unfäll aus seinem unvleiß, als mit prunst oder dergleichen.

§ 45 Wann der glaubinger das versezt underpfant durch diebstall oder in ander weeg verleuhert, ist *[er]* dem (fol. 157.) schuldner ainig erstattung dafur zu thuen nit verbunden, es were dann sach das er mit seiner unfursichtigkait an solchem verlust schuldig, welches dem schuldner zu beweisen zustehen soll.

§ 46 Die schlechten und mittermessigen besserung ist ein glaubiger auf widergeltung an dem underpfant zu than schuldig; die haubtgeben aber sollen nach beschehener erinnerung der notturft von dem schuldner selbst ohne entgelt des glaubingers beschehen.

§ 47 Deßgleichen was sonsten aus unvermeidtlicher notturft auf daz underpfant gangen, soll dem glaubinger wider erstatt werden.

§ 48 Wann einem ein grunt sambt desselben fruchtgeniessung verpfendt worden, so ist der glaubinger alle dienstbarkeit, welche von denen früchten herrüeren, ohn entgelt des schuldners zu betzahlen schuldig.

§ 49 Wann der glaubinger den schuldner erbt, so hatt daz underpfant ein ent.

§ 50 Einem schuldner ist unverwert das underpfant mit geben zu verendern, doch daz solches ohn abschlag des pfants gerechtigkait beschehe.

§ 51 Wann dem glaubinger ein pfant ohn desselben nuzbarkeit auf ein gewisse zeit versezt worden, so stehet dem schuldner bevor solches pfant, wann er wiel, auch vor endung derselben bedingten zeit wider an sich zu lösen; do aber daß pfant mit der fruchtgeniessung oder anderer (fol. 151^{v}) nuzbarkeit dem glaubinger versezt worden, ist er dasselb vor außgang der bedingten oder verschribnen zeit auch vollendung der bewilligten nuzbarkeit abzutretten nit schuldig.

§ 52 Welcher ein pfant umb sein gelt lest der bekombt darauf kein underpfant, es hab dann solches der schuldner austrüklich bewilligt.

§ 53 Es soll kein schuldner sein versecztes underpfant nach des glaubingers vergnüegen aigens gewalts behendigen sonder, do es ihme von dem betzahlten glaubinger aufgehalten wirdt mit gerichtshanden einziehen.

§ 54 Die außwechslung der underpfant hatt nit statt, es geschehe dann mit des glaubingers guetem willen oder daz ihme ein gleichmessiges dargebotten wirdt.

§ 55 Alle pfant volgen denen erben und successorn, ob derselben gleich in der verschreibung nit gedacht worden, billichen nach.

§ 56 Ein gelöstes pfant soll kein glaubinger fur ein andere schult, die ihme der schuldner auch zu thain, dem schuldner vorhalten.

§ 57 Wann gleich der schuldner seinem glaubinger das underpfant an betzahlung statt furschlieg und in solutum ervolgen lassen wolt, so ist doch der glaubinger dasselb wider sein gelegenhait anzunehmen nit schuldig.

§ 58 Deßgleichen wann der schuldner nit neuer purg(fol. 152.)schaft abledigen wolt, ist der glaubinger dieselb wider sein commoditet anzunemben nit verbunden.

§ 59 Wann der erst glaubinger daz underpfant ferrer ainem andern versezt und derselb damit aus dem lant zeucht, so soll der haubt- und erstschuldner nit verbunden sein solchen abwesenden nachzuraisen sonder mag seine spruch bei seinem glaubinger bekomen, dem steet alßdann sein notturft gegen seinem nach glaubinger zu ersuchen.

Der 15. titl. Von verkaufung der underpfant

§ 1 Ein glaubinger mag sein habents underpfant, wann er uber die veschribnen zeit mit der betzahlung aufgehalten wirdt, verkaufen; doch ist vor der verkaufung vermüeg geschribnen rechten vonnötten:

§ 2 Erstlich das sich die contrahenden des verkaufens verglichen oder dieselb ex presse nit verboten.

§ 3 Zum andern das der schuldner mit der bedingten bezahlung saumig sei; dann do er nit in mora noch die gebüerlichen zahlfrist verstrichen, solle einige verkaufung oder alienation des underpfants nit beschehen. (fol. 152v)

§ 4 Zum dritten ist von nötten, das der glaubinger den schuldner umb losung seines versezten pfants ersuch. wann alßdann der schuldner nach solcher denunciation saumig und die losung inner sechs wochen und dreien tagen nit thuet, mag der glaubinger mit verkaufung sicherlich fortfahren; es hetten sich dann die contrahenten dahin verglichen, das es ainiger verkündung nit bedürftig.

§ 5 Zum vierten ist von nötten, wann die verkaufung oder alienation beschicht, das dem schuldner auch darzu verkundt werde.

§ 6 Zum funften ist von nötten, das die verkaufung bona fide, auch umb den rechten lantgebreuchigen wert beschehe, sonsten do der verkaufer und kaufer mit einander colludierten, auch den kauf dem schuldner zu gevar und schaden beschlüessen, solle dem schuldner bevorstehen seine erlitne schäden aintweder bei dem verkaufer zu ersuchen oder aber sein pfant von dem kaufer gegen erlegung seiner außgezehlten kaufsumma mit recht abzufordern. und do gleich der kaufer alßdann den abgang des rechten werths erlegen wolt, so steet abermals in des schuldners wall solche ubermaß anzunemben oder sein pfant obgehörter massen zu lösen. do aber der kaufer der geverlichen alienation kein wissen hette sonder treulich und ohn alle gevär dem kauf in einem geringem wert erhandlet, solle ihme daz erkauft pfant gegen erstattung des austendigen billichen werths (obgleich der schuld[fol. 153.]ner darin nit verwilligen wolt) gelassen werden.

§ 7 Zum sechsten ist von nötten, wann der schuldner seinen glaubinger alle seine haab und gueter verpferndt und noch darüber ein specialstukh darauf würklich versezt, das der glaubinger dasselb specialguet erstlich verkaufe, und do es sich auf sein völlige vergnüegung nit erstrekt, alßdann soll er erst die andern in gemein hypothecierten gueter angreifen.

§ 8 Zum siebenden wann der glaubinger etliche specialpfant umb mehrer assecuration wegen wie oftermals beschicht inhendig hett, so solle er davon nit mehrers als zu seiner betzahlung von nötten verkaufen, dann do er alle underpfant verhandlet, möchte der schuldner die andern revociern.

§ 9 Zum achten erfordert auch die billigkait, das glaubinger nit die besten sonder die mittermessigen pfant angreife und verhandle, dann do er die besten verkaufft, möchten dieselben von den kaufer revociert werden.

§ 10 Wann der glaubinger mit ainem frembden nach des schuldners seumbsal und verabsaumbter verkündigung zeit der sechs wochen und drei tagen in Kaufhandlung stünde und der schuldner sich nachmals der losung seines pfants erbieten thette, so solle ihme desselben billich stattgethan werden.

§ 11 Wann der schuldner gleich die haubtsumma zahlet, (fol. 153v) sich aber der ausstendigen verzinsung oder abtrag des erlitnen schadens waigert, so stehet dem glaubinger einen weg als den andern das underpfant zu verkaufen bevor, doch solle er die ubermaß soviel uber das interesse und die gemessigten erlitnen schäden an der kaufsumma verhanden, seinen schuldner hinausgeben.

§ 12 Also ist es auch, do die haubtschult nit gar sonder nur zum tail dem glaubinger betzahlt wirdt, zu halten. derhalben wo ein schuldner viel erben verließ und ainer oder mehr daraus seinen gebürenden tail an der schulden betzahlt, so ist dennoch der glaubinger das underpfant biß auf völlige lösung von handen zu lassen nit schuldig sondern mag es wegen der andern ausstendigen tail verkaufen. also auch wann der glaubinger mehr erben verließ und ainem daraus die betzahlung beschech, so möchten die andern unbetzahlten mit verkaufung vorgehen.

§ 13 Der schuldner soll seinen glaubinger wider sein gelegenhait nit dringen das underpfant zu verkaufen, es were dann dasselb mehrers als die schult wert, in welchen fall der glaubinger die ubermaß geben oder der verkaufung statt thain solle.

§ 14 Dem glaubinger solle ungewerth sein, wann das underpfant verkeuflich wirdt, dasselb in billichem werth vor allen andern frembden (fol. 154.) selbst zu behalten; es ist ihne auch der schuldner darumben zu schermben schuldig.

§ 15 Wann aber das underpfant einem frembden verkauft wirdt, so ist der glaubinger den kaufer darumben zu schermen nit schuldig.

§ 16 Der schuldner kan sein verseztes underpfant nit verkaufen, allein es bewillige der glaubinger darein oder es werde der glaubinger von derselben kaufsumma würklich betzahlt; wo aber deren keines beschech, stehet dem glaubinger bevor aintweder den schuldner oder inhaber seines verkauften underpfants mit recht furzunemben.

§ 17 Also soll auch kein schuldner das underpfant ohn seines glaubingers wissen und willen vor desselben völligen lösung in ander weg verhandlen oder durch lezte willen verschaffen; geschehe es aber ohn oder wider des glaubingers willen, so solle allein daz aigenthumb transferirt die pfantsgerechtigkait aber ainen weg als den andern darauf verbleiben und des glaubingers jus bei dem nachsidl ohn schaden sein.

Der 16. titl. Von underschid der pfanden und hypothecen (fol. 154.) desgleichen von allerlei befreüten und unbefreuten glaubingern

§ 1 Die underpfant und hypothecken sein dreierlei underschidlicher art und aigenschaft:

erstlichen die verschribnen und eingesezten pfant,
zum andern die rechtlichen,
zum dritten die gerichtlichen.

§ 2 Ein verschribnes oder eingeseztes pfant macht und gebüert des schuldners und seines glaubingers wilkühr, darumben es conventionale pignus oder ein unwilkührlichs underpfant genent wirdt.

§ 3 Dasselb mag mit beweglichem vermögen als parschaft silber geschir Klaider oder dergleichen farnus beschehen.

§ 4 Wann aber das underpfant auf ligenden haab und guetern stehet, so wirts hypotheca gehaissen. solch hypotheca seint auch zweierlei natur: etliche general, als wann der schuldner seinem glaubinger alle und iede sein haab und gueter liegent und varunt nichts davon außgenombEN austrüklich verschreibt und verpfendt, etliche special, dardurch den glaubinger ain oder mehr stuckh aus des schuldners haab und guetern verschriben oder versezt worden.

§ 5 Solche wilkürliche und außgetruckte hypothecen aber geschehen auf allerlei weg und weis:

Erstlich bei denen grunt- und gewehrbüchern durch ainen verschribnen satz; Am andern durch schriftliche satzverschreibungen, darinnen der (fol. 155) schuldner seinem glaubinger seine haab und gueter gar oder ainestails verpfendt;

Zum dritten durch muntliche convention und vergleichung; dann die verbriefung machet Kein pfant sonder der contrahenten wilkühr.

Zum vierten do sich die contrahenten dahin veraint, das bei dem gruntbuch Kein ordenlicher satzbrief zu ersparung des uncostens aufgericht sondern nur ein notl ansatz statt daselbst verleibt werden solle, so gielt solches memorial nicht weniger als ain verfasster satzbrief. wann aber ein schultbrief auf den gemeinen schadenpunt in Österreich under der Ennß gestellt ist, so tregt solche verschreibung Keinen satz sonder allein die schadloßhaltung auf ihr.

§ 6 Ein rechtlichs underpfant aber fleust auß des schuldners und seines gleubingers wilkuhr nit her sondern wirdt von denen geschribenen Kaiserlichen rechten aus vernunftigen und billichem bedenkhen verordnet.

§ 7 Nemblichen und fur das erst sein aller gerhab und pflegvetter haab und gueter ihren obligenden verantwortungen halben ihren pflegkindern pupillen und minderjärigen verpfendt, welches rechtliches underpfant aber sich auf bemelter gerhaben und curatoren erben nit erstreckt.

§ 8 Zum andern wann ein ehemann von seiner (fol. 155v) ehefrauen ein geheurat guet empfangt, so seindt seine gueter der ehefrauen desgleichen ihren erben nachkomben und allen getreuen inhabern des heürathbriefs tacite verpfendt: es erstrecken sich auch solche underpfant nit allein auf die vermachten heuratgueter sonder alles anders ubrigs zubringen, welches ihr die ehefrau bei der heuratsabret vorbehalten.

§ 9 Zum dritten welcher mit unserem Kaiserlichen fisco contrahiert oder in unser lantsfurstliche camer waz schuldig verbleibt, dessen schuldners haab und gueter seint dem fisco so lang verbunden und hypotheciert, biß der schuldner seinestails dem contract ein benüegen thuet oder den schuldigen ausstant richtig gemacht. umb geltstraff und peen aber, welche wir aus lantsfürstlicher hohait strafmessigen personen auflegen, seint uns der gestrafften gueter nit verpfendt, es kann auch unser fiscus denen andern glaubingern disfals nit furgezogen werden.

§ 10 Zum vierten gemeiner statt und markts ambtshandler, als cammerer steurhandler spitterlmaister zechleut ungelter und dergleichen officirn, welche mit gemeiner stett und merkt gelt ränth und gilten umbgehen, haab und gueter sein gemeiner statt und (fol. 156.) markt von wegen ihrer tragenden administration tacite verobligiert und verpfendt.

§ 11 Zum funften wann ein prelat die kirchengueter ubel verwalt und in abfall bringt, so seint seine aigne haab und güeter, im fall er derselben habhaft, fur die schätlich administration seiner kirchen facite verbunden.

§ 12 Zum sechsten wer steur und ander gemeine anlag schuldig, desselben haab und gueter von welichen solcher ausstant herrüert seindt einer ersamben lantschaft oder wemb mans sonsten zu thain tacite verpfendt.

§ 13 Deßgleichen zum siebenden umb zehent perkrecht und all andere herrnsanforderung seindt die dinstbaren grunt und boden ihrem grunt- und oberherrn tacite verpfendet.

§ 14 Zum achten was ein bestantman in sein bestantnes behaustes guet von varender haab und beweglichen sachen bringt, dasselb alles ist seinen bestantherrn tacite verpfendt, es erstrecken sich auch solche underpfant nit allein auf den bedingten zinß sonder auch fur alles das, so der inman in zeit seiner inhabung deteriorirt und erger gemachtt.

§ 15 Deßgleichen wann ein bestantman das bestanden guet zum tail ferrer andern verlest, so sein desselben nachbestandlers varende gueter, so viel deren in dem bestandnen guet zu finden, dem aigenthumber und haußherrn auch verpfendt; (fol. 156[v]) doch pro rata portione seines zinß und der deterioration, auch gar nicht weiter.

§ 16 Und obgleich der bestantman von solchen verpfendten guetern etwas austragen und anders wohin deponiren ließ, so bleibt doch das underpfant ainen weeg als den andern darauf.

§ 17 Do sich auch der bestantherr mit ainem außgetruckten underpfant versehen, so wirdt doch diser rechtlichen hypothecken damit gar nichts benomben sonder bleibt ainen weg als den andern in ihrem wert.

§ 18 Doch werden von solchen rechtlichen hypothecken die varenden haab und gueter außgenomben, welche gleichwohl in des bestantmans gewaltsamb doch ihme nit aigenthumblich sondern andern zugehörig seint; desgleichen erstreckt sich solche hypothecken auf der erhalten aigenes vermögen gar nit.

Also auch auf handlswahr vermüeg geschribner rechten, desgleichen auch Kein schult.

§ 19 Zum neunten denen legatarien und geschaftmannen sein des gestorbenen testators haab und gueter so lang verpfendt, biß sie ihrer legat und gescheft würklich habhaft werden, doch nur pro rata der legat und nit weiter; seines erbens aigene gueter aber bleiben ihm freü und unverpfendt.

§ 20 Zum Zehenden wer zu erbauung erhebung oder besserung aines guets gegen außgetruckte (fol. 157.) versetzung desselben leichen thuet, dem ist dasselb guet tacite verbunden.

§ 21 Zum aindliften was von dargelichem pupillargelt erkauft oder erhandlt würdt, dasselb haab und guet soll denen pupillen tacite verpfendt sein.

§ 22 Deßgleichen was von eines krigsmans gelt uberkomben wirdt, dasselb ist ihme auch tacite hypotheciert.

§ 23 In iezgehörten fallen allen werden nit allein die gegenwertigen sondern auch könftigen haab und guetern begriffen, und do sich der obbemelten obligierten persohnen aine understinde solch tacite hypothecirte und verpfendte gueter zu verwenden, so steet dem, welchem sie versezt, von recht und billigkait wegen bevor dieselben ohn ainige refusion von dem inhaber per actionem hypothecariam abzufordern; demselben inhaber solle alßdann gegen dem haubtschuldner als seinem gaber aller regress bevorgesezt sein.

§ 24 Ein gerichtlichs underpfant aber ist, wann ein ansprecher oder clager mit gerichtshanden in seines schuldners haab und gueter angesezt wirdt.

§ 25 Solche obbemelte drei underschiedtliche satzgelter werden hypothecirte creditores genant.

§ 26 Es seint aber andere glaubinger und creditorn, welche gleichwohl obgehörtermassen keinen satz an oder auf ihrer schuldner haab und gueter haben sonder ausser ainiges underpfants sonsten durch die geschribnen Kaiserlichen rechten befreüt (fol. 157v) sein und privilegierte gelter genant werden, als nemblichen: alle persohnen, welche gelt oder gueter bei oder ausser gericht zu treuen und dritten handen legen und deponiern; deßgleichen welche mit außgetruckter beschaidenhait zu erkaufung aines grunts oder besserung der haab und gueter ihr gelt dargelihen, aber sich mit Keinem underpfant versehen haben; item die pupillen und minderjärigen wider die so sich ihrer güeter ausser auferlegter gerhabschaft oder curatorei selbst gemechtigt, item von welches darlehen ein satzgelter betzahlt und abgelöst worden, derselb hatt vor andern gemeinen glaubigern den vorzueg; item wann unser lantschaft etwas außleihet, so solle sie dem althergebrachtem lantbrauch nach vor andern unbefreüten creditorn den vorzueg haben: wann aber das so man einer ersamben lantschaft zu thain nit ein gemeine dargelichene schult ist, sonder von wegen der ausstendigen steur herrüert, so solle sie disfals allen befreuten glaubigern und satzgeltern nach altem herkomben furziehen, doch uns als lantsfursten und herrn außgenomben.

§ 27 Die letsten glaubinger werden chirographarii genant und sein diese, welche umb ihr darlehen nur gemaine schultbrief außer ainiges generals- oder specialspfants haben, sonsten auch mit einer redlichen schuldens freihait nit begabt sein. (fol. 158.)

Der 17. titl. Von wilkurlichen purgschaften so ausser gericht beschehen

§ 1 Die vätter mügen fur ihre kinder bürg werden, desgleichen die vogtbaren Kinder fur ihre eltern.

§ 2 Die müeter sollen sich ihrer töchter halben so wenig als die töchter von wegen ihrer mueter in kein purgschaft einlassen.

§ 3 Die ehewirt mögen fur ihre ehefrauen guet, aber die ehefrauen fur ihre ehemänner, ungeacht das sie sich der weiblichen freihaiten und des Vellejanischen rechten austrüklichen begeben, nit pürg werden.

§ 4 Die unvogtbaren und minderjärigen sollen sich ohn vorwissen ihrer furgesezten gerhaben und curatorn in Kein fidejussion einlassen, aber die gerhaben mögen fur ihre pupillen wohl bürg werden.

§ 5 Die geistlichen priester mögen fur andere geistliche persohnen wohl bürg werden, aber fur weltliche nit, allein es kombe solche burgschaft ihren kirchenguetern zu gueten.

§ 6 Die regulierten und closterleut sollen sich keiner purgschaft mechtigen, es geschehe dann mitt ihrer (fol. 158) obristen vorwissen oder dem closter zu guetem. die prelaten aber mögen mit vorwissen ihres contents fur andere dem lantsbrauch nach wohl bürg werden.

§ 7 Es vermögen gleichwohl die geschribnen rechten, das sich die würklichen krigsleut im kein purgschaft einlassen sollen. dieweil aber der algemein lantsbrauch solchem zuwider, lassen wir es darbei genedigist beruchen.

§ 8 Die underthanen mögen on ihrer oberherrn consens in burgschaft eingehen, doch das dieselb nit general sei noch bei verbindung aller haab und gueter beschehe, damit denen herrn von wegen ihrer herrnanforderung nit praejudiciert werden.

§ 9 Es mögen sich die bürgen allein auf ihr leben lang oder auch fur ihre erben und nachkomben austrücklich verbinden. do aber in der burgverschreibung expresse nit bedingt noch furgesehen wie und was gestalt sich ein bürg einlassen, so wirdt die pürgschaft nit fur persohnlich gehalten sonder auf alle des bürgens erben und successoren erweitert und transferirt.

§ 10 Die würklichen bürgschaft haben nit allein ein gelthandlungen und furlehen sondern allen andern rechtmessigen contracten pactionen und gewerben statt, sie mügen auch von wegen der ganzen schult oder umb derselben tail beschehen; in malefitzsachen aber hatt ainige pürgschaft nit statt, es were dann sach das die unthat und (fol. 159.) verprechung mit keiner leiblichen straff gebuest sonder in ander weg abgetragen mueste werden.

§ 11 Zu wilkürlichen ordenlichen und bestendigen pürgschaften gehören von rechtwegen etlich notwendig stukh. Erstlichen das des purgens persohn der contracten und sonderlichen der purgschaft fehig, davon obens gehandlet.

§ 12 Am andern das die verbündung willig ohn zwang und drang allerseits beschehe; derhalben welcher mit gefanknus atzung oder ander unertreglich weg so hart streng und unleidenlich gehalten wirdt, das er sich zu rettung gesunts leibs und lebens ausburgen mues, desselben burgen sollen von aller widerstellung und fidejussion entbunden sein.

§ 13 Furs dritte soll das verburgte beding dahin gestelt sein, das sich der bürg als selbstschuldner und zahler verobligiert; dann do einer die burgsverschreibung allein zu gezeugnus der sachen underschriben oder verfertigen thett, so tregt solches kein burgschaft auf ihme.

§ 14 Zum vierten soll ein bürg eben der jurisdiction und obrigkait unterworfen sein dahin der haubtschuldner erster instanz mit seiner persohn gehörig; do er aber anderstwohin gerichtbar, soll er sich soviel die bürgschaft anlangt seiner obrigkait begeben.

§ 15 Die burgschaften erstrecken sich furnemblichen (fol. 159^{v}) auf die haubtschult; das interesse expensen uncosten schaden und dergleichen accessorien aber so aus der haubtschult ervolgen ist ein burg zu erstatten nit schuldig, er hab sich dann umb eines oder das ander austruckenlich verschriben oder er were in gemein umb alles das, dessen er glaubinger schaden nemben möcht, guet worden.

§ 16 Welcher schuldner seinem glaubinger einen benenten burgen furgeschlagen, der mag sich mit stellung eines andern gleichmessigen von seiner zusag liberiren; wann er ihme aber einen würklich bestelt so Kann er mit demselben ferrer nit abwechßlen, es geschehe dann mit des glaubingers guten willen.

§ 17 Wann der schuldner seinem glaubiger purgschaft zu thain versprochen und nochmals genuegsambe pfant einsetzen thette, soll er von der purgschaft entbrochen sein.

§ 18 Wiewohl die geschribnen Kaiserlichen rechten vermügen, das die principalschuldner vor denen burgen umb betzahlung furgenomben sollen werden, so vermag doch der algemein practiciert lantbrauch, das die election und freiwahl disfals bei dem glaubinger steet, in craft derselben mag glaubinger den burgen vor dem principalen umb dieselbig schulden fur gericht wenden und den principalen beiseutz stellen. (fol. 160.)

§ 19 Es solle auch in des glaubingers wilkühr nach beschehener krigsbefestigung doch vor dem endurtel steen von dem beclagten bürgehn abzulassen und den haubtschuldner selbst furzunemben; wie ihme dann hergegen auch unverwehrt, do er den haubtschuldner erstlich furgewendt, von ihme vor der litiscontestation zu sezen und den burgen an sein statt zu verclagen.

§ 20 Wann die burgen ‚sament und sonderlich' verschriben seint, so mag der glaubinger ainen oder den andern daraus in solidum und umb die völlig schulden beclagen, desgleichen do die verschreibung auf ‚sament unverschaidenlich' und sonderlich gestelt; also auch do sie auf ‚unverschaidenlich und sonderlich' lauth; ebenermassen do die obligation das cleußel ‚sonderlich' allein begreifft.

§ 21 Es solle auch dem glaubinger disfals bevorsteen von dem ersten furgenomben burgen, ehe das enturtel ergeet, gar zu fallen und auf ainen andern mitbürgen clagweiß umb die ganz summa zu greifen.

§ 22 Wann aber der glaubinger alle seine ihme ‚sonderlich' verschribne burgen furgenomben und wider sie den krieg befestigt, auch von einem daraus pro rato seine gebürnus betzahlt worden, so künte er nochmals umb die ubermas von denen (fol. 160^{v}) andern mitburgen nit setzen noch auf den vorigen betzahler umb solche ubermaß clagen.

§ 23 Doch ist hergegen ainer oder der ander furgenomben burg auch dahin befreiiet sich auf seine nebenburgen zu waigern und beneficium divisionis zu begeren, in craft derselben (ungeacht das er in solidum und ‚sonderlich' umb die ganz schult verbunden) solle ihme mehrers nit als seinen gebürenden tail pro rata portione der verbürgten schulden zu bezahlen auferlegt werden.

§ 24 Es ist auch solche freihait so groß, das der burg nit allein vor sonder auch nach der krigsbefestigung dieselb furwenden kan, es were dann sach das er sich solcher freihait austrüklich begeben oder das seine mit bürgen der betzahlung nit statthaft noch solvendo weren oder das er die bürgschaft vernainet und sich deren uberweisen liesse.

§ 25 Wann aber die bürgsverschreibung die clausl ‚samentlich und verschaidenlich' allein begreifft, so ist der glaubinger nit befuegt ainen aus den verschribnen burgen fur die ganz haubtschult sonder allein umb sein pro rata portione gebürenden tail furzunemben. es steet aber dem glaubinger in diesem fall dennoch bevor solche burgen, so sich mit einander unverschaidenlich verschriben, mit einander umb die ganz schult oder aber auch den mehrern thail daraus umb ihr gebürnus furzunehmen. und so er ainen würklich umb seinen tail (fol. 161.) beclagt, mag er nach ervolgter litiscontestation von ihme lassen und einen andern umb sein portion beclagen.

§ 26 Welcher bürg sich in einem oder dem andern fall umb mehrers als er von rechts- und lantsbrauch wegen schuldig mit betzahlung gegen dem principalen einlest, derselb soll wider seine nebenburgen umb die abgerichtt ubermaß seinen richtigen regress haben.

§ 27 Es halten sich etliche sondere fäll, dardurch ein burg seiner gelaisten burgschaft vermüeg geschribnen rechten entbunden ledig und frei wirdt: Erstlich wann er den glaubinger allein erbt; do er ihme aber nur aines tails succedirt, so erlischet die burgschaft nit gar sonder allein pro rata portione der angetretten erbschaft.

§ 28 Zum andern wann der burg den schuldner fur welchen er guet geworden erbt, so wirdt die burgschaft todt und ab; doch mues er als erb ainen weg als dem andern zahlen.

§ 29 Zum dritten wann der schuldner den burgen erbt, so ist die fidejussion auch aus.

§ 30 Zum vierten wann der glaubinger mit seinem schuldner in neue verbüntlich contract und handlungen ohn vorwissen und bewilligung seines habenden purgens eingehett.

§ 31 Zum funften wann sich der glaubinger mit dem (fol. 161v) schuldners. ohn beisein des bürgen vertregt.

§ 32 Zum sechsten wann der glaubinger dem burgen die burgverschreibung guetwillig herausgibt.

§ 33 Zum siebenden wann sich die schult praescribirt, so ist durch solche verjärung nit allein der haubtschuldner sonder auch sein burg von dem glaubinger oder seinen erben entbunden.

§ 34 Es seint auch etliche fäll in welchen ein burg die erlassung der burgschaft, ehe und zuvor der glaubinger seiner schulden contendirt, mit guetem fueg begeren mag:

Erstlichen wann der burg lange zeit in der purgschaft gesteckt; welche purgschaft aber fur langwürig oder nit zu halten sei, solle in des gerichts nach gelegenhait aller umbstent erbar- und billichen discretion stehen. es sollen auch hiebei die schermbsburgen außgenomben sein, dann dieselben bleiben so lang verobligiert biß sich der schermbsfall begibt, es geschehe gleich uber Kurz oder lang.

§ 35 Zum andern wann der principalschuldner haab und guet verschwendt und dardurch wuerklich erarmen thuet, es were dann sach das er zur zeit der beschehenen burgschaft verthuelich gewesen und deßen der burg guetes wissen gehabt.

§ 36 Zum dritten wann er auf gewiße frist und zeit bürg worden, mag er nach verlofner burgszeit die liberation begehren. (fol. 162.)

§ 37 Zum vierten wann der principalschuldner ohn des burgens verschuldung ihme burgen tötlich feint worden.

§ 38 Wann einer auf bedingte zeit bürg worden und der glaubinger mit seinen schuldner neue abret solcher schulden halben pflegt, auch dieselb auf lenger frist ausser des burgens vorwissen und bewilligung erstrekt, so ist der burg nach außgang der ersten bedingten zeit durch solche novation von der purgschaft entbrochen.

§ 39 Und wiewohl die neuen verschreibung mehrmals dahin gestelt werden, das solche erstreckung des termins der geleisten burgschaft unvergriffen sein soll, so kann doch solches clausl dem burgen welcher in die novation nit gewilligt gar nit praejudicirn. do aber glaubinger dem schuldner die betzahlungszeit durch neue bedingnus nit erweitert sonder mit der anforderung seiner schult uber den bestimbten zahltag allein aus dem weeg hielt, so bleibt der burg dennoch in der burgschaft verhafftt.

§ 40 Wann ein glaubinger neben der burgschaft mit einem underpfant versehen und wider deßselben inhaber clagt, so thuet die burgschaft dennoch nit erleschen sonder steet ihme ainen weg als den andern den burgen zu beclagen bevor. also hergegen mag er den pfantinhaber unbeclagt laßen und den burgen fur gericht wenden. (fol. 162ᵛ)

§ 41 Wann des principalschuldners gueter confisciert werden, so felt die burgschaft dennoch nitt.

§ 42 Wann der burg nach beschehener fidejussion erarmen thuet, stehet dem glaubinger ainen andern von seinem schuldner zu begehren bevor, dessen er sich auch nit weigern kan.

§ 43 Wann aber der glaubinger einen unvermuglichen burgen zur zeit der angehender burgschaft fur genugsamb wißlich und willig angenomben, so kan er hernach Keinen andern begehren. und was er bei solchen burgen nit bekomben Kan steet ihme bei dem haubtschuldner zu ersuchen bevor.

§ 44 Wann der glaubinger umb des burgen vermögen Kein aigentlich wissen gehabt noch dasselb gruntlich erfragen mögen und von dem haubtschuldner dahin beredt worden, als solle der burg umb die schult genuegsamb sein, hernach aber das widerspiel und des burgen unvermögen erschine, so solle den lantbrauch nach der schuldner seinem glaubinger ainen andern umb die ganz schult oder die ubermaß stellen, welches in des schuldners und nit des glaubingers wahl steen solle.

§ 45 Wann sich mehr burgen gegen dem glaubinger ‚in solidum und sonderlich' verschriben und ainem oder mehr daraus vor einforderung der schulden erarmet, so sein die andern die völlig summa zu entrichten schuldig.

§ 46 Wann der burg den glaubinger zahlet und damit die versezten pfant an sich lösen wölt, kan er dieselben wider des schuldners gelegenhait an (fol. 163.) betzahlungstatt nit behalten sonder soll si dem schuldner gegen erstattung der abgetzahlten haubtschult ervolgen lassen.

§ 47 Es hatt ein ieder burg umb alles das so er dem clagenten glaubinger betzahlt gegen dem schuldner darfur er guet worden seinen regres, es sei gleich derwegen ain schadloßbrief verhanden oder nitt. do er auch mit gelt nit gefast sonder dasselbe mit interesse aufbringen muest, so solle ihme bürgen solches der haubtschuldner widerrumb billiclich erstatten.

§ 48 Wann der bürg umb die betzahlung erster instantz verclagt wirdt, so sollen ihme alle behelf exceptionen und einreden bevor, deren sich der principalschuldner selbst wider den glaubingen auf dem weg rechtens zu gebrauchen hett, bevorstehen.

§ 49 Do er aber mit dem principalen der lautern purgverschreibung zuwider oder in ander weg ainen muetwilligen strit vor gericht führet und daruber verlustig wirdt, ist ihme der haubtschuldner desselben gerichtlichen uncosten zu erstatten nit schuldig.

§ 50 Wann der burg wider den glaubinger ein billiche exception führt nichtsdestweniger in der haubtsachen verlustig wirdt, soll er fur die höher instanz solche erkantnus gedingen, sonsten do er die wohlbefuegt appellation verabsaumbt, hett er zu dem schuldner kein ferrern regress.

§ 51 Wann sich der beclagt burg ainer rechtmessigen (fol. 163v) wohlbefuegten peremptori und haubtsachlichen excieption gebrauchen, sich auch dardurch von des glaubingers clag mit fueg entschutten hette mögen, dieselb aber umbgangen oder verabsaumbt und volgents in die betzahlung condemnirt, so hatt er zu dem schuldner fur welchem er guet worden keinen regres noch weitern zuspruch.

Die dilatori exceptionen aber, do er dieselben gleich nit furgewendt, sollen ihme nit praejudicirn, dann er an der haubtsachen damit nichts vergeben.

§ 52 Die purden haben wider ihre principalen des abgerichten glaubingers halben ihren regress, ungeacht das sie guetwillig ausser vorgeender clag oder gerichtlicher auflag die betzahlung thain, dann glauben und trauen solle gehalten werden.

Der 18. titl. Von Velleianischen rechten und weiblicher freihait

§ 1 Die weibspersohnen sollen sich in gemein keiner bürgschaft mechtigen; do sie sich aber dem Velleianischen rechten zuwider in ainige verbüntliche purgshandlung einliessen, sein sie in craft obbemelter Velleianischen freihait von solcher ihrer verbuntnußen ent(fol. 164.)brochen.

§ 2 Doch werden etliche sondere von denen geschribnen rechten furgesezte fäll ausgenomben, darinnen angeregte weibspersohnen um ihre gelaiste purgschaften fues halten und denselben ohn waigerung nachkomben muessen:
Erstlich wann sie umb heüratvermacht purg werden.

§ 3 Zum andern do sie solcher purgschaft halben gelt oder geltswert würklich und genießlich empfangen.

§ 4 Furß dritt wann sie sich arger mainung und damit der glaubinger ihrer nichtigen burgschaft halben gevert solle werden einliessen.

§ 5 Zum vierten wann sich ihre fidejussion iteriem und sich zum andernmahl verbinden.

§ 6 Zum fünften wann sie ihrer hobenden weiblichen freihaiten und des Velleianischen rechten certioriert und verstendigt werden, sich auch derselben außtruklich und guetwillig begeben, zu welcher renunciation und verzicht-becreftigung ainiger aid dem lantbrauch nach nit von nötten.

Der 19. titl. Von solutionen betzahlungen und abrichtung der schulden

§ 1 Die eltern sein ihren vogtbaren kinder, deßgleichen (fol. 164v) die kinder ihrer eltern gemachten schulden zu betzahlen nit schuldig, sie wöllens dann beiderseits auß guetwillig und keiner gerechtigkait thuen oder ein tail erbe den andern.

§ 2 Ein eheman ist fur sein ehefrau deßgleichen die ehefrau für ihren eheman zu zahlen nit schuldig, es hette sich dann eines neben dem andern gutwillig and austruklich verschriben in welchem fall, do sie ‚sament und unverscheidenlich' verobligiert mag ein iedes aus ihnen umb den halben tail, wo sie aber ‚verschaidenlich' oder ‚sunderlich' verbunden aines allein umb die ganze summa furgenomben werden.

§ 3 Doch ist dem lantbrauch nach von nötten das die ehefrau ihrer weiblichen freihaiten und des Velleianischen rechtens certioriert und erindert worden, sich auch derselben guetwillig begeben.

§ 4 Und obwohl bei dem Kaiserlichen rechten lauter versehen, das ein ehefraw solche schulden darumben sie neben ihrem haußwirt verschriben anderergestalt zu entrichten nit schuldig, es were dann wider sie bewisen das solches gelt zu ihrer notturft und nutz außgeben worden, so vermag doch der wissentlich allgemein lantbrauch das widerspiel, nemblichen das die ehefrauen alle schulden darumben sie neben ihrem ehewirt verschriben, sie haben gleich des entlehneten gelts genossen oder nit, entrichten sollen; (fol. 165.) darbei wir es nochmahlen genedigist verbleiben lassen.

§ 5 Zu entschüttung aber solcher eheschulden begibt sich oftermahlen das die ehefrauen bei gericht furgeben, sie haben umb solche gemachte schulden kein wissen, die schultbrief sein auch ohn ihr vorwissen aufgerichtt, deßgleichen das die underzaichnus nit ihre aigne hantschriften, item das die signatur nit ihr petschaft oder sigill, das sie auch niemants andern an ihrer statt zu fertigen oder sich zu underschreiben gebetten, oder das sie mit troworten ubelhalten und schlegen zu solchen verschreibungen wider ihren freien willen geursacht gezwungen und genöttigt worden. in solchen und dergleichen fällen haben die ehefrauen die praesumption des rechtens wider sie, derowegen muessen sie eins oder das ander wie zu recht genueg beweisen, sonsten solle auf die furgebrachten schultbrief furdersambe und würkliche ausrichtung beschehen.

§ 6 Damit aber vielen irrungen abgeholfen und die gericht destweniger behelligt werden, so wollen ordnen und setzen wir auß lantsfürstlicher vollmacht: als oft ein ehefrau aine oder mehr persohnen an ihrer statt die schultbrief zu underschreiben und mit petschaften oder sigillen zu verfertigen hinfur bitten thett, daß solches durch lantbreuchige betzedln beschehen solle, damit man alßdann zur zeit furfallender notturft gefast sein und (fol. 165ᵛ) die unbestendigen parteien desto bereitt- und richtiger uberzeugen Kinnen.

§ 7 Die fertiger der schultbrief, weil sie nit principalen sondern allein der sachen zeugen sein, sollen umb Kein schult darzu sie gebetten angesprochen werden.

§ 8 Die pupillen und minderjärigen sollen ohn vorwissen ihrer furgesezter pflegvetter nichts bezahlen.

§ 9 Die pflegvetter tutorn und curatorn aber mügen ihrer pflegkinder schulden ohn vorwissen der obrigkait wohl abrichten.

§ 10 Die procuratorn gewalttrager verwalter pfleger ambtleut und dergleichen persohnen sollen ohn sondern habenden specialgewalt oder gemeßnen bevelch ihrer principalen und oberherrn kein schult bezahlen noch entgegen ainiger betzahlung annehmen oder dorfur quittiren.

§ 11 Denen factorn und handlsdienern, welche offentlich in gewelbern gebraucht werden, mag die bezahlung in ihren schreibstubnen offenen oder heimblichen gewelben ausser ihrer herrn specialgewalt wohl beschehen.

§ 12 Also solle auch kein unvogtbarer ainiger bezahlung stattthain sonder seine schuldner auf seine pflegvätter weise, welche dann ausser der obrigkait bewilligung die betzahlung annemben mögen. (fol. 166.)

§ 13 Es ist kein herr oder fraw fur ihre diener oder ehehalten, deßgleichen die lantleut für ihre underthanen zu bezahlen schuldig.

§ 14 Es solle kein schuldner seinem glaubinger wider des glaubingers gueten willen umb dargelihenes bargelt andere sorten und gueter, sie sein gleich ligent und varent, furschlagen; er solle auch ihme glaubinger wider sein gelegenhait kein verbriffte oder unverbriffte schulden einreümen; deßgleichen da einer ein ligents oder vahrents stuckh, als weingarten acker wisen silbergeschier klait viech oder dergleichen schuldig, soll sein glaubinger wider seinen willen darfur gelt anzunemben nit verbunden sein.

§ 15 Gleicherweise soll kein schuldner seinen glaubinger ain corpus fur das ander zu der betzahlung furschlagen, als äcker fur wisen, silbergeschier fur viech oder dergleichen; und summariter in allen wilkürlichen betzahlungen, welche ausser gerichtlicher execution und behebnus ervolgen, ist kein glaubinger etwaz anders fur des, so man ihme zu thain, anzunemben schuldig.

§ 16 Wann aber die betzahlung durch gerichtliche behebnus beschicht, so mueß sich der glaubinger mit einantwortung des gespenten oder angesezten guets es sei gleich ligent oder varunt contentirn laßen, sonderlich weil die wahl under des schuldners guetern alzeit dem glaubinger bevorsteet, (fol. 166[v]) auch in seiner election ist auf welche sich ansezen wollen lassen.

§ 17 Wann der schuldner das so er zu thain nit inhendig hatt sonder ohn sein verwarlosung darumben komben, so ist der glaubinger etwas anders aus des schuldners haab und guetern in gleichem wert darfur anzunemben schuldig, doch solle die wahl disfals bei ihme glaubinger und nit den schuldner stehen.

§ 18 In denen sorten welche gewogen und gemessen werden ist der glaubinger gleichen werth, wie es das landsbreuchig gewicht und maß gibt (als wein fur wein, trait fur trait) anzunemben schuldig; – aber ainerlei sort fur die ander, als wein fur trait oder trait fur wein, – soll ihme wider sein gelegenhait nit eingereumbt werden.

§ 19 Wie es mit betzahlung dargelihener oder sonsten schuldiger geltsumma zu halten, darinnen sollen sich die parteien zu furkombung allerlei mißverstants bei dem contract selbst aigentlich und lauter vergleichen, auch die münz mit ihrem derselben zeit gangbaren und lantleufigen werth specificiren; es schlag nun hernach die munz auf oder ab so soll sich der glaubinger mit dem bedingten werth betzahlen und erstettigen lassen. er soll auch nit difficultirn, wann ihme ein sort gelts fur die ander, als fur golt silber oder dergleichen münz so im lant gibig (fol. 167.) und gebig auch gleiches werth ist, gereicht wirdt. allein in etlichen sondern fällen:

§ 20 Erstlichen wann die contrahenten nit auf dem werth sondern auf die stuckh und materi handlen, als do einer dem andern tausent stuckh im golt leichet und begert ihme dieselben in gleicher guldener sort zu entrichten.

§ 21 Zum andern wann die contrahenten auf den munzformb und schlag contrahiren, nemblichen ducaten cronen thaller zehner dieses oder eines andern schlags, so mus der schuldner mit gleichem schlag betzahlen.

§ 22 Zum dritten welcher grobe munz außgelihen der ist dafur keine munz, als pfenning zweier und dergleichen so viel sich uber zwanzig gulden erstreckt, vermueg der außgangen lantsfurstlichen munzordnung anzunemben nit schuldig.

§ 23 Zum vierten wann ain außlendischer ainem inlendischen gute gangbare münz gelichen, so solle ihme die betzahlung in derlei münz ervolgen, die er entweder an dem ort des contract oder in seinem haimwesen vertreiben kan.

§ 24 Wann die münz, als ducaten cronen thaler oder dergleichen sorten, abschlogen und auf widergeltung gleicher sorten durch die contrahenten gehandlt werden, so solle die betzahlung in dem werth beschehen, wie (fol. 167^{v}) dieselben sorten zur zeit des getrofnen contracts gangbar gewesen; derhalben der schaden dem schuldner obligt, er ist auch die ubermas seinem glaubinger zu erstatten schuldig.

§ 25 Also auch wann die munz aufschlegt, solle die bezahlung in dem werth beschehen wie derselben gang zur zeit des beschloßnen contracts gewesen; dann weil der glaubinger den schaden des abschlags nit leiden darf, solle er den gewien des aufschlags auch nit bekomben.

§ 26 Wann der glaubinger moross ist und die betzahlung zu der ordentlichen bedingten zeit von seinem schuldner nit annemben wolt, auch volgents die munz abschlieg, so solle ime die betzahlung zu straf seines geverlichen aufzugs in dem werth ervolgen, wie derselb zur zeit des abschlags lauft; wann sie aber aufschlegt, soll er die betzahlung annehmen allermassen wie sie vor dem aufschlag beschehen mögen, sonsten wirt er seiner gevar gewün haben.

§ 27 Die betzahlung so aus keinem darlehen sonder andern contracten als Kaufen bestanden wechsl donationen heuratsabreden oder dergleichen handlungen inter vivos herrüeren, sollen allezeit dem lantsbrauch nach in dem werth beschehen, wie die munz zu der bedingten betzahlungszeit auch einer ieden außgetragnen frist und werung gültig ist und in der gemain laufen thuet.

§ 28 Welchem durch ainen letsten willen ein gewisse (fol. 168.) sort der munz, als ducaten cronen thaler oder dergleichen stuckh, verschafft worden, der solle dieselbigen in dem werth annemben wie sie zu zeit des aufgerichten und datirten lezten willens gangbar gewesen; er kan auch die ubermaß, do derlei sorten zur zeit des gescheftingers hernach ervolgten tötlichen abgangs aufgeschlagen, von den erben oder testamentarien nit begehren.

§ 29 Die betzahlung so nit auf frist und wehrung gestelt sollen under einsten beschehen, darumben ist kein glaubinger wider sein gelegenhait solche betzahlung zu einziger weiß oder auch die haubtsumma ohn das verschriben intereße anzunemben schuldig.

§ 30 Welcher etwas das er nit schuldig auß irthumb oder ubersehen betzahlt, der mag es wider erholen und revociren; der es aber wißlich thuet, der solle es nit mehr einmahnen noch condiciern.

§ 31 Die solutionen und betzahlungen sollen an denen lantsorten beschehen do sie bedingt worden, wo sie aber die contrahenten keines orts verglichen solle dieselb deren orten ervolgen an welchem contrahiert worden.

§ 32 Es ist auch der glaubinger nit schuldig dem schuldner umb die bezahlung wider sein gelegenhait nachzuraisen sonder der schuldner solle zu dem glaubinger ohn sein des glaubingers entgelt verfuegen; do aber der glaubinger dem (fol. 168[v]) unhaltigen schuldner nachzusetzen verursachtt und gedrungen wirdt, solle ihme der auferlofnen uncosten, ungeacht das derselb in der schultverschreibung nit vermelt, billich erstatt werden.

§ 33 Es sollen die betzahlungen zu denen bedingten fristen und werungen beschehen; do aber auf wolgefallen ausgelihen oder der betzahlung Kein zeit fur gesezt worden, mag dieselb schult nach des glaubingers guetem gefallen eingemanet werden.

§ 34 Wann der glaubinger die betzahlung zu ordentlicher und bedingter zeit nit annemben wiel, so soll der schuldner das schuldig gelt verpetschiert under gericht erlegen und sich mit solcher deposition von Künftigem interesse und schaden salviern.

§ 35 Welcher ohn des glaubinger wißen und willen ainem anderm zahlt der ist der schulden nit entbrochen.

§ 36 Deßgleichen der welcher dem glaubinger fur ein freies gueth ein beschwertes zustelt.

§ 37 Also auch der so dem glaubinger ein schaden- oder mangelhaftiges guet einreumbt.

§ 38 Item der welcher gleichwohl der betzahlung urpuetig, aber dieselb bedingtermaßen nit volziehen wiel.

§ 39 Welchem lantman järlich dienstgelt oder andere herrnsanforderung aus irthumb gereicht worden, dem wirdt dardurch kein gerechtigkait gebert. (fol. 169)

§ 40 Derhalben solle er ungeacht der langwirigen reichung den irrenten gäber zu keiner ferrern betzahlung dringen, er were dann solche gab uber verjärte zeit verricht worden.

§ 41 Dem die haubtsumma betzahlt wirdt der begibt sich damit des interesse oder expensen nit, es geschehe dann solcher nachlaß mit außgedrukten worten.

§ 42 Wann die betzahlung allein dem schuldner zu guetem auf ain bestimbte gewisse zeit angestelt wirdt, so ist ihme vor außgang solcher zeit seinen glaubinger zu contentiern und zu entrichten unverwerth.

§ 43 Wann aber der termin solcher betzahlung von wegen beeder contrahenten frumben und gelegenhait bedingt worden, so ist der glaubinger vor endung der verglichen zeit solcher betzahlung statt zu thain nit schuldig, als wann einem glaubinger gegen leihung ainer benanten summa gelts die fruchtgeniessung eines weingarten oder dergleichen nuzbaren guets auf etlich jar verschriben worden und der schuldner solchen grunt vor endung derselben bedingten zeit wider an sich lösen wolt so ist der glaubinger solcher widerlösung vor außgang der beschribenen jar statt zu thain nit schuldig.

§ 44 Welcher umb ausstant järlicher gefäll und einkomben, als dinstgelt zehent perkrecht und dergleichen angesucht wirdt und mit glaubwürdigen schein darthain kan, daß er dieselben negst verlofner dreien jar entricht, der solle anderer hinderstelligen ausstant entbunden sein. (fol. 169^{v})

§ 45 Wann dem glaubinger zu ordenlicher bedingten zeit die betzahlung nit volgt und aus unvermeidlicher notturft anderer orten gelt mit interesse aufbringen thuet, so soll ihme der schuldner solches intereße, do es gleich mehrers dann funf per cento doch under zehen gulden, von dato seines geverlichen aufhaltens und des entlehenten gelts neben der haubtsumma zu erstatten schuldig sein.

§ 46 Do aber der glaubinger solches gelt ohn alles interesse bekomb, solle der schuldner ainen weg als den andern die lantbreuchig verzinsung funf per cento dem glaubinger raichen.

§ 47 Wann der schuldner zu enthebung der betzahlung sein leibsschwachhait furwenden thet, soll ihme dieselb gar nit furtragen, deßgleichen do er furgeb, wann man ihne zahl so wolle er seine glaubinger auch zufriden halten, dann ein ieder solle ohn des andern entgelt seine schulden einbringen.

Der 20. titl. Von cessionen und ubergaben

§ 1 Es stehet ainem ieden, welcher seine vogtbare jar erraicht und der contracten vehig ist, bevor (fol. 170) seine action spruch rechten und gerechtigkaiten, sie sein gleich realisch oder personalich, ainem andern gänzlich oder zum tail zu ubergeben und dieselben aigenthumblich auf ihne zu transferiren; doch mueß solche cession und ubergab mit volgenden gelegenhaiten und aigenschaften beschehen:

§ 2 Erstlichen erfordern die geschribnen rechten, das die ubergab bona fide und ohn des gegentails beschwerung beschehen solle. derhalben welche persohnen von obrigkait gewalts oder gebiete wegen mechtiger als der ubergeber, denen solle kein ubergab beschehen, dann dardurch wird des gegentails condition aggraviert. und obwohl bemelte rechten darnebens verordnen, das der ubergeber mit solcher beschwerlichen und vortailigen cession sein gerechtigkait damit verwürkt haben solle, so wöllen wir es doch aus lantsfurstlicher volmacht bei dem mildern weg beruhen lassen und die straff allein dahin wenden, das solche ubergab nichtig und craftloß sein, und den ubergeber seine spruch ainen weg als den andern gegen seinem haubtschuldner bevorstehen sollen.

§ 3 Zum andern soll kein ubergab derlei persohnen beschehen, welche ausser gerichtlicher hoheit dem gegentail an stant verlag oder in ander weg zu uberlegen.

§ 4 Zum dritten ist von nötten, das die ubergab erbarer (fol. 170v) und aufrichtiger mainung ohn alle simulation beschehe, dann die simulierten cessionen sollen von billigkait und lantbrauch wegen kein craft haben, auch die parteien welche mit derlei aigennutzigen und vorteiligen practicken umbgehen nach gelegenhait des handels und ihrer aigen collusion dem lantsbrauch nach gestrafft werden.

§ 5 Es ist aber solcher scheinhandel und simulirter contract aus etlichen inditien zu vermerken:

erstlichen wann die ubergab umb einen ungleichen werth oder ungemessen widergeltung beschicht

zum andern wann das ubergeben guet zum tail verkauft und zum tail verschenkt wirdt.

zum dritten wann der ubergabbrief dahin gestelt, das die cession geschanknusweise ohn alle vergeltung beschehe aber hergegen furkeme und beweißlich were, das der ubergeber solcher cession halben heimblicher und stiller weiß etwaz empfangen,

zum vierten wann der ubergeber in der possess des cedirten haab und guets bleibet.

zum funften wann der ubergeber durch revers oder andere bedingnus ungeacht des cedirten und uberantworten haab und guets den gewien oder verlust davon zugewarten hette und solches ausfundig gemacht werden Kündt, (fol. 171)

zum sechsten wann die übergab ohn notturft oder vernunftige erhebliche ursachen beschicht, alls wann ein vermügiger under dem schein des unvermögens ein guet so rechts anhengig werden solle ainem unvermöglichen ubergibt.

zum siebenden wann das guet in einem häderischen und zänkischen mentschen transferiert wirdt.

§ 6 Hergegen aber sein allerlei vermuetung, dardurch die simulation außgeschlossen und die ubergaben fur aufrecht und rechtmessig zu halten:

erstlichen wann ein unvermöglicher seine habende rechten und gerechtigkaiten außzuführen nit statthaft ist, mag er dieselben andern ubergeben,

zum andern wann der ubergeber verraisen solle und den künftigen rechten nit beiwohnen noch der notturft nach abwarten kann,

furs dritt do der ubergeber bettrisig und stetter schwachhait halben das reisen oder berechten nit vermag,

zum viritten do er gefangen leg,

zum funften do er eines geistlichen stants und die gericht scheuett,

zum sechsten do er ein thadelhaftiger mann seiner vernunft, gehöres oder gesichts beraubt were,

zum sibenden do er ain krigsman und dem gericht nit beiwohnen kunt,

(fol. 171ᵛ) zum achten do der ubergebent tail ein weibspersohn were und sich bei gericht nit gern umbziehen ließ,

zum neunten wann der ubergeber das rechten nit verstehet oder dardurch seine tegliche narung schmelert,

zum zehenden wann er ambts diensts oder anderer ehehaften und obligen halben dem rechten nicht auswarten kan

zum aintliften wann die ubergab nit zu winkel sonder in beisein biederleut beschicht, so ist kein simulation darbei zu vermueten,

zum zwelften wann wissentlich oder weißlich, das dem ubergeber das cedirt guet vor der ubrgab fail gewesen,

zum dreizehenten wann die cession einem erben und fridsamben bidersman, welcher fur keinen muetwilligen Kriger beschicht,

zum 14. wann die ubergeben gerechtigkait etwas zu disputierlich und zweifelhaftig ist,

zum 15. wann zu besorgen, das etwas mehrers auf den rechtstritt ergehen werde als der obsieg nutzen möcht, zum 16. wann des gegentails vermögen nit zum besten stehet und etwo kunftig bei ihme wenig zu erheben ist,

zum 17. wann ein erb dem andern seinen thail (fol. 172.) ubergibt, so ist kein simulation zu vermueten, sonderlich in thailbaren guetern,

zum 18. wann der schuldner seinen glaubinger an betzahlungsstatt seine schulden rechten und gerechtigkaiten ubergibt, so ist solche cession creftig und aller simulation frei,

zum neunzehenden wann die ubergab mit vorwissen der obrigkait beschiecht, so ist derselb ohn verdacht,

zum 20. wann einem ein action vertestirt worden und der erb dieselb dem gescheftinger ubergibt, so ist sie gleichsfals aufrecht und bestendig.

§ 7 Wiewohl bei denen Kaiserlichen rechten lauter versehen, das die strittigen sachen und handlungen so litigios und rechtsanhengig worden allein in etlichen sondern fällen vor austrag des rechtens verkauft oder in ander weg ubergeben sollen werden, so ist doch von uralten zeiten heer in unserm lant Österreich under der Ennß ublich und gebreuchig gehalten worden, das alle rechten und gerechtigkaiten spruch und actionen in gemein ohn alle underschied sowohl in hangenden stritt als zuvor verkauft verhandlet und andern cedirt worden, darbei wir es nochmahlen genedigist beruhen lassen. doch solle der nehment tail schuldig sein dem angefangen stritt eben vor den gericht auszutragen darbei der krieg befesstigt worden, ungeacht daz er etwa aines andern lants oder gerichtszwang were. (fol. 172v)

§ 8 Wann ein glaubinger seine verbriften oder unverbriften schulden verkauft, so kan solche verkaufung ohn vorwissen und willen des schuldners wohl beschehen. § 9 Deßgleichen vermag der wissentlich lantsbrauch, das ein schuldner seinen gegenschuldner dem glaubinger ohn vorwissen und bewilligung gedachts gegnschuldners durch ordenliche cession ubergeben möge.

§ 10 Welcher schulden ubergibt, der solle dieselben dem ubernember auch anhellig machen.

§ 11 Es solle kein glaubinger wider seine gueten willen zu ainiger ubergab von seinem schuldner getrungen werden.

§ 12 Die vormunder gerhaben und curatorn sollen nicht macht haben ihrer pflegkinder haab und gueter ohn vorwissen der ordentlichen obrigkait zu ubergeben, desgleichen von andern ubergab zu empfahen. also soll auch keinem gewalttrager pfleger ambtman oder bevelchhaber gebüren seiner herrn und principalen rechten und gerechtigkaiten andern zu cediren oder ein ubergab vor andern in ihrer herrn namben zu ubernemben, sie seien dann disfals mit sondern specialgewälten oder schreiben versehen.

§ 13 Die cessionen seint under denen chon- und eheleuten dem lantsbrauch nach unverwehrt.

§ 14 Deßgleichen zwischen bluetsfreunden, doch das alle verdechtliche handlungen und simulation umbgangen werde. (fol. 173.)

§ 15 Die geistlichen mögen den weltlichen, deßgleichen die weltlichen den geistlichen ihre spruch rechten und gerechtigkaiten nach lantsbrauch ubergeben.

§ 16 Die ubergab, so dessen glaubingern zu gevar beschehen, sollen kein craft haben sondern wider erholt und revociert werden.

§ 17 Deßgleichen der pupillen und minderjärigen ubergab, welche ausser der obrigkait und ihrer furgesezten vormunder oder curatorn wissen und willen beschehen.

§ 18 Also auch alle cessionen, welche durch personen denen die administration und verwaltung ihrer gueter auß rechtmessigen ursachen verboten werden.

§ 19 Ein gefangener, lantsverwister oder verurtailter zum tod mag seine schulden und anforderungen cediren, soverr er anderst dem gericht mit leib und guet nit verfallen. do sein malefiz aber dermassen geschaffen, dos er am guet sowohl als dem leben fällig und strafbar worden, so hatt einige cession nit statt.

§ 20 Wann einem ein volkombene ubergab beschicht, so wirdt ihme dardurch nit allein die schult der hanbtgerechtigkait eingereumbt sonder auch alle andern anhengigen accessorien, als underpfant bürgschaft cautionen verzinsungen und was dergleichen mehr, ubergeben.

§ 21 Welcher sich ainer habenden cession vor gericht berüembt, der solle dieselb zu verificierung seines intents originaliter furlegen. (fol. 173.v)

§ 22 Wann die ubergab underschietlich persohnen beschicht, so schleust oder elter cessionari dem jungern auß.

§ 23 Alle realischen exceptionen und eintreg, welche an der ubergebnen action und gerechtigkait anhengig, die werden auf den ubernember transferirt und mögen ihme von seinem gegentail opponiert werden.

§ 24 Was aber persohnliche mangl und einred seint, deren wirdt der ubernember nit thailhaftig, sollen ihme auch nit furgeworfen werden.

§ 25 Wann einem ein gerichtshandel ubergeben wirdt, so trit derselb ubernember in des ubergebnen fueßstapfen und gleichmessigen stant des rechtens allermassen wie derselb zur zeit der cession geschaffen, derhalben ist er den process von neuem anzufahen nit schuldig.

Der 21. titl. Von entlehneten haab und guetern so commodatum genant wirdt

§ 1 Es mögen nit allein die varenden sondern auch die liegenden haab und gueter außgelihen werden.

§ 2 Die ehehalten diener und dienerin sollen ohn vorwissen ihrer herrn und frauen nichts ausleihen, dann da sie sich dessen unbewust ihrer herrn und frauen mëchtigen thetten und nachmals solches verlihen guet schadhaft (fol. 174.) oder entfrembdt würde, seint sie solchen schaden zu verantworten und zu büessen schuldig.

§ 3 Desgleichen sollen die ehehalten diener und dienerin von andern personen ausser bevelch und geschäft ihrer herrn und frauen nichts entlehnen, es were dann zu gemeiner und schlechter haußnotturft dienstlich. do nun ainer oder mehr von klainotten silbergeschier klaider betgewant roß wagen oder dergleichen nambhafter sachen ainem diener oder dienerin ohn schein oder glaubwürdige zaigen, daraus ihrer herrn und frauen bevelch willen und wissen zu vermerken, was leihen würdt, sollen gemelte herrn und frauen derhalben allerlei gevär nachtails und schadens (welcher sich mit enttragung entfuhrung verderbung oder in ander weg begeben möcht) entbrochen sein.

§ 4 Doch seint hierbei die ansehenlichen diener und dienerin, welche glaubwürdig und denen ambtsstants vermögens wohlverhaltens gelaister burgschaft halben oder in ander weeg zuvertrauen, außgenomben. dann do sich mit derlei persohnen etwo ein unfall zutrüeg, sollen die herrn und frauen, in deren namben das lehen begert worden, dem leüher ohn nachtel und schaden halten, und stehet ihnen ihr regres gegen ihren glüebprüchigen dienern und dienerin oder derselben bürgen bevor.

§ 5 Die gewelbherrn und handlsleut sollen denen, so sich auf ihre herrn und frauen zihen, von waren specifinirn oder dergleichen sorten nichts borgen, sie bringen ihnen dann ihrer herrn und frauen hantschrift schult(fol. 174v)register oder andere glaubwürdige nottl und zaigen fur sonsten sollen die herrn und frauen, da sie untreu oder verlust damit begeb, von ihnen entbunden und der betzahlung frei sein.

§ 6 Die gewalttrager und bevelchhaber sollen ahn ihrer herrn und frauen vorwissen nichts ausleihen, es were dann solches ihrer gewalttragerei anhengig und stunt ihnen zu verantworten, sonsten da sie sich anderer sachen mit außleihen mechtigen würden, solle die verantwortung und gevar auf ihnen tragen.

§ 7 Welcher ein frembdes guet in seiner gewaltsamb hatt, der mag dasselb auf sein gevar und verantwortung außleichen, doch sollen die under gericht erlegten deßgleichen die ausser gericht deponierten und vertrauten also auch die sequestrirten hab und güeter, weil dieselben zu dritter und treuer hant steen und durch den inhaber selbst nit gebraucht werden mögen, hierbei ausgenomben sein.

§ 8 Ein iedes entlehnts haab und guet solle dem ausleicher unverlezt und in der güet zugestelt werden wie es der entlehner empfangen, derhalben do es in seiner gewaltsamb schadhaft erger oder schlechter worden, soll er schuldig sein solchen mangl schaden und deterioration dem außleicher abzutragen und nach billichen dingen zu erstatten.

§ 9 Doch werden hierbei gottes gewalt, unversehene zufäll casus fortuiti genant, als prunst Krigsgevar wassergüeß diebstal und dergleichen unglückh außgenomben, dann dieselben ist der entlehner zu büessen nit schuldig.

§ 10 Es were dann sach (fol. 175.) das er solche unfäll mit seinem unvleiß und böser würtschaft verursachen thett, fur das erst.

zum andern wann der entlehner das gelihen guet bewilligtermassen nit braucht sondern dasselbe mißbraucht oder mit der nutzung einen excess thuet, aus welchem nachmals ein unfal ervolgt, ist er denselben abzutragen schuldig.

Zum dritten wann der entlehner alle unfäll austruklich uber sich genomben, so soll ers auch tragen.

§ 11 Wann das entlehnet guet alters halben oder auf ander dergleichen weg, welche sich bei dem ausleüher sowohl als dem entlehner natturlicherweiß begeben hetten mögen, vergieng oder gar zu verderben kömb, so ist der entnehmer denselben unfall zu büessen nit schuldig.

§ 12 Do der entnehmer des gelihen hab und guet uber die bedingte zeit oder nach volgendem gebrauch seinem ausleiher vorhalt und also mit der zustellung moros und saumbig ist, so ligt dem entnehmer hernach alle gevar, welche sich in seiner gewaltsamb begibt, ob.

§ 13 Der entnehmer solle das entlehnet guet bona fide und so fleissig als sein aigenthumb in aller vorsteunden gevar versorgen. derwegen do er sein aigenes guet flehen, das entlehnet aber stecken oder bleiben ließ, so ist er den schaden do sich ainiger begeb zu ergötzen schuldig.

§ 14 Wann die zustellung des verlihenen haab und guet nit zu bedingter zeit beschicht, so soll der entnemer (fol. 175v) schuldig sein sich mit dem verleichner umb die ubrig zeit nach billichen dingen zu vertragen.

§ 15 Wann der entnehmer das entlehnet haab und guet durch diebstal oder dergleichen weg verleurt, so ist er dem darleiher dafur billichen abtrag zu thain schuldig, es were dann nach das solcher verlust durch unversehene unfall und casus fortuiti genant geschah, wie oben vernomben.

§ 16 Wann der entnehmer auf das verlihen haab und guet was legt oder dasselb bessert, so solle ihme der verleihner solche ausgab und melioration wider erstatten.

§ 17 Was aber auf die atzung oder underhaltung geet, die solle gegen dem brauch vergleicht und compensiert sein.

§ 18 Welcher das entlehnet haab und guet bei seinen ehehalten, denen ambtsstants vermögens wohlverhaltens oder gelaister burgschaft halben zu vertrauen gewesen, dem verleiher haimbschickt, der ist von aller ferrern verantwortung entbunden und ob gleichwoll derselben ehehalten ainer damit entgieng oder ihme durch andere untreue leut solches haab und guet genomben würde, so soll doch der entnehmer solcher entlittnen schäden halben sicher und von allen abtrag frei sein.

§ 19 Gleicherweiß wann der leihner einen diener so obgehörtermassen qualificiert und glaubwurdig umb heimbstellung des entlehneten guets schickt und derselb nach anhendigung treulos und flüchtig oder aber von andern desselben guets beraubt wirdt, so kan dem zusteller (fol. 176) ferrer nichts zuegemuetet werden, sonder der leüher ist solchen erlitnen schaden zu tragen schuldig.

§ 20 Wann der leüher umb restitution seines dargelihnen haab und guets ananhelt, so kan sich der entlehner mit der exception als solle das entlehnet guet sein aigen sein nit behelfen, dann hatt er nach uberantwortung desselben billiche spruch, stehn ihme solche hernach wie recht ist bevor.

§ 21 Also solle auch keiner das entlehnet guet dem darleiher von wegen anderer persohnlichen sprüch und gegen anforderung aufhalten.

§ 22 Deßgleichen soll ein entlehnets guet gegen dem andern entlehneten nit vorgehalten werden.

§ 23 Wann einem unwissenten ain manglhaftiges guet, als vaß roß oder dergleichen, geliehen und des mangls nit erinnert wirdt, so solle der darleiher den daraus ervolgten und erlitnen schaden erstatten.

§ 24 Der darleiher soll sein dargelihenes guet mit Keinem gewalt einziehen sonder daesselben mit gerichtshanden habhaft werden.

Der 22. titl. Von haab und guetern so zu geteuen handen hinderlegt bevohlen und vertraut werden

§ 1 Es solle kein haab und guet, so von den principalen selbst (fol. 176[v]) hinderlegt vertrautt und bevohlen worden, einem gewalthaber pfleger ambtmann oder dergleichen personen hinausgegeben noch wider haimbgestelt werden, es Kombe dann derwegen ein specialgewalt oder schriftlicher bevelch von den hinderleger den behalter fur.

§ 2 Gleichfals soll kein behalter ein vertrauts guet ainem diener oder dienerin zustellen, sie sein dann mit ihrer herrn und frauen hantschriften petschaften oder andern glaubwürdigen scheinen und entzweiflichen zeigen versehen, sonsten solle der behalter darfur antwort zu geben und dem hinterleger erstattung zu thain schuldig sein.

§ 3 Ein behalter ist das vertraut haab und guet seinem hinderleger widerumben haimbzugeben und allermassen wie ers empfangen anzuhändigen schuldig, ungeacht das der hinderleger desselben guets etwo kein aigenthumber noch gerechter inhaber were, dann solches steet dem hinderleger gegen andern zu verantworten.

§ 4 Wann viel hinderleger als unvertailte erben oder dergleichen persohnen ein ainiges unverscheidenliches hab und guet deponirn, so solle dasselb vertrautt guet keinem außer seiner andern mitverwanten beisein hinaußgegeben werden, es hetten sich dann die tail des widerspiels austruckenlich verglichen.

§ 5 Wann der hinderleger mit todt abgeet und mehr als einen erben hinder sein verlest, so soll die restitution des vertrauten haab und guets allen erben mit(fol 177.)einander beschehen. do aber einer oder der ander erb umb die zustellung allein anhalten thette und das hinderlegt guet tailbar were, mag ihme der behalter seinen daraus gebürenden tail pro rata portione ervolgen lassen, do es aber unthailbar, solle ihme behalter bevorsteen dasselb den anhaltenden erben gegen einer schadloßverschreibung herauszugeben, und woferr sich der erb solcher verschreibung eusert, mag ihme der restitution gewaigert und das vertrautt guet under gericht erlegt werden.

§ 6 Wann der mehrer tail wissentlicher erben die restitution des von ihrem verstorbnen principalen hinderlegts haab und guets begehren thett, so soll ihnen dieselb ungeacht der anderen widersprechen gegen einer schadloßverschreibung ervolgen, der merer tail aber solle hierbei nit nach der persohnanzal sondern nach mas und gelegenhait der mehrern erblichen gebürnus verstanden werden.

§ 7 Wann etwas vermacht verpetschiert oder versiegelter deponirt und vertrauet worden, so ist der behalter nit schuldig fur die inliegenden haab und gueter ret und antwort zu geben sonder genueg, wann er das eingemacht oder verfertigt stuckh mit unversehrtem petschaft oder sigill wiederumb ubergibt, es were dann sach das ihme behalter solche inligende gueter gezaigt und eingetzehlt auch nach ersetzung wider vertraut und verfertigt würden. (fol. 177v)

§ 8 Der behalter solle das vertrautt haab und guet zu seinem aignem nutz nit brauchen, es wölle ihme dann der hinderleger solches guetwillig vergünstigen, sonsten mag ihme der hinderleger umb die unbewilligt abnutzung und schäden furnemben.

§ 9 Wann die erben der erbschaft halben strittig und ein ieder thail zu dem vertrautem und hinderlegtem gelt oder guet bessere gerechtigkait zu haben vermaint, mag der behalter ainen sowohl als den andern die restitution biß zu rechtlichem austrag des angemasten erbrechts waigern, es were dann sach das ein oder der ander tail sich der schadloßhaltung anbeut und den behalter gegen der heraußgebung genuegsamb versichert. do sich aber einer oder der ander erb solcher caution und schadloßhaltung weigert und dennoch das hinderlegt kriegbar guet zu haben begert so mag der behalter dasselb als oben vernomben under gericht legen und sich mit solcher gerichtlicher deposition von ainem oder dem andern entbinden.

§ 10 Wann das hindergelegt guet auf ein gewisse zeit dem behalter bevohlen worden, so steet demnach dem hinderleger bevor dasselb vor ausgang der bedingten zeit abzufordern.

§ 11 Das hindergelegtt guet soll der behalter an dem ort wider haimb geben do es ihme vertrautt und bevohlen worden. do aber der hinderleger die restitution an einem andern ort begehren thett, so soll (fol. 178.) dieselb auf seinen uncosten und on des behalters entgelt beschehen.

§ 12 Wann der behalter des hindergelegten und vertrauten haab und guets nit gestendig sonder sich dessen gerichtlich uberweisen lest, so soll er zu bestraffung seines ungebürlichen verlangens dem hinderleger noch so viel als das vertrautt guet werth ist erstatten.

§ 13 Wiewohl die geschribnen Kaiserlichen rechten vermügen und zulassen, das der behalter das hinderlegt haab und gueth in andere und ferrere hant vertrauen und deponiren mög, iedoch weil derlei hinderlegung auß sondern hohen vertrauen beschehen und darzu ain persohn fur die ander erwehlt wirdt, ordnen wöllen und setzen wir von lantsfürstlicher volmacht wegen, das solche afterhinderlegung ohn vorwissen und bewilligung des ersten deponenten nit furgenomben solle werden,

es geschehe dann solche deposition in unversehenen eilenten und unvermeidtlichen zufällen, als prunsten wassergüessen krigsleuften und dergleichen unfällen.

§ 14 Der behalter solle dem hinderleger sein vertrautes guet umb gegenschult oder anderer persöhnlichen spruch und forderung Keines wegs aufhalten noch davon ichtes abziehe.

§ 15 Deßgleichen soll er dem hinderleger sein vertrautes guet under dem schein, als solle ihme das aigenthumb zugehörig sein, nit vorhalten.

§ 16 Ein vertrautes und deponirtes gueth solle niemants bei dem behalter in arrest oder verbott legen, es geschehe dann solches mit vorgehender gerichtlichen bewilligung. (fol. 178^{v})

§ 17 Desgleichen solle niemants anderer umb solcher vertrauts guet den behalter furnehmen, sondern do einer oder der ander darauf oder daran recht zu haben vermaint, soll er wider den hinderleger selbst wie sich gebüert clagen denselben solle auch der behalter auf begehren bei gericht namhaft zu machen schuldig sein.

§ 18 Ainem hinderleger solle auf sein liquidirte oder bescheinte clag furdersame und summarische ausrichtung beschehen, dann derlei sachen tragen paratem executionem auf dem rucken.

§ 19 Wann der behalter das hinderlegt guet eröfnet und dem hinderleger davon etwas verrukht oder entwendet würdt, so ist ihme der behalter solchen erlitnen schaden nach ordenlicher weisung abzutragen schuldig. do aber der hinderleger derwegen mit keiner weisung gefast, solle er juramentum in litem thain und mit seinem corporalait warmachen, was ihme verwendt worden auch wie hoch er solchen verlust aestimier; dieselb aestimation solle alßdann ihme hinderleger von dem behalter erstatt werden. do aber die eröfnung durch anderer persohnen in des behalters gewarsamb beschech und etwas davon entragen würdt, so mag der behalter ainen ait zu gott thain, daz er ahn solchen schaden mit seinem unvleiß nit schuldig noch darzu weder rahtt oder thatt geben, derselben entwendung auch im wenigsten nit genossen noch tailhaft worden, alßdann soll er solchen schaden zu büessen nit schuldig sein, dann er solches unfals an seinen aigen guetern sowohl als den hindergelegten (fol. 179.) gewertig sein müessen. derwegen so er dises zu getreuen handen erlegt guet so vleissig und gewahrsamb wie seine aigne haab und gueter verwart, so ist er von aller verantwortung und zufallen schäden entbrochen.

§ 20 Wann das hinderlegt guet durch prunst wassergüeß krigsgever erdbüden oder dergleichen unversehene zufäll verdirbt oder zu nichten wirdt, so ist der behalter den erlitnen schaden dem deponenten zu erstatten nit schuldig, dann fur gottes gewalt Kann niemants.

§ 21 doch sollen disfals etliche sondere fäll außgenomben sein:

erstlichen wann der behalter solche schäden austrüklich uber sich genomben und den hinderleger fur alle gefahr guet worden;

am andern wann der behalter an solchem schaden durch seinen unvleiß und böse würtschaft schuldig;

zu dritten do er wider glauben und trauen dem hinderleger sein einbevolchenes guet vorhielt, dann wo sich auf solches unbefugtes aufhalten an dem hinderlegtem guet nachmals einige gevar oder schaden zutrüeg, solle der aufzigig behalter denselben buessen und abtragen;

zum vierten do er mitt dem vertrauten gueth geverlicherweiß und dolo malo umgieng, auch derlei sachen fursezlich und muetwillig ursachen thett.

§ 22 Wann aber ein hinderlegs haab und guet aus natturlichen oder unverweißlichen ursachen verderbt, so ist (fol. 179v) der behalter darfur ainige antwort zu geben nit schuldig, deßgleichen do es on sein schult oder verwarlosung verloren und enttragen wirdt.

§ 23 Wann der behalter mitt zu nichtigen leuten haußhelt und das hinderlegtt guet von ihnen verruckt oder entfrembdt wirdt, so ist er solchen schaden dem hinderleger abzutragen schuldig; do er aber ehrliche erhalten, so aines gueten wandls und berufs, denen auch zu vertrauen gewesen, aufhielte und sich dennoch solcher unfal zutrieg, ist er darfur antwort zu geben nit schuldig, es were dann sach das er mit seinem unvleiß darzu ursach gegeben hette.

§ 24 Welcher ein deponirtes gelt ausleiht, der mues dem hinderleger fur solches auslehen und aller daraus erwachßnen schäden guet sein.

§ 25 Gleichsfals der, welcher ein vertrautes guet verkauft.

§ 26 Welche persohnen in eusseristen gevahren sorgen und nötten, als prunsten schifbruchen aufruhren oder dergleichen unversehenen unfällen, etwas seiner haab und gueter einlegt oder einem vertraut und bevilcht, aber derselb behalter solches in eil hinderlegtes guet fursezlich widerspricht und in abret zeucht, der solle dem hinderleger nach beschehener uberweisung noch so viel als das vertraut guet werth ist zustellen.

§ 27 Do aber iemants in aines andern hauß oder auf (fol. 180.) aines andern grunt was einlegt und dem inhaber nit mitbevohlen oder sich der inhaber solcher desposition und verwarnung eusern thett, und dasselb eingelegt guet hernach schadhaft oder verlohren würdt, so ist der inhaber darfur antwort zu geben nit schuldig.

§ 28 Waß der behalter unvermeidtlicher notturft auf das vertrautt guet gewendt das solle ihme der hinderleger erstatten, entgegen do solches guet in des behalters gewaltsamb durch seinen unvleiß ergez worden, solle er solchen schaden dem vertrauer abzutragen verbunden sein.

§ 29 Do ainer aines hinderlegten guets nach verlofner bedingter zeit nit ledig Kunt werden, stehet ihme bevor dasselb under gericht zu erlegen.

§ 30 Wann einer in seinem lezten willen vermeldet, er hette haab und gueter bei ainem andern hindergelegt, so ist solches anzaigen auf widersprechen des gegenthails ausser anderer schein zu ainer rechtmessigen weisung nitt genuegsamb.

Der 23. titl. Von haab und guetern welche ainem (fol. 180^{v}) wirt zu verwaren bevolchen und vertraut werden

§ 1 Was einer seinem wirt in einem ofnen gasthaus zu behalten oder zu verwahren gibt, dasselb ist er zu verantworten schuldig. derwegen do solches vertrautes haab und guet durch ihre eheholten gest oder andere persohnen entragen würde, ist der würth denselben schaden abzutragen schuldig.

§ 2 Doch seint etliche fell, darinnen die wierth von aller verantwortung frei und entbrochen:

erstlichen wann ein guet in das wirtshaus getragen, aber dem wierth oder seinen underleuten nit vertrauet noch bevohlen wirdt;

zum andern wann der wirth den gast ain aignes gemachtt zu seiner behaltnus eingibt, ihme auch die schlüssl darzu uberantwortt;

zum dritten wann der wirth die behaltnus und custodi uber sich genomben, auch des gasts vertrautes gueth so vleissig wie sein aignes vermögen verwarlich heltt, und sich dennoch mit diebstall oder in ander weeg ein schaden begeb, so ist er denselben zu büessen nit schuldig;

zum vierten wann ein gueter freunt den andern in sein privatbehausung annimbt und sich daselbst an seinem vermögen derbei entfrembdung begibt, so ist der haußherr solches zu buessen nit schuldig;

zum funften wann ein gast sein haab und guet nit gern sehen lest sonder dasselb haimblicher weiß vor dem wirt verchelt, so ist der wirt nochmals von aller (fol. 181.) verantwortung entbrochen. doch wo sich mit solchem guet in dem wirtshaus ein diebstal begeb, soll dem wirth der purgation ait auferlegt werden, daß er umb diesen schaden kein wissen hab, daran auch nit schuldig sei.

§ 3 Wann der gast seinem wirth fälles satheltaschen reistruen oder dergleichen verpetschierte sachen zu verwahren bevilcht und dieselben nachmals eröfnet werden, so ist der wierth fur die inligünden stuckh antwort zu geben schuldig, und do gleich der gast mit anderer weise nit gefast, solle seinem corporlichen ait, was davon entwendt worden, wieviel auch dasselb werth, glauben gesezt werden.

Der 24. titl. Von sequestration der strittigen haab und gueter, welche zu dritter und treuer hant durch das gericht gelegt und bevohlen werden

§ 1 Die sequestrationen seint ihrer arth und aigenschaft nach odios und verbotten, dann von recht und billichkait wegen solle kein partei seiner habenden posses in hangendem rechtsstritt durch das gericht entsezt, noch dieselb vor austrag der sachen (fol. 181v) auf eines oder des andern tails begeren zu dritter und treuer hant gelegtt werden.

§ 2 Doch werden solche sequestration aus erheblichen und rechtmessigen ursachen von gericht underweilen verordnet und bewilligt:

§ 3 Erstlichen wann beid thail der cläger sowohl als der beclagt der sequestration selbst begehren.

§ 4 Zum andern wann sich der streit umb ein bewegliches guet helt und des beclagten austrettung aus furlaufenden glaubwürdigen indicien zu besorgen.

§ 5 Zum dritten wann der stritt nit umb haubtgueter sondern die frucht als zehent perckrecht und dergleichen sachen zu thain, sich auch der cläger aus billichen furlaufenden ursachen zu besorgen hatt, der beclagt möchte dieselb aufgehebt frucht vor austrag der sachen verthain, so mögen solche frucht biß zu des handels entschaft zu dritter und treuer hant bevohlen werden.

§ 6 Zum vierten wann der beclagt tail das gericht scheucht und allein derwegen ungehorsamb aussenbleibtt, damit er den cläger aushärren und müet machen müge, so kann in diesem fall das strittig gueth ob contumatiam billich sequestriert werden.

§ 7 Zum funften wann der ehemann also verthuelich, das sich sein ehefrau der verschwendung ihres heuratlichen zubringens zu bevaren, so mögen dieselben zugebrachten gueter zu dritter und treuer hant gelegt und die ehefrau von der ertragenden nutzung biß sich zwischen ihnen der todfall begibt underhalten werden. (fol. 182.)

§ 8 Zum sechsten wann das strittig guet keinen possessorem hatt sonder sich ein und der ander thail darzu anmeldt auch zu demselben erst legitimiren wiel, so solle das gericht vor austrag der sachen Keinem thail die possess einreumben, sonder solches krigtbar guet ehrlichen und treulichen sequestratorn biß auf ferrern beschait bevehlen.

§ 9 Zum siebenden wann sich beede parteien aines ligenden guets der würklichen possession beruemben und allein von ainem tail schein oder probation derwegen furkombt, so solle derselb biß zu austrag des aigenthumbs durch das gericht darbei hantgehabt, und der unbescheint gegentail mit stilstant und pomfallen auch andern geburlichen mitteln davon abgehalten werden.

§ 10 Do aber kain tail die possess zu docieren hett und sich dennoch beiderseits derselben mechtigen wolten, solle das gericht zu verhüetung allerlei beweglichen unrahts, so aus diser gemainen und unverschaidenlichen possession ervolgen möcht, die strittigen gueter sequestriren und die parteien austrag des rechtens erwarten lassen.

§ 11 Zum achten wann die parteien sonsten ungeacht des gebotten stilstants vor austragung der sachen an einander vergweltigen und ainer den andern an dem paw oder fechsung der kriegbaren gueter einträg spörr und irrung thuet, oder die parteien dermassen gegen ainander aufsetzig und verbittert, das sich bei ihnen oder ihren leuthen allerlei concurs fechtmessig handl unraht und gevär zu besorgen, so mag ein (fol. 182^{v}) gericht die sequestration furnehmen, dann dardurch werden allerlei unfäll totschlag und fridpruchig handel verhüet und abgesteltt.

§ 12 Zum neunten, wann ein beclagter verlustig worden und zu geverlichem aufzueg der einantwortung fur die höher instanz appelliert, auch in hagender appellation die nunmehr aberhalten gueter oder derselben abgenombene frucht verwenden oder uber sein vorige gewohnhait verwisten verschwenden und verzehren thett, so mag der obsigent clager begeren solche gueter oder frucht so lang in das sequester zu legen biß die gedingt appellation von der höchern obrigkait zu creften oder uncreften gesprochen.

§ 13 Wann das gericht auß billichen und beweglichen ursachen in einer oder andern sachen sequestratores furzunemben bedacht, so solle solches nit straks ex officio beschehen sondern denen parteien auferlegtt werden sich derselben in ainem gewissen termin zu vergleichen und volgents die verglichnen persohnen bei gericht nambhaft zu machen. do sie sich aber derselben nit vergleichen künten, sollen beede tail etliche taugenliche persohnen dem gericht anzaigen, daraus alßdann das gericht ex officio sequestratorn verordnen mag.

§ 14 Doch sein zwen fäll darin die obrigkait ex officio sequestration furzunehmen befuegt:

erstlich, wann sich beide tail umb ain ainiges guet wissten, auch keiner dem andern zu weichen noch zu clagen sunder sich ain ieder seiner vermainten (fol. 183.) habenden possess zu halten gedenkt und zu besorgen, es möchten die thaile in diesem verzueg an einander komben auch etwa unraht stiften, so soll sich das gericht in die sachen ex officio schlagen und die gueter in sequester legen, damit alßdann ainem oder dem andern tail ursach gegeben werde die clag an die hant zu nemben und gerichtlicher huelf zu pflegen.

§ 15 Zum andern, wann einer von wegen seines ambts oder diensts gueter innen hatt und seinem tragendem ambt oder dienst der gebüer und aitspflicht gemeß nit nachkombt, so mag das gericht die gueter seiner verwaltung ins sequester nemben und ihn damit compelliren seinen habenden bevelch ein billiches begnuegen zu than.

§ 16 Zu sequestratorn sollen allein manspersohnen, welche in diesem lant angesessen und umb das vertrauet sequestriert guet solvendo seint, furgenomben, es sollen auch nur ainer und nit mehr persohnen ohn sondere hohe ursach zu sequestratorn verordnet werden.

§ 17 Umb die sequestrierten gueter solle kein sequester denen parteien caution zu thain oder reverss zu geben schuldig sein.

§ 18 Wann sich die sequestration geendet, soll der sequester von seiner verrichten administration dem gericht ordentliche und gebuerliche raitung thain vorbe(fol. 183[v])haltlich der strittigen thailen notwendige einredt

§ 19 Ein sequester soll die sequestrierten haubtgueter in wehrender sequestration nit verkommen noch in ander weg alienieren.

§ 20 Deßgleichen sollen dieselben ohn vorwissen des gerichts nit hinlassen.

§ 21 Die frucht und nutzungen aber mag er als ain gerichtmessiger administrator wohl verhandlen und davon nachmals geburliche raitung thuen

§ 22 Was gemeine unvermeitliche gebew und besserung seint welche kain vleissiger hausvatter umbgehen solle, dieselben mag ein sequestrator ohn vorwissen des gerichts furnemben, dann es wiel ihme gebüeren die vertrauten haab und gueter beulich oder stiftlich zu halten; was aber haubtgeben seint, derer soll er sich ohn vorwissen des gerichts nit mechtigen.

§ 23 Ein sequestrator solle die ligenden haab und gueter vor seiner antrettung ordenlich schätzen lassen, damit zu seiner abtrettung erscheinen möge ob er die gueter gebessert oder deterioriert. und do er dieselben erhebt, ist ihme die obsigent partei fur solche melioration ainigen abtrag zu thuen nit schuldig, es brechte dann der sequester ain glaubwürdigen schein fur, das solche besserung nit aus der gueter ertragung sonder von seinem aigen vermögen beschehen. im fall er aber die vertrauten gueter durch seinen unvleiß oder böse wirtschaft in abfall gebracht, (fol. 184.) soll er sich mit gemelter obsigenden partei umb solche deterioration zu vertragen schuldig sein.

§ 24 Von gottesgewalt und allen andern unversehenen zufallen, als schauer wassergüessen krigsschaden umbfallung des viechs und dergleichen cusibus fortuitis ist ein ieder sequester entsprochen.

§ 25 Desgleichen von prunsten, er hette dann solche mit fursezlicher unvleiß oder böser wiertschaft verursachtt.

§ 26 Wann der beclagtt tail, von welchem die possess aufgehebet und dritter hant gelegt worden, das angehendigt rechtem nit zu verlegen hatt oder sich und die seinigen nit zu erhalten weiß, so solle ihme nach messigung des ordenlichen gerichts ein gewisses gelt aus denen sequestrirten haab und guetern nach gelegenhait aller umbstent verordnet und solches deputat biß zu austrag der sachen järlich oder quatemberlich gereicht werden.

§ 27 Wann ainem clager die begert sequestration auß billichen ursachen durch das gericht gewaigert wirdt, so solle ihme dennoch auf sein anhalten bewilligt werden, das er bei fexung der stittigen gueter ungeacht des gegenthails weigerung persohnlich sein und dieselb verzaichnen möge lassen.

§ 28 Zu ainem sequestrator solle niemants wider sein gelegenhait gedrungen werden, es were dann sach das er solche gehorsamb von freuntschaft oder (fol. 184v) kunftiger erbfall wegen nit waigern kunt, oder das nachbarschaft halben kein gelegener noch tauglicher persohn verhanden.

§ 29 Do ein sequestration ansehenlich und vieler mühe bedürftig, solle dem sequester zu ergetzung seiner gehabten trew bemuhung und vleiß ain jhärliche besoldung nach gelegenhait aller umbstent von der obrigkait verordnet oder bei der raitung passiert werden.

§ 30 Wann bewegliche haab und gueter zu sequestriren sein, solle das gericht dieselben zu verschonung anderer leut selbst under sich nehmen und bei gericht behalten.

§ 31 Ein sequestration endet sich mit erkantnus der obrigkait erster instanz nitt sonder allererst, wann bei der lezten instanz declarirt worden. derwegen kann der obsigent thail in hangender appellation die einantwortung der sequestrirten gueter nit begeren; welcher aber bei lezter instanz solche krigbare gueter erhebt, den stehet die abtrettung zu ersuchen bevor. und do sich der sequester derselben waigern thet, auch die anbevohlnen haab und gueter der obsigenden partei geverlicher und aufzigiger weiß nit einraumben wolt, sollen allen daraus ervolgenden schäden dem erhalter abzutragen schuldig sein.
(fol. 185.)

Der 25. titl. Von betzahlung des geltes so zu gericht erlegt und deponiert wirdt

Wie und was gestalt ein gelt zu gerichtshanden erlegt, auch dasselb in ordentlicher richtiger und gueter verwahrung und sicherhait gehalten werden solle, davon ist in der gerichtsordnung so des siebenundfunfzigisten jars publiciert worden notturftige fursehung beschehen, darbei wir es nochmahlen genedigist beruen lassen.

Der 26. titl. Von transactionen verträgen und vergleichungen strittiger rechtsachen und händl

§ 1 Die unvogtbaren und minderjharigen sollen sich ohn vorwissen und beisein ihrer furgesezten vormunden gerhaben und curatorn keines vertrags mächtigen, sonsten solle derselb nit craft haben. (fol. 185v)

§ 2 Die gerhaben und curatorn aber mögen sich wegen ihrer strittigen pupillarsachen in vertrag wohl einlassen. doch wo der krieg umb ligende haab und gueter zu thain solle solches mit vorwissen der ordenlichen obrigkait beschehen, ihnen auch umb kunftiger verantwortung willen ein wilbrief von gericht verfertigt, auch wo die sachen so wichtig commissarien von gericht zugeordnet werden.

§ 3 Die advocaten procuratorn sollicitatorn bevelchshabere gewalttrager aftergewalttrager pfleger und ambtleuth sollen sich in sachen ihrer herrn und principalen anlangent ungeacht ihrer habenden generalgewalt und volmacht keines vertrags underwinden, sie sein dann derhalben mit sondern specialgewälten versehen.

§ 4 Die eltern, so sich ihrer vogtbaren kinder frei lediger und aigenthumblicher haab und gueter undernehmen, auch ohn ihr vorwissen und willen mit andern in vertrag eingeen, mögen gedachten kindern mit ihren gepflegten vertragshandlungen nit praejudicirn. do die kinder aber in ihrer gewaltsamb und vergehabungen weren, mögen die eltern wie andere fremde curatorn mit vorwissen der obrigkait wohl transigirn.

§ 5 Deßgleichen do ein vatter der kinder güeter oder die mueter des vätterlich guet in craft aines heurats-vermachts oder lezten willens biß auf (fol. 186.) der kinder vogtbarkeit zu nutzen und zu gebrauchen hette, sich auch vor der kinder erraichten vogtbarkeit in solchen guetern stritt erhieben, so stehet den eltern bederseits bevor solcher krigbaren gueter halben, deren sie rechtmessige inhaber und volmechtige administratorn sein, guetlich handlen zu lassen und denen verträgen statt zu thain. also auch da ihren kindern adventicia bona durch gescheft oder andere gelegenhait von freunden oder frembden persohnen zustienden und dieselben haab und gueter in der kinder unvogtbarkeit strittig würden, möchten die eltern darbei spann und irrungen ihren kindern zum besten in des guete abhandlen lassen.

§ 6 Wann ein lantsfürstliches lehenguet oder zum tail strittig wirdt, so sollen sich unsere vasallen und lehensleut ohn unser verwilligung und consens in ainigen verbüntlichen vertragshandlungen nit einlassen.

do die clag aber nit umb die gueter sonder andere zufellige persöhnliche sprüch, als eingrief gewält und dergleichen, zu thain were, so solle ihnen die transaction von rueh und friedens wegen wie in andern ihren aigenthumblichen guetern bevorsteen; doch in alweg der lehensherrn an seiner habenden gerechtigkait unvergriffen.

§ 7 Also und gleicher gestalt solle es mit unsern pfantschaften und denen inhabern, welche unsere cammergueter auf wiederkeuf possedirn, gehalten werden. (fol. 186v)

§ 8 Die geistlichen praelaten administratoren und pfarrherrn deßgleichen die abtisin priorin und maistrin sollen sich in sachen ihre kirchen closter und pfargueter betreffent ohn vorwissen ihrer capitl und convent auch unsern besondern consens in ainigen vertrag nit einlassen. waß aber die persöhnlichen spruch von solchen guetern herrüerent anlangent, dieselben mögen sie güetlich oder rechtlich ohn unser vorwissen als rechtmessige administratoren wohl abhandlen.

§ 9 Die fruchtniesser oder leibgedings-inhaber sollen sich keines vertrags das naturlich aigenthumb oder andere darauf stehende aigenthumbliche freihaiten dienstbarkeiten oder realische gerechtigkaiten anlangent geweltigen. was aber sein habents nuzliches jus betrifft, darinnen stehet ihme die guet bevor, doch alzeit dem naturlichen aigenthumb unvergriffen und ohn schaden.

§ 10 In peinlichen und malefizsachen solle dem lantsbrauch nach, damit das ubel abgestelt und das lant mit geburlichen bestraffung gereinigt werde, kain vertrag vergleichung oder transaction statthaben, auch denen lantgerichtsherrn und ihren verwaltern bei unser hochen straff und gnad verbotten sein malefizische thetter auf gepflegte guetige underhandlung der wohl verdinte corporalischen straf zu erlassen und fur dieselb gelt oder geltswert anzunemben. doch wo sich ain unfursezlicher und casualtodschlag zutrueg oder begeb auch der thätter von uns lants(fol. 187.)furstliche begnadung und huldigung bekemb, so solle ihme alßdann bevorsteen sich mit des entleibten hausfrauen kindern oder befreundten desgleichen dem landgericht unverweißlich zu vertragen.

§ 11 Insonderhait aber ist zu erhaltung erbarkait und gueter manzucht bei denen geschribnen rechten furgesehen, das die ehepruch und andere schant und laster zwischen dem verprecher und der beleidigten freuntschaft in kainerlei weise vertragen sonder der gebürlichen bestraffung ihr billicher lauf gelassen werden solle.

§ 12 Was gemaine und privat mißhandlungen, als injuri eingrief gewalt und dergleichen sachen sein, darinnen haben die verträg dem wissentlichen lantbrauch nach statt.

§ 13 Nach ergangner gerichtlichen haubtsachlichen und definitif erkantnus welche in rem judicatam komben und die wirkung nunmehr erraicht soll zu neuer aufwiglung abgehandleter sachen Kein vertrag mehr furgenommen werden, es sei dann umb die anhang als expens uncosten schaden aufgehebt nutzungen interesse oder dergleichen accessorien zu thain, oder aber es were das enturtel dermassen geschaffen, das andere nachstritt darauß unvermeitlicher weiß noch ervolgen möchten.

§ 14 Wiewohl die geschribnen rechten vermögen, das sich niemant umb testirte oder verschaffte aliment atzung underhalt wohnung klaidung oder dergleichen sachen ohn gerichtliche hüelf und messigung vertragsweise einlassen soll, (fol. 187v) so ist doch das widerspiel bißher ueblich und gebreuchig gewesen, darbei wir es von lantsfurstlicher volmacht wegen nochmahlen gnedig ist verbleiben lassen.

§ 15 Die beschloßnen transactionen und verträg künnen in etlichen fällen von recht und billigkait wegen nit bestehen:

erstlichen, wann die persohnen nit vertragsfähig;

zum andern, wann die notwendigen consens und wilbrief umbgangen worden;

zum dritten, wann die sachen und handlung kein vergleichung duldet, wie oben mit mehrern vernomben;

zum vierten, do der ein tail dolo malo und mit gesuchter fursezlichen wissentlichen gevar von dem andern tail verfortailt worden;

zum funften, wann einer zum vertrag durch gefanknus oder andere unzimbliche und unleidenliche mittl betrangt geursacht worden;

zum sechsten, wann der vertrag auf furgebrachte falsche brifliche schein beschehen;

zum sibenden, do er auf falsche lebendige kuntschaft und zeugnus ervolgt;

zum achten, wann gleich der vertrag bona fide und guter erbarer mainung beschlossen, sich aber hernach befindt, das ain oder der ander thail uber halben werth et ultra dimidium des strittigen haab und guets bevart und enormiter laedirt worden, so kann solche geverliche vertragshandlung der billigkait nit bestehen;

zum neunten, wann der vertrag simuliert und ein beweißlicher scheinhandl ist. (fol. 188.)

§ 16 Das solle aber keinen vertrag prechen, das derselb nit verbrieft worden, do er nur sonsten beweißlich.

§ 17 Deßgleichen schwechet kainem vertrag, das umb desselben haltung die verainten parteien nit vergriffen noch mit munt und hant an einander angelobett.

§ 18 Wann in ainem vertag mit der raitung geirret worden, so praejudiciert ihme der irrent thail nit, sonder mag solchen irthumb hernach anten und revociern.

§ 19 Die reu hatt in verträgen und transactionen auf einem thail allein nit statt, ungeacht das res integra und etwo die vergleichung kainserseits ins werkh komben.

Wann aber beede thail davon guetwillig steen, so wirdt der vertrag mit ihren widerwillen aufgelöst.

§ 20 Wann die ein partei den beschlossen vertrag würklich volzeucht, die andern aber mit dem so ihme hergegen zu thain gebuert aufzügig ist, so stehent in das haltenden thail wilküer und wahl, aintweder umb die gegenvolziehung solches vertrags anzuhalten oder aber wegen nithaltung des gegentails von dem vertrag gar abzulassen und do der haltent thail seinerseits etwas nunmehr von handen geben, mag er dasselb wider revociern.

§ 21 Wann der vertrag verpöent ist und die bedingt peen dem haltendem thail gar oder zum tail in craft solches vertrags zustehet, so solle gleichsfals in seiner election und wahl sein, ob er umb haltung des beschloßnen vertrags oder einforderung der verfalnen peen agiern wölle. (fol. 188.v)

§ 22 Do auch der haltent thail die volziehung des vertags begeren und nichtsdestweniger von wegen nithaltung die albereit verfalne peen erfordern thette, soll ihm solches vermueg der rechten unverwerth sein.

§ 23 Welcher einem ganzen vertrag nit difficultiert sonder nur ainen ainigen articel darinnen anfecht, der handlet dem vertrag zuwider. derhalben mag der haltent thail die vollig bedingt poen sowohl abfordern, als ob der ganz inhalt disputiert und zerstossen würdt. do auch aine oder die andere vertragen partei dem beschloßnen vertrag nit widersprech sondern sich allein der aufrichtung oder fertigung desselben waigert, so möcht abermals der haltent thail die bedingt peen einfordern.

§ 24 Wann die beschlossen und verwürkt peen von uns aus lantsfurstlicher milt und gnad soviel auf unsern tail gebuert eingestelt oder nachgesechen wirdt, so stehet dennoch dem haltenden thail bevor sein verfalne portion einzufordern.

§ 25 Ob auch die poen von dem unhaltenden thail verwürkt worden oder nit, darinnen soll kein aufzügiger process gestat sonder summariter verfahren und die verwürkung durch das gericht declariert werden.

§ 26 Welcher den vertrag seines tails nit helt, dem ist man entgegen denselben zu halten nit verbunden.

§ 27 Wann sich der beclagt thail wider den aufgerichten vertrag legt und denselben nit zu halten vermaint, (fol. 189.) deßhalben auch mit seinem gegentail in recht einwechst, so mag er alzeit vor der gerichtlichen erkantnus von seinem unfueg abstehen und dem vertrag ein benüegen thain, sich auch damit von der verwürkten pöen ledigen.

§ 28 Wann der cläger dem vertrag zuwider ainen oder mehr vertragnen articel vor gericht prosequirt oder von neuem rechtsanhengig macht, so mag ihme der beclagt die exception transactionis und vertragner sachen furwerfen. in welchen fällen aber dieselb statt, ist oben im ersten buch in dem 13. titl außgeführt.

§ 29 Wann der stritt so rechtsanhengig worden umb etliche specificierte posten zu thain und im vertrag bemelt worden, das die parteien aller ihrer habenden stritt verainigt, so solle solche generalitet nit weiters als allein auf die posten, welche in der haubtclag eingebracht und bei der vertragshandlung furkomben, gezogen und verstanden werden.

§ 30 Also auch wann die clag vielerlei posten in sich hielt, der vertrag aber allein auf etliche clagte stuckh eingezogen wirdt, so sollen die andern unvertragnen posten von solcher vertragshandlung ausgeschlossen sein und nit den verstant haben, als wann eines mit dem andern aufgehebt worden.

§ 31 Die verträg und transactionen, darinnen sich ein oder der ander thail seiner habenden rechten und gerechtigkaiten begeben, erstrecken sich allein auf die gegenwertigen spruch welche zur zeit des vertrags in rerum natura gewesen; die künftigen aber so noch nit ent(fol. 189.^{v})standen oder deren fäll sich nit begeben die gehören in den vertrag nit, es were dan sach das solches austrukenlich beredt worden.

§ 32 Es erstrecken sich auch die verträg allein auf die sachen deren bei der transaction austruckenlich geacht worden und gar nit auf die unbemelten.

§ 33 Deßgleichen allein auf die spruch und forderung deren der transigent ein wissen gehabt, auf das aber so ihme unwissent gewesen soll der vertrag keineswegs erweitert werden.

§ 34 Also sollen auch die vertrag auf die sachen welche den transigenten geverlicher weiße verhalten worden nit verstanden werden.

§ 35 Wann nach beschlossnem vertrag brifliche schein vom neuem erfunden werden und ans taglicht Komben, so sollen dennoch die vertragnen sachen nit zerstossen noch die abgehandleten stritt wieder erweckt werden, es were dann sach das das gegentail solche schein geverlicher weiß occultiert und verhalten hette.

§ 36 Wann dem beclagten der strittig grunt vertragsweiß gelassen und derselb ihme hernach mit recht aberhalten wirdt, so ist ihme der cläger darfur ainige erstattung zu thain nit schuldig. do aber der beclagt dem cläger fur das strittig gut ainen andern unkrigbaren grunt ervolgen lest und derselb ihme clager aberkent wirdt, so mag der clager solchen schaden bei dem beclagten ersuchen wie recht ist. (fol. 190.)

Der 27. titl. Von ehelicher zusambenfuegung vermahelschaft und heuraten

§ 1 Die heürath und verehelichung haben in vielen furgesehenen fällen aus christlichen erberern und vernunftigen ursachen nit statt:

Erstlich künnen sich die blutsfreunt in aufsteigender lini, als vatter mutter anherr anfrau uhranherr uranfrau und alle andere weiters gesipte ureltern, zu ihren leibserben in abstreichender lini begriffen, als sühn döchter enickel einkohlin urenigkel uneniklin und alle andere nachdinickel es sei gleich der grad so weit er immer sein kan, ehelichen nit verpflichten.

§ 2 Hergegen auch sollen sich die persohnen absteigender lini mit denen in aufsteigender durchaus und in infinitum nit verehelichen.

§ 3 Die bluetsfreunt so in der zwerchsseiten und collateral-lini stehen, als brüder schwerster geschwisterkinder geschwistret. kintskinder und dergleichen persohnen, mögen an einander zu der ehe biß auf den virten eingeschloßnen grad nit nemben. derhalben soll (fol. 190.v) sich kein bruder mit seiner schwester so ihme im ersten, noch derselben dochter so ihme im andern, noch ihrer nachdochter so ihme im dritten, noch derselben nachtochter tochter so ihme im vierten grad der freuntschaft zugethan, in heurat begeben noch einlassen; herwider kann kein schwester ihren brudern, desselben suhne, eineckel und ureinigkel zu der ehe haben.

§ 4 Also kann des bruders sühne der schwester töchter, oder des brudern töchter der schwestern suhn zu der ehe nit nemen, dann die geschwistreget-kinder sein im andern grad der bluetsfreundtschaft gestelt.

§ 5 Gleicher gestalt sollen sich geschwistreget-kintskinder an einander nit vermacheln, dann sie sein im dritten grad verfangen.

§ 6 Ebenermassen sollen zweier geschwistriget-uhrenickel, weil sie im vierten grad befreundet, an einander nitt nemben.

§ 7 Die andern nacheinickeln aber von zwaien geschwistrigten herrüerent, weil sie uber den vierten grad steen, mögen sie zu einander wohl verheürathen.

§ 8 Ein suhn kan seines vatters oder seiner muttern schwester zu der ehe nit nemben, deßgleichen kein tochter ihres vattern oder muettern brüder, dann sie sein in anderm grad nach geistlichen rechten gegen einander befreundt.

§ 9 Also solle auch kein sühne seines anherrn oder seiner anfrauchen schwester und kein tochter ihres anherrn oder anfrauen bruder zu der ehe nehmen, angesehen (fol. 191.) das sie im dritten grad mit blutsfreunt schaft verwant.

§ 10 Solches verbott erstreckhet sich auf des uhranherrn und uranfrauens schwester und gebrüder, weil dieselben im vierten grad begriffen, auch und in summa auf malle andere blutsfreunt der collatoral- und beiseitslini innerhalb des funften grads. im fall sich aber solche unzimbliche verehelichung fursezlich und wissentlich begeben, sollen derselben strafwürdigen persohnen haab und güeter, wo nit eheliche kinder verhanden, confisciert werden und unserer cammer haimbsteen; deßgleichen sollen die verpruchigen thail auß dem lant verwisen oder do sie geringes stants mit ainer ofnen leibsstraf castigiert werden, die kinder aber aus solcher unzimblichen vermischung geboren sollen nit fur ehelich gehalten sondern erloß sein.

§ 11 Die stifgeschwistriget, deren ein iedes ainen andern vattern und mutter gehabt und also weder von ainem noch dem andern blutsfreuntbant befreundt seint, mögen aneinander zu der ehe wohl nemben.

§ 12 Die ander haubtursach und verhindernus der ehelichen und chonlichen zusambenfüegung ist die affinitet und schwagerschaft. dann welche persohnen in dem ersten andern dritten und vierten grad gegen ainander geschwägert, die mögen sich zu einander nit verehelichen. derwegen solle keiner seiner abgestorbnen hausfrauen schwester noch derselben tochter noch ihr einiklin noch ihr ureiniklin zu der ehe nemben, deßgleichen solle sich (fol. 191v) kain witfrau zu ihres abgeleibten ehewirts bruder, desselben brudersuhn, noch seinem einickel, noch seinem urenickel verehelichen.

§ 13 Daß schwägerlich verbott aber hatt allein zwischen dem eheman und seiner ehefrauen befreuntin auch hergegen zwischen den ehefrauen und ihres ehemans blutsfreunten biß in den vierten eingeschloßnen grad statt. aber beeder ehe- und conleute befreunte sein gegenainander mit keiner schwägerschaft zugethan noch ainigem eheverbott gebunden. derwegen mag der vatter die mutter, und sein sühne derselb töchter, item zwen bruder zwo schwestern, item ein bruder seines bruders-weibs schwester tochter einickel urainklin, item des manns schwester ihrer swäger, ir bruders suhn, enikhl und urenikl zu der ehe nemben.

§ 14 Sein verwitibte schwiger-, stiefmutter, schnuer oder stifdochter solle niemants vermaheln, desgleichen solle keine ihren verwitibten schwener stiefvatter tochterman oder stiefsohn zu der ehe nemben.

§ 15 Die dritt verhindernus der ehelichen zusambenfugung ist die geistlich gevatterschaft, dann niemants soll sein göttin welche er aus der tauf gehebt zu der ehe nemben, angesehen das er derselben gaistlicher vatter. desgleichen sollen sich des götten sühn zu solchem göttl nit verehelichen, dann sie ist ihr geistliche schwester. also soll auch der taufling seines geistlichen vattern verlassne witib nit vermahlen. (fol. 192.)

§ 16 Zweier gevatterleut kinder mögen sich an einander wohl verehelichen.

§ 17 Ein ziechjunkfraw mag der ziechherr dem lantbrauch nach zu der ehe nemben, es were dan sach das ers an tochters stat und fur sein erwehlte erbin erzogen.

§ 18 Die kinder sollen sich ohn vorwissen und bewilligung ihrer eltern in ainige eheliche versprechung sponsion oder heurat nit einlassen. wo sie aber dahin beredt würden oder solches fur sich selbst thetten, solle die ehelich zusag dem lantsbrauch nach nichtig und craftloß sein, auch die persohnen welche die Kinder also undergangen sambt ihren rahtgebern verhelfern und misgenossen nach gelegenhait ihres stants der gebüer nach gestrafft werden.

§ 19 Wann sich hinfurohn aines lantsmans oder underthans tochter, was herkombens oder stants die immer sein mag, vor funfundzwanzig jharen ihres alters ausserhalb ihrer vatter und mutter oder aber nach absterben des vattern ohn ihrer mutter, negste befreundt, gerhaben oder obrigkait vorwissen und bewilligung in heürat einlest und gibt, so solle vatter und mutter solcher undankbaren und ungehorsamben tochter nit allein kein heuratgueth noch haimbsteuer zu geben schuldig sein, sonder auch in ihrer macht willen und gefallen sthen dieselb ungehorsambe tochter zu enterben. wo aber einige tochter nach absterben ihrer eltern sich ausser (fol. 192v.) ihrer negsten freunt und curatorn oder der ordenlichen obrigkait wissen und willen verheürathen würde, die solle halben tail ihres heuratguets auch vätterlichen und mutterlichen erb dardurch verwürkt haben, doch uns als regierenden herrn lantsfürsten und obristen curatorn hierinnen in alweg die begnadung vorbehalten.

§ 20 Im fall aber das ainicher tochter nach ihrer eltern absterben von ihren negsten freunden und curatorn ein ehrliche gebürliche heürat wider ihren willen abgeschlagen würde, so solle und mag dieselbig dochter derhalben ihr ordenliche obrigkait ersuchen, und so die obrigkait in solche heuratt bewilligt, soll sie unangesehen ihrer freunt und curatorn waigerung mit ihrer verheurattung frei sein und nichts verwürkt haben.

§ 21 Nachdem sich auch zum oftermahlen zutregt daß sich leuchtfertig muetwillig leut, dergleichen die verpflichten diener ihrer herrn oder ander ehrbern leuten die töchter freundin oder sonst vertraute junkfrauen arglistiger weise zu der ehe oder schmach aufreden, ordnen und wollen wir das ein solcher, so ein junkfrauen dermassen arglistiger weise zu der ehe oder schmach aufredete, zu geburlicher straf fur recht gestellet, auch rechtliche erkantnus uber ihne ergehen, und was also erkent wirdt würklich volzogen werden solle, alles vermüeg derhalben ausgangner general. (fol. 193.)

§ 22 Der pflegkinder und minderjhärigen vereheligung sollen dem alt hergebrachtem lantsbrauch nach nit bündig sein, sie geschehen dann mit vorwissen und willen und raht ihrer gerhaben curatorn und der nechsten befreundten. Wann sie aber dieselben der sachen nit vergleichen künten, solle die furgesezt ordenlich obrigkait darinnen mittler sein.

§ 23 Nachdem sich mehrmals etliche leichtfertige unachtsambe und gerings stants persohnen wider alle gebüer und gebürende beschaidenhait understehen ansehenliche und nambhafte frauen des herren- und ritterstants ohn vorwissen der negsten befreundten zu vermächeln und mit ihnen in winkeln haimblich verehelichung zu stiften, dardurch die alten löblichen geschlecht verschimpftt worden und in grosse nachret erwachsen, so wiel uns zu erhaltung erbarkeit und gueter manzucht keineswegs gemaint sein derlei strafmessige verglübung gedulden. ist demnach unser ernstlicher will und mainung do sich kunftig solche ungereimbte haimblich und leichtfertige zusamenschlaipfung begeben und dieselben ainer ehrlichen freuntschaft zuwider weren, das dieselben manspersohnen, sie hetten gleich die verehelichung geursacht oder weren von denen weibern darzu angeführt worden, in unser als herrn und lantsfursten straf und ungnadt verfallen und nach gelegenhait aller umbstent an leib oder guet gestrafft sollen werden. (fol. 193ᵛ)

§ 24 Was aber die weibspersohnen anlangt, die sollen in ihrer befreundten straf sein, auch dieselb gegen ihnen doch mit unserm vorwissen iederzeit unableßlich furnemben.

§ 25 Es solle keiner die persohn welche er mit gewalt entfiert zu der ehe nehmen.

§ 26 Do aber aine nit per fortz sonder mit ihrem freien willen entführt worden und hernach der verehelichung stattgebe, kan solche ehe, da sonsten beide persohnen frei und ledig, bestehen.

§ 27 Es solle kein gerhab sein pflegtochter zu der ehe nemen noch dieselb seinem suhn vermahlen, es hette dann solches der junkfrauvatter in seinem testament also verordnet, oder der gerhab sein reitung vor der ehelichen pflicht gethan, oder es geschehe mit unserm als lantsfurstens sonderm consens.

§ 28 Ein gerhab mag sein eheliche tochter seinem pflegsohn wohl vermählen, doch das es kein practicierte heurat sei und mit der hohen obrigkait auch der negst befreundten wilkühr beschehe.

§ 29 Wann ein gerhab seiner gerhabschaft erlassen oder die vormuntschaft sonsten ihr und erreicht, so mag derselb vormunder sein gewesne pflegtochter wohl zu der ehe nennen, ungeacht das er ihr nach gethaner raitung ein ansehenlichen rest zu thain, dann er wirdt disfals nur fur ainen schuldner gehalten; zwischen ainen gelter aber und seinem glaubinger kan ein heurath wohl bestehen. (fol. 194.)

§ 30 Wann zwo versprochne persohnen in stehenden breütslant gegen einander verfeindt werden und sich in kunftiger beiwohnung zwischen ihnen böser practicken auch gevar leibs und lebens zu besorgen, so mögen sie mit gueter freier wilkhur von einander stehen und sich der ehelichen sponsion vor würklich ehestant wohl begeben.

§ 31 Do im werendem preutstant ain oder der ander thail wider ehr und eheliche pflicht mit frembder vermuschung handlet, so mag der ander haltent tail vor der hochzait von seiner ehelichen zusag und pflicht (ungeacht des pruchigen tails widersprechen) abstehen.

§ 32 Do sich ein vogtbarer preutgam nach beschehenem versprechen vor der hochzeit in fremde und ferre lant begeb und sich ausser seiner vermehelten und mansparen spons willen und zugeben von ihr zwei jhar lang fursezlich und ohn billlich ursachen absentiert, so möcht sie sie mit der geistlichen obrigkait bewilligung ferrer zu ainem andern verehelichen.

§ 33 Wann aber nach volbrachter hochzeit der ehemann wegzüeg und sein ehefraw anheimbs sitzen liesse, kann sie sich mit ainem anderm so lang und viel eheliche nit einlassen biß sie glaubwürdig darbringt, das ihr voriger mann mit tot abgegangen. und obgleich solcher mann krigs oder anderer gevar halben vermuetlich tot were, dennoch soll das weib ausser derlei gegrundten kuntschaften an ihrem ehemann das glüeb nit prechen. (fol. 194v)

§ 34 Wann zwo unvogtbare persohnen in ihren unvolkombenen jharen durch ihre eltern gerhaben oder befreundten gegen einander ehelich verglübt und versprochen worden, mag ein oder der ander tail, do er seine vogtbare jhar erreicht und ihme solche sponsion nit gemaint noch annemblich sein wiel, von solcher sponsion ungeacht des andern tails widersprechen setzen.

§ 35 Wann sich ainer oder aine mit ehelicher zusag so weit einlies, woferr dieselb bei denen eltern befreundten pflegvettern oder der obrigkait zu erhalten, so ist solche sponsion, do gleich ring daruber geben würden, kein unverkerliche ehe sonder nur ein condicionierte sponsion. wo nun obbemelter persohnen consens solch bedingte und condicionirte zusag nit bestettet sondern derselben zuwider ist, so solle zu verhüetung unredlicher practicierter und strafmessiger winkelheurat dieselb vergliebung dem lantsbrauch nach nichtig und unwiderbindlich sein.

§ 36 Deßgleichen werden etliche persohnen unterweilen auf wahrer thatt betretten und mit betroung leibs und lebens gevar zu ainem ehespruch benöttigt; solche bezwungene zusag aber, da sie der betrangt thail hernach alßbalt widerrufft, solle nichtig und craftloß sein.

§ 37 Wann ein oder der ander thail in stehenden preutslant tadlhaftig würdt oder an seinem leib einen grossen schaden und mangl bekomb, so solle dennoch kein (fol. 195) vermehlender thail von dem andern setzen.

§ 38 Es ist keinem verwerth in seiner tötlichen Krankheit, sonderlich damit seine naturliche kinder dardurch geehelicht werden, eine zu der ehe zu nehmen.

§ 39 Ein grosses oder bedachtes alter solle kein christliche heurath verhindern, es weren dann andere obgehörte eheverbott verhanden.

§ 40 Wann ein ehemann seiner ehefrauen oder die ehefraw ihrem ehewirt in einem lezten willen bei verlierung des verlasnen guets oder vermachts den wittibstant aufbindt und ferrere verehelichung verbeut, so solle solches verbott, weils wider naturliche und christliche freihait, nit creftig noch bündig sein, auch die verlassung dardurch zum wenigisten nit verwürkt werden.

Der 28. titl. Von heuratguetern widerlegung morgengaben auch derselben aigenschaften widerfällen freihaiten und bedingnussen

§ 1 Wiewohl ein christlicher ehestant ohn alle preutgab (fol. 195v) ehesteur und zupringen sein mag, so ist doch lantbreuchig und allenthalben gewönlich, das ein praut ihren preutigam ain haimbsteur von wegen ertragung cönlicher obligen purden und ausgaben verspreche und vermache. dieselbe pflegt der preutigam mit einem gegenvermacht zu widerlegen.

§ 2 Mit solchem heüratguet und widerlegung wirdt bei der heuratsabredt auf dreierlei weeg und weise gehandlt und pactiert:

Erstlichen, auf uberleben oder Kopf um Kopf wie mans in der gemein nennet, in welchem bedingtem fall der uberlebent conperson baide das heuratguet und widerlegung aigenthumb haimbsteet und frei ledig fallen thuet. und obgleich die abgestorben persohn leibserben aus solchem ehestant erzaigtt hinder sein verliesse, so haben sie doch an solchem heuratguet und wiederlegung kein thail, vilweniger mögen sich der verstorbnen persohn negste bluetsfreunt nach absterben des uberlebenden thails ainiges widerfals hierbei getrösten.

§ 3 Diese berednus auf uberleben gestelt erraicht ihr würkung, wann eines aus denen chonleuten nach ehelicher beiwohnung des naturlichen oder sonst aines unversechenen und geweltigen tots verschaidt, auch durch ainen oder den andern unfall umbs leben kombt. wann es aber von feunden gefangen würdt und noch im leben verhanden were, so stehet dise paction ungeacht der stuntlichen totsgefahr biß auf den würklichen totfall innen.

§ 4 Da sich durch laidige unfäll, als prunst wassergües (fol. 196) einfall Krigsgefahr oder dergleichen fortuitos casus, begeb das mann und weib under einsten beliben und vergingen, so solle das heüratlich vermecht welches auf uberleben gestelt des ehemans und nit der ehefrauen erben zufallen, dann es ist aus naturlichen vernunftigen ursachen zu vermueten, das die ehefraw von wegen weiblicher schwachhait und plödigkait ehers den todt empfunden und ihren geist aufgeben als der mann.

§ 5 Die andere paction und berednus welche bei heuratsabreden des vermachts halben beschicht wirt auf gesante hant gestellt und tregt disen verstant auf ihr das der uberlebendigen persohn ihr aigne vermachte gab wider frei ledig und aigenthumblich ohn allen widerfall haimbstehen, die gegenvermacht gab aber felt denen kindern oder wo die nit verhanden des abgestorbnen negsten befreundten mit dem aigenthumb haimb. doch hat der uberlebende thail in craft gesandter hant sein leben lang dasselb vermacht zu gebrauchen und zu niessen, es seind gleich kinder verhanden oder nit.

§ 6 Dergleichen bringt der gesandten hant keinen mangl, ob sich die uberlebent persohn wider verheurat oder nit. aber nach ihrem abgang felt dasselbe vermacht dem nahmen und stammen davon es herruert wider frei ledig haimb und wirdt die fruchtgeniessung mit dem zuvor gefalnen aigenthumb wider consolidiert.

§ 7 Wo nun solches vermächt nit im barem gelt sondern mit guetern beschehen, kunnen die kinder oder negsten erben, alleweil die uberlebent chonpersohn noch (fol. 196v) im leben, solches vermacht guet ungeacht ihres habenden aigenthumbs nit alienirn, es geschehe dann solche alienation der werenden fruchtgeniessung unvergriffen und ohn schaden.

§ 8 Deßgleichen konnen sie solches guet zu schmelerung der noch werenden fruchtgeniessung nit vertestiern, es geschäch dann solches gescheft allein uber die nunmehr verfallen aigenthumblich gerechtigkait und nit die fruchtgeniessung.

§ 9 Wann die uberlebent persohn umb solchen widerfall nit angesessen, mögen die negsten persohnen mit fueg begeren ihnen denselben auf ainen liegenden gueth zu versicheren oder darumben caution zu thain.

§ 10 Do auch solches vermacht an einem ligendem haab und guet, stehet denen negsten befreundten abermals caution zu begeren bevor, das die uberlebent persohn solches widervolliges gueth unverthuelich stiftlich und penlich halten wölle, dessen sie sich auch nit waigern kann.

§ 11 Do aber furs dritt vorbemelter geding kaines beschech, auch die heuratsabredt weder auf uberleben noch wie gesandter hant recht ist beschlossen würdt, so felt der uberlebent chonpersohn sein vermecht und des verstorbnen gegenvermacht seinen kindern oder negsten befreundten frei ledig mit aigenthumb und fruchtgeniessung wider haimb.

§ 12 Solche drei underschietliche pactionen und heu(fol. 197.)ratliche geding haben den oben außgeführten verstant, wo die conpersohnen ab intestato oder ohn lezte willen ableiben und mit denen vermechten kein verenderung furnemben. dann do ein oder ander tail durch testament, donation, causa mortis oder codicil daß heuratlich vermachtnus cassiert oder mit demselben andere verordnung thet, so stehet in der uberlebenden chonpersohn freien willen sich entweder ihres heurathvermachts zu halten oder do es derselben gemeinter daraus zu schreiten und zum lezten willen zu greifen.

§ 13 Wann aber ein lezte willen den heuratbrief nit aufgehebt noch denselben zuwider ist sonder der uberlebenden persohn uber das heuratvermacht etwas mehrers gibt, so hatt alßdann solche lebendige conpersohn recht und fueg sich des heuratbriefs und lezten willens mit einander zu betragen, auch aines neben dem andern einzufordern.

§ 14 Die morgengab ist ein heuratliche belohnung der junkfreulichen ehren und des magthumbs und wirdt von dem preutigam, es sei gleich ein junger gesell oder wittiber, der junkfraw praut vermacht.

§ 15 Deßgleich do ein wittib einem jungen gesellen vermählet, ist solche morgengab nit unbreuchig.

§ 16 Wann aber wittiber und wittib zusamben heüratten, hat einige morgengab nit stat.

§ 17 Solche morgengab ist ein freies und verlornes guet, bleibt auch (fol. 197v) der praut und ihren erben, sie uberleb den preutigam oder sterb vor ihme, aigenthumblich und ohn allen widerfall. derhalben stehet ihr auch bevor dieselb morgengab in ihrem testament zu verschaffen wem sie wiell. doch wirdt in vielen heuratbriefen bedingt und ausgenomben, wann die praut vor ihrem ehemann mit tot und testament abgehen würd, das sie solche morgengab ihrem ehemann wider vor allen andern haimbschaften und frei mache soll, welche paction der billigkait nit zuwider.

§ 18 Die heuratgueter widerlegung und morgengab haben kein gewisse maß noch lanttaxes, sonder werden nach gelegenhait des stants würdens vermögens und anderer umbstent wilkührlich abgeredt und beschlossen. derhalben wo solch heuratsabredt aus verhinderlichen ursachen umbgangen, mag dieselb nach dem beischlaf aufgericht werden.

§ 19 Do aber solches auch vermitten blieb und sich hernach zwischen eheleuten ein totfall ohn lezte willen zutrüeg, seint die negsten befreundten die uberlebende chonpersohn nach billichen dingen, soviel sich ungeverlich aller mitlaufenten gelegenhait und dem lantsprauch nach gebüert, abzufertigen schuldig. do sie sich aber dessen wider rechtlich weeg waigerten, solle die messigung bei gueter leut erkantnus oder ordenlicher obrigkait ausspruch stehen. (fol. 198.)

§ 20 Also auch wann vatter oder mutter in ihrem lezten willen verordnung thain, das ihre kinder nach ihrem todt ehrlich außgesteurt sollen werden und denselben keinen namben geben, so solle die abfertigung derselben kinder nach gelegenhait ihreß stants und gemeinen lantsbrauch gemeß beschehen.

§ 21 Gleichergestalt wann ein frembder einer junkfrauen in seinem testament ain heuratguet verschafft aber dasselbe nit nambhaft macht, solle ihr solches nach aller umbstent beschaffenhait passiert oder von gericht gemessigt werden.

§ 22 Mitt der morgengab aber hatt es dem lantsbrauch nach dise gelegenhait, das dieselb der widerlegung nit gemeß sonder gemeinlich nur halb so viel ist, als wann die widerlegung tausent gulden antrifft wirdt die morgengab auf 500 fl gestelt.

§ 23 Doch ist hierin Kein einformiger noch unverkerlicher lantbrauch, sonder dise gab steet in der thailen liberalitet mült und willkühr sowohl als anderer ehrsteurn.

§ 24 Wiewohl die geschribnen kaiserlichen rechten vermögen, das die widerlegung der heuratguet in allem gleich und keines mehrer noch höher als der ander sein solle, iedoch wirdt in disem lant mehrmals das widerspiel beredet und beschlossen, denn einem preutigam unverwerth sein vertraute spons mit mehrer widerlegung als ihr zugebrachte heimbsteur vermag zu betreuen. (fol. 198v)

§ 25 Wann das eheweib ihr versprochen heimbsteur und heuratguet ihrem ehewirt nit würklich zubringt, so ist er mit seiner gegenvermachten widerlegung von ihr oder ihren freunden auch entprochen. deßgleichen wann sie ihm nur ainen tail derselben zugesagten haimbtsteur würklich uberlüefert, solle die bedingt widerlegung pro rata solches hinderstelligen ausstants fallen.

§ 26 Was ein ehefrau uber ihr vermachtes heuratguet ihrem ehemann zubringt es sei gleich ligent oder varent, desgleichen was sie in wehrender ehe ererbt oder sonsten mit rechtmessiger ankonft erobert, mit demselben allen und ieden hindert oder nichts davon außgenomben ist sie gegen ihre ehewirt unverbunden und frei, mag auch damit im leben und sterben handlen thuen und lassen nach ihrem willen und wohlgefallen, wie ihnen dann die frauen bei dem herrnstant und adl solche ubrige haab und gueter in der heuratsabrede gemeinlich bevor behalten, auch dieselben mit gemasner bedingnus ausnemben.

§ 27 Hergegen ist der ehemann so viel er uber die widerlag und morgengab in seinem vermügen gegenwiertig hat oder kunftig uberkombt, gegen seiner ehefrau gleichfals ledig und frei, und wirdt solches in heuratbriefen auch gemeinlich begriffen. do aber solcher vorbehalt bei der heuratsabredt nit bedingt noch beschlossen, so sollen dennoch (fol. 199.) beede tail mit demselben ihrem ubrigen unvermachten vermögen gegen ainander unverbunden und allerding dem lantsbrauch nach under den herrn ritterstant frei sein.

§ 28 Bei der burgerschaft, gemeinen hauern und bauersleuten aber ist bißher ublich gehalten worden, wo sich die chonleut bei den versprechen solches ubrigen zubringens nit beredt noch verglichen, das ieder tail mit dem so er zur zeit der verehelichung uber daz heuratsguet widerlegung und morgengab an ligend oder varenden haab und guetern gegenwurtig gehabt frei bleiben, was sie aber mit einander in stehender ehe an ligendem oder varendem guet ererben erobern oder sonsten rechtmessiglich uberkomben daz gehört ihnen beden zugleich zu und solle, wo kein lezter wiell under ihnen aufgericht, halber tail dem uberlebenden, der ander halb tail aber des abgestorbnen leibserben oder wo dieselben nit verhanden seinen negsten blutsfreunden erfolgen.

§ 29 Die kauf und handelsleut behalten ihnen gemeiniglich ihr hanthierung, deßgleichen die hantwercher ihr hantwerch in solchem fall bevor. deßgleichen werden die erbrecht, do ainerseits mehrer als der ander totfall zugewarten sein, oftermaln vorbehalten.

§ 30 Es ist nit ohn, das der varenden haab halben zu (fol. 199^{v}) zeiten under dem adl auch bei denen geringern stenden heuratliche beratnus und beding beschehen, doch auf etliche underschidliche weg und mainung:

§ 31 Etlichen chonleut vermachen gegenwertige und kunftige varnus biß auf den totfall an einander nindert noch nichts davon ausgenomben, und dise paction ist am richtigisten, gebüert auch, es begeb sich der fall gleich einer oder der andern seits, die wenigisten Krieg. dann wann sich der totfall begiebt, so werden die vermüschten varenden gueter ordentlich inventirt und geschäzt, auch nachmals treulich und gleuchlich vertailtt.

§ 32 Etlich vermachen an einander aller varnus gegenwürtiger und künftiger den dritten thail, etliche den vierten.

§ 33 In disen fall aber richt man die heuratsbrief auf zwen underschietlich weg auf: erstlich werden sie dahin gestelt, das der witib nach ihres mannes ableiben der halb oder dritthail aus beeder eheleut varender haab volgen solle. in welchem fall die witib schuldig, neben des ehemanns verlassen varenden guetern ihre aigne varnus, als nemblich die sie ihrem haußwirt zubracht oder ihr in stehender ehe durch erbschaft oder in ander weg zugestanden, doch ausgeschlossen ihr leibsziehr und kleidung, in die tailung komben zu lassen.

Wann aber der heuratbrief vermag, das der wittib nach absterben ihres hauswirts halber (fol. 200.) oder dritter thail der varenden haab folgen solle, so wirdt unter solchen worten allein ihres hauswirts verlassene varende haab verstanden, daraus dann ihr der wittib halber oder dritter tail zustehen solle.

§ 34 Mitt ihrer aignen varenden haab aber, oder in stehender ehe durch erbschaft und in ander weg bekombben ist sie ohn alle thailung durchauß frei.

§ 35 Was aber dem rechten und lantsprauch nach fur ein varende haab zu halten und darein gehörig sei, wirdt hernach im dritten buch bei dem 86. titl tractiert werden.

§ 36 Etliche preutleut nehmen von der vahrnus bei der heuratsabredt gemeiniglich die stuckh aus, deren sie am vermögligister seint oder die gegenchonpersohn in denselbigen sorten der varnus ubertreffend, als parschaft oder verbrifft und unverbriefft schulden silbergeschier wein bücher handelswahr hantwergzeuch, und was dergleichen sein mag darumb ein thail dem andern zu uberlegen. solche vorbehalt geschehen auch zu zeiten an ainer, underweilen aber an mehr sorten. und dieweil die heuratsabredt durchauß lauter wilkühr seint, so soll es disfals bei dem inhalt dessen sich die partei guetwilliglich verglichen verbleiben und ihr conwention steif gehalten werden. (fol. 200^{v})

§ 37 Etliche tail behalten ihnen die gegenwertig varnus bevor, die kunftig aber sollen beden chonleuten gemein und gleich sein.

dise paction aber ist derhalben etwas unrichtig, daz die varnus in werender ehe vermüscht und ein unverschaidenlichs guet wirdt, das sich auch wann sich ain totfall begibt viel krieg und disputat gebert, was fur varnus vor der verehlichung verhanden gewesen oder was hernach erobert worden, sonderlich weil in disem lant Österreich under der Ennß nit gebreuchig uber die varnus zur zeit der verehlichung ain inventari aufzurichten, und was ein oder der ander tail damals gehabt darein zu verleiben, auch damit wann sich ein totfall begibt zu erleitern was ehemals vorhanden gewesen oder was hernach in stehender chonschaft erworben worden.

§ 38 Etlich preutleuth bereden und vergleichen sich fur die varent haab auf ein benente summa gelts. nemblich wo der preutgam vor seiner spons mit (todt) abgeen wirdt, so sollen seine erben mit seiner varnus allerdings frei sein und der uberlebenden chonpersohn darfur ein gewisse summa pares gelts nach gelegenhait des vermögens geben, entgegen soll die prauth mit aller ihrer varnus frei sein, und also soll es auch in gegenwertigem fall reciproce gehalten werden.

§ 39 Wann sich nun die preutleut obbemelter heurat(fol. 201.)lichen berednus auf einen oder den andern weeg verglichen, so wirdt vor dem beischlaff ein lantbreuchiger heuratbrief aufgericht. derselb solle mit des preutigam und aufs wenigist anderer dreier oder vierer zeugen sigilln verfertigt und becreftigt, auch der praut oder ihren negsten befreundten umb Könftiger totfall wegen zugestelt werden. und do kein heuratbrief aufgerichtt würde sonder allein die heuratsabredt verhanden were, so hatt dieselb eben so viel craft als der heuratbrief.

§ 40 Wann aber die heuratsabrede auch nit verhanden und doch der heuratbeschlues durch die witib mit lebendiger zeugnus bewisen werden kundt, so soll ihr alles das was der heuratsbeschlues vermag ervolgen.

§ 41 Der ligenden haab und gueter so viel deren uber heuratguet widerlegung und morgengab gegenwertig verhanden behalten ihnen die preutleut gemeiniglich bevor und sein damit frei. was sie aber in stehender ehe mit einander erobern, das wirdt entweder auf uberleben oder gesandte hant oder zu gleichen halben aigenthumblichen tail bedingt, welcher pactionen aigenschaft oben declarirt worden.

§ 42 Der ehemann solle umb das zugestelt heuratguet umb kunftiger richtigkait willen quittiren.

§ 43 Bei denen heuratabreden mag ein tail dem andern all sein haab und guet vermachen, doch (fol. 201ᵛ) wann sich hernach ein fall ab intestato begibt und leibserben vehanden, stehet denselben ihren gebürenden naturlichen erbtail oder legitimam zu begeren bevor.

§ 44 Es ist auch dem lantsbrauch nit zuwider bei denen heuratsabreden zu bedingen, wann ein thail auß beeden chonpersohnen Könftig mit tot abgeen würd, das der ander sein haab und guet erben solle.

§ 45 Wann ein oder der ander thail mitt aigenthumblichen guetern nit versehen, mögen die lechensgueter mit unserm als lantsfursten und lehensherrn consens vermacht werden. gleicher gestalt mag auch die verweisung oder vergwißung des ganzen heuratsvermachts auf lehensguetern mit consens beschehen, doch wo der ehemann hernach aigne erbliche gueter bekomb, soll er das heüratvermacht oder die assecuration auf solche aigenthumbliche gueter transferiren und dem lehensherrn die lehen wider frei machen.

§ 46 Also mögen auch andere rechten und gerechtigkaiten, als schulden leibgeding fruchtgenüessung und dergleichen jura, zu ainem heuratguet oder widerlegung gebraucht und vermacht werden.

§ 47 Des witibstuels halben wirdt under denen lantleuten gemeiniglich gehandlet, der solle auch berettermassen gehalten werden. wie und was (fol. 202.) gestalt aber derselb sein soll, in dem ist kein gewisser lantsbrauch verhanden sonder stehet in der thailen willkuhr und vergleichung. und ob von solchem wittib*[stuel]* nichts beredt worden, soll derselb ainer ihr den witfrauen herrn- und ritterstants nach lantsbrauch und gelegenhait ihres stants ausgezaichnet und gemessigt werden.

§ 48 Die verweisung und versicherung der heuratlichen vermecht geschicht entweder auf allen des ehemans haab und güetern oder aber auf einem special haab und guet, wie sich dessen die thailen bei der heüratsabredt verglichen. dasselb specialguet kan der ehemann als seiner ehefrauen richtigs underpfant in keinerlei weiß noch weg aliniern verhandlen oder verkombern, es wolle sich dann die ehefraw guetwillig solches ihres habenden pfant nach lantsbrauch begehen. wann aber die verweisung auf allen und ieden des ehemans guetern beschehen, so soll er mit allem seinem guet nit gespert sein sonder, wo sein ehefraw mit ainem oder mehr stuckhen derselben gueter genuegsamb assecuriert, steet ihme die andern zu seiner notturft und fromben zu verwenden bevor. doch das solches mit seiner ehefrauen vorwissen beschehe, dann weil sie in craft der algemeinen generalhypotecken bei allen und ieden ihres hauswirts guetern interessiert, ist nit unbillich das sie solcher alienation erin(fol.202v)nert werde. und ob sie nach gethaner certioration mit denen uberigen guetern versichert, soll sie ihren mann an der alienirung keinen eintrag thain, wie ihr dann disfals keiner zu gestatten.

§ 49 Ein ehemann ist dem lantsbrauch nach schuldig sein ehefrauen umb das heuratvermacht zu schermen inner oder ausser gericht so oft es nott thuet.

§ 50 Wann auch solche heuratgüeter strittig worden, stehet dem eheman und nit der ehefrauen die clag und defension zu.

§ 51 Deßgleichen ist er pflichtig die heuratlichen güeter so erbarlich vleissig und treulich zu versorgen als sein aignes guet. thett er aber solches nit, so soll er allen schaden welcher aus unvleiß oder fursezlicher gefahr ervolgt büessen und abtragen.

§ 52 Entgegen soll er die fruchtniessigung der zubgebrachten und vermachten heuratgueter haben und ist seiner abgestorbnen ehefrauen hinderlasnen erben dorfur ainige raitung oder erstattung zu thain nit schuldig. im fall er auch solcher heuratgüeter in wehrender ehe nit genossen, mag er denselben genueß der abgestorbnen ehefrauen erben abziehen.

§ 53 Deßgleichen was im wehrendem ehestant denen vermachten heuratgüetern durch wassergiessen oder in ander weg zustehet, derselb caution mag sich der ehemann auch brauchen und fehig machen. (fol. 203.)

§ 54 Solche heuratgueter aber soll der ehemann nit allein unverwendt lassen, sonder auch dieselben mit ainiger neuerung dienstbarkeit oder pürden nit beschweren. und obgleich sein ehefrau in derlei alienierung oder beschwerung williget, dennoch solle mit derselben alienation nach ordnung geschribner rechten nit fortgangen werden.

§ 55 Ebenermassen soll keiner hausfrauen gebüren ihre zugebrachte heuratgueter bei ihrem leben zu verkaufen oder ohn ihres ehemans zugeben in ander weg zu verhandlen. do sie aber dieselben in ihrem leztem willen nit dem eheman sonder ainem anderm verschief und die heuratsabredt auf uberleben gestelt were, hatt solches gescheft nit statt.

§ 56 Deßgleichen wo die heuratsabrede auf gesandte hant bedingt, Künte solches gescheft der fruchtniessung halben dem uberlebendm ehemann nit praejudicirn.

§ 57 Die eheleuth mögen mit ihrem zusammbengebrachten heuratlichen und widerlegten guetern in werender chonschaft abwechslen und fur die vermachten andere an die statt geben, doch deme andern articel des heuratsvermachts unvergriffen.

§ 58 Wann der ehemann umb das heuratgelt so ihme vermacht worden einen grunt erkaufft und sich desselben heuratguets widerfall begibt, so ist er der (fol. 203[v]) abgestorbnen ehefrauen erben solches erkaufft haab und guet zuzustellen nit schuldig, sonder die erben muessen sich mit dem gelt allermassen wie ers empfangen erstettigen und abfertigen lassen.

§ 59 Deren haab und gueter, welche ein ehefraw uber ihr zugebrachtes heuratguet vermag, ihr auch bei der heuratsabredt frei und ledig vorbehalten, mag sich ein ehemann als seiner ehefrauen volmechtiger ehevogt mit der administration oder verwaltung dem lantsbrauch nach wohl mechtigen, doch das er nit geringer treu und vleiß brauch als mit seinem aignen haab und güetern, sonsten stünd ihme die verantwortung und abtrag aller erlittnen schäden zu. do ihme aber seine ehefraw solche verwaltung nit vergunstigen wolt, soll er derselben absteen. was aber solche vorbehaltne gueter ertragen das gehört der ehefrauen oder ihren erben aigenthumblich neben den haubtguetern zu, es were dann sach das die ehefraw solche fruchtgeniessung ihrem ehewirt zu besserer underhaltung des ehestants guetwillig ervolgen liesse, alßdann ist er von restitution oder abtrag derselben allerdings entbunden, doch das er solchen genieß zu chonlicher notturft braucht und sonsten nindert anwende. es solle auch umb solche vorbehaltne haubtgueter des ehe(fol. 204.)mans haab und gueter der ehefrauen verpfendt sein aus befreiung der rechten.

§ 60 Die vetter sollen ihre eheleibliche kinder aus ihrem aignem vermögen und substanz dotiern und begaben. und obgleich denen kindern vor ihrer verehelichung ein mutterlicher entlicher oder anderer erbtail zugestanden davon solches heuratvermächt genomben werden möcht, iedoch soll dasselb erb denen kindern bevor bleiben und zu keinem heuratguet deputiert werden, es were dann ainem oder dem andern kint ein benante summa gelts von freunden oder frembden zu solchen heuratguet verschafft worden. desgleichen do der vatter der aussteuerung nit statthaft, möchte das mütterlich erb oder andres guet angriffen werden. do aber die mueter zur zeit der aussteurung noch im leben, solle dem vater nit gebüren solche heuratguet aus ihrem freien vorbehaltnem guet zu nehmen, es wollte dann die mutter guetwillig darein consentiren.

§ 61 Die mütter fur ihre persohnen sein ihre kinder mit heuratlicher aussteurung zu versehen nit verbunden, es were dann der vatter unvermögig.

§ 62 Die brüder sein ihre schwestern von dem ihrigen auszusteuren alweil die vetter leben nit schuldig. aber nach der eltern ableiben müessen sie dieselben (fol. 204[v.]) mit heuratguetern in der maß, wie es die eltern verschaffen oder do kein verordnung beschehen nach gelegenhait ihres stants und gemeinem lantsbrauch gemeß gegen lantmessigen verzichten versehehen deßgleichen mit enden benden und anderer ehrlichen abfertigung allermassen wie es denen eltern selbst gebüert hette.

§ 63 Do ein lantman seiner dienst- oder ziechjunkfrawen aine aussteurt und sie mitt einem heuratguet versiecht, sich auch nachmals desselben heuratguets widerfall mit ihrem todt begiebt, so gebüert solcher widerfall nit den herrn noch seinen erben sonder der außgesteurten junkfrauen negsten befreundten, es were dann sach das ihme ein lantmann solchen widerfall bei der heuratsabrede austrukenlich vorbehalten.

§ 64 Ob ein wittib kinder bei ihrem ersten eheman erworben und sich nach seinem todt zu ainem andern verehelicht, so solle sie ihren ehemann von der kinder vätterlichen erb gar nichts vermachen, sunsten kundt das vermecht nit besteen. deßgleichen soll sie ihme von ihrem frei aignem haab und guet allein so viel verheurathen, das den kindern aus vorigem ehestant erzeugt ihr natturlicher müeterlicher erbtail beleibe, sonsten möchten solche kinder das vermecht nach der muttern todt nit allein pro rata ihrer gebürlichen naturlichen legitima (fol. 205.) prechen, sonder es soll ain iedes kint aus der mutterlichen verlassung vermueg geschribner rechten fur sein portion eben so viel als der neue eheman bekomben.

§ 65 Wann sich der totfall zwischen eheleuten begibt, so solle weder ein noch der ander überlebent thail sein vermächt so ihme nunmehr ledig worden oder aber das gegenvermecht das ihme durch den totfall zustendig, do er dessen zuvor nit in possess, mit gewalt antretten noch sich desselben selbst habhaft machen sonder die gerichtlich hüelf und einantwortung wie recht ist suchen.

§ 66 Die heuratgueter sollen nach dem totfall der wittib oder ihren erben vernainter spruchhalben nit aufgehalten werden, und do ein wittib dieselben berechtnen muest, solle das gericht darinnen summariter handlen und erkennen. es solle auch ihr abfertigung under dem praetext und schein nit gespert werden, als hab die wittib von der gesperten verlassung etwas entwendt.

§ 67 Wann ein eheman so armb were, das er das empfangen heuratguet zu bezahlen nit vermöcht und doch mit kainem betrueg umbgieng, soll von ihme genomben werden soviel er vermag oder gehaben mag. (fol. 205v.)

Der 29. titl. Von donationen und ubergaben under den lebendigen

§ 1 Die pupillen und minderjhärigen sollen ohn vorwißen ihrer furgesezten pflegvätter nichts verschenken, do es aber beschech solle die donation nichtig und craftloß sein.

§ 2 Deßgleichen sollen die vormünder und pflegvetter kein pupillarschult noch ichtes anders so ihren pflegkindern mit recht und fueg zustendig donationsweiß ubergeben und nachlaßen, es bewillige dann die ordentlich obrigkait darein.

§ 3 Die lehensleuth sollen ihre habende lehensgerechtigkait – utile dominium genant – donationweiß auf keinen andern transferirn, es geschehe dann solches mit unserm als lantsfursten oder anderer lehensherrn consens.

§ 4 Gleichergestalt sollen die praelaten und geistlichen ihre habende kirchen und clöstergueter ohn unserm consens niemants ubergeben.

§ 5 Wiewohl den geschribnen rechten nach die schanknussen ubergaben und donationen under deren chonleuten in wehrendem ehestant verbotten, (fol. 206.) so ist doch das widerspiel von unverdenklichen jharen her in unserm erherzogthumb Österreich under der Ennß ublich gehalten und allenthalben practiciert worden. derhalben lassen wir es bei solchem alt hergebrachtem ambtsbrauch nochmahlen genedigist beruhen, doch das dieselb in fraudem creditorum und zu schmelerung ihrer habenden schultsgerechigtkaiten nit beschehen. dann wo ein ehemann in schulden stecket und seinen glaubingern zu gevar seiner gueter viel oder wenig seiner ehefrauen donationweiß ubergeben thet, möchten bemelte creditorn solche unzimbliche ubergab vor oder nach des mannes todt ahnten und revociern. dergleichen wann die eheleut kinder hetten und die chonleut ubergab also hoch und ubermessig were, das die kinder dardurch an ihrer naturlichen erbgebürnus und legitima laedirt und ubergriffen würden, kunte solche donation so weit sich der Kinder erbgebürnus erstrekt nit besteen.

§ 6 Wann ein preuttigam seiner spons in stehendem preutstant was verehret, so kan ihr solches nach dem beischlaff durch einen lezten willen nit abgestrickt werden.

§ 7 Wann aber der preutgam vor der hochzait (fol. 206v.) und beischlaff mit todt abging, mögen seine erben solche gaben von der praut wider abfordern. dann derlei verehrungen und preutgaben beschehen allezeit der mainung, das sie erst nach würklichem ehestant craft haben sollen. wo nun derselb nit ins werckh Kombt, so wirdt die donation auch todt und ab. es ist auch die prauth die geschenkten stuckh und nit derselben werth heraußzugeben schuldig.

§ 8 Ein gefangener und maleficischer mag sein haab und guet vor dem strafurthel ubergeben und verschencken, es were dann sein verprechen dermassen geschaffen, das er nit allein leib und leben sonder auch sein guet verwurkt.

§ 9 Ein ehefraw kann ihre vermachte heuratgueter im leben des ehemans niemants ubergeben.

§ 10 Es mag ein ieder semen thail den er an einem unverthailtem haab und gueth hatt ohn vorwissen seiner mitgenossen verschenken.

§ 11 Also mag auch der glaubinger sein recht und gerechtigkait ainem andern donationweiß ubergeben ohn vorwissen und bewilligung seines schuldners.

§ 12 Wann einem ein donation zugesagt versprochen oder verschriben worden, so hatt einige rew ferrer nit stat, ungeacht ob das doniert haab und guet dem schenkgenossen noch nit würklich ubergeben oder tradiert worden, dann die ubergab macht kein donation sondern die freiwillig zusag.

§ 13 (fol. 207.) Do aber der schenker der donation umbstehen wolt, mag dieselb mit recht ersucht werden, doch ist er des unhaltigen verzugs halben ainiges interesse zu bezahlen oder die vermainten schäden abzutragen nit schuldig.

§ 14 Wann er auch umb volziehung der donation angesucht wirdt, mag er seine schulden und das er sein lebtag ein zimbliche underhaltung haben möge von denen verschenkten güetern abziehen und allein die ubermaß dem donatarien ervolgen lassen.

§ 15 Die donation bedürfen dem lantsbrauch nach keiner gerichtlichen anmeldung oder insinuation sonder mögen sowohl als andere contract außer gericht furgenomben und beschlossen werden.

§ 16 Die ubergaben und donationen mögen aus etlichen billichen ursachen von dem vererthem wider abgefordert und revociert werden:

erstlich, so der verehret an dem ubergeber und donirer fräventliche hant anlegt oder denselben verwundet,

zum andern, do er dem donirer mit hochschmehlichen und schentlichen worten injuriert.

furs dritt, do er ihme mit verrahten vergriefen oder dergleichen practicken nach leib und leben stüende,

zum vierten, do er ihme ainen merklichen schaden an seinen habb und güetern zufuegt.

§ 17 Wann einer mit kindern nit versehen noch derselben etwo zu verhoffen, und seine haab und gueter (fol. 207v.) seinen freunden oder umb gotes willen spittalern ubergeben, auch hernach durch den segen des almechtigen leibserben bekomb, so wirdt die beschehen donation uncreftig und Kan wider erholet und revocirt werden.

Der 30. titl. Von weiblichen verzichten

§ 1 Wann ein vatter des herrn- oder ritterstants sein tochter aussteurt und dieselb mit einem ehrlichen heuratguet versihet, so ist sie sich von lantsbrauch wegen der vätterlichen haab und güeter, als lang der mansstamben bei leben, zu verzeihen und dem vattern ainen lantbreuchigen verzichtbrief zuzustellen schuldig.

§ 2 Der mütterlichen gueter und succession aber darf sich keine von adl verzeihen, sie wolle dann solches aus freiem guetem willen thuen. Derhalben solle sie zu solcher renunciation wider ihr gelegenhait nit gehalten noch gedrungen werden.

§ 3 Und wiewohl die verzichten dem geschribnen rechten nach nit creftig seint, sie werden dann mit dem ait bestettigt, so ist doch dem lantsbrauch nach einiger ait disfals nit von nötten. derwegen wann (fol. 208.) ein tochter ein verzicht gibt, ob sie gleich dieselb mit ainem ait nit becreftigt, so ist sie dennoch solche verzicht zu halten schuldig.

§ 4 Die weiblichen verzicht haben allein in causa intestati und wann der vatter ohn testament abgeet ir craft und würkung, dann in solchen fall erben die bruder das vetterlich verlaßen guet allein und schliessen ihre schwestern vermug der von sich gegebnen verzichtbrief gar aus wann aber der vatter seine verzigene tochter in seinem testament bedenkt und denselben uber das zuvor ausgezahlt heuratguet was verschafft, so sein die brüder schuldig ihnen daßelbig ohn ainige waigerung ervolgen zu lassen.

§ 5 Es erstrecken sich auch solche verzicht auf den manstamben so von der vätterlichen lini herruert, nemblichen auf seine leibserben manliches geschlecht in absteigender lini, und gar nit auf des vatters collateral- oder beseitserben. wann nun die leibserben des sühne seint mit tode abgangen, so wirdt denen verzugnen weiblichen stamben die thüer zu antrettung der vätterlichen verzignen gueter widerumb eröfnet, ungeacht das etwo ihres vattern brudern oder desselben erben manliches geschlechts noch im leben verhanden.

§ 6 Deßgleichen erstrecken sich auch die verzichtbrief allein auf die agnation, das ist die manspersonen (fol. 208v) so vom vattern und derselben lini herrüeren, auf die cognaten und manspersohnen aber welche von der müeterlichen lini herkomben gar nit. derhalben wann ainer verzignen schwestern bruder so ihr vattershalben verwant ohn manlich leibserben abstirbt, so tretten die vätterliche verzignen schwestern zu der erbschaft ein, ungeacht das bruder oder ander manstamben muttershalben verhanden.

§ 7 Wann ein schwester mitt todt abgehet, so erben die andern schwestern mit ihrem bruder die verlassen gueter zugleich, dann die verzichten erstrecken sich allein auf vätterliche und gar nit schwesterliche erbschaften. iedoch wirdt das heuratguet außgenomben, dann solches als ein vätterliche haab denen brudern des manstambens allein billich zustehet.

§ 8 Desgleichen do ein bruder mit todt abgieng und mit allein vätterlichen sonder auch andere mit rechtmessige titl eroberte haab und gueter under sein ohn leibserben verließ, so erbten dieselben adventitia bona die verzignen schwestern mit und neben denen brudern nach lantsbrauch allein.

§ 9 Die verzicht schliessen nit allein die schwestern sonder auch derselben leibserben, sie sein gleich manns- oder weibspersohnen, so lang der vätterlich manstamben im leben auß.

§ 10 Do ein hieiger lantmann außer dises lants under der Ennß güeter und verzigen töchter (fol. 209.) hat, so erstrecken sich ihre gegebne verzicht nit allein auf die hielendischen sonder auch auslendischen haab und gueter, ungeacht das solches in verzichtbriefen nit vermeldt worden.

§ 11 Wann der manstamben gleichwohl im leben, aber der vätterlichen erbschaft aus rechtmessigen ursachen nit fehig were, so stehen die verzigigen töchter straks zu der erbschaft ein.

§ 12 Do ein lantman keinen ehelichen sonder geehlichten und legitimirten söhne under sein verlies, so würden dennoch die verzigen tochter von ihme außgeschlossen.

§ 13 Die geschribnen rechten vermögen gleichwohl, das die adoptierten und an Kintsstatt angenumben süne die verzignen töchter und ihre erben ausschließen sollen. solches kunnen wir aber von lantsbrauchs wegen nit billichen, dann damit wirdt dem lezten seines nambens und stambens ursach gegeben ainen frembden an erb- und kintsstat anzunemben und dardurch den weiblichen understamben des lantsbreuchigen widerfals zu berauben.

§ 14 Wann des vattern leibserben darauf die verzicht gestanden in sein des vattern leben abgeen, so seint die verzicht dardurch gefallen auch todt und ab.

§ 15 Wann ainer auß dem mannstamben so zehrlich und verthulich were, das er sich der vätterlichen erbgüeter mispranchet und mit seiner verschwendung denen verzignen töchtern oder ihren erben den widerfall (fol. 209v) abstricken möcht, so steet denen verzignen töchtern bevor von demselben unordenlichem inhaber der verzignen gueter caution und kunftige schatloßhaltung zu begeren, die were er ihnen, so viel uber seinen gebürenden thail und legitima verhanden, zu leisten schuldig.

(fol. 210 leer)

(fol. 211.)

Das Dridte Buech etc.
Von denen testamenten auch andern schriftlichen und muntlichen lezten willen, desgleichen von der succession ab intestato oder dem erbrecht ohn ein testament

(fol. 212)

Der erst tittl. Was ein testamentlicher letster willen sei

§ 1 Ein testament ist nichts anderst als ein freier ungezwungner entlicher und lezter will, darinnen der testirer und geschaftinger gemeßne fursehung thuet, wie es mit seiner verlassung nach seinem todt gehalten solle werden.

§ 2 Und dieweil das testiren ein hohes kleinott, auch furtreffenliche freihait und begunstigung des rechtens ist, so solle dasselb niemants des testaments fehig gewerth noch gespert werden. derwegen, welche persohn einen gesunden oder Kranken aufrichtung seines vorhabenden lezten willens oder verenderung desselben von aignes nutz oder succession wegen fursezlich und gefehrlich mit abschaffung der zeugen und in ander weg hindert oder ihne mit gesuchten practiken so lang aufhelt, biß sein vernunft und redt verfelt, dieselb persohn solle aller gesuchten practicierten recht gerechtigkait und succession unfehig sein und (fol. 212[v]) derselben keineswegs thailhaftig werden, sondern wo nit bluetsfreunt verhanden das verlaßen guet uns als lantsfürsten haimbfallen.

§ 3 Desgleichen mues ein ieder lezter will aus freien guetern mueht herfließen derwegen sollen die testament, welche mit zwang und trang erprest werden, uncreftig sein und den gewaltthättigen nichts furtragen.

§ 4 Wann aber iemants mit liebkosen oder durch andere freuntliche weg dienstbarkeit und wartung ein persohn zu ainem letstem willen verursacht, soll derselb, wo nit gevär und böse practicken mitlaufen, gultig sein.

Der ander tittl. Welche persohnen nit testiren mögen

§ 1 Wiewohl die lezten willen iedermann frei und zugelassen, so seint doch etliche sondere persohnen, welche außbillichen und vernunftigen bedenken weder testirn noch andre lezte willen anfrichten können.

§ 2 Als erstlichen, welche persohn zu ihren vogtbaren jharen nit komben, dieselb mag nit testirn die vogtbarkeit aber wirdt in diesem fall dem lantsbrauch nach auf achtzehen jhar gestelt, welcher jungling oder junkfraw nun seine achtzehen jhar volkomenlich (fol. 213.) und biß auf den lezten tag erraicht, die seint alßdann ihrer gueter mit aufrichtung ihrer lezten willen volmechtig do sich auch ein persohn vor ehebemelten achtzehen jharen in den ehestant rechtmessigerweise begeb, so wirdt sie durch den ehestant nach lantsbrauch stracks vogtbar und testamentsfehig, ungeacht das der beischlaf noch nit beschehen derhalben müegen nit allein die würklichen chonleut sonder auch preutleut in stehundem preutstant gegen ainander testament donationen camamortis oder andere lezte willen aufrichten.

§ 3 Zum andern, der seiner vernunft vor oder in der krankhait beraubt worden und von seinem verstant komben, der kan nit mehr testiren. do er aber zu zeit des testirens bei gueter richtiger vernunft gewesen, ungeacht das er etwo zuvor von sinnen komben oder derselben nach beschloßnem testament entsezet worden, so soll sein lezter will dennoch bestehen.

§ 4 Es wirdt auch hiebei kein volkombne vernunft welche die schwachhait und betrangung des todts oftermals verfinstert nit erfordert, sondern es solle zu erhaltung aines lezten willens genuegsamb, wann der testator so viel bei seinen sinnen und witzen gewesen, das er noch verstanden was er ordne thue und lasse.

§ 5 Zum dritten, welche persohn sprachloß worden und nit mehr vernemblich reden künnen, die sollen mit zaichnung oder deutungen kein testament machen. (fol. 213^{v})

§ 6 Wann auch dem testierer vor beschliessung seines willens die recht verfallen, so kan die vorig unbeschloßen ordnung und disposition nit bestehen.

§ 7 Zum vierten, künnen die so von natuer unsinnig oder tobsichtig seint nit testiren, wo aber ein unrichtiger underweilen sein vernunft hett und dieselb gebrauchten thette, auch in diser zeit seinen lezten willen aufrichtet und mit guetem verstant beschlueß, so solle derselb, do er sonst nit manglhaft, bei seinen würden bleiben.

§ 8 Zu funften, kunnen die unwitzigen und gar einfeltigen nit testiren wann ein persohn aber dennoch so viel verstants hette, das sie ihren haab und guetern vor sein kündt, soll ihr die testamentsmachung nit verbotten sein.

§ 9 Zum sechsten, verthainlichen welchen die administration ihrer haab und gueter nidergelegt und verbotten sollen auch nit testiren, do sie aber vor dem verbott ainen lezten willen aufgericht, soll derselb creftig sein.

§ 10 Zum sibenden, die zu untüchtigen leuten erkent und gemacht worden, auch infamirte verleumbte persohnen seint, mögen nit testiren.

§ 11 Zum achten, alle persohnen welche zum todt verurtailt worden künnen nach ergangnem urthail nit testiren, vor dem sentenz aber stehet ihnen solches wie andern bevor, do aber das malefiz wie in purgation-(fol. 214.) sachen also beschaffen, das man davon dingen möcht, ist dem verurteltem in hangender appellation zu testiren unverwerth.

§ 12 Zum neunten, mögen die regulierten geistlichen persohnen und ordensleut nit testament aufrichten, es hette dann ein solche persohn zuvor eheliche Kinder, so stunde ihr zwischen denselben kindern thailung zuemachen bevor, die andern lei-prister, so nit ergeben ordensleut sein, mögen wohl testiren.

§ 13 Ein lezter des herrn- oder ritterstants seines nahmens und stammens mag von denen guetern, so er erheurat erobert oder gewunnen, wol testiren, was aber die stammengueter anlanget, so viel ihme daraus fur seinen naturlichen erbfall und legitima gebüert, stehet ihme gleichsfals das beschaffen bevor.

§ 14 Was aber die verzignen haab und guetern betrifft welche auf den widerfall stehen, die mag er in frembde hant zu nachtail der understambigen verzignen erben nit vertestiren.

§ 15 Wann ein suhn oder tochter under ihres vattern gewaltsamb ist, so geben die Kaiserlichen rechten nit zu, das solche kindern ihr haab und gueter ihres gefallens verschaffen mögen, aber dem lantsbrauch nach ist ihnen, do sie anderst vogtbar, das testiren sowohl als andern freien persohnen zugelassen.

§ 16 Wann einer von dem erbfeint in krieg gefangen wirdt und zuvor ein ordenlichs testament aufgericht (fol. 214[v]) hette, so bestehet solches sein testament, er Kumb wider haimb oder sterbe bei den freunden, ainen weg als den andern.

§ 17 Ob ainer in unvogtbaren jharen seinen lezten willen gemacht und hernach die vogtbarkeit erraichen thett, so kan dennoch solches testament nit creftig noch würklich sein, welches mit denen andern obgehörten inpedimenten auch statt hatt.

Der dritt tittl. Von denen schriftlichen testamenten der mannßpersohnen und in was fällen testamentarizeugen und sigler von nötten auch wie viel

§ 1 Wann einer sein testament und letsten willen von anfang biß zu end mit aigner hant schreibt und underschreibt, also das kein frembde schrift danebens eingemischt, und solches testament mit seinem aigen angebornen insigl oder petschaft verfertigt so wirdt daßelb dem lantsbrauch nach fur zierlich und creftig gehalten und ist einiges zeuges frembdes sigill oder petschaft noch anderer zierligkait darzu nit von nötten.

§ 2 Do ainer aber ein testament mit aigner hant (fol. 215.) nit schreibt sonder dasselb ainen andern schreiben last, ob er gleich solches geschaft mit aigner hant underschreibt und dasselb mit seinem sigill oder petschaft verfertigt, so ist es doch nit zierlich noch creftig, es sei dann sach das solches testament aufs wenig ist ain ainiger zeug mit seinem insigl oder zwen zeugen mit ihren petschaften neben dem geschefting er verfertigen.

§ 3 Hette aber der testirer kein sigill noch petschaftring, soll er uber den vorigen zeugen noch einen andern an seiner statt siglen oder zwen mit petschaften verfertigen lassen.

§ 4 Im fall aber der gescheftinger sein testament allein mit seiner hant underschreibt und dasselb weder mit seinem sigill noch petschaft verfertigt, so ist von nötten das es mit zweien insiglen oder aber mit vierer zeugen petschaften verfertigt werde.

§ 5 Welcher dann ein testament selbst nit schreibt noch underschreibt auch daßelb mit seinem sigill oder petschaft nit verfertigt, soverr solches testament craft haben solle, ist von nötten das dasselb durch zwen erbetten zeugen mit ihren siglen oder aber vier zeugen mit ihren petschaften verfertigt werde.

Der viert tittl. Von schriftlichen testamenten der weibspersohnen

Mitt der junkfrauen ehefrauen und wit(fol. 215)frauen testamenten und lezten willen soll es eben die gestalt haben, wie mit den mannspersohnen in allen vier abgehörten underschietlichen artickeln geordnet worden, doch das ein weibspersohn alzeit umb ein sigill oder zwei petschaften mehrers dann ein mann habe.

Der funft tittl. Von testamentari-zeugen siglern oder fertigern der letsten willen

§ 1 Die testamentari-zeugen sollen mann- und nit weibspersohnen sein.

§ 2 Die eingesezten erben künnen zu zeugen aines testaments darinnen sie instituiert nit gebraucht werden, deßgleichen ihre vätter bruder noch andere persohnen so in ihrer gewaltsamb. aber die legatarien und andere particulargescheftsgenoßen mögen in dem testament darinnen ihnen was verlassen wohl zeugen sein, es were dann das legat wichtig und groß alßdann kunnen sie dem lantsbrauch nach nit sigler sein, desgleichen derselben befreunde.

§ 3 Ain suhn kan seines vatters testament zeug und fertiger nit sein, deßgleichen der vatter des sohns. zu fertigung aber aines frembden testaments mögen sie neben einander, deßgleichen merere be(fol. 216.)freundten und hausgenoßen gebraucht werden.

§ 4 Der ein testament stellet oder schreibt der kann zu deßelben fertigung als ein testamentari-zeuch auch gebraucht werden.

§ 5 Die vogtbaren persohnen mögen zu testament-siglern gebraucht werden und solle die vogtbarkeit disfals mit vollenden achtzehen jharen angehen.

§ 6 Welche persohnen wie in anderm titl vernomben nit testiren können, die sollen zu testamentarien-zeugen und fertigern der letsten willen auch nit gebraucht werden.

§ 7 Deßgleichen welche persohnen zu ainem gerichtlichen zeugen untüchtig und nit tüeglich, die solle zu fertigung der letsten willen auch nit gebetten werden.

§ 8 Ob ein zeug zu ainem testamentari oder fertiger qualificiert oder teuglich, darumben solle die zeit des gemachten testaments auch der beschehen fertigung und nit des gescheftingers todt angesehen werden.

§ 9 Do ein testamentari und fertiger bei aufrichtung des letsten willens nit sein oder biß zu den deßelben beschlus beleiben wolt, soll er wider sein guete gelegenhait nit benöttigt noch aufgehalten werden, sonsten were sein zeugnus nichtig.

§ 10 Die machung und fertigung der letsten willen mag sowohl bei nacht, wann es die unvermeitlich notturft erfordert, als bei tag beschehen.

§ 11 Do ein zeug mit seinem aignem sigill oder petschaft in eil nit gefast, mag er in seinem nahmen mit (fol. 216v) ainem fremden ring oder insigel fertigen, doch das solches keinem mitfertiger sonder ainem andern wie lantsgebreuchig zugehör.

§ 12 Do auch der testamentari-zeug mit keinem petschaft noch sigill gefast sonder ainen andern ring zu seiner aigen notturft und fertigung braucht, so mochte er aines andern letzten willen damit auch wohl signiren und verfertigen.

§ 13 Dem lantsbrauch nach ist kein notturft das sich die fertiger in testament mit nahmen und taufnahmen aigner hant verzeichnen oder durch andere persohnen underschreiben laßen, dann es an ihren petschaften und siglen nach alter herkombender gewohnhait genueg. do aber solche underschrift zum uberflues beschech, soll sie unverwürflich sein.

§ 14 Wann das testators underschrift von nötten, ist eben im 3. und 4. Capitl *[gemeint Titel]* ausgeführt.

Der sechst tittl. Waßmassen die fertigung beschehen solle und zu was zeit

§ 1 Ferrer ist zu testamentlicher zierligkait von nötten das die fertigung des testaments von den zeugen (fol. 217.) und siglern unico contextn und under einsten zu verhüetung aller besorglichen falschhait, welche ex intervallo ehers als in contineti practiciert ann werden, beschehe. demnach wann sich die zeugen-sigler zu dem gescheftinger persöhnlich verfuegen, sollen sie all an dem ort, do der testator gesunt oder krankh gegenwertig ist, nach ordnung fertigen und Keiner daraus der fertigung haben anderstwohin ainen abtritt thain.

§ 2 Wann aber die testament nach lantsbrauch art, auch petzettl in abwesen des gescheftingers durch die erbetnen sigler gefertigt worden, so soll die fertigung soviel immer möglich auf ainen tag beschehen und alle mit gevar gesuchte verlengerung vermiden bleiben.

§ 3 Es solle aber, wann der gescheftinger schriftlich testiert, die fertigung weder in ainem noch dem anderm fall erst nach seinem ableiben beschehen, ungeacht das etwo derhalben verfertigte petzetlen furkomben. dann weil des gescheftingers sigill oder petschaft nach seinem todt verhanden und ohn oder wider seinen willen von neuem gebraucht mug werden, künnen solche petzedl nit ohn sundern verdacht sein.

§ 4 Es were dann sach das die ganz petzettl des gescheftingers aigene hantschrift, oder das der gescheftinger nach seinem beschloßnem des lezten willen, ehe und zuvor die fertigung beschech, gähes ent machet und in beisein der fertiger in gott verschiedt, alßdann möchte die fertigung, ehe zeugen von einander giengen, (fol. 217v) ungehindert des unversehenen geschwinden totfals die hant genomben werden.

§ 5 Dieses aber solle keinen mangl bringen, wann das testament zu ainer zeit mit aigner oder frembder hant gestelt und zu ainer andern gefertigt worden, allein das solche fertigung obgehörter massen under ainsten beschehe.

§ 6 Es stehet auch in des gescheftingers wülkühr seine testament offen oder verschlossen zu machen, auch daßelb inwendig oder von außen fertigen zu lassen.

§ 7 Wann auch die fertigung nit auf das testament selbst sondern das copert bescheh, so solle sie dennoch genuegsamb sein.

§ 8 Die gescheftinger mag seinen schriftlichen letsten willen die zeugs-sigler lesen laßen oder ihnen denselben muntlich furhalten. do er aber die sigler deßselben inhalts nit erinnern wolt, so wirdt dem lantsbrauch nach solchem letsten willen nichts benomben, allein das der gescheftinger in seiner petzetl oder denen gegenwertigen zeugen mit aignem munt bekenn, solche furgetragne schriften sei sein rechter entlicher will, denselben bitte er zu fertigen.

(fol. 218.)

Der sibent tittl. Wann die petzetlen stat haben oder nit

§ 1 Wann einer ein schriftlichs testament macht und dasselb mit seiner aignen hantschrift und petschaft verfertigt, so ist ihme testirer nit von nötten die zeugen und nebenfertiger personlich umb die fertigung zu erbitten oder ihnen das testament zum fertigen selbst furfurzutragen, sonder er mag nach lantprauchs art solches testament, wie ers mit seiner aignen hantschrift petschaft oder sigill verfertigt, es sei gleich offen oder verschlossen, den zeugssiglern bei iemants anderm zu schicken und sie durch signierte petzedlen anlangen solches testament neben ihme zu verfertigen.

§ 2 Do aber ainer sein testament selbst nit schreibt auch mit seinem sigill oder petschaft nit verfertigt, so ist nit genueg das er solches testament mitsambt den petzedln denen testamentarien und zeugs-siglern umb ihr fertigung bei ainer andern persohn zuschicket, sondern er soll dieselben zeugen-sigler zu ihme persohnlich beruffen oder – wo er so starkh – sich zu ihren persohnlich verfuegen, und das testament es sei offen oder verschlossen-denselben (fol. 218v) furtragen, auch vor ihnen mit aignem munt erkennen, daß solche verfast schriften so er ihnen zu fertigen furtregt sein testament und lezter will sei, mit bitt zu zeugnus desselben ihre sigill oder petschaft darauf zu trucken.

§ 3 Das aber in disem lezten fall ein testament denen siglern durch den gescheftinger selbst persöhnlich furgetragen werden muessen, geschicht zu verhüetung aller besorglichen falsch und untrew. dann wo ein solches testament, so durch den gescheftinger selbst nit verfertigt, von einem gesanten denen siglern zum fertigen zugetragen wirdt, möchte etwa der gesant, do er untrenlich handlen und sich aignes falsch gebrauchen wolte, das testament zuvor verendern und dasselb also verendert neben denen petzedln denen siglern furbringen, auch dardurch ainen falschen willen aufrichten.

Der acht tittl. Von der institution und erbseinsezung

§ 1 Zu solenniteten und zierligkaiten aines ordenlichen testaments sein nit allein die zeugen obgehörter (fol. 219.) massen sondern auch dieses von nötten, das ein testament die institution und einsetzung eines erben hab. dann solche institution ist das fundament und principalstuckh des ganzen testamentlichen inhalts also und dergestalt, wann dieselb von rechts wegen nit bestehen Kan, so erligen die andern verordnungen alle miteinander.

§ 2 Solche institution aber geschicht dem lantsbrauch nach auf zweierlei weise:

erstlichen nominatim und mit gemesnen ausgedenkten worten, also „ich seze und ordne n. oder n. zu meinem erben“, oder „n. und n. solle mein instituirter erb sein“, oder mit andern gleichmessigen worten welche die erbliche succession auf ihnen tragen.

dann weil die letzten willen hochbefreiet, soll man dißfals an gewisse wort oder unverkerlichen formb nit gebunden sein.

§ 3 Es geschicht auch dise institution dem lantsbrauch nach auf solche mainung, das der gescheftinger seine legat und geschaft particulariter ausfuhrt und sich nachmals aines general-clausels gebraucht, also, „was uber solches mein gescheft verbleibt, es sei ligent oder vahrent wie das namben haben mag nindert noch nichts ausgenomben, das alles verschaff ordne und lasse ich n. oder n.“ -und obgleich darbei nit angehengt wirdt, „als meinen ins instituirten erben“ oder dergleichen, so wirdt doch solches haubtgescheft dem lantsbrauch nach fur ein erbseinsezung gehalten, (fol. 219v.) sonderlich weil der testirer solchen haubtgeschaftman gemeinlich die abzahlung der schulden oder ausrichtung seines lezten willens auflegt, welche beede stuckh denen erben und nit gemeinen legatarien gebüeren.

Der neünt tittl. Ob ainer mehr als ein testament aufrichten möge

§ 1 Es ist einem gescheftinger unwerth seinen lezten willen in zwo oder mehr gleichlantende abschriften verfassen und dieselben all ordenlich verfertigen zu laßen, sonderlich damit aines an dem, das ander an ainem andern ort zu verhüettüng kunftiges verlusts hinderlegt mag werden.

§ 2 Aber zwei oder mehr bestandige testament, welche aines underschidlichen inhalts, an niemants aufrichten, dann das junger, so es anderst zierlich und rechtmessig, pricht alle zeit das elter.

§ 3 Doch stehet iedem bevor ainen additionallezten willen, welcher kein erbeinsezung sonder nur gemeine gescheft begreifet, nach seinem testament (fol. 220) zu machen, welcher will ein codicil genant wirdt und neben dem testament bestehen Kan.

Der zehent tittl. Von denen munllichen geschäften nuncupativischen testamenten

§ 1 Die wortlichen und müntlichen geschäft, testamenta nuncupativa genant, mögen dem lantsbrauch nach volgender gestalt beschehen: nemblichen das der geschaftinger funf angeseßne erbare männer zu sich beruffe und denselben reinen lezten willen lauter und klerlich mit aignem munt anzeige mitt bitt, das sie solches seines lezten willens ingedenkh und zeugen sein, auch darumben vor der ordentlichen obrigkait zu gebürlicher zeit aussagen wollen wie recht ist.

§ 2 Dieselben zeugen sollen nach ableiben des testirers und gescheftingers seinen lezten willen unsern ober- oder underlantmarschalch muntlichen furtragen, der solle ihr aussag ordenlich beschreiben und ihnen dieselb widerumb von wort zu wort furlesen, ihnen auch darauf zu gott ainen ait furhalten lassen, das ihr gethane sag, wie solche aus ihrem munt beschriben und ihnen widerumb (fol. 220[v]) verlesen, des gescheftingers letster will und meinung gewesen, das sie auch von ihme desselben willens zeugen zu sein erbetten worden. solche aussag soll alßdann in das testamentbuch einverleibt und denen interessierten tailen auf ihr begehren davon glaubwürdige abschriften mitgethailt werden.

Der aindlift tittl. Von denen lezten willen so auf dem lant durch gemeine leut aufgericht werden

An denen orten, da die schreiberei nit fast gebreuchich und die leut ihrer velt- und anderer arbeit warten und obliegen, sollen die lezten willen nach altem gemeinem gebrauch der inwohner eines ieden orts aufgericht werden. da aber kein gewissen brauch daselbst verhanden, mögen die inwohner in beisein des pfarherrs und zweier zeugen schriftlich oder muntlich testirn und ihr lezter will hernach ahn orten es sich gebüert schriftlich furgetragen oder darumben müntlichen wie recht ist gesagt werden.

(fol. 221.)

Der 12 tittl.* Von testamenten der Kriegsmänner und reitersleut

§ 1 Da ein reiter oder krigsmann zu frit- oder krigszeiten anheimbs oder ausser der expedition und velläger ainen lezten willen aufrichten will, mues er denselben ebner gestalt wie es anders stants persohnen gebüert und oben mit vier underschidlichen artickeln ausgefuhrt worden machen.

§ 2 Da er aber in dem läger testiert, sollen aufs wenigist zwen zeugen darzu beruffen werden. wer er dann in einem sturmb scharmizel oder schlacht und die gefahr leibs und lebens vor augen hett, auch in eil sein vermögen verschaffen wolt, mag er sein mainung aufs wenigist ainer persohn endtecken, und so derselb ainig zeug davonkombt und darumb wie recht ist außagt, soll das umbkombenen

* Wechsel auf Ziffern-Numerierung im Original: vgl. I/15 und II/12.

Krigsmans lezter anbevolner will fur ein genugsambs geschaft halten und richtig exequirt werden.

Der 13 tittl. Von testamenten so in sterbenden leuften gestelt werden

In sterbsleuften und sonderlich wann sichtige (fol. 221ᵛ) krankheiten, als hungerische fiber oder die schreklich sucht der pestis regiren, seint die zeugen und fertiger hart zu bekomben. derwegen wo ein solche persohn seinen lezten willen mit aigner hant nit schreiben noch underschreiben kunt sonder in beisein der zeugen testiren wolt, so seint zwen fertiger mit siglen oder petschaften genueg und soll solcher testirter willen, da er sonsten dem rechten und lantsbrauch gemeß, der fertigung halben zierlich sein. da aber einer mit gemelten gefehrlichen süchten nit behafft sonder allein an dem ort da dieselben umbgehen wohnhaft were, auch in bedenkung vorstehender tötlicher gefährligkait testiren wolt, solle er aufs wenigist drei zeugen zu aufrichtung solches seines lezten willens erbitten.

Der 14. tittl. Von testamenten so vatter und mutter, anherr und anfrauen zwischen ihren Kindern und einkeln machen

§ 1 Wann die eltern als vatter oder mutter zwischen ihren kindern allein testiren und ihren lezten willen mit aigner hant nit schreiben noch (fol. 222.) underschreiben wolten, mögen sie solchen ihren lezten willen in beisein zweier zeugen aufrichten.

also auch die anherrn und anfrauen.

§ 2 Da sie aber andere gescheft darnebenot thain wolten, sollen sie soviel zeugen und fertiger gebrauchen, als oben bei der ordentlichen testamenter zierligkaiten im dritten tittl vermelt worden.

§ 3 Und im fall weniger sigill oder petschaft als daselbst verordnet verhanden, so bestehet solcher willen, so viel die kinder oder einikel belanget, aus befreiung des rechtens einen weg als den andern. die eingemischten nebengescheft aber fallen zu boden und stehen denen eingesezten leibserben haimb.

Der 15. tittl. Von der chonpersohnen und eheleut testament und lezten willen

§ 1 Die chonpersohnen und eheleut mögen ihrer baider underschidliche lezte willen in ein einiges testament einleiben und verfassen laßen, und ist disfals nit von nötten, das der mann besonder, dergleichen das weib andere underschidliche zeugen und fertig er hab. dann weil die testamentisch disposition in einem ainigen libell (fol. 222v.) von beden thailen beschicht, ist genueg das sie beede einicherlei zeugen und sigler erbitten und gebrauchen.

§ 2 Die chonpersohnen mögen an einander instituiren und eines das ander zu seinem erben einsetzen, doch daz denen leibserben ihr legitima und naturliche erbgebürnus verlaßen werde.

§ 3 Wann ein chonpersohn die ander bei gesundem leib oder in wehrender schwachheit mit liebkosenten worten oder anderer chonlichen kultschaft undergehet, auch zu einem ersprislichem testament locket und beredt, so ist solche erbetne verordnung fur keinen erpactierten lezten willen zu halten, sonder solle von rechts und lantsbrauch wegen, so sie sonsten ordenlich und zierlich beschehen, bestehen.

§ 4 Da aber eines das ander mit gewalt schlegen gefenknus oder dergleichen ungebüer zu einem lezten willen benöttigt, so solle derselb will nitt creftig noch würklich sein.

§ 5 Deßgleichen wann ein chonpersohn der andern des testirens halben ausser schleg und ubelthattens fur und fur in ohren liegt, auch mit stätten embsigem anhalten und molestirn ein furtregliches testament herausprest, so solle daßelb fur nichtig gehalten werden.

§ 6 Das testiren mag kein chonpersohn der andern wehren noch sperren, ungeacht daz etwa ein heuratsabredt oder ordentlicher heuratsbrif zuvor verhanden, dann es mag ein oder der ander tail (fol. 223.) darauß schreiten und dieselb berednus in einen letsten willen verkehren, doch volgender gestalt und nit anderst, nemblichen wann der ehman in seinen testamentlichen willen sein ehefrauen mit etwo anderm als er ihr in der heuratsabredt vermacht bedenkt und beteuert und den heuratsbrief in seinem lezten willen mit außgetrukten worten nit cassiert noch aufhebt, so bestehet solche ordnung, ungeacht das sie ohn der ehefrauen vorwissen und willen beschehen, es mag sich auch die witfraw deß testaments sowohl als ihres heuratsvermachts halben, und eines neben dem andern bekomben. do sie aber bei einem oder dem andern bedenken hette, mag sie sich aintweder ihres habenden heuratsvermachts oder des lezten willen guetwillig begeben, darinnen auch ihr und nit denen eingesezten erben die wahl bevorstehen solle.

§ 7 Wann aber der ehman in abgehörtem fall den heuratbrief mit lautern worten ohn seiner ehefrauen willen und wissen aufhebt und tötet, so ist sie nit verbunden bei dem testamentlichen geschäft zu verbleiben, sondern do ihr gemeinter sein will mag sie sich ihres heuratsvermachts ungehindert der widerwertigen testamentlichen disposition halten, dann was in der heuratsabredt mit beeder chonleut wilkühr beschlossen, das kann der eheman allein in seinem testament nit widerruffen noch prechen. (fol. 223v)

§ 8 Do dann der ehemann seiner ehefrauen in seinem testament weniger als ihr heuratliches vermacht in sich helt neben cassierung des heuratsvermachts verlest und die ehefraw in solches nachtailiges gescheft mit freiem ungezwungenem gemüht verwilligt, so soll sie ihrem consens hernach nit zuwiderhandlen noch zu dem heuratbrief greifen, sonder ist die testamentlich bewilligt disposition anzunehmen schuldig.

§ 9 Do sie aber in diesem fall der testamentlichen ordnung kein wissen gehabt oder in dieselb aus zwungener und trungener noth oder metureverentiali, damit sie ihren ehemann in seiner schwachhait nit erzürnet noch betruebt, verwilligt hette, mag sie von dem schädlichen testament stehen und sich ihres heurathsvermachts halten.

§ 10 Wann das testamentlich geschäft dem heurathsvermachts gleich ist und nit weniger noch mehrers begriffen thuet, so bestehet des ehemans letster will, ungeacht das die wittib desselben Kein wissen gehabt noch darrin bewilliget sie solle aber disfals die election und wahl, ob sie sich des heuratsbriefs oder des geschäfts betragen wolle, haben.

§ 11 Welche drei underschiedliche articl auf den gegenfall, nebmlichen wann der eheman sein ehefrauen uberlebt und die ehefrau ainen lezten willen aufricht, auch verstanden werden solle.

§ 12 Wann sich ein ehefrau ihres heuratsvermachts begeb und sich ihres hauswirts testaments betragen thet, daßelbe aber disputierlich were und hernach zur uncreften erkennt wurdt, so mag sie einen weg als den andern widerumb zu ihren heuratsvermacht tretten und soll ihr die vorige wahl nit praejudicirn. (fol. 224.)

§ 13 Do sie auch mit der wahl aus einfalt oder geverlicher berednus ihres hauswirts verlaßner erben irrett und ihr mit der election zu schaden handlet, auch under funfundzwainzig jharen were, soll ihr umb restitution bei uns als herrn und lantsfursten anzulangen bevorstehen.

§ 14 Welche wittib zu ihres abgestorbnen hauswirts testament greifft und sich daneben ihres habenden heuratsvermecht begibt, die ist schuldig in allen artickeln das testament anzunehmen, dann do sie sich eines oder mehrern betragen, die andern aber nit halten wolt, solle solche zertrennung nit stat haben.

§ 15 Wann die heuratsabrede dahingestelt, das alles was in werendem ehestant erobert wirdt baider chonleut mit einander sein solle, so kan kein thail solche eroberte haab und gueter ohn des andern thail wissen und zugeben in frembde hent verschaffen.

§ 16 Was ein tail dem andern in wehrendem preutstant oder zu hochzeitlichen ehren geschenkt, das kann und soll in frembde hent nit verschafft werden, es were dann sach das die uberlebende persohn ihren gueten willen darzu geb.

§ 17 Deßgleichen soll kain eheman seiner hausfrauen klaider kleinotter und frauenzierd, so ihr aigen oder ihr durch den eheman geschenkt worden, ohn ihr wissen und zugeben andern verschaffen. (fol. 224v)

§ 18. Es ist kein ehemann verbunden, das er sein ehefraw denen kinder so sie mit einander erzeugt zu einer gerhabin verordne, sondern da es ihme gemeinet mag er darzu in seinem testament einen andern erkiesen.

§ 19. Ein lehensman soll die fruchtgeniessung seiner habenden lehengueter seiner ehefrauen ohn vorwissen und consens des lehensherrn nit verschaffen.

§ 20. Wann der ehman seiner hausfrauen die fruchtgeniessung aller oder etlicher haab und gueter verschafft, so ist sie dieselben nach ihres ehemans todt ordenlich inventiren zu lassen schuldig, und soverr ihr eheman schulden under sein verlassen, sollen dieselben von denen haubtguetern genomben und abgericht, auch das ubrig wie recht und gebreuchig behalten genuzt und genossen werden.

Der 16. tittl. Welchen persohnen in ainem testament oder lezten willen geschafft werden mag

§ 1 Es sein ordinariae alle männer und weiber der lezten willen [fähig] allein etliche wenig persohnen außgenomben: (fol. 225.)

§ 2 Erstlich, soll ein natürlicher vatter sein vermaintes unehelichs kint in seinem testament weder mit einer erblichen portion noch andern geschäft bedenken, welches doch in etlichen besondern fällen zugelassen wirdt: nemblichen wann der vatter solche uneheliche kinder vor seinem todt durch lantsfürstliche begnadnung zu dem erbrecht und succession austru kenlichen ehelichen und legitimiren lest. item wann er den ungeehlichten kindern ein heuratguet oder gebürliche underhaltung welche nit ubermessig were verschafft item, so mag ein mutter ihr unehelichs kint in ihrem testament bedenken, dann die unehelichen kinder mügen ihrer mütter ab intestato erben, sein auch der mutterlichen gueter ex testamento erbfehig, es were dann die mutter illustris persona und eines furstmessigen herkombens.

§ 3 Zum andern, die kinder welche aus verbotnen strafmessigen heurathen, als von blutsfreunden oder geschwägerten innerhalb des virten grads geboren werden, seint nicht testamentsfehig. es sollen ihnen auch ihre eltern kein heuratgueth noch underhaltung verschaffen.

§ 4 Furs dritt, soll keiner so des lants verwisen worden in einem lezten willen bedacht werden. (fol 225[v])

§ 5 Zum vierten, ein diener, welchen sich mit seiner frauen in unehren vergeßen, solle aller testamentlichen geschäft unthailhaftig sein.

Der 17. titl. Welche haab und gueter verschafft mögen werden oder nit

§ 1 Es solle kainer frembde, sonder seine aigne haab und gueter verschaffen. deswegen do ein gescheftinger ain frembdes guet fur sein aignes aus irrigen wahn vertestirt, soll dasselbe gescheft nichtig sein. do ers aber wißlich und fursezlich beschaffet, so ist der eingesezt erb oder ausrichter des testaments schuldig dasselb dem eigenthumber abzuhandlen und dem geschäftmann einzureumen und do die ablösung (fol. 226.) bei dem aigenthumber nit statt hette, solle der erb oder executor dem gescheftman desselben frembden verschaften haab und guetes werth darfur ervolgen lassen.

§ 2 Die geistlichen gueter und was denselben zugehörig und anhengig künnen ohn unserm als herrn und lantsfurstens consens nit verschafft werden.

§ 3 Deßgleichen soll kein lehenguet ohn unserm besondern consens und erlaubnus vertestiert werden.

§ 4 Die haab und gueter, welche der inhaber sein lebenlang zu nuzen und zu gebrauchen, soll niemants verschaffen, dann solche fruchtgeniessung endet sich mit des inhabers totsfällen.

§ 5 Die leibgedingsgueter, welche nit erblich sonder auf gewisse leib oder jhar verlaßen werden, solle kein inhaber verschaffen, dann derselben gueter aigenthumb ainem anderm zugehörig.

§ 6 Also soll auch keiner sein leibgedingsgerechtigkait welche nur auf lebenlang stehet verschaffen.

§ 7 Do aber das leibgeding nit auf persohnen sondern etliche jhar gestelt, und der geniesser vor ausgang derselben mitt todt abgieng, mag er sein gerechtigkait nemb er wiel biß zu außgang der bedingten jhar wohl vertestiren. (fol. 226.[v])

Der 18. tittl. Von denen testamenten welche wider schuldige trew und gebuer aufgericht werden

§ 1 So ist ein ieder ehelicher vatter von natur und rechtswegen schuldig seinen leibserben und kindern wo nit mehrers doch auf wenigist den naturlichen pflichtigen erbtail, legitima genant, von allem seinem haab und gueth in seinem testament zu verlaßen. doch werden bei dem adl die verzigen töchter ausgenomben, dann weil sie das heuratguet, welches der legitima verglichen wirdt, von ihren vättern in derselben leben würklich empfangen, seind die vetter ihnen ferrer was zu verschaffen nit verbunden, sie wöllens dann aus freiem guetem willen thuen.

§ 2 Desgleichen seint die mutter ihren leibserben und kindern von den mutterlichen haab und guetern ihr naturlich erbgebürnus zu verlaßen schuldig.

§ 3 Wann die eltern mit sühnen nit versehen sonder einickel oder vorenickel im leben haben, so sein sie dieselben mit der schuldigen legitima sowohl als sühne zu betreuen schuldig. und in summa alle leibserben in absteigender lini sollen fur noterben (fol. 227.) gehalten und mit der legitima bedacht werden.

§ 4 Und wiewohl die geschribnen rechten vermögen, das die kinder und leibserben absteigender lini ihre eltern und uhreltern da sie vor ihnen mit todt abgingen mit gleichmeßiger legitima zu begaben schuldig, iedoch weil dem uberaltem lantsbrauch nach in Östereich under der Ennß die erbschaften nit hinder sich fallen noch die eltern in aufsteigender lini notterben seint, so sollen der lantbreuchigen altherkombenden gewohnhait nach die leibserben ungezwungen sein dem oberstämigen etwas in ihrem testament zu verlaßen , sie wollen dann solches auß guetwilligkait und gern thain.

§ 5 Wan ein bruder oder schwester mit todt abgehet und seinen nebengeschwistrigeten nichts verlest, so kunnen sie das testament nit anfechten, dann die geschwistriget sein dem lantsbracuh nach under dem herrn- und ritterstant nit notterben.

§ 6 Under der burgerschaft aber wirdt ihnen fur die legitima funf gulden sechzig pfennig gelaßen, daran sollen sie ersettigt sein. es were dann sach das in des verstorbnen geschwistriget testament ein untüchtige verleimbte und infamirte persohn zum erben eingesezt und entgegen die ehelichen geschwistriget umbgangen worden, alßdann möchte solches testament angefochten, auch mit billigkait querelirt und umbgestossen werden. (fol. 227[a])

§ 7 Die ferrern collateral- und beseitsfreimt seint nit notterben, man ist ihnen auch ainige legitimam zu verlaßen nit schuldig.

§ 8 Es sollen aber die eltern ihren leibserben ihr naturlich erbgebürnus und legitimam sowohl in einem wortlichen als schriftlichen testament verschaffen. dergleichen soll die legitima allen lebendigen leibserben testirt werden. dann obgleich etliche kinder bedacht, aber etliche und wo nur eins auß ihnen umbgangen worden, so kann das testament durch und durch nit bestehen.

Der 19. tittl. Von der legitima oder naturlichn erbgeburnus und derselben aigenschaft

§ 1 Wann die eltern absterben und eins zwei drei oder vier kinder hinder ihnen verlaßen, so gebüret solchen kindern fur ihren naturlichen erbtail, legitima genant, der dritte thail aus allen der eltern ligenden und varenden haab und guetern. wann aber der der kinder mehr als viere weren, so ist ihr geburende legitima halber tail der ganzen verlassenschaft.

§ 2 Solche naturliche erbgeburnus seint die eltern ihren leibserben aus ihren habenden haubtguetern sie (fol 228.) sein gleich ligent oder varent zu verlaßen schuldig.

dann do etlichen kindern die gueter, denen andern aber gelt fur ihr legitima verschafft wurdt, seint die kinder welchen das gelt verordnet daßelb wider ihr gelegenhait anzunemben nit verbunden, sondern es soll ein iedes Kint seinen thail an guetern sowohl als der parschaft pro rata bekomben.

§ 3 Do auch ein vatter in seinem lezten willen verordnung thet, das die haubtgueter etlichen kindern allein verbleiben und ihr miterben mit gelt hindanlösen sollen, so seind dieselben miterben der ablösung wider ihren gutten willen (so weit sich ihr legitima erstrekt) stat zu thain nit schuldig.

§ 4 Do man auch die kinder ihres geburenden und naturlichen erbtails halben nit mit denen verlasnen haubtguetern sonder denen verhandenen abgenomben fruchten contentiren und abfertigen wolt, seint sie dieselben fur ihren legitimam anzunemben nit verbunden.

§ 5 Obwohl die legitima den leibserben von denen haubtguetern gereicht werden solle, so hatt doch solches den verstant nit, das man von allen geringisten haab und guetern den dritten thail oder halben thail herdanziehen, sie auch particulariter von allen stucken ihres geburenden thails abfertigen solle, sonder die legitima solle auch denen fur nembsten sorten der haab und gueter, nit von ainem ieden stuckh derselben ausgezaigt und abgericht werden. (fol. 228^{v})

§ 6 Die legitma solle denen kindern vor austailung aller legaten und gescheft zugestelt werden.

§ 7 Und obleich dieselben gescheft ad pias causas und umb gottes willen beschehen, so ist doch die naturlich legitima so hoch befreiet, das sie solchen begünstigten geschäften vorzeucht do auch der testator nit soviel in seiner substanz verlassen davon solche heilsambe legat aufgerichtt werden kunten, so solle doch dardurch denen kindern an ihrer naturlichen erblichen portion und legitima nichts entgehen noch davon zu ausrichtung solcher legata ad pias causas etwas abgeschlagen oder defalciert werden.

§ 8 Die wislichen und beweislichen schulden aber sambt dem was auf des gescheftingers conduct und begrebnus gangen soll man zuvor entrichten.

§ 9 Die naturlichen erbgebürnus und legitima soll denen kindern ohn alle beschwerung verlaßen werden. do nun das aigenthumb ainem kint, deßelben nuzbarkeit aber ein zeitlang einem andern durch den vattern verschafft wirdt, kunt solche beschwer welche der legitima der zeit halben obligt nit bestehen, sonder soll als ein beschwerlicher anhang allerdings fur todt und abgehalten werden. doch wann ein vatter die fruchtniessung seiner hausfrauen biß auf der kinder vogtbarkeit verschief, so kunnen sich deßen die kinder dem lantsbrauch nach nit beschweren, (fol. 229) sonderlich weil der mutter darnebens anferlegt worden die kinder biß auf ihr vogtbare jhar ohn abschlag ihrs vätterlichen guets zu erzaihen wann aber die fruchtgeniessung uber der kinder vogtbarkeit der ehefrauen ihr lebenlang verschaft wirdt, so hett dieselb geniessung nach erreichter vogtbarkeit nit craft, sonder stehet denen kindern ungeacht der vätterlichen verordnung haimb.

§ 10 Also hat kein vatter recht noch fueg seinem kint soweit sich sein legitima erstreckt einen aftererben oder substituten uber seine vogtbar jhar zu setzen, nemblichen wann der sühne nach seiner erraichten vogtbarkeit es sei gleich uber kurz oder lang mit todt abgehen würdt, alßdann n. oder n. sein erb sein solle dann die substitution ist ein bürd welche dem vogtbaren kint hochbeschwerlich, angesehen das es nach erreichten vogtbaren jharen selbst testiren, ihme auch einen erben ön des vatters maßgebung erwehlen kan.

§ 11 Wann aber solche substitution allein dahingestelt, wo das khint in seinem unvolkombenem alter und ehe es testamentsfehig mit todt abgieng, so solle diser vätterlich wohlmainent will bestehen und in summa so gebuert denen eltern durchauß nit in einem oder dem andern fall uber die legitima derlei verordnung zu thain, dardurch die kinder mit ihrer abfertigung gehindert aufgehalten gespört oder in die harr gezogen werden, denn die legitima wirdt (fol. 229[v])denen kindern zu ihrer naturlichen underhaltung gelassen, welche keinen verzueg leidet.

§ 12 Wann aber ein vatter seinen kindern uber naturliche erbgebürnis was mehrers verlest, in denselbigen uberigen mag er die kinder nach seinem willen gravìern und beschweren, dann was die kinder uber die legitimam von ihren eltern bekomben, das alles beschicht guetwillig- und keiner gerechtigkait dorumben haben die obligenden burden wohl stat.

§ 13 Die geschribnen rechten vermögen gleichwohl, das die eltern ihren kindern vielbemelte naturliche erbgeburnus anderer gestalt nit als institutionweise verlaßen sollen, dem ist aber das altherkomben in diesem lant zuwider. dann es setze gleich ein vatter seine kinder soviel die legitimam anlangt in einem testament zu seinem erben ein oder aber verschaff ihnen solche legitimam in einem codicil legatweiß, so gilt dem lantsbrauch nach eines eben soviel als das ander, und künnen die kinder herwider nichts difficultirn, angesehen das sie ainen weg als den andern ihres geburenden erbrechts thailhaftig werden.

§ 14 Wann ein vatter seinen kindern allen und derselben einem iedem sein naturliche erbportion verlaßen, so ist er mit der ubermaß seiner haab und gueter von ihnen entprochen, mag auch dieselb freunden oder frembden verschaffen nach allem seinem willen und gefallen do er nun auß solcher ubermas ein kint fur das ander mit mehrerm nach gelegenhait seines wohlverhaltens alters gebrechligkait oder andern (fol. 230.) beweglichen ursachen oder aber auß lauter affection lieb und mainung betreut, so künnen sich die andern ehelichen kinder deßen im wenigisten nit beschweren, vielweniger daz vetterlich testament kriegen und umbstoßen.

§ 15 Wann die kinder an ihrer verlaßnen erbgebürnus zufriden und dieselb von des vattern eingesezten testamentenerben abfordern, ist er ihnen solche nach abzahlung verhandner schulden und der generalien unverlengerlich zuzustellen schuldig. thete er aber solches ohn erkantnus, nit so soll er der legitima werth doppelt vermueg geschribner rechten erstatten.

Der 20. tittl. Von denen Kindern welche nach aines vatern ableiben und begrebnus von ihme erzeugt, ehelichen geboren und posthumi genant werden

§ 1 Ein ehrlicher vatter ist von recht und naturlicher billigkait wegen in seinem testament und letsten willen nit allein seine lebendige kinder, welche er zur zeit seines tötlichen abgangs hinder sein vorlest, sonder auch die leibserben zu bedenken und zu betreuen schuldig, welcher sein nachgelaßne witfrau schwanger (fol. 230v) gehet und nach seinem absterben von ihme erzeugt auf die welt bringt. dann do ein geschäftlinger solcher kinder in seinem testament Kein meldung thet, würdt daßelb durch der kinder nachgeburt nichtig und craftloß.

§ 2 Solche betreuung ist nit allein der vatter sondern auch die mutter ihren nachkindern von naturlicher treu wegen schuldig. dann do sie mit großem leib ain testament aufrichtet und darin ihrer tracht und kunftiger gebuert vergeß, Kunt ihr lezter nit bestehen.

§ 3 Und obleich solche kinder nach der gebuert uber Kurz oder lang widerumben mit todt abgingen, so kann den noch das vätterlich oder mütterlich testament welches zuvor craftloß worden sein würkung nit mehr bekomben, es were dann sach das solche gebuert im leben der eltern nach ihrem aufgerichtem testament auf die welt komben und hernach in der eltern lebszeiten widerumb in gott verschieden, so möcht das testament alßdann bei seinem werth verbleiben.

§ 4 Wann auch die mueter nach ihres ehemans todt aus naturlichen ursachen und unfall umb die gebuert kömb, so bleibt das vätterlich testament abermals bei seinen creften.

§ 5 Die nachgebuert kunnen von ihren eltern nit enterbt oder exhaereditirt werden, dann sie mögen nichts verschulden. (fol. 231.)

Der 21. tittl. Von der kinder praeterition und stilschweigenden enterbungen

§ 1 Die vätter sollen ihre eheliche kinder in ihren lezten willen stilschweigent nit umbgehen, sondern wo billich und rechtmessige ursachen verhanden derselben mit ausgetrukten worten und angehenkten ursachen enterben. do nun ein vatter seiner kinder eines oder mehr stilschweigent umbgehet und daßelb neben denen andern kindern zu seinem erben nit einsetzet oder ihme aufs wenigist sein naturliche erbgebürnuß und legitima nit verlest, so kan sein testament nit bestehen, sondern wirdt der praeterition halben nichtig und craftloß. derhalben ist nit von nötten solches testament als inofficiosum anzufechten, sonder die praeterirt persohn mag vor und nach außgang des jhars vor gericht begeren das vätterlich testament fur ein nichtigkait zu erkennen.

§ 2 Wann aber ein mutter aines oder mehr ihrer kinder praeterirt, so wirdt solche praeterition fur ein enterbung und exhaereditation gehalten.

derwegen das mutterlich testament wie das vätterlich an ihme selbst nit craftloß, sondern (fol. 231^{v}) es stehet dem praeterierten kint bevor sich solcher praeterition durch die quaerel inofficiosi testamenti innerhalb funf jharen zu beschweren.

§ 3 Soviel der eltern praeterition anlangt ist der kinder halben kein underscheid, es geschehe gleich dieselb fursezlich oder unwißent, dann das testament auf beede fall uncreftig.

§ 4 Es vermögen gleichwohl die geschribnen rechten, wann dem kint, welches in der erbeinsezung nit begriffen sondern daßelb praeterirt worden, von denen eltern sonsten in testament was legiert verschafft oder vermaint worden, das dennoch der eltern lezter will nit bestanthaft sein solle.

iedoch wann sich solches legat und geschäft auf die völlig erbgebürnuß der naturlichen legitima oder daruber erstrecket, solle das testament dem lantsbrauch nach bei seinen creften und würden verbleiben, angesehen das die legitma bemelten lantsbrauch nach nit allein institution sondern auch gescheftweiß und auf allerlei weg eines lezten willens verlaßen werden kan.

§ 5 Wann ein vatter sein kint zu seinen erben nit einsert, sonder sein haab und guet ainem andern vertestiert und demselben erben angeregtes sein kint zu ainem kunftigen nach- und aftererben, so Kunt solcher letster will ungeachtet der substitution und aftererbschaft nit bestehen. dann was (fol. 232.) den eltern ihren kindern zu verlaßen gebuert, das solle mit gegenwertigem erb haab und guttern beschehen. Künftiger anfall widerfall zufall und dergleichen ungewisse mittel aber, welche die kinder etwo nit erleben möchten, reumen sich zu der vätterlichen schuldigen betreuung und naturlichen legitima nit, es were dann sach das der vatter in gegenwertigen haab und guetern nichts vermöcht, sondern eines widerfals, welcher mit dem aigenthumb gefallen und allein der fruchtgeniessung halben noch ausstendig, gewartent were, alßdann möcht er denselben widerfall seinen kindern wohl verschaffen.

§ 6 Wann ein vatter seine sühne umbgehet und deßelben kinder seine einkhel instituiert, so stehet dem sohn dennoch bevor von solchem testament zu weichen und daßelb fur nichtig und craftloß anzufechten, dann die institution gebüert ihme von rechtwegen erster instanz und nit seinen kindern.

§ 7 Wann ein vatter kein kint im leben sonder kintskinder als eineckel oder ureinickhel hat, so ist er die welche ihme am negsten im grad verwant sein gleichsfals an kintstatt in seinem lezten willen zu bedenken und zu betreuen schuldig. dann do ers stilschweigent (sie seien gleich lebendig oder noch in ihrer mutter leib) umbgieng und praeteriert, kundt sein testament nit bestehen.

(fol. 232ᵛ)

Der 22. tittl. Von der exhaereditation und ausgetrukten enterbung der kinder

§ 1 Wann die eltern ihre kinder ohn vermeldung ainiger ursach und oder mit außgetrukten ungnugsamben ursachen ihrer haab und gueter oder naturlichen ergeburnus enterben, so mögen die kinder solhes testament das wider schuldige lieb trew aufgericht mit der clag und quaerel inofficiosi testamenti impugnirn und widertreiben. wann aber die enterbung auß billichen ursachen beschehen und dieselb in das testament verleibt worden, so bleibt das testament bei seinen creften und künnen sich die billicherweise enterbten kinder deßelben nit beschweren.

§ 2 Doch stehet ainem enterbten kint bevor die furgewent ursach der enterbung anzufechten und sein unschult mit recht auszufuhren, auf welchen fall die eingesezten erben schuldig des gescheftlingers furgewente ursachen ausfindig und beweislich zu machen. wo solches durch sie beschiecht und das enterbt kint mit ausführung der sachen erligt, so bleibt die enterbung auf das ganz testament bei seinen creften und würden wo sich aber die angezogen ursach (fol 233.) der enterbung nit erfindt, so kann das testament dem enterbten kint kein nachtl geberen, sonder es soll ab intestato zu einem erben gelassen werden.

§ 3 Die eltern mögen denen Kindern, welche sie zu ihren erben aus billichen ursachen nit würdigen, dennoch ein legat oder praelegat verschaffen, und stehet alßdann in der Kinder wahl das unmessig testament der enterbung halben anzufuchten oder ihr verlaßnes gescheft einzufordern.

§ 4 Wann sie aber den ersten weg mit der quaerel inofficiosi testamenti an die hant genomben und damit verlustig worden, so verwürken sie die andere gescheft auch.

§ 5 Die geschwistriget oder andere beseitserben darf man nit erben noch exhaereditirn, dann sie sein under dem adl nit notherben under der burgerschaft aber solle die enterbung austruklich beschehen, wie oben bei dem 18. tiittl vernomben.

§ 6 Die enterbung der oberstemmigen, als vatter mutter anherr anfraw und anderer voreltern in aufsteigender lini begriffen, ist dem lantsbrauch nach auch nit von nötten, dann dieselben nach alter gewohnhait dises lants Österreich under der Ennß auch nit noterben seint, angesehen das die erbschaften nit zuruckh fallen.

§ 7 Die clagen eines unmessigen testaments mügen innerhalb funf jharen furgebracht und nit allein von denen enterbten persohnen, sondern ihren erben anhengig gemacht oder prosequirt werden. (fol. 233ᵛ)

§ 8 Doch ist hierbei von nötten das die enterbt persohnn solches unmessiges testament in kainerlei weg noch weiß bestettige oder ratificier, sonsten möchte sie sich solcher quaerel ferrer nit gebrauchen.

§ 9 Wenn sich auch ein enterbts kint nach aufgerichtem testament mit seinen eltern vor derselben totfall versöhnet und widerrumb zu ihren holden kombt, so wirdt mit solcher reconciliation die enterbung todt und ab und kann dem kint nit proejudiciern.

Der 23. tittl. Von rechtmessigen ursachen welche zu enterbung der kinder genuegsamb sein

§ 1 Die rechtmessigen ursachen, welche zu enterbung der kinder von denen geschribnen Kaiserlichen rechten fur billich und genuegsamb gehalten werden, seint dise:

Erstlichen, wo die kinder ihre eltern aus fursezlichen frävel schliegen oder tötliche hant an sie legten.

§ 2 Furs ander, so die kinder ihren eltern schwere unerbere injuri und frevelwort zufuegen.

§ Zum dritten, wann sie ihre eltern beinlich auf leib und leben verclagen, allein die halsclagen (fol. 234) welche von des lantsfurstens oder algemeiner wohlfarth wegen beschehen außgenomben.

§ 4 Zum vierten, wann sie sich zu malefizischen und untüchtigen leuten halten, auch mit ihnen geselschaft und gemeinschft haben.

§ 5 Zum funften, so die kinder nach dem leben ihrer eltern mit vergiftung oder in ander weiß stelleten.

§ 6 Zum sechsten, wann ein suhn seine stifmutter entehret und sich mit derselben vermischt.

§ 7 Zum sibenden, wann die kinder ihre eltern bei der obrigkait angeben und dieselben mit ihrer delation in großen schaden und nachtail brächten.

§ 8 Zum achten, wann die kinder fur ihre gefangne eltern nit guet wolten werden noch dieselben mit ihrer vermüglichen burgschaft aus der verhaftung erlösen. doch ist solches allein auf die sühne zu versteen, dann die töchter nit burgs fähig.

§ 9 Zum neunten, wann die kindeer ihren eltern gebürliche testament oder geschäft zu machen verbieten oder darinen eintrag und spörr thetten. dann do die eltern ungeacht der kinder eingeworner irrung hernach testirten, mögen sie obgehörter ursachen halben die hinderlichen kinder wohl enterben, so aber die eltern solches verbots halben kein testament macheten sondern [ohn] geschäft mit todt abgiengen, sollen dieselben kinder nichts destweniger enterbt sein und das guet auf die kinder negsten befreunden fallen. (fol. 234^{v}.)

§ 10 Zum zehenden, wann sich die kinder zu verwegnen unachtsamen liederlichen und leichtfertigen persohnen, mit welchen ehrlich und redlich bidersleut nit gemeinschft haben, gesellen und sich auf ihr thain begeben.

§ 11 Zum aintlöften, wann die eltern ihre kinder nach ihrem vermügen verehelichen und aussteuren, aber die kinder nit gehorsamben noch volgen wolten, sondern sich in ein unerbers leichtfertigs leben begeben und wider ehr handleten.

§ 12 Zum zwölften, wann der eltern aines von sinnen kömb und zerrüht würdt, sich auch die kinder demselben narung zu geben oder notturftige arznei mitzuthailen auf der freunt und frembden persohnen ersuchen waigerten, und dieselben freunt oder frembde an der kinder statt solchen sinlosen vatters oder mutters hernach pflegten, so solle ihnen anstatt der untreuen kinder die erbschaft ervolgen.

§ 13 Zum dreizehnden, wann die eltern von den feinden gefangen würden und die vogtbaren vermüglichen kinder dieselben nit lösen wolten, sonder in der feünt gewaltsamb sterben und verderben liessen.

§ 14 Zum lezten, wann die eltern christen weren, die kinder aber von christlichem glauben abfiehlen
(fol. 235.)

Der 24. tittl. Von der clag welche umb völlig erstattung der naturlichen erbgeburnus und legitima beschicht

Wann die eltern ihre kinder nit praeteriren noch enterben sondern ihnen was verschaffen, welches sich doch auf ihr naturliche erbgebürnus und legitimam nit vollig erstreckt, so sein die kinder nit befuegt das ganz testament anzufechten oder dasselb durch die quaerel inofficiosi testamenti umbzustossen, sonder es steet ihnen allein bevor unvergriffen des andern testamentlichen inhalts umb erstattung deßen, so ihnen an ihrer legitima noch abgeet, und wie es die geschribnen rechten nennen ad supplementum legitimae zu clagen. solche clag hatt auch biß auf verjharte zeit statt.

Der 25. tittl. Von denen aftererbsatzungen und substitutionen, auch der ersten so vulgaris oder gemein genant wirdt

§ 1 Es stehet ainem ieden gescheftinger bevor das er ihme in seinem testament nit allein haubterben sonder auch after- und nacherben einsetz, dann es begibt sich oftermals das der eingesezt principal- und haubterb die geschafft erbschaft nit antretten wiel kan (fol. 235v) noch mag, oder das er vor dem gescheftinger mit todt abgeet, oder nach dem testament unerbfehig wirdt,

desgleichen das er in seiner vogtbarkeit ableibt.

§ 2 Derhalben mag ihme wegen solchen kunftigen zufall der gescheftinger afererben verordnen und sein vermögen mehrerlei persohnen nach furgesehener ordnung vergünnen.

§ 3 Under disen aftersatzungen ist der erst, so vulgaris substitutis und ein gemeine aftersatzung genent wirdt. dieselb geschicht ad cantelam zweier furnember ursachen halben:

§ 4 Erstlich, wann sich der eingesezt haubterb der verlaßnen erbschaft entschlagen und des gescheftingers erb nit sein wolt.

§ 5 Zum andern, wann der eingesezt erb gleich die erbschaft anzutretten vorhabens, aber aus verhindernussen des geschichts oder der rechten nit erb sein kundt auf solche baide fäll mag der testator fursichtiglich bedacht sein und damit sein lezter will Könftig nach seinem todt nit erlige, kann er denselben noch bei leben mit dem mittl der aftersatzung zu hüelf komben, und mag sein mainung ungeverlich auf solchen oder gleichmessigen formb stellen:

„ich seze zu meinem erben n. oder n., wo aber derselb mein erb nit sein wolt kunt oder möcht, so sol alsdan n. und n. mein erb sein". solche aftererbsatzung mag nit allein auf einen sondern mehrern staffel der nacherbschaft gestelt werden, nemblichen „und do es n. und n. auch nit sein wolt kunt (fol. 236.) oder mocht, so soll es alsdann n. oder n. sein". und also volgender massen.

§ 6 Es mag auch einem ainigen haubterben mehr aftererben oder vielen haubterben ein ainiger aftererb nachgesezt werden.

§ 7 Wann alßdann der haubterb die erbschaft antrit und sich derselben würklichen mächtigt, so ist dise substitution von stunt an erloschen und wirdt todt und ab.

§ 8 Wiewohl oben vernomben, das solche gemeine und vulgarische substitution furnemblich zweier ursachen halben, nemblichen wann der eingesezt haubterb nit erb sein wiel oder erb sein kan beschicht, iedoch wann der gescheftinger deren ursachen nur aine in sein testament verleibt, so solle dennoch zu erhaltung der hochbefreiten lezten willen die ander uhrsach darunter auch begriffen sein, auch die substitution auf beide weg bestehen und verstanden werden.

§ 9 Was und wieviel dem instituierten und eingesezten erben verlassen worden oder bei erbarer treuer thailung gebüert, soviel stehet seinem aftererben, do es gleich der gescheftinger unvermeldt gelassen, auch billich zu.

§ 10 Wann ein vatter seinen unvogtbaren sohn zu seinen erben einsezt, und do er nit erb sein wolt ihme der n. substituiren thet, so mag sich der substitut nit allein der erbschaft machtigen, wann der sühne oder seine gerhaben die erbschaft anschlagen, sondern auch wann er in seiner unvogtbarkeit ohn ein testament abgieng. (fol. 236v)

§ 11 Do der suhn aber seine vogtbarkeit erraicht hette und nachmals ohn testament ableibt, so kündt solche erbschaft auf den substituten nit mehr fallen, sondern stündt des geschäftingers nachstehn befreunden ab intestato billich zu.

§ 12 Wann der eingesezt haubterb testamentliche miterben hatt und seinen erblichen thail fur sein persohn und portion nit haben wolt Könt oder möcht, so fiel solche sein erbgebürnus nit auf des haubterben negste befreunden noch auf seine habende miterben sonder auf seine nachgeordneten aftererben und substituten.

§ 13 Wann sich beide thail der haubterb und aftererb der verlaßnen erbschaft entschliegen oder sonsten nit erb sein kunten, und solcher aftererb mit ainem mitgenossen und neben-aftererben versehen, so felt die erbschaft auf den andern aftererben.

§ 14 Wann der aftererb ehe und zuvor sich der fall und sein habende substitution begibt mit todt abgeet, so mögen seine erben in seinen fueßstampfen nit tretten noch sich der aftererbschaft anmassen. dann weil sich der fall in seinen lebszeiten nit zugetragen, er auch deßelben nit fächig worden, so kan er dise aftergerechtigkait auf seine erben nit transferiren.

§ 15 Wann aber die afterbesatzung nit allein auf den n. als aftererben sonder auch seine erben und nachkomben gestanden und solches in dem testament mit ausgetrukten worten vermeldt, so mögen des substituirten erben der substitutionsweise ver(fol. 237.)schafften haab und gueter mit guetem fueg habhaft werden, dann obgleich ihr vorsicht dem fall nit erlebt, so ist doch die subsitution nit allein auf ihme sonder auch ihr der erben persohn gestanden, derhalben mögen sie (weil sie den fall erlebt, wo andere rechtmässige eintrag nit vorhanden) solche gueter wohl erben.

Der 26. tittl. Von der pupillarsubstitution, von den aftererbschaften welche denen unvogtbaren kindern beschehen

§ 1 Die vätter mögen ihren kindern, sie sein gleich geboren oder noch im mutterleib, nit allein aftererben setzen, sondern auch in ihren aignen testamenten an der kinder statt testirn und gemesne verordnung thain, wie es kunftig mit derselben haab und gueter, do sie ohn testament in ihren unvogtbaren jharen abgiengen, gehalten werden solle. und dise pupillarsubstitution wirdt ungeverlich auf solche oder gleichmessige weiß gestelt: „wann meine kinder in ihren unvogtbaren jharen mit todt abgehen, so solle n. oder n. ihr guet bekommen und erben".

§ 2 Wann nun solche kinder in ihrer unvogtbarkait (fol. 237v) testament ableiben, wie sie dann vor erreichter vogtbarkeit keines zu machen befuegt, so erbt der substitut nit allein das vätterlich verschafft erbguet, sonder auch alle andere haab und gueter welche solchen unvogtbaren kindern in ander weg zugestanden, so viel deren sie biß auf ihr absterben verlassen.

§ 3 Solche pupillarsubstitution aber kan sich nit weiter als auf die zeit der vogtbarkeit erstrecken alßbalt die kinder ihre volkombne achtzehen jhar erreichen oder durch heurat vor diser zeit nach lantsbrauch vogtbar werden, so hat solche substitution ihr ent erreicht und wirdt todt und ab.

§ 4 Es stehet auch denen vogtbaren kindern alßdenn nach erlangter vogtbarkeit bevor, ungehindert der vätterlichen verordnung so nunmehr erloschen, selbst zu testiren und ihnen erben nach ihren willen und gefallen einzusetzen.

§ 5 Die substitution aber hat allein zwischen aignen kindern stat, dann frembden leibserben künt ein frembder gescheftinger, do er ihnen gleich instiutionweise etwas verliesse, auf solche weg nit substituiren.

§ 6 Wann ein kint in seiner unvogtbarkeit mit todt nit abgieng sonder seines vattern erb nit sein wolt, so felt die erbschaft ainen weg als den andern auf die persohn, welche ihme der unvogtbaren jharen halben substituirt worden.
(fol. 238.)

Der 27. tittl. Von der abwechsleten aftererbsatzung, in latein reciproca genant

Es begibt sich oft, das ainer mer haubterben einsetzet und einer den andern substituiert, also und dergestalt: „zu meinen erben setz ich n. und n., und so einer aus ihnen mit todt abgieng, soll sein erblicher tail auf den andern uberlebten fallen".

Der 28. tittl. Von der vierten aftererbsatzung, substitutio exemplaris genant

§ 1 Die viert substitutio geschicht unsinnigen oder stummenten kindern, sie sein gleich denen jharen nach vogtbar oder unvogtbar, nemblichen also, „wann mein unrichtiges oder sprachloß kint mit todt abgeet, so solle desselben erb n. oder n. sein". wann nun solches kint wider zu seinem verstant oder (fol. 238^{v}) naturlichen redt kombt oder aber eheliche leibserben hinder sein verlest, so endet sich dise substitution.

§ 2 Was aber die compendiosisch und fideicommissari-aftererbsatzung anlangt, weil dieselben weitschweifig und vielerlai underschietliche absatz haben, mögen die geschribnen Kaiserlichen rechten derhalben besucht werden.

Der 29. tittl. Von furbringung und eröffnung der testament oder anderer lezten willen

§ 1 Wann einer nach seinem totlichem abgang ein testament hinder sein verlest und dasselb schriftlich und verschlossen ist, so soll der instituiert und eingesetzt erb daßelbe fur sich selbst ausser des abgeleibten negsten befreunden, welche etwo einredt wider solches testament haben möchten, nit eröfnen, sonder dasselb auf dem lantbreuchigen dreissigisten in beisein des verstorbnen negsten befreundten furbringen und eröfnen wo sie sich aber alda solcher eröfnung mit einander nit vergleichen möchten, so stehet dem institutierten erben bevor, unsern nachgesetzten ober- oder underlantmar(fol. 239.)schalch anzulangen einen tag zu solcher eröfnung fuerzunehmen und allen interessirenten thailen und befreundten darzu verkunden zu lassen.

§ 2 Was aber die geschribnen ofnen testamtent belangt, wiewohl dieselben keiner eröfnung bedurftig, iedoch sollen sie bei dem dressigist furgebracht und in beisein der negsten befreündten ordenlich verlesen werden. es solle auch zu solcher eröfnung nit allein denen negsten befreundten und interessierten, sonder denen testamentari-zeugen und fertigern, es geschehe gleich die publicierung des geschribnen testaments auf dem dreissigisten oder von gericht, verkundt werden, damit dieselben erscheinen und ihr fertigung wider recognosiieren mögen.

§ 3 Waß dann die müntlichen und nuncupativischen testament betrift, wann dieselben vor unserm lantober- oder undermarschalch ordenlich gewisen und in schrift wie oben bei den 10. titl gehört verfast worden, so mügen alßdann die instituirten erben solches testament auf den dreissigisten denen negsten befreundten und interessirten furpringen, es ist aber die fertiger zu erfordern disfals nit von nötten, weil sie zuvor umb ihr wissenhait wie recht ist außgesagt.

§ 4 Wann die instituirten erben ein testament, es sei (fol. 239v) schriftlich oder muntlich, auf den dreissigisten nit furbrechten, so ist ihnen doch damit an ihrer erblichen gerechtigkait nichts benomben noch verabsaumbt, sondern sie mügens hernach im gericht oder sonsten producíern.

§ 5 Do der erb, executor oder andere inhaber der lezten willen mit furbringung derselben verzügig, mögen die negst befreundten und interessirenden deßhalben der obrigkait hulfen anruffen, die solle alßdann den inhaber einen peremtoritag zu producierung solches lezten willens setzen.

§ 6 Wann die testamentari-zeugen und fertiger nit alle gegenwertig sein möchten, so ist genueg das mehrer thail verhanden.

§ 7 Wann die fertiger all oder zum tail vor der eröfnung mit todt abgiengen und ihre sigill oder petschaft nit recognosciren Künten, so solle dennoch der lezte will dem lantsbrauch nach nit fallen.

Der 30. tittl. Von der testament und anderer lezten willen in der lantschaft gedenkbuch einschreibung

§ 1 Nachdem testament und andere lezte willen (fol. 240.) mehrmals verlegt verloren zerrissen oder an den sigeln manglhaftig werden, oder durch prunst und ander dergleihen unfall zu verderbung komben, so sollen hinfurahn alle lezte willen zu ewiger gedechtnus in einer ersamben lantschaft gedenkh- und aignes testamentbücher eingeschriben werden.

§ 2 Diese einschreibung aber soll niemants welcher wider solches testament oder lezten willen einredt zu haben vermeint praejudicirn, sondern dieselb gerichtlich insinuation unvergriffen iedermenniglichs rechten und gerechtigkaiten beschehen.

§ 3 Welcher auch abschriften eines letsten willens bedurftig und darbei interessiert zu sein vermaint, dem solle auß vorbemeltem testamentbuch glaubwürdige abschrift ervolgen.

Der 31. tittl. Von der instituirten erben bedacht

§ 1 Wann ein testament oder anderer lezter will nunmehr eröfnet, so stehet dem aingesetzten erben bevor sich ein zeit lang zu bedenken, ob die erbschaft fur ihne sei oder nit. damit aber des abgestorbnen (fol. 240v) glaubinger und die ausrichtung solches lezten willens wider gebüer und mit solcher deliberation nit aufgehalten noch gespert werde, solle die ordenliche obrigkait den erben nach gelegenhait aller umbstent einen benentlichen termin setzen, darinen er sich gewislichen zu erkleren hab, ob er die erbschaft antretten wolle oder nit.

und do ihme erben solcher gegebner termin zu kurz, soll derselb nach gelegenhait billicher notturft erstreckt werden.

§ 2 Do er sich auch in denen hinderlassen briflichen uhrkunden in wehrendem bedacht ersehen, und darauß ob er ohn schaden bestehen künn oder nit erlernen wolt, solle ihme solches von der obrigkait vergunstigt, und do solche erbliche brif in der spörr weren, commissari zu der inspection verordnet, auch denen negsten befreundten und interessenten darzu verkündt werden.

§ 3 Do auch entzwischen der verlassung notturft erfordert viech wein trait oder andere sachen so nit bleiblich zu versilbern, solle ihme erben solches von der obrigkait verwilligt werden, doch auf guete raittung und verantwortung. do er auch nit angesessen, soll er desthalben caution thain.

§ 4 Do der so noch in seinem bedacht stehet ein leibs und (fol. 241.) notterb were, mag er sich bis auf sein erclärung von der verlassung underhalten. aber einen frembden instituierten erben soll dises nit gestat werden, er were dann ein pupill.

Der 32. tittl. Von antrettung der erbschaft cum beneficis inventarii

Wann sich einer nach gelaßnem bedacht dahin erklärt, das er erb sein wölle und die erbschaft außer alles inventari antrit, so mues [er] alle schulden last und bürden welche der erbschaft obliegen uber sich nehmen, und dieselben nit allein so weit sich solcher erbschaft werth erstreckt, sondern auch die ubermas von seinem aignem vermögen völliglich abrichten.

Do er aber die erbschaft cum beneficis inventarii annehmb und ein ordenliches inventarium aufrichten ließ, so ist er allein soviel zu bezahlen schuldig, als weith sich solches inventari erstreckt und nit mehrers.

(fol. 241v)

Der 33. tittl. Von dem inventari

§ 1 Die aufrichtung eines inventari solle von stunt ahn nach dem dreissigisten beschehen und darzu unparteiische commissari von der obrigkait verordnet, auch denen negsten befreunden darzu verkündt werden. und obgleich der absterbent geschäftinger vor seinem todt ain verzaichnus aller seiner haab und gueter aufgericht, so solle doch dieselb nit fur glaubwürdig noch ahn inventari stat gehalten werden, es were dann sach das der geschäftinger den ganzen inhalt mit aigner hant geschriben und gefertigt, oder do es nit sein hantschrift, mit seiner underschrift petschaft oder insigell becreftigt, auch balt darauf verschaiden thette.

§ 2 Do aber solche verzaichnus, sie sei gefertigt oder nit, vorlengst beschehen, solle widerumb auf der partei begehren von neuem inventirt werden.

§ 3 Wann man zu der inventirung greift, sollen alle haab und gueter, ligent und vahrent, brifliche (fol. 242.) uhrkunden und was sonsten in der verlassung verhanden, ordenlich beschriben werden. und do etwaz daraus fursezlich wissentlich oder unwissentlich underlassen verruckt oder verhalten worden, so stehet denen glaubingern oder schäftgenossen bevor solches geburlichermassen zu anten. do es auch der erb in abredt stundte, sollen die glaubinger und geschaftgenossen zu weissung gelaßen werden, denen ist unbenomben des geschäftingers hausgesint welche der sachen etwann wissen haben wie recht ist verhören zu lassen. und da sie mit anderer weisung nit gefast, mag der erb bei seinem corperlichen ait derhalben gehört werden.

§ 4 Waß frembde haab und gueter, welche der geschäftinger als ein gerhab curator seguester behalter oder lehenweiß in seiner gewaltsamb gehabt, seint, die sollen besonderbar verzaichnet werden

§ 5 Was einem wittiber von seinen leibsklaidern wehren waffen ketthen petschaft ring insigl raitroß oder in ander lantbreuchig weg von unvertailter vharnus allein gebüert, das bedarf keiner inventirung. deßgleichen, was einer witfrauen von ihren leibsklaidern klainotten geschmucken enden penden fraunziert koblwägen vermählring und in ander weg (fol. 242v) nach lantsbrauch zustehet, soll auch uninventirt bleiben, es wolten dann die wittiber und wittib solche beschreibung guetwillig zugeben.

§ 6 Ein wittib solle sich ihres verstorbnen ehemanns verlassung uninventirter keineswegs mechtigen, sonder es sei ein testament verhanden oder nit den todtfall des abgeleibten ehemans negsten freunden, oder do dieselben ausser landes der ordenlichen obrigkait anzaigen, auch spör und inventierung begehren. dann do sie solches nit thette, stehet ihr nit allein alle verantwortung zu, sondern sie solle auch damit ihr heuratsvermacht verwürckt haben.

§ 7 Wann ein geschäftinger die inventirung seiner verlassung austruckenlich verbeuth, so solle dieselb dem lantsbrauch nach underlassen werden, es geschech dann solches verbott in fraudem creditorum und seinen glaubingern zu wissentlicher gevähr und nachtail.

Der 34. tittl. Von annehmung antrettung und mächtigung der erbgüeter

§ 1 Die antrettung der erbgueter beschicht mit worten (fol. 243) und werken. mitt worten, wann sich ein instituirter fur einen erben erkläret und die gueter darauf antritt.

§ 2 Mit werken aber, do sich ainer der erbgüeter mechtiget, als nemblichen mit bezahlung oder einbringung der erblichen schulden oder erbauung verlassung vermachung versetzung oder verschaffung der erbgueter, und was dergleichen handlungen und act mehr seint dardurch sich ainen mit würklicher thatt zu einem erben vermechtigt.

§ 3 Wann ein erbschaft ainem kint so noch unvogtbar und in des vattern gewaltsamb zustehet, solle der vatter mit des kints verwissen die antrettung thain. do aber die vätter nit im leben, sollen sich die gerhaben, doch mit des unvogtbaren willen, der erbschaft mechtigen. und do kein gerhab verhanden, stehet solches den negsten befreunden zu.

§ 4 Zu underfahung ainer verschaften erbschaft solle niemants, er sei gleich ein leibserb befreundter oder frembder, wider sein guet gelegenhait gedrungen werden.

§ 5 Es solle kainer ain verschaffte ganze erbschaft zertrennen und daraus das so ihme annemblich behalten, das ander aber fahren laßen, dan niemants kann zum thail erb und zum andern thail nit erb sein. derhalben welcher sich aines tails (fol. 243v) mächtiget, der mueß in den uberigen auch erb verbleiben.

§ 6 Wann sich ein erb der verlasnen erbschaft ainmals volmechtiget, so kann er davon nit mehr setzen, es were dann ain münderjärigen und erlanget von uns lantsfurstliche restitution.

§ 7 Desgleichen, do sich ainer der erbschaft einemals begibt, kan er dieselb ferrer ohn lantsfurstliche restitution nitt antretten.

§ 8 Welcher sich einer erbschaft mechtigen wiel, der solle solches innerhalb jharsfrist von dato seiner wissenhait an zu raiten nach lantsbrauch thain, sonsten wirdt er ohn unser restitution nit mehr zugelassen.

Der 35. tittl. Von dem erblichen zustant jus accrescondi genant

§ 1 Wann ein geschefftinger mehrer persohnen zu seinen einsezt und sich ainer aus ihnen seines geburlichen testamentlichen erbthails guetwillig begibt, so felt derselbe thail nit auf seine negste freunt ab intestato, sondern stehet seinen miterben zu, (fol. 244.) es were dann sach das der gescheftinger solchen erben ainen after- und nacherben gesetzt hette, so fiel dieselb erblich portion auf solchen substituten.

§ 2 Gleichermaßen, wann ein gescheftinger einen thail seines guets vertestiert und der ubermaß halben untestiert mit todt abgieng, so stehet solches ubrigs haab und guet nit des gescheftingers negsten befreundten, sondern dem eingesetzten erben zu.

§ 3 Desgleichen, wann ein gescheftinger von seinen habenden guetern bei gesundem leib testiert und hernach etliche jhar lebet, auch in seinen lebens zeiten nach aufgerichten testament mehr haab und güeter bekömb, so sollen den instituirten erben nit allein die gueter welche der gescheftinger zur zeit des gemachten testaments gehabt, sonder alle andere deren er biß zu seinem totfall aigenthumber gewesen, billig ervolgen.

Der 36. tittl. Von cassierung und verenderung aines testamentlichen willens

§ 1 Ein testator und gescheftinger ist an sein auf(fol. 244.v)gerichtes testament nit bunden sondern mag daßelbe cassirn und verendern, wann und so oft es ihme gemaint und ob ihme gleich der gescheftinger seinen testamentlichen willen zu verkehren nit austrukenlich vorbehalten. so mag er sich dennoch solcher freihait ainen weg als den andern gebrauchen. es ist auch kein notturft, das er das erst gemacht testament mit gemeßnen worten bei dem jungern lezten willen widerruf und revocier, es were dann sach, er hette in den ersten testament lauter vermeldt und daruber protestiert oder gar ainen ait gethan, das er von solchem erstem aufgerichten willen keineswegs zu waichen bedacht, und da ein jungerer furkömb, das derselbig nichtig und craftloß sein soll. dann obwohl solches vermelden nit bindig, so ist doch von nötten desselben in dem junger lezten willen zu gedenken.

§ 2 Wann mehrerlei testament von ainer ainigen persohn aufgericht furkomben, so pricht alzeit das junger das elter doch das der junger testamentlich will zierlich und creftig sei. dann wo derselb sein aigentliche geburliche formb und sollenitet nit hette, so kan er nichts würken, er were dann zwischen kindern gemacht. es möchte auch disfals der erste will, weil der gescheftinger ainstmals davon geschritten, ferrer nit besteen, sonder die negsten befreundten solcher gueter ab intestato erbfehig werden. (fol. 245.)

§ 3 Wann der gescheftinger die petschaft oder die insigl fursezlich abreist und cassiert, so gehet er damit aus seinem lezten willen.

§ 4 Ein schriftliches testament kan kein gescheftinger in beisein zwaier dreier oder mehr zeugen muntlichen widerrufen, sonder da er von solchem testament zu weichen bedacht, solle er ainen andern lezten schriftlichen willen aufrichten, es were dann sach das er ohn ein testament ab intestato ableiben wolt, alßdann möchte er solchen schriftlichen willen fur sich selbst und ausser beisein ainiges zeugens cassiern. ain muntliches und nuncupativisch testament aber mag in beisein funf zeugspersohnen widerrumb muntlich aufgehebt werden, ungeacht das der geschäftinger einen andern muntlichen willen von neuen aufricht.

§ 5 Wann der geschaftinger von der krankheit darinnen er schriftlich testiert hatt wider aufkombt, so bleibt sein testament ainen weg als den andern bei seinen creften. do er aber müntlich testirt hette und dasselb nach seinem aufkomben nit aufrichten lassen wolt, so gilt es ferrer nichts.
(fol. 245v)

Der 37. tittl. Welche testament nichtig und crafftloß seint, auch was ainem testament von rechts- und lantbrauch wegen opponiert kan werden

§ 1 Ein schriftliches testament kann aus allerlei ursachen craftloß und nichtig sein.

erstlich, wann dasselb an seinen soleniteten und zierigkaiten welche von rechts- und lantsbrauch wegen von nötten manglhaftig und ob gleich solche lantbreuchige zierligkaiten nit alle sonder zum thail und etwo nur eine daraus mangelt, so künte dennoch das testament nit bestehen. derhalben wann der testator und gescheftinger nit dahin qualificiert, das er ainen lezten willen aufrichten kan, so gilt sein testiren nichts, furs erst.

§ 2 Item, wann der eingesezt erb nit testamentsfähig.

§ 3 Item, wann der testator zur zeit des aufgerichten testaments nit mehr bei seiner vernunft gewesen.

§ 4 Item, so er nit mehr vernemblich und deutlich reden künnen.

§ 5 Item, so er vor beschliessung seines lezten willens erstumbt. (fol. 246.)

§ 6 Item, wann die gebürlich anzahl der zeugen und fertiger mangelt.

§ 7 Item, wo dieselben fertiger nit sigils gemeß oder sonsten unteuglich.

§ 8 Item, so kein erb eingesetzt worden, dann ohn ein institution kan kein testament sein.

§ 9 Item, wann die eltern ihre leibserben nit betreuen sonder umbgehen und praeterirn.

§ 10 Item, wo die frucht so in mueterleib gelassen nit bedacht worden.

§ 11 Item, wann die eltern ihre leibserben ohn billiche und rechtmessige ursachen enterben.

§ 12 Item, wann das testament mit falschen practicen aufgericht.

§ 13 Item, wann das testament an ainem substantialort, als im nahmen des eingesezten erbens oder der erblichen portion geradiert were. an andern unvermechtlichen orten aber macht die rasur das testament wohl verdechtlich aber nit nichtig.

§ 14 Item, wann der testator das testament furseztlich durchstrichen oder aufs wenigist die institution cassiert und aufgethan. was aber heraus ad marginem gestelt, das bringt dem testament keinen mangel.

§ 15 Item, wann der instituiert erb zur zeit des gemachten testaments nit im leben gewesen.

§ 16 Item, do solcher erb vor dem geschaftinger und (fol. 246^{v}.) testator mitt todt abgangen oder der testamentlichen zustant unfehig worden.

§ 17 Item, welches testament ausforcht zwang und trang gemacht, das ist nichtig.

§ 18 Item, wann der gescheftinger sein voriges testament verendern wollen und solches der eingesetzt erb geverlicher und fursezlicher weiß gehindert, so gilt solcher will nichts.

§ 19 Item, wann ihme der geschaftinger selbst den todt aufthet, so were sein zuvor beschehene testamentliche ordnung uncreftig.

Der 38. tittl. Wann ain testament manglhaftig, ob dennoch die gemeinen particulargeschäft, als legat fideicommiss oder dergleichen, beschehen mögen

§ 1 Wann ein testament derhalben manglhaftig, das der gescheftinger dasselb nit volkommenlich zu ent beschlossen sonder zuvor seinen verstant verlohren oder retloß worden oder gächts todt verschaiden, so felt solcher unvolkombner wiel durch und durch. und obgleich der testator zwischen seinen kindern (fol. 247.) oder umb gottes willen geschaft verordnet, so hetten doch dieselben auch Kein craft.

§ 2 Wann ein testament mit dem inhalt volkomben, aber an dem formbzierligkaiten und sollenniteten manglhaftig, so fallen allen darinnen verleibte geschäft mit einander, allein es were solches testament zwischen kindern aufgericht, so solle dasselb als weith es die kinder antrifft bestehen.

§ 3 Anderer aber und frembder persohnen geschäft welche daselbst auch bedacht worden, die künnen nit bestehen. desgleichen sollen die gescheft so umb gottes und der seelen willen armen leuten oder in ander weg ad pias causas beschehen ungeacht aines solchen unzierlichen testaments ausgericht werden.

§ 4 Wenn auch der testator die gemeinen legat und geschäft bei lebendigem leib ausgesthailt, so künnen sie auch nit mehr revociert werden.

§ 5 Wann ein testament derhalben nichtig, das die leibserben darinnen praeterirt oder enterbt worden, so seint sie die darinnen verleibten geschäft ainen weg als den andern zu exequiren schuldig. das uberig guet aber bleibt ihnen ab intestato allein.

§ 6 Wann der geschäftinger den erben auß genötten willen instituiert, aber die andern gescheft auß freiem gueten willen macht, so fellt (fol. 247v) die institution allein, und die andern legat bleiben bei ihren würden. do aber der ganz testamentlich inhalt gedrungen oder gezwungen were, so fiel er miteinander.

§ 7 Wann ein testament nit quaereliert sonder allein umb erstattung der natürlichen erbgebürnus und legitima clagt wirdt, so bestehen alle darinnen verlaßne geschäft.

Der 39. tittl. Wann der eingesetzt erb nit erb sein kan oder mag, wohin die erbschaft falle

Wann der instituiert erb vor dem aufgerichtem testament unbewüest des gescheftingers mit todt abgangen, oder nach dem testament vor des gescheftingers todt gestorben, oder des lezten willen unfehig worden, so felt sein tail auf seinen substituten und aftererben, oder da keiner verordnet auf seinen miterben wo aber kein miterb gesetzt worden, so kan das testament nit bestehen, sonder solle das verlaßen erbguet auf des geschäftingers nechste befreundten ab inteslato fallen.
(fol. 248.)

Der 40. tittl. Von salvierung aines unzierlichen testaments und der codicillarischen clauseln

§ 1 Wann sich ein gescheftinger besorgen thuet, sein aufgerichter letster will werde fur ein ordenlichs zierlichs und rechtmeßiges testament nit bestehen künnen, so mag er seinen willen mit der codicillarischen clausl salvieren. damit aber durch solches clausl nit allein die mengl welche zur zeit des aufgerichten testaments verhanden, sondern auch die so sich hernach vor des schäftingers ableiben, deßgleichen ihene welche sich nach seinem todt begeben, und also der testamentlich will auf alweg erhalten werde, so mag der geschäftinger solches clausl ungeverlich also stellen: „Wann mein lezter will fur ein ordenlichs zierlichs und lantbreuchig testament iert oder kunftig nit bestehen soll kan oder mag, so soll er fur ein codicil oder andern gemeinen lezten willen gehalten und ausgericht werden".

§ 2 Es wirdt auch aus codicillarclausel auf einen solchen formb gestelt, nemblichen: „so mein lezter will (fol. 248ᵛ) nit bestehen kan als er solt, so ist mein mainung, das er gelt wie er immer kan oder gelten mag".

und ist eben so viel begert: „Kan er als ein testamentlicher will nit creftig sein, so werde doch derselb ab intestato volzogen".

§ 3 Es werden aber mit diser cantel und dem codicillarischen claußl nit alle manglhaftige testamant guet gemacht, sondern daßelb würkt allein in etlichen besondern fällen:

Dann erstlich, wo ein testament derwegen angefochten wirdt, das der geschäftinger nit testamentsgemeß, so würkt das codicillarclausl weder an der institution noch andern geschäften durchaus nichts, dann wer zu machung eines testaments unteuglich, der kan auch kein codicill aufrichten.

§ 4 Zum andern, wann das testament imperfect, auch dem willen und puchstablichem inhalt nach unvolkomben, als nemblichen, do der gescheftinger vor endung seines lezten willens sprachlos worden oder unversehens tots abgegangen, so gilt solcher will nichts, ungeacht das der gescheftinger das codicillcleusl zuvor vermeltt oder verzaichen lassen.

§ 5 Wann aber fur das dritt, der eingesetzt erb nit testamentsfehig, so bestehet das testament von wegen solches codicillarcleusls.

§ 6 Zum virten, wann der eingesetzt erb die erbschaft ausschlegt, so werden dennoch die andern geschäft mit diesem cleusl erhalten. (fol. 249.)

§ 7 Zum funften, wann das testament an seinen zierligkaiten und sollenniteten (als der zeugen an all, ihrer fertigung oder in dergleichen fallen) manglhaftig, so bestehet dennoch solcher will in craft obbemelts codicillarischen cleusels.

§ 8 Zum sechsten, wann das testament der praeterition halben und umb das, das die ehelichen leibserben darinnen nicht bedacht noch betreut, angefochten wirdt, so erhelt dennoch das darinnen einverleibt codicillarcleusl die andern geschäft.

§ 9 Zum sibenden, wann das testament der kinder halben, so nach dem aufgerichtem testament oder des gescheftingers todt geboren, nott leidet, so wirdt daselb abermals mit dem codicillcleusl erhalten.

§ 10 Zum achten, wann das testament der enterbung halben manglhaftig, so bleiben von wegen des codicillarclausls alle andere geschäft.

§ 11 Die ander cantel, dardurch ein unformblichs und nichtigs testament salviert kan werden ist dise, dass der gescheftinger seine negsten befreundten in seinem testament austrucklich bitte, wo sein lezter wiel ihr nit bestehen Kundt oder möchte, das sie dennoch denselben ab intestato ausrichten wöllen. dann in solchem fall soll und mues des geschäftingers willen von seinen negsten blutsfreunden als ein fideicommiss außgerichtt werden.

§ 12 Wann der gescheftinger das codicillarcleusl underlassen und der mainung durchaus gewesen, das (fol 249v) sein letster willen allein testamentsweis gehalten solle, aber derselb mangelhaftig were und fur ein ordenlichs testament nit bestehen kündt, so solle solcher will codicilweiß wider deß testators intention auch nit gelten.

Der 41. tittl. Von codicillen oder letsten willen, darinnen kain erb begriffen

§ 1 Ein codicill ist ein begrif aines lezten willens, darinnen kein erb eingesetzt sonder andere particulargescheft durch den gescheftinger verordnet werden.

§ 2 Die codicill möge schriftlich oder muntlich aufgericht werden.

§ 3 Die schriftlichen bedurfen nit so viel zeugen sigler oder fertiger als die testament. derhalben, wo ein geschäftinger sein codicill mit aigner hant schreibt und fertigt, so bedarfs dem lantsbrauch nach anderer nebenfertiger gar nit.

§ 4 Do es aber von einem andern geschriben worden und des gescheftingers underschrift und sigill oder petschaft vorhanden, solle noch ein ainiger nebenfertiger mit ainem insigl oder zwen mit petschaften gebraucht werden.

§ 5 Furs dritt, wo des schäftingers aigne fertigung mang(fol. 250.)let, sollen zwei fremde sigill oder drei petschaft zu ainer manspersohn codicill genueg sein.

§ 6 Ein weib aber solle vier petschaft oder zwei insigll in disem lezten fall brauchen.

§ 7 Die codicill geschehen auf zweierlei weiße: erstlichen fur sich selbst und ohn alles vor- oder nachgehent testament, als wann einer sein verlassung allein durch particulargeschäft austhailen und keinen erben haben wiel.

§ 8 Zum andern additionalweiß, als do einer zuvor ein testament gemacht und hernach derselben testamentlichen ordnung außer der erbseinsatzung etwas geben oder nehmen wolt, so ist nit von nötten ein anders neues testament zu machen, sonder solche verenderung addition oder diminution kan in einem codicil füglig wohl beschehen.

§ 9 Ein vorbeschehen institution kan aber durch kein codicill aufgehebt werden. dann als wenig ainer in seinem codicil ainen erben oder aftererben setzen, so wenig Kan er auch solche institution oder substitution daselbst cassiren und abthain.

§ 10 Gleicherweie kan kein enterbung in ainem codicill beschehen. wo nun in einem lezten willen der gescheftinger ainen erben macht, oder einen aftererben einsetzt, oder einen leibserben enterbt, oder mit außgeführten ursachen praeterirt, so ist darauß zu schliessen oder er kein codicill sonder ein testament zu machen bedacht gewesen. derhalben wo derselb der zierligkait nach fur ein ordenlichs testament nitt bestehen kan, so soll er auch als ein codicill nit gelten. (fol. 250^{v})

§ 11 Wann der testator in seinem vorhergehendem testament ainen erben gemacht, aber sein erblich portion nit specificiert, so mag solche erleiterung in einen volgenden codicill wohl bestehen.

§ 12 Gemeine legat und geschäft mögen in ein codicill wohl verleibt werden, sie geschehen gleich zu der ehr gottes oder in ander weg. also mögen sie auch in einem codicil widerruft oder auf ein andere persohn transferiert werden.

§ 13 Desgleichen mögen darinnen fideicommiss geordnet und die negsten befreundten ab intestato gebetten werden, dieselben an ort und enden außzuspenden, wohin es der geschäftinger vermaint und ihnen darumben getrauet.

§ 14 Es ist auch einem geschäftinger unverwerth all sein haab und guet in einem codicill, nit erbsweise sondern durch einen fideicommiss, zu verlaßen und seinen negsten freunden darinnen aufzubinden, solche sein verlaßung bei erbaren gueten vertrauen dem n. oder n. nach seinem todt zuzustellen, doch mögen sie den vierten tail, Trebellianica genant, davon zihen.

§ 15 Ein codicil kann vor einem testament oder hernach aufgereicht werden, und bricht das nachvolgent testament das vorgehent codicill nit, sonder es bestett daßelb, es were dann sach dass solches durch das testament austrüklich cassiert wird.

§ 16 Deßgleichen, wann ein codicill nach einem testament (fol. 251.) aufgericht wirdt, so nimbt es solchem testament an seinem inhalt und würden nichts, es geschech dann darinnen ein außgetrukte cassation oder verenderung, soviel sie von rechtswegen in codicillen stattfinden kan. doch ist von nöthen, es zihe gleich das testament oder codicill vorahn, das in dem lezten des ersten gedacht werde.

§ 17 Welche persohn ein testament zu machen teuglich, die kan auch ein codicill aufrichten, hergegen wer nit testiren kan, dem ist das codicilliren auch verbotten. derwegen kan ein pupill kein codicill machen, aber sein vatter mags an seiner statt thuen, doch hat es nach des suhns erreichtem vogtbarkeit nit mehr statt.

§ 18 Desgleichen, wer eines testamentlichen willen nit fähig, der solle der codicillen auch nit geniessen.

§ 19 Zwei testament kan niemants under sein verlassen, sunsten künte nur eines daraus bestehen. aber zwei bestendige codocill kan ein gescheftinger wohl aufrichten und in ainem von einem tail seiner haab und gueter, in dem aber von dem andern disponirn und verordnung thain.

§ 20 Die maisten mängl, welche obgehörtermaßen ein testament prechen und nichtig machen, haben wider die codicillen auch stat, allein was die formb und zierligkait anlangt außgenomben, dann dieselben in ainem codicill so volkomenlich nit von nötten, wie obens vernomben. (fol. 251[v])

Der 42. tittl. Von gemainen geschäften und und verlassungen, legata genant

§ 1 Die gemeinen geschäft künnen in einem testament und codicill verlaßen, oder muntlich ab intestato denen negsten befreundten bevohlen werden.

§ 2 Damit aber solche geschäft von rechtswegen bestehen mügen, ist erstlich von nötten, das der gescheftinger zu testiren teuglig sei. dann welche persohn Kein testament aufrichten Kann, derselben soll auch das legiren und verschaffen verwehrt sein.

§ 3 Zum andern ist von nötten, das der geschaftmann oder legatsgenoß testamentsfehig sein. wer aber solche persohn seint, davon ist oben bei dem 16. titl tractirt worden.

§ 4 Die geschäft mögen plutsfreunden oder frembden persohnen beschehen.

§ 5 Es ist auch denen rechten nit zuwider mehrer persohnen, so an einander nahent gesipt, als vatter und sühne oder dergleichen, in einem ainigem lezten willen mit gescheften zu bedenken.

§ 6 Einem eingesezten erben kan der geschaftmacher (fol. 252.) neben der institution wohl legirn oder praelegirn.

§ 7 Zum dritten ist von nötten, das die geschaft mit und bei gutter vernunft verordnet werden.

§ 8 Zum vierten, wann die geschäft nit ab intestato sondern in einem testament, verlaßen worden, so ist ferrer von nötten, das solches tetament zierlich und creftig sei. sonsten do es an geburlichen sollenniteten manglhaftig, gulten die geschäft nichts, man ist auch diselben auszurichten nit schuldig, es were dann solches testament mit dem codocil cleusl versehen, oder der geschaftherr hette seine negste befreundten dieselb in omnem eventum auszurichten gebotten, oder das gescheft gienge nit frembt sonder leibs erben ahn, oder es hette der geschaftherr ad pias causas was verschafft oder die negsten freunt wolten die legat gutwillig ausrichten.

§ 9 Zum funften, wann die geschäft in einem testament beschehen, ist von nötten, das solches testament von dem geschaftherrn complirt und allerdings volkomblich beschloßen sei, sonsten ist man die gescheft do sie gleich Kinten oder ad pias causas vermaint, zu volziehen nit verbunden.

§ 10 Zum sechsten, ist von nötten das der geschaftherr das geschaft aus freien gueten willen ohn alle betroung oder betrangnus verordne.

§ 11 Zum siebenten, ist von nötten das der geschaftherr solche sachen verlassen, welche von rechts wegen verschafft werden mugen. (fol 252[v])

§ 12 Zum achten, ist von nötten das der eingesetzt erb die erbschaft antrette, dann do er sich derselben entschlige, fielen die andern gescheft zu boden. es were dann sach das der eingesetzt erb des gescheftingers befreundter, und die erbschaft vortailiger weiß darumben ex testaments nit antretten wolt, damit die testamentlichen geschäft erligen, er auch dieselben nit ausrichten darf, in welchem fall bei denen geschribnen rechten löblich versehen und geordnet, das solcher aigenutziger erb, wann er der erbschaft hernach ab intestato fehig wirdt, die geschäft einen weg als den anderen ausrichten solle.

§ 13 Wann auch das testament mit dem codicillarcleusl versehen, so müessen die gescheft ungeacht des eingesezten erbens repudiation von denen negsten befreundten ab intestato ausgericht werden.

§ 14 Zum neunten, ist von nötten das der gescheftheer nichts verordnet, welches gueten sitten, dem recht, lantsbrauch und altem herkomben, general oder policei zuwider. derwegen, wo ein gescheftinger viel oder wenig disponiert welches obgehörten fällen zu entgegen, so kan daßelb geschaft nit bestehen. als do einer verordnet, man soll der ablösung seiner verlaßnen haab und güeter denen nechsten befreundten nit statt thain oder dergleichen. (fol 253.)

Der 43. tittl. Welche haab und gueter verschafft mogen werden

§ 1 Ein geschafter mag seine verpfandte oder versezte haab und gueter sowohl als die freien verschaffen. und wann sich der totfall mit ihme begibt, so ist sein eingesezter erb schuldig solches versetzt oder verschrieben pfant abzulösen, auch daßelb dem gescheftmann einzureimen. do auch der geschafter ein freies stuckh seiner haab und gueter verschafft und dasselb erst nach aufgerichtem testament perpfendet, so felt dardurch das geschäft nit, sonder der erb ist daßelb gleicherweise freizumachen und dem geschaftem zu ubergeben schuldig.

§ 2 Es ist aber disfals von nötten daß der geschäftinger umb die verpfendung ain aigentliches wißen hab. dann do er ein verseztes guet der mainung als ob es ledig und frei verschief, so kunte solches aus irrthum beschehens legat, do es ainem frembden vermaint, nit bestehen; einem befreundten aber soll es ervolgen.

§ 3 Gleicher gestalt mag ein gescheftinger das, so man ihme schuldig oder zu thain, ungeacht das er noch nit (fol. 259ᵛ.) würklich bekomben, freunden und frembden verschaffen. und do er die schulden seinem schuldner vermaint, so ist der erb dieselb nach dem totfall freizusprechen, auch mit quittungen oder verzichten nach gelegenheit der erhaischenden notturft zu versichern schuldig.

§ 4 Do aber der geschäftherr dieselben schulden rechten und gerechtigkaiten nit seinen geltern und verobligirten sondern andern verschief, so sollen ihnen dieselben die erben dieselben schultbrief und gerechtigkaiten volmechtiglich cediren und ubergeben, sie auch zu einbringung derselben, so guet er immer gefast, notturftiglich armiren.

§ 5 Ein gemeines unvertailtes haab und guet kan auch verschafft werden, doch underschietlicher massen. dann do der geschaftherr der gemeinschaft oder Communion bei den geschaft nit gedenckt, sonder schlechtlich also ordnet: „den oder disen grund schaff ich dem n". so ist zu vermueten, er habe dem geschaftmann nit allein seinen gebürenden thail sondern den ganzen grunt vermaint. derhalben der erb schuldig die anderen thail von des testators miterben abzulösen und dem geschaftman völlig einzureumen, oder do er der lösung nit habhaft werden kundt, dem geschaftmann dem andern thail billichen werth ervolgen zu lassen. wann aber der testator bei dem geschaft der communion (fol. 254.) meldung thette, so erscheint, das er dem geschaftman daran mehrers nit als seinen geburenden thail verlassen wöllen, den solle ihme der erb auch richtig machen.

§ 5 a* Wann der geschäftinger etwas verschafft welches nit sein aigen sondern seinem eingesezten erben zugehörig, so kan der erb seines testators willen nit prechen, sonder ist solches gescheft dem geschaftman zu liefern schuldig. doch wo ihme daßelb beschwerlich, mag er sich der erbschaft entschlagen.

§ 6 Wann dem geschaftman sein aignes freies guet verlaßen wirdt, so ist das geschaft nichtig.

§ 7 Wann aber dasselb dem testator obligiert verpfendt oder versetzt gewesen, so tregt solches legat ain freimachung auf ihme, und ist der erb schuldig daßelb dem schuldner ohn alle widergeltung erfolgen zu laßen. ist es aber einem andern verpfendt, so solle dasselb der erblosen und dem geschaftman ohn entgelt ledig zustellen.

§ 8 Wann der geschaftherr ein frembdes guet wißentlich und wohlbedechtlich verschafft, so ist der erb dasselb zu losen und dem geschaftman zu ubergeben schuldig. do ihme aber der aigenthumber solcher lösung nit statthain wolt, soll er dem geschaftman desselben frembden verschaften guets werth lifern.

§ 9 Hergegen, do der testator mit seinem geschaft geiret und ein frembdes guet fur sein aignes unwislich verschafft, so kann dasselb legat nitt (fol. 254^{v}) gelten, es were dann keinem frembden sondern einem blutsfreunt vermaint worden, in welchem fall aintweder das guet durch den erben abgelöst oder der billich werth dem geschaftman gegeben werden solle. ob aber der testator wissent oder unwissent in disem fall gewesen, das mues der erb und nit der geschaftman erleitern und beweislichen machen.

§ 10 Wann vor des geschafthern totfall ein verschaftes frembdes guet an dem geschaftman mit rechtmessiger ankauf, als donation gescheftweise oder ex causa lucrativa komben, so ist das legat gefallen und der erb dasselb auszurichten ferrer nit schuldig.

§ 11 Do aber der geschaftman solches guets vor des geschaftherrn tots durch Kauf wechsl oder andere dergleichen titl und causas onerosas aigenthumblich habhaft würd, so bestehet das geschaft ainen weg als den andern und ist der erb

---

* Irrtümlich zweimal § 5 vom Kopisten.

obgehörtermassen verbunden dem geschaftmann den billichen werth, weil das guet zuvor sein aigen zu raichen.

§ 12 Geistliche und lantsfürstliche cammer und communitetsgueter Kann noch soll niemants verschaffen.

§ 13 Ein bestantweiß verlassen guet mag der bestantherr ungehindert des wehrenden bestants verschaffen, doch solle der erb oder geschäftmann den bestantmann vor ausgang des bedingten bestants gegen reichung des geschloßnen jhärlichen (fol. 255) zinß unvertrieben lassen.

§ 14 Wann einer ein guet erkaufft aber nit vollig auszahlt noch würklich innenhatt, so wer er dennoch daßelb zu verschaffen befuegt. es mueste auch die auszahlung der hinderstelligen und restirenden Kaufsumma nit der gescheftman sonder der eingesetzt erb ohn des geschaftmans entgelt thain.

§ 15 Ein ehemann mag seines hausfrauen heuratliche güeter aigenthumblich nit verschaffen, thet er aber solches, so soll der erb dem geschaftmann desselben guets billichen werth zustellen.

§ 16 Ein verseztes pfant kann dem glaubinger verschafft werden und ist der erb die schult einen weg als den andern zu bezahlen schuldig.

§ 17 Das eigenthumb kan einem und die fruchtniessung einem andern verschafft werden.

§ 18 Die dienstbarkeiten und servituten mögen auch legiert und verschafft werden, als wann einer dem anderm steeg- oder weegrecht uber seinen grunt oder einfallende lichter in seinen lezten willen vergunstigt.

Der 44. tittl. Was dem geschäftman ervolgen solle

§ 1 Wann einem ein bewegliches oder unbewegliches (fol. 255v) stukh verschafft wirdt, so kan der erb die ablösung daßelben wider des gescheftmans gelegenhait nit begeren.

§ 2 Do einem ist gemein ein roß viech ketten oder dergleichen legiert worden, so ist der erb dem geschaftman nit das best noch ärgist sonder das mittelmessig daraus ervolgen zu lassen schuldig.

§ 3 Wann der geschaftherr ainem seine heuser gärten klaider oder dergleichen stuckh verschafft, so mues solches legat auf die heuser und gerten verstanden werden, welcher der geschäftherr zur zeit des aufgerichten testaments gehabt.

derhalben so er hernach andere und mehrere vor seinem todt bekomben. sollen dieselben nit dem geschaftman ervolgen sonder dem haubterben verbleiben.

§ 4 Wann der gescheftinger ainem all sein silbergeschmeit verschafft und daßelb hernach specificirt, als pecher schalen schüssl täller leichter gießkandl giespeckh etc. und ein oder mehr sorten des gemachten silbergeschmeits in der specification auslest, so kann solcher mangl dem gescheftmann nitt schaden, dann weil ihme alles silbergeschir in gemein verschafft worden, so volgen ihm die unspecificierten stuckh, so viel deren dem silbergeschier anhengig, gar billich; silbrne parschaft aber soll dareien nit verstanden werden. (fol. 256.)

§ 5 Do der geschäftherr ainem alle seine roß, dem andern seine reitroß verschaffet, so nimbt das particulargescheft dem general sein craft, derwegen mueß sich der erst gescheftmann in denen wagenrossen ersettigen lassen.

§ 6 Do es sich begeb das ein gescheftinger ainem ein ainigs corpus oder stuckh zwier verschief, so kan solches legat, es geschehe gleich in ainem ainigen oder zweien underschietlichen lezten willen, den verstant nit haben, das es zweimahlen entricht und fur die erst verordnung das guet, fur die ander aber desselben werth dem geschaftmann gereicht werden solle. wann aber ainem gelt, als hundert gulden, zu zweimahlen verschafft wirdt und solches legat in einem ainigem leztem willen begriffen, so soll es der erb nur einmahl betzahlen, es were dann sach das des lezten legats inhalt auf ein auction und mehrung gestelt, nebmlichen also: „dem n. schaff ich uber die vorigen hundert gulden andere hundert gulden", oder: „dem n. schaff ich noch hundert gulden", oder was dergleichen wort sein mögen, daraus die dupplierung des geschefts zu vermerken.

§ 7 Item, wann die verschafften summa ungleich, sie weren gleich in einem oder zweien lezten willen verleibt, so sollen sie beide ausgericht werden. (fol. 256ᵛ)

§ 8 Also auch, wann die verschafft summa gleichmessig, aber in zweien underschietlichen lezten willen verordnet, als hundert ducaten im testament und abermals hundert im codicil, so soll baide summa der geschafften vermueg geschribner rechten geliefert werden.

§ 9 Wann zwei persohnen ain ainiges stuckh ohn auszaigung der thail verschafft worden, so soll iedem geschaftmann halber tail folgen. do sich aber der ein seines tails begeb, soll derselb dem andern zustendig sein.

§ 10 Wann das verschafft guet nit gegenwertig sondern von dem geschaftherrn anderswo hinderlegt oder verschickt worden, so mues der erb ohn des geschaftmanns entgelt zu handen bringen und ihme behendigen.

§ 11 So der erb das verschafft haab und guet verwendt und wider zu handen bringen kundt, ist er solches zu thain schuldig. do es aber nit sein möchte, soll er dem geschaftmann den billichen werth erstatten.

§ 12 Wann das verschafft guet vor ausrichtung des testaments durch des erbens aignen fursatz unvleiß oder verwarlosung zum verderben kömb, solle er dem gescheftman den billichen werth darfur betzahlen.

§ 13 Wann aber solches geschafft durch natürliche mitl oder unversehene fäll, als prunst Krieg nott wassergüeß schifpruch und dergleichen unfäll, vergeet, (fol. 257.) so ist der erb solchen schaden abzutragen nit verbunden, es were dann sach das er an der prunst oder dem zugestandnen unfall schuldig, oder das er mit zustellung des legats seumbig und moros, oder das das gescheft in gelt gewesen, dann ob es gleich verbrunnen, so muss der erb dasselb in gleichen werth dennoch ausrichten.

§ 14 Do das verschafft guet den erben entfrembdt würde, er auch an disem verlust nit schuldig, so kündt ihme der geschäftman nichts zumueten noch desselben werth mit fueg begehren, dann er solches an seinen aignen gutern auch gewertig sein muessen. do er aber solches verschafft guet ubel verwahret und zu dem verlust mit seiner unfursichtigkait ursach gegen hette, soll er dem gescheftman solchen erlittnen schaden abtragen.

§ 15 Wann der geschaftherr dem geschaftman mehrers, als aus irrthumb oder in eil geschriben worden, vermaint hette, so soll der beweißlich will dem inhalt billich weichen. gleicherweiß do ungevär mehrers geschriben als verlaßen worden und der erb solches auf widersprechen beweisen kündt, solle abermals dem willen und nit der irrigen schrift nachgesetzt werden.

§ 16 Wann das geschäft nit verdorben sonder in des erbens gewaltsamb durch seinen unvleiß schlechter worden, so soll er solchen schaden dem geschaftman auch abtragen.

§ 17 Was einem geschaft durch waßergüeß gebert (fol. 257v) gemacht oder in ander weg zusteet, das solle dem gescheftman neben dem haubtlegat zugestelt werden.

§ 18 Deßgleichen, wann der erb nach seiner erblichen antrettung mit uberantwortung des geschefts saumbig und das gescheft mit fechsung der frucht, einnembung der zins oder in ander weg geniesse, so ist er solchen genieß dem geschaftman zuzustellen schuldig. do er sich aber darumben verclagen ließ, soll er alles das dessen er genossen oder der geschaftman als ein besserer wirt geniessen hett mögen bezahlen.

§ 19 Do auch das gescheft an parem gelt were, solle ihme der verzigig erb das lantpreuchig intereße funf per cents neben der haubtsumma bezahlen.

Der 45. tittl. Welche geschäft nichtig und dem geschäftman nit ervolgen, auch keiner ausrichtung bedurftig

§ 1 Erstlich seint alle gescheft nichtig und kraftloß, welche an einem oder mehr stuckhen, davon oben bei dem (fol. 258.) 42. titl meldung beschehen und zu aines legats beständigkait notwendig sein, mangl haben.

§ 2 Zum andern, wann ein geschaft gar zu general und unspecificiert were, so kan es kein würkung haben, als wann der gescheftinger dem n. oder n. ein unbenentliche summa gelts ohn specification der zahl und sort verließ.

§ 3 Zum dritten, wann der geschaftman das verschafft guet in des gescheftherrns leben durch donation oder andere gleichmessige weg ohn sein entgelt bekombt, so ist ihme nachmals der eingesetzt erb deßelben zuvor angehendigten guets aestimation oder billichen werth zu geben nit schuldig. do aber der geschaftmann daßelb guet mit erkaufung wechsl oder dergleichen widergeltung an sich gebracht, so solle ihme der erb die aestimation billichen ervolgen laßen.

§ 4 Zum vierten, do daß geschäft ohn des erben schult oder unvleiß aus natturlichen ursachen vergieng oder durch unfall zum verderben kömb, so ist er davon entprochen.

§ 5 Zum funften, wann der testator das verschafft stuckh in seinem leben verkauft oder verbraucht, so ist das legat aus. do es aber der erb vernüztet, so ist er den billichen werth zu erstatten schuldig.

§ 6 Zum sechsten, wann der geschaftman die anhengig bürd seines habenden geschafts nit volziehen (fol 258^{v}) wolt, soll er des legats nit habhaft werden.

§ 7 Zum sibenden, wann der geschaftherr das verschafft haab und guet nach seinem aufgerichtem lezten willen wilkürlich ohn alle unvermeitliche notturft durch kauf wechsl oder dergleichen contracts alienirt verwendet und von seinen handen Kömben lest, so wirdt das vorgehent legat durch solche alienation todt und ab. do ers aber ausgetrungner nott seines unvermögens, oder das das gescheft seiner art nach in die leng nit bleiblich verlaßen oder verkomben müest, so bleibt das gescheft bei seinen würden und ist der erb dem geschaftmann den billichen werth dafur zu geben schuldig, er bewise dann das der geschaftherr seinen willen mit dieser verenderung verkehrt.

§ 8 Zum achten, wann der testator das verschafft haab und gueth noch in seinem leben verschenkt, so felt durch solche donation das vorgeent geschaft.

§ 9 Zum neunten, wann der geschaftherr einem ein schult verschief und dieselb bei seinen lebzeiten einbrecht, so erligt das verschafft legat, es were dann sach das der geschaftman beweislich machen kundt, das solche einforderung in mainung sein legat dardurch auzuheben nit beschehen. do es aber der erb eingemahnt, so bleibt das legat ohn einige beweisung bestendig. (fol. 259.)

§ 10 Zum zehenden, do der geschäftinger das verschaffen guet verhandlet und hernach vor seinem todt widerumb zu seinen henden mit rechtmessiger ankunft precht, so were der erb dennoch nit schuldig dasselb dem gescheftmann ervolgen zu lassen, es kunte dann der geschftman ausfindig machen, das ihme der geschäftinger solche legat widerumb vom neuen vermaint.

§ 11 Wann der testator das geschäft so er dem gescheftmann bei seinem testament vermaint in seinem additional-willen und codicill aufhebt oder auf einen anderen geschaftmann umblegt, so ist sein legat durch solche ademption und transaction auch gefallen.

§ 12 Wann ein vatter seiner tochter ain bemantes heuratgueth verschief, auch dieselb noch bei lebendigem leib verehelichte und mit solcher haimbsteur verseche, so hatt das gescheft sein entschaft.

§ 13 In obgehörten fallen wann das nichtig geschäft bei der verlassung verhanden, so bleibt es dem eingesetzten erben.

§ 14 Wann der geschäftinger mit benehmung demonstration außzaigung oder andern umbstenden des verschafften legat irret, aber das legat an ihme selbst unzweifenlich und erkantlich were, so solle von wegen solches euserlichen irrthumbs daßelb gescheft nit fallen. deßgleichen do der gescheftinger das ver(fol. 259ᵛ) schafft guet nach dem testament versetzt oder verobligiert, so bleibt dennoch das legat bei seinen würden und ist der erb solches zu lösen und dem gescheftmann einzureumben schuldig.

Der 46. tittl. Ob der geschäftman das geschaft thailen müge

§ 1 Ein geschaftmann soll sein geschaft es sei tailbar oder nit eintweder gar annemben oder gar verlaßen.

§ 2 Do ihme aber mehr underschitliche stuckh verschafft worden, mag er etlich gar annemben, die andern gar verlasen. halbiren soll ers aber auch nit.

Der 47. tittl. Ob ein geschäftman sein vermaintes gescheft auf seine erben transmittier

Wann der geschaftmann vor dem gescheftinger mit todt abgeet, so kan das geschäft so ihme vermaint worden auf seine erben nit fallen, sondern es wirdt (fol. 260.) solches legat caducum und bleibet des gescheftingers erben. wann aber der geschäftman des gescheftingers totfall erlebt, und ehe er seines geschäfts habhaft worden gleichfals mit todt abgeet, so transmittiert er sein jus und gerechtigkait auf seine erben, ungeacht das der erben in dem testament nit gedacht, es were dann sach das solches legat mit gemeßnen conditionen verlaßen worden, welche sich vor des gescheftman todtfall noch nit begeben.

Der 48. tittl. Wann die geschäft ausgericht sollen werden

Dem geschribnen rechten nach mag die ausrichtung der geschäft innerhalb eines jharfrist beschehen. wann aber der lezte will undisputierlich und die verschafften gueter in des erben gewaltsamb, so ordnen setzen und wollen wir von lantsfurstlicher volmacht wegen, das die geschäft straks nach angetretner erbschaft abgericht und denen geschaftmannen zugestelt werden sollen. (fol. 260^{v})

Der 49. tittl. Mit was ordnung die geschäft abgericht sollen werden

§ 1 Wann man zu der execution aines lezten willens greifft, so mag der eingesetzt erb erstlichen von unvertailtem gueth herdannehmen, was er von seinem aignen darlegen auf des geschäftingers begrebnus deßgleichen sperren inventiren und schätzen dargelichen.

§ 2 Zum andern, sollen die schulden von unvertailtem guet außzahlt werden, dahin dann ein wittiber oder wittib mit ihren heuratlichen sprüchen auch zu verstehen. und do des verlassen guets mehrers als der schulden, so ist einige ordnung zwischen denen creditorn mit der bezahlung zu halten nit von nötten, sondern wer ehers kombt den soll der erb bezahlen. do sich aber die verlaßung zu völliger abzahlung aller glaubinger nit erstreckt. solle ein crida angeschlagen und die glaubinger der prioritet halben gegen einander vernomben, daruber erkent und die creditorn nach der ergangnen erkantnus ordnun abgefertigt werden. (fol. 261)

§ 3 Zum dritten, solle des gescheftingers leibserben ihr naturliche ergeburnuß und legitima, wo ihnen nit mehrers verschafft, ervolgen.

§ 4 Zum vierten, sollen die geschaft, welche der testator umb gottes und seiner seel hail willen verordnet under allen andern gemeinen geschäften ausgericht werden.

§ 5 Zum funften, sollen die gemainen geschäft in der ordnung wie dieselben ersucht ausgericht werden.

§ 6 Wann der eingesezt erb zu der verlassung actionen sprüch und anforderung hatt, so stehen ihme dieselben neben andern glaubingern wie recht ist bevor.

Der 50. tittl. Von denen ursachen dardurch ein geschäft verwürkt wirdt

§ 1 Die geschäft werden auß vielerlei recht messigen ursachen verwürkt und verlohren: erstlich, wann der geschaftman des geschaftherrn verlaße wittib in unehren erken.

§ 2 Item, do der geschaftman an des geschaftherrn todt schuldig und denselben mit verdachtlicher oder bößer wartung gefiedert. (fol. 261v)

§ 3 Item, wo sich nach dem vermaintem geschäft zwischen dem geschaftinger und geschftman ein schwere capitalfeintschaft zugetragen und dieselb der gescheftman geursacht.

§ 4 Item, so der gescheftman dem gescheftinger offentlich geschmäht und an seinen ehren verletzt.

§ 5 Item, so der gescheftinger nach seinem testament unredlich umbkomben und der geschaftmann seinen unschuldigen todt mit gebürlicher clag nit antet noch vindiciert, es were dann sach das der thetter nit zu betretten, oder das dem gescheftman ein anderer clager furkömb, oder das er ein minderjhärige persohn were.

§ 6 Item, do der gescheftman den geschaftherrn an verenderung seines lezten willens verhindert.

§ 7 Item, do sich der geschaftman der auferlegten testamentlichen tutel und vormuntschaft waigert.

§ 8 Item, wann der geschaftman des testators lezten willen, als ob derselb mit falsch aufgericht worden, anfecht und mit recht erligt, so mag er sich des geschäft unwürdigen. und do ers zuvor angehendigt, soll ers dem eingesezten erben wider restituirn. dergleichen alle die so zahtt und thatt darzu geben, es were dann sach das der geschaftman von ambtswegen anstatt seines pflegkints solche clag furnemben hette müeßen, oder das der geschaftman vor dem endurtel von seiner clag abstünde. (fol. 262.)

§ 9 Welcher aber ein testament, umb das es an seinen zierligkaiten und sollenniteten manglhaftig, disputirlich macht und verlustig wirdt, derselb soll nichts destweniger seines geschefts habhft werden.

§ 10 Item, wann der geschaftman das testament als unmessig und in officios anfecht, so macht er sich seiner darinnen verleibten legat unwürdig.

§ 11 Item, wann der gescheftman seinen geschäftinger mit schwerer clag belestiget und ihme seines stants halben, als ob er nit ehelicher geburt oder dergleichen, gerichtlich anzeucht, so wirdt er des legats unfehig.

§ 12 Item, do er sich des gescheftingers haab und gueter, weil derselb noch im leben, mächtiget und deren einstails bei seinem lebendigem leib verschenkt.

§ 13 Item, wann der geschaftman das verschafft guet hindergeet oder daßelb mit gwalt einnimbt.

§ 14 Es ist fast gebreuchlich das die gescheftinger in ihre lezte willen ein cantel setzen und mit gemessnem inhalt verordnen: welche persohnen sich an ihren verschafften tail oder legaten nit benüegen laßen sondern den lezten willen kriegen, dieselben sollen ihres geschafts nit fehig sein. dieses clausel aber hatt vermüege der rechten nit stat, wann das testament fur unformblich oder unzierlich gestritten wirdt.

§ 15 Wann aber der gescheftman dasselb als ein falsches oder unmessiges testament anficht, so ist solches cleusl gültig und würklichen. (fol. 262v)

§ 16 Obgehörte ursachen, darunter ein particulargeschäft als legat und fideicommiss verwürkt wirdt, erstreken sich auf die institution und erbsatzung auch, dann wo sich der erb in einem oder dem andern obegrifnen fall verschuldiget, so macht er sich seiner erblichen gebürnus unfehig. dise verwürkten geschäft aber bleiben dem eingesezten erben nit, sonder fallen unserer lantsfürstlichen cammer vermüeg geschribnen rechten haimb.

Der 51. tittl. Von abzueg und messigung der geschäft so lex Falcidia genent wirdt, auch welche legat keinen abzueg erdulden

§ 1 Wann ein gescheftinger nach seinem ableiben soviel schulden verließ, das dieselben aus seinem vermögen schwerlich zu betzahlen und nichts ubrigs verhanden blieb, so were sein lezter will und die darinnen verleibten geschäft nichtig.

§ 2 Do er aber etwas ubrigs under sein gelaßen, doch daßelb maistes tails verschafft, also das dem eingesezten erben der vierte tail solches guets nach abzahlung aller schulden nit uberblieb, so möcht sich (fol. 263.) sein erb der freihait legis Falcidiae gebrauchen und einem ieden gescheftinger von seinem gebürendem geschäft pro rata portione so viel abziehen, das er auf den vierten thail der ganzen verlaßung Kömet alls wann der geschäftinger viertausent gulden ohn schulden verließ und dreitausent funfhundert daraus verschief, so mangleten seinem eingeseztem erben an seiner gebürenden vierten thail der tausent gulden noch funfhundert gulden die möchte er pro rata denen gescheftsgenossen abziehen und also seiner tausent gulden völlig habhaft werden. solcher abzug aber hat nit allein in legaten sonder bevorgeschäften und praelegaten, donationen causa mortis und allen particulargeschäften statt.

§ 3 Doch sein etliche besundere fäll darinnen ainiger abzueg von rechtswegen nit beschehen mag:

erstlichen solle denen kindern und leibserben an ihrer gebürenden natturlichen legitima nichts abgezogen werden.

§ 4 Zum andern, was der verstornen umb gottes oder seiner seelhail wegen oder den armen zu guetem verschafft und ad pias causas verordnet, dieselben geschäft sollen auch frei sein.

§ 5 Zum dritten, wann ein erb verdechtlich mit der erbschaft umbgeet und Kein inventari aufgericht hette, so verwürkt er die freihait legis Falcidiae und Kan derselben nit gemessen. (fol. 263v)

§ 6 Zum vierten, wann der geschäftinger seines vermügens einen eigentlichen bericht hette und derwegen solchen abzueg in seinem lezten willen verbieten thette.

§ 7 Zum funften, von einem heimbgeschafften heuratguet soll auch nichts defalciert werden, dann ein wittib bekömbt dardurch nichts anderst als das ihrig.

§ 8 Zum sechsten, wann der erb ein oder mehr legat guetwillig und völlig bezahlt, so Kan er ferrer nit mehr abziehen.

§ 9 Zum sibenden, do er sich der völligen betzahlung wisslich und ungeacht seiner habenden freihait erbotten.

§ 10 Zum achten, so ein erb von der erbschaft was enttragen und dessen uberwisen, so verleurt er damit den befreiten abzug.

§ 11 Der vierte tail aber des obberürten abzugs wirdt nach gelegenhait der zeit zu welcher der gescheftinger sein leben beschlossen, und gar nit als er seinen lezten willen aufgericht, geraiten.

Der 52. tittl. Von vertreulichen geschäften und fideicommissen

§ 1 Die fideicommiss und vertreulichen geschäft werden in einem testament oder codicill, desgleichen müntlichen ausser aufrichtung eines schriftlichen willen (fol. 264) verlassen, sein auch zweierlei art und aigenschaft. etliche sein universal, etliche particular.

§ 2 Die universal-fideicommiss geschehen in testamenten, nemblichen wann der gescheftinger einem sein haab und guet ein zeit lang verlest doch mit dem vertreulichen auflag, das er dasselb einem anderm so etwo noch unvogtbar oder ausser lants oder derzeit dadlhaftig restituiern und uberantworten wölle.

§ 3 Die particular-fidercommiss aber mögen schriftlich oder müntlich verordnet werden. in einem schriftlichem leztem willen beschehen sie ongeverlich also: ‚dem n. verlasse ich mein haus, doch mitt diser auferlegten burt, do er ohn leibserben abgeen würd, das solches hauß dem n. oder n. zustelt werden solle'.

§ 4 Deßgleichen werden solche particular- und ainzige fideicommiss muntlich ohn allen schriftlichen lezten willen verlassen, dann der unversehen todt ubereilt einen geschaftinger oftermals so schnell das er keinen schriftlichen willen aufrichten kan, sondern nur muntlichen vertrauen und bevehlen mueß, wie es nach seinem todt mit seinem guet gehalten werden solle.

§ 5 Solche fideicommiss mögen nit allein einem erben sonder auch einem anderm gemeinen geschaftmann und legatari aufgebunden werden. dann welchem der testator mit ainem stuckh seiner gueter versicht, den mag er widerumb mit ainem vertreulichen fidei (fol. 264^{v}) commis beschweren. damit aber der beschwert nit umbsonst knecht sei und sich des auferlegten fideicommiss zu entschutten ursach gewien, ist versehens rechtens das alle nuzbarkeiten von denen fideicommittierten haab und guetern herrüerent biß auf die verordnet restitution der beschwerten persohn zu einer ergötzung und recompens aigenthumblichen verbleiben solle. deßgleichen mag er den vierten thail des ganzen verlasnen fideicommiss herdanziehen und denselben per senatus consultum Trebellianum fur seinen tail aigenthumblich behalten, es sei ihme gleich derselb durch den gescheftinger austruckenlich vermaint worden oder nit.

§ 6 Wann nun der beschwert geschaftgenoß umb zustellung zu gebürlicher zeit ersucht wirdt, ist er die fideicommittirten haubtgüeter (doch ausser der aufgehebten nutzungen wie oben gehört) dem so sie durch den testirer oder gescheftinger vermaint worden zu restituiren schuldig- und do er Keines fideicommiss gestendig sein wolt, sondern den vertrauten willen so etwo muntlichen beschehen in abret ziehen thet, so mag ihme der ait zugemuht werden, denselben ist er auch zu thain schuldig. dann do er sich deßelben waigert, soll er ausser ferrer beweisung zu restituierung des fedeicommiss ohn mittl condemnirt und gehalten werden.

§ 7 Die fideicommiss vergleichen sich mit denen legaten und (fol. 265.) geschef-ten fast in alweg, dann wer legiren kann, dem ist fideicommiss zu verlassen auch erlaubtt.

§ 8 Deßgleichen wer gescheftsfehig, der kan mit einem fideicommiss auch be-treutt werden. also auch welche gueter verschafft künnen werden, die mögen auch ein fideicommiss ertragen.

§ 9 Ebnermassen, aus welchen ursachen ein geschäft nichtig ist oder verwürkt wirdt, dieselben ursachen der nichtigkait und verwürkung reimen sich auf ein fideicommiss, davon in übrigen titeln darinnen von denen geschaftmännern ge-handlet mehrers ersehen mag werden.

Der 53. tittl. Von der ubergab so von totswegen geschiecht und donatio causa mortis genant wirdt

§ 1 Die donation und ubergab von totswegen ist ein lezter will, welcher dem lantsbrauch nach nit muntlich sonder schriftlich beschiecht, wirdt auch gemeinklich bei gesundem leib aus betrachtung des unversehenen tots oder von wegen geverlicher weiß und zueg furgenomben, als da einer ins velt ziehen oder uber (fol. 265v) meehr fahren wolt und des tots sowohl gesunder als kranker stuntlich gewartent sein müeste, wo were unnott das er ain ordenlichs und zierlichs testament aufrichtet, sonder es steet ihme bevor seiner haab und gueter halben durch ein donation causa mortis und dieselb neben seinem insigl oder petschaft mit einem frembden sigill oder zweien petschaften zu fertigen und zu lassen.

§ 2 Solche ubergab von totswegen künnen alle vogtbare persohnen machen, deßgleichen dem lantsbrauch nach alle Kinder, ungeacht das ihre eltern noch im leben. gemeiniglich aber geschehen solche donationen von ehe- und chonleuten dann dieselbigen richten in einem oder zweien underschitlichen donation-brie-fen reciproce und gegen einander ihre lezte willen auf, darinnen sie verordnung thain was dem uberlebendem leib es sei gleich mann oder weib ervolgen oder denen kindern und leibserben verbleiben solle. doch ist ihnen unbenomben anderer persohnen sie sein gleich freunt oder frembdt darinnen auch zu bedenken. dise ubergab von totswegen mögen von keinem aufgericht werden, er sei dann testamentsgemeß derselben kan auch keiner habhaft werden, er sei dann testamentsfehig.

§ 3 Welche gueter in ainem testament nit verschafft künnen werden, die sein auch Keiner (fol. 266.) ubergab von totswegen fehig.

§ 4 Die donation von totswegen geschehen vermüeg geschribner rechten auf zweierlei weiß: erstlichen mit ubergebung oder würklicher tradition der donirten und geschenkten gueter.

furs ander, das der donatari und geschenkgenos der donierten gueter erst nach des gebers todt habhaft werden solle, welches dem lantsbrauch nach gebreuchiger ist.

§ 5 Solche ubergaben fallen aus etlichen ursachen:

erstlichen, wann der ubergeber den schenkgenossen uberlebt, zum andern, wann der ubergeber der beschehen ubergab reuet, dann Kein notturft, das er solche donation durch einen andern lezten willen widerruffe, sondern er mag dieselben sonsten cassiern todt und abmachen.

furs dritt, wann er von der totlichen Krankhait welche ihne zu der donation verursacht wider auf- oder von der gefehrlichen raiß widerrumb lebendig haimbkombt.

§ 6 Die ubergab von totswegen werden denen legaten und geschäften verglichen, deswegen was oben von denselben gehandlet und geordnet worden, das reümet sich zu solcher übergaben meistes tails auch. (fol. 266v.)

§ 7 Wann ein ubergab oder donation aufgericht, aber darin nit ausgetruckt wirdt, ob sie von totswegen beschehen oder sonsten ain ubergab under lebendigen so donatio inter vivos genant wirdt were, so ist in dubio zu vermueten, das ein donation inter vivos sei, welche ihrer arth nach unwiderruflich ist.

§ 8 Desgleichen, wo ein donation von totswegen mit ausgetrukten worten dahin gestelt were, das sie unwiderruflich sein solt, so solle dieselb fur keinen lezten willen sondern ein lebendige ubergab und donation inter vivos gehalten werden.

Der 54. tittl. Von denen executorn oder volziehung eines testamentlichen und andern lezten willens

§ 1 Wann ein geschaftinger in seinen lezten willen besondere executorn oder ausrichter verordnet, so soll ihnen der eingesezt erb in der anbevolnen execution keinen eintrag thuen. so aber der geschäftinger keinen anrichter seines lezten willens gesezt hette, so stehet die ausrichtung dem instituirten erben nach lantsbrauch zu. und do solcher lezter will (fol. 267.) ein codicil were und keinen eingesezten erben hette, so sollen des verstorbnen negste befreunden die ausrichtung volziehen, oder wo sie sich derselben waigerten solle die ordenlich obrigkait ainem oder mehr executoren nach beschaffenhait der verlaßnen haab und gueter verordnen, welche verordnung von der laiischen obrigkait nach altem herkomben, ungeacht was bei denen geschribnen rechten disfals versehen, beschehen mag.

§ 2 Die geistlichen persohnen und ordensleuth sollen zu ausrichtung der lezten willen, welche von weltlichen persohnen aufgericht, nicht gebraucht, uber geistlicher geschäftinger letster willen aber mögen sie zu ausrichtung wohl verordnet werden.

§ 3 Die weibspersohnen sollen zu dergleichen ausrichtungen auch nit gesezt werden, allein es were dieselb persohn ein instituierte erbin oder des geschaftingers ehegemahl, dann solche werden dem lantsbrauch nach zu außrichtern ihre verstorbnen hauswirt letster willen mehrmals verordnet.

§ 4 Die unvogtbaren und münderjhärigen taugen zu derlei ausrichtung auch nit.

§ 5 Wann ein geschaftinger ainen oder mehr executorn seines lezten willens verordnet, so mögen sich dieselbigen der auferlegten execution waigern und sein solche wider ihren willen anzunemben nit schuldig, es were dann sach das sie sich der execution würklich under(fol. 267v)fangen und erst hernach davon trachten wolten, oder das ihnen der geschaftinger solcher auferlegten burt halben was geschafft, sie auch dasselb geschafft angenomben und behendigtt.

§ 6 Deßgleichen, do sie des geschaftingers bluetsfreunt weren, sollen sie sich der auferlegten execution vermüeg geschribner rechten nit entschutten. item, do sie bei aufrichtung des testaments gewesen, auch die auflag vom geschaftinger angehört und dieselb nit widersprochen. item da sie von der obrigkait zu ausrichtern furgenomben worden.

§ 7 Wann sich der executor der auferlegten ausrichtung entschlecht, so verwürkt er dann alles das was ihme der gescheftinger in seinen leztem willen vermaint.

§ 8 Wann ein executor vor angefangner oder beschloßner volziehung des lezten willens mit todt abgieng, so ist sein nachgelaßner erb dieselb zu verrichten oder zu beschliessen nit schuldig, sondern die ausrichtung felt auf die andern mitexecutorn.

wo aber derselben keiner verhanden, so soll die obrigkait an des verstorbnen stat einem andern dem lantsbrauch nach verordnen.

§ 9 Es solle kein ausrichter, weil dieselben aus sonderm hohen vertrauen erkiest werden, an seiner statt ainen andern afterausrichter und substituten ordnen.

§ 10 Die ausrichtung aines ieden lezten willens solle innerhalb ainer jharsfrist beschehen, doch (fol. 268.) mit der maß wie oben im 48. tittl vernumben.

§ 11 Die verordneten executorn sollen ihrer kunftigen verwaltung und darauf gehörigen raitung halben der ordenlichen obrigkait unvergreifen, aber andere caution ist dem lantsbrauch nach unvonnotten. sie seint auch ihrer verrichtung halben denen negsten befreundten burgschaft zu thain nit schuldig.

§ 12 Die testamentlichen executionen sein dem lantsbrauch nach noch unverschaidenlich, derhalben mag dieselb von ainem, ungeacht des andern saumsal oder waigerung, wohl furgenomben werden.

§ 13 Die testamentlichen ausrichter sollen kein haubtguet von wegen ihrer anbevohlnen execution verkaufen, es hette dann der geschäftinger ains oder mehr zu der ausrichtung deputiert, oder es were kein parschaft bei der verlaßung verhanden, in welchem fall nit die besten sondern mittermessigen gueter angegriffen sollen werden. es sollen auch die beweglichen und varenden haab und gueter vor den ligenden verkauft werden.

§ 14 Deßgleichen solle solche verkaufung unverdechtlicher weise beschehen und allein dem ervolgen, welcher das maiste darumben geben wolt.

§ 15 Bei solcher verkaufung aber, sie geschehe gleich ahn ligenden oder vahrenden guetern, sollen des gescheftingers nechsten befreundten frembden (fol. 268v) angemasten kaufern billich furgezogen werden.

§ 16 Es solle auch kein ausrichter von seinem mitverwanten auß der verlassung etwas erkaufen, es geschehe dann offentlich und mit vorwissen der obrigkait.

§ 17 Was der geschaftinger umb gottes und seiner seelenhail willen auf einem oder dem anderm gewissen weg verordnet, das solle der ausrichter in Keinen andern brauch verwechslen.

§ 18 Deßgleichen, do der testator etwas armen leuten verlaßen, so soll der ausrichter dasselb geschaft ainem armen allein und insulidum nit einreumben, auch sich selbst aber gleich armb were damit nit begaben, deßgleichen seine negste befreundte nit, es geschehe dann treulich und ungever.

§ 19 Wann der gescheftinger ainen grunt ad pias causas umb gottes willen verschafft hette, so soll der ausrichter den den geschaftleuten fur solchen grunt kein gelt furschlagen noch einreumen.

§ 20 Deßgleichen, do er ihnen pares gelt verordnet, solle sie der ausrichter mit einem grunt nit benöttigen.

§ 21 Die testamentlichen ausrichter sollen die verlassung mit einem ordenlichen inventari annemben, es were dann sach das sie der geschaftinger deßelben austrukenlich begeben hette (fol 269)

§ 22 Wann die executorn ihr ausrichtung beschloßen, so sollen sie der obrigkait ordenliche raitung thain, dieselb auch denen negsten befreundten oder interessierten umb ihr einret zustellen. sie sein auch ihre ausgaben mit glaubwürdigen schein zu justificiren schuldig es weren dann die ausgaben geringschätzig oder armen leuten einziger weise von hant auß beschehen, in welchen baiden fällen ihrem ait, do es die notturft eraischet, billichen ausser anderer schriftlichen schein glaubt solle werden.

§ 23 Do sich ainer oder der ander testamentlich ausrichter mit der execution verdechtlich hielt, so soll er seines auferladnen ambts entsezt werden.

Der 55. titl. Von der succession und dem erbrecht ab intestato, auch denen erbschaften, welche ainem von wegen naturlichs gebluets ohn und ausser eines aufgerichten lezten willens zustendig sein

§ 1 Zum eingang diser tractation ist zu wißen, das in volgenden titlen alzeit allein der manspersohnen, (fol. 269ᵛ.) als vatter sühne einckel ureinckel und dergleichen, gedacht wirdt. dann die weibsbilt erben von wegen der lantgebreuchigen verzicht bei einer ersamben lantschaft ab intestato nichts. Was aber von vatter sühne und einckel gemelt, das erstrekt sich auf die unverzignen töchter und derselben erben auch, desgleichen auf die müeter und ihre unverzigene leibserben mannß- und weibspersohnen, insimli bei den andern standen so nit des adels seint alle volgende siptbaumb auf die mutter töchter schwester einckel und schwesterkinder zu verstehen.

§ 2 Item, die verstorbnen persohnen stehen in schwarzen celleln und cirkeln, die lebendigen in rotten. die von einem pant herrüeren haben ein ainiges rundes cellel oder circkeln, die von beeden banden aber umb besserer erkantnus willen seint mit zweien cellen oder circkeln formirt. darnach soll sich der leser bei allen figurn richten.

Wie suhne und töchter erben

Wann ein mannspersohn mit todt abgeet und sühne in ehelichen stant erworben hinder sein (fol. 260.), verlest so sollen dieselben sühne ihres verstorbnen vatter verlaßnes haab und guet zu gleichen thailen erben, wie nachvolgende figur zu erkennen gibt:

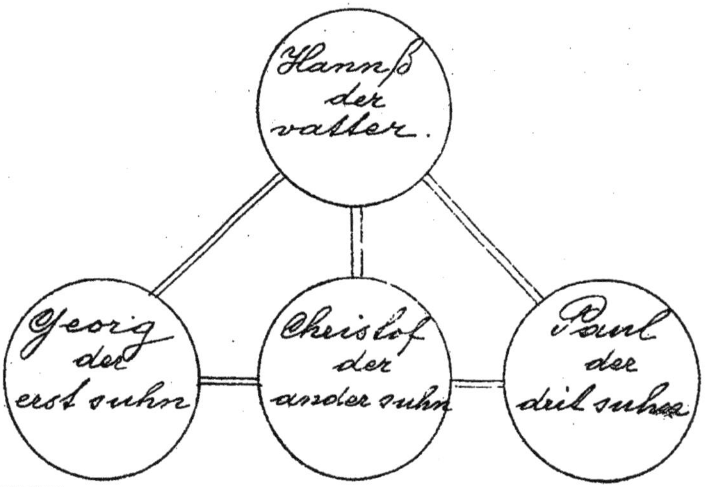

*Erklehrung**

Auß disen dreien sühnen erbt ainer soviel als der ander.

Der 56. titl. Wie die suhn mit denen einkhlen erben

Gehet ein persohn mit todt ab und verlest suhne auf ainen thail, deßgleichen enickel von seinen verstorbnen sühnen herrüerent anderß tails, so werden die einkhel neben den lebenden sühnen (fol. 260ᵛ) nachvolgender gestalt fur erben zugelassen, nemblichen das solche enickel in ihrer abgeleibten vätter fuesstampfen tretten und all mit einander allein soviel und nit mehrers von der erbschaft

* In der Folge nicht vereinheitlicht: z. B. auch „Erklerung".

bekomben, als ihren vattern so sie den erbfall erlebt gebüert hette, welches ins tirpes und nit in capita genant wirdt. do dann auf der einen seiten ain ainiger bruder, auf der andern seiten aber drei bruderskinder verhanden weren, so erbt der einig bruder gleich so viel als die drei bruderskinder alle mit einander, als die nachfolgent figur ausweist:

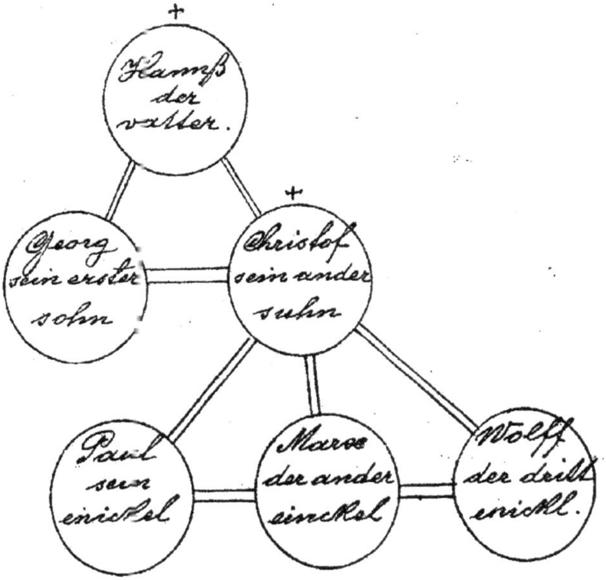

Erklerung

Dise drei einickhl Paul Max und Wolf erben (fol. 261.) alle nit mehrers als der obstehent lebendig sohn Georg allein.

Der 57. titl. Wie die sühne mit denen uhreinklen erben

Gleichergestalt wirdt es mit den urenicklen gehalten, nemblichen wann der verstorben kinder ihme sühne an einem und uhrenicklin am andern verlest, so tretten die uhrenkhln auch in ihrer vätter fusstampfen, erben auch samentlichen nit mehrers oder wenigers dann soviel ihren vattern (wo sie den totfall erlebt) an der erbschaft entlich zugestanden were, wie hernach zu sehen:

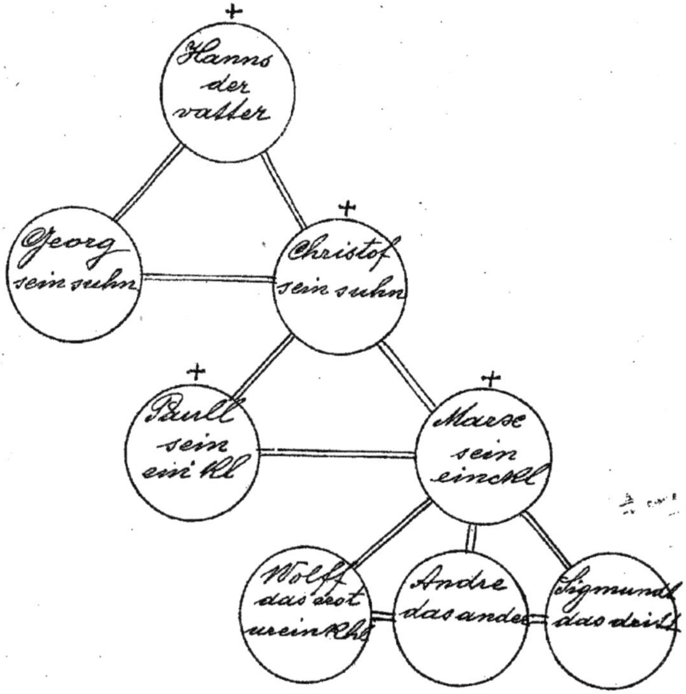

(fol. 261ᵛ)

Erklärung

Dise drei ureinkel Wolff Andre und Sigmundt erben den halben, und der lebendig suhn Georg den andern halben thail.

Der 58. titl. Wie die einkhlen mit einander erben

Stirbt ein mann und verlest keinen suhn sonder allein enickel von suhnen herrüerent, so erben sie ungeacht das sie in gleichem grad stehen nit nach anzahl der persohnen sonder nach stamben-recht und tretten in ihrer vätter fuesstapfen. sie bekomben auch von solcher erbschaft gleichmessigen thail, es sein gleich der persohnen ainerseits mehrers als der andern, als hernach stehet:

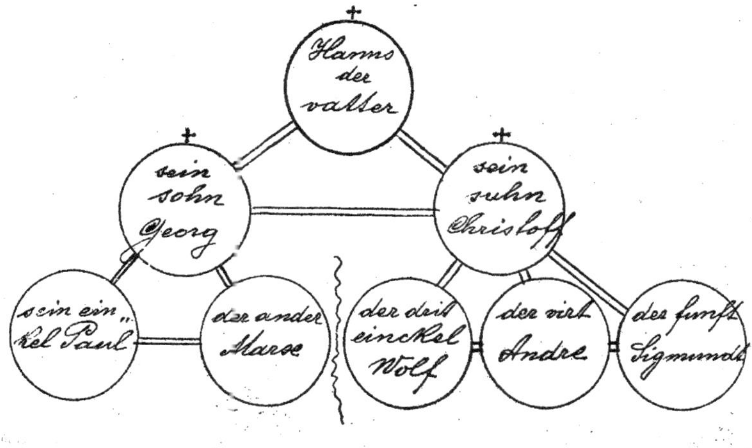

(fol. 262.)

Erklerung

Dise zwen enickel Paul und Marx erben gleich soviel als die andern drei Wolff Andre und Sigmundt mit einander.

Der 59. titl. Wie die ureinkhel mit einander erben

Wann einer mit todt abgeet und weder Kint noch enickel sonder zwei oder mehrerlei ureinckel von seinem leib herrüerent hinder sein verlest, so sollen dieselben nachstamben-recht und nit nach anzahl der persohnen ihren schranherrn erben, wie folgt:

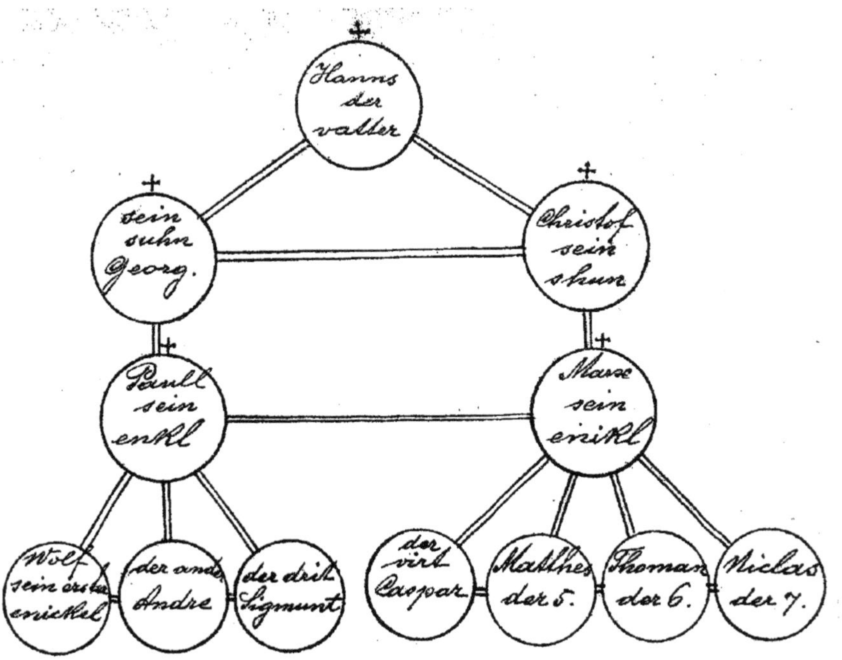

(fol. 262v)

Erklerung

Dise drei uhrenickel Wolf Andre Sigmundt erben eben soviel, als die andern vier Caspar Matthes Thomann und Niclas.

Der 60. titl. Wie die einkhlen und ureinkel mit einander erben

So es sich zutrüeg das enickel an einem und dem ureinckel am andern thail verhanden, so tretten dieselben enickel und urenickel in ihrer vatter statt ein, erben auch nit nach anzahl der persohnen (fol. 263) sonder zu gleichen thail vermueg des stambes-rechts, allermassen wie obens von den sühnen und enikeln angezeigt worden, vermüg nachgesteltes sippaumbs:

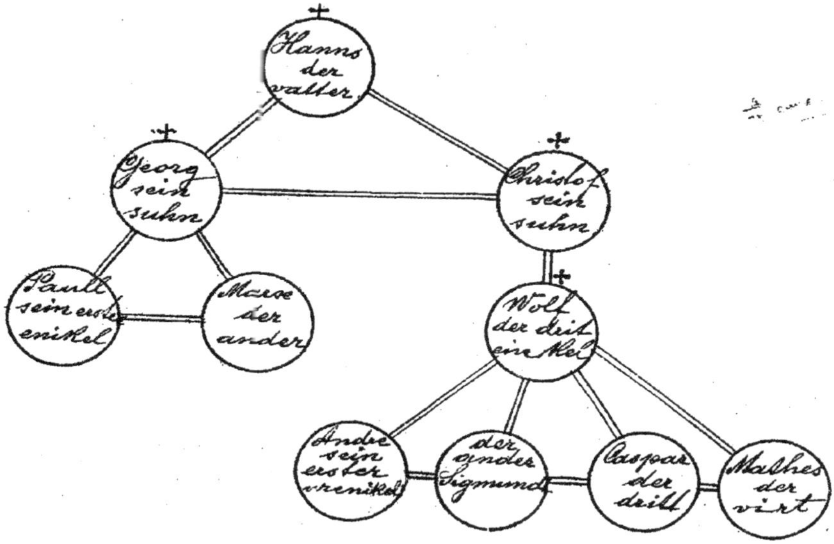

Erklerung

Diese vier urenickl Andre Sigmundt Caspar und Mattes erben mit einander von des obstehenden stammen-vatters des Hannßen verlassung nit mehrers als die zwen enickel Paul und Marx des Jörgen kinder.

(fol. 263v)

Der 61. titl. Wie die sühne einkel und ureinkel mit einander erben

Verlest einer ainen suhn drei enickel und vier urenickel under sein, so sollen dieselben zugleich obgehörter massen nach stamben-recht und nit nach anzahl der persohnen erben, inhalt volgender figur:

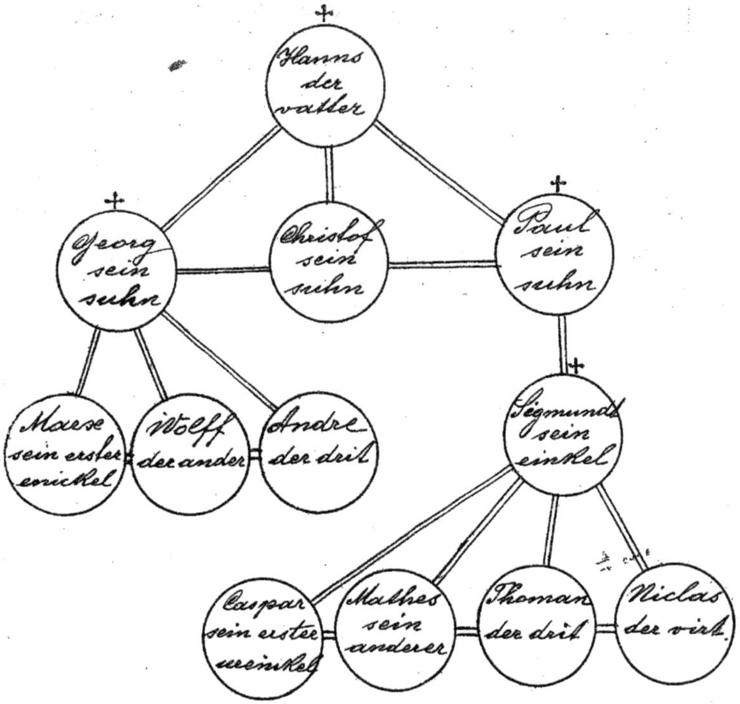

(fol. 264.)

Erklärung

Hierbei soll die erbschaft in drei gleiche portionen getailt werden, und der erst tail gebüert dem lebendigen suhn Christoff, der ander denen drei enickel Marxen Wolfen und Andre, der drit denen vier urenickel Casparn Matthesen Thoman und Niclasen.

Der 62. titl. Ob die ureinkel mit denen einkhlen und ur einkhlen erben

Do einer enickel urenickel und ururenickel under sein verliesse, so schließen die enickel und urenicklen, die urureinkel auß, dann sie seint umb ein grad weiter. es mögen auch solche urureinkel an ihrer eltern fuesstapfen (wie die ureinickel) nicht tretten, dann solches einstant(fol 264[v])recht, jus repraesentationis genant, hat nach denen urenickeln in absteigender lini ferrer nit stat, als gegenwertige figur auszaigt:

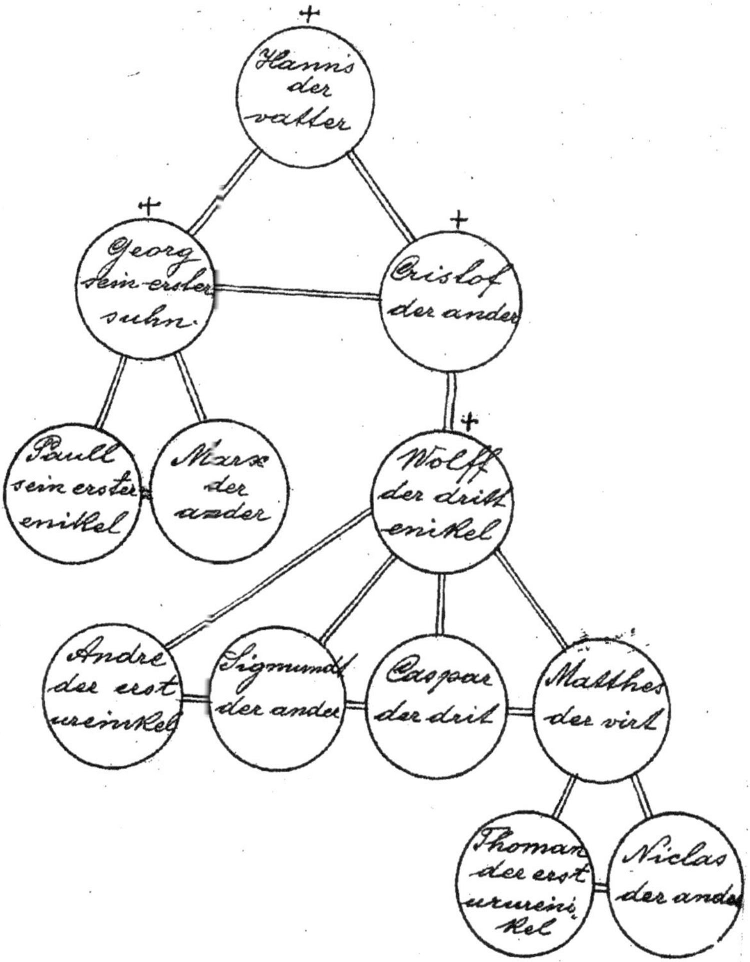

Erklehrung

Hierbei wirdt die erbschaft in zwen gleiche tail diviairt, (fol. 265.) der erst gebüert denen zweien enickeln Pauln und Marxen, der ander denen vieren lebendigen urenikeln mit nahmen Andre Sigmundt Caspar und Mattes. die ururenckel Thoman und Niclas aber werden von [den] dreien vorigen ausgeschlossen.

Der 63. titl. Von denen seitenerben welche in der collaterall-lini begrifen, und erstlichen wie die brüder von baiden banden an einander erben

§ 1 Gehet ein mann mit todt ab und verlest keinen leibserben in absteigender lini sonder brüder im leben, und solche bruder den verstorbnen von baiden banden verwant, auch vatter- und muttershalben rechte ehleibliche geschwistriget sein, so erben dieselben inhalt der geschribnen rechten und des algemeinen lantbrauchs nach anzahl der persohnen gleiche thail, wie hernach zu sehen:

(fol. 265v)

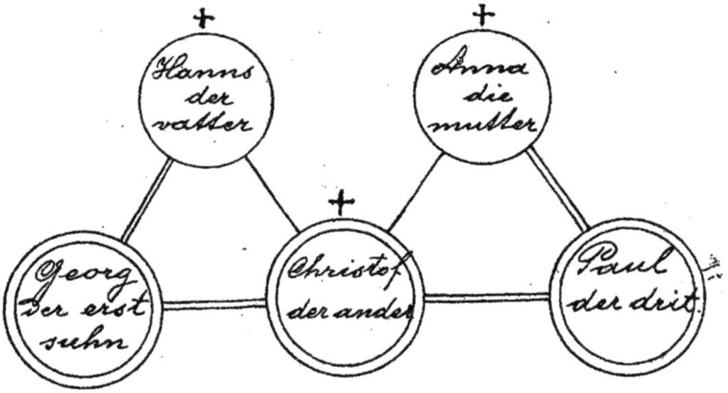

Erklerung

Solche zweibandige brüder erben zugleich vätterlichs und mütterlichs und andere eroberte haab und gutter mit einander.

§ 2 Und wiewol in diesem fall die persohnen aufsteigender lini, als vatter mutter anherr anfrauen etc., dem Kaiserlichen rechten nach neben der verstorbnen persohn lebenden brudern zu gleichem thail zugelassen werden, iedoch weil die erbschaften den uralten österreichischen lantsbrauch nach ab intestato nit zuruckhfallen. so werden solche persohnen der aufsteigenden lini von des verstorbnen geschwisterigeten genzlich ausgeschlossen.

Der 64. titl. Wie brüder von ainem pant mit den brüdern (fol. 266.) von beiden panden ihre verstorbne bruder erben sollen

§ 1 Stirbt ein mann und verlest brüder von ainem pant und dann bruder von baiden panden, so felt die erbschaft nach ordnung Kaiserlichen rechten allein auf die brüder welche der verstorbnen persohnen von baiden landen verwant gewesen, welches dann dem lantsbrauch nach in denen haab und güetern so die verstorben persohn selbs gewunen und erobert gleichermassen gehalten wirdt.

§ 2 Aber in den erbgüetern welche von dem stamben herkomben ist dem lantsbrauch nach dise nachvolgende underschait zu halten, nemblichen wann der lebent bruder den verstorbnen bruder allein vatterhalben befreundt, so solle der bruder mit dem bruder welcher dem verstorbnen von baiden panden verwant gewest, das vätterlich erbguet zu gleichem thail bekomben, das mutterlich aber solle dem bruder von baiden banden allein verbleiben, dann er dem verstorbnen muttershalben allein befreundt. und also sollen die erbgueter abermals widerumben auf den stammen fallen von welchem sie herkomben,

nemblichen väterlichs auf die vätterlichen (fol. 266[v]) mutterlichs auf die mütterlichen geschwistriget, wie nachvolgender siptbaumb ausweiset:

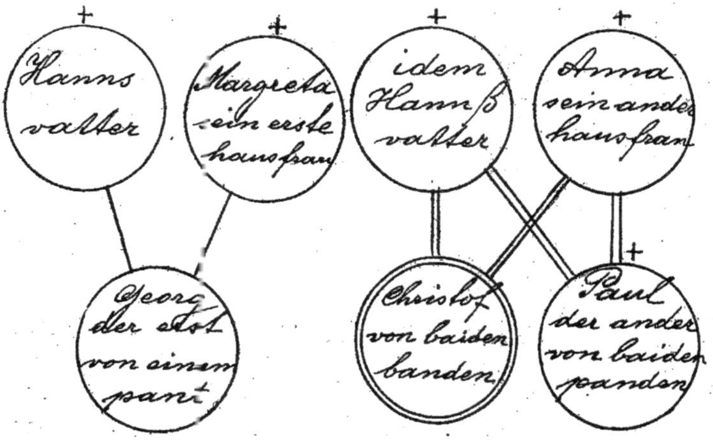

Erklerung

Bei diser figur erbt der Christoff des Panlens eroberte und uberkomben gueter allein, sein vätterlichs erbguet erbt der Christof und der Georg mit einander, sein mütterlichs aber der Christoff allein.

Der 65. titl. Wie die geschwistret so dem verstorbnen brüder (fol. 267.) allein von ainem pant verwant sein erben sollen

§ 1 Wann zweierlei geschwistret verhanden, deren etliche dem verstorbnen allein von vattern, etliche aber allein von der mutter verwant sein, so erben die persohnen so vettershalben geschwistriget seint das vätterlich und dann die geschwistret muttershalben allein das mutterlich haab und guet, wie dann solches die geschribnen recht vermögen und den lantsbrauch auch gemes ist.

§ 2 Wo aber der verstorben sein guet von seinen eltern nit ererbt sonder selbst gewunnen oder in andere frembde weg ererbt, so felt die erbschaft auf baiderlei geschwistriget zu gleichem thail nach anzahl der persohnen, als hernach zu sehen:

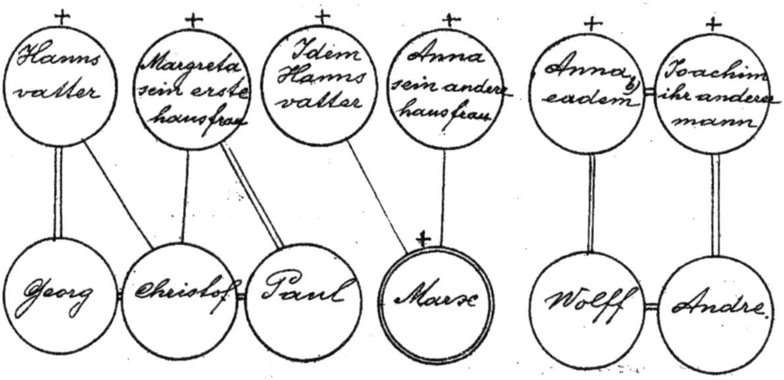

Erklärung

Alda erben des Marxen vätterlichs guet der Georg Christof und Paul allein, dann sie mit (fol. 267v) dem Marxen ainen vatter gehabt. entgegen Wolf und Andre das mutterlich allein, dann sie auch von seiner mutter herkomben.

was aber Marx sonsten erobert und uberkomben, das erben alle geschwistriget mit einander zu gleichen thailen.

Der 66. titl. Wie die geschwistriget von ainem pant mit des bruders gesipten freunden erben sollen

§ 1 Ob ein mann mit todt abgeet und bruder muttershalben allein an einem und dann vettern so ihme vattershalben allein befreundt am andern under ihme lesst, so fellt das vetterlich erguet auf das verstorbnen befremdten vattershalben und gar nit auf die bruder muttershalben, dann diselben nitt mehr als das mutterlich guet (fol. 268.) zu erben haben, wie hernach stehet:

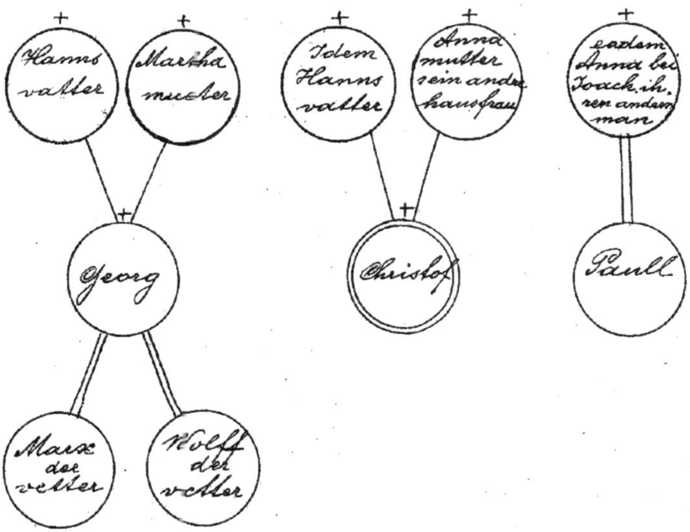

Erklärung

Hierbei erbt des Christoffen vätterliches guet nit der Paul, wiewohl er neher, sonder der Marx und Wolff von wegen des vätterlichen stambens.

§ 2 Wo aber die geschwistret dem verstorbnen allein vattershalben verwant, so felt das mütterlich erbguet auf seine negste freunt mutterhalben allein, und gar nit auf die geschwistret vattershalben, dann dieselben allein ihres gestorbenen bruders vetterlichs guet erben mögen, wie dann solches das uralt erbrecht in Österreich under der Ennß der ursach halben vermag, damit die gueter bei dem nahmen und stamben (fol. 268v) davon sie herrueren verbleiben und nit in frembde hent Komben.

§ 3 Deswegen sollte in derlei fallen nit die nahet des grads sondern der vätterlich oder mütterlich stamben angesehen werden, wie nachvolgender siptbaumb erclert:

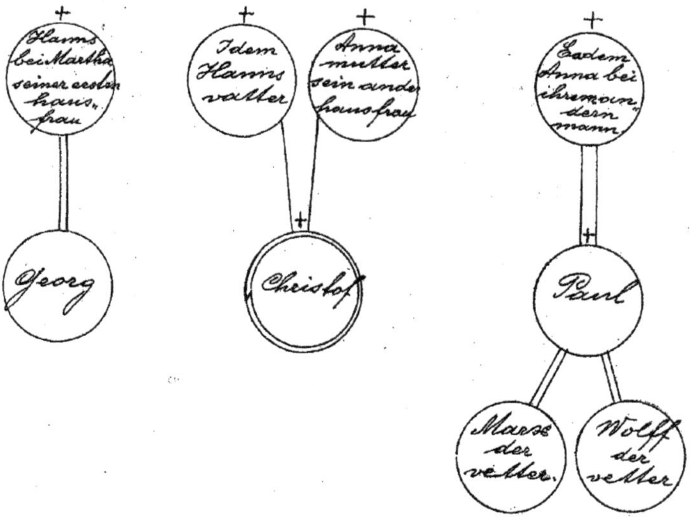

Erklerung

Alda erbt des Christoffen mutterlichs guet nit der Jörg, wiewohl er in grad näher, sonder Marx und Wolf wegen des mütterlichen stammens.

Der 67. titl. Wie bruder von baiden panden mit (fol. 269.) des verstorbnen bruders Kindern von baiden banden erben

§ 1 Gehet ein mann mit todt ab und verlest brüder an einem und dann bruders kinder am andern thail und dieselben brüder desgleichen bruders-kinder den verstorben von baiden banden befreundt seint, so stehen des burder kinder in ihrer verstorbnen vätter und mutter fusstapfen ein und erben mit den lebenden brüdern doch nach stambenrecht und nit nach anzahl der persohnen.

§ 2 Es ist auch disfals kein underschait, ob das verlassen guet vätterlich mütterlich oder sonsten erobert und uberkomben. dann weil beide thail von baiden stamben herrüeren, so haben sie gleiches erbrecht in einem sowohl als dem andern, als volgenter siptbaumb erleutert:
(fol. 269ᵛ)

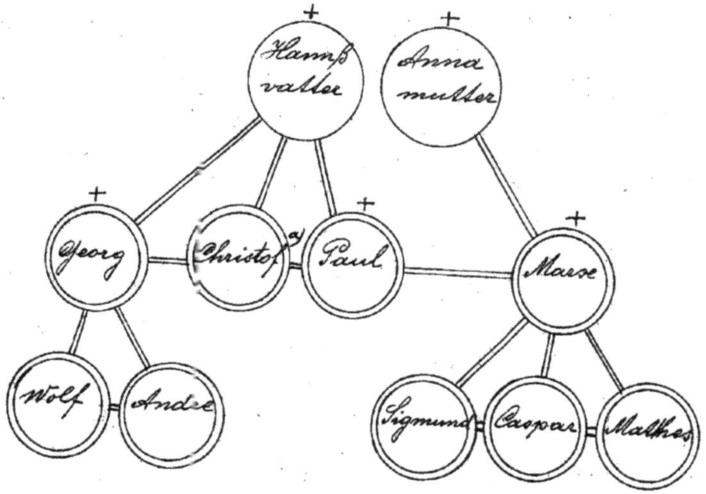

Erklerung

Hierbei erben den Pauln in vätterlichen mutterlichen und eroberten gueten sein lebender bruder, Jörgers sühne Wolff und Andre, desgleichen seines gestorben bruders Marxen kinder Sigmundt Caspar und Mattes, doch nach stambenrecht, dann Christoff erbt allein soviel als der Wolf und Andre, oder als Sigmundt Caspar und Mattes, desgleichen Wolff und Andre allein soviel als die drei Kinder des Marxen oder der Chrsitoff.

Der 68. titel. Wie die geschwistriget von baiden banden mit des bruders kinder von einem bant allein zu des verstorbnen bruder erbschaft gelassen werden

§ 1 Ob ainer mit todt abgeet und einen brudern von baiden banden an einem, und dann bruders kinder von einem pant allein auf den andern tail verlest, so felt die erbschaft denen Kaiserlichen rechten nach nit auf des brudern kinder von einem pant sondern auf den brudern von baiden panden, welches dann dem lantsbrauch nach in denen guetern so der (fol. 270.) verstorben selbst gewunnen und nit erbgueter seint gleichermassen gehalten wirdt. aber in den erbguetern ist dem lantsbrauch nach dise underschiet zu halten, nemblichen wann der bruder dem verstorbnen von baiden banden, aber die bruders-kinder dem verstorbnen allein vattershalben verwant seint, so erben sie neben dem bruder des verstorben vätterliche erbgueter. wann aber der verstorben mutterliche ergüeter verlest, so bleiben dieselben den brudern von baiden banden allein und haben die brüders-Kinder vattershalben darbei nichts zu erben, wie dise figur anzeigt:

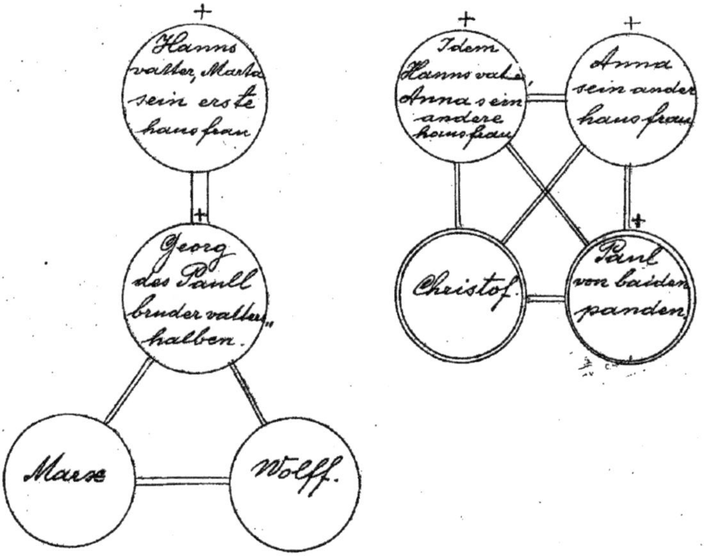

(fol. 270^{v})

Erklerung

Alda erben des Paulln vätterlichs guet der Christoff und des Jörgen sühne Marx und Wolf miteinander, dann sie von vatterlichen stamben auch herüeren, doch bekombt Christof allein soviel als die andern zwen. das mütterlich erbt der Christof allein, dann er dem Paulln muttershalben allein befreundt deßgleichen das erobert guet auch allein, angesehen das Paul sein bruder von baiden panden gewesen.

§ 2 Were aber der lebent bruder dem verstorbnen von baiden panden, und dann des brudern kinder dem verstorbnen allein mutterhalben befreundt, so erben solche geschwistriget kinder neben dem brudern von beiden banden des abgeleibten mutterliche erbgüeter. aber die vätterlichen gueter bleiben den brüdern von baiden panden und haben die bruders-kinder muttershalben daran nichts zu suchen es solle auch solche erbschaft alzeit in stirpes und nach stamben-recht und nit in capita oder nach anzahl der persohnen beschehen, als hernach zu sehen:

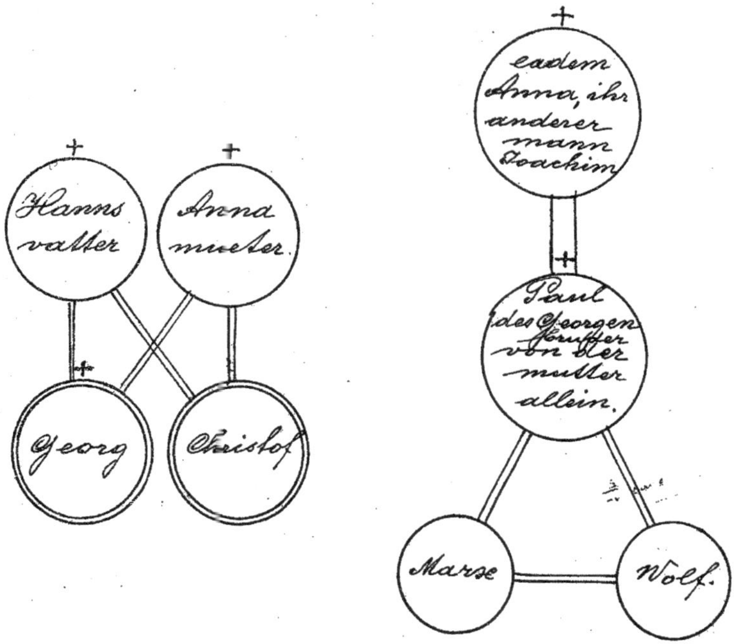

Erklerung

Bei disem siptbaumb erben das Jörgen verlassen mutterlich guet des Pauln kinder Marx und Wolf neben ihrem vettern dem Christoffen, doch haben sie baide nit mehrers als der Christof allein. sein vätterlich guet aber stehet dem Christoffen allein zu, dann Paull ainen andern vattern Joachimb gehabt.

Der 69. titl. Wie die geschwistriget von ainem pant (fol. 271v) mit brüders kinder von baiden panden zu ihres verstorben bruders erbschaft gelassen werden

§ 1 Wann bruder von einem bant und bruders kinder von beeden banden verhanden seint, so fellt des verstorbnen verlassung nach Kaiserlichen rechten nit auf den brudern von einem pant sonder auf die bruders-kinder von baiden banden, welches dann der lantsbrauch in denen guetern so der verstorben selbst erobert oder gewunnen gleichfals vermag, als hiebei abzunehmen:

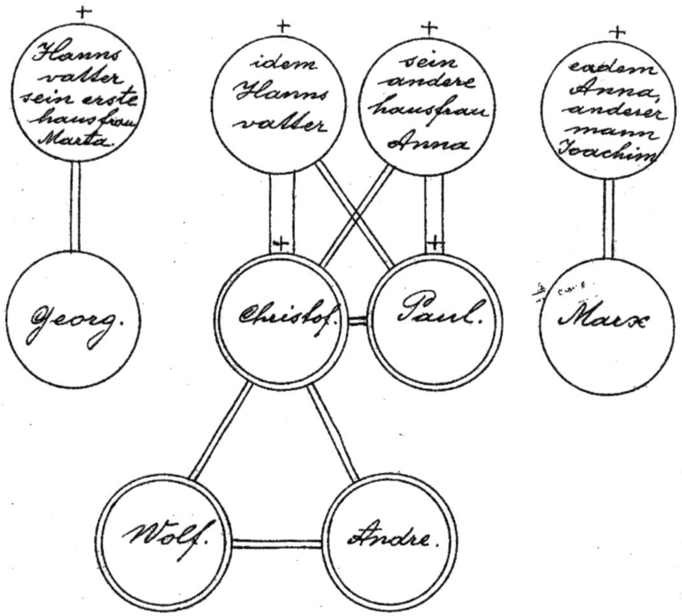

Erklärung

Alda erben des Christoffen als zwipandigers bruders (fol. 272.) kinder des Paulens erobert guet allein und schleussen den Jörgen so allein vattershalben, desgleichen den Marxen welcher allein muttershalben dem Paulln befreundt gar aus.

§ 2 Do aber der verstorben erbgueter von seinen voreltern herrüent verlaßen, so solle dem lantsbrauch nach volgende underschait gehalten werden, nemblichen wann der lebent bruder dem verstorben allein vattershalben, und dann die brüders-kinder ihme von baiden banden verwant seint, so solle das mütterlich erbguet nit auf den brudern sonder die bruders-Kinder allein fallen, und das vätterlich erguet solle under die bruder auch brüder-Kinder mit einander gethailt werden, wie diser siptbaum außweiset:

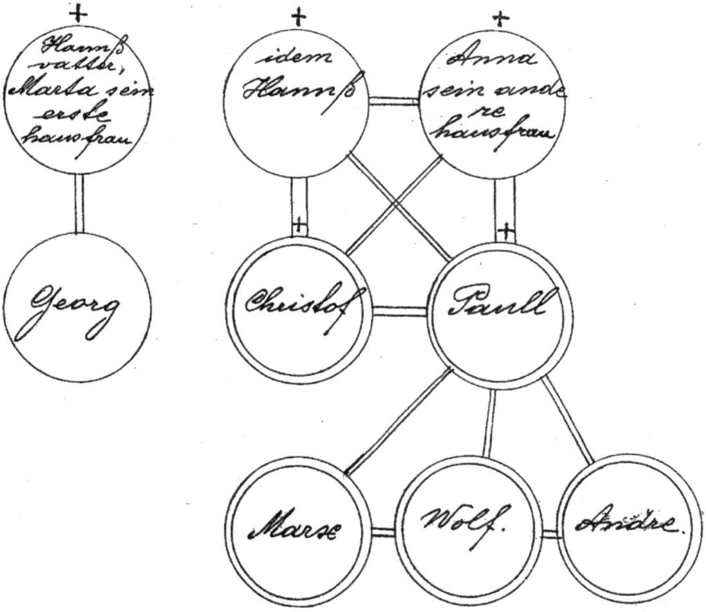

(fol. 272v)

Erklerung

Hierbei erben des Christoff mütterlichs guet des Paulens kinder allein, dann der Georg ein andre mutter Martta gehabt. das vetterlich aber erbt der Georg sambt ihnen doch doch in zwen gleiche tail, angesehen das sie von einem vatter Hansen herrüeren.

§ 2 *[Fortsetzung]* Ist aber der bruder dem verstorbnen allein muttershalben und dann die brüders-Kinder ihme von baiden banden verwant, so felt das vätterlich guet nit auf den bruder sonder auf die bruders-kinder aber das mütterlich erbguet wirdt zwischen den brudern und des bruders kindern getailt, als hernach stehet:

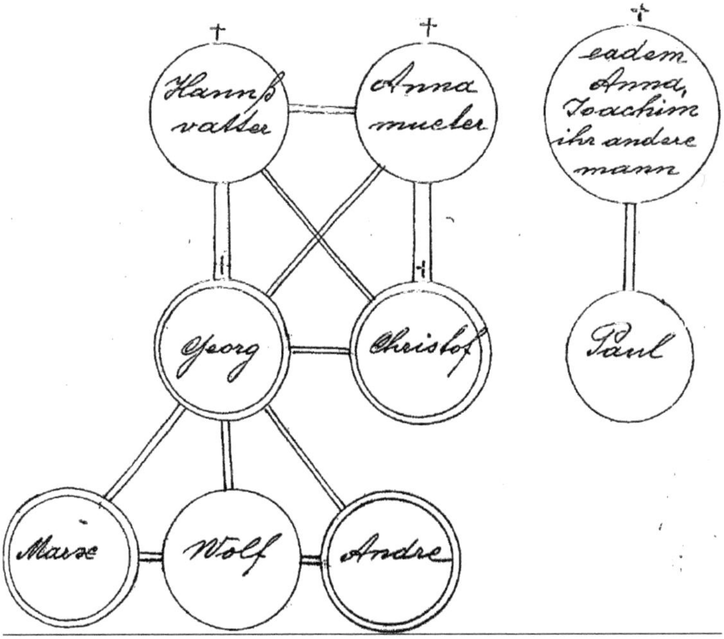

(fol. 273)

Erklärung

Hierbei erbt des Christoffens vätterlichs guet nit der Paull so ainen andern vattern Joachim gehabt, sonder des Jorgens kinder Marx Wolf und Andre allein. das mütterlich aber erben sie zu halben thail mit einander, dann sie Komben von einer mutter Anna her.

Der 70. titl. Wie die bruder mit ihres brudern kintskindern ihren verstorbnen brudern erben mögen

§ 1 Do ein verstorbner ainen brudern an einem und dann seines bruder kintskinder am andern tail under ihme verlest, so fellt die erbschaft nach geschribnen Kaiserlichen rechten allein auf den bruder und nit auf des brunders kintskinder, welches dann (fol. 273v) der lantsbrauch in denen gueten welche der verstorben selbst gewunnen und erobert auch vermag, als hernach volgtt:

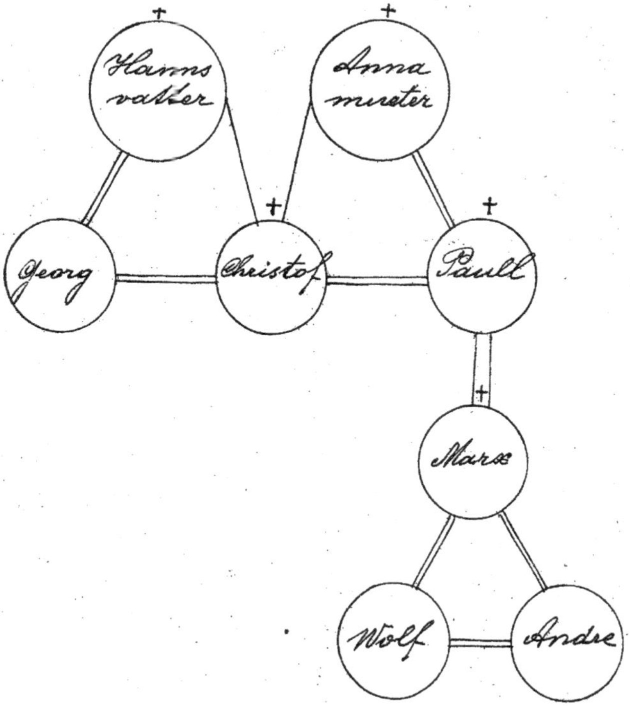

Erklärung

Alda schleust der Jörg des abgeleibten Christoffen bruder in seinem verlassen eroberten guetern des Paulens kintskinder Wolfen und Andre auß. (fol. 274.)

§ 2 Aber mit den erbgüetern so dem verstorbnen von seinen vorelter angefallen hatt es nachvolgende underschiet, nemblich so der bruder dem verstorbnen allein vattershalben verwant, des brudern kintskinder ihme von dem mutterlichen stamben allein befreundt sein, so fellt auf den brudern das vätterlich, und dann auf des brudern kintskinder das mütterlich guet allein, vermüeg nachvolgender figur:

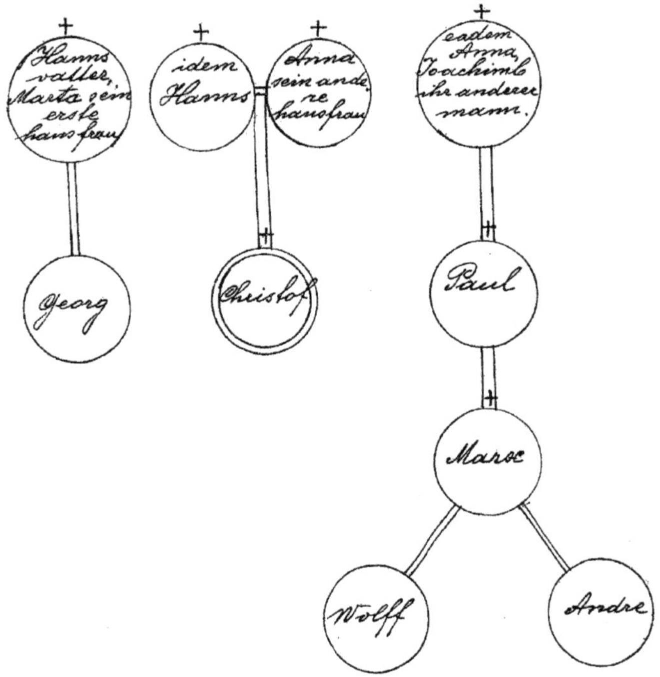

(fol. 274ᵛ)

Erklärung

Hierbei erbt der Jörg des verstorbnen Christoffens vätterlichs guet stammenshalben allein, dann der Paull hatt einen andern vattern den Joachim gehabt, darumben kann er des Christoffen vätterlich guet von Hansen herrüerent nit erben. deß Christoffen mutterlichs guet aber felt auf des Paulen kintskinder allein, dann Anna des Christoffen und Pauln mutter zugleich gewesen, der Georg aber hatt andere mutter Martha gehabt, derhalben Kann er die mütterlichen gueter von der Anna herrüerent nit erben.

§ 3 Item, so der bruder dem verstorbnen allein mutter halben und dann des verstorbnen bruders kinder allein vatterhalben verwant, so felt das mutterlich auf den bruder, und dann das vätterlich auf des bruder kintskinder allein, vermueg volgents baumbs:

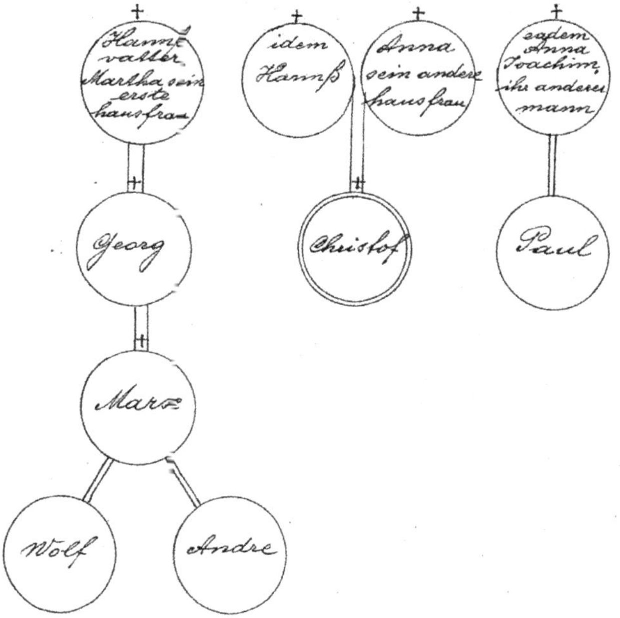

(fol. 275.)

Erklärung

Alda felt des Christoffen vätter-guet von Hannsen verrüerent allein auf des Georgen kintskinder den Wolfen und Andreen, dann Georg und Christof ainen vatter den Hansen gehabt, der Paull erbet aber nichts, dann Joachim sein vatter gewest. aber das mütterlich felt auf den Pauln allein. (fol. 275v)

§ 4 Wann aber der bruder dem verstorbnen allein vattershalben und dann des bruders kintskinder ihme von baiden banden verwant, so fallen die vätterlichen erbgüeter auf den brudern allein und gar nit auf des bruders kintskinder, angesehen das der bruder den verstorbnen brüdern grads halben nacher als des bruders kintskinder sein. aber die mütterlichen erbgüeter fallen auf des bruders kindeskinder allein, dann solche mütterliche erbgüeter von ihrem und nit von des bruders stamben herkomben. derhalben fallen sie dem mütterlichen stamben wider billichen zu, vermug nachvolgender figur und erleuterung:

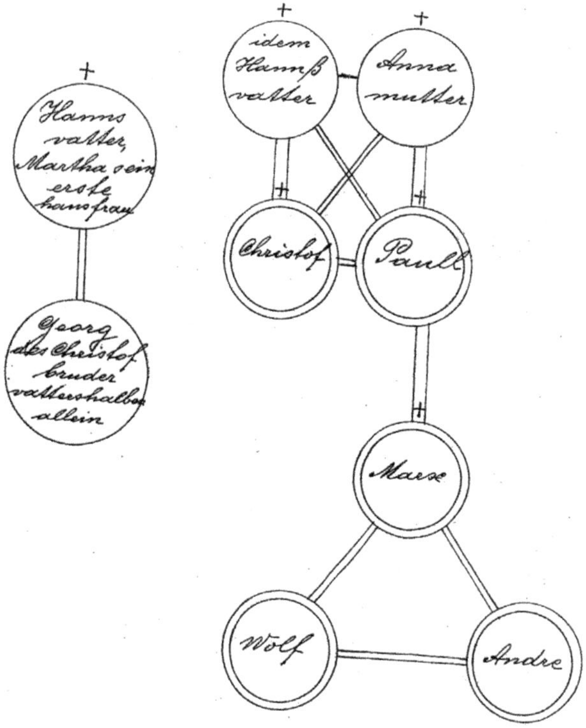

(fol. 276.)

Erklärung

Alda ist zu sehen, wiewohl der Paull des abgeleibten Christoffs bruder von baiden panden und ihme also vattershalben auch befreundt gewesen, iedoch erben seine Kintskinder sein vätterlichs guet nit, dann der Jörg des Christoffen bruder im leben noch verhanden. derselb, wiewohl er dem Christoffen vattershalben allein verwant. iedoch weil er näher im grad, so felt das vätterlich guet allein auf ihne. und ob man bedenken wolt das Wolff und Andre in ihres vattern und eenß fuesstapfen tretten und also jure repraesentationis dem Jörgen gleich weren, so ist doch zu wißen das solcher einstant oder repraesentation in der zwerchs-beseits- oder collaterallini uber die brüders-kinder nit statt hat. dann der bruder kintskinder tretten ferrer in ihrer eltern fusstapfen nit ein, sondern wer alßdann des negst im grad und bluet ist der ist auch der negst erb zum guet. in absteigender lini aber, linea descendensrecta genant, geet das einstantrecht und reproesentation weiter, davon oben im 62. titl gehandlet. des Christoffen mütterlichs guet aber erben Wolf und Andre allein, dann der Jörg ist dem Christoffen muttershalben nichts befreundt gewesen sonder hatt ein andere mutter Martha gehabt. (fol. 276[v]) derhalben, ob er gleichwohl dem Christoffen gradshalben nächner, so ist er ihme doch stambens halbens wie der Wolf und Andre nichts verwant. und ob schon gedachts Wolf und Andre kintskinder und eines ferrern grads, iedoch weil hierbei kein nahenter muttersfreunt verhanden, so erben sie das mütterlich guet allein, dann es erben auch die weitern befreundten, wo mehrere nit verhanden.

§ 5 Were dann der bruder dem verstorbnen bruder muttershalben und dann des bruders Kintskinder dem verstorbnen bruder von baiden banden verwant, so fallen abermals die mutterlichen erbgütter dem brudern als dem negsten in grad allein zu und gar nit auf des brudern kintskinder. aber die vätterlichen erbgueter erben des bruders kintskinder auch allein, aus ursachen das solche vätterliche erbgüeter von ihren und nit von des brudern stamben herkomben, inhalt nachgesteltes paumbs:

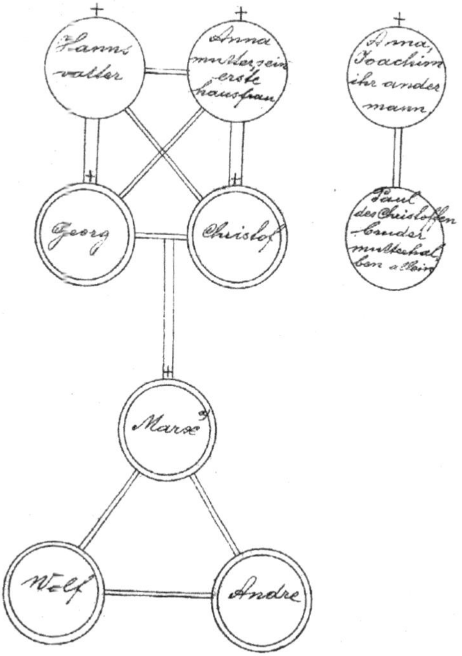

(fol. 277.)

Erklärung

Bei disen siptbaumb wirdt angezeigt, das Georg Christof und Paull ein einige mutter Anna, aber Jörg und Christof ainen ainigen vatter Hansen, und Paull einen andern Joachim gehabt.

derwegen weil Christof mit todt abgangen, auch vatterlich und mütterlichs guet verlaßen, so erbt der Paull sein mütterlichs guet allein, ungeacht das des Wolfen und Andreen een der Jörg dem Christoffen mutterhalben auch befreundt gewesen, dann der Paull ist in gleichem mutterlichem stamben und noch darzu im gradt nachner, derwegen schleust er seines verstorbnen bruders des Georgen, Kintskinder als ferrere aus und hat disfals das erbeinstantrecht und repraesentation, wie bei negster figur verstanden, nit statt. des Christoffen vätterlichs guet aber erben des Jörgen kintskinder allein, dann sie sein dem Christoffen vattershalben befreundt, der Paull aber nit, derhalben soll alhie dem lantsbracuh nach der stamben und nit die nahene des grads angesehen werden.

§ 6 Wann aber der bruder dem verstorben von baiden banden, und dann des bruders kintskinder von einem oder baiden banden verwant, so fallen des verstorbnen brudeers gueter sie (fol. 277[v]) sein gleich vätterlich oder mutterlich allein auf den brudern als den nahnern im gradt und gar nit auf des brudern kintskinder, vermüeg des volgenden siptbaumbs:

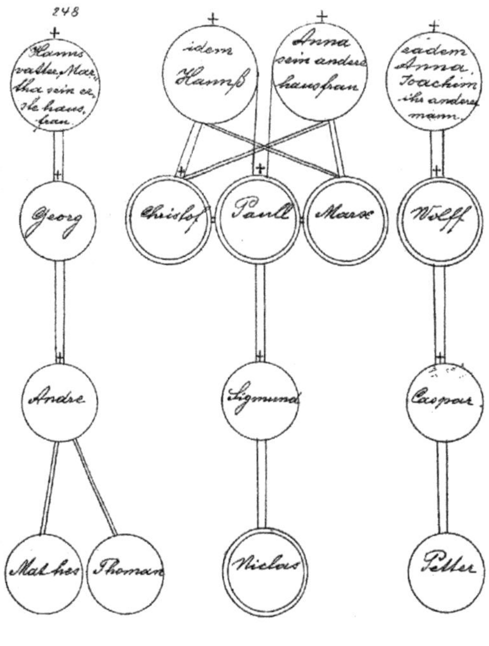

Erklärung

Bei disem siptbaumb wirdt uns Christoff als der absterbent furgestelt. derselb hatt geschwistret. Jörgen Paull Marx und Wolfgang, darans der Marx allein lebt. (fol. 278) die andern haben kintskinder verlassen. und dieweil der Marx dem Christoffen von baiden banden verwant, so schleust er des Paulens Kinder den Niclasen in vätterlichem und mütterlichem guet aus, dann er ist dem Christoffen sowohl von baiden banden verwant als der Niclas und ist im nähern gradt noch darzu, wider welchem die repraesentation nit stat hatt.

deßgleichen schleust der Marx des Jörgen kintskinder, den Matthesen und Thomann in vätterlichem guet aus, dann er ist dem Christoffen sowohl vattershalben als sie verwant und noch nähner im gradt, also auch schleust er des Wolfens enikhel den Pettern im mütterlichen guet aus, dann er ist dem Christoffen sowohl muttershalben als der Petter befreundt und darzu nachners grads, derhalben gehet er Marx allen kintskindern von ainem oder baiden stamben herrüerent in vätterlichem und mutterlichem stambenguet dem lantbrauch nach vor.

Der 71. titl. Wie die geschwistrigte kinder von baiden oder den vätterlichen oder dem mütterlichen (fol. 278v) bant mitteinander erben

§ 1 Wann einer mit todt abgieng und dreierlei geschwistrets kinder hinder sein verließ, nebmlichen etliche welche ihme von baiden banden, etliche allein vattershalben, etliche aber allein mutterhalben befreunt weren, so solle in denen ererbten stamenguetern abermals angesehen und bedacht werden, von welchen stamben dieselben gueter herrüeren. dann die vätterlichen gueter welche von den oberstaben herkomben, sollen auf die geschwistrets kinder so von baiden banden oder von dem vätterlichen stamben allein den abgestorbnen befreundt sein fallen, die andern geschwistret kinder aber von mütterlichem stamben herrürent seint disfals gar ausgeschloßen. hergegen do es umb mütterlich oder understembige haab und gueter zu thain, so sollen dieselben von denen mütterlichen geschwistrats kindern sambt denen so dem verstorbnen von baiden banden verwant gewesen geerbt werden, dann beiderlei bant begreifen das mütterlich auch.

§ 2 Die oberstemigen befreundten aber welche allein vattershalben dem abgeleibten gesipt gewesen haben bei solchen mütterlichen stambenguetern ungeacht desgleichen grads nichts zu suchen. was dann die eroberten haab und gueter anlangt, weil dieselben von (fol. 279.) keinem stamben herrüeren, sollen die geschwistrets kinder von baiden banden vermueg rechtens und lantbrauchs dieselben allein erben.

§ 3 Wo aber deren keines verhanden, sollen sie auf die einstambigen zugleich fallen und solle solche erbschaft under die geschwistrets kinder nit nach dem stambenrecht sonder anzahll der persohnen iederzeit außgetailt werden, wie solches weilant Kaiser Carls unsers gelibsten anherrns hochlöblichister und seeligister gedechtnus reichsconstitution so den dreiundzwanzigisten aprilis des lengst verschienen aintausent funfhundert fungzigisten jhars in unserer reichsstatt Augspurg publiciert worden lauter vermag, darbei wir es in diesem unserm lant Österreich under der Ennß auch genedigist verbleiben lassen, wie hernach zu sehen:

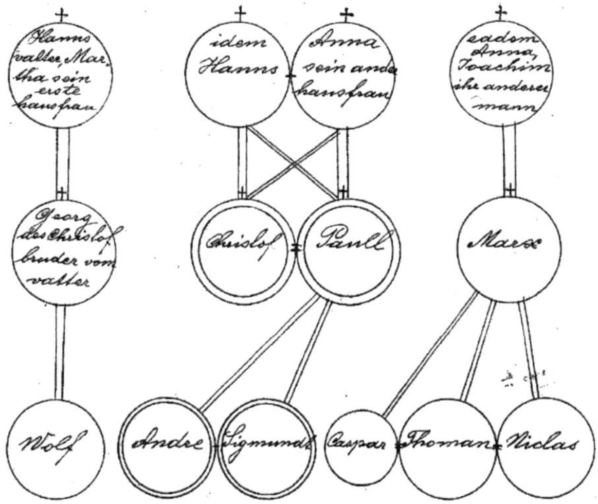

Erklärung

Bei disem siptbaum verlest der jungst verstorben Christoff dreierlei geschwistrets kinder: dem Wolfen vom vätterlichem bant, den Andre und Sigmundt von baiden banden, dem Caspar Thoman und Niclas vom mütterlichem bant allein. soviel nun des Christoffen vätterlichs verlassen guet antrifft, so erben dasselbig Andre Sigmundt und Wolff, dann er dem Christoffen auch vattershalben befreundt. der Caspar Thoman und (fol. 280.) Niclas aber erben von vätterlichem gar nichts, dann sie seint dem Christoffen vattershalben nichts befreundt sondern haben ainen andern vatter Joachim. hergegen erbt des Christoffen mütterlichs guet der Caspar Thoman und Niclaß sambt dem Andre und Sigmundt, dann dise zwen dem Christoffen muttershalben auch befreundt. der Wolf erbt vom mütterlichen nichts. was aber die eroberten gueter anlangt, erben Andre und Sigmundt allein, und do sie nit verhanden Wolff Caspar Thoman und Niclaß mit einander. als viel auch der erbenten persohnen kopf seint, soviel tail müessen alda gemacht werden.

Der 72. titl. Wie geschwistret Kintskinder mit einander erben

§ 1 Was negst obens von denen geschwistret kinder geordnet worden, das solle sich auf die geschwistrets kintskinder auch erstrecken. dann die ererbten oberstambigen vätterlichen haab und gueter sollen alzeit auf die vätterlichen befreundten, welche solches vätterliches bants allein oder das vätterlich (fol. 280^{v}.) und mütterlichen mitteinander haben, und gar nit auf die befreundten welche dem abgestorbnen allein mutterhalben verwant gewesen fallen.

§ 2 Hergegen sollen die persohnen welche muttershalben dem abgeleibten es sei gleich aines oder zwaier pant halben befreundt gewesen, des mutterlichen und understämmigen erguts allein fehig worden.

§ 3 Die gewunnen und eroberten gueter aber sollen auf die geschwistret kintskinder von beden banden allein hindan gesetzt der einstammigen,

wo aber dieselben nit verhanden, alßdann auf die einstemmigen vatters- oder muttershalben fallen. es solle auch solcher erbschaft austhailung sowohl in ererbten als eroberten güttern mit nach dem stamben-recht sonder anzahl der persohnen vermueg geschribner rechten beschehen, inhalt des siptbaumbs:

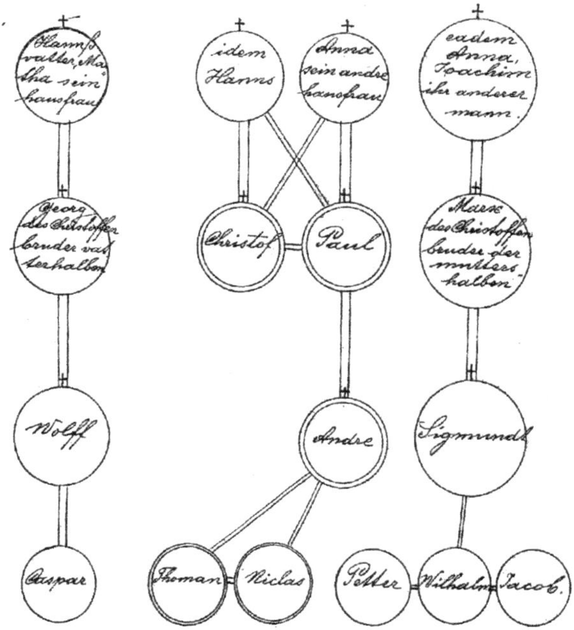

Erklärung

Bei diser figur wirdt Christof als der mit todt abgeet furgestelt, der hatt keinen bruder noch burders Kint sonder Kindtskinder den Casparn (fol. 281ᵛ) Thoman Niclasen Peter Wilhelmb und Jacob im leben. was ihme nun von seinem vattern Hansen erblich zugestanden, das erbt Thoman und Niclas sambt dem Casparn, dann der Jörg davon Caspar herrüert des Christoffen burder vattershalben gewesen. Peter Wilhalmb und Jacob aber erben don disem vätterlichem guet nichts, dann sie einen besondern vattern Joachim gehabt. des Christoffen mütterlichs guet aber erben Peter Wilhelmb und Jacob neben dem Thoman und Niclasen, dann sie alle funfe von einer mutter der Anna geboren. der Caspar erbt mit ihnen nichts, dann er ein besondere muttern Martha gehabt. was aber Christof sonsten erobert gewunnen und uberkomben, das erben Thoman und Niclaß, weil sie ihme von beeden stamben verwant, allein. do sie aber nit verhanden weren, erbeten daßelb Caspar Peter Wilhelmb und Jacob zugleich. es wirdt auch in diser succession die erbschaft nach anzahl der persohnen verthailt.

Der 73. titl. Wie die geschwistrets kinder und kindskinder erben

§ 1 Wann geschwistret kinder und kintskinder (fol 282.) so baiderseits von baiden banden herrüeren vorhanden, so erben die geschistrets kinder das verlaßen erbguet allein und schleußen die kintskinder in vätterlichen und mütterlichen guetern gar aus, dann sie sein dem verstorbnen umb ainen gradt nähner. es mögen auch die Kintskinder disfals in ihrer eltern fuesstapfen nit tretten, dann solcher einstant jus repraesentationis genant hat in der beseits- und collaterablini allein bei denen geschwistrets kindern statt.

§ 2 Die weiters gesipten geschwistrets kindskinder aber haben dise freihait vermueg geschribner rechten nit, sondern es wirdt alßdann ein iede persohn in dem gradt der siptschaft wesentlich gelassen darinnen sie der gebüer nach stehett.

und welcher alßdann des grads und gebluets halben näher, der zeucht den weitern befreundten vor, wie dise figur auszaigt:

(fol. 282.ᵛ)

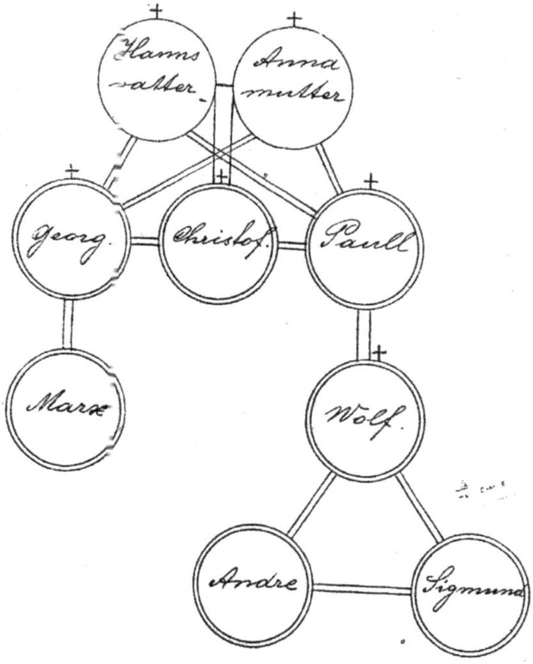

Erklärung

Alda stirbt der Christof und lest seines brudern Jörgen Kint Marxen und seines brudern Paulens kintskinder den Andre und Sigmunden under sein. und die weil der Marx von beeden banden sowohl als Andre und Sigmundt herruerent auch umb ainen grad den Christoffen nahner ist, so erbt er sein vatterlichs mütterlichs und erobertes guet allein.

§ 3 Wann aber die verstorben persohn geschwistret kinder und kintskinder allein vattershalben verlest, so erben die geschwistrets kinder abermals das vatterlich stambenguet von wegen des nähnern grads allein und schliessen die kintskinder aus.

§ 4 Deßgleichen, wann der abgeleibt geschwistrets kinder und geschwistrt kintkinder allein von mütterlichem stamben herrüerent verlest, so sollen dieselben unterstämbigen haab und gueter auf die geschwistrets kinder allein fallen, als hierbei zu sehen:

(fol. 283.)

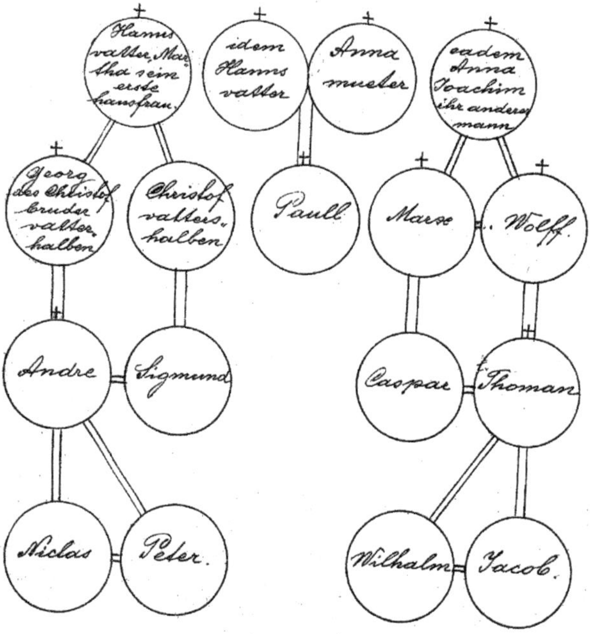

Erklärung

Hierbei stirbt der Paull, derselb verlest seines (fol. 283v) brudern kint vattershalben allein mit nahmen Sigmundt und seines andern brudern vattershalben Jörgen kintskinder den Niclasen und Petter. derhalben schleust der Sigmundt als der nähner im vätterlichem erb den Niclasen und Pettern auß.

gleichfals schleust der Chaspar den Wilhelmen und Jacoben in mütterlichem guet als der nachner im gradt aus und hatt die repraesentation in diser collaterallini wie oben gehört nit statt.

§ 5 Do aber geschwistretskinder vattershalben allein an einem, dann geschwistret kintskinder von baiden panden oder muttershalben allein verhanden, so erben die geschwistret kintskinder die mütterlichen gueter allein, und schließen die geschwistretkinder ungeacht deß nehnern gradt auß, dann dem lantsbrauch nach Kunten die oberstambigen das unterstämbig mutterlich guet nit erben, sondern muessen denen weitern freunden (fol. 284.) so von derselben lini und stamben herrüeren statgeben, als hernach zu sehen:

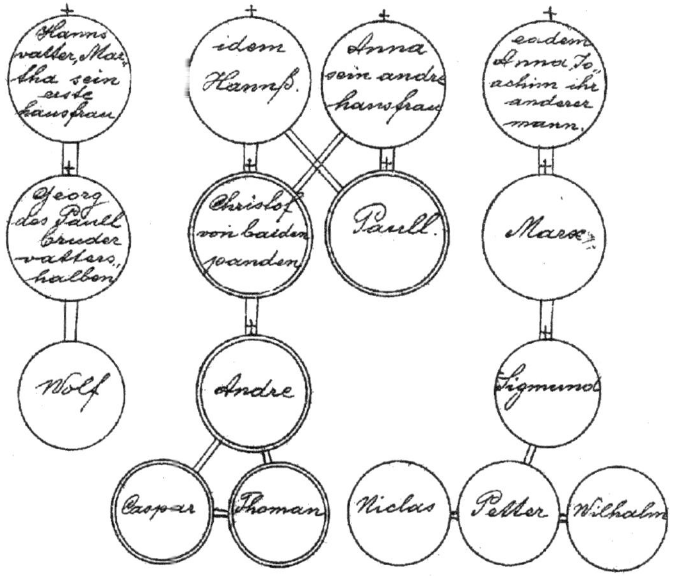

(fol. 284v)

Erklärung

Bei disem siptbaumb stirbt der Paull und verlest mütterlichs erbguet under ihme. derhalben obwohl seines brudern des Jörgens sühne mit nahmen Wolff dem gradt nach nähner als der Caspar Thoman Niclaß Petter und Wilhelmb seint, iedoch weil solcher Wolff ain andere unter Martha genant gehabt, so erbt er des Paulens mütterliche gueter von der Anna herrüerent nit, sonder die geschwistret kintskinder von beeden stamben als Caspar und Thoman, desgleichen die von mütterlichem stamben allein als Niclas Petter und Wilhelmb, ungeacht dass sie weiter, und schleußen ihme Wolfen auß.

§ 6 Also auch, wann die geschwistrets kinder allein muttershalben dem verstorbnen befreundt weren, so erbten die geschwistret hintskinder von baiden banden oder allein vom vätterlichen (fol. 285) stamben die vätterlichen erbgueter ungeacht des weitern grads allein, vermueg des siptbaumbs:

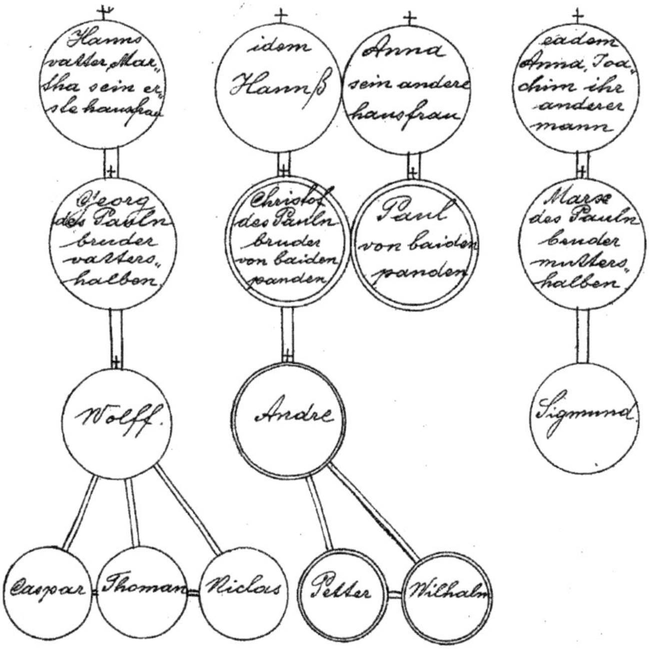

(fol. 285v.)

Erklärung

Alda stirbet der Paull, wiewohl Chaspar Thoman Niclas seines brudern von vätterlichem bant Jörg genant kintskinder sambt des Christoffen von beeden banden Kintskindern ihme Paulln gradshalben weiter als der Sigmundt seint, iedoch weil es umb das vätterlichen stambenguet von Hansen herrüerent zu thain, schließen sie den Sigmundt auß, dann derselb einen andern vattern Joachimb genant gehabt.

§ 7 Dann die eroberten und uberkomben haab und gueter belangent, wann geschwistretskinder von einem bant vatters- oder muttershalben allein auf den andern thail im leben verhanden, so schleußen die zweibändigen die einbandigen aus, wie hernach zu sehen:
(fol. 286.)

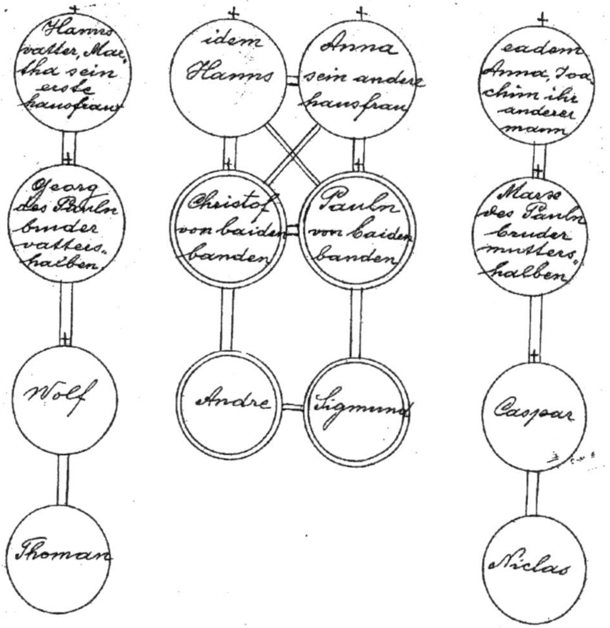

Erklärung

Bei disem siptbaumb erben des Paulen erobertes guet Andre und Sigmundt, dann sie seint von beeden (fol. 286v.) banden und nehner als Thomann und Niclas, bei welchen das erbeinstantsrecht und die reproesentation nit statt hatt.

§ 8 Deßgleichen, do geschwistretskinder und geschwistregt kintskinder zu beeden thailen von baiden banden verhanden, so gehen die geschwistregtskinder denen kintskindern von wegen des nehnern grads vor, als volgender septbaumb außweist:

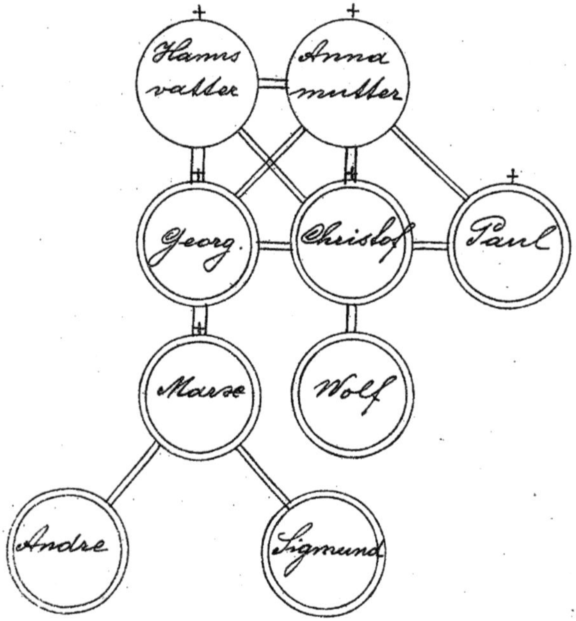

(fol. 287.)

Erklerung

Alda schleust der Wolff den Andren und Sigmunden auß, dann er ist sowohl von baiden banden als sie und nähner im gradt.

§ 9 Do aber die geschwistretkinder nur von einem bant, hergegen die geschwistret kintskinder von baiden banden dem abgeleibten befreundt weren, so schließen die geschwistret kintskinder (weil sie von baiden banden) ihre mitverhandnen ainbändigen geschwistretskinder mit ererbung obbemelter eroberten gueter gar aus, wie die figur erleüttert.

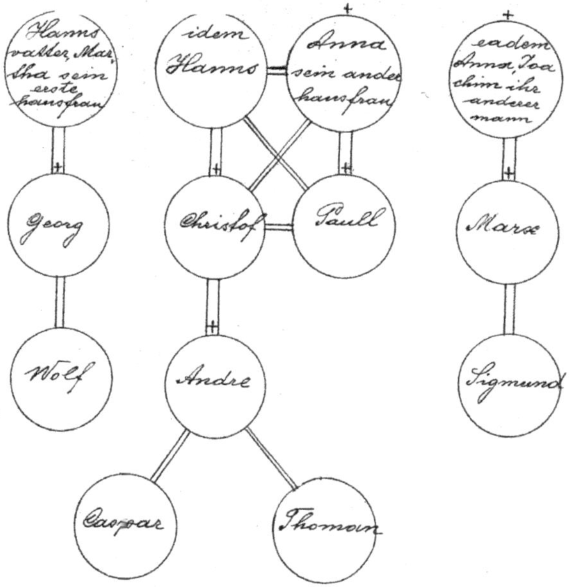

(fol. 287v.)

Erklerung

Hierbei in des Paulens eroberten gueter schleussen Caspar und Thoman, weil sie von beeden banden herrüeren, den Wolfen und Sigmunden so allein von einem bant herrüeren auß, dann in obernenten guetern gelten die bant disfals mehrers als die nächern gradt.

Der 74. titl. Wie die verzignen töchter zu erben zugelassen werden

§ 1 Bei dem herrnstant und denen vom adl sollen die weibspersohnen alleweil der mannstamben im leben zu erben nit zugelaßen werden, ausgenumben etliche sundere fäll wie dieselben hernach begriffen:

§ 2 Nemblichen, wann ein vatter sein tochter noch in seinem leben verheurat und bei dem heuratsbeschluß kein verzicht von ihr begert noch genomben, so solle sein (fol. 288.) tochter nach seinem tötlichem abgang wie ein andere erbtochter neben ihren brüdern zu der erbschaft zugelaßen werden.

§ 3 Gleicherweise wann die sühne nach absterben ihres vattern ihre schwestern verheürahten und kein verzicht von ihnen begeren, so stehet demselben alles erbrecht neben ihren brudern bevor.

§ 4 Item, wann ein lantmann mit todt abgeet und einen oder mehr sühne an einem, und dann seines verstorbnen suhnes oder einckel töchter am andern hinder ihme verlest, so werden des verstorbnen suhnes oder enickls töchter neben den suhnen zu erben zugelaßen, doch dergestalt das sie nit mehr oder wnigers von der erbschaft nemben dann soviel auf ihren vatter (woderselb den totfall erlebt) rechtlichen gefallen.

§ 5 Item, wiewohl die verzignen töchter und dersselben erben bei dem vätterlichem guet solang der manstamb lebt erblich nichts zu suchen, iedoch mögen sie von dem guet, welches ihr mutter under ihr verlaßen oder sonsten von ihrem mutterlichem stamben herrüerent nit ausgeschloßen werden, allein es hette sich ein tochter deßelben mütterlichen erbs zuvor austrukhenlich verzigen, darzu sie doch wider ihren willen nit getrungen werden Kan.

§ 6 Wann ein lantman ein tochter unverheurat under (fol. 288v) sein verlest, ob sie gleich kain verzicht uber sich gegeben (wie dann auch nit gebreuchig von den junkfrauen vor ihrer verehelichung einige verzicht zu nehmen), so wirdt sie dennoch so wenig als ob sie verzigen zu ihres vattern erbschaft neben dem mansstamben zugelaßen.

§ Die brüder seint ihr auch vor ihrem ehestant ainiges heuratguet aus ihres vattern verlaßung zu deputirn oder zu verordnen nit schuldig, sonder sie sollen sich an notturftiger underhaltung, welche aus dem vätterlichem guet nach zimblichen dingen zu raichen biß sie vogtbar und verheürat, ersettigen laßen.

Der 75. titl. Wie die andern gesipten freünt in der zwerchs- beseizs- und collateral-lini begrifen zu erben zugelaßen werden

§ 1 Wann kein bruder oder schwester noch bruder (fol. 289.) oder schwesterkinder noch derselben kintskinder so weit sich die absteigente lini erstrekt vorhanden, so felt die erbschaft auf die persohn, welche die negste im gradt der siptschaft ist, dann des negst im bluet ist der negst zum guet. ob aber mehr persohnen in gleichen gradt verhanden weren, so erben dieselben des verstorbnen haab und gueter nit nach dem stammen sonder nach anzahl der persohnen.

§ 2 Doch ist hierinnen mit den erbguetern dem lantsbrauch nach dise underschait, daß dieselben alweg widerumben auf den stamben hinder sich fallen davon sie herkomben, nemblichen die gueter vom obern und mansstamben herrüerent auf die vetterlichen, die von understamben aber auf die mütterlichen befreundten allein.

Der 76. titl. Wasmassen die weibsbilder bei dem herrnstant und denen vom adl in der zwerchs- oder seitenlini zu erben zugelaßen werden, auch wie ain guet zum töchtern Kombt

§ 1 Die weibsbilder der zwerchs- oder seitenlini (fol. 289v) werden bei dem herrnstant und adl allein in etlichen sondern fällen zugelaßen:

erstlichen, wann die bruder nach absterben ihrer vätter ihre schwestern aine herheuratten und von ihr kain verzicht nehmen, auch ein bruder hernach ohne leibserben mit todt abgeet, so wirdt alßdann solche schwester oder wo die nimmer im leben ihre leibserben als unverzigne persohnen zu gleicher erbschaft zugelaßen.

§ 2 Zum andern, in denen mütterlichen haab und guetern auch allen erbschaften, welche von den mütterlichen stamben als anfrauen uranfrauen oder dergleichen persohnen herkomben, werden die schwestern neben ihren brüdern und dem mansstamben fur erben zugelaßen, es wäre dann sach das sich ein schwester des mutterlichen erbfals gegen ihren brudern sowohl als des vätterlichen verzigen hette, welches sie doch wider ihr freie wilkühr zu thain nit schuldig.

§ 3 Zum dritten, wann gleich ein tochter bei leben ihres vattern uber sich ein verzicht gegeben, aber der vatter in seinem testament oder leztem willen sein töchter solcher verzicht begeben hette und dieselb fur ein erbtochter instituiern thet, so muest sie neben dem mansstamben iederzeit als ein erb zugelaßen werden, welches auf ihre leibs(fol. 290.)erben in absteigender lini auch zu verstehen.

§ 4 Zum vierten, wann der mansstamben on ein testament abstirbt, so felt alßdann des lezten verstorbnens haab und guet auf den weiblichen stamben.

§ 5 Zum funften, wann ainer mit todt abgeet und hinder ihme Kainen mänlichen leibserben sonder ainen oder mehr brüdern an einem, und dann töchter oder töchters kinder am anderm verlest, so fellt sein verlasnes haab und guet unverhindert des mansstambens nit auf seine brüder sonder auf sein tochter oder derselben kinder. dann ein tochter ist gegen ihres verstorbnen vatters gebrüdern welche ein andere lini machen fur kain verzigene persohn zu halten, deßgleichen ihre erben, es were dann in eines oder des andern geschlechts erbainigung lauter versehen, daß sich die weibspersohnen auf den ganzen namben und stamben verzeichen sollen. wann aber einer mit todt abgehet und Keinen erben in absteigender lini sonder allein brüder und schwestern hinder ihme verlest, so solle sein verlaßenschaft nit auf seine schwestern sondern allein auf die brüder, oder ob dieselben nit mehr im leben ihre kinder und kintskinder mänlichen stamens fallen. wann alßdann solche persohnen mänliches stammens auch mit todt abgiengen, alßdann kombt das guet erst zu den töchtern. (fol. 290v)

§ 6 Wann ein tochter, so ihren vattern geerbt auch ihres vattern brudern und bruders kindern ausgeschlossen, den fall erlebt das der lezte des mansstambens mit todt abgeet und das guet zum töchern kombt, so mag solche erbtochter oder wo sie nit verhanden ihre erben absteigender lini neben denen verzignen persohnen oder derselben erben zu solcher erbschaft einstehen, doch dergestalt das sie das zuvor ererbte vätterlich guet in gemeine erbschaft einwerfe. im fall sie sich aber solcher neuen erbschaft entschlagen wolt, so ist sie von ihren ererbtem vätterlichen guet dem weiblichen stamben etwas hinauszugeben nit schuldig.

§ 7 Wann die erbschaft zum töchtern nach absterben des mansstambenshalben fallen, so erben alle persohnen von demselben geschlecht herrüerent mit einander, es werden auch die weitern freunt neben denen nähnern ohn alle underschait des grads gleichlich dem lantsbrauch nach zugelassen.

§ 8 Wann einer ein verzigene schwester an einem und dann von der andern verzignen schwestern zwo töchter am andern hinder ihme verlest und das guet zum töchtern kombt, so soll daßelb nit nach anzahll der persohnen sondern nach den stammen außgetailt werden.

§ 9 Also auch das denen zweien maimen samentlich nit mehrer als der verzignen schwestern allein davon (fol. 291.) zustehe, dann die zwo maimen tretten in ihrer mutter fusstapfen und erben volgents nit mehr als ihrer mutter gebüert hette.

§ 10 Wann aber die verzignen erben nit geschwistret noch geschwistriget Kinder sondern eines weitern sipts und grads seint, so sollen sie samentlich zu der erbschaft gelassen, dieselb auch nit nach den stamben sondern anzahl der persohnen under sie gleichlich ausgetailt werden.

Der 77. titl. Ob des vatters bruder des verstorben bruders Kinder ausschleust

Do ainer seines vattern bruder auf einer und dann seines vattern bruders sühne auf der ander seiten under sein verlest, so schliessen die sühne des verstorbnen vatters bruder aus, dann dem lantsbrauch nach fallen die erbschaften nit zurukh, wie der volgent siptbaumb ausweiset:

(fol. 291v)

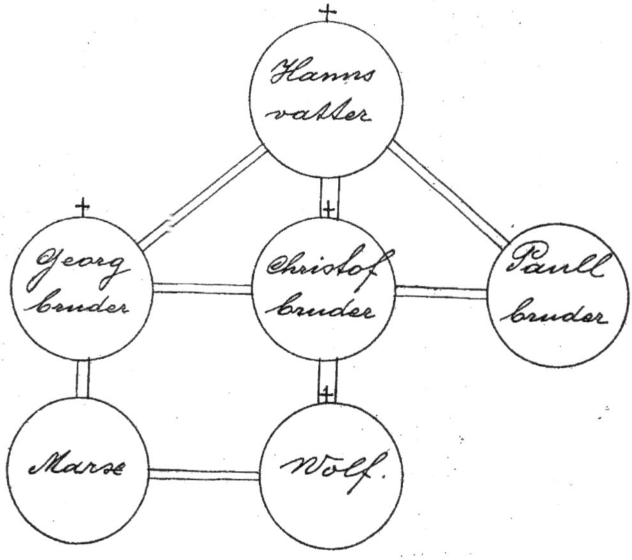

Erklärung

Bei disem siptbaumb lest der sterbent Wolff seines vattern des Christoffen bruder Paullen genant im leben, dergleichen seines vattern brudern Jörgen kint den Marxen. derwegen erbt der Marx dem lantsbrauch nach, ungeacht das der Paull eines nähnern grads und von geschribner rechten wegen vorzuge.

Der 78 titl. Ob des brüdern kintskint des vattern bruders ausschleust

Wann einer keinen brudern noch bruders kint, sonder (fol. 292.) bruders kintskint auf einem und dann auf dem andern thail seines vattern bruder hinder ihme verlest, so schleust dem geschribenen rechten nach des vatters bruder des bruders kintskint auß, dann er umb einen gradt nähner. dieweil aber die erbschaften dem lantsbrauch nach wo absteigende persohnen verhanden nit zuruckh, solle des bruders kintskint in disem fall den vorzueg haben, wie hernach volgt:

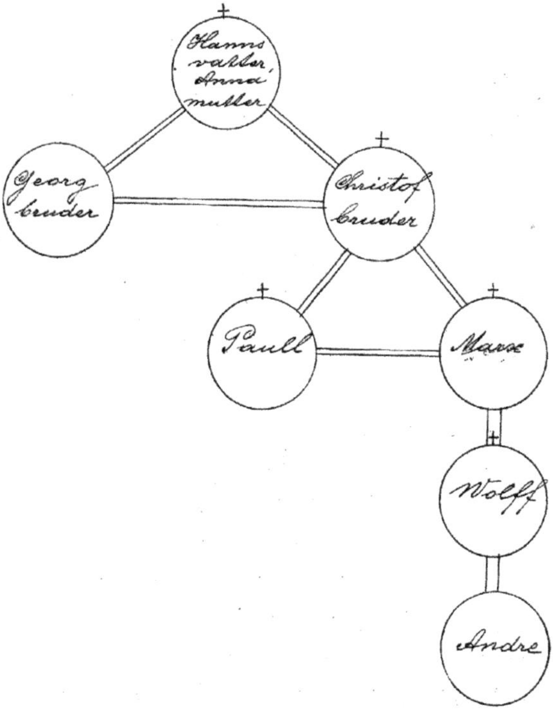

(fol. 292v.)

Erklerung

Alda gehet Paull mit todt ab und lest auf der einen seiten seines vattern Christoffen bruder Jörgen genant, auf der andern seiten seines brudern des Marxen kintskint den Andre derselb Andre schleust dem lantsbrauch nachden Jörgen auß, dann die erbschaft fiel sonsten zuruckh.

Der 79. titl. Ob des vattern bruders-kint des anherrns bruderns-einkhl ausschleus

Do einer seines vattern bruders-kint auf einer, und dann seines anherrn bruders-enickel auf der andern seiten under sein verlest, so schleust (fol. 293.) das bruderskint des eens bruderenickel auß, dann es dem verstorbnen nähners befreundt, wie die volgende figur vermag:

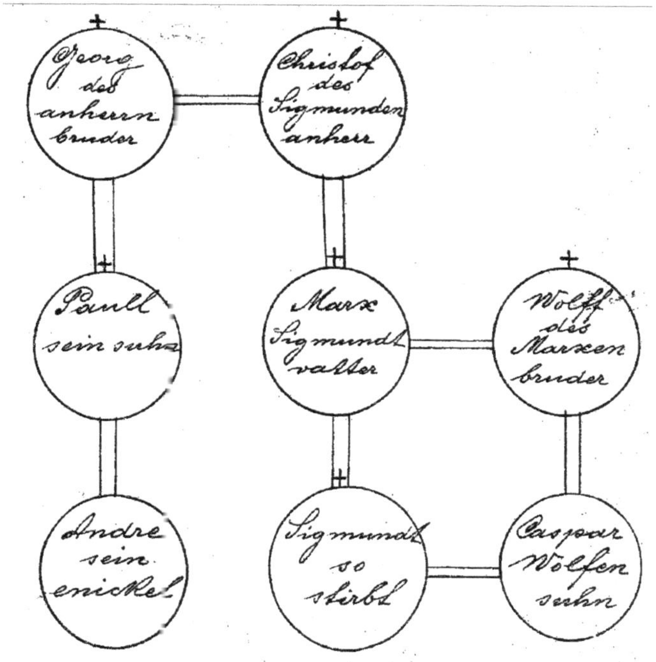

Erklärung

Bei diser figur stirbt der Sigmundt und lest auf einem thail under sein seines vattern bruderkint des Wolfen suhn Caspar genant, auf der andern seiten aber verlest er seines eenes des Christoffen (fol. 293v.) bruders-einkel den Andre von Georg herrüerent. weil aber der Caspar dem Sigmunden nähner, so schleust der den Andre auß.

Der 80. titl. Wie ein erbschaft erblos wirdt, auch in was fellen die verlaßungen denen lantsfürsten heimbfelt und zustehet

§ 1 Wann ainer mit todt ohn ein testament abgeet und keinen gesipten freunt in absteigender oder zwerchslini hinder sein verlest, so fallen seine hinderlaßne haab und gueter dem uber uraltem hergebrachtem gebrauch nach uns als herrn und lantsfursten in unser lantsfurstliche cammer wie andere bona vacatia heimb. doch werden hierbei die stätt außgenomben welche solches erbrechts halben von unsern vorfahren löblichister gedechtnus befreit, derselben freihait auch in ersessenem nutz und gebrauch seint.

§ 2 Deßgleichen werden die dinstbaren erbgueter (fol. 294.) auf dem lant von unserem habendem erbrecht ausgeschloßen, dann dieselben ihrem gruntherrn haimbstehen.

§ 3 Zum andern, wann einer mit todt abgeet und vätterliche erbgueter hinder sein verlest aber vattershalben keinen gesipten freunt hette, so sollen solche vätterliche erbgueter nit auf die mütterliche freunt im fall dieselben gleich verhanden fallen, sondern als bona vacantia uns heimbstehen.

§ 4 Gleicher weiß, wann einer mit todt abgeet und mütterliche erbgüeter aber khainen gesipten mütterlichen sonder allein vätterliche freunt under sein verlest, so sollen solche mütterliche erbgüeter nit auf dieselben vätterlichen freunt sondern als bona vacantia in unser lantsfürstliche cammer fallen. doch werden abermals die befreiten stätt und die dienstgueter auf dem lant deren sich ein ieder gruntherr underfachen mag außgenomben.

§ 5 Fur das dritt, zu erbschaften der vätterlichen haab und gueter werden allein die ehekinder zugelaßen. wo aber derselben keines sonder nur uneheliche vetterlichen erbschaft nit fähig sondern felt uns als lantsfursten haimb. und da gleich die (fol. 294^{v}) vätter ihren vermainten unerhelichen kindern etwas in ihren testamtenten verliessen, so stehen und demnach solche geschäft zu, es were dann sach das sie solchen kindern nichts anderst als ihr natürliche underhaltung verordneten. was aber die mütterlichen verlassung oder andere erbschaften von mütterlichen stamben herrüerent anlangt, derselben sein solche uneheliche kinder fähig, es were dann die mütter illustris persona und eines furstmessigen herkombens.

§ 6 Zum vierten, haben die erbschaften in absteigender lini und under denen leibserben immerwerendiklich stat. wann aber in der seitenlini kein blutsfreunt innerhalb des zehenten grats oder sipts verhanden, so fallen die aigenthumblichen verlassen haab und gueter unserer lantsfürstlicher camber abermals haimb.

§ 7 Zum funften, wann einer mit todt abgeet und keinen leibserben noch andern blutsfreunt in der zwerchslini steent sonder vatter mutter anherrn anfrauen oder anderer vorelter in aufsteigender lini ab intestato und ohn testament hinder sein verlest, so künnen solche oberstembige eltern die verlaßung gar nit erben, dann dem uberuralt hergebrachtem lantsbrauch nach fallen die erbschaften nit hinder sich noch zuruckh. (fol. 295.)

wo dann sonsten kein anderer freunt verhanden, stehet solche verlaßung unserer lantsfurstlicher camber auch heimb. doch hat solches allein ab intestato stat, dann durch testamentliche und lezte willen mögen die eltern und voreltern sowohl als andere freunt von ihren kindern und leibserben betreut werden.

§ 8 Zum sechsten, wann allenthalben kein blutsfreunt verhanden, so geben die geschribnen rechten zu das die wittib ihren verstorbnen ehman erben müge, oder hergegen der ehman sein ehefrauen. welches aber der lantsbrauch mit nichten zulest, sonder die erbschaft felt in solchem fall unsrem fisco haimb.

§ 9 Was aber ein wittiber oder wittib sonsten aus der verlaßung mit fueg zu begeren, soll hernach tractiert wreden.

Der 81. titl. Ob ein eheman schuldig sei vor volziehung des heüratbriefs und seiner abfertigung seiner verstorbnen ehefrauen gueter derselben erben abzutretten

§ 1 Wann ein ehefrau mit todt abgeet, so soll ihrem hauswird (fol. 295v) alles das was ihme in craft des heuratsvermacht gebüert aus seiner gestorbnen ehefrauen haab und guetern ervolgen und würklich zustehen.

§ 2 Es ist auch der ehemann nit schuldig seiner verstorbnen [ehefrauen] haab und gueter (wo er derselben von seiner hausfrauen wegen in possess) ihren nachgelaßnen erben abzutretten, er werde dann zuvor seines habenden heuratsvermachts durch die erben abgefertigt.

§ 3 Im fall ihme aber seine ehefraw ihre haab und gueter nit guetwillig eingeben sonder dieselben in ihrer gewaltsamb behalten, so möchte sich ihr hauswirt nachihrem absterben selbst nit pfenden, sonder er müest seiner abfertigung von den erben gewarten, es vermöchte dann das heuratsvermacht das widerspiel.

Der 82. titl. Was dem hauswirt nach absterben seiner hausfrauen aus der vahrenden haab erfolgen soll

Wann ein heman vor seiner ehefrauen mitt (fol. 296.) todt abgeet, so soll es der vahrenden haab halben nach dem buchstaben des heuratsbriefs, auch sonsten also gehalten werden wie hernach von der wittib abfertigung geordnet. was auch under den nahmen der varenden haab nach lantsbrauch arth zu verstehen, solle dasselb ausgeführt werden.

Der 83. titl. Wann ein fraw mit todt abgeet und ihr guet ihren kindern verlest, ob ihr hauswirt als der vatter die fruchtnießung davon haben solle

Die geschribnen rechten vermügen das ein vatter seiner kinder mütterlich guet nach absterbung der mutter solang er im leben nutzen und genießen müge. aber dem lantsbrauch nach haben solche geschribne recht nitt statt, sonder der vatter ist schuldig nach absterben der muttern seinen kindern ihren mütterlichen erbtail ervolgen zu laßen und mag ihme an solcher haab und guetern kein fruchtnießung zuziehen, es were dann sach das ihme die mutter solcher haab und gueter fruchtgeniessung bis auf der kinder vogtbarkeit verschafft.
(fol. 290^{v})

Der 84. titl. Wasmassen ein witfraw nach absterben ihres ehemans deßelben verlasne gueter biß zu ihrer abfertigung innenhaben möge

§ 1 Ain wittib ist ihres verstorbnen ehewirts verlaßne haab und guet seinen erben abzutretten nit schuldig, sie wer dann zuvor von ihnen des vermachts vermueg ihres habenden heuratbriefs genzlichen abgefertigt. und do solche abfertigung verzogen würd, sollen ihr alle nutzungen so viel deren ion ihres verstorbnen hauswirts verlaßen haab und und guetern vor ihrer abfertigung fallen zustehen und aigenthumblich verbleiben, doch mit nachvolgender underschait.

§ 2 Nemblichen, wann der wittib umb ihr vermecht alle ihres hauswirts haab und gueter solchermaßen verpfendt und verschriben seint, das sie dieselben biß zu ihrer abfertigung innen haben nutzen und geniessen müeg (wie dann gemeinlich die heuratsbrief bei denen von herrnstant und adl mit solcher clausl dahin gestelt und (fol. 297.) aufgerichtt werden), so ist sie solche haab und güeter vor ihrer würklichen und völligen abfertigung weder gar noch zum tail abzutretten nit schuldig. und obleich jeztbemeltes generalclausl in dem heuratbrief nit begriffen sondern außgelaßen, so solle die wittib dennoch bei inhabung und nutzung aller haab und gueter biß zu ihrer abfertigung gelaßen werden.

§ 3 Wann aber der heuratbrief nit auf alle ihres ehewirts haab und gueter gestelt sonder die verweisung allein auf sondere specificierte stuckh und gueter beschehen, so ist die wittib ihres ehemans erben die possess und nutzung der uberigen güeter (darauf sie insonderhait obgedachtermassen und gestalt nit verwisen) ervolgen zu laßen, ihren auch darinnen keine irrung noch eintrag zu thuen schuldig.

§ 4 Als aber hievor vermelt das ein wittib ihres verstorbnen hauswirts haab und gueter biß zu ihrer abfertigung innenhaben nutzen und genießen müg, da solle allein in dem fall statt haben, wann sie solche haab und gueter zu rechter zeit ordenlich und wie sich gebüert durch die obrigkait sperren und inventiren lest. dann wo sie solches umgieng, soll sie die inhabung und niessung dardurch ganzlichen verwürkt haben. (fol. 297v)

§ 5 Wann einer sein ehefraw ihres vermechts halben auf alle seine haab und gueter dergestalt verwisen das sie solche biß zu ihrer würklichen abfertigung nutzen und genießen mueg, und derselb eheman zuvor auch ein hausfrau gehabt auch dieselb ihres vermachts auf sein haab und gueter gleichergestalt wie die letst verwisen hett, so sollen doch derselben ersten hausfrauen verlassne Kinder nit fueg haben sich in craft ihrer muttern eltern heuratsvermachts in die possess und nutzung der hindergelaßnen haab und gueter einzutringen, sonder die letste wittib solle be der possess und nutzung ihres negstverstorbnen ehewirts haab und guetern nach inhalt ihres jungern vermachts biß zu ihrer volligen abfertigung unverhindert der kinder habenden eltern vermachts bleiben. doch wann es zu der abfertigung und bezahlung kombt so haben solche kinder vor der jungsten wittib den vorgang.

§ 6 Do einer ehefrauen alle ihres ehewirts haab und gueter dermassen verpfendt das sie dieselben vor ihrer abfertigung nit abzutretten schuldig, und ihr verstorbner ehewirt frembde grunt oder gütter pfantweiß oder in bestant innengehabt, auch solche pfantschilling oder bestant hinder ihme verlaßen, so seint seine erben die wittib bei solchem pfant [fol. 298.] schilling oder bestant sowohl als andern des verstorben aigenthumblichen haab und guetern bis zu ihrer abfertigung ungeirrt verbleiben zu lassen schuldig.

Der 85. titl. Zu waß zeit die wittib nach absterben ihres ehemans abgefertigt werden solle

§ 1 Wann in dem heuratbrief kein austrukliche bedingnus beschehen zu was zeit ein wittib ihres vermachts abgefertigt werden solle, so stehet des abgeleibten ehemans erben bevor die wittib von stundahn abzufertigen, derselben ist auch die wittib biß zu dem dreissigistem statt zu thain schuldig.

§ 2 Wo aber die erben uber den dreissigisten mit der abfertigung verzugen, so ist alßdann die wittib der abfertigung weiter stattzugeben nit verbunden, sie beschehe dann volgent zwischen weinachten und liechtmeßen.

§ 3 Mitler zeit sollen die erben die wittib zimblichermassen nach gelegenhait ihres stants underhalten, ihr auch die wohnung in ihres verstorbnen ehmans (fol. 298v) schloß oder behausung wovere sie sonsten mitt keinem ausgezeigtem wittibstuel versehen, vergünstigen.

Der 86. titl. Was einer witfrauen auß der vahrnus ervolgen, was auch in den heuratsvermächten under dem nahmen der vahrunden haab vertanden werden solle

§ 1 In den heuratsbrifen wirdt under dem nahmen der varenden haab verstanden: traid wein gestiet, groß und klein viech, hausraht parschaft harnasch, puchsen und pulver, silbergeschier und Klainoter, und in summa alles das so beweglich ist, ausserhalb des so in denen heuratsbriefen von obbemelten stuckhen insonderhait außgenomben oder vorbehalten worden

§ 2 Die verbrieften und unverbriften geltschulden darumben allein gemeine schultbrief ohn hypotecen oder ligender gueter underpfant verhanden, werden dem lantsbrauch nach fur vahrende (fol. 299.) haab gehalten. wann aber einer auf ligende gueter geliehen und dieselben ihme in gemein oder in specie fur die geltschulden hypoteciert und verpfendt oder ihme glaubinger pfantschillingweiß inhendig gelassen werden, so helt der lantsbrauch solche schulden fur ligende gueter.

§ 3 Die frucht so noch auf dem velt steen, auch die visch in den teichen werden fur varende haab nit verstanden. wann aber die frucht nunmehr abgefechsnet, ob sie gleich noch auf dem velt uneingeführt ligen, daßgleichen wann die visch auß dem teich komben, so werden sie fur vahrende haab geacht.

§ 4 Wann einer gelt aufbringt oder ligende gueter verkhauft und die kaufsumma darfur einnimbt in mainung solches gelt widerumö an ligende gueter mit dem eheisten zu legen und ehe solches beschicht mit todt abgehet, so wirdt solches gelt fur varende haab nit geacht.

§ 5 Holz stain kalich und andere pawzeug wirdt fur vahrende haab nit verstanden.

§ 6 Ob ein ehefraw ihrem eheman an barem gelt oder anderer varenden haab ichtes zugebracht, ihr auch daßelb in der heuratsabret vorbehalten, und solche varnus in wehrender ehe durch ihren hauswirt verzehrt worden, so seint ihr des (fol. 299v) abgeleibten ehemans erben solche varnus widerumb zu erstatten schuldig.

Der 87. titl. Wann der vahrenden haab halben kein sunder austruckh in dem heuratsbrief beschicht, wie es dem lantsbrauch nach damit gehalten werden solle

Wann ain heuratsvermächt aufgericht und darin der vahrenden haab halben nichts specificiert sonder allein ingemein geschloßen wirdt, do sich mit dem ehemann ein todtfall begeb das seiner witttib auß der varnus soviel als sonsten lantsbreuchig ervolgen solle, so ist in solchem fall bißhers lantsbreuchig gewesen, wo der verstorben ehemann zu vor auch ein ehelichs weib gehabt und kinder die sühne oder erbtöchter seint bei ihr erobert und dieselben kinder ihme verlassen, das alßdann seiner jungsten witfrauen der dritte thail seiner vahrenden haab und gueter zustehen und ervolgen solle,

wo aber der verstorben eheman zuvor kein eheweib gehabt oder von derselben kein suhn (fol. 300.) oder erbtöchter mehr im leben verhanden, so volgt der jungsten wittib halber thail der vahrnus. darbei wir es nochmahlen genedigist verbleiben lassen.

Der 88. titl. Was der wittib nach absterben ihres hauswirts uber ihr heuratsvermacht noch weiters volgen thuet

§ 1 Die kleider kleinotter und weibliche zier so der ehman seiner ehfrauen in dem brautstant oder wehrendem ehestant geben die volgen und bleiben nach seinem absterben der wittib und nit seinen erben, also auch ihre kohblwägen sambt den roßen.

§ 2 Was dann die klaider und klainoter die ein ehmann seine ehefrauen in wehrender ehe ankauft oder machen lest belangt, dieselben sollen der ehfrauen do sie ihren ehman uberlebt gleichsfals verbleiben.

wo sie aber der ehman uberlebt, so sollen solche klaider und klainoter so ihr der ehman in stehender ehe ankauft nit ihren erben volgen (fol. 300.ᵛ) sonder dem ehewirt bleiben, es were dann sach das der frauen erben darbringen möchten das ihr solche klaider und klainoter durch ihren hauswirt nit plößlich zu ihrer zier ankauft, sondern noch darzu donationweiß ubergeben und zugestelt worden.

§ 3 Nach absterben des ehemans sein auch seine erben die verlassen wittib mit gebürlichen klagkleidern ohn ihr der wittib entgelt, daßgleichen under dem herrnstant und adl mit einem wittibstuel, zu versehen schuldig.

Der 89. titl. Von denen sundern vermechten so zwischen chonleuten in steender ehe außerhalb des heuratsvermechts beschehen

§ 1 Wiewohl die geschribnen Kaiserlichen rechten vermügen das die sondern vermecht so zwischen eheleuten in stehender ehe donationweise aufgericht werden nit craft haben, sie werden dann mit dem todt der ehepersohn welche das vermecht thuet bestett, so ist doch der lantsbrauch demselben gar zuwider, (fol. 301.) dann von alters hergebracht, was ein lantmann seiner ehefrauen in wehrender ehe vermacht donirt und verschreibt das soll er stett und vest (do er gleich sein ehefrauen nit uberlebt noch solches vermacht mit seinem todt bestättigt) halten. er ist auch solches vermacht seiner abgeleibten ehefrauen erben ervolgen zu laßen schuldig.

§ 2 Also auch, wann einer sein hausfrauen umb ein liegends guet neben ihme wie gesandter hant recht oder zu gleichem halbem thail an nutz und gwer schreiben lest, ob er schon sein hausfraw nochmals uberlebt, so felt ihme dennoch solches erbstuckh nit wider haimb, sondern was seiner verstorbnen hausfrauen zu ihrem gebürendem thail vermüeg der gwer davon zugehörig, das volgt ihren erben auch.

§ 3 Doch werden die gweren auf uberleben gestelt hierbei außgenomben, dann die gueter auf uberleben vermacht bleiben der uberlebenden persohn allein.

Der 90. titl. Wasmassen ein hauswirt sein hausfraw (fol. 301) ihres vermächts auf seine lehengütter verweisen muge

§ 1 Ein lantmann solle seine gemahel ihres beheuratlichen vermachts halben an seine lehengueter außer bewilligung und zugeben unser oder anderer lehensherrn nit verweisen. ob aber solches beschehe hat der lehenherr macht solche gueter (doch mit rechtlicher erkantnus) einzuziehen.

§ 2 Es ist auch ein lehensherr auf des lehensmans ersuechen solcher bewilligung in disem fall stattzugeben nit schuldig, allein der lehensman were sonsten mit andern aigenthumblichen guetern oder pfantschaften darauf er die verweisung seiner hausfrauen thain möchte nit versehen.

§ 3 Doch solle der consens dahin gestelt werden, wann der lantman aigenthumbliche ligende gueter hernach bekömb, das er die heuratliche verweisung darauf thain und dem lehensherrn das lehen wider freimachen solle.

Der 91. titl. Wann ein wittib vor ihrer abfertigung (fol. 302.) umb ihres hauswirts verlassen gueter mit recht furgenomben wirdt, wie sie sich damit halten solle

§ 1 Do ein witfraw nach ihres ehemans ableiben er sei von deßelben erben abgefertigt von wegen ihres verstorbnen hauswirts haab und gueter mit recht oder vor gericht beclagt würde, ist sie sich in einige verantwortung einzulassen nit schuldig, sondern sie mag sich auf die erben als ihre schermen waigern und denselben zum rechten zu verkünden begeren, doch wo die wittib nit allein sonder neben und mit denen erben beclagt wirdt da ihr solches gemeint in verfahrung einlaßen.

§ 2 Wann sie aber hernach vor austrag der rechtsachen durch die erben abgefertigt, soll sie weiter zu verfahren nit getrungen werden, sonder es geburt alßdann denen erben solche rechtssachen außer der wittib und ohn ihr entgelt auszufuhren.

Der 92. titl. Obern wittib umb volziehung ihres vermachts extraordinariae clagen möge

Ein wittib mag umb ihr heuratvermacht summa (fol. 302[v]) riter und schriftlicher verhörweiß clagen, und ob sich ihres ehmans erben auf das ordinari recht waigerten, so soll ihnen solches (do es gleich umb ligende gueter zu thain) nit gestat werden.

Der 93. titl. Wann ein preutigam vor dem beischlaf mit todt abgeet, wie es alßdann mit abfertigung der versprochnen praut gehalten werden solle

Do einer nach dem versprechen vor dem beischlaf mitt todt abgieng, so seint sein erben die beschehen heuratsabret (weil der ehestant nit in das werckh Komben) zu volzihen nit schuldig. ob ihr aber die geschenkten stuckh und gaben bleiben sollen, ist oben im 29. titl des andern *[2.]* buchs vernomben.

Der 94. titl. In welchem fallen die kinder in der (fol. 303.) wittib zucht gelassen werden soll

§ 1 Wann einer mit todt abgeet und unerzogne klaine kinder hinder sein verlest, so sollen dieselben kinder ihrer eheleiblichen mutter ob sie gleich ihren wittibstant verkehret gelaßen, auch in ihrer zucht so lang bis die kinder siben jhar ihres alters erreichen nach altem hergebrachtem lantsbrauch vertrautt werden.

§ 2 Es ist auch die mutter in solchem fall nit schuldig auf ihrem selbst costen die Kinder zu erziehen, sonder die underhaltung soll ihr von der kinder aigen guet nach zimblichen dingen durch ihre gerhaben bezahlt werden.

§ 3 Doch wo gemelte gerhaben oder befreundten unserm lantober- oder undermarchalch bedenkliche und erhebliche ursachen furbrechten warumben die kinder in ihrer muttern zucht nit zu laßen, so sollen sie nach glegenhait der sachen herüber einsehung und verordnung zu thain fueg und macht haben.

Der 95. titl. Wann der hauswirt das heuretguet nittt eingenomben hett, in welchem fall alsdann (fol. 303[v]) die wittib dasselb bei seinen erben ersuchen muge

§ 1 Wann in dem heuratbrief austrüklich begrifen das der eheman das zugebracht heuratguet empfangen, und des verstorben erben mit schultbrifen oder in ander weg darbringen müchten das er daßelb würklich nit eingenomben, so seint sie dennoch der wittib solches heuratguet sambt der widerleg morgengab und allen dem was ihr sonsten verschriben dem lantsbrauch nach zu entrichten und ervolgen zu laßen schuldig. dann wann der ehman den heuratbrief seiner hausfrau hinausgibt und derselb vatter oder bruder umb das heuratguet zu schulden annimbt, so soll sie bei solchem ihrem habendem heuratguet billich bleiben.

§ 2 Do aber des ehemans erben spruch und forderung von wegen des unbezahlten heuratguets auch der schäden halben so dem verstorbenn oder ihnen der nit bezahlung halben ervolgt gegen der frauen vattern oder brudern suchen wöllen, daß steet ihnen als gegen ihren angenomben schultnern bevor welches under denen unverzignen töchtern allein statt hatt.

§ 3 Dann wo ein erbtochter oder wittib verheurat wirdt (fol. 304.) und ihr aignes guet het, obgleich der heuratbrif dahin gestelt das der mann das heuratguet par eingenomben, und aber seine erben mit schultbrifen oder in ander weg beweisen möchten das ihme das heuratguet unbezahlt aussenstehe, so seint die erben der wittib das heuratguet zu bezahlen nit schuldig. die widerleg aber, morgengab und anders was der heuratbrief vermag, sollen sie ihr nit verhalten.

Der 96. titl. Von der erbschaft thailung und wer die gutter thailen auch wie es mit der wahl und mit dem loß in der thailung gehalten werden soll

§ 1 Wann bei den herrn- und ritterstant under denen gebrudern ain thailung furgenomben werden mueß, so soll der elter aus ihnen die thailung machen und soviel schriftliche aucfh underschietliche thaillibell aufrichten als viel der erben seint, dieselben thailliebell aber sollen nit nach gedunken des eltisten sonder wie lantsbreuchig gemacht werden, nemblichen müssen (fol. 304v) darinnen alls verlaßen haab und güeter liegent und vahrent, schulden rechten und gerechtigkaiten, spruch und actionen verleibt worden.

§ 2 Item, es soll kein thail im pausch angeschlagen sondern mit specificierten haab und guetern außzaichnet werden. item so sollen solche haab und gueter nit nach des eltesten guetachten, sondern wo sie liegent nach hernns-anschlag und gült beteurt, die varenden aber (als kleinoter silbergeschier und dergleichen) nach geschworner und in derlei sachen verstendiger leut schatzung aestimirt, auch solche schätzung specificiert in die thailliebell verleibt werden.

§ 3 Item, es soll keinem thail allein gueter, dem andern aber gelt, sondern iedem thail gueter und gelt nach gelegenhait der erbschaft zugetailt werden.

§ 4 Item, was aller gelegenhait nach zusamben gehörig, auch zu einander gebraucht worden, das solle do anderst die gueter erklekhlich nit gesundert werden.

§ 5 Solche thaillibel solle der elter seinen jungern brudern furlegen und ihnen zu ihrer freien wahl bedacht lassen. die mögen alßdann nach ordnung wehlen, doch das der jungst die erstwahl, der negst nach ihme die ander und also volgents einer nach dem andern nach gelegen(fol. 205.)hait ihres alters habe. und do der elter in machung der thailung oder die jungern mit der wahl saumbig weren, solle die obrigkait auf eines oder des andern thails anhalten einsehung thain, und wo die ungehorsamb so groß die thailung ex officis machen oder die wahl gleicherweise ex officio verordnen.

§ 6 Wannn ein erbschaft zwischen andern seitenerben zu thailen, so sollen die erben die thail oder erebgebürnus selbst machen. wo sie sich aber darinnen nit vergleichen möchten, sollen auf ihr anlangen durch unsern ober- oder undermarschalch commissari dazu verordnet werden. und wann also die thail auf einen oder den andern weg gemacht, sollen sie umb solche thail das loß werfen, und welcher thail ihr iedem durch das loß zufelt, daran ist er sich ersettigen zu laßen schuldig.

§ 7 Wann ein wittib neben ihren kindern zu gleicher erbin eingsezt wirdt, so ist sie denen kindern wider ihren willen die election und wahll vor ihr zulaßen nit schuldig, sondern er soll disfals ordenlich gelost werden.

Der 97 titl. Wie es mit den stucken und guttern gehalten werdt (fol. 305v) die fueglich nit gethailt werden mügen

§ 1 Diejehnigen persohnen welchen die thailung der erbgueter zu machen gebuert sollen alzeit dahin bedacht sein, damit die stuckh und gueter soviel deren fueglich und ohne nachtail nit gethailt werden mügen unzergenzt und unzertrent bleiben, welches auf ein in solchen weg beschehen mag das auf einen thail ein groß unthailbars stuckh oder guet gestelt, auf des andern thail aber ein geringers guet gelegt und der abgang mit andern ligenden oder varenden guetern erstatt werde.

§ 2 Wo aber ein stuckh oder guet aines so großen werts, das die andern thail gegen demselben nit zuverleichen, so solle solches stuckh oder guet demjhenigen der den maisten thail an der erbschaft hatt mitt gelt abzulößen zugelaßen werden, doch soverr ers in dem werth abzulösen vorhabens, welchen die andern seine miterben darumben darbieten, dann wo seiner miterben ainer ein mehrers darumben zu geben erbüttig, solle demselben die ablösung vor menniglich billich volgen. in fall aber die erben alle gleiche tail an solcher erbschaft kietten und die ablösung keiner höher als der ander thain wolte, so sollen sie mit dem loß entscheiden, oder im fall (fol. 306) der erben keiner die ablösung begert die gueter verkauft und das kaufgelt under die erben gethailt werden.

§ 3 Wann einem frembden oder der uberlebenden chonpersohnen neben einem notterben (als kindern oder andern blutsfreunden) ein ligents guets verschafft wirdt, so sein die frembden denen befremdten der ablösung stattzuthain nit verbunden, es were dann sach das sie ihren thail nit behalten sonder in brembde hant komben wollen lassen, dann in solchem fall stehet der verkauf denen befreundten davon solches guet herrüert billich zu.

§ 4 Desgleichen, wann ein erb an einem ligundem guet mehr verschaffte tail als der ander hett, so kann er denselben zu der ablösung wider sein gelegenhait nit dringen, es wolte dann solcher erb seinen wenigern thail in frembde persohnen verwenden, alßdann solle der miterb gegen bezahlung deßen welches ein frembder geb den vorzug haben.

Der 98 titl. Wie es mit denen gemainen brieflichen (fol. 306v) urkunden in der thailung gehalten werden solle

§ 1 Wann in der thailung gemeine brifliche uhrkunden verhanden, welche denen erben samentlich zugehören auch als unvrescheidenliche und communia instrumenta nit getailt werden mügen, so sollen sie dem erben welcher den maisten tail an der erbschaft hatt in sein behaltens und verwarnung mit einem ordentlichem inventari zugestelt werden. wo aber die erben gleich weren und kainer mehr an der erbschaft als der ander hette, sollen solche brifliche uhrkunden dem eltistem erben in sein custodi und gewarsamb vertraut und gegeben werden, doch das dieselben an ein sicher ort und in ein gemeine erbbehaltnus mit ein ordenlichen inventari gelegt werden und kein thail an dem andern darzu kumben müge.

§ 2 Im fall aber wider dasselben persohn sondere ursachen verhanden warumben ihme solche erbliche und gemeine brifliche uhrkunden nit inhendig zu lassen, so solle die verwahrung dem negsten im alter billich zusteen.

§ 3 Un do einer aus denen andern erben solcher gemeinen briflichen uhrkunden nottürftig, demselben sollen glaubwürdige abschriften, auch im fall der notturft die original, sich (fol. 307) derselben zugebrauchen haben zugestelt werden, doch da er das original nochmals wider zu handen des eltesten erlege. was aber die briflichen urkunden unlangt welche zu eines ieden erwehlte und zugetailte haab und gueter gehören, die sollen denselben erben originaliter gelassen werden.

Der 99 titl. In welchen fällen die thailung nach anzahl der persohnen gemacht werden sollen

§ 1 Die thail sollen nachvolgender gestalt gemacht werden, nemblich wann die erben all in gleichem grad seint, so sollen die thail nach anzahl der erben gemacht werden.

§ 2 Wo aber die erben in gleichem grad nit weren, als wann ein erbschaft auf kinder und kintskinder oder auf bruders und bruderskinder kombt, so sollen die thail nit nach anzahl der erbspersohnen sonder der stämben beschehen. als wann ain einiger suhn und eines andern suhns vier enickel zu der thailung griffen sollen nit mehr als zwen gleich thail gemacht werden.

ebnergestalt ist es auch zu halten, wann bruder und (fol. 307v) bruders kinder mit einander thailen.

Der 100 titl. Ob ein erb den andern umb seinen angefallen thail zu schermen schuldig

Wann ein guet zwischen den erben geteilt wirdt und darnach einer aus ihnen umb seinen ganzen angefalnen thail oder ein stuckh daraus mit recht angesprochen wirdt, so seint seine andern miterben schuldig ihn umb solchen seinen angefalnen thail zu schermen und auf den fall verlusts schadloß zu halten, es were dann das sich die erben in aufrichtung der thailung oder sonsten austruckenlich dahin etnschloßen, da sich ein ieder erb umb seinen thail selbs schermen und die andern von aller schadloßhaltung entbrochen sein sollen.

Der 101 titl. Wie ein beschehene thailung bewisen werden muge

§ 1 Wiewohl fast bei allen thailungen diser richtig (fol. 308.) gebrauch gehalten wirdt das mann uber die beschehen thailung ordenliche thailbrief aufricht, iedoch wann solche aufrichtung underlaßen und dennoch die beschehene thailung mit zeugen oder in ander glaubwürdig weg beweißlich, so ist es ebensoviel als da ordenliche thailbrief verhanden weren.

§ 2 Im fall aber ein thailung zwischen brüdern oder anderen erben in gehaimb oder vertreulicherweiß darumber weder thailbrief noch andere zeugnus furgebracht werden möchten beschehen, und die gebruder oder freunt solche vertailte gueter uber verjharte zeit selbst innen gehabt und derselben wie ihr aigens ererbtes guet genossen hetten, so solle alßdann uber solche langwürige inhabung die thailung ferrer nit begert noch derselben statgethan werden.

Der 102 titl. Ob ein raitung die thailung sperr

Es begibt sich mehrmals das ein erb die erblichen haab und gueter gerhabsweiß innenhat oder in ander weg besitzt nutzet und gebraucht. wann alßdann von denen andern erben umb thailung solcher angefalner erbueter angehalten wirdt, pflegt solcher (fol. 308v) inhabender erb sich derselben under dem schein der raitung zu waigern und will gedachter thailung so lang nit statthein, biß sie aufgenomben und abgehandlet werden. dieweil aber das unrichtig das lauter und richtig nit aufhalten noch spörren solle, ordnen setzen und wöllen wir das die thailungen vor allen dingen verricht und nachmals die raitungen furgenomben sollen werden.

Der 103 titl. Ob ein unverraitter diener abzulassen oder aufzuhalten

Wann die erben von des verstorbnen lantmannß pflegern verwaltern und dienern so noch unverrait umb abfertigung der bezahlung ihr besoldung und litlons angesucht werden, so seint sie dieselben vor ordenlicher beraitung abzulaßen oder zahlhaft zu machen nit schuldig, sie wöllens dann aus guetwilligkait oder gegen genuegsamber purgschaft thain.

Der 104 titl. Wie die erbschaften bewisen werden sollen

§ 1 Welcher kein bekanter wissentlicher erb, des mueß (fol. 309.) sich zu der erbschaft ordenlich legitimiren und sein siptschaft weisen. solche weisung aber mag nit allein mit lebendigen zeugen sondern auch mit brifliichen uhrkunden, als testamenten heuratsbriefen verträgen wapen, uberschriften der begrebnus und andern dergleichen glaubwürdigen indicien, bewisen werden.

§ 2 Und wiewohl die Kaiserlichen rechten zu beweisung solcher siptschaft erfordern das der angemast erb sein siptschaft von einem grad auf den andern und von einer persohn auf die ander a communistipite (das ist von dem gemeinem stambenvatter biß auf die jungst verstorben persohn) ordenlich beweisen und darbringen solle, so ist doch solches do es verlassen kein mangl, dann dem uraltem lantbrauch nach wann einer beweist das er von des verstorbnen nahmen und stamben aigentlich herkombt, so ist solche beweisung ob sie gleich nit von grad zu grad beschehen in eigenthumblichen erbguetern genuegsamb.

§ 3 Was aber die lehenguieter belangt, sollen sich die angemassten lehenserben in uralten lehen (feuda avita und paterna genant) zu dem ersten acquirenten und stambenvatter davon solches lehen uhrsprunglich herrüerent wie lehensrecht ist zu legitimirn schuldig sein.

§ 4 Do der siptschaft halben briefliche uhrkunden furkomben und darinnen der freuntschaft narration, (fol. 309[v]) weiß gedacht wirdt, als wann in einem heuratsbrief begriffen wer der versprochen praut vatter mutter oder bruder gewesen, so geberen solche brief dem lantsbrauch nach so genuegsambe weisung als wo die freuntschaft darinnen dispositive begriffen, doch solle dem gegenthail unbenum sein wider solche brifliche uhrkunden sein gegenweisung zu führen.

Der 105 titl. Von den widerfällen

§ 1 Wann eineß lantmanß dochter mit einem heuratguet abgefertigt wirdt und hernach leibserben under ihr verlest, so erbt daßelb heuratguet fur und fur in absteigender lini von einem auf das ander.

§ 2 Wann aber die absteigent lini genzlich abgeet so felt alßdann solches heruatguet widerumben auf den mansstamben davon es herkomben.

§ 3 Dem lantsbrauch nach soll sich kein widerfall verjhären, solches ist aber dahin zu verstehen, do er noch nit gefallen. wo aber ein widerfall durch absterbung der weiblichen lini gefallen und in zweiunddreissig jharen hernach mit recht (fol. 310.) nit ersucht wurdt, so soll er alßdann verjhart sein und mit recht nit ersucht werden.

§ 4 Wann ein widerfall weibliches stambens dem mannsstamben widerumb haimstehet, so solle derselb nit auf den ganzen stamben sondern allein die lini, von welcher das heuratguet herkomben und außgeben worden, fallen.

Der 106 titl. Von erbainigung

§ 1 Die erbeinigung, welche vor uralten jharen aufgerichtet und under denen geschlechten würklichen gehalten worden, wollen wir auß lantsfurstlicher volmacht nochmahlen genedigist verbleiben und wie von altersher gelten lassen.

§ 2 Do sich auch die von herrn- und ritterstant solcher erblichen pactionen und vereingigung von neuem vergleichen, sollen dieselben bindig und creftig sein, doch das sie mit vorwißen und willen aller interressierten thailen aufgericht werden.

§ 3 Item, das uns als lantsfursten und lehensherrn (fol. 310^{v}) an unsern habenden lehensrecht regalien und andern lantsfurstlichen gerechtigkaiten und hohaiten dardurch nichts benomben werde.

§ 4 Item, das solche erbainigung [nit] wider gemeinen lantsbrauch, alte herkomben und gewohnhaiten beschehen.

§ 5 Item, das dardurch den verzignen töchtern noch keinem thail wider sein gelegenhait und freien willen praejudiciert werde.

Der 107 titl. Von denen cridahandlungen und mit was ordnung die glaubinger und ansprecher bezahlt werden sollen, und erstlich von anschlagung der crida

§ 1 Wann ainer mit todt abgeet und sich sein verlasne haab und gueter zu bezahlung seiner glaubinger und ansprecher nit erstrecken, so solle ein entlicher und peremptoritag allen und ieden glaubingern und ansprechern durch ein ofne angeschlagne crida oder edict (fol. 311.) und angesetzt werden. darauf solle auch ein ieder glaubinger oder ansprecher sein anforderung in schriften thain und sein gerechtigkait ordenlich furbringen.

§ 2 Wo sich auch des verstorbnen erben in die erbschaft cum beneficio inventarii einlaßen wolten, so stehet ihnen dasßelb auf dem cridatag zu begeren bevor.

ihnen ist auch durch solches begern nit benomben, wo sie zu der verstorbnen persohn ainige forderung umb schult oder ichtes anders zu haben vermeinen, daß sie dieselben wie ander glaubinger und ansprecher vermelden und ersuchen.

desgleichen stehet solches der verlaßnen wittib bevor.

§ 3 Wann nun die erben und glaubinger ansprecher also ihre anforderungen in gericht schriftlich eingelegt wirdt ihr iedem von des andern schriftlichem begern und ansprechen abschriften durch das gericht zuerkent, daneben auch denen parteien auferlegt mit ihren notturften gegen einander zu ort zu verfahren zu beschließen und zu collationirn, daruber beschicht volgents durch das gericht erkantnus.

Der 108 titl. Welchem thail die verlassung einzuantworten sei

§ 1 Des verstorbnen negste erben werden auf ihr begern (fol. 311v) die verlaßnen haab und gueter cum benficio inventarii eingeantwortt, doch dergestalt das sie alle und iede glaubinger soweit sich das verlassen guet erstreckt erbarlich bezahlen und do die erben im lant nit genuegsamb angesessen, so wirdt ihnen auferlegt dem gericht genugsambe caution und burgschaft deswegen zu thuen.

§ 2 Doch ist des verstrobnen nachgelaßne wittib nit schuldig den erben die gueter abzutretten, sie werde dann zuvor inhalt ihres heuratsbriefs genzlich abgefertigt.

§ § Wo der verstorben keinen erben hat oder sich seine erben in die erbschaft nit einlassen wollte, solle denen guetern ein curator oder versprecher durch das gericht ex officio gesetzt werden.

Der 109 titl. Wann under des verstorbnen verlassung frembde gueter verhanden, ob dieselben denen welchen sie zugehörig vor allen andern geltern und ansprechern zugestelt sollen werden

§ 1 Wann ein wittib ihrem hauswirt ligen, de oder vah(fol. 312.)rende haab und gueter zu einem heuratguet oder aber außer des heuratsguts ein uberiges vermögen zugebracht hette und solche gueter in ihrs hauswirts verlaßung befunden würden, also ds sie die wittib darauf zeigen möchte, so ist sie nit schuldig sich mit den andern geltern der prioritet und vorgangs halben in einige disputation einzulaßen, sonder ihr werden solche gueter als ihr aigenthumb vor allen andern geltern /:unverhindert das dieselben im rechten etwo befreiet werden oder eltere verpfendungen hetten:/ widerumb zugestelt.

§ 2 Gleichergestalt, wann beie eines verstorbnen persohnen verlassung ligende und varende gueter unverhinret befunden werden welche er behaltnusweiß innengehabt, so sollen dieselben gueter demjhenigen dem sie zugehören ohn mittel widerumb ervolgen, und solle weder die wittib noch die andern gelter zu solchen guetern von ihrer schulden oder anforderung wegen einige prioritet haben.

§ 3 Deßgleichen soll es mit denen guetern welche dem verstorbnem von seinem schultner pfantweiß zugestelt auch gehalten, und solche verpfendte gueter demjenigen der sie versetzt vor menniglich widerumb gegen erlegung der pfantsumma zugestelt werden.

(fol. 312v)

Der 110 titl. Ob das so auf des verstorbnen begrebnus gehet vor andern schulden bezahlt werden solle

§ 1 Was auf des verstorbnen begrebnus durch durch die wittib oder iemants andern aufgewendt oder furgestreckt worden, dasselb solle dem altem herkomben und gebrauch nach aus des verstorbnen verlaßung vor allen andern befeiten und unbefreiten schulden und anforderungen bezahlt werden.

§ 2 Deßgleichen, was auf die chur und apotecken gangen.

Der 111 titl. Von abfertigung der diener und lehehalten

§ 1 Nach bezahlten uncosten der begrebnus und chur sollen fur das ander der verstorbnen persohn diener und ehehalten ihres lidlons und besoldung entricht und abgefertigt werden.

§ 2 Wo aber ainem diener oder dienerin kein bestimbte (fol. 313.) besoldung durch den verstorbnen versprochen worden, so soll die besoldung durch das gericht nach gelegenhait seines dients bestimbt und gemessigt werden.

Der 112 titl. Von bezalung der gelter die auf des verstorbnen verlaßnen guetern satz oder andere pfant haben

§ 1 Nach abfertigung obgedachter erhalten sollen alßdann fur das dritt die glaubinger und ansprecher, so auf des verstorbnen verlassen guetern ihre satz oder underpfant haben, entricht und bezahlt werden, doch volgender gestalt:

§ 2 Erstlichen, sollen alle satzgelter, so bei dem gruntbuch oder durch andere liquidirte verschreibungen expressam hypothecam oder ein außgetruktes verschribnes underpfant haben, allen andern glaubingern welche mir mit rechtlichen pfanden und tacitis hypothecis versehen furgezogen werden.

§ 3 Zum andern, welche glaubinger ain solches verschribnes außgetruktes underpfant haben, die sollen mit der (fol. 313v) prioritet vor andern befreiten creditorn welche personale privilegium haben abgefertigt werden.

§ 4 Zum dritten, sollen derlei außgetrukte satzgelter denen glaubingern so ansatz auf haab und gueter bekomben fortgehen. do nun einem ein haab und guet austruklich versetzt worden und sich hernach ein anderer darauf ansetzen ließ, so solle ihm der erst wilkürlich satzgelter billich vorziehen.

§ 5 Zum vierten, sollen obbemelte ofne satzgelter allen gemeinen unbefreiten glaubingern hoches und niderstants furgestelt werden. und obgleich solcher unbefreiten glaubinger einer oder mehr der zeit nach eltere gerechtigkait als der satzgelter hette, dennoch solle ihme der satzgelter mit der bezahlung vorgehen.

Der 113 titl. Wann der general-pfantschafter dem special vorzeucht oder nachgeet

§ 1 Welchem creditorn alle und iede seines schultners haab und gueter erstlichen verschriben oder verpfendt (fol. 314.) worden, der solle dem anderm glaubinger welchem aines oder mehr stuckh daraus ohn seinen wissen und willen hernach in specie versetzt in dem special-pfant furgezogen werden, es were dann sach das solcher erster pfantschafter seiner schulden auf denen andern und uberigen guetern contentiert möcht werden.

§ 2 Welchem creditorn ein haab und guet specialiter und insonderhait verpfendt, der schleust den so hernach alle und iede desselben schuldners gueter verschriben mitt der prioritet auß, dann waß in specie versetzt worden das Kann in die hernachvolgent gemeinschaft der gueter nit gezogen werden.

§ 3 Wann viel glaubinger concurrieren, welchen allen der schuldner alle und iede sein haab und gueter in genere verpfendt, so solle der erst under ihnen alzeit den vorzug haben.

§ 4 Wann der schuldner ains oder mehr seiner haab und gueter etlichen underschitlichen glaubingern specialiter und sonderbarlich verpfendt, so zeucht der erst auf dem anderm fur.

Der 114 titl. Welche glaubinger denen satzgeltern mit der prioritet vorgehen

§ 1 Wiewohl oben ausgeführt, das die glaubinger welche (fol. 314ᵛ) ein ausgetruktes underpfant haben allen andern befreiten und unbefreiten creditorn und ansprechern mit der abfertigung vorgehen sollen, so seint doch etliche sundere fäll in welchen sie von andern glaubingern mit der prioritet ausgeschloßen werden:

§ 2 Erstlichen, wann ein glaubinger sein gelt zu erhebung und verbeßung aines haab und guets welches ainem anderm zuvor expresse versezt worden leicht, sich auch mit dem schuldner austruckentlich dahin vergleicht, das ihme solches guet so on seinem darleihen gebessert und meliorirt wirdt verpfent sein solle, so schleust solcher glaubinger mit disem ihme verpfendem guet vermueg geschribner Kaiserlichen rechten alle andere wilkührliche und rechtliche creditorn welche expressam oder tacitam hypothecam auf alle oder sunderbare gueter haben, deßgleichen und viel mehrers die persohnlichen befreiten auch unbefreiten gelter ungeacht ihrer eltern gerechtigkait auß, allein werden hierbei die frauen mitt ihrem heuratsvermachts außgenomben und solchen ausleihern mit der prioritet furgestelt.

§ 3 Solches aber hab alßdann stat, wann das furlehen austruckenlich zu beßerung der zuvor verpfenden satzgueter beschehen und danebens ein underpfant expresse bedingt worden. sonsten wo das unterpfant (fol. 315.) nit austruckenlich bedingt, sondern allein beredt worden das das dargelichen gelt zu beßerung des schuldners gueter gebraucht werden solle, so zueg solcher glaubinger denselben satzgelter nit fur sondern allein denen andern unbefreiten creditorn. deßgleichen, wo das furlehen simplciter ohn alle bedingnus sowohl des vatz als der besserung beschehen und dennoch solches gelt zu erbesserung hernach gebraucht würdt, so gebüert es den glaubinger vor andern satz-befreiten und unbefreiten geltern kein prioritet.

§ 4 Zum andern, welcher ein gelt zu erkaufung eines grunts darleihet und darauf pfantsweise verwisen wirdt, der gehet einem anderm glaubinger dem alle des schuldners haab und gueter gegenvertig oder kunftig zuvor in gemein verpfendt mit der prioritet vor, allein die frauen mit ihren heuratsvermachten außgenomben.

§ 5 Furs dritt, waß aus eines pupillen dargelichenes gelt erkhauft wirdt, das ist ihme vermueg geschribner rechten ohn alle berednus verpfendt, und geet mit solchem guet allen satzgeltern welchen es zuvor in gemein hypotheciert gewesen auch andern eltern glaubingern bevor.

§ 6 Zum vierten, wann einer in gemeiner lantschaft(fol. 315^{v})steur etwas schuldig bleibt, so solle solche steur vor allen andern geltern, auch denen so satz und pfantverschreibungen haben, entricht und bezahlt werden.

Der 115 titl. Von denen glaubingern so haimbliche und rechtliche underpfant haben und ihrer prioritet

§ 1 Welche creditorn rechtliche und haimbliche hypothecen und sätz, als witfrauen pupillen und andere mehr glaubinger davon im anderm buch bei dem 16. titl gehandlet worden, haben dieselben ziehen allen befreiten und unbefreiten glaubingern mit der bezahlung vor.

§ 2 Wann der rechtlichen und haimblichen gelter mehr seint, so ziehen die eltern gleichmessigen gerechtigkaiten alzeit den jungern fur, allein wirdt unser Fiscus hierbei außgenumben, dann unser lantsfurstliches cammerguet gehet allen andern rechtlichen und haimblichen geltern, obgleich dieselben der zeit nach mit ihren gerechtigkaiten elter weren, vor.
(fol. 316.)

Der 116 titl. Wohin sich der wittiben freihait mit der abfertigung erstrecken

§ 1 Die weiblichen freihait und prioritet erstreckt sich allein auf die anforderung des zugebrachten heuratguets, dann was die widerlegung morgengab varende haab wittibstuel und anders mehr so ein heuratbrief in sich halten möcht, belangt, darinnen hat sie vor andern glaubingern Kein vorgang.

§ 2 Deßgleichen, do sie von ihrem herrn und hauswirt ausser des heuratsvermächt mit andern vermachten und ubergaben versehen were, so hatt sie mitt solchen ubergaben und vermachten vor andern creditorn kein freihait, sie were dann under denen gemeinen geltern der zeit halben mit eltern gerechtigkaiten versehen, dann in disem fall soll sie der eltern zeit und keiner andern freihait geniessen.

§ 3 Mit dem uberichem zubringen schleust ein witfraw andere ihre sorts haimbliche satzgelter auß, die ausgetruckten satzgelter aber nit.

§ 4 Und obwohl ain wittib mit ihrem heuratguet (fol. 316v) Keinen eltern wilkührlichen satzgeltr so expressam hypothecam hat mit der prioritet ubertrifft, jedoch zeucht sie allen andern satz- und pfantgeltern deren gerechtigkeit junger seint mit ihrem heuratguet fur, aber mit dem uberigen zubringen oder andern heuratsvermechten und ubergeben nit, wie oben gehört.

§ 5 Wann des verstorbnen ehwirts kinder so von seiner ersten ehefauen erzeugt ihrer mutter heuratguet noch nit bekomben, so sollen sie oder ihre erben vor der jungsten wittib abgefertigt werden, iedoch wann der lezten wittib zugebrachten heuratsguet noch unverendert vorhanden were, also das sie darauf zaigen möchte, so wirdt ihr dasselb vor der ersten hausfraw kindern auch sonsten menniglich billich zugestelt.

§ 6 Es haben die rechtsgelehrten maistertails, das ein witfraw dem fisco mit ihrem heuratguet fortgeen solle, darbei wöllen wirs genedigist auch verbleiben lassen. Wiewohl die geschribnen rechten vermögen das dise wittibliche freihait allein auf der wittib leibserben transferirt werden soll, iedoch weil die heuratbrif dem lantsbrauch nach nit allein auf die kinder und leibserben sondern alle getreue inhaber deßelben briefs gestelt werden, solle obbemelter freihait alle erben und inhaber, sie seint gleich leibsfreunt (fol. 317.) oder frembde eingesezte sucessorn, dem lantsbrauch nach so weit sich die wittib derselben zu behelfen gehabt fehig sein.

Der 117 titl. Von glaubingern welche gerichtliche sätz und ansatz haben und ihrer prioritet

§ 1 Welche creditorn sich auf ihrer schuldner haab und gueter ansetzen lassen und das durch einen gerichtichen satz bekomben, die sollen denen wilkürlichen außgetrukten satz- und pfantgeltern welchen des schldners gueter zuvor sambtlich oder aufs wenigist das angesetzt guet verschriben gewesen mit der prioritet nit vorziehen, und das zuvor hypothecirt ist das kann weiter keinen gerichtlichen ansatz leiden.

§ 2 Gleichfals sollen derlei angesezte creditores denen glaubingern welche eltere rechtliche hypoteken haben nit furgetzogen werden. wann aber der ansatz elter wer als die hernach beschen wilkühr oder heimblich verpfendung, so solle der angesezte glaubinger dem (fol. 317v) lantsbrauch nach vor solchen jungern außgetrukten oder heimblichen creditorn den gebürlichen vorzueg haben. dann was einem gerichtlich versetzt worden, das leidet vor relaxirung des ansatz keinen ferrern satz.

§ 3 Solche gerichtliche pfantschaften sollen nach lantsbrauch allen andern befreiten und unbefreiten creditorn, welche kein underpfant sonder nur personale privilegium oder gemeine schultbrief haben, furgestelt werden.

§ 4 Wann mehrerlei gerichtliche ansatz auf einem guet concuéirn, so solle der elter ansatz dem jungern nach lantsbrauch furgesezt werden.

Der 118 titl. Von denen befreiten creditorn so personale privilegium haben

§ 1 Welche creditorn gar kein underpfant sonder nur persöhnliche freihaiten, als die depositarien und andere persohnen davon im anderm *[2.]* buch bei dem 16. titl tractiert seint, haben, die sollen als befreite gelter denen andern gemeinen unbefreiten glaubingern mitt der (fol. 313.) bezahlung furgezogen werden.

§ 2 Welcher mit seiner abforderung in mehrerlei weg befreit, der solle denen andern weniger befreiten mit der prioritet vorgehen.

Der 119 titl. Von denen gemainen unbefreuten glaubingern und ihrer abfertigung

§ 1 Wann die unbefreiten geltern die prioritet mit einander vor gericht ventiliren, so verordnen die geschribnen Kaiserlichen rechten das sie zugleich zugelassen und keiner dem anderm furgezogen sollen werden. dieweil aber der algemein uralt gerichtsbrauch das widerspill vermag und alzeit die eltern creditorn des jungern furgesezt worden, so lassen wir es aus lantsfurstlicher volmacht nochmahlen darbei genedigist beruhen.

§ 2 Wann die befreiten und gemeinen creditorn die prioritet mit einander disputirn, so vermögen die geschribnen rechten gleichsfals das sie samentlich concurriern, und do sich des schuldners haab und gueter zu ihrer völligen bezahlung nit erstreckt, einen anschlag (fol. 318ᵛ) pro rata ihrer schulden neben einander erdulden sollen. solchen ist aber obberürter lantsbrauch nach altem herkomben zuwider, derwegen solle hinfurahn under der lantschaft der elter unbefreit gelter dem jungern alzeit mit der bezahlung praeponiert, bei der burgerschaft aber mag es wie von alters herkomben mit obgehörtem abzueg pro rata gehalten werden.

Der 120 titl. Ob ein glaubinger so seines schuldners gueter antritt und einnimbt denen andern mit glaubigern praejudicier

§ 1 Wo under den unbefreiten creditorn ainer seines schuldners haab und gueter gar oder zum thail, weil es mit demselben ubermessiger schulden halben mislich stehet, ausser gerichtshanden occupiert und einnimbt, so hüelft ihnen solche thätliche antrettung zu der prioritet nichts, sonder seine mitverwanten und gemeine eltern creditorn mögen darbei ihr abfertigung bekomben.

§ 2 Denen pfantschften und befreiten creditorn praejudicirt auch solche fräventliche occupierung an ihrem gebüerendem vorzug nach gelegenhait ihrer gerechtigkait gar nichts.

(fol. 319.)

Der 121 titl. Ob ein schuldner in wehrender cridahandlung einen glaubinger vor dem anderm zahlen möge

Wann der schuldner oder seine successorn und inhaber in wehrender cridahandlung ainen glaubinger fur die andern zahlt, so nutzt solches dem bezahltem auch nichts, sondern mues sich neben andern glaubingern bei der crida einlaßen oder der crida gerichtlichen außgang erwarten.

Der 122 titl. Ob solches vor der crida beschehen möge

Vor angeschlagner crida ist Keinem schuldner verwert ainen glaubinger fur den andern zu bezahlen, doch das es in frandem creditorum und denen andern glaubingern zu gwer nit beschehe, welche vermuette gever alßdann mit dem purgiren wirdt, wann die bezahlung (fol. 319[v]) aus der obrigkait bevelh ervolgt, oder da der bezahlt glaubinger umb vermuegung seiner schulden angehalten, die andern aber stillgeschwigen. dann denen wachenden Komben die rechten zu hüelf.

Der 123 titl. Wann der glaubinger viel anhalten, ob der schuldner ainen vor dem anderm bezahlen möge

Wann die glaubinger zugleich umb bezahlung anhalten und der uberloffen schuldner so nit solvendo ausser gerichtlicher auflag ainen vor dem anderm mit der bezahlung wilfert, so mögen die andern eltern creditorn, welche mit ihrem anstrengen den schuldner auch getriben, die bezahlung pro rato ihrer schulden vervociern.

Der 124 titl. Wann mit dem schuldner ain novation getroffen wirdt, ob der elter glaubinger dardurch sein gerechtigkait vergeb

Welcher glaubinger ein elter satz oder andere verschribner (fol. 320) gerechtigkait hat und mit seinem schuldner in ein novation und neuerung contractshandlung doch vorbehaltlich der vorigen satz oder andern gerechtigkait eingehet, der soll einen weg als den andern denen jüngern creditorn furziehen.

Der 125 titl. Ob die prioritet in den accessorien stathabe

Welcher mit der haubtschult oder principal-gerechtigkait vor ainem anderm den vorzueg hat, der solle mit dem intereße und denen andern accessorien auch furgestelt werden.

Der 126 titl. Von den unliquidirten schulden und derselben vorbehalt

§ 1 Waß von bezahlung der glaubinger in denen vorgennden titteln angezaigt worden, das soll von den glaubingern verstanden werden, welche ihr (fol. 320^{v}) schulden liquidiert furbringen. und seind in disem fall die schulden fur liquidiert zu verstehen, darumben unvermeitlich schultbrief urtel oder abschiet und andere genuegsambe und glaubwürdige schein furkomben.

§ 2 Welcher glaubinger aber sein schult in dem haubtproces der crida nit liquidirt fuerbringt sonder sich erst auf weisung lendet, der solle zu solcher seinen angebotnen weisung durch erkantnuß des gerichts gelaßen, doch die bezahlung der liquidirten glaubinger biß zu volführung seiner weisung nit eingestelt sonder dieselben der ordnung nach bezalt und in dem criderabschiet dem unliquidirtem glaubinger vorbehalten werden. wann er hernach sein beruembte schult bewißlich macht, das er alßdann sein gebürnus bei denen liquidirten abgefertigten glaubingern widerumben erfordern müge. es mag auch in disem fall denliquidirten glaubingern auferlegt werden bei gericht derwegen caution zu thain.

Der 127 titl. Wann der verstorben seinen glaubingern zu gever und nachtail ichtes vergeben hiet, ob ihnen dasselb zu ersuchen bevorstehe

Wann der verstorben bei seinem leben ichtes von (fol. 321.) seinen guetern zu nachtl und abbruch seiner glaubinger geverlicher weiß vergeben hett, so stehet denen glaubingern bevor, das sie die inhaber derselben haab und gueter derwegen ersuchen die sollen ihnen auch solche gueter (wann die geverlich handlung bewisen wirdt) widerum zuzustellen schuldig sein, davon oben im anderm buch bei dem zehendem titl ausführlicher gehandlet.

Der 128 titl. Von absonderung des verstorbnen schuldners so im rechten separatio bonorum genant wirdt

§ 1 Wann einer ein erbschaft mit schulden beladen an sich bringt und nachmals mit todt abgeet, auch nach seinem tötlichem abgang auf anlangen seiner aignen glaubinger von wegen seiner verlasung ain ofne crida angeschlagen wirdt, so geben die recht zu, das des ersten geerbten schuldners glaubinger begeren mügen die erbschaft von den andern des negst verstorbnen erbens guetern zu separiren und abzusondern, und ihnen ihres schuldners erbschaft und gueter zu bezahlung ihrer schulden allein ervolgen zu laßen.

§ 2 Welches ihnen dann nit abzuschlagen außgenomben (fol. 321v) etliche sondere fäll. nemblichen wann der erb die erbschaft mit andern seinen haab und guetern dermaßen vermischt das man dieselben von einander nit absondern möchte, das die ersten glaubinger von dem erben umb ihre schulden ain neue verschreibung oder versicherung, oder aber die verzinsung der haubtsumma angenomben, oder nach antrettung der erbschaft funf jhar lang geschwigen hetten. in solchen fällen möchten sie die separation weiters nit begeren, sonder do sie bezalt wöllen werden, muessen sie sich mit den andern des erbens glaubingern bei der cridahandlung einlaßen.

Der 129 titl. Von gerhabschaften tuteln und curatoreien

Von der pupillen und minderjhärigen Kinder tutorn und vormunden, auch allen dem was dem gerhablichem wesen anhengig, ist in der policeiordnung so im zweiundfunfzigisten jhar ausgangen ausführlich und nach alleer furfallenden notturft furgesehen und geordnet worden, darbei wir es derzeit genedigist verbleiben und beruhen laßen.

(fol. 322 – fol. 323v leer)

Das Vierte Buech.
Von der lantgueter gerechtigkait und zuständen, auch andern sachen welche sich auf dem lant begeben samt etlichen davon herrurenden strafmessigen handlungen

Der erst titl. (fol. 324) Von den underthanen auch ihren behausten und unbehausten guttern

Und erstlich was ein dienstbar oder zinsbar guet sei.
§ 1 Wann ein prelat herr oder lantman ainen grunt oder guet ainen anderm umb einen jharlichen zinß und dienst erblich aufgibt, so hat der zinßmann der daß guet oder den grunt solchermassen aufnimbt an den grunt oder guet das nutzlich aigenthumb so in latein utile dominium genent wirdt. dem gruntherrn aber bleibet das naturlich aigenthumb das man directum dominium haist.

§ 2 Und wiewohl solche aufgebung der grunt und gutter nit allein erblich sondern auch auf ein anzahl jhar oder etliche leib beschehen mag, so ist doch in diesem lant mehrees thaile der gebrauch das dise aufgebung durch die gruntherrn allein erblich beschehen. derhalben werden auch solche gueter und grunt erbrunt und erbueter genent.

§ 3 Wann aber die verlaßung auf (fol. 324v) ein anzahl der jhar oder etliche leib stehet, so beschicht sie nit erblich sondern allein bestantsweise, wie dann das wort hinlaßen oder verlaßen (so in die bestant und leibgedingbrief verleibt werden) solchen verstant mit sich bringen.

Der 2. titl.* Von underschiet der dienstbaren oder zinsparen gueter

§ 1 Die dienstbaren oder zinsparen gueter sein underschietlicher art, etliche behauste etliche unbehauste.

§ 2 Under einem behaustem guet wirdt verstanden das hauß oder hoff so der holt oder zinßmann von seinem gruntherrn innenhat sambt dem was in solches haus oder hoff, es sei gleich acker wisen waid gehülz oder in andere dergleichen grunt, gehörig ist.

* Wechsel auf Ziffern-Numerierung im Original: vgl. I/15, II/12, III/12.

§ 3 Die unbehausten gueter seind die jenigen darauf khain haus oder hof stehet, die auch zu keinem hauß oder hoff gehörig seint, als acker wisen (fol. 325.) weingarten gehülz waid oder ander dergleichen grunt, welche man sonsten freie purkrecht und uberlent nennen thuet.

Der 3. titl. Welche gruntherrn ihre grünt zu erbguetern aufgeben mügen

§ 1 Ain ieder lantman mag seine freie aigne grunt und gueter zu erbguetern andern aufgeben wie ihne verlust.

§ 2 Deßgleichen mag ein lehensman die grunt zu seinem lehen gehörig ohn seines lehenherrn consens dem lantsbrauch nach erblich aufgeben.

§ 3 Aber mögen auch die prelaten ihrer gotsheuser grunt zu erbguetern ausser ainiges consens aufgeben, doch das solches puerkrecht. h *[dem]* lehensherrn nit geferlichen weiß noch dem lehensherrn oder gotshaus zu spurlichem nachtail beschehe.

Der 4. titl. Ob ein gruntdinst möge erstaigert werden

§ 1 Wann der underthan seinen grunt umb einen benant(fol. 325^{v})lichen gruntdienst von seinem gruntherrn innenhat und solcher grunt in seiner inhabung besser wirdt, so solle der gruntherr Keinen neuen gruntdinst darauf schlagen noch den alten gruntdienst erstaigern, sondern er ist den dinstman bei dem altem dinst verbleiben zulaßen schuldig.

§ 2 Es begibt sich auch zu zeiten das ein grunt in verödung und abbaw kombt, derwegen der gruntherr den alten gruntdinst ringern thuet. do nun der dinstmann solchen grunt hernach wider erhebt und zu fruchten bringt, so soll der gruntherr den alten gruntdinst nit erstaigern, es were dann sach das er ihme in ringerung des alten gruntdinst austruckenlich vorbehalten, wann der grunt mitler zeit wider erbaut oder erhebt wirdt, das ihme alßdann der alte gruntdinst widerumben gereicht werden solle.

Der 5. titl. Wohin die dienst durch den holden oder zinsman dem gruntherrn geantwort werden sollen

Die pfenning-dinst sollen einem ieden gruntherrn von dem dienstman außer ersuchung gereicht und (fol. 326.) zugetragen werden, die perkrecht aber sollen die gruntherrn vor dem weingarten selbst heben laßen. mitt denen trait- und andern dinsten soll er an einem ieden ort wie das alt herkomben vermag gehalten werden, nemblichen wo der underthan solche dienst von altersheer denen gruntherrn selbst geliefert soll ers hinfurahn auch unwaigerlich thain, wo aber der gruntherr den dinst selbst ersucht und gehebt soll es hinfurt gleichsfals beschehen.

Der 6. titl. Wann ein zinßman den gruntdinst nit bezahlt, ob der gruntherr den grunt einziehen möchte

§ 1 Der zinßmann ist schuldig dem gruntherrn jhärlich den gruntdienst zu bezahlen wann er aber denselben drei jhar lang aneinander unbezahlt anstehen lest, so mag der gruntherr er sei geistlich oder weltlich dem lantsbrauch nach den grunt einzihen.

§ 2 Doch soll er solches aignes gewalts nit thain sonder mit erkantnus aines ordenlichen nidergesezten (fol. 326v) unparteiischen gruntrechts. dann do der gruntherr den zinßman außer rechtlicher erkantnus des grunts entsetzet, so ist der ihme den grunt widerumb einzuantworten und sich mit ihme umb den gewalt zu vertragen schuldig.

§ 3 Es ist aber der gruntherr die einziehung des grunts von wegen dreijhäriger ausstent dem lantsbrauch nach mit recht furzunehmen alßdann befuegt, wann ihme der zienßman solche dienst muetwilliger und truzlicher weiß verhielt. dann do er aus unwißenhait des grundherrn armuet oder andern dergleichen entheblichen ursachen die bezahlung des diensts underlassen het und noch urbietig were alle ausstent dem herrn richtig zu machen, so soll der gruntherr die einziehung einstellen und dem dienstmann gegen würklicher bezahlung den grunt ervolgen laßen.

§ 4 Derwegen wo derlei drei- oder mehrjhärige ausstant verhanden, solle ein gruntherr den dinstman umb bezahlung derselben guetlich ersuchen und sich in dem guetlich finden laßen.

§ 5 Wo aber der dienstman ungehorsamb wer und sich der bezahlung oder vergleichung waigert, so mag alßdann das unparteiisch geding nidergesezt und mit erkandnus fortgangen, auch der grunt dem gruntherrn zugesprochen werden. (fo. 327)

Der 7. titl. Wann ein grunt dem gruntherrn haimfelt, ob ihme die ausstent sambt dem grunt ervolgen

Wann ein grunt von wegen der unbezahlten und hinderstellungen gruntdienst seinem gruntherrn mit recht zuerkent worden, so solle der dienstman zu bezahlung solcher ausstent dem lantsbrauch nach nit gedrungen werden, sonder der gruntherr mueß sich an dem eingezognem guet benuegen laßen.

Der 8. titl. Wann einem gruntherrn ein grunt verfelt, ob ihme die beßerung deßelben auch verfallen sei

Wann einem gruntherrn ein grunt von wegen der unbezahlten dienst haimbfelt, so ist ihme das paw und beßerung so der inhaber auf solche grunt gethan auch fallen. er ist auch dem (fol. 327v) geweßnen inhaber umb solche baw und beßerung ainiche bezahlung oder erstattung zu thain nit schuldig.

Der 9. titl. Wann die bezahlung des gruntdienst strittig, wemb alßdann die weisang gebüer

Wann ein gruntherr von seinen holden oder zinßman aines oder mehr vergangen jharen halben den gruntdienst erfordert, aber der zinßmann furgibt der habe die bezahlung zuvor gethan, so ist er solche beruembte bezahlung zu beweisen schuldig, welches mit quittungen oder lebendigen zeugnußen beschehen mag. und so der holt oder zinßman beweist das er die negste verschienen drei jhar an einander den zinß bezahlet, so wirdt vermuetet das er solchen die fordern jhar auch entricht hab, es kunte dann der gruntherr da widerspiel beweisen.

Der 10. titl. Ob ain gruntherr den zinsman umb seine dienst pfenden müg

§ 1 Wann ein holt oder dinstman seinem gruntherrn (fol. 328.) die dienst nit bezahlt und der gruntherr seiner dienst bekomben will, so ist er nit schuldig den dinstmann umb solche ausstendige dienst zu clagen, sonder er mag sich selbst umb solche ausstant hanthaben und den dienstman pfenden.

§ 2 Doch ist von nötten das der gruntherr solcher dienst in rubigem gebrauch sei, dann wo er derselben nit in possess were. hette die pfendung nit stat, sondern er müeste solche dienst mit rechtlicher clag ersuchen.

§ 3 Wel er dann der außtendigen gruntdinst halben ein unparteiisch gruntrecht nidersetzen das mag er auß guetwilligkait thain, von lantsbrauch wegen aber ist ers nit schuldig sonder mag sich umb solche ausstende seine gebürende dienst selbst hanthaben.

§ 4 Wann er aber nit die ausstendigen dienst sonder den grunt, als ob ihme derselb von wegen der ausstant verfallen anficht, so solle er solchen grunt aignes gewalts nit einziehen sonder deßelben durch ein gruntrecht und erkantnuß habhaft werden.

Der 11. titl. Wo die pfendung beschehen soll

Wann ein gruntherr seinen holden oder dinst(fol. 328v)man umb die ausstendigen dienst pfenden will, soll er daßelb auf seinen aignen grunden thain. dann wo er den dienstman auf einem frembdem guet pfenden oder aufhalten thuet, were er deßelben nit befuegt.

Der 12. titl. Ob ain gruntherr schuldig sei den gruntdienst in zeit der mißrahtung oder wenn ein grunt in verderben kumbt nachzulassen

§ 1 Do ein grunt oder erbguet durch krieg prunst oder waßergus zum tail verderbt oder hingenumben wirdt, so ist der gruntherr nit schuldig an dem gruntdinst etwas nachzulaßen, sonder des dienstman solle ihme den völligen gruntdienst ainen weg als den andern bezahlen. vermeint er aber das ihme der völlig gruntdinst zu schwer sei, so mag er den grunt so viel dessen noch verhanden dem gruntherrn haimbsagen.

§ 2 Also auch wann dem pauman durch schaur oder ungewitter die frucht misratten, so ist er nichts destoweniger dem gruntherrn seine dinst zu raichen schuldig. (fol. 329)

Der 13. titl. Wie die lantsteurn von den erbguetern bezahlt werden sollen

§ 1 Wiewohl die geschribnen rechten vermügen das der holt oder zinßman und nit der gruntherr die steurn von seinen habenden erbguetern zu bezahlen schuldig, so wirdt doch in disem lant Österreich under der Ennß die bezahlung der lantsteur nit den zinßleuten oder underthanen sonder ihren gruntherrn auferlegt.

§ 2 Welcher gruntherr alßdann unbehauste gueter hat, der ist die lantsteur aus aignem seckel ohn entgelt des zinßman zu bezahlen schuldig. was aber die steur von denen behausten guetern belangt, dieselben mag der gruntherr seinen underthanen zu bezahlen anschlagen.

Der 14. titl. Wann ein dienstman sein erbguet in abbau (fol. 329v) kommen lest, ob ihme der gruntherr die zustiftung auferlegen möge

Wann ein dinstman oder holt sein erbguet aus nachlessigkait oder böser wirtschaft in verödung oder abbau komben lest, so mag ihme der gruntherr die zustiftung wie lantsgebreuchig auferlegen.

Der 15. titl. Wann ein gruntherr sein gruntobrigkait ainem anderm verkauft ob der der kaufer den zinßleuten ihre erbgueter volgen und bleiben zu laßen schuldig sei

§ 1 Ain gruntherr mag sein gruntobrigkait ainem anderm verkaufen oder ubergeben wie ihne verlust, darinnen sollen ihme auch die zinßlent kein irrung thain. und wann er also sein obrigkait verkauft, so hatt der kaufer nit macht die underthanen und zinßleut von ihren erguetern abzuschaffen, sonder er solle sie allermaßen wie sie dieselben bei den vorigen gruntherrn innengehabt und besessen ruebig verbleiben laßen.

§ 2 Wann aber ein gruntherr ainen grunt auf gewiße jhar oder auf etlich leib hingelaßen het, und sein grundobrigkait hernach ainem (fol. 330) anderm zu kaufen geb, so soll er alzeit bei der kaufsabret mit dem kaufer dahin handlen und schließen solche bestantleut und leibgedingsgenossen biß sich ihr zeit endet bei ihren hingelaßnen guetern unabgeschafft und ruebig verbleiben zu lassen.

Der 16. titl. Ob ein holt oder dienstmann ausser seines gruntherrn bewilligung sein erb- und dienstgüeter verkaufen mög

§ 1 Ainem iedem holden oder zinßman stehet bevor sein erbguet oder andere gueter zu verkaufen ohn eintrag oder verhinderung seines gruntherrn, doch das solche verkauf mit des gruntherrn, seines pflegers oder richters vorwißen beschehen.

§ 2 Deßgleichen, wann der gruntherr wider den kaufer billiche ursachen furzuwenden het warumben ihme derselb zu einem holden nit annemblich, so mag er die verkaufung so lang sperren, biß ihme ein anderer teuglicher kaufer oder stiftman furgestelt wirdt.
(fol. 330v)

Der 17. titl. Ob ein underthon sein guet bestant- oder leibgedingsweise verlaßen möge

§ 1 Ein holt ist nit befuegt außer seines gruntherrn besonder zugeben und bewilligung ainem anderm sein habents behausts guet weder bestant- noch leibgedingsweise ferrer aufzugeben oder hinzulassen, sonder er ist solches guet mit aignem rucken oder rauch zu besitzen oder aber mit einem anderm tauglichem holden zuzustiften schulig.

§ 2 Aber mit einem uberlentguet oder freiem puerkrecht, als acker wisen gehülz oder degleichen grunt welche nit zum behaustem guet gehören sonder sonsten erobert worden, ist ein underthon frei.

Der 18. titl. Ob ein holt sein erbguet verschaffen möge

§ 1 Wann ein holt sein behausung einem anderm in seinem testament verschafft und derselb geschaftman dem gruntherrn zu einem holden aus genugsamben (fol. 331.) ursachen nit annemblich, so kann der gruntherr das testament gleichwohl nit widertreiben.

§ 2 Aber den erben welchen solches guet verschafft worden mag er auflegen daßelbe guet einem anderm der ihme gruntherrn zu einen holden tauglich und gefellig zu verkaufen oder zu ubergeben.

Der 19. titl. Ob ein holt seine gueter verwechsslen oder verpfenden mag

Der underthan soll seine erbgueter ohn seines herrn vorwissen dem lant brauch nach nit verwechslen noch verpfenden. ohn versetzung aber seiner gueter mag er gelt außer vorwißen seines gruntherrn wohl entlehnen, oder do einige vergwißung vonnötten steet ihme seine freie purkrechtgueter derhalben zu verpfenden bevor.

Der 20. titl. Ob ein dinstbar guet zerthailt möge werden

Wann der underthan viel erben verließ, so künnen sie (fol. 331v) die lehen und ergueter in das behaust guet gehörig nit zertrennen noch von einander thailen, sondern sie muessen das verlassen guet unverscheidenlich brauchen, oder einem erben so dasselb mit aigem rucken besitzen will abzulösen geben.

Der 21 titl. Ob ein underthan die zustiftung begeren mag

Wann ein holt oder zinßman dem gruntherrn sein guet es sei behaust oder unbehaust wider ledig haimbsagen oder ordentlich zustiften wolte, ungeacht das er seines abzugs kein ursach und allein beßers frumben halben sein thain verkehren wolt, so mag er daßelb thain, und der gruntherr solle ihne nit nötten auf dem guet wider seinen willen zu bleiben. es were dann sach das ein holt mit seinem herrn noch unvertragne rechtsachen hett, so ist ihne der herr so lang abzulaßen nit schuldig biß er solche rechtsachen ausfuert oder aber burgschaft thuet den rechten bis zu ent außzuwarten.

(fol. 332.)

Der 22. titl. Ob ein gruntherr die zustiftung begeren möge

Wann der gruntherr aus billichen ursachen ainen underthan nit leiden und der underthan nit weichen wolt, so mag ihme der herr die zustiftung bei einem peremptori termin auferlegen. kumbt er derselben nit nach, mag der herr die zustiftung alßdann selbst furnehmen.

Der 23. titl. Wann der gruntherr seinen underthan nit abziehen will laßen, wie ihme alßdann zu helfen

§ 1 Es begibt sich vielmals das ein abziehender underthann seinem gruntherrn zustift, aber dem herrn Kein furgestelte persohn annemblich sein will, auch entzwischen dem armen mann seine gueter vorhelt. damit nun die armen wider gebuer und billigkait nit aufgehalten noch an ihrer nahrung gespert werden, solle ein ieder underthan seinem herrn einen ehrlichen tauglichen mann welcher mit seinem guetem abschietbrief gefast furstellen. will ihne dann der gruntherr nit annemben, so mag sich desselben der abziehent underthan vor der hohen obrigkait (fol. 332^{v}) clagweiß beschweren, die solle dem gruntherrn daruber mit einer ainigen schrift vernehmen, auch uber clag und bericht unparteiische kuntschaften einziehen und daruber nach gestaltsamb befundner sachen den gestelten stiftman dem gruntherrn mit gerichtlicher cognition ein- oder abschaffen.

§ 2 Und welcher tail ungerecht befunden worden, solle den uncosten so auf die erkundigung geloffen erstatten und bezahlen.

Der 24. titl. Wann ein herr einen holden nit annemben will, wie ihme zu helfen

Wann sich ein ehrlicher mann under einem gruntherrn einkaufen wolt, so solle ihne der gruntherr allein der ursachen halben das er zuvor under seinem gegenthail gesessen nit ausschlagen, es were dann sach das er ihme zuvor widerwertig gewesen auch rahtt und that wider ihne seinem vorigem herrn gegeben hette, alßdann möchte er als ein verdechtlicher billich außgeschloßen werden.
(fol. 333.)

Der 25. titl. Wann ein herr seinem holden den abschietbrief vorhelt

Es solle Kein gruntherr seinem underthan welcher ehrlich und redlich abzeucht den lantsgebreuchigen abschietbief vorhalten. geschech aber solches, soll das gericht uber clag und bericht vorgehörtermaßen erkundigung halten und darüber ohn lenger process ainem oder dem anderm thail erkennen was recht ist.

Der 26. titl. Ob man einen holden ohn abschietbrief aufnehmen mag

§ 1 Es solle auch kein gruntherr eines andern herrns underthan ohn solche verfertigte abschietbrief vermueg ausgengener general an- und aunehmen, sonsten beweist er den vorigen herrn davon der underthan noch nit ordenlich oder volkombenlich abgelassen einen gewalt.

§ 2 Un obgleich der underthan dem herrn caution und burgschaft thet ihme kunftig einen abschietbrief furzubringen oder den neuen herrn ohn schaden zu halten, so solle er ihne wider lantsbrauch dennoch nit annemben.
(fol. 333v)

Der 27. titl. Wohin eines underthan so ohn testament abgehet haab und gueter fallen

§ 1 Wann der underthan mit todt ohn ein testament abgeet, so felt sein guet auf seine leibserben oder negste freunt, die sollen alßdann sein verlaßne wittib nach der heuratsabret, oder wo keine verhanden nach altem herkomben und gemeinem dorfbrauch, abfertigen.

§ 2 Wann aber kein erb verhanden, so felt das guet dem gruntherrn haimb.

Der 28. titl. Von denen fluchtigen underthanen

§ 1 Wann ein underthan mit weib und kint flüchtig wirdt, so verwürkt er damit sein haab und guet.

§ 2 Wann er aber weib und kint oder die kinder allein hinder sein verließ, soll der gruntherr dasselb denen unschuldigen weib und kindern lassen, doch wo (fol. 334.) die kinder unvogtbar und dem herrn mit der manschaft robat oder in ander weg nit tauglich weren, mag ihnen der herr die zustiftung auflegen.

§ 3 Der fluchtig underthon aber soll von keinem anderm im lant aufgenomben noch gehait werden, es were dann sach das er seiner flucht genugsambe ursachen hett welches bei des gerichts erkantnus stehen solle.

Der 29. titl. Von der baurschaft und ledigen knechten und erstlich, ob die baursleut hantieren mögen

Die baursleut sollen in den dörfen kein niderlag machen noch mit eisen salz thuech leinwat oder dergleichen wahren und pfenwarten handlen und gewerb treiben, sonder sich aller burgerlichen hantierung und gewerb genzlichen enthalten. doch ist ihnen ihr aigne notturfft an denen gewöhnlichen jhar- und wochenmärkten oder in stätten und märkten einzukhaufen unverboten, vermueg derhalben außgangner general.

(fol. 334v)

Der 30. titl. Von andern gemeinen baurs- und hauers verbotten

§ 1 Desgleichen sollen sie kein zintete noch andere buchsen tragen oder dieselben außer aufbott glockenstreich feints not oder in andere eraischete unvermeitliche notturft gebrauchen bei verlust derselben puzen, vermueg außgangner general.

§ 2 Item sollen sie sich des wiltbrachts-schiessen jagens und der reißgejaiter auch der großen riden dardurch das wilt verjagt oder geschedigt wirdt bei straf enthalten, es were dann sach das ihnen die raißgejader von ihrem herrn in bestant verlaßen würden.

Der 31. titl. Wie sie ihr trait und wein verhandlen sollen

§ 1 Die baursleut sollen mit dem trait und wein oder in ander weg keinen furkauf treiben, sonder allein ihre aigne gewechst wie sich gebuert verhandlen. sie sollen auch ihr getrait schwärs und rings bei verlierung deßelben in winckeln oder bei hauß nit verkaufen, sondern umb die umbligenden stätt (fol. 335.) und märkt auf die befreiten und gebreuchigen jhar- und wochen märkt fuhren, inhalt derhalben außgangener generalen.

§ 2 Sie sollen auch vor der predig des wort gottes und dem kirchendinst kein leutgebhauß oder tafern eröffnen, vielweniger besuchen, auch in sumber uber neun und im winter uber acht uhr bei dem wein oder pier nit sitzen noch andern solches gestatten, vermueg der general so derhalben publiciert worden.

§ 3 Sie sollen auch keineswegs gestatten das sie ihr gesünt, wann die arbeit guet und gnöttig ist, in die weinheuser legen und der füllerei auswarten.

Der 32. titl. Wie sich die Knecht verdingen sollen

Wir ordnen und wöllen auch das hinfurahn in den märkten dörfern und flecken kain wochenknecht mehr, welcher nach der wochen arbeiten wiel, gelitten soll werden, sonder das ietweder sich auf halbe oder ganze jharsfeist zu ainem herrn einding. welcher aber darwider betretten wirdt, gegen demselben solle mit gebürlicher leibsstraff verfahren werden.
(fol. 335v)

Der 33. titl. Ob die ledigen knecht ligende gutter an sich bringen mögen

§ 1 Deßgleichen solle auch hiemit genzlich verbotten sein denen ledigen knechten ligende grunt von weingarten wisen ackern und dergleichen grunden aufzugeben zuverkaufen oder zu versetzen.

§ 2 Ihnen solle aber unbenomben sein, wo ihnen derlei grunt mit erbschaft anfielen, das sie dieselben zu ihrem nutz behalten.

Der 34. titl. Was gestalt sie ihren herrn dienen sollen

§ 1 Ferrer sollen unserer lantleut underthanen söhn und töchter ihen obrigkaiten und grunthern, wo die eltern oder ihre freunt dieselben selbs nit zu erhalten hetten oder bedürftig weren, umb den lohn den sie anderer orten haben möchten vor allen andern zu dienen schuldig sein. aber dargegen sollen die herrn solche diener nit wie leibsaigne knecht oder sclaven sonder mit not(fol. 336.) turftiger underhaltung wie gebreuchig halten.

§ 2 Es soll auch solchen eltern ihre kinder in die stätt hantwerch oder andere ehrliche sachen zu lernen zuverschicken unverwerth sein, alles vermueg derhalben außgegangnen generals deren datum den 20. augusti anno etc. 65ten.

Der 35. titl. Wann die neugreftung zuzulassen

§ 1 Die weinzierl, ledigen hauersknecht noch iemants anderer solle in unserm erzherzogthumb Österreich under der Ennß Keinen neuen weingarten greften oder machen. welcher aber hierwider fräventlich handlen und neue weingräften machet oder machen ließ, der selb solle alßdann von einem ietlichem neugreften viertl umb 10 fl rhein unableßlich gestrafft und nichts weniger dieselben gemachten greften von stuntahn ausgerissen werden.

§ 2 Doch wollen wir die alten abkombnen weingarten rieden und gebüerg damit nit gemeint noch begriffen haben, sonder do iemant ainen alten abkomben weingarten riet oder gebüerg so zum ackerbaw nit dinst(fol. 336v)lich widerumb mit arbeit erheben, selbst greften oder erzuglen lassen wolt, das demselben solches zugelassen werde und unverwert sein solle, inhalt und vermueg unserer general deren datum den 29 jhener anno 65ten.

Der 36. titl. Von der robat, auch waßmassen die holden und dinstleut von ihren gueten zu robatten schuldig

§ 1 Ein ieder holt solle [von] seinem behaustem guet das er mitt aignem rucken besitzt seinem gruntherrn robaten. und do er gleich vormals von solchem grunt niemahlens kein robat gelaist, so solle er sich doch auf des herrn ersuchen nit waigern, es were dann sach das er von seinem gruntherrn oder derselben vorfordern der robath halben insonderhait befreit worden und solche freihait mit briflichen urkunden oder in ander weg darzuthain hette.

§ 2 Wo aber ein underthan von alters her nie gerobat und doch der robat halben kain befreiung furzulegen hett, soll er die robat wie andere holden deren orten laisten.

(fol. 337)

Der 37. titl. Wie viel tag ein underthan zu robatten schuldig

§ 1 Ein ieder underthan solle seinem herrn soviel tag und zeit, auch in der gestalt mit persohn roß und wagen robathen, wie das unwidersprechlich alt herkomben aines ieden orts vermag, darwider solle ihne auch der herr nit beschweren noch dringen.

§ 2 Was aber unserer pfarrholden und andere underthanen zu unsern pfantschaften und cammerguetern gehörig anlangt, soll es bei weilant Kaiser Ferdinants unsers geliebten herrn vattern löblichster und seeligister gedechtnus resolution und messigung nochmahlen verbleiben, nemblichen das solche lantfurstliche underthanen uber zwelf tag aines jhars zu robaten nit schuldig sein, noch darüber getrungen werden sollen.

Der 38. titl. Zu was zeiten die robath beschehen soll

Es solle kein herr die schuldig robatt auf einmahl (fol. 337v) von seinen underthanen erfordern, sonder damit die underthanen umb soviel weniger beschwert werden, dieselb zu vier underschietlichen zeiten des jhars anstellen, es were dann das alt herkomben anderst geschaffen. es ist auch ein herr den underthanen so zu der robatt erscheinen ihr notturftige underhaltung nach altem herkomben zu geben schuldig.

Der 39. titl. Wann die robath mit der hant oder roß und wagen beschehen solle

Welche underthanen zu ihren heusern zugehörige acker haben die sollen die robath mit roß und wagen, die andern aber so zu ihren heusern nit acker haben allein mit ihrer persohn und der hant verreichten.

Der 40. titl. Ob man von denen uberlentgrunden robaten solle

Von den puerkrecht- und uberlentgrunden ist ein (fol. 338.) underthan dem gruntherrn einige robath zu thain nit schuldig, es were dann sach das er von altersher solche robat gethan und der herr derselben in ersеßnem gebrauch were.

Der 41. titl. Ob der underthan in aigner persohn robathen soll

Ob ein underthan in eigner persohn robathen solle oder einen andern an sein statt schicken möge, darinnen soll das alt herkomben aines ieden orts angesehen und darwider die underthanen nit beschwert noch gedrungen werden.

Der 42. titl. Wie die erben robathen

Wann ein underthan viel erben hinder sein verließ welche ihr vätterlichs haab und guet mit einander (fol. 339v) besessen, so seint sie von solchem guet mehrere robath zu laisten nit schuldig als ihr vorsidl davon verricht. derwegen ist der gruntherr von ihr iedem die robatt zu begeren nit befuegt.

Der 43. titl. Ob der underthan die robath mit gelt ablösen muge

Do ein underthan seinem gruntherrn fur die robath gelt oder geltswerth reichen wolt so ist der herr solches wider sein gelegenhait anzunemben nit schuldig, es were dann solches ein altes herkomben oder der herr schlieg die robath in gelt ahn.

Der 44. titl. Von dem zehent und erstlich ob die laien oder weltlichen per(fol. 339.)sohnen der zehent fächig oder thailhaft sein

Wiewohl die geistlichen recht nit zulassen das die lantleut und weltliche persohnen zehent (:allein in etlichen sondern fällen:) haben sollen, so vermag doch der uberuhralt lantsbrauch, wann ein weltlicher lantman oder derselben vorsidl ainen zehent von ainem gotshaus mit unserm oder unserer vorfahren zugeben und bewilligung durch keuf oder andere contract an sich gebracht oder aber einen zehent uber verjhärte zeit ruebig innengehabt, das derselb lantman darbei ungeirret gelaßen werden solle.

Der 45 titl. Von wehe man den zehent zu geben schuldig

§ 1 Die großen veltzehent, als wein und trait deßgleichen an etlichen orten kraut safran rueben und andere gleichmessige sorten, ebnerweiß der kleinzehent, welcher an etlichen orten nit zu velt sondern zu dorf von kelbern lembern gensen hiener airen und khäsen etc. gesamblt wirdt, sollen die von altershers an einem iedem ort gebreuchig genumben (fol. 339v) und darwider niemant beschwert werden.

§ 2 Es solle auch kein kleiner zehent auf neue sorten so vormals der orten von alters her nit gebreuchig gewesen geschlagen, vielweniger an denen orten do er zuvor niemalns gereicht von neuem aufgebracht werden. auf denen neubruchen aber mag man den zehent billich abnehmen.

§ 3 Wann ein lustgarten hofstat oder setz nit zum lust sonder auf den nutz wie andere weingarten erbaut wirdt, so ist man den zehent davon zu reichen schuldig. wo aber solcher lustgarten hofstat oder setz allein lusthalben und zu keiner nuzbarkeit erbaut wirdt, oder aber der ihnhaber eines alten lustgartens hofstat oder setz uber verjhärte zeit keinen zehent davon gereicht hette, so solle er hinfuhrahn auch zehentfrei sein.

Der 46. titl. Wann ein acker zu einen weingarten oder ain weingarten zu einem acker gemacht, wie es alßdann mit dem zehent zu halten

§ 1 Wann ein zehentherr in seinem weingarten den zehenten hat und derselb weingarten hernach zu einem acker gemacht wirdt, so volgt dem zehentherrn der trait(fol. 340.)zehent allermassen wie er vor den weinzehent darauf gehabt.

also auch wann ein acker zu einen weingarten gemacht wirdt, solle dem zehentherrn von solchem weingarten der weinzehent auch zustehen.

§ 2 Jedoch wann ein zehent-gezirkh zweien underschitlichen zehenherrn zugehörig, also das in solchem gezirkh der ein den weinzehent und der ander den traitzehent hett und der orten ein weingarten zu einem acker oder ein acker zu einen weingarten zugesicht wirdt, so volgt alßdann der weinzehent nit dem so den traitzehent zuvor auf demselben grunt eingenomben, sonder demjhenigen welcher den weinzehent in solchem zehent gezirkh hatt. also auch volget der traitzehent in disem fall nit dem welcher den weinzehent zuvor auf dem grunt eingenomben, sonder dem ihenigen so den traitzehent von dem grunt in demselben traitgezirkh einzunembmen hatt.

Der 47. titl. Wann ein grunt von neuem erbaut wirdt, wemb alßdann der zehent auf demselben grunt zugehörig

Wann ein geistlicher oder weltlicher ainen zehent hatt (fol. 340v.) und in demselben zehentgezirkh weingarten vom neuem gegreftet oder das erdreich zu ackern umbgerißen und neupruch gemacht werden, so gehört uber solchen weingarten und acker der zehent eben dem zehentherrn zu in des zehentgezirkh dieselben gelegen seint.

Der 48. titl. Ob in raichung des zehents der pawman den pawcosten abziehen moge

In reichung des zehents soll dem zehentherrn der zehende thail ohn abschlag des paucosten gereicht werden. es mag auch der pauman das berkrecht deßgleichen die gruntdinst und die lantsteur von dem zehent mit nichten abziehen.

Der 49. titl. Ob ein pawman schuldig sei dem zehentherrn den zehent haimbzuführen

Der bauman ist seinem zehentherrn den zehent nach (fol. 341.) lantsbrauch haimbzuführen nit schuldig, es were dann an einem oder dem andern ort solch haimbführung ein altes herkomben, so sollen sich die zehentleut derselben nit waigern.

Der 50. titl. Ob der zehentherr den zehent auf dem zehentgrunt ersuchen müge, obgleich derselbe grunt in frembde hant komben were

Wann der inhaber eines grunts ausstendige zehent zu thain und vor bezahlung desselben den grunt auf iemants andern verwendt, so ist der zehentherr nit schuldig den ersten inhaber des grunts umb solche ausstent zu beclagen sonder mag denselben auf dem zehentgrunt selbst ersuchen und ohn einige clag pfendung furnehmen.

Der 51. titl. Wassermassen der traitzehent gegeben und genomben werden soll

§ 1 Das general so zu Wormbs den 22. aprilis im 1545 jhar (fol. 341.ᵛ) ausgangen vermag lauter, das die underthanen und andere persohnen so trait erbauen an allen orten und enden wo die in unserm erzherzogthumb Österreich under der Ennß gesessen seint unangesehen aller alten herkomben und gebreuch ihren traitzehent nach pubulicirung deßelben generals nit wie vormals beschehen garbenweiß, sonder dermaßen wie das trait bei einem ieden aigen oder flecken es sei mandl-schober- oder heuflweiß gefechs net, gleichermaßen mändl-schober- oder heuflweiß den zehent reichen und geben sollen.

§ 2 Und damit in einfuerung und einbringung des getraits der vleißig des unvleissigen nit entgelt noch dardurch in schaden gefuhrt werde, so ist in iezt bemeltem general dise ordnung gegeben,

wann ein underthan sein getrait bei den aigen oder flecken abgeschnitten und der zehentherr durch ihne angelangt wirdt solchen zehent außzustecken oder derselben zu heben, das der zehentherr solchem ersuchen unwaigerlichen soll stattthain und sein gebürenden zehent haben. wo aber der zehentherr in hebung des zehents saumbig erschienen würde so soll und mag der baursman oder bauman sein getrait seiner gelegenhait nach einführen und den zehent dem zehentherrn obgehortermaßen mändel-schober- oder heufelweis wie an einem ort gebreuchig ligen laßen.

(fol. 342)

Der 52. titl. Von beschreibung des weinzehents

Von wegen beschreibung des weinzehents ist den 18 martii des 1546sten jhars ein general des inhalts außgangen, das alle diejenigen so in disem lant weinzehent haben, sie sein geistlich oder weltlich niemants ausgeschloßen. Keinen weinzehent in den kellern beschreiben sollen, das auch die underthanen so den zehent reichen denselben in denen kellern beschreiben zu laßen nit schuldig seint, sonder das ahn allen und ieden orten der weinzehent an den weinbürgen und vor den weingarten im maisch beschreiben und menniglichen solcher beschreibung daselbst auch statgeben, auch den weinzehent nach gelegenhait des maischs zu reichen schuldig sein solle.

Der 53. titl. Wann mehrerlei herrn an einem zehent thail (fol. 342v) haben, ob die baurs- oder pauleuth schuldig seint ieden zehentherrn seinen gebürenden thail absonderlich zuzustellen und volgen lassen

§ 1 Wann ein kleiner zehent zweien dreien vieren oder mehr underschitlichen parteien zugehört, so ist der pauman nit schuldig solchen zehent einem ieden zehentherrn besonderbar zu geben, sonder die zehentherrn sollen denselben zehent mit einander nehmen und heben, es were dann sach das ein bauman solchen klainen zehent von alters her ainem iedem zehentherrn seinen tail insonderhait gereicht und bezahlt hette, so were er dasselb hinfuhrahn auch zu thain schuldig.

§ 2 Was aber den großen zehent belangt, sollen die bauleut solchen zehent den lantsbrauch nach ainem iedem zehentherrn zu seinen gebürendem thail absonderlich zu raichen schuldig sein. und ob es gleich an einem oder mehr ort von alters dermaßen gehalten worden, das die zehentherrn den zehent samentlich und mit einander gehabt, so möchten sie doch die bauleut desselben alten herkombens wider gemeinen lantsbrauch nit behelfen.

Der 54. titl. Wann ein laipersohn uber verjhärte zeit von seinen (fol. 343.) grunden kainen zehent gegeben, ob er alßdann zehentfrei sei

§ 1 In disem unserm lant Österreich under der Ennß ist bißherr der gebrauch gewesen, wann ein geistlicher oder weltlicher uber verjhärte zeit von einem grunt oder guet keinen zehent gegeben, das er alßdann mit solchem grunt oder guet frei hinfort verbleiben.

§ 2 Welches aber allein in disem fall statthat, wann der grunt mitler zeit im gebrauch und gebau gehalten worden, dann do er oed und ungebaut gewesen und derwegen kein zehent davon genomben, so solle dem inhaber des grunts solche verjhärung nit furtragen, sonder er ist den zehent von dem grunt welchen er widerumb erbaut wie vor alters zu raichen schuldig.

Der 55. titl. Von dem vogtrecht und den vogtheien

§ 1 Die vogteien seind in disem unserm erzherzogthumb Österreich under der Ennß zweierlei nemblichen betvogteien und erbvogteien.

§ 2 Die betvogteien sein vor vielen uhralten jharen von wegen des krigs und ofnen rechten aufkomben, nemblichen also, wann ein geistlicher oder weltlicher grunt(fol. 343.[v])herr selbst nit so mechtig gewesen das er seine gruntholden von den feinden und absagen beschutzen mügen, so hat er seine gruntholden an andere mechtigere herrn und lantleut genöttigt und in derselben herrn und lantleut schutz und schermb ergeben.

§ 3 Wann nun solche anvogtung allein auf ein gewiße zeit und termin oder auf wohlgefallen des gruntherrn beschehen so wirdt dieselb vogtei ain betvogtei genant.

§ 4 Die erbvogtheien seind diese, wann ein gruntherr seine underthanen einem herrn oder lantman anvogt dergestalt, das dieselb vogtei fur und fur erblichen bei ihme, seinen erben und nachkomben bleiben solle.

§ 5 Deßgleichen ein lantman ain gotzhaus ainem oder mehr holden widembt und ihme in solcher stiftung oder widmung die vogteien auf den gestiften holden vorbehalten, so wirdt solches auch fur ein erbvogtei verstanden.

§ 6 Die erbvogteien sollen allezeit mit briflichen uhrkunden bewisen werden, iedoch wann ainer uber verjhärte zeit einer vogtei in possess were, ob er gleich das solche inhabung ein erbvogtei sei nichts furzubringen hett, so solle doch dieselb fur ein erbvogtei gehalten werden, es were dann das der gruntherr mit briflichen uhrkunden oder in ander weg beweisen und darthuen möchte, das solche vogtei allein durch gebett auf den inhaber komben.

(fol. 344)

Der 56. titl. Ob die vogteien dem vogtherrn durch den gruntherrn abkundt werden mögen

Eß stehet in des gruntherrn macht nit dem vogtherrn ein erbvogtei abzusagen, aber ein betvogtei mag ein ieder gruntherr er sei geistlich oder weltlich dem vogtherrn widerumben abkunden, darwider solle sich der vogtherr ainicher verjhärung nit zu behelfen haben.

Der 57. titl. Was ein vogtholt seinem vogtherrn zu dienen und zu raichen schuldig

§ 1 Ain vogtholt ist seinem vogtherrn die vogtdienst wie von altersher gebreuchig gewesen zu raichen schuldig, derwegen solle ihme der vogtherr wider alters herkomben nit beschweren.

§ 2 Die robath ist ein vogtholt seinem vogtherrn auch zu (fol. 344v) verrichten schuldig, doch nit mehrers als eines ieden orts alts herkomben vermag.

§ 3 Die lantsteur hat ein ieder vogtherr von seinen vogtholden einzunehmen, es were dann sach das der grunther von althersher in possess oder brauch were solche solche steur von denen holden selbst einzunehmen, so solle er darbei nochmahlen billig gelaßen werden.

§ 4 Es haben auch etliche vogtherrn die gerechtigkait, das sie bei den pfarren die kirchtäg behueten lassen welcher vogtherr nun solcher gerechtigkait von altersher befuegt, der solle darbei billig gelaßen werden, ihme sollen auch deßelben tags alle fäll und wandl und nit den gruntherrn ervolgen.

Der 58. titl. Wasmassen diejehnigen so uber pfarr und beneficia vogtherrn seint nach absterben der pfarr und beneficiaten mit derselben verlaßnen gueter handlen sollen

§ 1 Wann ein pfarherr beneviciat oder geistlicher mit todt abgeet, so sollen die gruntherrn vogtherrn und obrigkaiten in ihre verlaßungen vermueg derhalben ausgangner general keineswegs greifen, sonder wann und so oft sich der fall zutregt, sollen sie die dechant (fol. 345.) auf dem lant oder zwen nahent geseßne pfarrer oder beneficaten ohn allen verzueg zu ihnen erfordern, alßdann mit und neben denselbigen unverrukht und unverendert aller sachen die sperr inventierung und verwahrung des abgestorbnen pfarrers vicari oder beneficiaten haab und gueter furnemben, auch zu behuetung solcher abgestorbnen geistlichen verlaßnen pfarr- und beneficiaten-hof nit mehr volks noch gesints, als die notturft erfordert und nit umbgangen werden mag, biß zu ersetzung derselben pfarren und beneficiaten-höf verordnen, damit die verschwendung und verzehrung der abgestorbnen geistlichen verlassung soviel müeglich umbgangen und also menniglich ihrer billichen anforderung entricht und die natürlichen erben wo die verhanden oder andere denen solche verlassung durch testament verordnet oder sonsten billichen zusteen, derselben wie sich gebüert und recht ist habhaft werden, alles inhalt und vermueg der generalen so im 48. jhar derhalben außgangen.

§ 2 Ferrer ist durch ein general furgesehen und verordnet, das die lantleut welche in unserm erzherzogthumb Osterreich under der Ennß vogteien und obrigkaiten uber pfarren beneficiaten und stiften haben der verstorbnen pfarrherrn und beneficiaten parschaft und vahrende haab sambt andern ihren verlas(fol. 345ᵛ) sungen die nach ihrem ableiben gefunden werden, sie seind gleich durch sie verschafft worden oder nit, ihren angemasten erben wekzuführen nit eters gestatten sollen, es seint dann solcher verstorbnen pfarrherrn und beneficiaten gemachte schulden zuvor völlig entricht, darzue die behausungen solcher pfarr- und beneficiaten-hoff, so durch die verstorbnen in zeit ihrer inhabung in abbau Komben, widerumb auß ihrer verlassung wie sich gebüret mit notturftigem geben vor nachtl bewart und gebessert.

Der 59. titl. Ob diejhenigen so vogtherrn uber ein pfarr seint zu der raitung erfordert werden sollen

Wann die zechleut von der kirchen einkomben und gueter raitung thain, so solle dem vogtherrn alzeit darzu ordenlich verkundt werden, nebmlichen ob er selbst darbei sein oder iemants an seiner stat darzu schicken wölle. und wann er in der raitung ainichen mangl befindt, solle er gegen den zechleuten handlen was der kirchen notturft ist.

(fol. 346)

Der 60. titl. Wo die raitung beschehen solle

Die raitungen sollen alweg bei den kirchen oder denen pfarhofen beschehen und solle den vogtherrn an andere orten solche raitung furzunehmen wider alters herkomben nit gestat werden.

Der 61. titl. Wasmassen die raitung beschehen solle und wohin der raitresst zu legen

Wir ordnen setzen und wöllen das jharlich kirchenraitung in beisein aines ieden pfarrherrs ordenlich gehalten werden. und wo in solchen raitungen die zechprobst oder kirchenpfleger den kirchen und gotsheusern ichtes schuldig oder ein uberschues verhanden sein wurdt, so soll derselb rest in ein lad oder truhen, so eines ieden orts darzu verordnet werden solle, gelegt und der lehen- oder vogtherr ainen der pfarr(fol. 346ᵛ.)herr den andern und der zech- und kirchenprobst und pfleger den dritten schlussel darzu haben, auch die zech- und kirchenprobst und pfleger außerhalb verwißen und bewilligung der vogt- oder lehenherrn von der kirchengelt zu ihrem aignem nutz nichts nehmen noch gebrauchen, sonder aller resst und vorrat an gelt den kirchen zum bestem nutz iederzeit angelegt werden. und insonderhait dieweil solche raitungen bißher mit großem uncosten beschehen und also die kirchengefäll dardurch verschwendt werden, soll nun hinfurahn solcher vergeblicher uncosten genzlich abgestelt und verhuetet werden.

Der 62. titl. Von den geistlichen lehenschaften und erstlichen was ein geistliche lehenschaft sei, auch von proesentierung und einsetzung der priester

§ 1 Welcher ein kirchen mit seinem darlegen erbaut oder (fol. 347) ainen grunt darauf ein kirchen erbaut wirdt dargibt oder ein kirchen mit dem einkomben anfenglich dotiert und begabt, der hat an solcher kirchen die geistlich lehenschaft so in latein jus patronatus genant wirdt. derhalben mag er dieselb kirchen ainem pfarrer seinem willen und gefallen nach verleichen.

§ 2 Wann auch der pfarrer oder die zechleut mit denen kirchenguetern und einkomben wie sich gebuert nit handlen, so hat ein lehenherr macht darinnen einsehung zu thain.

§ 3 Und wiewohl ein lehensherr dise gerechtigkait hatt, das er die kirchen ainem prister verleihen mag, so soll er doch demselben prister dem ordinaris, das ist dem bischof oder official deßelben orts, vor der einsetzung umb confirmation proesentiren.

§ 4 Nach erlangter confirmation solle dem prister durch den vogtherrn die possess der pfarr eingeben werden. wo aber kein vogtherr verhanden, oder der lehenherr nach altem herkomben in gebrauch het die possess der pfarr selbst einzureümen, so mag alßdann die einsetzung des pristers durch den lehenherrn auch beschehen

§ 5 Welcher ein beneficium stifft oder aufricht der ist desselben beneficien lehenherr und mag als stiftherr solches beneficium seines gefallen ainem prister ohn einige proesentation verleihen, dann die con(fol. 347v)firmation und bestettung ist uber gemeine beneficien nit vonnötten.

§ 6 Wann auch ein stiftbrief dahin gestelt das die verleihung des gestifften beneficien durch ein weltliche commun oder gemein, die proesentation aber von des stifters erben beschehen solle, so bleibt es bei solchem stiftbrief billich.

Der 63. titl. Von underschait der lehenschaft und vogteien

Zwischen dem lehensrecht und dem vogtrecht ist nach lantsbrauch großer underschiet, dann do einer gleich uber ein pfarr oder beneficium die vogtei hette, so mag er dennoch keinem priester solche pfarr oder beneficium verleihen, sonder dieselb verleihung gehört dem lehenherrn allein zu. entgegen hat ein lehenherr bei der kirchen und beneficiiholden kein steur noch robath, er ist auch die krichenholden zu wandlen nit befuegt, sonder dem vogtherrn stehet steur robat und wandl gegen seinen vogtholden allein zu.

(fol. 348)

Der 64. titl. Wasmassen die lehenschaften auf die negsten erben fallen, wie auch dieselben auf fremdbde persohnen verwendt mügen werden

§ 1 Wann ein lehenherr mit todt ab intestato abgeet, so soll die geistlich lehenschaft auf sein negste bluetsfreunt mänliches stambens nach lantsbrauch fallen.

§ 2 Do er aber solche lehenschaft durch ein testament ainem anderm verschief, so solle dieselb dem gescheftman billich ervolgen.

§ 3 Es mag auch ein lehenherr durch lebendige ubergab und andere rechtliche contract ain geistliche lehenschaft in ein andere frembde persohn verwenden, wie das alt herkomben ungeacht der geschribnen rechten vermag.

Der 65. titl. Ob die weibspersohnen geistlicher lehen fähig

Geistlicher lehenschaften seind die von undernstamben und weibsbilder bei dem herrnstant und adl so lang der manstamben im leben [nit] fehig, wann aber der ober- und mannstamben abstirbt und die erbschaft nach lantsbrauch zum töchtern kombt, so stehen (fol. 348v) ihnen die lehenschaften auch zu. bei der burgerschaft erben solche lehenschaften auf mann- und weibspersohnen.

Der 66. titl. Ob die pfarrer und zechleut schuldig sein dem lehenherrn von der pfarr und kirchen einkomben raitung und verantwortung zu thain

§ 1 Ein pfarherr oder beneficiat ist seinem weltlichen lehenherrn von dem jharlichem einkomben der pfarr einige raitung zu thain nit schuldig. wann aber der lehensherr ein proelat oder geistliche persohn were, so solle sich der pfarrer solcher raitung vermueg geschribner rechten nit waigern.

§ 2 Wann ein pfarherr mit der pfarrgrunden und guetern nachtailig und schädlich handlet, so hat ein lehensherr er sei geistlich oder weltlich darumben zu reden und wendung furzunehmen.

§ 3 Soviel dann die einkomben welche nit dem pfarherr sonder den kirchen ohn mittl zugehörig sein anlangt, dieselben sollen nit denen pfarrern sonder denen geschwornen zechleuten zu verwalten gelassen werden.

§ 4 (fol. 349.) Es seint auch solche zechleuth von solchem der kirchen aignem einkomben denen lehensherrn und vogtherrn jhärlich raitung zu thain schuldig.

Der 67. titl. Von leibgedingen und halbauen, auch denen guetern welche man auf gewisse persohnen oder zeit und nit erblich aufgibt und erstlich, welche gueter also verlassen mögen werden, von wemb und welchen persohnen

§ 1 Die geistlichen behausten oder unbehausten ligunden haab und gueter sollen ohn unserm als herrn und lantsfursten consens leibgedingweise nit verlaßen werden. do es sich aber also im geschicht begeb, mögen sie widerumb von des inhabers oder seiner erben handen abgefordert und revocirt werden (fol 349ᵛ)

§ 2 Es solle auch die verlassung geistlicher gueter uber drei underschietliche leib oder persohnen aufs allermaist und gar nit weiter beschehen.

§ 3 Die bischoffen abbt probst prioz dechant pfarrer abbtisin maisterin und dergleichen volmechtige kirchische administratorn mögen ihre vertraute clöster und kirchengueter nit allein ihr leben lang sonder auf drei underschietliche leib und nit weiter verleichen.

§ 4 Es solle auch solche hinlassung von obbemelter geistlichen persohnen successorn ratificiert und hantgehabt werden.

§ 5 Die thumbherrn und gemeine beneficiaten aber sollen die beneficiatengueter hinfurahn ferrers nit als auf ihr leben lang verlaßen, sunsten möchten ihre successorn und nachkombling den unzimblichen bestant oder das leibgeding billicherweiß revociern

§ 6 Die weltlichen und laipersohnen mögen ihre aigene gueter ausser hoher oder niderer obrigkait consens leibgedingsweise wohl verlaßen, es mag auch solche hinlaßung nit allein auf drei sondern mehr leib beschehen.

§ 7 Die lehenleut sollen ihre habende lehensgueter auf frembde leib oder zu halbbau on sonders vorwißen und zugeben ihrer lehensherrn nit verlaßen.

§ 8 Deßgleichen, welcher ein guet leibgedingsweise oder zu halbau innenhat, der soll es andern auf ferrer leib nit verlaßen, es gescheh dann solches mit des (fol. 350.) aigenthumber bewilligung, sonsten würde die leibgedingsgerechtigkait verwürkhet und fiel das guet dem aigenthumber wider haimb.

§ 9 Also sollen auch die gerhaben und curatorn ihrer pflegkinder gueter mit vorwißen gebüerlicher obrigkait leibgedingweiß verlaßen.

§ 10 Ebenermaßen gebuert allen pflegern verwaltern und gewalttragern ihrer herrn gueter mit derselben consens leibgedingweise aufzugeben, sonsten kan die hinlassung nit bestehen.

§ 11 Es mögen auch die herrn derlei ohn vorwißen verlaßne gueter mit ordenlicher erkhantnus aines unparteiischen nidergezten gruntrechts einziehen und seint nit verbunden ihre schäden bei ihren gewalthabern zu ersuchen.

§ 12 Der leibgeding seint geistlich und weltlich, wann- und weibs-, auch vogtbar und unvogtbar persohnen fehig.

§ 13 Es mögen auch die geistlichen ihrer clöster und kirchen haab und gueter ihrem blutsfreunden mit unserm als lantsfurstens consens leibgedingsweise verlassen, doch nit weiter als auf drei leib.

§ 14 Die leibgeding mögen nit allein auf lebendig persohnen sonder auch kunftige leib, als kinder oder enickel, verlihen werden. (fol. 350^{v})

§ 15 Die weltlichen gueter mögen nit allein auf etlicher benanten persohnen leben lang, sonder in gemein auf den leibgedings genießen und seine erben verlassen werden. und da gleich die contrahenten der erben im leibgedingsbrief nit gedacht, so werden sie dennoch tacite eingeschloßen, es were dann das widerspiel von ihnen austruckenlich bedingt.

§ 16 Es fallen aber die leibgeding allein auf die ehelichen erben und seint derselben die unehelichen gar nit fehig.

§ 17 Deßgleichen stehen sie allein denen leibserben bis auf den andern grad, als suhnen und enikhlen, zu.

Der 68. titl. Wann ein leibgeding auf mehr persohnen gestelt, wie die geniessung beschehen soll

Wann ein haab und guet auf mehr leib verlassen, so gebuert desselben nutz und gebrauch nit allen persohnen mit einander unverschaidenlich, sonder der genieß solle von ainer auf die ander nach ordnung volgen: nemblichen das der so im lebendig brief erstlich vermeldet, solches guet sein leben lang innenhab unze und gebrauche, und nach seinem todt alßdann die andern in gebüerender bedingter ordnung.

(fol. 351.)

Der 69. titl. Ob der leibgedinger die bedingt ordnung verändern möge

§ 1 Solche bedingte ordnung kann hernach durch die fruchtgeniesser nit verkehrt werden, dann wo gleich ein vatter in seinem leztem willen den nutz des leibgedings andern persohnen darauf der leibgedingbrief nit gestelt verschaffet, so kundt doch solches legat nit gelten also auch, wann das leibgeding auf suhne und enickel gestelt, so solle er die nickel denen sühnen nit fursetzen. deßgleichen kunte er nit verordnen, das sie des leibgedings mit einander geniessen sollen, dann dardurch wirdt die bedingt ordnung confundiert.

Der 70. titl. Von zu- und abnhemung auch schaden und purden der leibgeding

§ 1 Wann einem leibgeding durch wassergües oder in andere billich weg etwas zustehet, dessen solle der leibgedinger (fol. 351v) so lang er das guet innenhat geniessen, entgegen solle er all schmelerung gevar und schaden dardurch sein genies geringert wirdt gleichsfals erdulden.

§ 2 Do sich auch in einem behaustem leibgedingsguet durch des leibgedingers oder seiner leut verwarlosung an prunst begeb, solle der leibgedinger dieselb abzutragen schuldig sein.

§ 3 Also solle er auch alle bürden so von dem grunt herrueren, als steur perckrecht gruntdinst zehent und dergleichen ohn entgelt des aigenthumbers richtig machen, es were dann sach das sie sich mit einander des widerspiels verglichen.

Der 71. titl. Wann der gruntzinß bezahlt soll werden

§ 1 Der gruntzinß soll dem aigenthumber zu zeit und frist erlegt werden, wie sich die contrahenten mit einander verglichen. do aber derwegen kein vergleichung verhanden, solle die bezahlung zu außgang des leibgedingsjhar beschehen.

§ 2 Und obgleich der leibgedinger durch schaur wassergüeß oder andere unfall an dem baw oder fruchten schaden empfieng. (fol. 352.) so ist er dennoch den gruntzinß ainen weg als den andern vollig zu erlegen schuldig.

Der 72. titl. Ob der aigenthunmber das leibgeding in ander weg alienirn und verwenden möge

§ 1 Der aigenthumber mag in wehrenden leibgeding ohn vorwissen oder bewilligung des leibgedingers sein aigenthumbliche gerechtigkait welche er zum guet hat ainem anderm verkhaufen, doch soll durch solchen verkauf das leibgeding nit fallen sondern bedingtermassen biß zu seiner entschaft dem leibgedinger gelaßen werden. engegen solle der leibgedinger dem kaufer wie seinen vorsidl den gebürlichen gruntzinß zaichen.

§ 2 Es solle auch der aigenthumber in disem khauf mit seinem guet frei und nit schuldig dasselb vor iemants anderm dem leibgedinger anzufailen, es were dann ein nahenter bluetsfreunt.

§ 3 Also und gleicherweiß mag der aigenthumber sein aigenthumb verwechslen verschenkhen verheurahten vermachen verpfenden verschaffen und in ander weg ohn des leibgedingers eintrag alienirn, doch der leibgedings-gerechtigkait unbenomben und ohn allen schaden.

§ 4 (fol. 352ᵛ) Gleichfals mag er die gerechtigkait des schuldigen gruntzinß in einen andern transferirn, aber die leibgedingsgerechtigkait und deßelben genieß kann er vor seiner entschaft keinem anderm weder im leben noch durch letste willen dem leibgedinger zu schaden einreumen.

Der 73. titl. Ob der aigenthumber das halbbau zu digner notturft abfordern mag

Wann der aigenthumber seines verlihenes leibgedings oder halbbauhs nach aufgerichten leibgeding uber kurz oder lang selbst bedurftig, so soll er dennoch das leibgeding vor derselben entschaft nit aufheben noch abfordern.

Der 74. titl. Aus welchen ursachen ein leibgeding dem aigenthumber haimfelt

§ 1 Erstlich, wann der leibgedings-geniesser sein gerech(fol. 353.)tigkait ohn vorwissen und bewilligung des aigenthumbers verkauft, so felt damit sein leibgedingsgerechtigkait und obwohl bei den geschribnen rechten versehen, do ein leibgedings-geniesser die frucht seines habenden leibgedings zu verkaufen willens, das er dieselben dem aigenthumber vor allen andern bei verlust seines leibgedings anfailen und ervolgen solle lassen, so ist doch dem bißher geüebtem lantsbrauch nach mit solchen fruchten ein ieder sowohl als mit andern seinen aignen guetern frei gewesen, darbei wirs nochmahlen genedigist beruhen lassen.

§ 2 Am andern, do der leibgedinger sein habende leibgedingsgerechtigkait einem anderm aber 10 jhar ohn vorwissen seines aigenthumbers bestantsweise verlest, so verwürket er damit sein gerechtigkait. under zehen jhar ist ihme die hinlassung verbotten.

§ 3 Fur das dritt, wann er das leibgeding umb ein anders guet ohn vorwißen des aigenthumbers verwexlet, so verleurt er gleichfals sein jus.

§ 4 Zum vierten, do er sein leibgedingsgerechtigkait oder halbau ohn vorwißen des aigenthumbers einem anderm welcher in dem leibgedingsbrief nit begriffen verschenkht, so stehet das leibgeding abermahlen ihme aigenthumber haimb ainer persohn aber, welche bei dem leibgeding interessiert und in dem leibgedingbrief verleibt, mag der leibgedinger (fol. 353ᵛ.) animo donandi sein gerechtigkait wohl ubergeben oder codiren, dann damit ist dem aigenthumber nichts benomben, sondern es schickt sich das leibgeding destehers zum widerfall. also mag er auch sein gerechtigkait versetzen verpfenden und hypotheciren ohn vorwissen des aigenthumbers, deßgleichen in dinstbarkeit so lang sein gerechtigkait werth und nicht lengers darauf machen und dulden, doch alles dem aigenthum ohn schaden.

§ 5 Zum funften, wann der leibgedinger sein gerechtigkait ohn vorwißen des aigenthumbers seiner ehefrauen durch heuratsabredt oder andere ehrliche contract und ubergab vermacht, so felt sein jus dem aigenthumber haimb. also kann er auch sein gerechtigkait durchaus niemants verschaffen oder testieren, dann dieselb endet sich mit seinem totfall.

§ 6 Zum sechsten, verwürkt der leibgedinger sein leibgeding, wann er das guet bedingtermassen nit stiftlich noch beulich helt, und do sich die contrahenten waßmaßen solches leibgeding beulich zu erhalten austruckenlich nit verglichen hetten, so soll es in der guet wie es empfangen und bei gemeinem lant breuchig mittern geben gehalten werden.

§ 7 Es soll auch zu verhuetung kunftiges mißverstant ainem oder dem anderem thail bevorstehen daß (fol. 354.) leibgedinglich haab und guet zur zeit der antrettung desgleichen der abrettung ordenlich schätzen zu lassen, damit alßdann glaubwürdige erscheinen möge, ob solches guet im vorigen stant und werth sei, oder aber beßer oder erger worden. und so es deteriorirt und schlechter befunden, solle der leibgedings-geniesser dem aigenthumber solchen schaden nach erkantnus des grunthern abzutragen schuldig sein.

§ 8 Zum siebenden, wann der leibgedinger oder halbauer die bedingt jhärlich pension oder den grunzinß dem leibgedinggers herrn, so geistlich inner zwei oder do er weltlich inner drei jharen nit raicht, so verwürkett er damit nach ordnung geschribner rechten sein leibgeding. wir wollen aber aus lantsfurstlicher volmacht und nach gelegenhait gegenwertiger leuf solche zeit erweitern, auch dieselb auf zehen jhar gegen denen leibgedings-geniessen so im lant, gegen denen aber so außer lants auf zwanzig jhar erlengern, in welcher frist allen leibgedingern bevorstehen solle die ausstendige gruntzins sambt erstattung des lantgebreuchigen interesse von dato des verzugs richtig zu machen. gescheh das aber in vorbestimbter zeit nit, so solle das leibgeding verwürkt sein und dem aigenthumber widerumb haimbstehen. (fol. 354v)

§ 9 Zum achten, wann die bedingten leib oder jhar aus seind, so stehet das leibgeding oder halbbau dem aigenthumber wider haimb.

§ 10 Wann das leibgeding auf mehr persohnen gestelt und der erst geniesser daßelb durch eine aus oben angehörten ursachen verwürkt, so felt das leibgeding nit der andern und negsten persohn so in dem leibgedingbrief begriffen, sonder dem aigenthumber fur almahl haimb.

Der 75. titl. Wasmassen die einziehung beschehen solle

§ 1 Wann auch das leibgeding obgehörtermassen eingezogen wirdt, so mag der aigenthumber ainen weg als den andern die ausstendigen gruntzinß einfordern, die sollen ihme durch das gruntrecht, wo nit bedenken des unvermögens verhanden, zugesprochen werden.

§ 2 Und wiewohl die geschribnen rechten vermögen, wann der leibgedinger oder halbbaußgenießer das verlihen guet nit beulich helt oder den canonen und gruntzinß zu geburlicher zeit nit raicht, das alßdann der aigenthumber befuegt solches leibgeding (fol. 355.) fur sich selbst ausser aller gerichtlichen erkantnuß einzuziehen, so mag doch der bißherr practiciert uhralt lant- und gerichtsbrauch, das solche einziehung durch ein ordenliches gruntrecht und mit vorgehender erkantnus beschehen solle, darbei wie es zu furkombung allerlei unrahts, welcher aus aigner und gewaltiger antrettung auf einen oder den andern thail ervolgen möcht, aus lantsfurstlicher volmacht nochmahlen genedigist verbleiben lassen.

§ 3 Doch weil dem aigenthumber etwas beschwerlich fallen thuet sein aignes guet zu berechnen, so sollen auf dem fall der leibgedings-geniesser bei erkantnus der sachen ungerecht befunden ihme aigenthumber nit allein der grunt sonder auch die uncosten so auf das nidergesezt gruntrecht geloffen sambt denen aufgehebten nutzungen von dato der clag ahn zuerkent werden.

§ 4 Es soll auch die einziehung mit vorlauffenter ordentlicher erkantnus nit allein in nachgehörten zweien sonder allen andern obsteenden fallen, dardurch ain leibgeding verwürkt wirdt und dem aigenthumber haimbstehet nach lantsbrauchart, beschehen.

(fol. 355v)

Der 76. titl. Ob der aigenthumber die besserung des leibgedings zu erstatten schuldig

§ 1 Wann der leibgedinger und halbbaus genießer ein verlaßnes uberlentguet von weingarten acker wisen gärten oder dergleichen grunden erhebt bessert und meliorirt, auch solches leibgeding dem aigenthumber hernach aus billigen ursachen haimbstehet, so ist ihme der aigenthumber solche melioration zu erstatten nit schuldig, es were dann sach das der leibgedings-genießer dieselben grunt umbreissen und mit greiten anbau pelzern oder in ander augenscheinlich und bewißlich weg erweitert hette. dann im solchem fall soll sich der aigenthumber umb die auction mit dem leibgedings-genießer nach billichen dingen vergleichen oder ihme die herzugebrachte ubermaß herdan ervolgen laßen, welche election, damit die grunt nit gestuklet noch zertrent werden, in des aigenthumbers und nit des leibgedingers willen stehen solle.

§ 2 Wann aber ainer ein behaustes guet so bei mitterm bau leibgedingweiß annimbt, so solle er dasselb stiftlich und beulich ohn des aigenthumbers entgelt erhalten. do es aber öed, solle die erbauung mit der maß auch dem verlag beschehen, wie sich die contrahenten deßen mit einander vergleichen.

§ 3 Und do des gebens halben durch den aigenthumber und (fol. 356.) leibgedinger Kein besondere beretnus beschehen, so sollen der leibgedinger dem aigenthumber, als oft er im leibgedingguet was erbauen wiel, umb sein urlaubnus und Kunftigen abtrag ersuchen. bewilligt nun der aigenthumber begertermassen darein, so soll er sich nach außgang des leibgedings gegen bezahlung des gebeus mit dem leibgedinger nach billichen dingen vergleichen.

§ 4 Do aber der aigenthumber darein nit verwilligen wolt und der leibgedinger nichts destweniger bauen thet, ist ihme der aigenthumber ainigen abtrag zu thain nit schuldig. dann weil er auf ainen frembden grunt gwißlich baut, solle er allen paucosten billich verlieren.

Der 77. titl. Wann der leibgedinger vor der fechsung abstirbt, wemb dieselb verbleiben solle

§ 1 Wann uberlentgueter, als weingarten und acker, leibgedingsweise verlassen werden und die lezte persohn darauf solches leibgeding gestanden nach dem weingarten schnedt oder dem velt ansadt mit todt abgeet, so solle die fechsung desselben jhars des gestorbnen erbens und nit dem aigenthumber ervo[lgen]. (fol. 356v) dann welcher den stokh mit dem schnidt beruert und den sath thuet, deßelben erben fexnen auch billich.

§ 2 Welche grunt aber on mentschen hent und bau durch den seegen gottes, als wait wissen plaimbsuch obstgarten und was dergleichen grunt seint, frucht tragen, die sollen wo sich der fall vor österlicher zeit begibt dem aigenthumber, do es sich aber hernach zutregtt des verstorbnen inhabers erben desselben jhares ervolgen.

§ 3 Doch sollen sich die parteien bei aufrichtung des leibgedingsbrief solcher totfall selb vergleichen, auch mit ihrer convention derlei disputat und irrungen furkomben.

Der 78. titl. Ob die gerrichtlich execution auf die leibgeding und halbbau beschehen möge

Wann der leibgedinger aigenthumbliche gueter nit hat, so mag sich ein glaubinger auf das leibgeding ansetzen und urlauben lassen, doch solle sich solche execution nit auf das aigenthumb sonder allein des inhaber leibgedingsgerechtigkait erstrecken. also möchte auch dise gerechtigkait des leibgedingers glaubinger in solutum ervolgen, doch dem aigentheumer wann sich das leibgeding endet an seinem vorbehaltnem aigenthumb unvergriffen.

(fol. 357.)

Der 79. titl. Von denen gebeuen welche auf fremden grunden beschehen

§ 1 Do iemants auf einen frembden grunt fursezlich ohn wißen und willen des aigenthumbers von maurwerkh aufbaut, so stehet solches geben nit dem pauherrn sondern aigenthumber zu, es ist ihme auch der aigenthumber weder den bauzeug noch einigen auferloffnen paucosten zu erstatten schuldig. dann weil es panman wißlich auf einem frembden grunt und boden sein bauwerkh gesezt, hatt er damit alles was ihme darauf und darüber gangen verwürkht.

§ 2 Es were dann sach das er solches geben nit wißlich sonder aus ungeverlichem irrthumb furgenomben hette, oder das er desselben grunts und boden bona fide mit guetem glauben und trauen in possess, so were er bauherr dem aigenthumber das bauwerkh gleichwohl abzutretten und ervolgen zu lassen schuldig, doch nit ehers, biß sich der aigenthumber mit ihme pauherrn umb den aufgewenten pauzeug und baucosten nach billichen dingen vergleicht.

§ 3 Hergegen wann einer auf seinem eigen grunt und (fol. 357v.) boden ein geben von frembder materi und bauzeug bona fide und nit wonn als ob ihme solcher zeug zugehörig aufmauren liesse, so ist er nit schuldig solches geben wider abzuprechen oder den darzu gebrauchten frembden zeug dem rechtem herrn ervolgen zu lassen, sonder do er ihme den verbrauchten zeug mit doppeltem werth erstatt und abtregt, ist er bauman von ihme entbrochen und des geben selbst aigenthumber worden.

§ 4 Wann aber der bauherr wohl weiß das der bauzeug nit ihme sondern ainem anderm zugehörig, und nichts destweniger solchen frembden bauzeug fursezlich braucht, so mag ihne [der] aigenthumber umb einen gewalt beclagen.

Der 80. titl. Wemb ain hülzenes geben ervolge

§ 1 Welcher ein zimmer von frembden holzwerch ungeverlich und auß unverweißlichem irrthumb auf seinen grunt und boden setzt, der wirdt desselben gebens kein aigenthumber, dann dergleichen hulzene geben mögen ohn sondern schaden wider abgebrochen werden darumben volgen sie dem grunt und boden (fol. 358) nit nach sonder bleiben ihres rechten herrens aigenthumb.

§ 2 Es were dann sach das solches geben uber drei jhar gestanden, so soll es gegen erstattung des billichen werts dem herrn des grunts verbleiben.

Der 81. titl. Von ansath so auf frembden grunt oder mit frembden sahmen geschicht

§ 1 Wann einer mit seinem sahmen auf ainem frembdem acker anbaut, so verleurt er seinen sahmen und sollen die wachsenten frucht dem aigenthumber solches ackers zugehören.

§ 2 Es ist ihme auch der aigenthumber fur den shammen und die arbeit ainigen abtrag zu thain nit schuldig, es were dann sach das der sähman solches anbau auf den fremden grunt nit fursezlich sondern aus irrigem wahn gethan, so soll sich der aigenthumber mit ihme umb den sahmen nach gelegenhait desselben laufenten jhars vertragen.

§ 3 Hergegen wann einer mit frembdem sahmen unwißlich und aus unverwißlichem irrthumb seinen grunt besachet, sollen ihme und nit dem herrn des sahmens die frucht zustehen. doch ist er dem herrn den (fol. 358v.) sahmen in doppeltem werth zu bezahlen schuldig.

§ 4 Hette er aber denselben sahmen fursezlich und unerberlich an sich gebracht, so mag ihne der sahmen herrumb den bewißnen gewalt oder die entfrembdung furnehmen.

Der 82. titl. Von pflanzung und greftung auf frembden grunt oder mit frembden sachen

§ 1 Wann einer ain frembde greften paumb oder pflanzen in seinem grunt und boden sezt und dieselb noch nit eingewurzt, so gehört sie dem vorigem aigenthumber zue, der mag dieselb sambt abtrag des gewalts oder erlitnen schäden begehren. do aber solche graften paumb und pflanzen schon eingewurzt und ohn verderben nit genomben noch außgraben werden mögen, sollen sie dem bauman aigenthumblich verbleiben, doch das er dem rechtem herrn doppelten werth darfur bezahl und solche pflanzung bona fide auch aus irrigem wohen beschehen sei. dann do ers wißlich entfrembdet, mag ihne der herr darumben wie recht ist verclagen.

§ 2 Do einer aber seine (fol. 359.) greften baumb und pflanzen in einem frembdem grunt setzet und dieselb noch nit eingewurzelt, mag er solche doch dem herrn des grunts ohn schaden wider außnehmen und außgraben. hetten sie aber eingewurzet, so stehet sie dem herrn des grunts zu der ist darfur einigen abtrag zu thun nit schuldig, es hette dann der bauman solches nit fursezlich sondern auß unverweißlichem irrthumb gethan.

§ 3 Wann sich ein baumb von seines herrn grunt in des nachbarn grunt mit wurzen erstrekt, so sollen die frucht desselben baumbs so weit die negst herumb hangenden ihrer baider sein.

Der 83. titl. Von abhackung der baumb

§ 1 Welcher auß feintschaft ubermueth frevel und mutwillen einen wilden oder haimbischen baumb verderbt abhacket oder niderfellet, der solle umb solche ungebürliche that nach eines ieden dorfs und orts pantaidung recht unableßlich gestrafft werden.

§ 2 Do aber der orten kein besondere straf verordnet, (fol. 359v.) soll er dem herrn des baumbs alzeit fur einen wilden paumb ein phunt, fur einen andern haimischen und fruchtbaren aber zwei pfunt pfennig erstattung thain.

§ 3 Deßgleichen, welcher tail dem anderm in seinem walt aue oder gehulz felt und dasselben fursezlicherweiß abmaist, der soll fur ein ieden stamben felberes oder gemeines holz zwen schilling, fur puchens und guet holz aber drei schilling dem rechtem herrn und aigenthumber neben abtrag des gewalts zu bezahlen schuldig sein

§ 4 Do einer einen markbaumb umbhauen oder vertilgen ließ, der solle deßelben herrn allen schaden so ihme darauß ervolgt abtragen, deßgleichen der so einen markstein ausgerebt oder vertilget.

Der 84. titl. Von ausgrabung der baumb

Was negsthin von abhackung der baumb statuiert und geordnet, das soll von außgrabung den wilden haimischen und markbaumb gleichergestalt verstandn und gehalten werden.

(fol. 360.)

Der 85. titl. Von schätzen und vergrabnen guetern

§ 1 Item, nachdem die schätz in viel underschietlich weg gefunden werden, wo nun iemants ain vergraben guet oder schätz ohn gevar oder mit zulessiger offentlicher handlung auf seinem aigen grunt findt und hebt, soll demselben finder halben tail, wo aber solchergestalt auf eines nadern grunt ein verborgen guet oder schatz gefunden wirdt, alßdann ihme dem finder ein dritthail deßelben gefunden schatz oder guets und der ander drittail dem des der grunt ist, und so dasselb gefunden guet in der summa nicht ainhundert gulden reinisch betrifft, alßdann der ubrig drittail in diesen baiden fallen dem lantgericht darinnen sich solches begibt zustehen, wo aber solches gefunden guet etwas mehr als einhundert gulden wert were, so ist der drittail uber das so dem finder und gruntherrn wie hieoben begriffen nachvolgt allein dem lantsfursten verfallen.

§ 2 Aber was fur schätz auf gemeinen strassen und (fol. 360.[v]) und dergleichen orten so niemants insonders aigenthumblich zugehören mit zulessiger konst oder ungever gefunden werden, soll dem finder der halb thail desselbigen schatz, und der ander halb tail wo der nit uber einhundert gulden rein. werth ist dem lantgericht, was schatz oder gefunden guet sich aber uber einhundert gulden erstrekt allein dem landsfursten durchaus zustehen.

§ 3 Wo aber auf eines aignem oder anderm grunt ein schatz mit zauberei oder anderer verbotner künst gefunden wirdt, soll der finder keinen genieß davon haben, sonder der schatz so auf aines aignen grunden erhebt soll halb dem des der grunt ist, und der ander halb tail wo sich der uber einhundert gulden reinisch nit erstrecket dem lantgericht darinnen solcher schatz gefunden wirdt, oder so der eines mehrern werts ist allein dem lantsfursten zustehen.

§ 4 Was aber auf gemeinen und freien grunden der sich insonders niemants aignen mag fur schatz mit verbottner oder unzulessiger kunst gefunden werden, sollen dieselben schätz wo die nit uber einhundert gulden reinisch werth seint dem lantgericht, und so derselb ein mehrers betref alßdann auch dem lantsfursten nachvolgen.

(fol. 361.)

Der 86. titl. Wann ainem das viech auf seinem grunt schaden thuet

§ 1 Wann dem aigenthumber oder würklichem inhaber aines grunts von eines andern viech, als roß ochsen kühe schwein schaff oder dergleichen haimischen züchten, mit verwielung des sahmens, trettung des gewechs, abätzung der frucht oder in ander weg schaden geschicht, so ist der aigenthumber oder inhaber solches viechs do ers auf frischer that erwuscht zu pfenden und haimbzutreiben, auch dem viechherrn so lang furzuhalten befuegt biß er sich mit ihme umb den erlitnen schaden und die aufgangen futterung nach billichen dingen vergleich. do aber die vergleichung auf einen oder den andern thail nit statfundt und der viechherr umb den schaden gesessen were, solle ihme der herr des grunts das viech ervolgen, nachmals den erlitnen schaden durch die ordenlich obrigkait derselben orten besehen und beteuren laßen. was sie alßdann (fol. 361v) fur den abtrag erkennen, darbei solle es bleiben.

§ 2 Doch wo solcher schaden nit ungevär sondern fursezlich aus feintschaft neit frävel oder freihait beschäch, soll solche muetwillige that von der obrigkait absonderlich geschafft werden.

§ 3 Wann aber der gruntherr das viech an frischer thatt oder auf seinem grunt nit erwuschet sondern auf einem frembdem boden betrit, so ist er der pfandung und aufhaltung nit befuegt, doch stehen ihme seine beweißliche oder augenscheinliche erlitne schäden ainen weg als den andern zu ersuchen bevor.

§ 4 Wann auch der gruntherr haimisch viech auf seinem grunt und boden doch ohn schaden betrett, soll er daßelb nit schlagen zaichnen noch pfenden, sonder beschaidenlich heraußtreiben.

Der 87. titl. Von schlachendem viech

Wer schedlich viech, als schlachende und beissende roß und hunt auch stossent und uberspringent stier kuhe schwein oder ander viech hatt, der ist sambt (fol. 362) abtragung deßelben schadens in des gerichtsstraff verfallen.

Der 88. titl. Von entlaufung des viechs

§ 1 Wo einem sein roß oder ander viech entlaufft und er dasselb nit betretten noch erfragen kan, derhaben auch fur ein verlohrens guet helt, aber das gericht solch viech zu handen bringt, so solle das gericht dasselb viech ein monat lang halten, und wo in diser zeit der aigenthumber demselben nachkomb, auch das gericht eigentlich und gruntlich bericht das ihme solches viech zugehörig, und auf den gewöhnlichen furgang erbietig ist was es verzehrt hatt zu bezahlen, solle das gericht entgegen schuldig sein ihme solches viech zuzustellen.

§ 2 Wo aber der aigenthumber oder iemants von seinetwegen in obberürter zeit nit kombt, mag das gericht dasselb viech nach beschehener erkundigung auch gelegenhait seines werths verkaufen und das gelt jhar unt tag halten, auch solches gelt dem aigenthumber, wo er als oben vernumben ausfindig macht das solches verlohren viech sein gewesen, gegen erlegung der atzung und furfangs zuzustellen schuldig sein.

(fol. 362v)

Der 89. titl. Von wasserflussen guessen auen und wörten

§ 1 Wann die wasserflues oder gues ain aw wörth oder insl darumben das wasser ringsweiß fleusset anschutt und dieselb mitteraw zwischen zweier underschietlicher herrn grunt vom neuem entsteet, so solle sie dem herrn ervolgen, an welches gestat grunt und boden dieselb anschüttung am negsten stoßet. ligt sie aber an ainem so nahent als dem anderm, so ist sie commun und gehört ihnen baiden zu.

§ 2 Die wasserschutt und alluvionen welche ainem gestatt oder lant zu ainziger unsichtlicherweise zustehen sollen denen gruntherrn aigenthumblich ervolgen, welchen der wasserboden oder das gestatt derselben orten zugehörig.

§ 3 Wann sich ein wasserflues zerthailt und einen grunt inslweiß umbrint, so wirdt solcher werth nit gemein, sondern gehört sambt dem wasser und fischfang dem herrn des grunts zu.

§ 4 Was des wassersgewalt in eispruchen oder wassergussen von holz trait oder dergleichen auf einen (fol. 363.) frembden grunt tregt, der steet dem gruntherrn billichen zu, dann wasser gibt und nimbt.

§ 5 Waß aber ausser wasser gewalt aus ubersehen oder ungever, als zillen flöß oder dergleichen, wegrinnet, das solle seinem rechtem herrn auf ersuchen widerumben zugestelt werden, es hette dann der gruntherr deßhalben besondere wasserfreihait.

Der 90. titl. Von dem feuchten

§ 1 Wann die teicht oder weier durch nachlessigkait unwirtschft oder geverlicher weise denen benachtbarten ihr grunt und gueter austrenken, so sollen die verderbten grunt von der obrigkait auf begern der parteien ordenlich beschaut und geschätzt, auch die erlitnen schäden abgetragen und widerkehrt werden. do aber der schaden durch wassergues wolkenpruch oder dergleichen gottes gewalt und unfall beschech, sollen die teichtsherrn von allem abtrag entbrochen und frei sein.

§ 2 Do ainer mit fischerei auf seinem grunt und boden (fol. 363[v])nutz schaffen möcht und darzu aines benachtbarten grunts so ein uberlent und kein behaustes guet bedurftig were, so solle ihme sein nachbaur solchen grunt umb den billichen wert ervolgen lassen, dann darduch wirdt das lant gebessert und entgeet damit dem gruntherrn kein manschaft.

§ 3 Wann ein teicht oder weier durch wolkenbruch gueß oder in ander weg ausbricht oder uberscheust und die fisch davon außgetragen werden, soe mag der teichtherr innerhalb tag und nacht derselben fischen nachstellen und die [in den] veltbächlen ainem anderm herrn zugehörig, deßgleichen do ers auf aines andern herrn truknem lant findt, mag ers ohn alle irrung heben. wo sie aber in eines andern lantmansteich oder vischwasser geflossen, so hatt der verlustig herr nit macht seinen vischen der orten nachzusetzen, es würde ihme dann solches guetwillig vergünt oder es weren die andern teicht zuvor oed oder unbesezt gewesen, alßdann sollen sie dem teichtherrn gegen einer zimblichen verehrung ervolgen.

§ 4 Komb aber der teichtherr seinen fischen in tag und nacht nit nach, so sollen sie auf der truknen dessen so sie ergreift, im wasser aber dessen gruntherrn verbleiben.

(fol. 364.)

Der 91. titl. Von abkehrung der wasserleuf

So einer einen wasserlauf oder feltgues auß dem rechtem altem rinnsall ab- oder auf eines andern grunden kheret und solches von der gruntobrigkait außgefuert, der ist schuldig allen schaden so daraus volgt abzulegen und dem gericht in die straf verfallen.

Der 92. titl. Von dem muhlen

Es solle niemants in disem unserm lant Österreich under der Ennß ain neue mühlstatt denen andern leemühlen zu schaden erbauen oder aufrichten ohn unsern als lehenherrn und lantsfurstens vorwissen und consens vermüeg derhalben ausgangner general. die haußmuchlen aber so zu einer haußnotturft und keinem from mühlwerkh gebraucht (fol. 364v.) werden, sollen iederman bevorstehen und erlaubt sein, doch das solches mit willen und wißen desselben ortsgruntherrn und andern ohn schaden beschehe.

Der 93. titl. Von neuen tafern und preuheusern

§ 1 Gleichfals solle niemants ein neu tafern oder preuhaus ohn unser vorwissen und concens in disem lant aufrichten.

§ 2 Es solle auch das bierprauen denen gemeinen baursleuten verbotten sein, alles vermueg und inhalt derhalben ausgangner general.

Der 94. titl. Von hungerischen weinen

§ 1 Es solle menniglich laut voriger vorlengst publicirter general und dem uhraltem herkomben gemeß verbotten sein hungerische wein in dises lant Österreich under der Ennß zu führen, dasselb abzu(fol. 365.)schiessen auch under den raifen oder ofnem zaiger zu verkaufen, alles bei verwürkung und verlierung derselben wein, welche biß auf unser ferrer genedigistes wohlgefallen ainer ieden gruntobrigkait do solche wein eingeführt oder versilbert werden heimbgefallen sein sollen.

§ 2 Doch welche in Österreich wohnen und auf dem Hungerischem aigen wein erbauen, die mügen dieselben zwischen sant Michael und sant Martinstag in dises lant wohl führen und darinnen verhandlen.

Der 95. titl. Von meuten

Gleicher gestalt solle iederman in disem lant verwerth und bei straff verbotten sein neue meuth zoll prukgelt aufschleg oder dergleichen neuerungen aufzurichten und anzustellen oder in derlei fallen einige staigerung uber das alt herkomben furzunehmen ohn sonders unser wissen und bewilligung.
(fol. 365v)

Der 96. titl. Von wegen und stegen

§ 1 Wo ein ganze gemein oder ein sondere persohn auf ihren aigen grunden ainen gemeinen offen fahrt- oder reitweg oder einen gangsteig zu halten, auch graben und prucken zu machen und die veltgües auszufuhren schuldig und das nit thetten oder von solchen gemeinen wegen stegen und gräbern was erzeugen und dieselben schmehlerten oder gar verlegten, die sollen durch daß lantgericht darzu gehalten werden, das sie dieselben gemeinen weg steg gräben und prucken wie von alter herkomben offen und ungeschmehlert bei gutter pann halten und die prucken und gräben jhärlich und als ofts die notturft erfordert machen und dermaßen zurichten, das menniglich solch weg offen sein und das man uber die prucken steg und gräben ohn geverligkait und nachtail Komben und wandlen möge. und wer in dem allem was verbricht, der solle dem gericht in die straff verfallen sein.

§ 2 Es soll auch ein ieder gruntherr seinen underthanen darzuhalten, das er bei seinem grunt all obberuert weg wesentlich halt und nichts abgehen laße, wo aber ein gruntherr hierinn lessig erschine oder der billigkait nach in obberurter zeit gar kein handlung furnehmen (fol. 366.) wolt, mag alßdann das lantgericht darinnen der billigkait nach obberurtermassen einsehung thain.

Der 97. titl. Von thätlichen gewälthen und eingriffen, auch wie und wasgestaalt umb ainen gewalt clagt werden mög

§ 1 Umb bewisne gewält und eingrif wirdt auf zweierlei weg clagt: erstlich persecutorie, das ist umb restitution und zustellung des entsezten guets, fur das ander poenaliter umb abtrag des bewißnen und oestimirten gewalts.

§ 2 So viel nun den ersten weg des restitution anlangen, thuet sich solche clag in jharesfrist nit verjhären, sondern alles das so den vergeweltigten anligenden oder varenden haab und guetern genomben worden stehet ihme oder seinen erben nach ausgang der jharsfrist zu ersuchen bevor.

§ 3 Umb des bewisnen gewalts aber kann er nach verstrichner (fol. 366ᵛ) jharszeit nit clagen, doch wo solche gewaltsclag innerhalb des jhars bei gericht anhengig gemacht und der krieg daruber in solcher zeit befestiget worden, so mag alßdann nach verfangnem rechtstrit dieselb clag biß zu ent volführt und prosequirt werden.

§ 4 Do auch einer umb zustellung seiner entwerten haab und gueter clagen und keinen abtrag des bewisnen gewalts begehren thet, so solle ihme kainer zuerkent noch gemessigt werden.

§ 5 Welcher umb einen bewißnen gewalt keinen abtrag in gelt sondern die bestraffung des thätters ehr leib oder guet begert, desselben begeren solle vor gericht statthaben, dann es stehet in des beleidigten wahl, ob er umb den erlittnen gewalt burgerlich oder beinlich clagen wolle. es stehet auch die geltsstraff disfals nit dem cläger sondern dem gericht zu.

Der 98. titl. Was zu einer gewaltsclag vonnötten

§ 1 Zu einer gewaltsclag gehören furnehmblich drei stukh: (fol. 367.)

erstlichen, das der cläger des entwerten haab und guets vor der entsezung (wo nit lenger doch aufs wenigst) uber jhar und tagfrist in würklicher posseß nit und gebrauch gewesen.

§ 2 Am andern, das er solche rubig ungeirrt und unbetrübt innen gehabt.

§ 3 Furs dritt, das er derselben thätlich und geweltiglich entsezt worden.

Der 99. titl. Wie die gewaltßclagen zu stellen seint

Die gewaltsclagen sollen mit allen verlofnen notwendigen umbstenden der persohnen, mitthätter, des entwerten guets, des orts, der zeit, ob auch die vergweltigung mit oder ohn waffen beschehen, außgefuhrt und specificiert, deßgleichen die petition und das begeren lauter gestelt werden, damit das gericht aigentlich erkennen müge, ob man burgerlich oder beinlich clag.

(fol. 367v)

Der 100. titl. In was fall die gewaltsclagen stathaben

§ 1 Wiewohl sich die gewaltsclagen auf auf die ligenden grunt und boden aigentlich reumen, iedoch wann einem ein beweglichs haab und guet, als viech maisch wein trait gelt oder dergleichen varender stuckh, mit gewalt genomben wirdt, so solle die gewaltschlag auch stathaben.

§ 2 Wann einer persohn an seinen habenden rechten und gerechtigkaiten, als zehenten meut vischwaiden wiltpainen oder dergleichen ein- und zugehörungen, eingrif frävel und gewalt zugefuegt wirdt, so mag derselb umb den erlitnen gwalt nach lantsbrauch wohl clagen, deßgleichen do einem an seiner obrigkait herligkait gerichtszwang oder jurisdiction in einem oder dem anderm fall eingrief geschiecht.

§ 3 Wer eines lantmans underthan ausser eines lantsbreuchigen abschietbrifs aufnimbt oder bei ihme underkomben lest, der handlet wider die außgangenen general und beweist dem vorigem gruntherrn damit einen gewalt.

§ 4 Item, wer ein leibgeding oder andern verfalnen ligenden grunt ausser eines nidergesezten gruntrechts einzeucht oder fechsnet, der mag umb bewißner gewalt verclagt werden. (fol. 368.)

§ 5 Wann einer seines guets thätlich doch mit gerichtshanden und servats juris ordine entsezt wirdt, so kann derselb wider die obrigkait noch den eingesetzten beclagen.

Der 101. titl. Wer umb gewalt clagen möge

§ 1 Umb bewißne gewalt mögen in gemein entwerte possessorn inhaber und geniesser clagen, als nemblichen die rechten aigenthumber und herrn so ihre haab und gueter in aigner persohn oder mit aignem rucken besessen haben und ihrer posseß thätlich entwehrt worden, deßgleichen alle herrn welche ihr haab und gueter nit persohnlich besitzen sondern auch ihre pfleger verwalter haußhalter und dergleichen bestelte und besölte diener in nutz und gebrauch haben, dann derlei verwaltende persohnen besitzen solche haab und gueter nit ihnen sondern ihren herrn. derwegen sollen die herrn und nit sie umb den bewißnen gewalt (fol. 368ᵛ) clagen, es were dann sach das sie im nahmen ihrer herrn clagen, das ihnen unverwerth sein solle, doch das sie von ihren herrn ordenliche gewalt, oder do dieselben ausser lants innerhalb jharsfrist geburliche ratification furbringen. deßgleichen wo solchen persohnen an ihren haab und guetern neben ihren herrn auch gewalt beschehen were, so mögen sie fur ihren erlitnen gewalt und schaden wohl clagen, also da ihnen an ihrer persohn mit schlegen gefenknus oder dergleichen thätlichen handlungen gewalt bewisen worden, so stehen ihnen ihr besondere clag auch bevor.

§ 2 Es seint etliche haab und gueter welche nach lantsart weder durch ihre herrn noch derselben leut persohnlich oder stattiklich besessen werden, als weingarten acker wißmat gehülz und dergleichen grunt. nichtsweniger, weil sie von ihren herrn mit geburlicher arbeit fexung in nutz und begrauch erhalten werden, so kan man umb entwerung derselben gueter eben sowohl als do sie durch das ganz jhar possedirt würden clagen.

§ 3 Ferrer mögen umb erlitne gewält alle persohnen clagen, welche kein naturliches sondern nuzliches aigenthumb utite dominium genant haben, als die lehensleut leibgedings-geniesser und dergleichen persohnen, dann alleweil sie solche (fol. 369.) grunt innenhaben und derselben entsetzt werden, so beschicht ihnen und nit den rechten aigenthumbern dardurch gewalt.

§ 4 Gleichermassen, do einer die naturlich possess allein hette und derselben entsezt wirdt, so gebürt ihme umb den erwißnen gewalt und nit desselben guets aigenthumber zu clagen, wie dann die frurchtgeniesser so usufructuarii oder usuarii genent werden seint.

§ 5 Welcher einen grunt mit wissentlichem ungrunt ohn schein und titl innenhat und dessen ausser recht entsezt wirdt der mag umb den erlitnen gewalt auch clagen, dann ohn recht und gerichtliche huelf soll niemants seiner possess beraubt werden.

§ 6 Es hat auch solche gewaltsclag nit allein wider ainen frembden sonder den rechten hernn und aigenthumber (:do er sein guet mit gewaltiger hant einnehme:) statt und kan ihme nit furtragen, das mn sich gewalts mit gewalt erweren müge, dann solches hat in continenti und in wehrender frischer that stat, ex intervallo aber und nach verlofner gewalthiger that solle gewalt mit gewalt nit vetriben werden.

§ 7 Es enthebt auch den aigenthumber sein aigenthumb von dem bewisnen gewalt gar nit, angesehen das das aigenthumb von der possess abgesindert und einem das aigenthumb, dem andern aber die (fol. 369^{v}) possess zugehören mag. derhalben dient das aigenthumb zu verthaidigung der possessori-gewaltsclag nichts, sondern gehört zu ausführung der aigenthumblichen gerechtigkait.

§ 8 Do sich ainer auf ein ligents guet gerichtlich ansetzen ließ und dasselb guet in werendem ansatz verweltigt würdt, so kann weder der so sich ansetzehn lassen noch der so angesezt worden umb gewalt clagen, dann in hangendem ansatz bleibt die poessession weder dem clager noch dem beclagtem, sondern steet bei gerichtshanden sequestersweiß.

§ 9 Wann denen segnestrirten guetern vor austrag der sachen gewalt und eingrif bewisen wirdt, so stehet dem sequestratorn und nit dem haubtclager oder beclagten tail die gewaltsclag bevor, doch gereicht nachmals gewien oder verlust auf den obsigenden principalthail.

§ 10 Do eim bestant- oder inmann das bestanden guet abgetrungen worden, so Kan er umb gewalt nit clagen, dann daß guet und desselben possession gehört nit ihme sonder dem aigenthumber zu. doch so ihme an seiner persohn oder guetern einicher gewalt widerführ, mag er fur sein interesse besonders wohl clagen.

§ 11 Wann einem underthan gewalt zustehet, so mag der underthan deßgleichen sein grunther umb den bewißnen gewalt absonderlich clagen, dann dem herrn an seiner obrigkait und hohait eingrief beschehen. (fol. 370.)

§ 12 Also wann einem diener oder dienerin mit schlegen oder in ander thätliche weg gewalt zugefuegt wirdt, mögen nit allein sie die diener und dienerin, sonder auch der herr oder fraw wo dieselb verwittib umb solchen bewisnen gewalt besonderbar clagen.

§ 13 Do unvogtbaren kindern gewalt beschicht, mögen ihre eltern oder do sie nit mehr im leben derselben gerhaben und curatoren clagen.

§ 14 Wann einer frauen gewalt zusteet soll ihr ehewirt als ihr furgeseztes haubt clagen, denn es will sich nit fuegen das die frauen bei gericht umbschweifen. doch soll der eheman von ihr mit ordenlichen gewalt gefast sein.

Der 102. titl. Welche persohnen umb gewalt furgenomben mögen werden

§ 1 Umb bewisne gewalt eingrief und frävel Künnen die persohnen, welche die gewaltge that auf einem oder dem anderm verbotnehm weg in aigner persohn begangen, furgenomben werden.

§ 2 Deßgleichen die, wellichen den gewalt zu verrichten (fol. 370[v]) bevohlen und angeschafft, oder darzu raht und thatt geben. doch wo der vergweltigt seines entsezten guts restitution und den abtrag des erlitnen gewalt von einem thail bekomben thet, so soll er die andern mitverwanten ferrer nit beclagen.

§ 3 Wann ein pfleger ambtman verwalter oder anders haußgesint ohn vorwissen und bevelch seines herrns vergeweltigt, so mues er darumben fues halten und die clag selbst ausstehen, sein herr aber ist solchen gewalt aber abzutragen nit schuldig, es were dann sach das er sich desselben hernach tailhftig machet oder des entsezten guets mechtigt.

§ 4 Welcher zu einem haab und guet wie das immer sein kann recht und wohlbefügte spruch hat, dasselb aber ausser gerichtlicher hüelf mit thätlicher gewaltiger hant an sich bringt, der mag umb gewalt furgenomben werden, dann niemant soll sein selbst richter sein. der ihme gebürendt aigenthumblich gerechtigkait aber welche er zu solchem guet hett soll er mit seinem bewißnem gewalt als die geschribnen rechten vermögen nit verlohren haben, sondern ihme auf beschehene restitution nach lantsbrauch bevorstehen dieselb wie recht ist zu ersuchen.

§ 5 Wo das entwert haab und guet mitler zeit in andere frembde hant kömb, so solle der gewaltthätter dardurch von der gewaltclag nit entbrochen sein.

§ 6 (fol. 371.) Also welcher ein vergweltigs haab und guet wißlich an sich bringt, der mag umb desselben restitution und zustellung furgenomben werden, doch solle er ein[igen] abtrag des erlitnen gewalts zu erstatten nit schuldig sein.

§ 7 Do der gewalthaber das vergweltigt haab und guet seinem herrn dem ers abgetrungen unvolkombenlich zusteet, so mag er einen weg als den andern umb die ubermas und abtrag des gewalts beclagt werden.

§ 8 Deßgleichen, do er das ganz guet außer recht dem entsetztem wider guetwillig zustellet, so ist er ihme solcher restitution von abtrag des gewalts nit entbrochen, es wölle sich dann der geweltig[t] desselben guetwillig begeben.

Der 103. titl. Ob die erben umb gewalt clagen oder beclagt werden Künnen

§ 1 Umb restitution und abtrag des bewisnen gewalts kan nit allein der principal sonder auch seine erben in geordneter jharszeit clagen. deßgleichen kan nit allein wider den gewaltthätter sondern auch (fol. 371v) seine erben umb die restitution und zustellung der entsezten gueter vor und nach verstreichung der jharsfrist clagt werden. Umb abtrag aber des bewißnen gewalts Künnen des gewaltthätters erben vor oder nach außgang des jhars nit furgenomben werden, es were dann der krieg in seinem leben verfangen worden, dann durch solche litis contestation wirdt der process auf die erben und successorn transmittiert.

§ 2 Wann das ungeweltigt guet ainem aus den erben in der thailung gefallen, so mag er nit allein pro rata seiner erblichen gebürnus sondern, do er die ubermas abgelöst, umb abtrettung des ganzen guets furganomben werden und stehet ihme sein regress gegen seinen miterben bevor.

Der 104. titl. Was gestalt die restitution geschen solle

§ 1 Die restitution des entsezten haubtguets solle mit seiner zugehörung beschehen und der entwerth alledings in vorigen stant gesezt, ihme auch die aufgehebten nutzungen erstat werden.

§ 2 (fol. 372.) Deßgleichen solle ihme alle erlitne schäden von dato der beschehen vergweltigung anzuraiten abgetragen werden.

§ 3 Und wiewohl die geschribnen rechten vermögen das ein vergwaltiger solche seine erlitne schäden mit seinem aid beteuren und war machen möge, so solle doch der aid auf den fall stathaben, wo die schäden in ander weg nit beweißlich. do man aber dieselben durch zeugnus oder in ander glaubwürdige wege erleutern Kann, solle [er] des juraments verschont werden.

§ 4 Wiewohl bei denen geschribnen rechten lauter versehen das ein vergweltiger seinem gewaltthätter weder in einer noch der andern sachen vor gericht zu antworten schuldig bis er von ihme widerumben würklich und volkombenlich restituiert worden, so vermag doch der ublich lantsbrauch das widerspiel, dorbei wir es hinfurahn von wegen befurderung des rechtens und damit ein sachen die ander nit sperre genedigist verbleiben lassen.

Der 105. titl. Wie die jharszeit in gewaltsachen zu verstehen

§ 1 Die jharszeit darinnen man umb bewisne gewalt (fol. 372^{v}) clagen mag ist nach geschribner rechten inhalt tempus utile und werden die ferien darein nit gerait. aber dem bißher erhaltnem lantsbrauch nach solle solle dise jharsfrist fur ein continuirte zeit verstanden und davon kein tag außgeschlossen werden.

§ 2 Welche den lezten tag desselben jhars sein clag bei gericht anhengig macht der solle damit zugelassen werden dises jhar solle auch von erinderung des erlitnen gewalts angereicht werden, dann einem unwissenten laufft kein zeit noch verjhärung.

Der 106. titl. Wasmassen ein gewalt zu messigen sei

§ 1 Wie hoch ein gewalt oder eingrief zu messigen, das solle in des gerichts bedenken discretion und moderation stehen, das solle nach geschaffenhait des bewisnen gewalts und gelegenhait aller furkombenden umbstent hierinnen messigen und taxiren was sich geburt und recht ist.

§ 2 Es seint aber etliche sondere fäll welche einen erzaigten gewalt billig aggraviern und scherpfen.

erstlich, wann ein obrigkait, derselben officier oder gerichtliche execution vergweltigt werden. (fol. 373.)

zum andern, do ein ganze gemein vergweltigt worden.

zum dritten, wann ein geistliche persohn vergweltigt worden.

zum vierten, so einen seine aigne underthanen oder erhalten vergweltigen, zum funften, wann ainen seine leibs- und blutsfreunt vergweltigen.

zum sechsten, wann wittib und waisen vergweltigt werden.

zum sibenden, ein ieder frävel und gwalt welcher einem an seiner persohn zugefügt wirdt ist höchers als die vergweltigung der haab und gueter zu halten.

zum achten, wann einer durch vergwelchtigung umb seinen gesunt und tägliche nahrung komben, soll ihme ungeverlich so viel gemessigt werden, das er damit sein lebtag nach gelegenhait seines stants ein zimblichs abkomben haben mög.

zum neunten, wann der cläger in hangendem rechten unerwart desselben austrags das strittige guet mit gewalt einnimbt, so ist derselb gewalt von wegen gerichtlicher verachtung strafmessiger.

zum zehenten, wo der gwalt wider gebotne stilstant oder aufgesezte poenfall beschicht, so ist er gleichfals strafwürdiger.

zum aintliften, wann ein gewalt zu eiliger zeit beschicht. (fol. 373ᵛ.)

zum zwelften, do er bei nacht beschicht.

zum dreizehenden, wann gewalt in der freiung oder in befreiten orten beschicht.

zum vierzehenden, do er auf gemeinen zusambenkunften, als hochzeiten oder mahlzeiten offentlich beschicht.

zum funfzehenden, wann er in loco publico, als an einem markt oder in einem gerichtshauß beschicht.

zum sechzehenden, wann er vor der obrigkait beschicht.

zum sibenzehenden, wann er in loco sacro, als kirchen clöster gottsheuser geschicht.

zum achtzehenden, wann der gewalt mit gewafneter und bewehrter hant beschicht.

zum neunzehenden, wann er mit gesambter hant aufbott oder glockenstraich geschicht.

zum zwanzigisten, so man reitterei oder geschos darzu brauchet.

zum einundzwanzigisten, wann der gewalt mit absteigen stiermen oder dergleichen feintsehligen mitteln geschicht.

zum zweiundzwanzigisten, wann sich bei der vergweltigung mort und totschleg begeben.

zum dreinundzwanzigisten, wann der gewalt auf ofner lantstrassen begangen wirdt. (fol. 374.)

zum vierundzwanzigisten, wann ein lantfritpruch mit dem gewalt lauft.

in diesen abgehörten fallen allen ist der gewalt straffmessiger als sonsten, und was dergleichen bewegliche umbstent mehr seint.

Der 107. titl. Ob die obrigkait die gewält zu straffen hab

Wann der gewalt dermassen geschaffen, das die lantsfurstlich hohait dardurch veracht oder verlezt worden, so sollen die straffen uber den abgetragen schaden welcher dem vergweltigten beschehen unserer lantsfurstlichen hohen obrigkait ainen weg als den andern bevorstehen.

Der 108. titl. Von injurien und ehrenhandlen, auch wie und wasgestalt einer injurirt mag werden

§ 1 Die injuri und ehrenverletzungen werden durch viel underschitliche weise zugefüegt und beweisen.

erstlichen, mit ehrnrurigen schmechlichen und lester(fol. 374v.)lichen worten. derhalben werden alle reden, welche wider adeliche und burgerliche sitten erbarkeit redligkait und gueten lebmueth seint, fur injuri-wort gehalten, sie tragen gleich ein malefitz mit außgetrukten worten auf ihnen oder sie haben sonsten einen verdekten eherrührigen verstant, als do einer bezugen wirdt er were in seinem thain nit ganz oder ledig, man kenne ihn wohl wer er sei, er trag nit hart an der frümbkait, man wiße wohl wer seine eltern gewesen, und was dergleichen verdunkelte umbredt mehr seint mit welchen ein ehrlicher pidersman ehenzüeriger weiß angriffen gestochen und belaidigt wirdt. es ligt auch an dem nit, ob die verlezlichen wort spezial oder general sein, als do einer dem anderm in specie nichts bezüeg sondern in pausch zu ihm sagt: du bist nit erbar, bist keines redlichen mannß weeth, es solle kein erbar mann mit dir essen oder gemeinschaft halten.

§ 2 Zum andern, welcher einen mit groben unbeschnitten worten der unwahrheit strafft und ligen haist, der begehrt damit ein injuri, ungeacht das er etwo danebens vermeldt, er thue solches nit animo injuriandi noch in der mainung das er den belaidigten dardurch schmehen wölle. wann aber der beschwert thail dem injurianten zu solcher lugenstraffung mit ungeburlichen vorlaufeten worten ursach gibt, auch der vermaint injuriant, solche redt zu rettung seiner ehren und (fol. 375.) defensionweiß thet, so möchte aus solchen worten kein injuri erzwungen werden.

§ 3 Zum dritten, welcher den andern mit gott schendet schildt oder lestert, der beweist ihme damit ain injuri und ist dieselben abzutragen schuldig.

§ 4 Zum vierten, wirdt ein injuri nit allein mit worten sondern auch mit that bewisen, als do einer von dem anderm gerauft geschlagen geworfen gestossen verwundt und geschädigt wirdt, deßgleichen do man einem mit gewalt in sein haus einfelt, einpricht, thier und thor aufstost, fenster einwürft oder ihne durch andere dergleichen ungebürliche mittel an persohn oder seinem guet verweltiget. im fall einer auch nit würklich geschlagen sondern nur die hant wider ihne gefaust aufgeriben oder eine wehr wider ihne gezuckht wirdt, so stehet ihme die injuriclag bevor.

§ 5 Zum funften, werden die injuri schriftlich zugefuegt, nemblichen mit ehrrüerigen schmächlichen verächtlichen schriften sentschreiben versen gesangen, außgeschnittnen zedeln, famosschriften, sie geschehen gleich bei oder ausser gericht. es ligt auch an dem nit, ob der injuriant underschriben oder sonsten aus gewissen umbstenden erkantlich, wie dann dißfals auch nit von nötten das der injuriert mit lauf- oder zunahmen darinnen begriffen, wann nur andere glaubwürdige indicien verhanden, (fol. 375v.) das er ihme und Keinen anderm zu schmach und schimpf vermaint worden, als do man ihme die lesterschriften unbeantworten liesse.

§ 6 Zum sechsten, welcher des andeern mit hönischen verechtlichen und schmahlichen geberten spotten thuet der fuegt demselben ein injuri zu.

§ 7 Zum sibenden, wann einem ehrlichem mann zu schimpf und verachtung etwas ungeburliches an seinem haußthier geschriben gemahlt angeschlagen oder angebunden wirdt, der mag sich dessen als fur ein bewißne injuri beschweren.

§ 8 Zum achten, werden die injuri mit werfen und ausgiessen erzaist, als do ainer mit unsaubern und unrainen sachen fursezlich geworfen oder begossen wirdt.

§ 9 Zum neunten, werden die injuri mit ungeburlichen furbrechen, welche zu verkleinerung aines andern nahmens stambens stant würdens oder hochaits in gemeinen versamblung oder ritterlichen spilen und ubungen beschehen, bewisen.

§ 10 Zum zehenten, wirdt ainer durch unverschulte ausschliesung injuriert, als do einer ohn rechtmessige ursachen seines tragenden ambts entsezt, oder zu gemeinen lant- oder gerichtstägen wie andere seines gleiches nit eingelassen wirdt. (fol. 376.)

§ 11 Zum eintliften, werden die injuri mit ungebürlichen gefenknussen angelegt, als do sich ain privatpersohn gerichtlicher hochait anmasset und einen in sein aigne verhefft- oder verstrickung nemb.

§ 12 Gleichermassen, wann einer dem andern zu gerichtlicher gefenknus bracht und sein burgerliches oder maleficisch furgeben wider ihne nit außfindig machet, so stehet dem verhaften, wann er widerumb auf frei fues kombt, in alweg bevor den verlustigen thail so ihne einbracht umb abtrag der unverschulten schmechlichen gefenknus furzunehmen.

§ 13 Das gericht aber solle disfals aller verantwortung und abtrags entbunden sein, angesehen das es auf der partei anhalten und instanz und nit ex officio solche gefenknus furgenomben.

§ 14 Do aber das gericht einen ex officio einziehen liesse und denselben, ungeacht das er sich auf sein ordenliche obrigkait erster instanz wegern auch darumben schein furbringen thet, in verhaftung nemb, so solle sich das gericht der bewisnen unbefugten gefenknus halben mit dem verhafften nach billichen dingen zu vertragen schuldig sein. deßgleichen do das gericht von des eingezogen ordenlichen obrigkait umb liferung des verhafften gebürlich angesucht wirdt und sich solcher stellung wegert, so stehet dem ordenlichem gericht die injuriclag obsonderlich bevor. (fol. 376ᵛ)

§ 15 Wann aber das gericht ainen seiner jurisdiction in burgerlichen oder peinlichen fällen ordenlich erfordern ließ, auch derselb ungeshorsamblich und verechtlich aussenblieb, so mag das gericht auf ihne greifen und ihn zu gericht führen auch nach gelegenheit des handls verhaften lassen, und beweist ihme do er gleich nachmals ledig erkent wirdt damit keinen gewalt.

§ 16 Deßgleichen, do das gericht auf einen unbekanten von ambtswegen auf ungehorsambe oder genugsambe indicien greifen ließ, dann es ist ein ieder unbekanter auf gerichtliche erforderung zu erscheinen und dasselbst fur sein gebürende obrigkait zu excipiren schuldig, sonsten kann keinem gericht so gegen ihme mit einziehung der gefenk fortschreit ichtes zugemueth werden.

§ 17 Deßgleichen, do sich ainer auf sein ordenliche obrigkait nit waigert sondern vor einem frembdem gericht guetwillig einließ, so Kann das ordenlich gericht wider das frembt umb kein injuri clagen.

§ 18 Zum zwelften, beweist man injuri mit reißen oder prachen, als do einer dem anderm sein klaider oder sein wappten aus fursezlicher verachtung abthuet, oder sein und seiner eltern grabstein und epithaphi zerschlegt, oder der obrigkait angeschlagne general- und andere gerichtliche brief, zu verschimpfung des gerichts abreist und vertilgt. (fol. 377.)

§ 19 Zum dreizehenden, wirdt ain injuri mit der tracht begangen, als do einer dem anderm zu schimpf verechtliche unzimbliche Klaider trueg oder eines andern mit gleichmessiger klaidung zu ungewöhnlicher zeit spott.

§ 20 Zum vierzehenden, do einer des andern wappen tittl ambt und hochait führt, so geschehe gleich aus verachtung oder umb mehrers ansehens wegen, der beweist dem anderm damit ein injuri.

§ 21 Zum funfzehenden, do einem ehrlichem pidersmann aus einem buch darinnen ehrliche leut verzeichnet stehen, als die abschiet-testament-steur- und dergleichen bucher seint, aus fursezlichem muetwillen, als ob derselb bei ehrlichen leuten nit zu gedulten, understreicht austhuet und vertilget, oder entgegen einen unverschuldtner sachen zu desselben oder seines nachkümbling verweisung in ein malefitz puch einschreib, der solle sich mit dem belaidigten solcher injuri halben zu vergleichen schuldig sein.

§ 22 Zum sechzehenden, welcher dem anderm seine angeborne natturliche mängl verechtlicher weise aufrupft und ihne damit spöllet oder verkleinert, der beweist dardurch ein injuri, dann fur solche tättl kann niemants, al do man einem sein uneheliche gebuert, hinken oder dergleichen mängel zu schimpf und verkleinerung fürwürf.

§ 23 (Fol. 377v) Zum sibenzehenten, welcher einem fur sein wohnung aus fursezlicher verachtung unsaubere sachen legt oder unreines brott ausgeust, der mag umb injuri beclagt werden.

§ 24 Zum achtzehenden, welchem auf freiem markt ohn redlich sachen des kaufen oder verkaufen, item gemeine wait gehülzt pruck weg und steg verboten werden, der mag sich dessen durch injuriclag beschweren.

§ 25 Zum neunzehenden, do einem an seinem aigenthumb mit bau anbau arbeit fexung oder dergleichen sperr hindernus oder irrung beschiecht, so mag er den thätter umb gewalt, oder do es ihme gemeinter umb die bewisne injuri verclagen.

§ 26 Zum zwanzigisten, do etwas verlohren und die inzicht auf ein persohn gelegt und der that aigentlich beschuldigt, dieselb aber hernach unschuldig befunden wirdt, so mag solche persohn umb injuri clagen.

§ 27 Zum ainunzwanzigisten, welcher einer ehrlichen frauen oder junkfrauen mit worten oder werken duch unzimlich weg nach ihren ehren stelt, der mag umb injuri beclagt werden.

§ 28 Zum zweiundzwanzgigisten, welcher den andern auß gesuchter fürsezlichen schmach fur gericht wendt, der beweist ihme ein injuri. (fol. 378.)

§ 29 Zum dreiundzwanzigiste, welcher einen furgestelten rechtmessigen und genuegsamben burgen nit annehmen will, der mag umb injuri beclagt werden.

§ 30 Zum vierundzwanzigisten, welcher wider einen clager oder zeugen als ein untüchtig persohn excipiert und dasselb nit ausfindig macht der ist fur einen injurianten zu halten.

Der 109. titl. Von denen fällen, welche ainer injuri gleichsehen, aber kein injuriclag geberen

§ 1 Erstlich, was ein ordenliche obrigkait wider ein persohn mit einziehung verheftung, peinlicher frag, sper, ansatz, einantwortung der gueter oder in ander weg nach inhalt der rechten auch des lants- und gerichtsbrauch fürnimbt handlet und exequirn lest, das tregt durchauß kein vergweltigung noch injuri auf ihme, es were dann sach das die obrigkait wider ordnung handlet, oder der sachen einen excess und zu viel thet, oder aber nit als ein magistrat sondern privatpersohn ainen andern injurirt, alßdann möchte dieselb obrigkait auch in wehrendem (fol. 378[v]) ambt umb abtrag der injuri furgenomben werden.

§ 2 Welcher auf ein gewisse persohn zu schlagen bedacht und ungever ainen andern unfursezlich trifft, der kann umb injuri nit beclagt werden.

§ 3 Deßgleichen, welchen einen andern im vertreulichem hantscherzen belaidigt oder schedigt.

§ 4 Also auch, welcher scherzweise oder aus gueter bekantlicher vertreuligkait oder mit lachetem munt einen andern vexiert stumpfiert tadelt oder an seinen ehren angreifft.

§ 5 Item, welcher von einem plintfollem mentschen der sein vernunft nicht brauchen kann an seinen ehren und guetem lebmuht mit worten verlezt wirdt, der kann umb injuri nit clagen. do aber der injuriant allein under den teinken were und dennoch was er thuet oder lest verstehen, so solle er von der injuriclag nit entbrochen sein.

§ 6 Deßgleichen, wann ein voller ainen nit mit worten sondern werken, als werfen schlegen verwunden oder andern gleichmessigen thätlichen fällen verlezt, so ist er dem beleidigtem ohn alle underschiet der vollen weiß den erlittnen schaden und spott abzutragen schuldig.

§ 7 Do einer vor gericht etwas schriftliches oder müntliches furbringt dardurch er auß erhaischender notturft oder geschaffenhait des geschichts aines (fol. 379.) andern ehr thugent und gueten lobmueth angreifet, dasselb auch im fall der notturft bescheint oder ausfindig macht, so ist er von aller injuriclag entbunden, dann der sich seiner notturft und rechtens gebrauchet der thuet niemants unrecht. do er aber die ehrrürige einführung nit wahr machet noch dieselb wie sich gebuert darthet, solle der bezsicher solche angelegte schmach ungeacht das sie vor gericht beschehen dem belaidigtem nach gelegenhait seiner civil- oder criminalclag abzutragen schuldig sein.

§ 8 Wann des geschichts notturft derlei ehrrüerige einführungen nit erfordert, sondern dieselb allein zu verschimpfung oder stumpfierung der parteien beschehen, so haben wir zu hinlegung aller hietz zwitrachts und unrahts welcher auß solchen ehrnverlezlichen libellen mehrmals ervolgt auß lantsfurstlicher volmacht zuvor bei allen gerichten lautere und genuegsambe verordnung gethann, daß solche ehrrüerige schriften anruffen und libellen der gegenpartei nit zugestelt sonder dem furbringenten thail wider hinausgegeben werden sollen mit dem auflag, das er die produciert schriften der ordnung gemeß stelle und die verbotnen einführungen gentzlich abthain (fol. 379v) und cassiren solle, und do die einführung so grob underschaiden und verweißlich, solle gegen dem producenten auch desselben schriftenmacher mit geburlicher straf nichtsdestoweniger fortgangen werden.

§ 9 Wann ein maleficischer in eines oder des andern wohnungs aufgehabte vermuetungen gesucht aber nit befunden wirdt, so Kann derselb haußherr umb kein injuri Klagen.

§ 10 Deßgleichen, wann ein herr seine ehehalten oder die fraw ihre dienerin mit worten oder werken zichtigt, so wirdt dardurch kein injuri begangen, dann solches zu erhaltung schuldiger gehorsamb und gueter manzucht erlaubt, doch das hierinnen ain beschaidenhait gebraucht und die gebürlich maß nit uberschritten werde.

Der 110. titl. Welche persohnen umb injuri clagen mogen

§ 1 Ein injuri kann nit allein vogtbaren sondern auch unvogtbaren persohnen angelegt werden.

§ 2 Deßgleichen, do ein ganze commun gemein oder obrigkait (fol. 380.) mit ungeburlichen ehrrüerigen worten oder werken angetast würdt, steet derselben die injuriclag bevor, doch das solche clag in gemein und einmahl fur allemahl beschehe, dann nit ein ieder daraus absonderlich zu clagen befuegt.

§ 3 Wann aber injuri kindern bewisen wirdt, so mögen sie fur sich selbst, dann auch die vätter fur ihr interesse besonderbares clagen, und wirdt durch ein clag die ander nit abgeschnitten.

§ 4 Deßgleichen, do ein ehefrau mit worten thatten oder in ander weg geschmecht wirdt, mag sie und ihr eheman welchen solche injuri auch beruert absonderlich clagen.

§ 5 Item, wo eines lantmans underthan mit streichen schlegen oder dergleichen würklichen thatten verletzt wirdt, stehet ihme und dem underthan die injuriclag absonderlich bevor, also auch, wann eines herrn diener und ehehalt mit schlegen angetast wirdt mag der herr fur sein und seines dieners notturft clagen.

§ 6 Wann ainer persohn ein injuri zugefuegt wirdt so raichet dieselb ainer ganzen freuntschaft zu spott und schmach doch stehet die injuriclag der belaidigten persohn allein bevor, die befreundten aber mögen criminaliter absonderlich clagen, damit der thetter umb sein mißhandlung dardurch er gemainen frid gebrochen von obrigkait wegen gestrafft werde. ainigen abtrag aber fur ihr privatinteresse mögen die befreundten nit begeren. (fol. 380[v])

§ 7 Also auch, wann ein burger injurirt wirdt kündt sich die statt oder markt darinnen er haußessig seiner anderer gestalt dann wie obgehört nit annehmen.

§ 8 Wann ein verstorbner nach seinem todt injuriert geschmecht oder geschendt wirdt so mögen seine erben umb injuri clagen.

Der 111. titl. Welche persohnen umb injuri beclagt mogen werden

§ 1 Umb injuri muessen nit allein die privatpersohnen sonder auch communen und obrigkaiten fueß halten. doch wann ein commun oder obrigkait umb injuri zu verclagen were, solle nit ein idere daraus sonder die ganz communitet oder der unverscheidenlich magistrat darumben furgenomb, werden. do sie auch in einigen abtrag dem injurirten thail erkent würden, sollen die persohnen welche erst nach angelegter injuri in die gemein oder zum ambt komben davon entbrochen sein.

§ 2 Wann der injurianten viel weren so mögen sie allsonderlich verclagt werden und solle disfals (fol. 381.) ein clag der andern nichts nehmen noch proejudicirn.

§ 3 Es mögen auch umb bewisne injurien nit allein die injurianten sonder derselben aufwigler anreizer anschaffer besteller rahtgeber mithelfer und beistant und alle die so sich solcher ehrrührigen thatt thailhaftig machen besonders verclagt werden.

Der 112. titl. Wie und wasgestalt umb injuri clagt mög werden

§ 1 Welcher an seinen ehren in einem oder dem anderm fall verlezt worden der mag umb die angelegt injuri civiliter und burgerlich oder criminaliter und peinlich clagen.

§ 2 Burgerlich wirdt nach lants- und gerichtsbrauch alßd[ann] geclagt, wann des clägers begern auf ein christlichs abbitten oder ein gewisse cestimirte summa gelts welche dem clager abzutragen gestelt wirdt.

§ 3 Do aber umb einen ofnen widerruf oder geltsstraf so der lantsfurstlichen cammer ervolgen solle oder ein extraordinari leibstraf nach erkantnus des gerichts clagt wirdt, so ist solche injuriclag nit fur civil sonder criminal zu halten. (fol. 381v)

Der 113. titl. In welcher persohn election steet burgerlich oder peinlich zu clagen

Ob der cläger burgerlich oder peinlich den injurianten beclagen wolle das solle in seiner und nit des beclagten wahl stehen. deßgleichen mag der cläger sein petition und begeren auf einen oder den andern negstgehörten weg stellen, darinnen solle ihme auch der beclagt weder maß noch ordnung geben.

Der 114. titl. Ob der cläger burgerlich oder peinlich mitt einander clagen oder mehrerlei abtreg begeren möge

§ 1 Der beleidigte tail soll mit zweien pfliegen nit gen acker fahren, noch wider den injurianten doppeltermassen, burgerlich und peinlich, under einsten oder nacheinander clagen.

§ 2 Deßgleichen, do er burgerlich zu clagen vorhabens, soll er einen ainigen und mit mehrerlei abtrag, nemblichen ein christliches abbitten allein oder aber ein geltstraf allein begeren.

§ 3 Also solle auch (fol. 382.) der offen widerruef allein oder die lantsfürstlich straf allein oder die extraordinari leibstraf allein (: do man criminaliter clagt :) erfordert werden.

§ 4 Do aber der injurirt thail die ergerlich und strafmessig injurihandlung erstlich dem gericht und gerichtliche bestraffung denunciren, ihme auch sein geburende privatclag fur sein interesse austruckenlich vorbehalten thette, so mag er dieselb hernach wohl volführen.

Der 115. titl. Ob die obrigkait ain injuri straffen möge

§ 1 Wann die injuri so verweißlich fritprechig und strafmessig nach gelegenhait aller umbstent furkomben und dem beleidigtem nunmehr abtrag und vergnuegung beschehen, so solle dennoch ain iede ordenliche obrigkait nit umbgehen den injurianten obsonderlich am leib oder guet zu straffen, doch das solche straf nit capital noch zum todt sei.

§ 2 Do sich auch der verletzer mit der belaidigten partei vergleichen thet, so solle dem gericht abermals bevorstehen den verletzer nach billichen dingen (fol. 382v) zu straffen, dann der parteien verainigung kann der gerichtlichen hochait nichts benemen.

Der 116. titl. Wann die injurien underschitlich, ob umb ein iede sonderlich clagt soll werden

§ 1 Do einer under einsten mit underschitlichen schmachworten oder mehrerlei injurien, als worten wierfen und schlegen, angriffen würde, so ordnen sezen und wöllen wir das der belaidigt dieselben injurien alle und iede in einer ainigen unverscheidenlichen clagschriften einbringen und das gericht mit vielerlei libellen und absonderlichen processen nit behelligen solle.

§ 2 Doch mit diser maß und bescheidenhait wo die injuriwort manicherlei weren so solle dem clager bevorstehen den abtrag der vielfältigen erlitnen injurien an ihnen selbst, als mitt worten und schlegen underschietlich so mag der clager underschietliche abtrag nach derselben gelegenhait, doch in einer ainigen calgeschrift begeren. (fol. 383.)

Der 117. titl. Was zu einer injurienclag gehörig

§ 1 Ein injuriclag erfordert etliche notwendige stuckh:

erstlichen sollen die angelegten injuriwort formaliter und eben mit dem inhalt wie sie durch den injurianten beschehen ind die clag verleibt werden. dann do sich einer in gemein das er an seinen ehren verlezt worden beclagt, aber die injurien nit specificiert noch erleuttern kündt, so ist sein clag nichtig. deßgleichen, do der cläger mit denen erlitnen injuriworten wechslen thuet und von einer mainung auf die andere fiel, so kann sein ungewisse clag nit beschehen.

§ 2 Zum anderen, soll in der clagschriften das ort der angelegten injuri vermeldt werden, dann die injuri seint nach gelegenhait der örter underschietlich, auch an einem ort verweislicher als an dem anderm.

§ 3 Zum dritten, soll jhar und tag der bewisnen injuri specificiert werden, angesehen das die injurien zu einer zeit grösser und strafwürdiger sein als zu der andern.

§ 4 Zum vierten, soll der injuriert die gelegenhait seines stants und würden nit verhalten, dann nach gelegenhait seiner persohn mues die injuri (fol. 383[v]) gemessigt werden.

§ 5 Zum funften, solle der injuriert anzaigen, in welcher persohnen gegenwürt ihme die injuri angelegt worden, dann die gelegenhait der umbstenden und anhörenden persohnen pflegt ein injuri auch zu scherpfen.

§ 6 Zum sechsten, wann die injuri thätlich ist so solle eingeführt werden, wohin die stöß wierf oder schleg geschehen und mitt wehe, dann ein ortt gefährlicher als der ander so ist auch ein instrument zu tötlicher gevar gerimbter als ander.

§ 7 Das ist aber bei der clagschriften einzuführen unnoth, das der injuriant die injuri geverlicherweise und in mainung den injurirten dardurch zu schmachen gethan hab, dann solches tregt die aigenschaft und natur der injuri selbst auf ihr, und ist ein iede ehrnsverletzung fur geverlich arg und ehrrührig zu halten, es beweise dann der thätter das ers anderer gestalt vermaint hab

§ 8 Also ist auch kein notturft in die clagschriften zu verleiben, das der cleger nach angefhörter clag die injuri-wort zu gemüht geführt und offentlich protestiert dieselb ungeantt nit hingehen zu lassen. dann do einer gleich solches vermelden wider den ehrenverlezer (fol. 384.) nit thet, so stehet ihme darnach einen weg als den andern die injuriclag bevor.

Der 118. titl. Ob man durch ainen gewalttrager umb injuri clagen möge

§ 1 Dem bißhers erhaltenem und practicirtem lantsbrauch nach mag ein injurirte persohn ihr injuriclag, sie werde gleich bürgerlich oder peinlich furbracht, durch einen gewalttrager vor gericht handlen und biß zum erst volführen.

§ 2 Deßgleichen mag der injuriant sein defension durch einen procurator oder gewalttrager furbringen lassen.

§ 3 Doch ist von nötten, wann die ladung produciert wirdt, auch das enturtel ergehet, das die principalen selbst vor gericht in aigener persohn erscheinen.

Der 119. titl. Vor welchem gericht umb injuri clagt werden soll

§ 1 Unsere lantleut geistlich und weltlich, sie seint (fol. 384v) gleich clager oder anclagt, sollen ihr habende injurispruch nindert anderst als vor unserer regierung der n. o. landen wie von alters herkomben in ordinari hofrechten gegen einander ausführen.

§ 2 Doch behalten wir uns aus lantsfurstlicher volmacht hiemit bevor nach gelegenhait der persohnen und angelegten injurien solche ehrnhendl auf das summari-rechten zu weisen und dieselben durch offen verhör oder schleinigen extraordinari-proceßs vor ehegemelter unserer n. o. regierung abhandlen zu lassen.

Der 120. titl. Wie die injurien bewisen werden und welcher thail die weisung führen solle

§ 1 Wann der beclagt thail dem clager der zugefuegten injuri durchaus oder furgebrachtermassen nit gestendig, so solle dem cläger sein clag wie recht ist zu beweisen auferlegt werden, doch dem beclagtem sein gegenweisung vorbehalten.

§ 2 Wann aber der beclagt der injurien gestendig, und zu vermeinter entschuldigung fürgeb er hette dieselb nit arger mainung (fol. 385) noch animo injuriandi gethan, so soll ihme die haubtweisung zustehen, dann die vermuetung disfals ihne gleichsfals, wann der beclagt furbrechte, er hette mit dem clager im gueten vertrauen gescherzt, soll er solches beweißlich machen.

§ 3 Es kann aber der injurirt thail die vermaint injuri mit seinen negsten befreundten nit beweislich machen, dann weil sie die injuri auch beruert seint sie verdechtlich.

§ 4 Es hat auch in ainiger zeug neben des clägers ait zu erstattung der unvolkombnen weisung in disen injurihandlungen nit stat.

Der 121. titl. Wie lang umb injuri clagt werden möge

§ 1 Welcher in einem oder dem anderm weg injurirt worden, der soll sein clag do er einige furzubringen vorhabens innerhalb jharsfrist bei gericht producirn und anhengig machen, sonsten wirdt er ferrer nit zugelassen.

§ 2 Solches jhar aber solle von dato der angeregten injuriengerait werden es were dann sach das ein ehrlicher pidersmann nit gegenwertig sondern abwesent geschmecht und an seinen (fol. 385[v].) ehrn verlezt würdt, dann in solchem fall solle das jhar zu der injuriclag deputiert erst von der zeit an laufen in welcher der belaidigt solcher angelegter injuri erinnert worden.

Der 122. titl. Ob die erben des injurirten clagen mogen

§ 1 Wann der injurirt thail ehe und zuvor er den injurihandl rechtsanhengig macht oder der Krieg befestiget wirdt mit todt abgeet, so ist die injuri erloschen und Künnen seine erben ferrer nit mehr clagen.

§ 2 Wann aber die litis contestation noch in seinen lebszeiten beschehen, so mügen die erben dieselb injuri-sachen biß zu ent ausführen.

Der 123. titl. Ob wider des injurianten erben clagt mög werden

§ 1 Gleichermassen, wann der injuriant ehe und zuvor (fol. 386) wider ihne clagt oder der injuri-strit vor gericht befestigt worden mit todt abgeet, so kann der injuriert thail wider seine erben ferrer nit clagen.

§ 2 Do aber der injuriant erst nach verfangnem krieg und der gerichtlichen litis contestation ableibt, so mag der beleidigt wider seine erben den angefangnen und befestigten rechtstrit wohl zu ent ausführen.

§ 3 Und solches solle, es werde gleich umb die injuri civiliter odr criminaliter clagt, statt haben.

Der 124. titl. Welch injurien verweislicher sein, und von denen umbstenden so ein injuri scherpfen

§ 1 Der injurien sein etliche gemeine, etliche aber atroces und hoch verbrüchig.

§ 2 Die hohen injurien werden furnemblich aus viererlei umbotenden gescherpft: erstlichen nach gelegenhait der persohnen, dann der einen geistlichen injurirt der vergreift sich mehrers als do er ain weltliche persohn belaidiget.

§ 3 Item, der ein obrigkait schmahet der handlet verweißlicher als do er ein privatpersohn angetast hette (fol. 386v.)

§ 4 Item, alle injurien welche eltern oder dergleichen ehrnswürdigen persohnen beschehen werden fur grober und grösser als andere gehalten.

§ 5 Item, wann ein blutsfreunt den andern schmecht.

§ 6 Item, ein diener seinen herrn, oder ein dienerin ihre frawen, oder ein underthan seinen grunthern, ein undergebner seinen oberherrn.

§ 7 Zum andern, wirdt ein injuri vor der andern der zeit halber beschwerlicher gehalten als do einer auf einem landtag oder bei vielen ehrlichen leuten oder in ander gemeinen versamblungen oder bei dem gottsdienst oder auf freiem markt oder in wehrender freiungs-zeit injurirt wirdt.

§ 8 Zum dritten, wirdt ein injuri nach beschaffenhait des orts daran sie beschehen aggraviert, als da einer vor gericht oder in einem freihaus oder auf freier gassen oder in einem gottshaus geschmacht wirdt.

§ 9 Zum virten, wirdt ein injuri mit der that gescherpft, dann die thetlichen injurien seind strafwürdiger als die wortlichen.

§ 10 Item, die thätlichen injurien werden nach gelegenhait des leibglits grösser und gröber.

§ 11 Wann auch der injurianten viel und die inzichten hoch weren, so soll der abtrag umb so viel höcher passiert und hierinnen zu erhaltung gleichhait frit und gueter manzucht niemants verschont werden.

(fol. 387.)

Der 125. titl. Ob etliche umbstant ein injuri entschuldigen oder nit

§ 1 Wann ein injuriant zu seiner vermeinten purgation fürgeb, das injurirt thail hette die injuri nit persöhnlich abgehört, were auch nit gegenwertig gewesen, so solle ihne dise entschuldigung nichts furtragen, dann die injurien werden sowohl abwesent als gegenwertig bewisen.

§ 2 Item, die vollweiß solle keinen injurianten wie obens vernomben entschuldigen, es were dann die trunkenhait so groß das der bezecht Keinen vor den andern kent oder kein discretion des guetens oder bösens mehr gehabt hette.

§ 3 Item, der zorn kann keinen injurianten purgiern, dann die injurien geschehen gemeinlich auß vorlaufendem grimmen.

§ 4 Item, do einer dem andern ausser gerichts etwas schmechtlichs bezeugt das gleichwohl war und beweislich, dennoch soll der bezeuger von der injuri nit entprochen sein. dann do einer under ehrlichen leuten nit zu laiden sondeern ein böses stuckh auf ihm hette, soll der wissent thail solches vor gericht anten und wie sich gebüert clag- oder denunciation-weise wider den schuldigen ausführen. ainem aber seine laster oder verprechen ausser gericht schmachweise zu verheben (fol. 387ᵛ) ist Keiner zu erhaltung gemeins frids, und damit man [von] den worten nit zu thatten Komb auch mortt oder andere unraht daraus ervolg, befuegt.

§ 5 Item, wann der injuriant furgeb der injuriert thail habe ihne zuvor gescholten, so leidet doch kein injuri gegen der andern ein compensation, dann hinwider zu schmachen ist keiner weder in continenti und alßbalt noch ex intervallo befuegt. sein ehr aber mag ein ieder mitt retorsionworten ohn gegenschmahung wohl retthen und defendirn, als an biß selbst der oder diser biß du es auf mich wahr machst, oder du redts kein wahrheit oder dergleichen.

§ 6 Item, do der injuriant fürgbe er hette den injurirten nit kennt oder nit gewist das er diser oder jhener gewesen, so kann ihme solcher ausflucht auch keinen behelf geben.

§ 7 Item, das der injurirt die angehört injuri nit offentlich protestirt solle dem injurianten auch keinen behelf machen, dann die notwendiglich nit von nötten.

§ 8 Item, wann der injuriant die injuri straks oder hernach zu entschuttung seiner injuriclag widerruffet und furgeb er hett dem injurirten unrecht gethan, wust nichts anderst dann ehe liebs und guets von ihme, so thuet er sich doch mit solcher revocation von der geburenden gewalts-klag nit entprechen, dann (fol. 388.) ein angelegte injuri lest sich nit ausser gericht sonder vor gericht widerruffen, es wolle dann der injuriert dieselb also guetlich und guetwillig annehmen, doch dem gericht sein straf unbenomben.

Der 126. titl. Aus welchen ursachen die injuriclag fallen

§ 1 Die injuriclag fallen aus etlichen rechtmessigen ursachen:
erstlichen, wann in jharsfrist nit clagt wirdt, als oben vernomben.

§ 2 Zum andern, do der injurirt thail mit dem injurianten ehe und zuvor die injuriclag gerichtsanhengig worden isst trinkt oder in ander weg mit ihme gemeinschaft helt. do er der injuriert und der injuriant auf ainer lantschaft zusambenkomben und ihrenthalben dasselbest plieben, so wirdt dardurch die injuriclag nit todt noch ab. degleichen, wann die clag nunmehr einkomben, so felt sie durch dergleichen bewohnung und conversation nit.

§ 3 Zum dritten, wann der injurirt thail dem injurianten in einem oder dem anderm weg dienstlich erscheint, so wirdt die injuri dardurch dissimuliert und vergeben. (fol. 388[v])

§ 4 Zum vierten, mögen sich baide thail der bewißnen injuri halben außer gericht mit einander vergleichen und solche vereinigung die injuriclag aufheben, es sei gleich die injuri gerichtsanhengig worden oder nit. doch stehet dem gericht wo die injuri so groß und verweißlich, einen weg als den andern die straf bevor.

§ 5 Deßgleichen, do sich der bleidigt thail der injuri guetwillig begeben, so stehet ihme dennoch bevor seine derwegen erlitne uncosten und schäden bei dem injurianten zu ersuchen, er hette sich dann derselben austrüklich begeben.

Der 127. titl. Von praescriptionen und verjhärungen, auch in was fällen und guetern die verjhärung statthab

§ 1 Die haab und gueter so proescribirt und verjhärt werden sein dreier underschitlichen arth und aigenschaft: etliche beweglich und vahrende, etliche ligende und unbewegliche, etliche seint anspruch recht und gerechtigkaiten so jura und actiones genent werden.

§ 2 Die vahrenden haab und gueter werden mit dreien jharen so straks ohn (fol. 389.) ainigen underpruch nach einander laufen ersessen, dann welcher eines vahrenden oder beweglichen guets mit aufrichtigem glauben und tittl drei ganze jhar im inhabern nutz und gebrauch ist, der soll damit des selben guets volkombnes aigenthumb ersessen haben und ist von dem rechten herrn so dasselb guet ansprüchig macht in craft der dreijharigen ersitzung allerdings entbrochen, ungeacht das er seinen gaber nit mehr benennen noch stellen Kündt.

Der 128. titl. Was zu solcher dreijhärigen ersitzung gehörig

§ 1 Zu solcher dreijhärigen ersitzung aber seint etliche stuckh notwendig: erstlich bona fides, nemblichen das der so sich derselben ersitzung betragen will solches beweglicher haab und guet mitt erbarm bestendigem glauben an sich gebracht, also das er anderst nicht gewist, dann das die persohn von welcher er solches haab und guet uberkomben desselben rechter herr gewesen, das ers auch zu verwenden recht und (fol. 389v) macht gehabt, dann da er dessen ein wißen, das sein gaber des von sich gegeben haab und guets kain aigenthumber were, dasselb auch ohn gewalt fueg und recht verhandlet, so kan er solches an sich gebrachtes guet nit ersitzen, sonder ist daßelb dem rechtem herrn auf sein ersuchen sowohl nach dreien als vor dreien jharen ohn einige widergeltung abzutretten schuldig. doch stehet ihme gegen seinen gaber der regress in alweg bevor.

§ 2 Zum andern, ist ein botturft das der ersitzer solches haab und guet nit allein mit guetem glauben sondern auch rechtmessiger ankonft und erbarn titl erlangt und erobert, als durch kauf wechsel heurat-vermächt und lezte willen, verträg schanknus und was dergleichen aigenthumbliche ubergaben mehr seint. dann ohn derlei titl hat die dreijhärig ersitzung nit craft. do er nun sein inhabung obgehörtermassen nit justificirn Kunt sondern das haab und guet von frembden schulden ohn allen eigenthumblichen titl fueg und recht gebraucht het, so ist er dasselb dem rechtem herrn ungehindert der abgelofnen dreijhärigen zeit abzutreten schuldig.

§ 3 Zum dritten, ist von nötten das solches haab und (fol. 390.) guet nit vicios sei noch einiges unbilt auf ihme hab. dann die entfrembden gerhaubten oder mit gewalt abgedrungen beweglichen haab und gueter seint keiner verjhärung fehig, deßgleichen bewegliche fiscal-commun- und kirchengueter.

§ 4 Zum vierten, wirdt erfordert das solche ersitzung continuirt sei, das auch dise possedirt haab und guet in obbemelten dreien jharen aus des inhabers oder seines erben gewaltsamb in andere hent nit komben noch die dreijhärig possess durch gerichtliche clag underprochen worden.

Der 129. titl. Von ersitzung der ligenden gueter

Welcher ein ligents guet wie das alte herkomben und der uhralt lantbrauch in Österreich under der Ennß vermag zweiunddreissig jhar nach einander besitzt nuzt und braucht, derselb oder seine erben und nachkomben ersitzen durch solche langwürige und unzerbrochne inhabung desselben guets gewehr recht und aigenthumb also und dergestalt, do gleich iemants solches guet hernach ansprech(fol. 390v.)ig machet und der inhaber oder seine erben sein alt habende possession mit keinem tittl bescheinen kundt, so mag er sich dennoch seines ersesnen aigenthumbs betragen und dem cläger die proeseription oder verjhärung opponiern, sich auch dardurch von der clag entbrechen.

Der 130. titl. Was zu solcher praescription von nötten

§ 1 Wiewohl die geschribnen rechten von diser langwürigen ersitzung ausführlich handlen, so wöllen wir doch aus lantsfürstlicher volmacht dise sachen auf die lantsarth einziehen und zu einem erbarn billichen weg richten.

§ 2 Nemblichen also, wo ein inhaber oder sein nachsidl sein langwürige erseßne gerechtigkait neben der proescription mit andern briflichen uhrkunden bescheinen oder seinen habenden tittl mit lebendiger kuntschaft beweisen kündt, so solle er solcher bescheinung oder weisung ungeacht der allegierten ersitzung nit entprochen sein, dann dardurch kombt der grunt umb so viel mehrers an tag und werden die gueter mit besserem gewißen besessen, auch denen strittigen thailen auf solche (fol. 391.) lanterkait zu oder aberkent

§ 3 Do aber der beclagt mit keinerlei lebendigen weisung noch briflichem schein gefast were und solchen mangl mit seinem ait der gevär wahr machet, so mag er sich der proescription allein behelfen und damit der clag entgeen, dann under ehrlichen lant- und pidersleuten vermuetlich das sie solches guet erbarlich und redlich an sich gebracht.

§ 4 Do aber der cläger das widerspiel darbringen oder ausfindig machen kundt das der inhaber solches strittig guet mit gewalt abtrang oder in ander verbotten und strafmessig weg erobert, so solle ihme zu erhaltung erbarkeit und gutter mannzucht sein langwürige ersitzung nit furtragen, sondern do er mit gegenweisung nit gefast und sein unschult nit dociern kan, soll er solches ligents guet abzutretten schuldig sein sambt erstattung der aufgehebten nutzung von dato der volführten und eröfneten weisung an zu raiten.

§ 5 Insonderhait ist auch bei diser zweiundreissig jharen proescription von nötten das die langwierig ersitzung continirt sei und nie underprochen worden.

Der 131. titl. Von verjhärung der actionen sprüchen (fol. 391v) rechten und gerechtigkaiten

§ 1 Die actionen und anforderungen sein zweierlei: etliche realische, die andern persöhnliche spruch.

§ 2 Die realischen actionen welche einer zum guet hat die verjhären sich obgehörtermassen in zweiunddreissig jharen, dann in solcher langwürigen zeit hatt ainer raumb und frist genueg sein notturft rechtsanhengig zu machen, do ers dann underlest so ist der schad sein, dann die obrigkaiten komben denen wachenden und nit den schlaffenden zu hülf.

§ 3 Gleichsfals, welcher zu einen andern persöhnliche spruch, als umb dargelichnes gelt schulden kheuf bestant wexl vermecht vertrag oder dergleichen contract hat, derselb oder seine erben und nachkomben seint solche ihre habende persöhnliche anforderung inner zweiunddreissig jharen rechtsanhengig zu machen schuldig. dann do sie solche langwürige zeit verabsamen, sollen durch ihr selbst nachlessigkait und verschlofne clag ihr habende spsruch gefallen todt und ab sein, sonsten würden die krieg unsterblich und wer kein frit noch gewishait des aigenthumbs im lant, welches wohl zu verhueten.

§ 4 Was aber die andern rechten und gerechtigkaiten, als dinstbarkeiten servituten wiltpanen fischwait gehülz gejaider, groß und klein zehent, gruntrecht (fol. 392.) vogtrecht und dergleichen unsichtbare jura anlangt, die werden nach geschribner rechten ausweisung zu underschitlichen jharen ersessen und proescribiert.

§ 5 Wir wollen aber nach altern herkomben und lantbrauch dieselben fäll alle und iede in ein gleichmessige sazung gezogen und aus lantsfürstlicher volmacht hiemit gesezt und geordnet haben: welcher lantman er sei gleich geistlich oder weltlich umb dergleichen recht oder gerechtigkaiten zu sprechen hat, das eroder sein nachsidl solches innerhalb zweiunddreissig jharen thain und sein vermeintes jus in der zeit rechtsanhengig machen soll. dann do solches in ieztgehörter zeit nit beschech, sollen seine spruch hernach gefallen sein und der beclagt, do er sich anderst seiner habenden erseßnen gerechtigkaiten betragen und die proescription dem clager furwerfen wirdt, ledig und muessig erkent, auch bei seiner ersitzung mit recht wider alle ansprecher hantgehabt werden.

Der 132. titl. In welchen fällen die verjhärung nit stathat

§ 1 Die verjhärung hat erstlich wider unsere lants(fol. 392^v)furstliche fiscal- und cammergueter nit statt.

§ 2 Deßgleichen, wider unsere lantsfurstliche regalien hochaiten und freihaiten.

§ 3 Item, wider unsere lantsfurstliche gerechtigkaiten auf und ahnlagen, als steur robat dienst mant aufschleg und dergleichen

§ 4 Item, do einer ein lehenguet gar oder zum thail ohn unsern consens verkauft oder sonsten verendert, so kann der inhaber dasselb lehen nit proescribiren, es stehet ihme aber sein regress gegen seinem gaber bevor.

§ 5 Item, alle herrn-anforderung, als gruntdienst zehent perkrecht robat und dergleichen dienstbarkeiten kan kein underthan noch holt wider seinen herrn proescribirn, dann do gleich ein underthan derlei anforderung in zweiunddreissig jharen nit geraicht noch verricht, so macht er ihme doch oder seinen nachkümblingen dardurch kein exemption, sonder ist auf seines herrn begehrn ungeacht verlofner jharen die algemeine lantpreuchig dienstbarkeit zu laisten schuldig, es were dann sach das er fur eine oder die andere herrens-anforderung austrukenlichen befreit were.

§ 6 Item, die entfrembden entwendten abgedrungen und vergweltigten haab und gueter leiden ihres obligenden mangels halben solang kein verjhärung (fol. 393.) biß sie aus aller frembden inhaber handen in ihres rechten herrn gewaltsamb widerumb komben. derwegen, do einer gleich derlei gueter bona fide und unbewist solcher mengl durch khauf oder in andere rechtmessige weg an sich precht, so kündt ers dennoch mit proescribiren sonder were dieselben dem rechtem herrn auf sein ersuchen abzutragen schuldig.

§ 7 Item, so hat die verjhärung in allen geistlichen geweichten haab und guetern, als kirchen capellen klöstern kirchhöfen gottsackern spittahlen kirchenzier und dergleichen sachen nit statt.

§ 8 Item, der weibsbilder heuratgueter, res dotales genant, do sie von dem mann durch contract oder ander weg in frembde hent komben, seint ainiger verjhärung nit fertig.

§ 9 Item, wider einen pupillen oder minderjhärigen lauft kein proescription so lang und viel biß er seine vogtbarn jhar erreicht und fur vogtbar erkent wirdt.

§ 10 Item, alle persohnen welche ein guet nit ihnen sondern andern persohnen besitzen, als fruchtgeniesser pfantschafter bestantleut pfleger verwalter gerhaben curatorn sequestratorn und dergleichen persohnen, die mögen solch guet nit proescribirn.

§ 11 (fol. 393v) Item, wider die persohnen so bei dem feint gefangen oder gemeines nutz halben abwesent kan kein proescription laufen.

Der 133. titl. Wie die verjhärlich zeit zu verstehen und in was fallen dieselb stilstee und verwürklich sei

Die zweiunddreissig jhar welche zu einer proescription nach altem herkomben und lantsbrauch genugsamb seint sollen nach einander ohn einichen underpruch laufen und in solcher zeit feir- und werchtäg gereicht werden. doch wo ein krieg sterbenslauf oder andere lantsnot und algemeiner unfall in solche laufende verjhärung zeit einfiel, auch dardurch die gericht gespert oder eingestelt würden, so solle dieselb zeit unwürklich sein und von der verjhärung abgezogen werden.

Der 134. titl. Ob die verjhärungsgerechtikait von einem auf den anderen Komb

§ 1 Wann einer ein guet verkauft oder sonsten bona fide verhandlet deßen er in würklicher ersitzung gestanden aber dieselb noch nit compliert noch volkombenlich erfüllet, so ubergibt er solches guet sambt seiner ersessnen verjhärungsgerechtigkait seinem nachkömbling.

§ 2 Es ist auch der neu inhaber dieselb verjhärung von neuem anzufangen nit schuldig sondern mag sich seines vorsidels verlofner zeit billich betragen.

§ 3 Gleichermassen transferirt (fol. 394.) solche zeit ein ieder geschaftherr oder vorforder auf seine erben und erbenserben.

Der 135. titl. Von underpruch der verjhärung

§ 1 Die verjhärungszeit wirdt durch etliche fell underprochen: erstlichen, wann der inhaber vor erfülter verjhärung die possess verleurt oder derselben entsezt wirdt.

§ 2 Zum andern, wann einer das haab und guet so in verjhärung steet rechtsanhengig macht und desselben abtrettung von dem inhaber begehrt, so wird durch ladung und clag die verjhärung interrumpiert und geprochen, würkett auch alle nachvolgende zeit zu ferrer proescription gar nichts, es were dann sach daz der cläger des strits abstuent und hernach andere zweiunddreissig jhar volkombenlichen verstrichen.

§ 3 Zum dritten, wann der inhaber ausser lants und nit zu betretten were, so möchte die interruption durch ein gerichtsanmelden geschehen.

§ 4 Zum virten, wann einer dem anderm gelt zu thain we[re] und ehe sich die schultanforderung verjhäret etwas daran in abschlag zahlet oder darumb burgschaft thette, so wirdt die verjhärung dardurch underbrochen.

(Ab nun keine Folierung.)

Volgen die titl der vorstehunden vier underschiedlichen bucher

In Hinblick auf das Inhaltsregister des Kopisten – anschließend – nicht abgedruckt (vgl. o. Einleitung B/4). Danach folgt ein „General", datiert Wien 14 X 1524, und nach zwei leeren Seiten auf einer Seite

Tax bey der NÖ Lanndts Canzley

mit 22 Stichworten wie u. a. „Citation", „Edict".

Inhaltsregister

Erstellt vom Kopisten für die Sammlung Chorinsky (s. o. Einleitung B/4).

Kursiv gesetzte Titel und Paragrafe fehlen in der „Fassung 1581“ (s. o. Einleitung B/3). Die Hinweise wie Z. B. (fol. 2 = S. 23) vom Herausgeber.

I. Buch

(fol. 2 = S. 23)

I. Tittl. Von dem Gericht vnndt Gerichts Persohnen, auch in was fällen sich ainer des Richterlichen Ambts enthalten, oder aber seinn selbst Richter sein möge

II. Tittl. Von ordinari und Summari sachen, auch welche handlungen fur die N. Ö. Regierung oder des Landtsrechten erster Instantz gehörig.

(fol. 3ᵛ = S. 25)

§ 1	I.	Ordinari- und Extraordinari Process
§ 2		a) Ordinari Landrechtssachen
§ 3		b) Ordinarisachen der Regierung
§ 4		c) Summari Landrechtssachen
§ 5	II.	Einflußs der Jurisdiction auf die Gerichtszuständigkeit
		a) Wechsel der Jurisdiction:
§ 6		b) Concurrenz mehrerer Jurisdictionen

III. Tittl. Von der Jurisdiction und under welchen Gerichtszwang ain iede Persohn gehörig.

(fol.4ᵛ = S. 26)

§ 1	I.	Landmarschallisches Gericht:
		Obrigkeit der Landleute
§ 2	II.	Regierung [und Kammer §§. 5.1.4.15] erste Instanz
		für Landleute und deren Unterthanen bei Klagen
§ 3		a) des Kammerprokurators
§ 4		b) wider den Kammerprocurator
§ 5		c) wider lf. Pfandschafter und Inhaber auf Wiederkauf
§ 6		d) wegen Schermverschreibung des Landesfürsten
§ 7		e) um lf. Kammergut
§ 8		f) wegen Injurien wider Landleute und Städte
§ 9		g) um lf. Lehen
§ 10. 11		nicht aber um Afterlehen
§ 12		h) wider Prälaten um Vogteien und geistl. Lehenschaften
§ 13		i) wider Pfarrer um Pfarrgüter, Vogteien und geistl. Lehenschaften
§ 14		k) wider lf. Städte und Märkte
§ 15		l) um Ungelt und Zapfenmaß
§ 16	III.	Competenz in Erbschaftssachen
§ 17		Tod der Parthei: Einfluß auf die Gerichtszuständigkeit
§ 18	IV.	Gerichtsstand der Ausländer:
		a) forum contractus: Entstehungsort des Contractes

§ 19		überhaupt der Obligation
§ 20		b) forum solutionis
§ 21		c) Gerichtsstand der Niederlassung
§ 22		d) forum gestae administrationis
§ 23		e) forum sei sitae
§ 24		f) forum delicti commissi
§ 25		g) forum reconventionis
§ 26	V.	Andere Competenzgründe, Gerichtsstand:
		a) der Ehefrau
§ 27		b) der Witwe
§ 28		c) der Kinder
§ 29		d) des Gesindes
§ 30		e) der Unterthanen
§ 31		f) des Vormundes
§ 32		g) des Schermen
§ 33		h) des Bürgen auf Wiederstellung
§ 34		i) anderer gemeiner Bürgen
§ 35		k) für Ehesachen
§ 36		l) für Streitigkeiten um Liegenschaften der Unterthanen
§ 37		m) forum prorogatum
§ 38		Copromiss und Commission
§ 39		n) Ordentlicher Gerichtsstand

IV. Tittl. Von Ladungen, Citationen und erforderungen.

(fol.8v = S. 30)

§ 1	I.	Stellung der Ladung
§ 2	II.	Schriftliche Ladung
§ 3	III.	Inhalt derselben
§ 4	IV.	Ausfertigung im Namen des Landesfürsten
§ 5	V.	Benennung des Extrahenten
§ 6		Insbesondere: a) Prälaten
§ 7		b) Städte und Märkte
§ 8	VI.	Benennung des Geladenen
		Insbesondere a) Personenmehrheit
§ 9		b) Pupillen
§ 10		c) unabgefertigte Witwe bei Klagen wider eine Verlassenschaft
§ 11	VII.	Bezeichnung des Streitgegenstandes

§ 12	VIII.	Termine
§ 13		Eine Ladung für alle gerichtlichen Akte
§ 14	IX.	Kein Verfahren ohne Ladung
§ 15	X.	Passive Streitgenossenschaft

V. Tittl. Von Exequirung der Ladungen.

(fol.11 = S. 32)

§ 1	I.	Zustellungsorgane
§ 2	II.	Bewirkung der Zustellung:
		a) wem und wo?
§ 3		b) nicht ausser Landes
§ 4		c) bei mehrfachem Domicil des Geladenen
§ 5	III.	Beurkundung der Zustellung

VI. Tittl. Von Gerichtlichen Bevelchen so in Summari sachen gebreuchig.

(fol.12 = S. 33)

§ 1	I.	Supplication und Befehl zur Unklaghafthaltung
§ 2	II.	Clauseln der Befehle:
		a) Pönalclausel
§ 3		b) „peremptorie"
§ 4		c) clausula justificatoria
§ 5	III.	Verweigerung der Annahme:
		a) durch die Partei
§ 6		b) durch deren Hausgenossen
§ 7		c) durch den Gewaltträger

VII. Tittl. Von etlichen anhengigen aigenschafften der Citationen.

(fol.12 = S. 34)

§ 1		Wirkung der Ladung vor ein incompetentes Gericht
§ 2		Fristenberechnung

VIII. Tittl. Von billiger entschuldigung der Vermainten Ungehorsamb.

(fol.13 = S. 34)

§ 1		Behinderungsgründe
§ 2		Entschuldigung des Ausbleibens
§ 3		Absichtliche Hinderung am Erscheinen durch einen Dritten

IX. Tittl. Von bestandt oder Caution zum Rechten.

(fol.13v = S. 35)

§ 1	I.	Arten der Caution:
		a) c. fidejussoria
§ 2		b) c. pigneraticia
§ 3		c) c juratioria
§ 4	II.	Antrag auf Cautionsleistung vor der Kriegsbefestigung
§ 5	III.	Befreiung der Landleute

X. Tittl. Von der Gerichtlichen Burgschafft auf widerstellung.

(fol.15 = S. 36)

§ 1	I.	Erfordernisse des Bürgen:
		a) Angesessenheit
§ 2		u. z. bis zum Werte des Streitgegenstandes
		b) Unterwerfung unter die Jurisdiction des Principals
§ 3		c) Vogtbarkeit
		d) männliches Geschlecht
§ 4	II.	Zwischenfälle während des Bürgschaftsverhältnisses:
		a) Contrahierung neuer Schulden durch den Principal
§ 5		b) Verarmung des Bürgen
§ 6	III.	Befreiungsgründe:
		a) Ansässigkeit
§ 7		b) Einkommen aus liegenden Gütern
§ 8		c) Fahrnisse
§ 9		Keine Befreiungsgründe:
		a) Besitz des Streitgegenstandes
§ 10		b) oder geringwertiger Güter

§ 11		c) Fruchtniessung
§ 12	IV.	Processualische Vertheidigung des Bürgen
§ 13	V.	Tod des Principals

XI. Tittl. Von Clagen, Libellen, und Beschwär. Supplicationen auch derselben Zierligkait und aigenschaft.

(fol.16^{v} = S. 37)

§ 1	I.	Inhalt der Klage
§ 2	II.	Individualisierung des Streitgegenstandes:
		a) bei Universalklagen
§ 3		b) bei Generalklagen
§ 4		c) bei Particularklagen
§ 5		Insbesondere Bezeichnung der Fahrhabe
§ 6		Allgemeine Grundsätze
§ 7	III.	Angabe des Klagegrundes:
		a) bei persönlichen Klagen
§ 8		b) bei Klagen um liegendes Gut
§ 9	IV.	Nebenleistungen
§ 10		a) Nutzungen: Specification in einer Astimationsschrift oder in der Klage
§ 11		b) Schäden und Zinsen
§ 12	V.	Unterschrift des Schriftenmachers
§ 13	VI.	Verbot ehrenrühriger Einführungen
§ 14	VII.	Änderung, Erläuterung u. Zurückziehung der Klage
		a) Mutatis libelli
§ 15		nur einmal zulässig
§ 16		b) Erläuterungen
§ 17		c) Abstehen von der Klage ohne Vorbehalt
§ 18		oder auf Zeit
§ 19		Kostenersatz vor der Klageänderung?
§ 20	VIII.	Verfahren
§ 21	IX.	Provocatio a) ex lege diffamari
§ 22		b) ex lege si contendat
§ 23	X.	Benennung der actio?
§ 24	XI.	Mahunung vor der Klage?
§ 25	XII.	Passivlegitimation bei dinglichen Klagen
§ 26		Wirkung do Besitzentäußerung

§ 27	XIII.	Einfluss der Universalsuccession in ein Schuldverhältnis Auf die Anestllung: a) der Contractsklage
§ 28		b) oder Delictsklage wider die Erben des Schuldners
§ 29		c) insbesondere der Injurienklage durch die Erben des Beleidigten
§ 30		d) wider die Erben des Beleidigers
§ 31		e) Theilung der Instanz durch die Miterben des Gläubigers oder wider die Miterben des Schuldners
§ 32		f) Solidarhaftung der Erben?
§ 33	XIV.	Processualische Nachtheile: a) der Klageführung auf Grund eines gefälschten Schuldscheines
§ 34		b) vorzeitiger Klageerhebung
§ 35	XV.	Erbrechtliche Fragen: a) Umfang der Haftung des durch Praelegat begünstigten Miterben für die Erbschaftsschulden
§ 36		b) Haftung der Legatare für Erbschaftsschulden?
§ 37		Insbesondere für Hypothekarlasten des vermachten Gutes
§ 38		c) Abfertigungsanspruch der Witwe wider die Erbschaftsschuldner?
§ 39		d) Erbrechtsausweis der testamentarischen und gesetzlichen Erben
§ 40		e) Legitimation des Gewalthabers „Zu Erblichen Clagen“

XII. Tittl. Von denen Rechtmessigen Einreden, oppositionen und Exceptionen, welche wider das Gericht, Ladung und der Clage Persohn nach Landtsbrauch furgewendt werden, desgleichen welche Persohnen clagen mögen oder nit.

(fol.22^{v} = S. 43)

§ 1	I.	Einrede der Incompetenz
§ 2	II.	Recusation des Gerichtes
§ 3		Erfolg des Recusationsgesuches
§ 4		Verdachtgründe
§ 5		Processstadium für die Vorbringung der Recusation
§ 6		Recusation einzelner Gerichtspersonen
§ 7	III.	Klagen Minderjähriger: Altersgrenze
§ 8		Vogtbarkeit in Folge Verehelichung und Altersnachsicht

§ 9	IV.	Exceptio patrice potestatis?
§ 10	V.	Klagen der Kinder wider ihre Eltern
§ 11	VI.	der Dientsleute und Unterthanen wider ihren Herren
§ 12	VII.	der Entmündigten?
§ 13	VII.	der Ehrlosen
§ 14	IX.	derjenigen, welche ein crimen laesae maiestatis verübt haben
§ 15	X.	der Ordensleute
§ 16		Insbesondere: der Prälaten
§ 17		des Capitels und Conventes
§ 18		des Ordensmannes wider den Prälaten
§ 19	XI.	Befugnis der Weiber zur Vertretung ihrer Kinder und Eltern
§ 20		anderer Personen

XIII. Tittl. Von allerley Dilatori oder peremptori Exceptionen, einreden und austzügen, so einer Clag entgegenstehen, auch zu was Zeit ain iedefürgewendt soll werden.

(fol.26 = S. 46)

§ 1	I.	Exceptis rei iudicatae. Begriff
§ 2		Voraussetzungen:
		a) Identität des Klägers
§ 3		b) der Streitsache
§ 4		c) der causa petendi
§ 5		d) des ius agendi
§ 6		e) Urtheil zwischen denselben Partheien ergangen
§ 7		f) definitiv
§ 8		g) vollstreckbar
§ 9		Anspruch auf einen Theil nach Aberkennung des Ganzen?
§ 10		auf Accessorien nach Aberkennung der Hauptsache?
§ 11		Anstellung vor und nach der Kriegsbefestigung
§ 12	II.	Exceptio doli mali
§ 13		Anwendungsgebiet:
		a) doppelte Einforderung der nämlichen Schuld
§ 14		b) Klageanspruch wider die Vertragsbedingungen
§ 15		c) oder auf dasjenige, welches sofort restituiert werden müsste
§ 16		d) Gefährde beim Vertragsabschlusse
§ 17		e) mora accipiendi: Tragung der Gefahr

§ 18		f) Forderung des Kaufpreises während des Evictionstrittes
§ 19		g) Vindication wider den redlichen Bauführer
§ 20		h) überhaupt wegen unbefugten Begehrens. Anstellung vor und nach der Kriegsbefestigung
§ 21	III.	Exceptio quod metus causa
		Voraussetzungen
§ 22		Fortsetzung. Anstellung nach der Kriegsbefestigung
§ 29	IV.	Exceptio iuris iurandi
§ 24		wirkt nicht gegen dritte, ist peremptorisch
§ 25	V.	Exceptio solutionis
		Arten der Befriedigung
§ 26		a) Zahlung
§ 27		b) Acceptiolatio
§ 28		c) Anderweitiger Erwerb des Schuldgegenstandes
§ 29		d) Gerichtliche Hinterlegung
§ 30		e) Verderb des Schuldgegenstandes durch
		Verursachung des Gläubigers
§ 31		f) Zahlung an den Bevollmächtigten
§ 32		g) oder Administrator des Gläubigers
§ 33		h) „wann die betzahlung ainen frembden auß der Creditorum ubergab beschehen" (!)
§ 34		Anwendbarkeit der Exceptis:
		a) bei geleisteter Theilzahlung
§ 35		b) bei mangelhafter Erfüllung?
§ 36		c) bei Übergabe eines belasteten, statt eines Ledigen Gutes?
§ 37		d) bei vertragswidrig erfolgter Leistung
		Proceßsstadium der Anbringung dieser Einrede
§ 38	VI.	Exceptio transactionis
§ 39		setzt lediglich Vertragsabschluss voraus
§ 40		Ungiltigkeit des Vergleiches
§ 41		Proceßsstadium für deren Anbringung
§ 42	VII.	Einrede der Verjährung: Verjährungszeit
§ 43		Ausnahmen
§ 44	VIII.	Einrede der Novation
§ 45	IX.	Einrede der Delegation
§ 46		Begriff
§ 47		Proceßsstadium für deren Anbringung (ad VII–IX)
§ 48	X.	Exceptio Sc. Macedoniani

§ 49		Einfluß der Verzinslichkeit, des Baargeldes?
§ 50		Ausnahmen
§ 51		Processstadium für deren Anbringung
§ 52	XI.	Exceptio Sc. Velleiani
§ 53		Ausnahmen
§ 54		Proceßsstadium für deren Anbringung
§ 55	XII.	Exceptio non numeratae pecuniae
§ 56		Proceßsstadium für deren Anbringung Klageanstellung auch nach 2 Jahren
§ 57	XIII.	Exceptio non numeratae dotis
§ 58		Proceßsstadium für deren Anbringung
§ 59	XIV.	Exceptio divisionis
§ 60		ist peremptorisch
§ 61	XV.	Exceptio renuntiationis
§ 62	XVI.	Exceptio litis pendentis
§ 63	XVII.	Einrede des vor dem Dreißigsten. Vor errichtetem Inventar oder in hangender Deliberationsfrist belangten Erben
§ 64	XVIII.	Gerichtsferien
§ 65	XIX.	Exceptio non servatae fidei [= exc. non adinpleticontractus]
§ 66	XX.	Einrede gegen widerrechtliches Begehren
§ 67	XXI.	„Einredt einer untzeitigen clag“
§ 68	XXII.	Einrede gegen Klage wider ein factum proprium
§ 69	XXIII.	Exeptio non factae dispositionis
§ 70	XXIV.	Exceptio dissimulatae vel expriatae actionis
§ 71	XXV.	Exceptio obreptionis
§ 72	XXVI.	Exceptio simulationis
§ 73	XXVII.	Exceptio falsi
§ 74	XXVIII.	Einwendung mangelnder Erblegitimation
§ 75		Allgemeiner Grundsatz

XIV. Tittl. Von der Exceptionen, Einreden und Auszugen underschiedt, art und Aigenschafft.

(fol.36^{v} = S. 56)

§ 1	I.	Dilatorische Einreden: Arten
§ 2		Anbringung derselben vor der Litiscontestation

§ 3		Ausnahmen:
		a) Entstehen der Einrede nach der Litiscontestation
§ 4		b) Gerichtliche Verfügung
§ 5		c) Nachträglich erlangte Kenntnis vom Einrederechte
§ 6		Cumulation der dilatorischen Einreden
§ 7		Vortritt der Einreden wider das Gericht
§ 8	II.	Peremptorische Einreden
§ 9		Proceßstadium für deren Vorbringung
§ 10		Durch Vorbringung dilatorischer Einreden nicht Ausgeschlossen
§ 11		Cumulation der peremptorischen Einreden
§ 12	III.	Vorbringung peremptorischer Einreden unter Verzicht auf die dilatorischen Einreden
§ 13		Einreden, welche dilatorisch und peremptorisch vorgebracht werden können
§ 14		Form a) dilatorischer
§ 15		b) peremptorischer Einreden
§ 16		Vorbringung dilatorischer Einreden nach dem Erkenntnisse
§ 17		Verjährung der Einreden
§ 18		Übergang auf die Erben und Singular succeßsoren
§ 19		Erlöschung der Einrede bezüglich der Hauptsache wirkt Auf die Acceßsorien
§ 20		Muthwillige Einreden: Kostenersatz

XV. Tittel. Von des Clagers Ungehorsamb in ordinari sachen.*

(fol.39v= S. 59)

§ 1	I.	Ausbleiben des Klägers vom ersten Termine. Ledigung des Beklagten von der Instanz und von der Ladung
§ 2	II.	Ungehorsam des Klägers in einem späteren Termine: Antrag des Beklagten
§ 3		a) auf Ledigung von Ladung und Klage
§ 4		b) auf definitive Ledigung. Erkenntis je nach der Sachlage Restitution

* Fassung 1581 folgt: Von des Klagers Unehorsamb so Er erscheint, aber seiner Klag nit nachkombt.

XVI. Tittl. Von den Ungehorsamb, welcher sich vor dem Abschiedt oder Endturthel, in ordinari sachen durch den Beclagten beschicht.[**]

(fol.40^{v} = S. 60)

§ 1	I.	Ausbleiben des Beclagten vom ersten Termine.
		Dreimaliger Anrufen desselben, um den Beruf!
		Erkenntnis und Vollzug
§ 2		Anrufen um Ansatz ex primo decreta Lösung durch den Berufsgulden. Erkenntnis und Vollzug des Ansatzes
§ 3		Anrufen um Ansatz ex secundo decreto. Erkenntnis
§ 4		Vollzug
§ 5	II.	Der Beklagte excipiert vor der Litiscontestation. Verfahren
§ 6		Restitution
§ 7	III.	Ungehorsam des Beklagten nach der Kriegsbefestigung
		a) Erkenntnis in der Hauptsache
§ 8		b) Erkenntnis auf Ungehorsam Restitution

XVII. Tittl. Von der Cläger Ungehorsamb, so sich bey denen Summarjsachen gegeben.

(fol.43 = S. 61)

§ 1	I.	Ungehorsam des Klägers vor der Litiscontestation
§ 2	II.	nach der Litiscontestation:
		a) Erkenntnis in der Hauptsache
§ 3		b) Entbindung von der Instanz Abschneidung der Appellation Purgierung des Ungehorsams

XVIII. Tittl. Von des Beclagten ungehorsam in summari sachen.

(fol.44 = S. 62)

§ 1	I.	Ungehorsam vor der Litiscontestation
		A. Maßsnahmen wider den Beklagten:
		a) Zwangsmittel des Klägers

[**] Fassung 1581 folgt: Von des Beklagten Ungehorsamb, wan er sich in Unerfahrung einsmahls begibt, aber hernach der rechten nit nachkombt.

§ 2		b) Strafmittel des Gerichtes
		B. Verhalten des Beclagten:
§ 3		a) derselbs erscheint auf diese Mittel
§ 4		b) erscheint nicht: Execution
§ 5		c) erscheint hierauf binnen Jahresfrist
§ 6	II.	Ungehorsam nach der Litiscontestation
		a) Verabschiedung in der Hauptsache Restitution
§ 7		b) Erkenntnis auf Ungehorsam
§ 8		c) Austragung dfer Sache im letzteren Falle
§ 9	III.	Ungehorsam nach dem Enderkenntisse
§ 10	IV.	Einforderung der Pönfälle

XIX. Tittl. Von verfenklicher antwort. Litis Contestation oder verfharung des Kriegs.

(fol.45ᵛ = S. 64)

§ 1	a) durch Verneinung der Klage
§ 2	ungeachtet einer Protestation
§ 3	b) durch Vorbringung peremptorischer Einreden nach dem Erkenntnis „in Antwort“.

XX. Tittl. Von der Kriegsbefestigung aigenschaft und Würckung.

(fol.45ᵛ = S. 64)

§ 1	a) Unterbrechung der Verjährung
§ 2	b) Perpetuierung der Ansprüche
§ 3	c) Übergang auf die Erben
§ 4	d) Aufnahme von Zeugenaussagen Beweis zum ewigen Gedächtnisse über Antrag des Klägers
§ 5	oder des Beklagten
§ 6	Verwahrung der Kundschaften
§ 7	e) Ausschlußs dilatorischer Einreden
§8	f) Unzulässigkeit der Veränderung von Ladung und Klage
§ 9	g) Wechsel des Gewalthabers

XXI. Tittl. Von Gegenclagen und Reconventionen.*

(fol.47 = S. 65)

§ 1	Ausschlußs der Gegenklagen beim landmarschilischen Gerichte
§ 2	Geltendmachung von Gegenansprüchen durch besondere Klage

XXII. Tittl. Von beweisungen und probationen in gemain, auch denen vermuettungen und praesumptionen.

(fol.47v = S. 66)

§ 1	Actori incumbit probatis
§ 2	Ausnahmen:
	a) Beweisanbietung durch den Beklagten
§ 3	b) Behauptung eines nicht ordentlichlansbräuchig, förmlich oder gerichtsmäßsig beschehenen Vorganges
§ 4	c) Affirmanti incumbit probatis
§ 5	d) Entkräftung einer Vermuthung
§ 6	e) Behauptung der Rechtmäßsigkeit eines Zugestandenen Faktums
§ 7	f) Negative Litiscontestation?
§ 8	g) Verneinung dessen, ws in iure steht
§ 9	h) Behauptung einer Fälschung
§ 10	i) einer Novation
§ 11	k) von Mängeln der verkauften Sache
§ 12	l) bei Anfechtung eines Testamentes oder Urkunden
§ 13	m) Behauptung eines Irrthums
§ 14	n) der Unrechtmäßigkeit des bei Gericht Verhandelten
§ 15	o) der mala fides
§ 16	p) des Verlustes von Urkunden und andere Sachen
§ 17	q) eines jüngeren Eigenthums
§ 18	r) oder Besitztitels
§ 19	s) Beweisvertheilung in possessorio

* Fasssung 1581 gereiht nach hier Titel XI.

XXIII. Tittl. Von lebendigen Kundtschafften und Zeugen sagen.*

(fol.49 = S. 67)

§ 1	I.	Untaugliche Zeugen: a) Zeugenführer
§ 2		b) Gegenpartei?
§ 3		c) Ascendenten
§ 4		d) Descendenten, Zieh-Väter u. Kinder
§ 5		Ausnahmsweise Zulassung der Eltern zur Zeugungsschaft
§ 6		e) Gwister?
§ 7		f) andere collatoralen?
§ 8		g) Verschwägerte?
§ 9		Beweiskraft der Zeugenaussage von Collateralen und Verschwägerten
§ 10		Verwandtschaft oder Schwägerschaft mit beiden Streittheilen
§ 11		h) Ehemänner
§ 12		und Ehefrauen
§ 13		i) Gesinde?
§ 14		k) Unterthanen?
§ 15		l) Vasallen?
§ 16		m) Unbefreundete Tischgenossen?
§ 17		n) Consorten
§ 18		o) Feindschaft wider den Gegner
§ 19		p) Advocaten, Schriftenmacher, Procuratoren, Gewalthaber und Sollicitatoren
§ 20		q) Gerichtspersonen
§ 21		r) Unterhändler?
§ 22		s) Vormund?
§ 23		t) Befangenheit wegen gleichmäßiger Handlung?
§ 24		u) Bürge
§ 25		v) Legatar: des Erbrechts halber?
§ 26		des Legats halber
§ 27		w) Erbe bei Streittigkeit des Testamentes
§ 28		x) Contrahent: Einfluß der Schermpflicht

* Fassung 1581 folgt: Wan und zu welcher zeit wider die Untauglichkeit der fürgebrachten zeugen opponirt und prozedirt mag werden.

XXIV. Tittl. Von Instrumentischer weisung Briefflichen Uhrkunden, auch derselben glaubwürdigkaitten.

(fol.61 = S. 78)

§ 1	Beweiskraft der Urkunden
§ 2	a) Gerichtsbriefe
§ 3	b) Generalien, Edicte, Crida, Förder- und andere affigirte Briefe
§ 4	c) Vidmierte Urkunden
§ 5	d) Gerichtsbücher
§ 6	e) Abschriften und Auszüge aus denselben
§ 7	f) Extracte aus Grund- und andern glaubwürdigen Büchern
§ 8	g) Gewer- und Grundbücher
§ 9	h) Executionen und Kundschaften der Fürbieter und Botenmeister
§ 10	i) Contractsbriefe. Fertigung
§ 11	Unterschrift?
§ 12	Beweiskraft gegen den Fertiger?
§ 13	Schreiber der Urkunde als Fertiger
§ 14	Geschlecht der Zeugen
§ 15	k) Schuldscheine. Form. Zeugenfertiung. Eintragung in das Gedenkbuch
§ 16	Mangel der Unterschrift oder Fertigung des Ausstellers
§ 17	l) Quittungen
§ 18	m) Alte Urbarbücher
§ 19	n) Hausverzeichnisse, Handbücher, Zehentregister u. dgl.?
§ 20	o) Berichte der commissarien
§ 21	p) Inquisitionen
§ 22	q) Bergrecht- Zehent- und Dienstregister
§ 23	r) Unbeeidete Kundschaften
§ 24	s) Notariatsurkunden
§ 25	t) Handelsbücher
§ 26	u) Scriptura propria gegen den Aussteller
§ 27	nicht für denselben
§ 28	v) Bezogene Urkunden
§ 29	w) Abschriften
§ 30	x) Sippschaftsweisungen
§ 31	y) Banntaiding bücher

XXV. Tittl. Von Exceptionen und Einreden welche wider briefliche Urkunden beschehen.

(fol.64^{v} = S. 81)

§ 1	I.	Mangelnde Sollentitäten
§ 2	II.	Unglaubwürdigkeit der Urkunde
§ 3	III.	Abschrift
§ 4	IV.	Falsum. Kann auch nach dem Urtheile gerügt werden
§ 5		Fälschung:
		a) des Inhaltes
§ 6		b) der Sollenitäten n. Thatumsbestände
§ 7		c) Unförmlichkeit ungebräuchlicher Inhalt; Nicht; orthographische Fehler
§ 8		d) Radierung an wesentlichen Stellen
§ 9		e) Fälschung der Handschrift
§ 10		f) der Fertigung
§ 11		g) Unbefugter Gebrauch des rothen Wachses
§ 12		h) Fälschung durch Handschriftenvergleichung ermittelt
§ 13		Beweiskraft der gefälschten Urkunde
§ 14		Strafe
§ 15	V.	Verdächtige Urkunden
§ 16		Verdachtsgründe
§ 17		Purgation des Verdachtsgrundes Strafe
§ 18	VI.	Widerspruch der Zeugen gegen die Thatumstände oder die fertigung
§ 19	VII.	Gegenbeweis wider den Inhalt der Urkund
§ 20	VIII.	Entkräftung durch jüngere Urkunde
§ 21	IX.	Befriedigung des beurkundeten Anspruches
§ 22	I.	Beweiskraft widerstreitender Urkunden
§ 23	II.	Urkundenverlust
§ 24		durch den Gegner herbeigeführt
§ 25	III.	Urkundenproducion:
		a) bis zum Beschlußs der Sache
§ 26		b) jedoch nicht in den Schlußsschriften
§ 27		c) Ausnahme bei Auffindung neuer Urkunden
		d) nicht nach publicierten Urtheile. Ausnahmen
§ 28	IV.	Divergenz zwischen dem Vertrags- und Urkundeninhalte
§ 29		Simulation

§ 30	V.	Landsbräuchige Clauseln
§ 31	VI.	Anfechtung eines Theiles des Urkundeninhaltes
§ 32	VII.	Beweiswirkung hinsichtlich incidenter angeführter Thatsachen?
§ 33	VIII.	Gegenbeweis: Anzahl der Zeugen
§ 34	IX.	Tod der Zeugen vor der Prodution. Insbesondere bei Urkunden über letztwillige Anrodnungen
§ 35	X.	Beweisunkräftige Urkunden: a) an wesentlichen Stellen zernagt oder zerrissen
§ 36		b) zerschnitten
§ 27	XI.	Beweislast bei Vorbringung von Ukrunden
§ 38	XII.	Beweiskraft wider den Producenten
§ 39	XIII.	Widerruf der Producion?

XXVI. Tittl. Von edierung brieflicher Uhrkunden.

(fol.69 = S. 86)

§ 1	I.	Editionspflicht a) des Beklagten
§ 2		b) des Klägers
§ 3	II.	Editionseid
§ 4	III.	Umfang der Editionspflicht
§ 5	IV.	Edition zum Beweise der Zahlung

XXVII. Tittl. Von Gerichtlichen und wilkührlichen Ayden und Juramenten.

(fol.70 = S. 86)

§ 1		Unzulässigkeit des Selbsteides
§ 2		Haupteid:
	I.	Anbietung
§ 3	II.	Rückschiebung
§ 4		Weigerung der Ableistung des referierten Eides
§ 5	III.	Calumnieneid
§ 6	IV.	Befugnis zur Anbietung und Rückschiebung. Fähigkeit zur Ableistung: a) Anbietung und Rückschiebung durch Bevollmächtigte
§ 7		b) Anbietung, Rückschiebung, Ableistung durch Minderjährige?

§ 8		c) Ableistung durch Stellvertreter?
§ 9		d) Anbietung durch den Vormund
§ 10		e) Ableistung durch Weiber?
§ 11	V.	Eideserlaßs
§ 12	VI.	Haupteid in Real- und Personalsachen
§ 13	VII.	Einflußs der Eidesablagerung auf dritte Persohnen:
		a) auf den Bürgen
§ 14		b) auf Streitgenossen
§ 15		c) auf Erben und Singularsuccessoren
		d) auf Fremde?
§ 16	VIII.	Widerruf der Delation
§ 17	IX.	Wirkung der Eidesablegung
§ 18	X.	Widerruf des Eides?
§ 19	XI.	Ladung des Gegners zur Eidesleistung
§ 20	XII.	Meineid

XXVIII. Von denen Ayden, welche Zu erstattung aines unvolkommen weisung beschehen.

(fol.72 = S. 88)

§ 1	I.	Nothwendiger Eid entfällt:
		a) wenn der Beweis vollständig
§ 2		b) oder gar nicht erbracht wurde
§ 3	II.	Erkenntnis auf diesen Eid nach vollführter Halben Weisung
		a) durch eine Parthei
§ 4		b) durch beide Theile bei ungleicher
§ 5		c) bei gleicher Personenqualität
§ 6	III.	Relevante Momente:
		a) Unbescholtenheit
§ 7		b) Eidesablegung in eigener Person
§ 8		c) durch die Erben
§ 9		d) Unzulässigkeit des Eides in wichtigen Sachen
§ 10		e) Besserer Bericht
§ 11		f) Besserer Wandel
§ 12		g) Auferlegung über Antrag oder von gerichtswegen
§ 13	IV.	Weigerung, Beschwerde, Rückschiebung?
§ 14	V.	Wirkung der Ablegung des Eides
§ 15	VI.	Aufindung neuer Behelfe nach abgelegtem Eide

XXIX. Tittl. Von halbmässigen Beweisungen, welches Semiplenae probationes genennt werden.

(fol.73^{v} = S. 90)

§ 1	I.	Ein Zeuge, wofern derselbe
		a) unverdächtig
§ 2		b) omni exceptione maior
§ 3		c) andere Zeugen nicht unterdrückt wurden
§ 4		d) ein vernünftiger Grund des Wissens vorliegt
§ 5		e) durch zwei Zeugen der Beweis herstellbar ist
§ 6	II.	Handelsbücher
§ 7	III.	Hausverzeichnisse der Vormünder und Curatoren

XXX. Tittl. Von Gerichtlichen Bekandtnußsen.

(fol.74^{v} = S. 91)

§ 1	I.	Gerichtliches Geständnis überhebt von weiterem Beweise
	II.	Erfordernisse:
§ 2		a) vom Principal selbst abgelegt
§ 3		b) wohlbedacht
§ 4		c) Vogtbarkeit des Confitenten
§ 5		d) nicht vor frembdem Gerichte abgegeben
§ 6		e) wider den Confitenten
§ 7		f) Anwesenheit des Gegners und Annahme
§ 8		g) speciell und bestimmt
§ 9		h) nicht zum Nachtheile eines Dritten

XXXI. Tittl. Von Verfahrungen.

(fol.75^{v} = S. 92)

§ 1	I.	Verfahren über die Hauptweisung mit 4 Libellen:
§ 2		a) Beweis- und Impugnationsschrift
		b) Probations- und Einredeschrift
§ 3		c) Beschluß
		d) Gegenbeschluß
§ 4	II.	Verfahren in lautern liquidirten Schuldsachen
§ 5		Keine Notdurften nach ergangenem Bescheide

§ 6		Verfahren, falls die Sache zweifelhaft und unbescheint Befunden wird
§ 7	III.	Verfahren in Summar- oder Extraordinarsachen
§ 8	IV.	Zurückhaltung der Behelfe bis zu den Schlußsschriften?
§ 9	V.	Zulassung des Weisungsverfahrens über Antrag des Klärgers
§ 10		oder Beklagten
§ 11	VI.	Nachschriften behufs Information des Gerichtes?

XXXII. Tittl. Von Gerichtlichen Urtln Abschiedten und Erkhandtnußen.

(fol.78v = S. 95)

§ 1	I.	Grundlagen des Eineknntnisses:
		a) Aktenlage Ausnahmen
§ 2		b) Klagebegehren Ausssnahme
§ 3	II.	Nullitätsgründe:
		a) Unbestimmtheit des Inhaltes der Sentenz
§ 4		b) Mangel der Entscheidungsgründe
§ 5		c) Unzuständigkeit der erkennenden Obrigkeit
§ 6		d) Proceßsführung ohne oder mit gefälschter Vollmacht
§ 7		e) Verurtheilung ohne Gehör
		(außser in Contumazfällen)
§ 8		f) Urtheil über falsche Zeugenaussagen und Urkunden, auf irrige Rechte und Landsbräuche ergangen
§ 9		g) Abschied in hangender Dilation oder beim erlangtem Stillstande
§ 10	III.	Praejudicien
§ 11	IV.	Gerichtsort und Zeit:
		a) Ort
§ 12		b) Ferien
§ 13	V.	Keine Retractierung des Erkenntnisses:
		a) wegen unterlassener Production
§ 14		b) oder Neuauffindung von Urkunden
		Ausnahmen
§ 15		c) infolge Geständnisses der Gegenparthei
§ 16		d) wegen unterlassener peremptorischer Einreden. Ausnahmen
§ 17		d) in Ermanglung des Beistandes eines Advocaten
§ 18	VI.	Strikte Auslegung des Erkenntnisses

§ 19	VII.	Solidarhaftung der Streitgenossen
§ 20	VIII.	Rechtskraft des Erkenntnisses
§ 21	IX.	Unabänderlichkait des Erkenntisses
§ 22		Declaration?
§ 23	X.	Wirkung des Urtheils auf Dritte
§ 24		Insbesondere a) Interessenten
§ 25		b) Gerhaben
§ 26	IX.	Possessorium und Petitorium. Haupt- und Nebenstritt
§ 27		Erkenntnis über die Accessorien

XXXIII. Tittl. Von gedingnussen und Appellationen.

(fol.81 = S. 97)

§ 1	I.	Zulässigkeit der Appellation:
§ 2		a) wegen Ungehorsams?
§ 3		b) wider gerichtliches Geständnis?
§ 4		c) bei Processverlust durch Hauptseid?
§ 5		d) bei Verutheilung infolge notorischer Thatsachen?
§ 6		e) wider Strafen Kraft Gerichtsordnund und geschriebener Rechte?
§ 7		f) wider Executionen des Weisboten? Supllication
§ 8		g) wider wissentlichen Lands- oder Gerichtsbrauch?
§ 9		h) bei erlangter Zahlungsfrist?
§ 10		i) wegen Fiskalschulden und Herrendiensten
§ 11		k) in possessorio
§ 12		l) von Erkenntnissen der commissarien
§ 13		m) von Schiedssprüchen
§ 14		n) in Criminalsachen
§ 15		o) ausser Landes?
§ 16		p) wegen Expensen
§ 17	II.	Hindernisse rechtzeitiger Aufrichtung der Appellation
§ 18	III.	Appellationsverzicht
§ 19	IV.	Unzulässigkeit neuen Vorbringens bei der höheren Obrigkeit
§ 20	V.	Tod des Appellanten
§ 21	VI.	Wirkung des oberrichterlichen Urtheiles auf die nicht appellierenden Streitgenossen
§ 22	VII.	Instanzenzug

§ 23	VIII.	Appellation gegen einen Theil des Abschiedes
§ 24	IX.	Appellationseid:
		a) Erlaß vermöge Specialgewalt
§ 25		b) Ablegung durch den Specialbevollmächtigten
§ 26	X.	Interposition: bei Gericht oder der Kanzlei
§ 27	XI.	Neuerungen in hangender Appellation:
		a) durch die Partheien
§ 28		b) durch das Gericht
§ 29	XII.	Aufrichtung, Fortsetzung und Remittierung der Appellation

XXXIV. Tittl. Von der Ungehorsamb welche nach ergangenem Vethel oder Abschiedt beschicht, auch denen Gerichtlichen executionen.

(fol.84^{v} = S. 101)

§ 1	I.	Ordnung und Zeitfolge der Executionshandlungen
§ 2	II.	Einfluß des Klagegegenstandes auf das Object der Execution:
		a) bei Klagen um Gut – Behandlung der Accessorien
§ 3		b) bei persönlichen Sprüchen – Höhe des Ansatzes
§ 4		Einfluß der Zuerkennung von Expensen?
§ 5	III.	Ansatz auf liegende oder fahrende Güter nach Wahl des Exequenten
§ 6	IV.	Vergütung des Interesses
§ 7	V.	Tragung der Gefahr bei mors solvendi
§ 8	VI.	Einzelne Gegenstände der Execution:
		a) Lehengüter
§ 9		b) Güter des Ehegatten?
§ 10		c) Amtsbezüge?
§ 11		d) Andere Forderungen
§ 12		e) Gegenstände zum täglichen Gebrauche oder gemeinen Nutzen
§ 13	VII.	Tod des Executen: Fortsetzung der Execution
§ 14	VIII.	Suspensiveffect der Appellation und Supplication
§ 15	IX.	Verlust, dolose Veräusserung oder Verwendung des aberkannten Gutes
§ 16	X.	Verjährung des Executionsrechtes
§ 17	XI.	Execution nur wider die Parethei, nicht daher wider:
		a) Gerhaben in Pupillensachen – Regreßrechte

§ 18		b) Gewalthaber
§ 19		c) Bürgen
§ 20	XII.	Executionsführung durch Dritte:
		a) Ansatz auf den Mehrwert des exequierten Gutes
§ 21		b) auf eine res litigiosa?
§ 22	XIII.	Einantwortung
		a) zur Gänze: bei Ersiegung des ganzen Gutes durch dingliche Klage
§ 23		b) pro rata der Forderung: Herauszahlung des Hyperocha-Wahlrecht bzw.
		der Güter; Veräusserung des gesammten Gutscomplexes? Untheilbare Güter
§ 24	XIV.	Warnungsbefehl
§ 25	XV.	Einlösung nach dem Urlaube
§ 26	XVI.	r
§ 27	XVII.	Gerichtliche Relaxierung des Ansatzes
§ 28		Verbot der Eigenmacht
§ 29	XVIII.	Verfahren wider Auslender:
		Campaßbrief, Personalrest
§ 30	XIX.	Voraussetzung der Rückstellung des gespännten Gutes
§ 31	XX.	Nichtigkeit der Execution

XXXV. Tittl. Von Expensen Gerichtlichen uncosten und Schäden.

(fol.89 = S. 105)

§ 1	I.	Discretionäre Gewalt des Gerichtes
§ 2	II.	Gründe der Verfällung in die Gerichtskosten:
		a) Processführung wider zweifellose Rechtsnormen
§ 3		b) Ungehorsam
§ 4		c) chicanöse Processverzögerung
§ 5		d) Fallenlassen der Weisung
§ 6		e) Erstattung von Weisungsschriften nach aufgekommener Nichtigkeit der Weisung
§ 7		f) Executionsführung
§ 8		g) Versprechen des Ersatzes
§ 9	III.	Gründe der Entbindung des Sachfälligen von den Expensen:
		a) Verurtheilung des Erben
§ 10		b) Urkundenproduction

§ 11		c) Zeugenaussage
§ 12		d) Processführung nach Berathung Rechtsverständiger
§ 13		e) Ersatz nicht beansprucht
§ 14	IV.	Superexpensen, andere Accessorien

XXXVI. Tittl. Von mäßßigung der Expensen, schädenn, abgenombner Frucht Interesse und andern Accessorien.

(fol.90v = S. 106)

§ 1	I.	Einleitung
§ 2	II.	Klage auf Zubehörden:
		a) Anschluss des Erkenntnisses
§ 3		b) der Hauptclage
§ 4	III.	Sporteln:
		a) Kanzleitaxen: Kundschaft hierüber
§ 5		in deren Ermanglung ordentliche Belege
§ 6		Zustellungsgebühren: Summarisches Bekenntnis
§ 7		Bescheinigung durch Vorlage der Executionen
§ 8		Einsetzung der Wegmeilen in dieselben
§ 9		Zustellungsorgane
§ 10		c) Gebühren des Weisboten, Quittungen
§ 11	IV.	Reiseauslagen der Parthei:
		(Ermessen des Gerichtes).
		a) Verkehr mit dem Gewaltträger durch Boten
§ 12		b) Berufsmässige Parteihandlungen des Procurators
§ 13		c) Wasserfahrt statt der Landreise
§ 14		d) Zahl der Abgesandten von Städten und Märkten
§ 15	V.	Zeugengebühren:
		a) Bescheinigung: Kundschaft der Zeugscomissarien
§ 16		der Gastwirte
§ 17		b) Auslagen: Standesmässige Zehrungskosten
§ 18		Reisekosten der Bauern und Hauersleute
§ 19	VI.	Honorar der Parteiorgane:
		a) Taxe der Advokaten, Schriftemacher und Procuratoren
§ 20		b) Ausserordentliche Entlohnung derselben?
§ 21		c) Auslagen für Sollicitatoren und Schreiber?
§ 22	VII.	Auslagen vor der Ladung und Klage?
§ 23	VIII.	Schäden:

		a) Bescheinigung derselben durch Kundschaften
§ 24		b) Schäden an liegenden Gütern: obrigkeitliche Erhebung
§ 25		c) Unfälle?
§ 26		d) Schäden am ausständigen Gelde: Interessen
§ 27		Zinsfuß
§ 28	IX.	Früchte:
		a) Erläuterung bezüglich der Culturgattung
§ 29		b) Kundschaft der Grund- oder Bergherrn über Jahresertrag und Quantität der consumierten Früchte
§ 30		c) Schlösser und Vesten: Vorbringung des Urbars
§ 31		d) Augenschein durch Commissarien
§ 32		e) Restitution der vorhandenen Früchte
§ 33	X.	Nebengebühren im Allgemeinen:
		a) Übergang der Ersatzpflicht auf die Erben
§ 34		b) Vergleich in der Hauptsache
§ 35	XI.	Gegenansprüche wegen Impensen:
		a) Kosten der Bebauung u. Fechsung
§ 36		b) Meliorationskosten?
§ 37		c) jus tollendi
§ 38	XII.	Veräußerung, Verwendung oder Verlust der res litigiosa

XXXVII. Tittl. Vonn Restitutionen.

(fol.97 = S. 112)

§ 1	I.	Restitution ein landesfürstliches Regal
§ 2	II.	Verfahren:
		a) Bericht des Gegners und der n. ö. Regierung
§ 3		b) Bescheinigung des Restitutionsgrundes
§ 4		c) Freies lf. Ermessen in privilegierten Fällen
§ 5	III.	Ausschluß der Restitution
§ 6		a) bei offen stehender
§ 7		oder in hangender Appellation
§ 8		b) nach völliger Durchführung der Execution
§ 9		c) nach ergangenem Abschiede über einen Abschied
§ 10		d) nach Anerkennung des Abschiedes
§ 11	IV.	Behandlung der Expensen:
		a) Expensae retardati proceßsns
§ 12		b) Regreß bei Verschulden des Proceßsbevollmächtigten

II. Buch

I. Titel. Von Kaufen und verkaufen.

(fol. 101 = S. 114)

§ 1	I.	Subjective Momente:
		a) Verkauf von Kindesgut durch die Eltern
§ 2		b) Kauf zwischen Eheleuten
§ 3		Unveräußerlichkeit des fundus dotalis.
		Verkauf von Paraphernalgütern durch den Mann
§ 4		c) Ankauf von Mündelgut durch den Vormund: Einstandsrecht der nächsten Blutsfreunde
§ 5		Bescheinigung der Nothwendigkeit
§ 6		Zustimmung des Mitvormunds
§ 7		Schätzung
§ 8		Preis von einem Dritten geboten
§ 9		Barzahlung an den Mitvormund
§ 10		Willbrief des Gerichtes
§ 11		Dispositionsbefugnis des Vormundes
		über seine eigenen Güter
§ 12		d) Anwendung dieser Normen auf den Testamentsexecutor
§ 13		e) Verkaufsbefugnis des Gewaltträgers?
§ 14		f) Befugnis der Praelaten zum Verkaufe von Gütern
§ 15		von jura incorporalia
§ 16		g) Befugnis der Vasallen zum Verkaufe lf. Lehen?
§ 17		h) Nachbareinstand?
§ 18		i) Befugnis des Erben zum Verkaufe von Nachlaßsachen
§ 19		k) Verkauf durch Miteigenthümer: Einstandsrecht
§ 20		l) Verkaufsbefugnis Minderjähriger
§ 21	II.	Beschaffenheit der Ware:
		a) Spolierte Sachen
§ 22		b) Entfremdete Sachen
§ 23		c) Fremde Sachen: Eviction, Regreß
§ 24		Haftung des Verkäufers einer fremden Sache
§ 25		d) Fideicommiss- und wiederfallende Güter
§ 26		e) res litigiosae
§ 27		f) Sachen des unzertheilten Nachlasses
§ 28		g) Schuldforderungen, dingliche Rechte u Gerechtigkeiten

§ 29		h) Gold, Silber, Pergament: Ausfuhrsverbot
§ 30		i) Land- und Wiener Stadtgüter: Verkauf, Bestand-verlassung oder Verpfändung an Ausländer?
§ 31	III.	Form des Kaufvertrages
§ 32	IV.	Mora solvendi:
		a) des Verkäufers
§ 33		b) des Käufers
§ 34	V.	Einbehaltung oder gerichtlicher Erlag des Kaufpreises:
		a) wegen Vorenthaltung oder Schermverweigerung
§ 35		b) wegen Unmöglichkeit der Tradition
§ 36	VI.	Übergang der Gefahr mit dem Kaufsabschlusse
§ 37	VII.	Exceptio non adimpleti contractus
§ 38	VIII.	Umfang der Entschädigungspflicht wegen mora solvendi
§ 39	IX.	Dingliche Belastungen der verkauften Sache:
		a) gänzliche Verschweigung
§ 40		b) theilweise Verschweigung derselben
§ 41	X.	Zubehörungen und Früchte:
		a) Fahrhabe, Pertinenz eines Landgutes?
§ 42		b) Früchte
§ 43		c) Realrechte
§ 44	XI.	Mehrfacher Verkauf derselben Sache
§ 45	XII.	Schadenersatz wegen Nichterfüllung
§ 46	XIII.	Rücktrittsrecht wegen Zahlungsunfähigkeit oder Zahlungsverzug?
§ 47	XIV.	Übergang der Verpflichtungen auf die Erben
§ 48	XV.	Mängelgewähr
§ 49	XVI.	Rechnungspflicht des Verkäufers
§ 50	XVII.	Tragung der Gefahr:
		a) nach der Tradition
§ 51		b) bei Annahme und Zahlungsverzug
§ 52	XVIII.	Reurecht?
§ 53	XIX.	Verletzung über die Hälfte:
		a) Anfechtung des Geschäftes
§ 54		b) Beseitigung der Laesion
§ 55		c) Zeitpunct für die Werthveranschlagung
§ 56	XX.	Divergenz zwischen dem bedungenen und gelieferten Warenquantum
§ 57	XXI.	Gefährde beim Kaufabschluße

§ 58	XXII.	Rücktrittsrecht beim Nothverkaufe?
§ 59	XXIII.	Erfordernisse des Kaufvertrages: a) Leitkauf?
§ 60		b) Kaufpreis: Hingabe an Zahlungsstatt
§ 61	XXIV.	Einstandsrecht bei Einziehung des Gutes wegen versessener Herrendienste
§ 62	XXV.	Übernahme der ausständigen Dienste durch den Käufer
§ 63	XXVI.	Verpflichtung zur Übergabe der verkauften Fahrnis: Holschuld

II. Titel. Von vorbehaltenn widerkaufen.

(fol. 109 = S. 122)

§ 1	I.	Begriff des Wiederkaufes
§ 2	II.	Arten
§ 3	III.	Fristberechnung bei Vorbehalt des Wiederkaufes innerhalb bestimmter Zeit
§ 4	IV.	Übergang auf die Erben: a) des Verkäufers
§ 5		Gesetzliche und testamentarische Erben. b) des Käufers
§ 6		c) Concurrenz von Miterben: des Verkäufers
§ 7		des Käufers
§ 8	V.	Preisbestimmung beim Wiederkaufe.
§ 9	VI.	Streit über das Vorkaufsrecht: a) Zahlung oder gerichtlicher Erlag der Kaufsumme. Rechnungsirrthum
§ 10		b) Wiederbehebung des deponirten Geldes. c) Entscheidung über die abgenommenen Früchte und Kosten
§ 11		d) Schadenersatz wegen doloser Handlungen oder Unterlassungen des Käufers.
§ 12		e) Ersatzansprüche des Käufers wegen Bezahlter Herrenanforderungen, erworbener Realrechte und Meliorationen
§ 13		Retentionsrecht aus diesem Grunde
§ 14		Grenze für die Erstattung der Besserung
§ 15	VII.	Einlösung der ohne landesfürstlichen Consens verkauften oder verpfändeten geistlichen Güter

III. Titel. Von der gesipten freund vorkauf, so jus protomiseos genant wirdt.

(fol. 113 = S. 126)

§ 16		b) Fahrhabe und was derselben verglichen wird?
§ 17		b) Lehngüter
§ 18		c) Gestiftete Güter
§ 19		e) Erbschaft
§ 20	VIII.	Rechtsgeschäfte, bei denen Einstandsrecht stattfindet:
		a) Kauf
§ 21		b) Aufgabe von Zinsgütern?
§ 22		c) Verpfändung?
§ 23	IX.	Einstandsrecht nur bei Stammgütern
§ 24		Anfeilung nur dem Stamme, von dem das Gut rührt
§ 25	X.	Anbietung durch Edict im Executionswege
§ 26	XI.	Ausübung des Einstandsrechtes:
		a) Erlag der Kaufsumma binnen 30 Tagen, außer echter Noth
§ 27		b) oder gerichtlicher Erlag
§ 28	XII.	Einfluß der Stundung
§ 29	XIII.	Anfeilung:
		a) nicht außer Landes
§ 30		b) an die Gerhaben
§ 31		c) Modalitäten der Anfeilung
§ 32	XIV.	Einfluß des Rechtsgeschäftes auf das Einstandsrecht:
		a) Bedingung
§ 33		b) Befristung
§ 34		c) mutuus dissensus
§ 35	XV.	Process über die Einstandsrechtsberechtigung (Legitimation, Schermpflicht, Summarisches Verfahren)
§ 36	XVI.	Regreß
§ 37	XVII.	Rechte und Verpflichtungen des Käufers gegen den Einstandsrechtsberechtigten:
		a) Bekanntgabe des Kaufpreises, Urkundenedition
§ 38		b) Gefährdeeid, daß Einstand für Keinen Dritten beansprucht wird
§ 39		c) Protest und Meldbrief dießfalls
§ 40	XVIII.	Competenz zur Einstandsklage
§ 41	XIX.	Theilbarkeit des Einstandsrechtes?
§ 42	XX.	Preisvergütung:
		a) Simulation des Kaufpreises
§ 43		b) Werterhöhung des Gutes während des Einstandsprocesses
§ 44		c) Nebengebühren

IV. Titel. Von gewerschaft schutz und schermb der gueter.

(fol. 119 = S. 132)

§ 1	I.	Erfordernis der Schermverschreibung? Litis denuntiatio
§ 2	II.	Verfahren: a) Streit über die Schermpflicht
§ 3		b) Recht des Hauptklägers bei Säumnis in Durchführung des Schermprocesses
§ 4		c) Ausbleiben des Schermen: Anrufung des Beklagten um den Beruf
§ 5		oder um Recht
§ 6		d) Erscheinen des Schermen am dritten Rechtstage
§ 7		e) Ausbleiben des Beklagten entbindet den Schermen vom Einlassungszwange
§ 8	III.	Übergang der Schermpflicht und Schermberechtigung auf die Erben
§ 9	IV.	Entstehung der Schermpflicht, (Verschreibung, Bürgschaft, Pfandbestellung)
§ 10	V.	Schermpflicht findet nicht statt: a) bei Verzicht
§ 11		b) bei Streiteinlassung ohne Litisdenuntiation
§ 12		c) bei unterlassener Appellation wegen Sachfälligkeit
§ 13		d) bei Compromiß ohne Zustimmung des Verkäufers
§ 14		e) bei außergerichtlicher Abtretung des Gutes
§ 15		f) nach Ersitzung
§ 16		g) beim Ankaufe mit Bewustsein, daß die Sache eine fremde sei
§ 17		h) im Besitzstreite
§ 18		i) bei Gewaltsachen
§ 19		k) bei Besitzverlust durch höhere Gewalt
§ 20		l) bei strafweiser Verwirkung
§ 21		m) bei Confusio infolge Beerbung des Verkäufers durch den Käufer
§ 22		n) vor Anstellung der Klage
§ 23		o) bezüglich des von anderer Seite hinzugekauften Gutes
§ 24	VI.	Rechtsgeschäfte bei denen Schermpflicht eintritt: a) Kauf, b) Tausch, c) Hingabe an zahlungsstatt

§ 25		d) Erbtheilung
§ 26	VII.	Gegenstand der Schermpflicht
§ 27	VIII.	Schermpflicht bei unentgeltlichen Rechtsgeschäften
§ 28	IX.	Verpflichtung der Miterben: Schermung in solidum, Zahlung pro rata
§ 29	X.	Schermpflicht bei Verkauf eines Cridagutes
§ 30	XI.	Dauer der Verpflichtung
§ 31	XII.	Scherrnung vor der Jurisdiction und nach Gerichtsbrauch der Obrigkeit des Käufers
§ 32	XIII.	Analogie?
§ 33	XIV.	Regreßansprüche des Käufers: a) Kaufpreis nach dem Zeitpuncte des Kaufabschlusses
§ 34		b) Expensen und Schäden
§ 35		c) Nutzungen
§ 36		d) Meliorationen
§ 37	XV.	Ersatzpflicht des obsiegenden Klägers?
§ 38	XVI.	Erstattung des doppelten Wertes bei Executionen von Kostbarkeiten?
§ 39	XVII.	Ausschluß der Eviction

V. Titel. Von furkauf

VI. Titel. Von dem auß- und einwechsel

(fol. 125 = S. 138)

§ 1	I.	Befugnis zum Tausche: a) Geistliche
§ 2		b) landesfürstliche Vasallen c) Pupillen
§ 3		d) Tutoren und Curatoren
§ 4		e) Ehegatten
§ 5	II.	Tauschobject: a) fundus dotalis
§ 6		b) Geld zur Ausgleichung der Sachwerthe
§ 7		c) Sachen und Rechte
§ 8	III.	Haftungen: a) wegen Verletzung über die Hälfte
§ 9		b) Mängelgewähr

§ 10	IV.	Contractsschluß:
		a) consensu?
§ 11		b) re.-Actio praescriptis verbis

VII. Titel. Von denen beständen und hinlassungen.

(fol. 126 = S. 139)

§ 1	I.	Subjective Momente:
		a) Bestandverträge zwischen Eltern und Kindern
§ 2		b) Bestandnahme von Frauengut durch den Mann; fundus dotalis?
§ 2 a)		c) von Mannesgut durch die Frau
§ 3		c) von Mündelgut durch den Vormund
§ 4		d) Bestandgabe von Mündelgut durch den Gerhaben
§ 5		e) von Kloster- und Kirchengut durch Geistliche
§ 6		f) Bestandnahme von Zehnten durch Cleriker und Laien
§ 7		g) Bestandgabe von landesfürstlichen Lehen
§ 8		h) Bestandverträge durch Gewalthaber contrahiert
§ 9	II.	Freundeinstand?
§ 10	III.	Endigung des Bestandverhältnisses durch Zeitablauf:
		a) für den Bestandgeber
§ 11		b) für den Bestandnehmer
§ 12	IV.	Contractsschluß durch Consens
§ 13	V.	Rücktritt des Bestandgebers vor dem Einzuge des Bestandnehmers
§ 14	VI.	Vorzeitige Aufkündigung des Bestandvertrages durch den Bestandgeber
§ 15		a) Verzug in der Zinsreichung
§ 16		b) Deteriorierung des Bestandgutes
§ 17		c) Eigener Bedarf des Bestangebers
§ 18		d) Notwendige Bauführung oder Besserung
§ 19		e) Letztwillige Verfügung über das Bestandgut
§ 20		f) Verkauf des Bestandgutes. Regreß
§ 21		Vereinbarung: Kauf bricht nicht Miethe
§ 22		Wirkung derselben. Andererseits Vorbehalt des Verkaufes
§ 23		g) Verlust des Bestandgutes mit Recht und Urtheil
§ 24	VII.	Vorzeitige Lösung des Bestandvertrages durch den Bestandmann?

§ 25		insbesondere:
		a) wegen Infection? b) wegen Bau Gebrechen
§ 26		Schadloshaltung für die während der Reparatur entbehrten Nutzungen des Bestandobjectes
§ 27	VIII.	Gebundenheit dritter Personen:
		a) Erben der Contrahenten
§ 28		b) Frau nach dem Tode des Mannes hinsichtlich der Bestandgabe ihrer Güter
§ 29		c) Pupillen und Minderjährige nach erreichter Vogtbarkeit
§ 30		d) Successor in die Administration von Kirchen- und Klostergut
§ 31		e) [Rechtsverhältnis der Domherrn und Beneficiaten]
§ 32		Successoren dieser geistlichen Fruchtniesser?
§ 33		f) der weltlichen Fruchtniesser
§ 34	IX.	Anfechtung wegen Verletzung über die Hälfte
§ 35	X.	Verbindlichkeiten des Bestandnehmers:
		a) Zahlung des Bestandzinses Haftung mehrerer Personen
§ 36		Haftung der Ehefrau?
§ 37		b) Haftung für die Integrität des Bestandgutes, Deteriorierung
§ 38		c) Handeln wider die Vertragsbedingnisse
		d) Belastung des Gutes durch den Bestandnehmer
§ 39		e) Haftung für Unfälle
§ 40		insbesondere für Feuergefahr: von außen
§ 41		durch Unfall, durch Verursachung des Bestandnehmers
§ 42		für Brandstiftung, Feuer durch Nachlässigkeit des Gesindes und der Hausgenossen
§ 43		Beweis des Unfleißes
§ 44	XI.	Afterbestand
§ 45	XII.	Aufkündigung:
		a) stillschweigende Erneuerung des Bestandvertrages
§ 46		b) Endigung des Bestandverhältnisses durch Ablauf der Kündigungsfrist
§ 47		Meliorationen:
		a) Ersatz nothwendiger Impensen
§ 48		b) jus tollendi
§ 49		Augenschein zur Feststellung der Meliorationen
§ 50	XIV.	Mora solvendi des Bestandmannes
§ 51		Rechte Zinszeit

§ 52	XV.	Einfluß der Zeit:
		a) Ersitzung des Bestandgutes durch 32 jährige Dauer des Bestandverhältnisses?
§ 53		b) Bestandvertrag auf ewige Zeiten?
§ 54	XVI.	Verbindlichkeiten und Rechte des Bestandherrn:
		a) Schutz des Bestandmannes gegen abwendbare Hinderungen
§ 55		b) Rechte des Bestandherrn bei langem Verweilen des Bestandmannes außer Landes

VIII. Titel. Von geltschulden und paren furlehen.

(fol. 133 = S. 146)

§ 1	I.	Befugnis zur Darlehensgewährung:
		a) Darlehen zwischen Eltern und Kindern
§ 2		b) zwischen Eheleuten
§ 3		c) Minderjährige
§ 4		d) Vormünder und Curatoren:
§ 5		Anlage des Pupillengutes an sicheren Orten
§ 6		Haftung der Vormünder für Verarmung?
§ 7		für ursprüngliche Insolvenz der Darlehensschulden
§ 8		Entlehnung durch den Vormund
§ 9		e) andere Gewalthaber oder Verwalter
§ 10		f) Rechnungspflichtige Personen
§ 11		g) Vasallen
§ 12		h) Administratoren von Kirchengut
§ 13		i) Gesellschafter
§ 14		k) Darlehensnehmer
§ 15	II.	Befugnis zur Entlehnung:
		a) Unvogtbare
§ 16		b) Gerhaben und Curatoren
§ 17		c) Geistliche
§ 18		d) Gewalthaber, Verwalter
§ 19		e) Landesfürstliche Amtsleute, Einnehmer der Landschaft
§ 20		f) Factoren, Agenten, Freihändler
§ 21		g) Obrigkeit von Unterthanen, Gerichtspersonen von Gerichtsanhängigen
§ 22	III.	Haftung von Mitschuldnern:

		Clauseln
		der Schuldverschreibungen
§ 23		a) Haftung pro rata bei Abgange
§ 24		einer Clausel, oder bei Verschreibung
		sament und unverscheidenlich?
		Einrede oder Theilung
§ 25		Regreß
§ 26		b) Haftung in solidum vermöge der Clausel, sament und sonderlich?
§ 27		oder sonderlich?
§ 28	IV.	Anspruch des Darlehensgebers gegen den Schuldner
		des Darlehensnehmers?
§ 29	V.	Unbegründete Einwendungen wider die Darlehensklage:
		a) Einreden, welche keine parata probatio auf sich tragen
§ 30		b) mala fides oder Mangel des titulus auf Seiten
		des Darlehensgebers
§ 31		c) exceptio fori ausländischer Schuldner
§ 32		d) actorische Caution wider Ausländer
§ 33		in lautern liquidierten Schulsachen abgestellt
§ 34	VI.	Moratorium
§ 35	VII.	Wucher:
		a) Aufkommen desselben
§ 36		b) Wirkungen: Ledigung des Darlehensnehmers
		gegenüber dem Wucherer
§ 37		Einziehung des Kapitals ohne Zinsen an die niederösterreichische Kammer. Strafe des Rückfalles
§ 38		c) Darlehen auf Getraide
§ 39		d) Verschreibung eines höheren als des erhaltenen Betrages
§ 40	VIII.	Wirkung vorzeitiger Rückforderung des Darleihers
§ 41	IX.	Tragung der Gefahr
§ 42	X.	Realisierung:
		a) Verbot der pfandclausel
§ 43		b) Nothwendigkeit gerichtlicher Rechtsdurchsetzung

IX. Titel. Von natur art und aigenschaft der schulden und crediten in gemein.

(fol. 139 = S. 153)

1	I.	Eigenmachtige Selbsthilfe a) durch Personalarrest
§ 2		b) durch gewaltsame Selbstbefriedigung
§ 3		c) Fremdenarrest
§ 4		[obrigkeitlicher Personal- und Sacharrest wider unangemessene Schuldner]
§ 5		d) Selbstpfändung
§ 6		e) Belangung des Nachschuldners
§ 7	II.	Verhältnis der Bürgschaft zum Liegenschaftspfande
§ 8	III.	Provisorische Sicherstellungsmittel: a) Rechtfertigung des Verbotes
§ 9		b) Verbot und Arrest nur gegen Unangesessene
§ 10	IV.	Cessio bonorum?
§ 11	V.	Einfluß der Inventur und des dreißigsten auf die Eintreibung von Nachlaßschulden
§ 12	VI.	Confusio

X. Titel. Von gevehrlicher alienation des schuldners haab und gueter auch von derselben revocaton und erholung.

(fol. 141v = S. 155)

§ 1	I.	Anfechtung und Anspruch gegen den Schuldner auf Wiederlösung des veräußerten Gutes. Frist
§ 2	II.	Voraussetzungen des Anfechtungsanspruches: a) mala fides des Erwerbers
§ 3		b) Unkenntnis des Gläubigers von der Veräußerung
§ 4		c) Laesion des Gläubigers
§ 5		d) Freiwillige Veräußerung
§ 6	III.	Regreß
§ 7		Rangordnungsmäßige Befriedigung der Gläubiger?

XI. Titel. Von der unvogtbaren kinder gemachten schulden und dem Macedonischen rechten.

(fol. 142 = S. 156)

§ 1	I.	Verpflichtung der Eltern zur Zahlung der von den Kindern contrahierten Schulden?
§ 2		a) Darlehen zur Notdurft der Eltern
§ 3		b) Zum Studium der Kinder
§ 4		c) mit Willen
§ 5		d) oder Genehmigung der Eltern abgeschlossen
§ 6		e) zur Kriegsnotdurft
§ 7		f) oder Unterhalt der Kinder
§ 8	II.	Verpflichtung zur Zahlung der in der Minderjährigkeit contrahierten Schulden nach erreichter Vogtbarkeit
§ 9	III.	Haftung der Kinder für Schulden der Eltern?

XII. Titel. Von usuren interesse und verzinsungen.

(fol. 143 = S. 157)

§ 1	I.	Gründe der Zinsverbindlichkeit: a) Gesetz
§ 2		b) Vertrag. Erlaubter Zinsfuß: 10 %
§ 3		Gesetzlicher Zinsfuß: 5 %
§ 4		c) Richterspruch. Zinsfuß: 5 %
§ 5	II.	Contracte, welche eine Zinsverbindlichkeit zulassen
§ 6	III.	Gründe der gesetzlichen Zinsverbindlichkeit: a) Zahlungsverzug des Käufers
§ 7		b) Urtheilsmäßig auferlegte Geldzahlung
§ 8		c) Verzug in der Entrichtung eines Vermächtnisses
§ 9		d) Unbefugte Benützung von Mündelgut durch den Vormund oder Curator
§ 10		e) Unterlassene Anlage des Mündelgutes
§ 11		f) Verzug des Bestandmannes in der Zinszahlung
§ 12		g) Verbrauch anvertrauten Geldes
§ 13	IV.	Annahmeverzug: Geistlicher Erlag
§ 14	V.	Zeit der Zinsenzahlung
§ 15	VI.	Erlöschen der Zinsverbindlichkeit: a) durch Empfangnahme des Kapitales?

§ 16		b) durch Erlaß der Kapitalsschuld
§ 17	VII.	Zinseszinsen

XIII. Titel. Von denen wucherlichen contracten.

(fol. 145 = S. 159)

XIV. Titel. Von pfanden hypotheken sätzen und derselben aigenschaft.

(fol. 146 = S. 159)

§ 1	I.	Befugnis zur Verpfändung:
		a) Eheleute untereinander
§ 2		b) zwischen Eltern und Kindern
§ 3		c) Fremde
§ 4		d) Pupillen und Minderjährige?
§ 5		e) Pflegeväter
§ 6		f) Gerhaben zu eigenem Bedarfe?
§ 7		g) Gewaltträger, Pfleger, Amtleute
§ 8		h) Communitäten und Gemeinden
§ 9		i) Unterthanen und Holden
§ 10		k) Geistliche
§ 11	II.	Gegenstand des Pfandrechtes:
		a) Abgenommene und hangende Früchte
§ 12		b) Zehnten, Leibgedingsgüter, Fruchtgenuß
§ 13		c) Landesfürstliche Lehen
§ 14		d) res litigiosa
§ 15		e) Gemeine unvertheilte Güter
§ 16		f) Pfandsache. Rechtsverhältnis aus der Afterpfändung
§ 17		g) Schuldbriefe und Gerechtigkeiten
§ 18		h) Eine Sache für die Forderungen verschiedener Gläubiger pro rata
§ 19		Dolose Weiterverpfändung
§ 20		i) Fremde Sachen
§ 21		k) Andere Sachen statt der bedungenen Strafe des dolus
§ 22		l) Generalpfand
§ 23		Gegenständlicher Umfang desselben
§ 24		Von der Generalpfänung ausgenommene Sachen:
		1) Lehengüter, nicht Früchte derselben

§ 25		2) Fideikommisse und Güter, welche auf Restitution stehen
§ 26		3) Wiederfallende Güter mit Ausnahme der verzignen?
§ 27		4) Heiratsgut
§ 28		5) Nothbedarf?
§ 29	III.	Pfandverfall:
		a) Pactum legis commissioriae?
§ 30		b) Überlassung des Pfandes an Zahlungsstatt nach Bewerthung oder Schätzung
§ 31	IV.	Umfang des Pfandrechtes bezüglich der Forderung
§ 32	V.	Übermäßige Verpfändung
§ 33	VI.	Rangordnung der Pfandrechte
§ 34	VII.	Nutzung des Pfandobjectes?
§ 35		insbesondere: durch Bestandgabe
§ 36	VIII.	Endigung des Pfandrechtes:
		a) durch Novation der Pfandforderung
§ 37		b) durch Zufall [Separationsrecht des Pfandschuldners bezüglich der Accessionen?]
§ 38		Deterioration der Pfandsache durch Unfall?
§ 39		Untergang der Pfandsache
§ 40		c) durch Einwilligung des Gläubigers zur Veräußerung der Pfandsache
§ 41		d) oder zur Behändigung des Pfandes an einen anderen Gläubiger
		e) durch Rückstellung der Pfandverschreibung oder des Pfandes
§ 42		f) durch Aberkennung des Eigenthumsrechtes an der Pfandsache
§ 43	IX.	Haftung des Pfandgläubigers:
		a) für Verschulden
§ 44		b) für Unfälle?
§ 45		insbesondere für Diebstahl und anderen Verlust
§ 46	X.	Verbindlichkeiten des Pfandgläubigers:
		a) zur Besserung des Pfandes
§ 47		Ersatz der Impensen
§ 48		b) zur Entrichtung der Dienstbarkeiten vom Nutzpfande
§ 49	XI.	Endigung des Pfandrechtes durch Confusio
§ 50	XII.	Rechte des Pfandschuldners:
		a) Bauführung auf dem Pfandobjekte

§ 51		b) Einlösung des Pfandes vor dem Zeitablauf
§ 52	XIII.	Erwerb des Pfandrechtes durch Einlösung der Pfandschuld
§ 53	XIV.	Pigneratitia in personam actio. Eigenmacht?
§ 54	XV.	Auswechslung von Pfändern?
§ 55	XVI.	Übergang des Pfandrechtes auf die Erben
§ 56	XVII.	Retentionsrecht wegen anderer Forderungen?
§ 57	XVIII.	Hingabe des Pfandes an zahlungsstatt?
§ 58	XIX.	Auslösung des Pfandes durch Bürgenstellung?
§ 59	XX.	Einfluß der Afterverpfändung auf die pigneratitia in personam actio

XV. Titel. Von verkaufung der underpfant.

(fol. 152 = S. 166)

§ 1	I.	Distractionsrecht des Gläubigers. Erfordernisse:
§ 2		a) Pfandverkauf nicht ausdrücklich ausgeschlossen
§ 3		b) mora solvendi
§ 4		c) Denuntiation und Ablauf von 6 Wochen und 3 Tagen
§ 5		d) Verkündigung an den Schuldner zum Verkaufe
§ 6		e) bona fide Verkauf um den rechten landbräuchigen Wert
§ 7		f) Verkauf des Specialpfandes vor den generell verpfändeten Gütern
§ 8		g) nur sovieler Sachen, als zur Befriedigung nötig
§ 9		h) der mittleren, nicht der besten
§ 10	II.	Einlösung des Pfandes
§ 11	III.	Recht zum Verkaufe: a) wegen Zinsen und Schäden
§ 12		b) nach erfolgter Theilzahlung
§ 13	IV.	Verpflichtung des Gläubigers zum Verkaufe?
§ 14	V.	Schermpflicht des Schuldners: a) beim Ankaufe der Pfandsache durch den Gläubiger
§ 15		b) durch dritte?
§ 16	VI.	Dispositionsbefugnis des Schuldners über die Pfandsache: a) Verkauf? b) Anderweitige Veräußerung. Letztwillige Disposition

XVI. Titel. Von underschid der pfanden und hypothecen desgleichen von allerlei befreiten und unbefreuten glaubingern.

(fol. 154 = S. 168)

§ 1	I.	Arten des Pfandrechtes
§ 2	II.	Conventionalpfand
§ 3		a) an Fahrnissen
§ 4		b) an Liegenschaften. General- und Specialhypotheken
§ 5		Entstehung des Pfandrechtes
§ 6		Gesetzliches Pfandrecht. Quelle: Geschriebene Kaiserliche Rechte
§ 7		a) der Pupillen und Minderjährigen am Vermögen der Vormünder und Pflegeväter
§ 8		b) der Ehefrau, deren Erben und des Inhabers eines Heiratsbriefes wegen Restitution des Heiratsgutes. Umfang des Pfandrechtes
§ 9		c) des Fiscus aus Contracten und wegen Abgaben an die landesfürstliche Kammer, nicht wegen Geldstrafen
§ 10		d) der Städte und Märkte am Vermögen ihrer Amtshandler
§ 11		e) der Kirchen wegen übler Verwaltung der Prälaten
§ 12		f) der Landschaft wegen Steuern und anderer Anlagen
§ 13		g) des Grund- und Oberherren wegen Herrenanforderungen
§ 14		h) des Bestandherrn an den Invecten und Illaten
§ 15		insbesondere beim Afterbestande
§ 16		trotz anderweitiger Unterbringung des Eingebrachten
§ 17		und ungeachtet bestellten Specialpfandes
§ 18		Ausnahmen:
§ 19		i) des Legataes an den Nachlaßsachen
§ 20		k) wegen de zur Erbauung oder Besserung eines Gutes Dargeliehenen
§ 21		l) der Pupillen an den mit ihrem dargeliehenen Gelde angeschafften Sachen
§ 22		m) des Kriegsmannes wegen des von ihm überkommenen Geldes
§ 23		Umfang des Pfandrechtes in den obigen Fällen. Actio hypothecaria in rem
§ 24	IV.	Gerichtliches Unterpfand

§ 25	V.	Klassen der Gläubiger:
		a) Hypothecierte Creditores
§ 26		b) Privilegierte Gelter
§ 27		c) Chirographarii

XVII. Titel. Von wilkurlichen purgschaften so ausser gericht beschehen.

(fol. 158 = S. 172)

§ 1	I.	Fähigkeit zur Bürgschaftsleistung:
		a) Vater für Kinder, Kinder für Eltern
§ 2		b) Mütter für Töchter und umgekehrt?
§ 3		c) Mann für Frau, nicht umgekehrt
§ 4		d) Unvogtbare und Minderjährige?
§ 5		e) Weltpriester
§ 6		f) Regulierte und Klosterleute? Praelaten
§ 7		g) Kriegsleute
§ 8		h) Unterthanen
§ 9	II.	Übergang der Bürgschaftsverpflichtung auf die Erben
§ 10	III.	Verbürgung für Contracts-, Delictsobligationen?
§ 11	IV.	Voraussetzungen der Bürgschaft:
		a) Fähigkeit der Person
§ 12		b) Freiwillige Eingehung
§ 13		c) Verpflichtung als Selbstschuldner und Zahler, nicht bloße Unterschrift oder Verfertigung der Bürgenverschreibung
§ 14		d) Unterwerfung unter den Gerichtsstand des Hauptschuldners
§ 15	V.	Umfang der Bürgschaft regelmäßig nur für das Kapital
§ 16	VI.	Ledigung von der Bürgenstellung:
		a) des zugesagten durch Stellung eines anderen Bürgen
§ 17		b) durch Pfandbestellung
§ 18	VII.	Beneficium excussionis?
§ 19		Wahlrecht des Gläubigers selbst nach der Litiscontestation
§ 20	VIII.	Concurrenz mehrerer Bürgen:
		a) Clausel: „sonderlich“ und ähnliche. Belangung eines Mitbürgen auf das Ganze
§. 21.		Wechsel in Belangung der Bürgen bis zum Urtheile

§ 22		unzulässig über Erhalt einer Theilzahlung nach der Litiscontestation
§ 23		Beneficium divisionis
§ 24		auch nach der Kriegsbefestigung. Ausnahmen
§ 25		b) Clausel: „samentlich und unverscheidenlich“
§ 26		Regreß gegen die Mitbürgen
§ 27	IX.	Aufhebung der Verbindlichkeit des Bürgen
		a) Confusio infolge Beerbung des Gläubigers
§ 28		oder Schuldners durch den Bürgen
§ 29		des Bürgen durch den Schuldner
§ 30		b) Abschluß neuer Contracte
§ 31		c) oder eines Vergleiches zwischen Gläubiger und Hauptschuldner
§ 32		d) Rückstellung der Bürgenverschreibung
§ 33		e) Verjährung der Schuldforderung
§ 34	X.	Anspruch auf Entlassung aus der Bürgschaft:
		a) Langwierigkeit des Verhältnisses, ausgenommen die Schermbürgschaft.
§ 35		b) Verschwendung des Hauptschuldners
§ 36		c) Zeitablauf
§ 37		d) Todfeindschaft mit dem Hauptschuldner
§ 38	XI.	Erweiterung der Bürgschaftsdauer über die bedungene Zeit?
§ 39		Wirkung der Clausel der geleisteten burgschaft unvergriffen
§ 40	XII.	Keine Erlöschung der Bürgschaft.
		a) Pfandbestellung neben der Bürgschaft
§ 41		b) Confiscation der Güter des Hauptschuldners
§ 42		c) Verarmung des Bürgen: Verpflichtung zur Stellung neuer Bürgen
§ 43		Stellung eines zahlungsunfähigen Bürgen – mit
§ 44		ohne Kenntnis des Gläubigers
§ 45		Verarmung eines, in solidum und sonderlich verschriebenen Bürgen
§ 46	XIII.	Regreß des Bürgen gegen den Hauptschuldner:
		a) Anspruch auf Überlassung des Pfandes an zahlungsstatt?
§ 47		b) Umfang des Regreßanspruches
§ 48		[Vertheidigung des Bürgen gegen die Klage des Gläubigers]

§ 49		c) Gerichtskostenersatz bei Führung eines muthwilligen Rechtsstreites?
§ 50		d) Verlust des Regresses durch unterlassene Appellation wider das condemnatorische Urtheil
§ 51		e) durch unterlassene Vorbringung peremptorischer Einreden; auch dilatorischer?
§ 52		f) bei freiwilliger Bezahlung

XVIII. Titel. Von Vellejanischen rechten Und weiblicher freihait.

(fol. 168 = S. 178)

§ 1	I.	Exceptio Sc. Vellejani:
§ 2	II.	Ausnahmen:
		a) Bürgschaft um Heiratsvermächt
§ 3		b) Empfang von Geld oder Geldeswert um der Bürgschaft willen
§ 4		c) Einlassung in die Bürgschaft zur Gefährdung der Gläubiger
§ 5		d) Wiederholung der Intercession
§ 6		e) Verzicht nach erfolgter Belehrung. Eid?

XIX. Titel. Von solutionen betzahlungen und abrichtung der schulden.

(fol. 168 = S. 179)

§ 1	I.	Subjective Momente:
		a) Haftung der Eltern für Schulden der Kinder und umgekehrt
§ 2		b) der Eheleute? Verschreibungsclauseln
§ 3		Erinnerung der Frau an die weiblichen Freiheiten
§ 4		Haftung der Frau für verschriebene Schulden
§ 5		Einreden der Frau. Beweislast
§ 6		Erfordernis landsbräuchiger betzedln
§ 7		c) Haftung des Fertigers von Schuldbriefen?
§ 8		d) Zahlungen durch Pupillen und Minderjährige
§ 9		e) durch Pflegeväter, Tutoren und Curatoren
§ 10		f) Zahlung durch oder an Bevollmächtigte, Verwalter oder Amtsleute
§ 11		g) an Factoren oder Handelsdiener in offenen Gewölben
§ 12		h) Zahlung an Unvogtbare?

§ 13 i) Haftung des Herren für das Gesinde, des Landmannes für die Unterthanen

§ 14 II. Gegenstand der Leistung?

a) Verpflichtung zur Annahme eines anderen als des Leistungsgegenstandes: Sache oder Forderung für Geld, Geld für Sache?

§ 15 Aliud pro alio?

§ 16 b) insbesondere bei Zwangsbefriedigung

§ 17 c) Hingabe an zahlungsstatt wegen unverschuldeten Verlustes des Leistungsobjectes

§ 18 d) bei Genusobligationen

§ 19 e) Geldschulden aus Darleihensverträgen

§ 20 Handel auf die stuck und materi

§ 21 auf den munzformb und schlag

§ 22 Beschränkte Verpflichtung zur Annahme kleiner Münzsorten

§ 23 Zahlung in der Währung des Contractsortes oder der Heimat des Gläubigers

§ 24 Zahlung nach dem Münzwerte zur Zeit des Contractsschlusses.

§ 25 Consequenzen: Aufschlag und Abschlag

§ 26 Modificationen infolge Annahmeverzuges

§ 27 f) Geldzahlung bei anderen Contracten

§ 28 g) infolge letztwilliger Verfügung

§ 29 III. Verpflichtung zur Annahme des Kapitales ohne Zinsen?

§ 30 IV. Condicio indebiti

§ 31 V. Ort der Zahlung

§ 32 Geldschulden: Bringschulden

§ 33 VI. Zeit der Zahlung

§ 34 VII. Annahmeweigerung: Gerichtlicher Erlag

§ 35 VIII. Keine Erfüllung:

a) unbefugte Zahlung an einen Dritten

§ 36 b) Leistung einer belasteten statt einer freien Sache

§ 37 c) einer mangelhaften Sache

§ 38 d) vertragswidrige Leistung

§ 39 IX. Irrthümliche Leistung einer Herrenanforderung: begründet keine Gerechtigkeit

§ 40 wohl aber die Ersitzung

§ 41 X. Verzicht auf Zinsen und Kosten durch Annahme des Kapitales?

§ 42	XI.	Diei adiectio pro debitore
§ 43		zu Gunsten beider Contrahenten
§ 44	XII.	Quittung über Gefälle der 3 letzten Jahre:
		Befreiung von früheren Ausständen
§ 45	XIII.	Wirkungen der mora solvendi:
		a) Befugnis zum Schadennehmen
§ 46		b) Verzugszinsen
§ 47	XIV.	Einfluß von Zahlungshindernissen

XX. Titel. Von cessionen und ubergaben.

(fol. 169 = S. 185)

§ 1	I.	Erfordernisse der Cession:
§ 2		a) bona fides der Contrahenten
		b) nicht zur Beschwerung des debitor cessus. Cession an die Obrigkeit
§ 3		oder eine andere überlegene Person
§ 4		c) ohne Simulation
§ 5		Indizien für
§ 6		gegen deren Vorhandensein
§ 7		[Zulässigkeit der Veräußerung einer res litigiosa]
§ 8		d) Notwendigkeit der Zustimmung des Cessus zur Cession?
§ 9	II.	Cession an zahlungsstatt
§ 10		Haftung des Cedenten für die Richtigkeit der Forderung
§ 11		Verpflichtung des Gläubigers zur Annahme
		von Forderungen an zahlungsstatt?
§ 12	III.	Subjective Momente:
		a) Vormünder und Gewalthaber
§ 13		b) zwischen Eheleuten
§ 14		c) oder Blutsfreunden
§ 15		d) zwischen Geistlichen und Laien
§ 16		e) dem Gläubiger zu Gefährde?
§ 17		f) Pupillen und Minderjährige?
§ 18		g) Interdicierte?
§ 19		h) Gefangene, Landverwüster, zum Tode Verurtheilte
§ 20	IV.	Übertragung der Accessorien mit der cedierten Schuldforderung
§ 21	V.	Berühmung

§ 22	VI.	Mehrfache Cession
§ 23	VII.	Einreden:
		a) gegen den cedierten Forderungsanspruch
§ 24		b) persönliche Einreden?
§ 25	VIII.	Cession der actio litigiosa

XXI. Titel. *Von entlehneten haab und guetern so commodatum genant wirdt.*

(fol. 179 = S. 189)

§ 1	I.	Gegenstand des Leihvertrages
§ 2	II.	Subjective Momente:
§ 3		a) Gesinde: Leihe durch dasselbe ohne Wissen des Herren Entlehnung ohne Auftrag
§ 4		durch angesehene und vertrauenswürdige Diener
§ 5		von Gewölbherrn und Handelsleuten
§ 6		b) Bevollmächtigte
§ 7		c) Inhaber fremder Güter, Gericht und Sequester
§ 8	III.	Haftung des Commodatars:
		a) im allgemeinen
§ 9		b) für Zufall?
§ 10		c) für casus mixtus und übernommene Gefahr
§ 11		d) für natürlichen Verderb?
§ 12.		e) für Unfälle bei mora solvendi
§ 13		f) für Bergung in Gefahr
§ 14		g) für Gebrauchsentziehung bei mora solvendi
§ 15		h) für Diebstahl und anderen Verlust
§ 16	IV.	Ansprüche des Commodatars:
		a) wegen Besserung des Lehngutes
§ 17		b) Ersatz der Atzungskosten?
§ 18	V.	Gefahr der Rückstellung des Lehngutes durch das Gesinde
		a) des Entlehners
§ 19		b) das Commodanten
§ 20	VI.	Vertheidigung gegen den Restitutionsanspruch:
		a) exceptio dominii?
§ 21		b) persönliche Ansprüche?
§ 22		c) Retentionsrecht?
§ 23	VII.	Schäden durch Mängel der entlehnten Sache

§ 24	VIII.	Eigenmächtige Durchsetzung des Restitutionsanspruches?

XXII. Titel. Von haab und guetern so zu getreuen handen hinderlegt bevohlen und vertraut werden.

(fol. 176 = S. 192)

§ 1	I.	Personen, an welche die Rückstellung zu erfolgen hat:
		a) Gewalthaber des Hinterlegers ohne Specialvollmacht?
§ 2		b) Diener desselben?
		c) Hinterleger, nicht notwendig
§ 3		Eigenthümer oder gerechter Inhaber
§ 4		d) Mehrere Hinterleger
§ 5		e) Miterben des Hinterlegers. Einfluß der Theilbarkeit der doponierten Sache
§ 6		des Majoritätsprincipes
§ 7	II.	Haftung für verschlossen oder versiegelt übergebene Sache
§ 8	III.	Benützung der deponierten Sache?
§ 9	IV.	Streit unter den Erben des Deponenten. Herausgabe gegen Caution oder gerichtlicher Erlag
§ 10	V.	Hinterlegung auf Zeit
§ 11	VI.	Ort der Rückstellung
§ 12	VII.	Abläugnung des Depositums
§ 13	VIII.	Afterhinterlegung
§ 14	IX.	Vertheidigungsmittel des Depositars gegen den Restitutionsanspruch:
		a) Retentionsrecht?
§ 15		b) exceptio dominii?
§ 16	X.	Arrestschlag auf deponiertes Gut
§ 17	XI.	Dingliche Klage: laudatio auctoris
§ 18	XII.	Actio depositi directa: summarisches Verfahren, executio parata
§ 19	XIII.	Haftung des Depositars:
		a) für Verlust aus geöffnetem Behältnisse
§ 20		b) für höhere Gewalt?
§ 21		Ausnahmen
§ 22		c) für natürlichen Verderb und Verlust?
§ 23		d) für Entwendungen des Gesindes
§ 24		e) für die Gefahr der Verleihung

§ 25		f) und des Verkaufes
§ 26	XIV.	Abläugnung des depositum miserable
§ 27	XV.	Begriffsabgrenzung: Niederlage ohne Empfehlung
§ 28	XVI.	Ersatzansprüche. Impensen einerseits, Sachbeschädigung andererseits
§ 29	XVII.	Mora accipiendi
§ 30	XVIII.	Beweis des Depositums durch den Inhalt einer letzten Willenserklärung?

XXIII. Titel. Von haab und guetern welche ainem wirt zu verwaren bevolchen und vertraut werden.

(fol. 180 = S. 196)

§ 1		Haftung für Diebstahl
§ 2		Ausnahmen
§ 3		Haftung für Verlust aus eröffneten Behältnissen

XXIV. Titel. Von sequestrationen der strittigen haab und gueter welche zu dritter und treuer hant durch das gericht gelegt und bevohlen werden.

(fol. 181 = S. 197)

§ 1	I.	Zulässigkeit der Sequestration: regelmäßig verboten
§ 2		Ausnahmsfälle:
§ 3		a) über Begehren beider Partheien
§ 4		b) im Stritte um Fahrnus bei Fluchtverdacht
§ 5		c) im Stritte um Früchte (Zehnten, Bergrecht)
§ 6		d) ob cotamaciam des Beklagten
§ 7		e) Heiratsgut bei Verschwendung des Mannes
§ 8		f) im Stritte um eine besitzlose Sache
§ 9		g) Besitzregelung bis zur Austragung der Eigenthumsfrage
§ 10		eventuell durch Sequestration bewirkt
§ 11		h) bei gebotenem Stillstande
§ 12		i) in hangender Appellation
§ 13	II.	Bestellung des gerichtlichen Sequesters: a) regelmäßig nach Vernehmung der Partheien
§ 14		b) ex officio bei Gefahr im Verzuge

§ 15		oder wider pflichtwidrige Amtsleute
§ 16	III.	Eigenschaften des Sequesters
§ 17	IV.	Verbindlichkeiten des Sequesters:
		a) Caution oder Revers?
§ 18		b) Rechnungslage
§ 19	V.	Befugnisse des Sequesters:
		a) Verpfändung oder anderweitige Veräußerung?
§ 20		b) Bestandgabe?
§ 21		c) Verkauf der Früchte
§ 22		d) Vornahme von Bau und Besserung
§ 23		Ersatz von Meliorationen?
	VI.	Haftung des Sequesters:
		a) für Deteriorierung
§ 24		b) für Zufall
§ 25		insbesondere: für Feuersgefahr
§ 26	VII.	Alimentation des Beklagten aus dem sequestrierten Gute
§ 27	VIII.	Zuziehung des Klägers zur Fechsung trotz verweigerten Sequestration
§ 28	IX.	Verpflichtung zur Übernahme der Sequestration?
§ 29	X.	Entlohnung des Sequesters
§ 30	XI.	Sequestration beweglicher Sachen durch das Gericht
§ 31	XII.	Endigung der Sequestration

XXV. Titel. *Von betzahlung des geltes so zu gericht erlegt und deponiert wirdt.*

(fol. 185 = S. 201)

XXVI. Titel. Von transactionen verträgen und vergleichungen strittiger rechtssachen und händl.

(fol. 185 = S. 201)

§ 1	I.	Fähigkeit zum Vergleiche:
		a) Unvogtbare und Minderjährige?
§ 2		b) Vormünder und Curatoren
§ 3		c) Bevollmächtigte und Amtsleute
§ 4		d) Eltern
§ 5		insbesondere als Fruchtniesser
§ 6		e) landesfürstliche Vasallen

§ 7		f) Pfandschaften und Inhaber von Kammergut auf Wiederkauf
§ 8		g) Verwalter von Kirchengut
§ 9		h) Fruchtniesser und Leibgedinger
§. 10.	II.	Giltigkeit des Vergleiches:
		a) bei Delictsobligationen regelmäßig unzulässig. Ausnahme
§ 11		insbesondere bei Ehebruch und anderen Lastern unzulässig
§ 12		statthaft bei Beleidigungen und in Gewaltssachen
§ 13		b) nach rechtskräftig entschiedener Sache bezüglich der Accessorien
§ 14		c) Alimentenvergleich
§ 15		d) weitere Fälle
§ 16	III.	Form des Vergleiches:
		a) Schriftlichkeit?
§ 17		b) Gelöbnis mit Mund und Hand?
§ 18	IV.	Einfluß des Rechnungsirrthumes?
§ 19	V.	Nichterfüllung des Vergleiches:
		a) Reurecht und mutuus dissensus
§ 20		b) Verzug: Rechte des erfüllenden Theiles
§ 21		c) Strafgedinge Anspruch auf Erfüllung oder Strafleistung
§ 22		auf Erfüllung und Strafleistung
§ 23		Strafverfall wegen Anfechtung eines Vertragstheiles oder wegen Weigerung zur Aufrichtung und Fertigung
§ 24		Erlaß des landesfürstlichen Antheiles der Strafe
§ 25		Summarisches Verfahren
§ 26		Anspruch des nichthaltenden Theiles auf Erfüllung?
§ 27		Entfallen der Conventionalstrafe durch Erfüllung vor dem Erkenntnisse
§ 28	VI.	Exceptio transactionis
§ 29	VII.	Auslegungsregeln:
		a) Bedeutung der Generalclausel
§ 30		b) Vergleich über einzelne Posten
§ 31		c) Ausdehnung auf künftige Ansprüche?
§ 32		d) auf nicht berührte
§ 33		e) auf unvorhergesehene
§ 34		f) auf vorsätzlich verschwiegene Puncte?
§ 35	VIII.	Einfluß der Auffindung neuer Urkunden
§ 36	IX.	der Aberkennung des überlassenen Grundstückes

XXVII. Titel. Von ehelicher zusambenfuegung ermachelschaft und heuraten.

(fol. 190 = S. 207)

§ 1	I.	Ehehindernis der Verwandtschaft: a) in aufsteigender Linie
§ 2		b) in absteigender Linie
§§ 3–10		c) in der Seitenlinie bis zum vierten Grade. Casuistisches Detail
§ 11		Nicht verwandte Stiefgeschwister?
§ 12	II.	Ehehindernis der Schwägerschaft
§ 13		Begriff der Schwägerschaft
§ 14		Details
§ 15	III.	Geistliche Gevatterschaft
§ 16		Ehehindernis zwischen Kindern von Gevattersleuten?
§ 17	IV.	Pflegekindschaft? Adoption
§ 18	V.	Ungiltigkeit der Ehe von Kindern ohne Zustimmung der Eltern
§ 19		Folgen der Verehelichung einer Tochter unter 25 Jahren ohne die erforderliche Zustimmung
§ 20		Ersetzung des Consenses der Blutsfreunde und Curatoren durch die Obrigkeit
§ 21		Aufredung ehrbarer Leute Töchter zu Schmach oder Ehe
§ 22	VI.	Impedimentum aetatis
§ 23	VII.	Misheirath: Strafe des Mannes
§ 24		der Frau
§ 25	VIII.	Ehehindernis der Entführung a) mit Gewaltanwendung
§ 26		b) mit Willen der Entführten?
§ 27	IX.	Ehe zwischen einer Mündel und ihrem Vormunde oder dessen Sohne?
§ 28		zwischen dem Mündel und der Tochter des Vormundes
§ 29		zwischen der Mündel und dem Vormunde nach beendeter Vormundschaft
§ 30	X.	Rücktritt vom Verlöbnisse: a) wegen ausgebrochener Feindschaft unter den Brautleuten
§ 31		b) wegen Unzucht
§ 32		c) oder Abwesenheit des anderen Theiles durch 2 Jahre

§ 33		Lösung des Ehebandes aus diesem Grunde?
§ 34		d) nach erreichter Vogtbarkeit
§ 35		e) wegen Deficienz der Bedingung
§ 36		f) wegen Zwanges
§ 37		g) wegen Leibesgebrechen des anderen Theiles?
§ 38	XI.	Zulässigkeit der Eheschließung a) in Todeskrankheit
§ 39		b) in hohem Alter
§ 40	XII.	Wiederverehelichung als Resolutivbedingung letztwilliger Zuwendung an die Gattin?

XXVIII. Titel. Von heuratguetern widerlegung morgengaben auch derselben aigenschaften widerfällen freihaiten und bedingnussen.

(fol. 195 = S. 212)

§ 1	I.	Heiratsgut und Widerlage: Giltigkeitserfordernis der Ehe?
§ 2		Arten der Bestellung: a) auf Überleben (Kopf um Kopf)
§ 3		Wirksamkeit durch den Tod eines Gatten nach dem Beilager
§ 4		Vermuthung der Priorität des Todes der Frau
§ 5		b) auf gesammte Hand
§ 6		Einfluß der Wiederverehelichung? Consolidation
§ 7		Dispositionsbefugnis der Eigenthümer bei Lebzeiten des überlebenden Gatten: inter vivos
§ 8		mortis causa
§ 9		Cautionspflicht des überlebenden Gatten
§ 10		auch in Ansehung liegender Güter
§ 11		c) Heiratsabrede ohne solches Gedinge
§ 12		Aufhebung der Heiratsverträge durch letzten Willen
§ 13		Letztwillige Zuwendungen neben dem Heiratsbriefe
§ 14	II.	Morgengabe: a) an die Jungfrau
§ 15		b) bei Heirat einer Witwe durch einen Junggesellen

§ 16		c) durch einen Witwer?
§ 17		Rechtsverhältnisse an der Morgengabe
§ 18	III.	Grundsätze über Heiratsgut, Widerlage und Morgengabe:
		a) Taxe?
		b) Aufrichtung nach dem Beilager
§ 19		c) Abfertigung des überlebenden Gatten ohne Heiratsabrede
§ 20		d) Ausmaß: der letztwillig verordneten Aussteuer der Kinder
§ 21		der legierten dos adventitia
§ 22		der Morgengabe nach Landsbrauch
§ 23		nach Willkühr
§ 24		der Widerlage
§ 25		e) Exceptio non adimpleti contractus
§ 26	IV.	Güterordnungen:
		a) beim Herrn- und Ritterstande: allgemeine Güterunterschiedenheit daher Dispositionsbefugnis der Frau über das Paraphernalgut
§ 27		des Mannes über sein nicht zur Widerlage und Morgengabe gewidmetes Vermögen
§ 28		b) bei Bürgern und Bauern: Errungenschaftsgemeinschaft
§ 29		Vorbehalt der Kaufleute
§ 30		c) Kraft Gedinges: Mobilargemeinschaft
§ 31		Erbrecht bezüglich des Eingebrachten und der Errungenschaft
§ 32		oder bezüglich eines Theiles
§ 33		Halbsetzung oder Dritttheilsrecht in Ansehung des beweglichen Sammtgutes
§ 34*		oder des beweglichen Nachlasses
§ 35		Begiffsumfang der fahrenden Habe
§ 36		Vorbehalt:
		1) etlicher Sachgattungen
§ 37		2) der eingebrachten Fahrnis
		Bedenken hingegen
§ 38		Vereinbarung einer fixen Geldsumme statt der Fahrnis
§ 39	V.	Beweis des Heiratsbeschlußes:
		a)durch Heiratsbriefe oder Heiratsabreden
§ 40		b) mit lebenden Zeugen
§ 41	VI.	Heiratsgedinge bezüglich der Liegenschaften: Errungenschaftsgemeinschaft auf Überleben, zu gesamter Hand oder mit Halbsetzung unter Wahrung

§ 65	XVIII.	Eigenmächtiger Antritt des Heiratsvermächts?
§ 66		Abfertigung der Witwe: Summarisches Verfahren
§ 67		Restitution der dos im Falle der Verarmung?

XXIX. Titel. Von donationen und ubergaben under den lebendigen.

(fol. 206 = S. 223)

§ 1	I.	Befugnis zur Schenkung: a) Pupillen und Minderjährige
§ 2		b) Vormünder und Pflegeväter
§ 3		c) Vasallen
§ 4		d) Prälaten und Geistliche
§ 5		e) unter Eheleuten: Abweichung vom gemeinem Rechte
§ 6		Wirksamkeit der Schenkung des Bräutigams mit dem Beilager
§ 7		Tod desselben vor der Eheschließung und dem Beilager
§ 8		f) Gefangene und Verbrecher
§ 9		g) Ehefrau bezüglich der dos?
§ 10		h) Miteigenthümer
§ 11		i) Gläubiger bez. der Forderung ohne Zustimmung des Schuldners
§ 12	II.	Rechtsverhältnis: a) Reurecht?
§ 13		b) Klagerecht aus dem Schenkungsversprechen. Auch auf Verzugszinsen
§ 14		c) Abzug wegen Schulden und Lebensbedarfes
§ 15	III.	Form: Gerichtliche Insinuation?
§ 16	IV.	Widerruf
§ 17		insbesondere wegen nachgeborener Kinder

XXX. Titel. Von weiblichen verzichten.

(fol. 207 = S. 225)

§ 1	I.	Verpflichtung der Töchter des Herrn- und Ritterstandes zur Ausstellung des Verzichtbriefes:
		a) bei Aussteuer seitens des Vaters
§ 2		b) nicht auf Muttergut
§ 3	II.	Eidliche Bekräftigung?
§ 4	III.	Wirkung des Verzichtes:
		a) nur auf causa intestati
§ 5		b) nur auf den Mannstamm
§ 6		speciell: Agnation
§ 7		nicht auf schwesterliche Erbschaft
§ 8		c) nicht auf bona adventitia des Bruder
§ 9		d) auf Leibeserben der Verzichtenden
§ 10		e) auf Güter im Auslande
§ 11	IV.	Succession der verzichtenden Tochter:
		a) bei Erbunfähigkeit des Mannstammes
§ 12		b) bei Vorhandensein eines per subsequens matrimonium legitimierten Sohnes
§ 13		c) einens Adoptivsohnes?
§ 14		d) infolge Aussterben der Erben des Mannsstammes bei Lebzeiten des Vaters
§ 15	V.	Cautionspflicht wegen Verschwendung

III. Buch

I. Titel. Was ein testamentlicher letster willen sei.

(fol. 212 = S. 229)

§ 1	I.	Begriff des Testamentes
§ 2	II.	Fähigkeit zur Testamentserrichtung
§ 3	III.	Ungiltigkeit des Testamentes wegen Zwanges
§ 4		wegen gütlichen Zuredens?

II. Titel. Welche persohnen nit testiren mögen.

(fol. 212^{v} = S. 229)

§ 1	I.	Unfähigkeit zur Testamentserrichtung:
§ 2		a) Unvogtbare Erlangung der Vogtbarkeit mit dem 18. Jahre, durch Ehe oder Brautstand
§ 3		b) Vernunftberaubte
§ 4		Personen bei unvollkommener Vernunft?
§ 5		c) Stumme
§ 6		Sprachlosigkeit nach Beginn der Testamentserrichtung
§ 7		d) Unsinnige und Tobsüchtige; in lichten Zwischenräumen?
§ 8		Unwitzige und ganz Einfältige
§ 9		e) Verschwender
§ 10		f) Untüchtige und Ehrlose
§ 11		g) Rechtskräftig zum Tode Verurtheilte
§ 12		h) Regulierte und Ordenspersohnen; auch Weltpriester
§ 13		i) der Letzte des Namens vom Herrn- und Ritterstande bezüglich des den Pflichttheil übersteigenden Antheiles am Stammgute
§ 14		und der infolge Verzichtes auf Wiederfall stehenden Güter
§ 15		k) Vogtbare Kinder unter väterlicher Gewalt?
§ 16		l) Kriegsgefangene
§ 17	II.	Convalescenz des Testamentes durch erlangte Vogtbarkeit?

III. Titel. Von denen schriftlichen testamenten der mannßpersohnen und in waß fällen testamentarizeugen und sigler von nötten, auch wie viel.

(fol. 214^{v} = S. 231)

§ 1	I.	Holographes Testament
§ 2	II.	Allographes Testament a) Vom Testator unterschrieben und gefertigt
§ 3		b) Im Falle der Testator weder Siegelstock noch Petschaftsring besitzt
§ 4		c) Form des vom Testator unterschriebenen, jedoch nicht gefertigten
§ 5		d) des von ihm weder geschriebenen noch gefertigten Testamentes

IV. Titel. Von schriftlichen testamenten der weibspersohnen

(fol. 215 = S. 232)

V. Titel. Von testamentari-zeugen siglern oder fertigern der letsten willen.

(fol. 215ᵛ = S. 232)

§ 1	I.	Fähigkeit zum Testamentszeugnisse:
		a) nur Mannspersonen
§ 2		b) der eingesetzte Erbe, dessen Vatter, Bruder und Gewaltunterworfener? wol aber Legatare und andere Particulargeschäftsgenossen
§ 3		c) Sohn und Vater? wol aber beide beim Testamente eines Dritten
§ 4		d) Schreiben des Testamentes
§ 5		e) Unvogtbare unter 18 Jahren?
§ 6		f) Zur Testamentserrichtung Unfähige?
§ 7		g) zum Zeugnisse Untaugliche
§ 8	II.	Zeitpunct für die Beurtheilung der Fähigkeit
§ 9	III.	Zwang zum Ausharren beim Testamentsakte?
§ 10	IV.	Tageszeit für die Testamentserrichtung?
§ 11	V.	Fertigung mit fremden Ringe oder Siegelstocke:
		a) wenn Zeuge den eigenen nicht zur Hand hat
§ 12		b) oder keinen besitzt
§ 13	VI.	Erfordernis eigenhändiger Unterschrift:
		a) der Zeugen?
§ 14		b) des Testators

VI. Titel. Waßmassen die fertigung beschehen solle und zu was zeit.

(fol. 217 = S. 234)

§ 1	I.	Zeitpunct der Fertigung:
		a) bei gleichzeitiger Anwesenheit der Zeugen
§ 2		b) bei Testamentserrichtung nach Landsbrauch
§ 3		c) Fertigung nach dem Tode des Testamentars?
§ 4		insbesondere, solange Zeugen noch beisammen sind
§ 5	II.	Context des Testamentes von verschiedener Hand

§ 6	III.	Offenes und verschlossenes Testament
	IV.	Ort der Fertigung:
		a) auf der Innen- oder Außenseite der Urkunde
§ 7		b) am Convert
§ 8	V.	Kenntnisnahme der Zeugen vom Testamentsinhalte?

VII. Titel. Wann die petzetlen stat haben oder nit.

(fol. 218 = S. 235)

§ 1		a) Testament mit eigener Unterschrift und Petschaft des Testators: Übersendung an die Zeugen mit Bittzetteln
§ 2		b) Sonst: persönliche Erklärung des Testators über die Authenticität mit Bitte um Fertigung
§ 3		Legislatives Motiv dieser Bestimmung

VIII. Titel. Von der institution und erbseinsetzung.

(fol. 219 = S. 235)

§ 1	I.	Erbeinsetzung: wesentlicher Testamentsbestandtheil
§ 2	II.	Sie erfolgt:
		a) durch Bezeichnung des Instiutierten als Erben
§ 3		b) mittels Generalclausel

IX. Titel. *Ob ainer mehr als ein testament anfrichten möge.*

(fol. 219v = S. 236)

§ 1	I.	Mehrfache Ausfertigung desselben Testamentes
§ 2	II.	Conscistenz mehrerer Testamente?
§ 3	III.	Codicilli testamentarii

X. Titel. Von denen muntlichen geschäften und nuncupativischen testamenten.

(fol. 220 = S.236)

§ 1	I.	Form des mündlichen Testamentes nach Landsbrauch
§ 2	II.	Weisung und schriftliche Fixierung desselben Testamentsbuch

XI. Titel. Von denen lezten willen so auf dem lant durch gemeine leut aufgericht werden.

(fol. 220v = S. 237)

XII. Titel. Von testamenten der kriegsmänner und reitersleut.

(fol. 221 = S. 237)

§ 1		a) Außerhalb des Feldlagers: regelmäßige Form
§ 2		b) Im Feldlager: privilegierte Form

XIII. Titel. Von testamenten so in sterbenden leuften gestelt werden.

(fol. 221v = S. 238)

XIV. Titel. Von testamenten so vatter und mutter, anherr und anfrauen zwischen ihren Kindern und einkeln machen.

(fol. 221v = S. 238)

§ 1		a) Form des schriftlichen testamentum parontis inter liberos
§ 2		b) insbesondere bei Aufnahme anderweitiger Verfügungen
§ 3		widrigens letztere als nicht beigesetzt behandelt werden

XV. Titel. Von der chonpersohnen und eheleut testament und lezten willen.

(fol. 222 = S. 238)

§ 1	I.	Gemeinschaftliches Testament
§ 2		mit gegenseitiger Erbseinsetzung
§ 3	II.	Einwirkungen auf die Testamentserrichtung: a) gütliches Zureden
§ 4		b) Zwang ?
§ 5		c) zudringliche Belästigung?
§ 6		d) Hinderung an der Testamentserrichtung?
§ 6[a]	III.	Einfluß letztwiliger Anordnungen auf den Bestand der Ehepacte: a) Änderung des Objectes durch letzten willen des Mannes. Wahlrecht der Frau
§ 7		b) Widerruf der Ehepacten im Testamente:

		1) ohne letztwillige Zuwendung?
		2) mit geringerer Zuwendung: Frau willigt ein ohne Wissen oder ernstliche Zustimmung derselben?
§ 10		c) Identität des Objectes. Wahlrecht der Frau
§ 11		Anwendung dieser Grundsätze auf letztwillige Erklärungen der Frau
§ 12	IV.	Folgen der Ausübung des Wahlrechtes:
		a) Ungiltigerklärung des Testamentes durch Urtheil
§ 13		b) Restitution
§ 14		c) Untheilbarkeit der letztwilligen Verfügungen
§ 15	V.	Befungnis zu letztwilligen Anordnungen:
		a) über das Sammtgut bei Errungenschaftsgemeinschaft?
§ 16		b) des Mannes über Brautgeschenke?
§ 17		c) über Frauengut?
§ 18		d) bezüglich der Vormundschaft über die Kinder
§ 19		e) über Lehngüter?
§ 20	VI.	Legat des Nießbrauches:
		Inventarerrichtung: Bezahlung der Schulden

XVI. Titel. *Welchen persohnen in ainem testament oder lezten willen geschafft werden mag.*

(fol. 225 = S. 241)

§ 1	Testamenti factio des Eingesetzten
§ 2	Ausnahmen:
	a) Uneheliche: bezüglich der väterlichen Erbschaft. Per rescriptum
	Legitimierte? bezüglich der mütterlichen Erbschaft?
§ 3	b) Kinder aus Ehen, denen das impedimentum consanguinitatis oder affinitatis entgegensteht
§ 4	c) Landesverwiesene
§ 5	d) Diener, die sich mit der Frau in Unehre vergessen

XVII. Titel. Welche haab und gueter verschafft mögen werden oder nit.

(fol. 225v = S. 242)

§ 1 Kein Gegenstand der testamentarischen Verfügung:
a) Fremde Sachen. Einfluß der Kenntnis des Testators
§ 2 b) Geistliche Güter
§ 3 c) Lehngüter
§ 4 d) Objekte des Nießbrauches
§ 5 e) Leibgedingsgüter auf eine Anzahl Leiber
§ 6 auf Lebenszeit
§ 7 auf bestimmte Jahre?

XVIII. Titel. Von denen testamenten welche wider schuldige trew und gebüer aufgericht werden.

(fol. 226v = S. 243)

§ 1 I. Verpflichtung zur Hinterlassung der legitima:
a) Vater gegen Kinder. Bei adeligen Töchtern wird das Heiratsgut der legitima verglichen
§ 2 b) Mutter gegen Kinder
§ 3 c) Eltern gegen weitere Descendenten
§ 4 d) Descendenten gegen Ascendenten?
§ 5 e) Geschwister: beim Herrn und Ritterstande?
§ 6 bei der Bürgerschaft: 5 Gulden 60 Pfennige. Guerela inofficiosi testamenti wegen Erbeinsetzung eines Ehrlosen
§ 7 f) Weitere Collateralen?
§ 8 Einfluß der Testamentsform? – Praeterition. System der absoluten Nullität

XIX. Titel. Von der legitima oder naturlichn ergeburnus und derselben aigenschaft.*

(fol. 227v = S. 244)

§ 1 I. Größe des Pflichttheiles der Kinder
§ 2 II. Gegenstand des Pflichttheilsanspruches:

* Fassung 1581: andere Reihung

		a) Hinterlassung desselben aus den Hauptgütern
§ 3		Abfindung mit barem Gelde
§ 4		mit Früchten?
§ 5		b) nicht aus allen Gütern
§ 6	III.	Berechnung des Pflichttheiles:
		a) kein Abzug der Legate
§ 7		selbst jener ad pias causas
§ 8		b) wol aber der Schulden
§ 9	IV.	Beschränkungen des Pflichttheiles:
		a) durch Nießbrauch? Insbesondere zu Gunsten der Gattin während der Unvogtbarkeit der Kinder
§ 10		b) durch Substitution?
§ 11		Pupillarsubstitution
		c) durch Verfügungen, welche die Abfertigung hindern
§ 12		Giltigkeit von Beschränkungen hinsichtlich des die Legitima übersteigenden Theiles
§ 13	V.	Hinterlassung des Pflichttheiles durch Vermächtnis
§ 14	VI.	Dispositionsbefugnis des Erblassers hinsichtlich des die Legitima übersteigenden Theiles
§ 15	VII.	Litiscrescenz wegen Nichterfüllung des Pflichttheilsanspruches bis zur Klage

XX. Titel. Von denen kindern welche nach aines vatern ableiben und begrebnus von ihme erzeugt, ehelichen geboren und posthumi genant werden.

(fol. 230 = S. 246)

§ 1	I.	Praeterition eines lebend zur Welt kommenden nasciturus. Nichtigkeit des
		a) vom Vater
		b) von der Mutter errichteten Testamentes fundus dotalis?
§ 3	II.	Convalescenz durch Ableben des nachgeborenen Kindes:
		a) nach dem Tode des Testators?
		b) bei Lebzeiten desselben
§ 4	III.	Todgeburt des nasciturus
§ 5	IV.	Exheredation desselben?

XXI. Titel. Von der kinder praeterition und stilschweigenden enterbungen.

(fol. 231 = S. 247)

§ 1	I.	Wirkung der Präterition von Kindern im Testamente a) des Vater: Nichtigkeit des Testamentes. Anfechtung mittels Nullitätsquerel auch nach Jahresfrist
§ 2		b) der Mutter: Anfechtung mittels querela inofficiosi testamenti binnen 5 Jahren
§ 3	II.	Giltigkeit des Testamentes trotz Praeterition eines Kindes a) bei Hinterlassung des Pflichtheiles
§ 4		b) bei Einsetzung zum Nacherben? Letztwillige Zuwendung eines wiederfallenden Gutes
§ 5		c) bei Einsetzung der Descendenz des Praetezierten?
§ 6	III.	Praeterition von Kindeskindern

XXII. Titel. *Von der exhaereditation und ausgetrukten enterbung der kinder.*

(fol. 232^{v} = S. 248)

§ 1	I.	Ausdrückliche Angabe eines billigen Enterbungsgrundes bei Exheredation von Kindern
§ 2	II.	Beweislast
§ 3	III.	Legat oder Praelegat (!) an den Enterbten
§ 4		Ereption des Vermächtnisses weegn Sachfälligkeit des die Enterbung anfrechtenden Noterben
§ 5	IV.	Ausdrückliche Enterbung a) der Geschwister: beim Adel? bei der Bürgerschaft
§ 6		b) der Ascendenten?
§ 7	V.	Verjährungszeit der guerela inofficiosi testamentari
§ 8	VI.	Hinfälligkeit der Enterbung durch Verzeihung

XXIII. Titel. Von rechtmessigen ursachen welche zu enterbung der kinder genuegsamb sein.*

(fol. 233ᵛ = S. 250)

§ 1	a) Thätliche Mishandlung oder gewaltsame Handanlegung in Tödtungsabsicht
§ 2	b) Schwere Beleidigungen
§ 3	c) Peinliche Anklage außer bei Verbrechen wider den Landesfürsten oder das Gemeinwohl
§ 4	d) Gemeinschaft mit Verbrechern oder untüchtigen Leuten
§ 5	e) Lebensnachstellungen in meuchelmörderischer Absicht
§ 6	f) Entehrung der Stiefmutter
§ 7	g) Schwere Schädigung durch Anzeige bei der Obrigkeit
§ 8	h) Weigerung der Söhne zur Bürgschaftsleistung für ihre gefangenen Eltern
§ 9	i) Hinderung der Errichtung eines letzten Willens. Exception
§ 10	k) Zugesellung zu liederlichen Personen
§ 11	l) Ergreifung eines unehrbaren Lebenswandels durch Kinder, welche die Eltern verheiraten und ausstatten wollen
§ 12	m) Verweigerung der Alimentation geisteskranker Eltern. Ereption zu gunsten der Verpfleger
§ 13	n) Weigerung zur Lösung der Eltern aus der Gefangenschaft
§ 14	o) Abfall von Christenthume

XXIV. Titel. Von der clag welche umb völlige erstattung der naturlichen ergeburnus und legitima beschicht.

(fol. 235 = S. 251)

XXV. Titel. *Von denen aftererbsatzungen und substitutionen, auch der ersten so vulgaris oder gemein genant wirdt.*

(fol. 235 = S. 251)

§ 1	I.	Arten der Substitution
§ 2		Zulässigkeit der Substitution
§ 3	II.	Vulgarsubstitution:

---

* Fassung 1581: ähnlich

§ 4		a) Fälle derselben
§ 5*)		b) Formeln
§ 6		c) Einsetzung mehrerer Substituten, Substitution bei Mehrhit von Instituten
§ 7		d) Erlöschung der Vulgarsubstitution
§ 8		e) Ausdehnung der Substitution auf den nicht ausgedrückten Fall
§ 9		f) Gegenstand der Erwerbung des Substituten
§ 10	III.	Verhältnis der Vulgarsubstitution: a) zur Pupillarsubstitution
§ 11		Tod des Instituten nach erreichter Vogtbarkeit
§ 12		b) zu Transmission und Accrescenzrecht
§ 13		Accrescenzrecht mitberufener Substituten
§ 14	IV.	Delation an die Erben des vor dem Erbanfalle Gestorbenen Substituten?
§ 15		ausgenommen, sie wären substituiert

XXVI. Titel. *Von der pupillarsubstitution, von den aftererbschaften welche denen unvogtbaren kindern beschehen.*

(fol. 237 = S. 254)

§ 1	I.	Begriff. Formel
§ 2	II.	Wirkung: Delation der Erbschaft des Testators und des Kindes an den Substituten
§ 3	III.	Zeitliche Beschränkung auf die Jahre der Unvogtbarkeit
§ 4		wegen Eintrittes der Testierfähigkeit
§ 5	IV.	Nur in Ansehung eigener Kinder des Testators
§ 6	V.	Verhältnis zur Vulgarsubstitution

XXVII. Titel. *Von der abwechsleten aftererbsatzung, in latein reciproca genant.*

(fol. 238 = S. 254)

XXVIII. Titel. *Von der vierten aftererbsatzung substitutis exemplaris genant.*

(fol. 238 = S. 255)

§ 1	I.	Quasipupillarsubstitution
§ 2	II.	Fideicommissarische Substitution

XXIX. Titel. Von furbringung und eröffnung der testament oder anderer letzten willen.

(fol. 238^{v} = S. 255)

§ 1	I.	Vorbringung:
		a) des verschlossenen schriftlichen Testamentes und Eröffnung desselben
§ 2		b) des offenen schriftlichen Testamentes und Verlesung desselben
§ 2[a)*)]		Zuziehung der Interessenten und Zeugen
§ 3[c)]		Vorbringung des auf Grund der Weisung niedergeschriebenen mündlichen Testamentes. Zuziehung der Zeugen?
§ 4	II.	Wirkung der Nichtvorbringung des Testamentes
		am Dreißigsten
		des Verzuges in der Vorbringung
§ 5	III.	Abwesenheit einiger Zeugen
		Tod der Fertiger vor der Testamentseröffnung

XXX. Titel. Von der testament und anderer lezten willen

in der lantschaft gedenkbuch einschreibung.
(fol. 240 = S. 256)

§ 1		Eintragung sämmtlicher Testamente in das Testamentsbuch
§ 2		unpräjudicierlich den Einreden
§ 3		Abschriftnahme

XXXI. Titel. Von der instituirten erben bedacht.

(fol. 240^{v} = S. 256)

§ 1	I.	Obrigkeitliche Bewilligung und Erstreckung
		der Deliberationsfrist
§ 2	II.	Befugnisse des Erben während dieses Spatium:
		a) Urkundeninspection; commissionelle Eröffnung der Sperre unter Zuziehung der Interessenten
§ 3		b) Unaufschiebbare Veräußerungen gegen Rechnungslage, eventuell Caution
§ 4		c) Bezug von Alimenten seitens der Noterben und Pupillen

XXXII. Titel. Von antrettung der erbschaft cum beneficio inventarii

(fol. 241 = S. 257)

XXXIII. Titel. Von dem inventari.

(fol. 241v = S. 257)

§ 1	I.	Errichtung des Inventars durch Commisarien oder durch den Erblasser
§ 2		Neuerliche Inventarisierung trotz älteren Verzeichnisses des Erblassers
§ 3	II.	Gegenstand des Inventars: a) Erbschaftsmasse. Beweis der Vertuschung
§ 4		b) fremde Sachen: abgesonderte Verzeichnung
§ 5		c) Von der Gemeinschaft ausgeschlossene Fahrnisse?
§ 6	III.	Verpflichtung der Witwe zur Veranlassung der Sperre und Inventarserrichtung
§ 7	IV.	Verbot der Inventarisierung durch den Erblasser

XXXIV. Titel. Von annehmung antrettung und mächtigung der erbgüeter.

(fol. 243 = S. 259)

§ 1	I.	Willenserklärung a) Acte: hereditatis aditis
§ 2		pro herede gestio
§ 3		b) Vertretung Unvogtbarer
§ 4	II.	Willensbestimmung: a) Zwang?
§ 5		b) Annahme von Theilen der deferierten Erbschaft?
§ 6	III.	Unwiderruflichkeit a) des Erbschaftsantrittes: Restitution
§ 7		b) der Repudiation. Restitution
§ 8	IV.	Zeit des Erbantrittes. Restitution?

XXXV. Titel. Von dem erblichen zustant jus accrescendi genant.

(fol. 244 = S. 259)

		Anwachsungsrecht infolge
§ 1		a) Verzichtes eines mitberufenen Erben
§ 2		b) testamentarischer Verfügung lediglich über einen Theil
§ 3		c) oder über das gegenwärtige Vermögen

XXXVI. Titel. Von cassierung und verenderung aines testamentlichen willens.

(fol. 244^{v} = S. 260)

§ 1	I.	Aufhebung des Testamentes durch den Willen des Erblassers:
		a) durch Cassierung oder Veränderung. Erfordernis ausdrücklichen Widerrufes des früheren Testamentes?
§ 2		b) durch Aufrichtung eines neuen, wenngleich wegen Formgebrechens ungiltigen Testamentes
§ 3		c) durch absichtliche Abreißung der Siegel
§ 4	II.	Form des Widerrufes:
		a) mündlicher Widerruf des schriftlichen Testamentes?
		b) Cassierung desselben: Zeugen?
		c) mündlicher Widerruf des mündlichen Testamentes
§ 8	III.	Aufhebung des Testamentes durch Genesung von der Krankheit in welcher das Testament errichtet ward:
		a) des schriftlichen?
		b) des mündlichen

XXXVII. Titel. *Welche testament nichtig und crafftloß seint auch was ainem testament von rechts- und lantprauch wegen apponiert kan werden.*

(fol. 245^{v} = S. 261)

§ 1	I.	Mangel der testamenti factio:
		a) Unfähigkeit des Testators zur Errichtung des Testamentes
§ 2		b) Unfähigkeit des ernannten Erben zum Erwerbe
§ 3		c) insbesondere: Sinnlosigkeit des Testators zur Zeit der Testamentserrichtung

§ 4		d) oder Unfähigkeit zu verständlicher Äußerung
§ 5		Tod des Testators während der Testamentserrichtung
§ 6	III.	Formgebrechen in Ansehung der Zeugen:
		a) nicht in gehöriger Anzahl
§ 7		b) nicht siegelgemäß oder sonst untauglich
§ 8	IV.	Mangel einer Erbeinsetzung
§ 9	V.	Verletzung des Notherbrechtes:
		a) Praeterition eines Notherben
§ 10		auch eines nasciturus
§ 11		b) Enterbung ohne rechtmäßigen Grund
§ 12	VI.	Testament mit falschen Praktiken aufgerichtet
§ 13	VII.	Radierung in Hauptpuncten
§ 14		Durchstreichung des Testamentes oder der Erbeinsetzung: Marginalbemerkungen?
§ 15	VIII.	Erbeinsetzung eines postumus
§ 16	IX.	Testamentum destitutum s desertum
§ 17	X.	Erzwungenes Testament
§ 18		Hinderung an der Änderung eines Testamentes
§ 19	XI.	Selbstmord des Testators

XXVIII. Titel. Wann ain testament manglhaftig, ob dennoch die gemeinen particulargeschäft, als legat fideicommiss oder dergleichen, bestehen mögen.

(fol. 246v = S. 262)

§ 1	Aufrechthaltung der Geschäfte
	a) wenn das Testament unvollendet blieb?
§ 2	b) bei unförmlichem Testamente: Zuwendung an die Kinder
§ 3	und ad pias causas
§ 4	c) Widerruf des vom Erblasser selbst vollzogenen Geschäftes?
§ 5	d) bei Praeterition oder Exheredation von Noterben
§ 6	e) bei Zwang hinsichtlich der Erbeinsetzung; auch der übrigen Willenserklärungen?
§ 7	f) Anfechtung des Testamentes mittels actis ad supplendam legitimam

XXXIX. Titel. Wann der eingesetzt erb nit erb sein kan oder mag, wohin die erschaft falle.

(fol. 247[v] = S. 263)

XL. Titel. Von salvierung aines unzierlichen testaments und der codicillarischen clauseln.

(fol. 248 = S. 263)

§ 1	I.	Begriff der Codicillarclausel
§ 2[*)]		Formeln
§ 3	II.	Conversion der Testamente im Codicille: a) Mangel der testamenti factio activa?
§ 4		b) Unvollendetes Testament?
§ 5		c) Mangel der testamenti factio passiva
§ 6		d) Ablehnung der Erbschaft
§ 7		e) Formgebrechen des Testamentes
§ 8		f) Anfechtung desselben wegen Praeterition eines Notherben
§ 9		insbesondere eines postumus
§ 10		oder wegen ungerechfertigter Exheredation
§ 11	III.	Aufrechthaltung der testamentarischen Verfügung als Fideicommiss
§ 12	IV.	Conversion gegen den Willen des Erblassers?

XLI. Titel. Von codicillen oder letsten willen darinnen kain erb begriffen.

(fol. 249[v] = S. 265)

§ 1	I.	Begriff
§ 2	II.	Form der Errichtung a) mündlich und schriftlich
§ 3		a) Holographes Codicill mit Unterschrift und Fertigung des Ausstellers
§ 4		ß) altographes mit Unterschrift und Fertigung des Ausstellers
§ 5		g) ohne Fertigung des Ausstellers
§ 6		Strengere Formerfordernisse für das Codicill einer Frau
§ 7		b) Codicilli ab intestats

§ 8		e. testamentarii
§ 9	III.	Inhalt des Codicilles:
		a) Widerruf der Erbeinsetzung? Einsetzung eines Substituten?
§ 10		b) Enterbung?
§ 11		c) Festsetzung der Erbportionen
§ 12		d) Legate
§ 13		e) Fideicomisse
§ 14		insbesondere Universalfideicommiss. Charta Trabellianica
§ 15	IV.	Verhältnis des Codicilles zum Testamente:
		a) Codicill vor dem Testamente
§ 16		b) nach demselben errichtet
§ 17	V.	Fähigkeit:
		a) zur Errichtung des Codicilles
§ 18		b) zum Erwerbe aus demselben
§ 19	VI.	Coexistenz mehrerer Codicille
§ 20	VII.	Nichtigkeit derselben

XLII. Titel. Von gemainen geschäften und verlassungen legata genant.

(fol. 251v = S. 267)

§ 1	I.	Errichtung:
		a) von Geschäften in Testamenten und Codicillen
		b) von Fideicommissen
§ 2	II.	Erfordernis der testamenti factio activa
§ 3		und passiva
§ 4	III.	Person des Honorierten:
		a) Blutsfreunde oder Fremde
§ 5		b) mehrere untereinander verwandte Personen
§ 6		c) der eingesetzte Erbe
§ 7	IV.	Geistesgesundheit des Erblassers
§ 8	V.	Ungiltigkeit des Vermächtnisses vermöge Ungiltigkeit des Testamentes:
		a) wegen Formgebrechens. Ausnahmen
§ 9		b) wegen Nichtvollendung
§ 10		c) wegen Zwanges
§ 11	VI.	Gegenstand des Vermächtnisses
§ 12	VII.	Aufhebung des Vermächtnisses durch Ablehnung der Erbschaft; ausgenommen bei böswilliger Absicht

§ 13		oder infolge der Codicillarclausel
§ 14	VIII.	Ungiltigkeit unsittlicher und rechtwidriger Legate

XLIII. Titel. *Welche haab und gueter verschafft mogen werden.*

(fol. 253 = S. 269)

§ 1	I.	Legat einer verpfändeten Sache
§ 2		Einfluß des Irrthums
§ 3	II.	Legate Forderungen betreffend:
		a) liberatio legata
§ 4		b) nomen legatum
§ 5	III.	Legate einzelner Sachen:
		a) Gemeines unvertheiltes Gut
§ 5[a]		b) Sache des Erben
§ 6		c) des Legatars?
§ 7		dem Erblasser oder Anderen verpfändet
§ 8		d) fremde Sache
§ 9		Einfluß des Irrthums
§ 10		e) Sachen, bei denen concursus causarum lucrativarum stattfindet
§ 11		Erwerb durch oneroses Rechtsgeschäft?
§ 12		f) Geistliche, landesfürstliche Kammer- und Comunalgüter?
§ 13		g) in Bestand gegebene Sachen
§ 14		h) Erkauftes, doch nicht völlig ausgezahltes Gut
§ 15		i) Vermächtnis des Heiratsgutes durch den Mann
§ 16		k) Vermächtnis der Pfandsache durch den Gläubiger an den Mann
§ 17	IV.	Vermächtnis von Dienstbarkeiten:
		a) des Nießbrauches
§ 18		b) von Prädialservituten

XLIV. Titel. *Was dem geschäftman ervolgen solle.*

(fol. 255[v] = S. 271)

§ 1	I.	Individuell bestimmte Sachen:
		Abfindung mit dem Werte?
§ 2	II.	Gattungssachen: mittlerer Qualität
	III.	Sachgesammtheit:

§ 3		a) auch die nach der letzten Willenserklärung erworbenen Sachen?
§ 4		b) Unvollständige Aufzählung?
§ 5	IV.	Vermächtnis einer Gattung neben dem Vermächtnisse einer Species
§ 6	V.	Summenlegat:
		a) Wiederholung desselben Vermächtnisses
§ 7		b) Cumulative Hinterlassung von Summen verschiedenen
§ 8		oder gleichen Betrages
§ 9	VI.	Accrescenzrecht
§ 10	VII.	Vermächtnis einer vom Erblasser hinterlegten oder verschickten Sache
§ 11	VIII.	Haftung des Erben für die legierte Sache:
		a) wenn er dieselbe verwendet
§ 12		b) absichtlich oder fahrlässig verderben lässt
§ 13		c) Zufall-casus mixtus
§ 14		d) Verlust
§ 15	IX.	Irrthümliche Verschreibung eines Mehr oder Minder
§ 16	X.	Verschlechterung der legierten Sache aus Fahrlässigkeit des Erben
§ 17	XI..	Accessionen:
		a) Zuwachs des legierten Grundstückes
§ 18		b) Früchte, im Falle des Verzuges – nach Einklagung
§ 19		c) Interessen

XLV. Titel. *Welche geschäft nichtig und dem geschäftman nit ervolgen, auch keiner ausrichtung bedurftig.*

(fol. 258 = S. 274)

§ 1	I.	Ungiltigkeit und Aufhebung der Vermächtnisse:
		a) Nichtigkeitsgründe des 42. Titels
§ 2		b) Vermächtnis einer zu allgemein und unbestimmt bezeichneten Gattungssache
§ 3		c) Concursus causarum lucrativarum
§ 4		d) Zufälliger Untergang des legierten Objectes
§ 5		e) Veräußerung oder Verbrauch desselben durch den Erblasser; auch den Erben?

§ 6		f) Weigerung des Honarierten zur Tragung der auferlegten Bürde
§ 7	ad	e) Veräußerung des legierten Objectes aus Not? oder wegen drohenden Verderbes?
§ 8		g) Verschenkung desselben durch den Erblasser
§ 9		h) Eintreibung der legierten Forderung; auch Mahnung?
§ 10	ad	e) Rückerwerb der legierten, sohin veräußerten Sache durch den Erblasser
§ 11		i) Ademptio s. translatio legati
§ 12	ad	c) Wegfall des legierten Heiratsgutes durch Dotierung der Tochter bei Lebzeiten
§ 13	II.	Rechtsverhältnis am Gegenstande des nicht erworbenen Vermächtnisses
§ 14	III.	a) Irrthum des Erblassers in der Benennung des legierten Objects
		b) Verpfändung desselben nach Errichtung des Testamentes

XLVI. Titel. *Ob der geschäftman das geschaft thailen müge.*

(fol. 259^{v} = S. 275)

§ 1		Annahme oder Ablehnung:
		a) des Legates:
§ 2		b) mehrere Vermächtnisse

XLVII. Titel. Ob ein geschäftman sein vermaintes gescheft auf seine erben transmittier.

(fol. 260 = S. 276)

XLVIII. Titel. Wann die geschäftt ausgericht sollen werden

(fol. 260 = S. 276)

XLIX. Titel. *Mit was ordnung die geschäft abgericht sollen werden*

(fol. 260^{v} = S. 276)

§ 1	I.	Verlassenschaftsabhandlung:
		a) Kosten des Begräbnisses, der Sperre, Inventur und Schätzung

§ 2		b) Schulden, auch heiratliche Ansprüche Rangordnungsmäßige Befriedigung bei Überschulding
§ 3		c) Pflichttheilsforderungen
§ 4		d) Vermächtnisse: zunächst jene ad pias causas
§ 5		sodann gemeine Geschäfte
§ 6	II.	Befriedigung der Forderungen des Erben neben denen anderer Gläubiger

L. Titel. *Von denen ursachen dardurch ein geschäft verwürkt wirdt.*

(fol. 261 = S. 277)

§ 1	I.	Exeptionsgründe:
		a) wenn der Legatar die Witwe des Erblassers in Unehren erkennt
§ 2		b) Schuld am Tode des Erblassers
§ 3		c) Todfeindschaft mit dem Erblasser
§ 4		d) öffentliche Beleidigung desselben
§ 5		e) Unterlassung der Anklage wider den Mörder des Erblassers. Ausnahmen
§ 6		f) Verhinderung des Erblassers an der Änderung des lezten Willens
§ 7		g) Excusation als testamentarisch bestellter Vormund
§ 8		h) Unbegründete Anfechtung des letzten Willens als Fälschung. Unterstützung derselben mit Rath und That. Ausnahmen
§ 9		2) wegen Formgebrechens?
§ 10		3) als inofficios
§ 11		i) Gerichtliche Bestreitung des Personen-(Geburts-)Standes
§ 12		k) Unbefugte Verfügungen über die legierte Sache bei Lebzeiten des Erblassers:
		1) Schenkung
		2) heimliche oder gewaltsame Aneignung
§ 13	II.	Cassatorische Clausel: Wirksamkeit derselben bei Anfechtung des letzten Willens:
		a) wegen Formgebrechen?
§ 14		b) wegen vorgeschützter Fälschung oder Inofficiosität
§ 15	III.	Beziehung der Ereptionsgründe auf die Erbeinsetzung. Verwirkung zu Gunsten der landesfürstlichen Kammer

LI. Titel. *Von abzueg und messigung der geschäft so lex Falcidia genent wirdt, auch welche legat Keinen abzueg erdulden.*

(fol. 262v = S. 278)

§ 1	I.	Ungiltigkeit der Vermächtnisse wegen Überschuldung des Nachlasses.
§ 2	II.	Anwendungsgebiet der lex Falcidia
§ 3	III.	Wegfall des Abzuges:
		a) bezüglich des Pflichtheiles
§ 4		b) und der Legate ad pias causas
§ 5		c) wegen unterlassener Inventarserrichtung
§ 6		d) infolge Willenserklärung des Erblassers
§ 7		e) bezüglich der restituierten Dos
§ 8		f) freiwillige Entrichtung der Vermächtnisse ohne Abzug
§ 9		oder Versprechen derselben
§ 10		g) Unterschlagung von Nachlaßsachen
§ 11	IV.	Beurtheilung des Abzugsrechtes nach dem Stande der Verlassenschaft

LII. Titel. *Von vertreulichen geschäften und fideicommissen.*

(fol. 264 = S. 280)

§ 1	I.	Art der Errichtung. Eintheilung der Fideicommisse:
§ 2	II.	Universalfideicommiss
§ 3	III.	Particularfideicommiss. Form der Errichtung:
		a) schriftlich
§ 4		b) mündlich. Legislatives Motiv
§ 5	IV.	Person des Onerierten
§ 5[a*)]	V.	Rechte und Verpflichtungen des Fiduciars:
		a) Rechte: Eigenthumsrecht bis zur Restitution, Abzug der quarta Trebelliamica
§ 6		b) Verpflichtungen:
		1) Restitution; auch der Früchte?
		2) Eid über den Bestand des Fideicommisses – Folgen der Eidesverweigerung:
§ 7	VI.	Übereinstimmung der Fideicommisse und Legate
		a) Fähigkeit des Erblassers
§ 8		b) Fähigkeit des Onerierten

		c) Gegenstand der Zuwendung
§ 9		d) Nichtigkeit und Ereption

LIII. Titel. *Von der ubergab so von totswegen geschiecht und donatio causa mortis genant wirdt.*

(fol. 265 = S. 281)

§ 1	I.	Begriff Form
§ 2	II.	Erfordernisse:
		a) subjektive: Schenkung unter Ehegatten
§ 3		b) objektive
§ 4		c) wirkliche Übergabe?
§ 5	III.	Wegfall der donatio mortis causa
§ 6	IV.	Verhältnis zum Legate
§ 7	V.	Verhältnis zur Schenkung unter Lebenden:
		a) letzterer im Zweifel anzunehmen
§ 8		b) unwiderrufliche Schenkung auf den Todesfall?

LIV. Titel. Von denen executorn oder volziehung eines testamentlichen und andern lezten willens.

(fol. 266^{v} = S. 283)

§ 1	I.	Personen, denen die Vollziehung des letzten Willens obliegt
§ 2	II.	Fähigkeit zur Vollziehung des letzten Willens:
		a) Geistliche und Ordensleute?
§ 3		b) Frauen?
§ 4		c) Unvogtbare und Minderjährige?
§ 5	III.	Recht zur Entschlagung. Ausnahmen
§ 6		Weitere Ausnahmen
§ 7		Ereption des Zugewendeten wegen Entschlagung
§ 8	IV.	Übergang der Verpflichtungen auf die Erben?
§ 9	V.	Befugnis zur Substitution?
§ 10	VI.	Frist zur Vollstreckung des letzten Willens
§ 11	VII.	Cautionspflicht?
§ 12	VIII.	Verhältnis der Mitexecutoren zu einander
§ 13	IX.	Verkaufsbefugnis?
		a) Im Auftrage des Erblassers oder im Notfalle
		b) Mittelgut

		c) Fahrnis von Liegenschaft
§ 14		d) an den Meistbietenden
§ 15		e) Vorzug der nächsten Blutsfreunde
§ 16		f) an Verwandte des Testamentsexecutors
§ 17	X.	Legate zu frommen oder wolthätigen Zwecken:
		a) Legat ad pias causas zu Keinen andern Zweck zu verwenden
§ 18		b) Legat an Arme Vertheilung
§ 19		c) Legat ad pias causas: nicht Geld statt der legierten Sache
§ 20		d) oder umgekehrt
§ 21	XI.	Inventar bei Übernahme des Geschäftes
§ 22	XII.	Rechnungslage. Belege
§ 23	XIII.	Entsetzung des Testamentsexecutors

LV. Titel. *Von der succession und erbrecht ab intestato, auch denen erbschaften welche ainem von wegen naturlichs gebluets ohn und ausser aines aufgerichten lezten willen zustendig sein.*

(fol. 269v = S. 285)

§ 1	Vorbemerkungen:
	a) über die Geltung der aufgestellten Regeln für Frauen
§ 2	b) über die graphischen Darstellungen allgemein Wie die suhne und töchter erben.

LVI. Titel. Wie die suhn mit denen einkhlen erben

(fol. 260v = S. 286)

LVII. Titel. Wie die sühne mit denen uhreinklen erben

(fol. 261 = S. 287)

LVIII. Titel. Wie die einkhlen mit einander erben

(fol. 261v = S. 288)

LIX. Titel. Wie die ureinkhel mit einander erben

(fol. 262 = S. 289)

LX. Titel. Wie die einkhlen und ureinkel mit einander erben

(fol. 262^{v} = S. 290)

LXI. Titel. Wie die sühne einkel und ureinkel mit einander erben

(fol. 263^{v} = S. 291)

LXII. Titel. ***Ob die ureinkel mit denen einkhlen und ureinkhlen erben***

(fol. 264 = S. 292)

LXIII. Titel. Von denen seitenerben welche in der collaterall-lini begrifen, und erstlichen, wie die brüder von baiden banden an einander erben

(fol. 265 = S. 294)

§ 1 Intestaterbrecht vollbürtiger Brüder
§ 2 Ausschluß der Ascendenten

LXIV. Titel. Wie brüder von ainem pant mit den brüdern von paiden panden ihre verstorbne bruder erben sollen.

(fol. 266 = S. 294)

§ 1 a) Erbfolge in wohlgewonnenes Gut
§ 2 b) in Erbgüter

LXV. Titel. Wie die geschwistret so dem verstorbnen bruder allein von ainem pant verwant sein erben sollen.

(fol. 267 = S. 295)

§ 1 a) Erbfolge in väterliches oder mütterliches Gut
§ 2 b) in selbstgewonnenes oder anderweitig ererbtes Gut

LXVI. Titel. Wie die geschwistriget von ainem pant mit des bruders gesipten freunden erben sollen.

(fol. 267^{v} = S. 296)

§ 1 a) Erbfolge in väterliches

§ 2		b) in mütterliches Gut
§ 3	II.	Einfluß der Gradesnähe?

LXVII. Titel. Wie bruder von baiden panden mit des verstorbnen bruders kindern von baiden banden erben.

(fol. 269 = S. 298)

§ 1		Repräsentationsrecht
§ 2		ohne Rücksicht auf die Herkunft der Güter

LXVIII. Titel. Wie die geschwistriget von baiden banden mit des bruders kinder von einem bant allein zu des verstorbnen bruder erbschaft gelassen werden.

(fol. 270 = S. 299)

§ 1	I.	Erbfolge in wohlgewonnene Güter
		in Erbgüter:
		a) die bruderskinder sin dem Erblasser von väterlicher
§ 2		b) von mütterlicher Seite verwandt

LXIX. Titel. Wie die geschwistriget von ainem pant mit brüders kindern von baiden panden zu ihres verstorben bruders erbschaft gelassen werden.

(fol. 271v = S. 301)

§ 1	I.	Erbfolge in wohlgewonnene
§ 2	II.	in Erbgüter:
		a) der halbbürtige Bruder ist dem Erblasser von vätterlicher
		b) von mütterlicher Seite verwandt

LXX. Titel. Wie die bruder mit ihres brudern kintskindern ihren verstorbnen brudern erben mögen.

(fol. 273 = S. 304)

§ 1	I.	Erbfolge in wohlgewonnenes Gut
§ 2	II.	in Stammgüter. Verwandtschaft zum Erblasser
		a) Bruder vaterseitig, Bruders Kinder mutterseitig
§ 3		b) Bruder mutterseitig, Bruders Kinder vaterseitig

§ 4 c) Bruder vaterseitig, Bruders Kinder beiderseitig
§ 5 d) Bruder mutterseitig, Bruders Kinder beiderseitig
§ 6 e) Bruder beiderseitig, Bruders Kinder ein=oder zweiseitig

LXXI. Titel. Wie die geschwistrigte kinder von baiden oder den vätterlichen oder dem mütterlichen bant mitteinander erben.

(fol. 278v = S. 311)

§ 1 I. Erbfolge in Stammgüter
§ 2 II. in eroberte Güter:
a) beim Vorhandensein vollbürtiger Geschwisterkinder
§ 3 b) wenn lediglich halbbürtige Geschwisterkinder vorhanden

LXXII. Titel. Wie geschwistret kintskinder mit einander erben.

(fol. 280 = S. 313)

§ 1 I. Erbfolge in Stammgüter:
a) in väterliche
§ 2 b) in mütterliche Güter
§ 3 II. in gewonnene und eroberte Güter

LXXIII. Titel. Wie die geschwistrets kinder und kintskinder erben.

(fol. 282 = S. 314)

§ 1 I. Erbfolge in Stammgüter:
A. wegen Gradesnähe:
a) Vollbürtige Geschwisterkinder schließen vollbürtige Geschwisterskindeskinder aus
§ 2* Repräsentationsrecht in der Seitenlinie nicht über die Geschwisterkinder hinaus
§ 3 b) Vaterseitige Geschwisterkinder schließen in Vatergut die vaterseitigen Geschwisterskindeskinder aus
§ 4 c) ebenso mutterseitige Geschwisterkinder in Muttergut die mutterseitigen Geschwisterskindeskinder
B. wegen Stammesverschiedenheit:
a) vollbürtige oder mutterseitige Geschwisterskindeskinder schließen in Muttergut die vaterseitigen Geschwisterkinder aus

§ 6 b) ebenso vollbürtige oder vaterseitige Geschwisterskindeskinder in Vatergut die mutterseitigen Geschwisterskinder

§ 7 II. In erobertes oder überkommenes Gut:
A. wegen Gradesnähe:
a) vollbürtige Geschwister schließen halbürtige

§ 8 b) und vollbürtige Geschwisterskindeskinder aus

§ 9 B. wegen Vollburt: schließen vollbürtige Geschwisterskindeskinder die halbbürtigen Geschwister Kinder aus

LXXIV. Titel. Wie die verzignen töchter zu erben zugelassen werden.

(fol. 287v = S. 321)

§ 1 I. Ausschluß des Weibsstammes durch den Mannstamm

§ 2 II. Ausnahmen:
a) bei der Verheiratung wird kein Verzichtbrief vom Vater

§ 3 oder den Brüdern genommen

§ 4 b) Repräsentationsrecht der Töchter vorverstorbener Söhne oder Enkel

§ 5 III. Verzicht bezieht sich nicht auf Muttergut. Ausnahme

§ 6 IV. Ausschluß unverheirateter Töchter vom Erbrechte auch ohne Verzicht

§ 7 Anspruch derselben auf notdürftigen Unterhalt

LXXV. Titel. Wie die andern gesipten freünt in der zwerchs- beseizs- und collateral-lini begrifen zu erben zugelaßen werden.*

(fol. 289 = S. 322)

§ 1 Der negst im blut ist der negst zum gut. Theilung in capita

§ 2 Erbgüter fallen nur auf den Stamm von dem sie hergekommen

---

* Fassung 1581: andere Reihung

LXXVI. Titel. Wasmassen die weibsbilder bei dem herrnstant und denen vom adl in der zwerchs- oder seitenlini zu erben zugelaßen werden, auch wie ain guet zum töchtern kombt.

(fol. 289v = S. 323)

§ 1 I. Berufung des weiblichen Stammes der Seitenlinie zur Erbfolge:
a) wenn die Brüder von der Schwester bei deren Verheiratung Keinen Verzicht genommen
§ 2 b) in Güter vom mütterlichen Stamme
§ 3 c) Einsetzung der Verzichtenden als Erbtochter
§ 4 d) Absterben des Mannstammes ohne Testament
§ 5 e) Ausschluß der Brüder des Erblassers durch dessen Töchter und Tochterkinder. Verzicht wirkt außer bei Erbeinigungen nicht auf andere Linien
§ 6 II. Berufung der Erbtochter bei Aussterben des Mannsstammes gegen Einwerfung der väterlichen Erbschaft
§ 7 III. Erbfolgeordnung in Stammgüter welche zu den Töchtern kommen:
a) Ausschluß des entfernten Grades durch den näheren?
§ 8 b) Concurrenz einer Schwester und zweier Muhmen: Theilung in stripes
§ 9 Repräsentationsrecht
§ 10 c) unter weitern Verwandten: Theilung in capita

LXXVII. Titel. Ob des vatters bruder des verstorben bruders kinder ausschleust.

(fol. 290 = S. 324)

LXXVIII. Titel. Ob des brüdern kintskint des vattern bruders ausschleus.

(fol. 292 = S. 325)

LXXIX. Titel. Ob des vattern bruders-kint des anherrns bruderns-einkhl ausschleus.

(fol. 292v = S. 326)

LXXX. Titel. Wie ein erbschaft erblos wirdt, auch in was fellen die verlaßungen denen lantsfürsten haimbfelt und zustehet.*

(fol. 293v = S. 327)

§ 1	I.	Heimfallsrecht:
		a) der landesfürstlichen Kammer.
		b) der privilegierten Städte
§ 2		c) des Grundherren an dienstbaren Gütern
§ 3	II.	Eintritt des Heimfallrechtes:
		a) bezüglich väterlicher
§ 4		b) oder müterlicher Erbgüter
§ 5	III.	Erbrecht Unehelicher:
		a) in väterliches Gut? Incapacität.
		b) in mütterliches Gut; zum Nachlasse einer persona illustris?
§ 6	IV.	Grenzen der Verwandtenerbfolge:
		a) in absteigender Linie?
		b) in der Seitenlinie bis zum 10. Grade
§ 7		c) in aufsteigender Linie? Beerbung ex testamento
§ 8	V.	Intestaterben der Witwe?
§ 9		Ansprüche des überlebenden Gatten

LXXXI. Titel. Ob ein eheman schuldig sei vor volziehung des heüratsbriefs und seiner abfertigung seiner verstorbnen ehefrauen gueter derselben erben abzutretten.

(fol. 295v = S. 329)

§ 1	I.	Anspruch des Mannes auf Abfertigung
§ 2	II.	Verpflichtung desselben zur Abtretung des Frauengutes:
		a) webb er dasselbe besitzt
§ 3		b) wenn ihm der Besitz nicht eingeräumt war

LXXXII. Titel. Was dem hauswirt nach absterben seiner hausfrauen aus der vahrenden haab erfolgen soll.

(fol. 296= S. 329)

---

* Fassung 1581: Wan einer mit Todt ohne Testament abgeht.

LXXXIII. Titel. Wann ein fraw mit todt abgeet und ihr gut ihren kindern verlest, ob ihr hauswirt als der vatter die fruchtnießung davon haben solle.

(fol. 295 = S. 330)

LXXXIV. Titel. Wasmassen ein witfraw nach absterben ihre ehemans deßelben verlasne gueter biß zu ihrer abfertigung innenhaben möge.

(fol. 296^{v} = S. 330)

§ 1	I.	Gegenstand der Verweisung: a) Recht der Witwe zur Nutzung des Nachlasses bis zur Abfertigung
§ 2		Notwendigkeit der Generalclausel?
§ 3		b) Specialverweisung
§ 4	II.	Verpflichtung der Witwe zur Veranlassung obrigkeitlicher Sperre und Inventarserrichtung
§ 5	III.	Rechte der erstehelichen Kinder: a) Eindringen in den Besitz? b) bei der Abfertigung: Vorgang vor der Witwe
§ 6	IV.	Belassung der Witwe in der Inhabung fremder Sachen seitens der Erben

LXXXV. Titel. Zu waß zeit die wittib nach absterben ihres ehemans abgefertigt werden solle.

(fol. 298 = S. 331)

§ 1	I.	Abfertigung erfolgt: a) sofort, biß zum Dreißigsten
§ 2		b) bei Verzug der Erben: zwischen Weihnachten und Lichtmeß
§ 3	II.	Anspruch der Witwe auf mittlerweiligen Unterhalt und Wohnung im Hause des Erblassers

LXXXVI. Titel. Was einer witfrauen auß der vahrnus ervolgen, was auch in den heuratsvermächten under dem nahmen der vahrunden haab verstanden werden solle.

(fol. 298^{v} = S. 332)

§ 1	I:	Begriff der Fahrhabe
§ 2	II.	Anwendungsgebiet:
		a) Verbriefte und unverbriefte Forderungen, soferne sie nicht auf Liegenschaften hypotheciert sind
§ 3		b) stehende Früchte? Fische im Teiche?
§ 4		c) Gelder mit der Bestimmung der Anlage auf Liegenschaften?
§ 5		d) Baumaterialien
§ 6		e) Von der Ehefrau zugebrachtes Bargeld und andere Fahrnis

LXXXVII. Titel. Wann der vahrenden haab halben kein sunder austruckh in dem heuratbrief beschicht, wie es dem lantsbrauch nach damit gehalten werden solle

(fol. 299^{v} = S. 333)

LXXXVIII. Titel. Was der wittib nach absterben ihres hauswirts uber ihr heuratsvermacht noch weiters volgen thuet.

(fol. 300 = S. 333)

§ 1	a) Kleider und Kostbarkeiten, dann Kobelwägen sammt Rossen bleiben der Witwe
§ 2	Erstere fallen beim Tode der Frau an den Witwer, außer bei schenkungsweiser Übergabe
§ 3	b) Anspruch der Witwe auf Trauerkleider und Witwenstuhl

LXXXIX. Titel. Von denen sundern vermechten so zwischen chonleuten steender ehe außerhalb des heuratsvermechts beschehen.

(fol. 300^{v} = S. 334)

§ 1	I.	Schenkung zwischen Ehegatten
§ 2	II.	Anschreibung der Frau an Nutz und Gewer:

a) zu gesammter Hand oder zu gleichen Halbtheilen
§ 3 b) auf Überleben

XC. Titel. Wasmassen ein hauswirt sein hausfraw ihres vermächts auf seine lehengütter verweisen muge.

(fol. 301 = S. 334)

§ 1 Notwendigkeit der Zustimmung des Lehenherrns
§ 2 II. Verpflichtung des Letzteren zur Consensertheilung bei Abgang eigenthümlicher Güter
§ 3 Vorbehalt wegen Freimachung der Lehen

XCI. Titel. Wan ein wittib vor ihrer abfertigung umb ihres hauswirts verlassen gueter mit recht furgenommen wirdt, wie sie sich damit halten solle.

(fol. 302 = S. 335)

§ 1 Processualische Befugnisse der um Nachlaßsachen beklagten Witwe:
a) von der Abfertigung = Schermpflicht der Erben
§ 2 b) nach der Abfertigung

XCII. Titel. Ob ein wittib umb volziehung ihres vermachts extraordinariae clagen möge.

(fol. 302v = S. 335)

XCIII. Titel. Wann ein preutigam vor dem beischlaf mit todt abgeet, wie es alßdann mit abfertigung der versprochnen praut gehalten werden solle.

(fol. 302v = S. 335)

XCIV. Titel. In welchem fallen die kinder in der witib zucht gelassen werden soll.

(fol. 303 = S. 335)

XCV. Titel. Wann der hauswirt das heuretguet nitt eingenomben hett, in welchem fall alsdann die wittib dasselb bei seinen erben ersuchen muge.

(fol. 303v = S. 336)

§ 1		a) Recht der verzichtenden Tochter auf das verschriebene Heiratsgut. exceptio non numeratae dotis? Rossen bleiben der Witwe
§ 2		Regreß
§ 3		b) Recht der Erbtochter oder wiederverehelichten Witwe auf das Heiratsgut? Andere Ansprüche des ehelichen Güterrechts

XCVI. Titel. Von der erbschaft thailung und wer die gutter thailen auch wie es mit der wahl und mit dem loß in der thailung gehalten werden soll.

(fol. 304 = S. 336)

§ 1		Unter Brüdern:
		A. Aufrichtung der Theillibelle durch den Ältesten nach Landsbrauch:
		a) Einbeziehung sämmtlicher Verlassenschaftssachen
§ 2		b) specificiert
		c) Bewertung der Liegenschaften nach Herrenanschlag, der Fahrnisse nach Schätzung Sachverständiger
§ 3		d) Vertheilung von Geld und Gütern
§ 4		e) womöglich, keine Trennung von Zusammengehörigem
§ 5		B. Wahlrecht des Jüngsten. Obrigkeitliches Eingreifen wegen Verzuges bei Theilung oder Wahl
§ 6	II.	Theilung unter anderen Erben durch diese oder die Obrigkeit-Zuweisung durch das Los
§ 7		Losen zwischen Witwe und Kindern

XCVII. Titel. Wie es mit den stucken und guttern gehalten werdt die fueglich nit gethailt werden mögen.

(fol. 305v = S. 338)

§ 1	I.	Zutheilung eines untheilbaren Gutes an einen Erben, Abfindung der übrigen
		a) mit anderen Nachlaßobjecten
§ 2		b) mit Geld. Ablösungsrecht
§ 3	II.	Geldabfindung des Miterben gegen den Willen desselben:
		a) der fremden?
§ 4		b) wegen geringeren Erbtheiles?

XCVIII. Titel. Wie es mit denen gemainen brieflichen urkunden in der thailung gehalten werden solle.

(fol. 306v = S. 338)

§ 1	I.	Instrumenta communia. Verwahrung durch den Meistbetheilten oder Eltesten
§		Abweichung von der Regel
§. 3		Ausfolgung von Abschriften und Originalien
§ 4*)	II.	Urkunden über individuell zugetheilte Güter

XCIX. Titel. In welchen fällen die thailung nach anzahl der personen gemacht werden sollen.

(fol. 307 = S. 339)

§ 1	a) Theilung in capita bei gleicher Gradesnähe
§ 2	b) Theilung in stirpes bei Gradesverschiedenheit

C. Titel. Ob ein erb den andern umb seinen angefallen thail zu schermen schuldig.

(fol. 307v = S. 339)

CI. Titel. Wie ein beschehene thailung bewisen werden muge.

(fol. 308 = S. 340)

§ 1		Beweis der Theilung durch Theilbriefe oder Zeugen
§ 2		Ersitzung

CII. Titel. Ob ein raitung die thailung sperr.

(fol. 308 = S. 340)

CIII. Titel. Ob ein unverraitter diener abzulassen oder aufzuhalten.

(fol. 308v = S. 340)

CIV. Titel. Wie die erbschaften bewisen werden sollen.

(fol. 309 = S. 342)

§ 1	I.	Sippenschaftsweisung mit Zeugen oder Urkunden
§ 2	II.	Gegenstand des Beweises: a) Abstammung a communi stipite?
§ 3		b) insbesondere bei uralten Lehen1
§ 4	IV.	Beweiskraft von Urkunden, in denen der Sippschaft narrationsweise gedacht wirdt

CV. Titel. Von den widerfällen.

(fol. 309v = S. 342)

§ 1		Vererbung des Heiratsgutes unter den Descendenten des Weibsstammes
§ 2		Wiederfall nach Absterben der absteigenden Linie
§ 3		Verjährung des Wiederfalles
§ 4		Wiederfall an die Linie von der das Heiratsgut gekommen

CVI. Titel. Von erbainigung.

(fol. 310 = S. 342)

§ 1	I.	Fortbestand alter Erbeinigungen
§ 2	II.	Erfordernisse neuer Erbeinigungen: a) Zustimmung sämtlicher Interessenten

§ 3		b) unpräjudicierlich den landesfürstlichen Gerechtigkeiten
§ 4		c) nicht wider gemeinen Landsbrauch
§ 5		d) unpräjudicierlich der verzichtenden Tochter und den anderen Interessenten

CVII. Titel. Von denen cridahandlungen und mit was ordnung die glaubinger und ansprecher bezahlt werden sollen, und erstlich von anschlagung der crida.

(fol. 311 = S. 342)

§ 1	I.	Anschlagung der Crida. Schriftliche Anmeldung der Forderungen
§ 2	II.	Einlassung des Vorbehaltserben in der Crida. Forderungsanmeldung seitens der Erben und der Witwe
§ 3	III.	Verfahren

CVIII. Titel. Welchem thail die verlassung einzuantworten sei.

(fol. 311v = S. 343)

§ 1	I.	Einantwortung an die Erben cum beneficio inventarii gegen Bezahlung der Schulden nach Zulänglichkeit. Caution unangesessener Erben
§ 2	II.	Recht der Witwe auf Abfertigung
§ 3	III.	Curator für erblose Verlassenschaften

CIX. Titel. Wann under des verstorbnen verlassung fremde gueter verhanden, ob dieselben denen welchen sie zugehörig vor allen andern geltern und ansprechern zugestellt sollen werden.

(fol. 312 = S. 343)

§ 1		Rückforderungsanspruch: a) der Gattin wegen des in natura vorhandenen Heiratsgutes und Zugebrachten
§ 2		b) des Deponenten
§ 3		c) des Pfandbestellers gegen Erlag der Pfandsumme

CX. Titel. Ob das so auf des verstorbnen begrebnus gehet vor andern schulden bezahlt werden solle.

(fol. 312ᵛ = S. 344)

§ 1	a) Begräbniskosten
§ 2	b) Kurkosten

CVXI. Titel. Von abfertigung der diener und ehehalten.

(fol. 312ᵛ = S. 344)

§ 1.	Liedlohn des Gesindes mangels Vereinbarung gerichtlich zu bestimmen

CXII. Titel. Von bezalung der gelter die auf des verstorbnen verlaßnen guetern satz oder andere pfant haben.

(fol. 313 = S. 344)

§ 1	I.	Rangordnung der offenen Satzgelter nach dem Gesinde
§ 2	II.	Vorzug der ausdrücklich verschriebenen Pfandforderung: a) vor Forderungen mit gesetzlicher Hypothek
§ 3		b) vor befreiten Forderungen
§ 4		c) vor späterem Ansatze
§ 5		d) vor gemeinen unbefreiten Forderungen

CXIII. Titel. Wann der general-pfantschafter dem special vorzeucht oder nachgeet.

(fol. 314 = S. 345)

§ 1	Rangordnung infolge der Priorität: a) Früheres Generalpfandrecht schließt späteres Specialpfandrecht aus, soferne die übrigen Pfandobjecte zur Befriedigung nicht zulangen
§ 2	b) früheres Specialpfandrecht vor späterem Generalpfandrechte
§ 3	c) unter Generalpfandrechten
§ 4	d) unter Specialpfandrechten

CXIV. Titel. Welche glaubinger denen satzgeltern mit der prioritet vorgehen.

(fol. 314v = S. 345)

§ 1 Rangordnung der Pfandforderungen hinter besonders privilegierten Forderungen:

§ 2 a) Darlehen zur Besserung eines Gutes unter Verpfändung des letzteren: Vorzug vor früheren Special- und Generalpfandrechten, ausgenommen wegen Abfertigung der Witwe

§ 3 Kein Vorzug, wenn Verpfändung oder Zweck des Darlehens nicht ausdrücklich bedungen

§ 4 b) Darlehen zum Ankaufe eines Grundes unter Verpfändung desselben: Vorzug vor früheren Generalhypotheken außer wegen Abfertigung der Witwe

§ 5 c) Das gesetzliche Pfandrecht an dem aus Pupillengelde erkauftem Gute geht allen Generalhypotheken und früheren Forderungen vor

§ 6 d) Steuerforderungen der Landschaft: Vorzug vor allen Pfandforderungen

CXV. Titel. Von denen glaubingern so haimbliche und rechtliche underpfant haben und ihrer prioritet.

(fol. 315v = S. 347)

§ 1 a) Vorzug der gesetzlichen Pfandforderungen vor befreiten und unbefreiten Forderungen

§ 2 b) Vorzug der Fiscalforderungen vor anderen gesetzlichen Pfandforderungen. Unter dieser Rangordnung nach der Priorität.

CXVI. Titel. Wohin sich der wittiben freihait mit der abfertigung erstrecken.

(fol. 316 = S. 347)

§ 1 I. Umfang der witibilichen Freiheit:
a) erstreckt sich lediglich auf das Heiratsgut,
b) nicht auf anderes, was der Heiratsbrief enthält

§ 2		c) nicht auf andere Vermächte und Übergaben
§ 3		d) bezüglich des übrigen Zugebrachten: Vorzug vor den gesetzlichen, nicht vor den ausdrücklich bestellten Pfandrechten
§ 4	II.	Inhalt der wittiblichen Freiheit bezüglich des Heiratsgutes:
		a) Ausschluß späterer ausdrücklicher Hypotheken
§ 5		b) nicht des Abfertigungsanspruches der ersteheliche Kinder, wenn das Heiratsgut nicht in natura vorhanden
§ 6		c) Vorzug vor dem Fiscus
§ 7	III.	Übergang der wittibliche Freiheit auf die Leibeserben der Witwe und die getreuen Inhaber des Heiratsbriefes

CXVII. Titel. Von glaubingern welche gerichtliche sätz und ansatz haben und ihrer prioritet.

(fol. 317 = S. 348)

§ 1	I.	Den gerichtlichen Ansätzen gehen vor:
		a) ältere gewillkührte Pfandrechte
§ 2		b) altere gesetzliche Hypotheken
	II.	Dagegen gehen die Ansätze vor:
		a) den jüngeren freiwilligen und gesetzlichen Pfandrechten
§ 3		b) den befreiten und unbefreiten Forderungen
§ 4	III.	Priorität unter mehreren Ansätzen

CXVIII. Titel. Von denen befreiten creditoren so personale privilegium haben.

(fol. 317v = S. 349)

§ 1		Vorzug
		a) der befreiten (II. 16) vor den unbefreiten
§ 2		b) der mehr vor den minder befreiten Geltern

CXIX. Titel. Von denen gemainen unbefreuten glaubingern und ihrer abfertigung.

(fol. 318 = S. 349)

§ 1 I. Abweichung des Landsbrauches vom gemeinen Rechte
§ 2 II. Befriedigung der unbefreiten Gläubiger:
a) bei der Landschaft: nach der Priorität
b) bei der Bürgerschaft: pro rata

CXX. Titel. Ob ein glaubinger so seines schuldners gueter antritt und einnimbt denen andern mit glaubingern praejudicier.

(fol. 318v = S. 349)

§ 1 Außergerichtliche Occupation von Habe des Schuldners schafft keine Priorität, weder vor den älteren unbefreiten Gläubingern
§ 2 noch vor Pfandgläubigern und befreiten Creditoren

CXXI. Titel. Ob ein schuldner in wehrender cridahandlung einen glaubinger vor dem andern zahlen möge

(fol. 319 = S. 350)

CXXII. Titel. Ob solches vor der crida beschehen möge

(fol. 319 = S. 350)

CXXIII. Titel. Wann der glaubinger viel anhalten, ob der schuldner

ainen vor dem anderm bezahlen möge
(fol. 319v = S. 350)

CXXIV. Titel. Wann mit dem schuldner ain novation getroffen wirdt, ob der elter glaubinger dardurch sein gerechtigkait vergeb.

(fol. 320 = S. 350)

CXXV. Titel. Ob die prioritet in den accessorien stathabe

(fol. 320 = S. 350)

CXXVI. Titel. Von den unliquidirten schulden und derselben vobehalt.

(fol. 320^{v} = S. 351)

§ 1	Liquidirung durch Urkunden
§ 2	Vertheilung ohne Rücksicht auf die unliquiden Forderungen. Verweisung der letzteren auf die abgefertigten Gläubiger Caution

CXXVII. Titel. Wann der verstorben seinen glaubingern zu gever und nachtail ichtes vergeben hiet, ob ihnen dasselb zu ersuchen bevorstehe

(fol. 321 = S. 351)

CXXVIII. Titel. Von absonderung des verstorbnen schuldners, so im rechten separatio bonorum genant wirdt.

(fol. 321 = S. 351)

§ 1	Voraussetzung der separatio bonorum
§ 2	Fälle, in denen dieselbe nicht stattfindet

CXXVIX. Titel. Von gerhabschaften tuteln und curatoreien

(fol. 321^{v} = S. 352)

IV. Buch

I. Titel. Von den underthanen auch ihren behausten und unbehausten guttern. Und erstlich, ws ein dienstbar oder zinsbar guet sei.

(fol. 324 = S. 351)

§ 1	Dominium directum und utile
§ 2	Erbgüter
§ 3	Bestand- und Leibgedingsgüter

II. Titel. Von underschiet der dienstbaren oder zinsparen gueter.

(fol. 324v = S. 353)

§ 1	Eintheilung
§ 2	Beshauste Güter
§ 3	Unbehauste Güter

III. Titel. Welche gruntherrn ihre grünt zu erbguetern aufgeben mügen.

(fol. 325 = S. 354)

§ 1		a) Landleute
§ 2		b) Vasallen
§ 3		c) Prälaten

IV. Titel. Ob ein gruntdinst möge erstaigert werden.

(fol. 325v = S. 354)

§ 1	Steigerung des Grundzinses?
§ 2	insbsondere des herabgesetzten Zinses?

V. Titel. Wohin die dienst durch den holden oder zinsman dem gruntherrn geantwort werden sollen.

(fol. 326 = S. 354)

VI. Titel. Wann ein zinßman den gruntdinst nit bezahlt, ob der grunther den grunt einziehen möchte.

(fol. 326 = S. 355)

§ 1	I.	Einziehung des Grundes wegen versessenen Grunddienstes
§ 2	II.	Eigenmacht? Unparteiisches Grundrecht
§ 3	III.	Voraussetzungen: a) Mutwille des Zinsmannes. Armut oder andere erhebliche Ursachen?
§ 4		b) Mahnung
§ 5	IV.	Verfahren

VII. Titel. Wann ein grunt dem gruntherrn haimfelt, ob ihme die ausstent sambt dem grunt ervolgen.

(fol. 327 = S. 355)

VIII. Titel. Wann einem gruntherrn ein grunt verfelt, ob ihme die beßerung deßelben auch verfallen sei.

(fol. 327 = S. 356)

IX. Titel. Wann die bezahlung des gruntdienst strittig, nemb alßdann die weisung gebüer.

(fol. 327v = S. 356)

X. Titel. Ob ain gruntherr den zinsman umb seine dienst pfenden müg.

(fol. 328 = S. 356)

§. 1.		Einforderung des rückständigen Zinses: Pfändungsrecht
§. 2.		vorausgesetzt ruhiger Besitz
§. 3.		b) mittels unparteiischen Grundrechtes
§. 4	II.	Einziehung des Grundes

XI. Titel. Wo die pfendung beschehen soll.

(fol. 328v = S. 357)

XII. Titel. Ob ain gruntherr schuldig sei den gruntdienst in zeit der mißrahtung oder wenn ein grunt in verderben Kumbt nachzulassen.

(fol. 328v = S. 357)

§.1.	Kein Nachlaß am Zinse: Wegen theilweisen Unterganges des Grundes
§. 2.	b) wegen Miswachses

XIII. Titel. Wie die lantsteurn von den erbguetern bezahlt werden sollen.

(fol. 329 = S. 357)

§ 1 Steuerschuldigkeit des Grundherrn
§ 2 Umlage auf die behausten Gründe

XIV. Titel. Wann ein dienstman sein erbguet in abbau kommen lest, ob ihme der gruntherr die zustiftung auferlegen möge.

(fol. 329v = S. 358)

XV. Titel Wann ein gruntherr sein gruntobrigkait ainem anderm verkauft ob der Kaufer den zinßleuten ihre erbgueter volgen und bleiben zu laßen schuldig sei.

(fol. 329v = S 358)

§. 1. Veräußerung der Grundobrigkeit Abschaffung Des Erbzinsmannes?
§. 2. b) des Bestandmannes und Leibgedingers?

XVI. Titel. Ob ein holt oder dienstmann ausser seines gruntherrn bewilligung sein erb- und dienstgüeter verkaufen mög.

(fol. 330 = S. 358)

§ 1 Verkauf von Erbgütern durch die Holden: Vorwissen des Grundherrn
§ 2 Sperre des Verkaufes

XVII. Titel. Ob ein underthon sein guet bestant- oder leibgedingsweise verlaßen möge.

(fol. 330v = S. 359)

§ 1 a) Behauste Güter?
§ 2 b) Überländgüter

XVIII. Titel. Ob ein holt sein erbguet verschaffen möge.

(fol. 331 = S. 359)

§ 1 Hintertreibung der Ausführung eines Testamentes durch den Gruntherrn?
§ 2 Auflage der Zustiftung

XIX. Titel. Ob ein holt seine gueter verwechslen oder verpfenden mag.

(fol. 331 = S. 359)

XX. Titel. Ob ein dinstbar guet zerthailt möge werden.

(fol. 331^{v} = S. 359)

XXI. Titel. Ob ein underthan die zustiftung begeren mag.

(fol. 331^{v} = S. 360)

XXII. Titel. Ob ein gruntherr die zustiftung begeren mög.

(fol. 332 = S. 360)

XXIII. Titel. Wann der gruntherr seinen underthan nit abziehen will laßen, wie ihme alßdann zu helfen.

(fol. 332 = S. 360)

§ 1 Rechtsstreit über das Abzugsrecht
§ 2 Ersatz der Proceßkosten

XXIV. Titel. Wann ein herr einen holden nit annemben will, wie ihme zu helfen.

(fol. 332^{v} = S. 361)

XXV. Titel. Wann ein herr seinem holden abschietbrief vorhelt.

(fol. 333 = S. 361)

XXVI. Titel. Ob man einen holden ohn abschietbrief aufnehmen mag.

(fol. 333 = S. 362)

§ 1 Aufnahme fremder Unterthanen: Abschiedsbrief
§ 2 Nachtrag desselben gegen Caution?

XXVII. Titel. Wohin eines underthan so ohn testament abgehet haab und gueter fallen.

(fol. 333v = S. 362)

§ 1 Intestaterbfolge der Blutsfreunde
Abfertigung der Witwe
§ 2 Heimfallsrecht des Grundherrn

XXVIII. Titel. Von denen fluchtigen underthanen.

(fol. 333v = S. 362)

§ 1 I. Flucht des Unterhanen:
a) mit Weib und Kind: Verwirkung von Haab und Gut
§.2 b) unter Rücklassung von Weib und Kind: nötigenfalls Auflage der Zustiftung.
§ 3 II. Aufnahme des Flüchtigen in anderem Lande?

XXIX. Titel. Von der baurschaft und ledigen knechten und erstlich, ob die baursleut hantieren mögen.

(fol. 334 = S. 362)

XXX. Titel. Von andern gemeinen baurs- und hauers verbotten.

(fol. 334v = S. 362)

§ 1 Büchsentragen
§ 2 Jagd

XXXI. Titel. Wie sie ihr trait und wein verhandlen sollen.

(fol. 335 = S. 362)

§ 1 Für kauf? Verkauf auf Jahr- und Wochenmärkten
§ 2 Zeit der Eröffnung und des Besuches von Schänken
§ 3 Besuch von Weinhäusern durch das Gesinde während der Arbeitsstunden

XXXII. Titel. Wie sich die knecht verdingen sollen.

(fol. 335 = S. 363)

XXXIII. Titel. Ob die ledigen knecht ligende gutter an sich bringen mögen.

(fol. 335v = S. 363)

XXXIV. Titel. Was gestalt sie ihren herrn dienen sollen.

(vol. 335v = S. 363)

§ 1 Kinder von Unterthanen:
a) Verpflichtung zur Verrichtung entgeltlichter Gesinddiensten für die Herrschaft
§.2 b) Befugnis zur Entsendung derselben in Städte behufs Erlernung eines Handwerkes.

XXXV. Titel. Wann die neugreftung zuzulassen.

(fol. 336 = S. 364)

§ 1 Verbot der Neuanlage von Weingärten
§ 2 Befugnis zum Wiederbau früherer Weingärten

XXXVI. Titel. Von der robat, auch waßmassen die holden und dinstleut von ihren gueten zu robatten schuldig.

(fol. 336v = S. 364)

§ 1 Robotpflicht der Besitzer von behausten Gründen. Befreiung
a) durch Urkunden
§.2 b) durch Ersitzung?

XXXVII. Titel. Wie viel tag ein underthan zu robatten schuldig.

(fol. 337 = S. 364)

§ 1 Im Allgemeinen
§ 2 Robotpflicht der landesfürstlichen Unterthanen

XXXVIII. Titel. Zu was zeiten die robath beschehen soll.

(fol. 337v = S. 365)

XXXIX. Titel. Wann die robath mit der hant oder roß und wagen beschehen solle.

(fol. 337v = S. 365)

XL. Titel. Ob man von denen uberlentgrunden robaten solle.

(fol. 338 = S. 365)

XLI. Titel. Ob der underthan in aigner persohn robathen soll.

(fol. 338 = S. 365)

XLII. Titel. Wie die erben robathen.

(fol. 338 = S. 365)

XLIII. Titel. Ob der underthan die robath mit gelt ablösen muge.

(fol. 338v = S. 365)

XLIV. Titel. Von dem zehent, und erstlich, ob die laien oder weltlichen persohnen der zehent fächig oder thailhaft sein.

(fol. 339 = S. 366)

XLV. Titel. Von wehe man den zehent zu geben schuldig.

(fol. 339 = S. 366)

§ 1 Großer und Kleiner Zehnt: orstbräuchige Abnahme
§ 2 Kleiner Zehnt nicht auf neue Sorten und an neuen Orten aufzubringen
§ 3 Zehnt von Lustgärten, Hofstätten und Weingarten

XLVI. Titel. Wann ein acker zu einen weingarten oder ain weingarten zu einem acker gemacht, wie es alßdann mit dem zehent zu halten.

(fol. 340 = S. 366)

§ 1	Wein- und Getreidezehnt stehen
	a) demselben
§.2	b) verschiedenen Herren zu

XLVII. Titel. Wann ein grunt von neuem erbaut wirdt, wemb alßdann der zehent auf demselben grunt zu gehörig.

(fol. 340^v = S. 367)

XLVIII. Titel. Ob in raichung des zehents der pawman den pawcosten abziehen moge.

(fol. 340^v = S. 367)

XLVIX. Titel.Ob ein pawman schuldig sei dem zehentherrn den zehent haimbzuführen.

(fol. 341 = S. 367)

L. Titel. Ob der zehentherr den zehent auf dem zehentgrunt ersuchen müge, obgleich derselbe grunt in frembde hant Komben were.

(fol. 341 = S. 368)

LI. Titel. Wasmassen der traitzehent gegeben und genomben werden soll.

(fol. 341^v = S. 368)

§ 1	Nicht garbenweise, sondern mandl-, schober- oder häufelweise
§ 2	Verpflichtung des Zehentherrn zur Abnahme. Folge der Säumnis

LII. Titel. Von beschreibung des weinzehents.

(fol. 342 = S. 368)

LIII. Titel. Wann mehrerlei herrn an einem zehent thailhaben, ob die baurs- oder pauleuth schuldig seint ieden zehentherrn seinen gebürenden thail absonderlich zuzustellen und volgen lassen.

(fol. 342^{v} = S. 369)

§ 1 Beim kleinen Zehnt
§ 2 beim großen Zehnt

LIV. Titel. Wann ein laipersohn uber verjhärte zeit von seinen grunden keinen zehent gegeben, ob er alßdann zehentfrei sei.

(fol. 343 = S. 369)

§ 1 Ersitzung. Zehntfreiheit
§ 2 öder, unbebauter Gründe?

LV. Titel. Von dem vogtrecht und den vogtheien.

(fol. 343 = S. 370)

§ 1 a) Arten
§ 2 b) Ursprung
§ 3 c) Betvogtei
§ 4 d) Erbvogtei: infolge Anvogtung
§ 5 oder Vorbehaltes bei Widmung von Holden an ein Gotteshaus
§ 6 e) Beweis der Vogtei

LVI. Titel. Ob die vogteien dem vogtherrn durch den gruntherrn abkundt werden mögen.

(fol. 344 = S. 370)

LVII. Titel. Was ein vogtholt seinem vogtherrn zu dienen und zu raichen schuldig.

(fol. 344^{v} = S. 371)

§ 1 a) Vogtdienst
§ 2 b) Roboth
§ 3 c) Landsteuer
§ 4 d) Kirchtagsbehütung

LVIII. Titel. Wasmassen diejehnigen so uber pfarr und beneficia vogtherrn seint nach absterben der pfarr und beneficiaten mit derselben verlaßnen gueter handlen sollen.

(fol. 345 = S. 372)

§ 1	Sperre, Inventur und Verwahurn des Nachlasses, Verwaltung der Pfarrhöfe
§ 2	Berichtigung der Schulden vor Wegführung der Nachlaßsachen durch die Erben

LIX. Titel. Ob diejhenigen so vogtherrn uber ein pfarr seint zu der raitung erfordert werden sollen.

(fol. 345v = S. 372)

LX. Titel. Wo die raitung beschehen solle.

(fol. 346 = S. 372)

LXI. Titel. Wasmassen die raitung beschehen solle und wohin der raitresst zu legen.

(fol. 346 = S. 372)

LXII. Titel. Von den geistlichen lehensachften und erstlichen, was ein geistliche lehenschaft sei, auch von praesentierung und einsetzung der priester.

(fol. 347 = S. 373)

§ 1	I.	Entstehungsgründe des Patronats
§ 2	II.	Rechte des Patrons: hinsichtlich der Verwaltung der Kirchengüter und des Einkommens
§ 3		b) Praesentation
§ 4		c) Installatio in temporalibus?
§ 5		d) Besondere Rechte des Patrons über ein gestiftetes Benefici- um: Keine Praesenation
§ 6		e) Sonderbestimmungen der Stiftbriefe Über die Verleihung und Praesentation

LXIII. Titel. Von underschait der lehenschaft und vogteien.

(fol. 347v = S. 374)

LXIV. Titel. Wasmassen die lehenschaften auf die negsten erben fallen, wie auch dieselben auf frembde persohnen verwendt mügen werden.

(fol. 348 = S. 374)

§ 1		Nachfolge in das Patronatsrecht:
	I.	vermöge Erganges
		a) intestato
§ 2		b) Kraft Testementes
§ 3	II.	mittels Rechtsgeschäftes unter Lebenden

LXV. Titel. Ab die weibspersohnen geistlichen lehen fähig.

(fol. 348 = S. 374)

LXVI. Titel. Ob die pfarrer und zechleut schuldig sein dem lehenherrn von der pfarr und kirchen einkomben raitung und verantwortung zu thain.

(fol. 348v = S. 374)

§ 1	I.	Einkommen des Pfarrers:
		Rechnungspflicht des Pfarrers nicht dem weltlichen, aber dem geistlichen, Patron gegenüber
§ 2		b) Befugnisse des Patrons bei schlechter Wirtschaft
§ 3	II.	Andere Einkünfte der Kirche:
		Verwaltung durch die Zechleute
§ 4		Rechnungslage an den Patron

LXVII. Titel. Von leibgedingen und halbbauen, auch denen guetern welche man auf gewisse persohnen oder zeit und nit erblich aufgibt und erstlich, welche gueter also verlassen mögen werden, von wemb und welchen persohnen.

(fol. 349 = S. 375)

§ 1	I.	Besondere Erfordernisse der Verlassung Geistlicher Güter zu Leibgedingsrecht:
		a) landesfürstliches Consens
§ 2		b) nicht über 3 Leiber
§ 3	II.	Berechtigung zur Verlassung:
		a) Verwalter von Kirchengut
§ 4		Gebundenheit der Successoren
§ 5		b) Domherrn und gemeine Geneficiaten
§ 6		c) Laien
§ 7		d) Vasallen
§ 8		e) Leibgedinger
§ 9		f) Vormünder und Curatoren
§ 10		g) Verwalter und Gewaltträger
§ 11		Einziehung unbefugt verlassener Güter durch unparteiisches Grundrecht
§ 12	III.	Fähigkeit zum Empfang von Leibgedingen:
		a) im Allgemeinen
§ 13		b) Blutsfreunde der geistlichen Verleiher
§ 14		c) ungeborene Nachkomenschaft
§ 15		u. z. ohne Beschränkung bei weltlichen Gütern
§ 16		d) Uneheliche?
§ 17		e) Beschränkung auf zwei Grade

LXVIII. Titel. Wann ein leibgeding auf mehr personen gestelt, wie die geniessung beschehen soll.

(fol. 350v = S. 376)

LXIX. Titel. Ob der leibgedinger die bedingt ordnung verändern möge.

(fol. 351 = S. 377)

LXX. Titel. Won zu- und abnehmung auch schaden und purden der leibgeding.

(fol. 351v = S. 377)

§ 1	I.	Haftung für Schäden:
		a) durch höhere Gewalt?
§ 2		b) Durch Feuersbrunst, welche aus Nachlässigkeit der Leute des Leibgedingers entsteht
§ 3	II.	Tragung der Bürden des Grundes

LXXI. Titel. Wann der gruntzinß bezahlt soll werden.

(fol. 351v = S. 377)

§ 1	Zeit der Entrichtung des Gruntzinses
§ 2	Befreiung durch Unfälle am Bau oder an Früchten?

LXXII. Titel. Ob der aigenthumber das leibgeding in ander weg alienirn und verwenden möge.

(fol. 352 = S. 378)

§ 1	Befugnisse des Eigenthümers:
	a) zum Verkaufe des Leibgedinggutes
§ 2	Anfeilung an den Leibgedinger?
§ 3	anderweitige Übertragung des Grundes
§ 4	b) zur Übertragung der Zinsgerechtigkeit, nicht aber der Leibgedingsgerechtigkeit

LXXIII. Titel. Ob der aigenthumber das halbbau zu aigner notturft abfordern mag.

(fol. 352v = S. 378)

LXXIV. Titel. Aus welchen ursachen ein leibgeding dem aigenthumber haimfelt.

(fol. 353 = S. 378)

§ 1	I.	Heimfall des Leibgedingers. Veräußerung der Leibgedingsgerechtigkeit. Dagegen Dispositionsbefugnis bezüglich der Früchte
§ 2		b) Bestandweise Verlassung des Leibgedinges über 10 Jahre
§ 3		c) Vertauschung des Leibgedinges
§ 4		d) Verschenkung desselben e) Verpfändung oder Belastung durch Dienstbarkeiten?
§ 5		f) Aussetzung desselben zum Heiratsvermecht g) letztwillige Disposition über dasselbe
§ 6		h) Vernachlässigung des baulichen und stiftlichen Haltens; nach Landsbrauch: bei mittlerem Gebäu
§ 7		Schätzung des Leibgedinges beim An- und Abtritte
§ 8		i) Nichtreichung des Grunddienstes während 10 beziehungsweise 20 Jahren
§ 9		k) Zeitablauf
§ 10	II.	Einfluß der Verwirkung durch den ersten Genießer auf die übrigen

LXXV. Titel. Wasmassen die einziehung beschehen solle.

(fol. 354v = S. 380)

§ 1		Einziehung des Leibgedinges durch Grundrecht
§ 2		a) wegen nicht baulichen Haltens Oder versessenen Zinses. Eigenmacht?
§ 3		Gerichtskostenersatz
§ 4		b) aus anderen Gründen des Heimfallrechtes

LXXVI. Titel. Ob der aigenthumber die besserung des leibgedings zu erstatten schuldig.

(fol. 355v = S. 381)

§ 1		Melioration:
	I.	eines verlassenen Überländgrundes?

§ 2	II.	eines öden behausten Grundes
		a) Besserung mit Bewilligung
§ 3		b) ohne Bewilligung des Eigenthümers

LXXVII. Titel. Wann der leibgedinger vor der fechsung abstirbt, wemb dieselb verbleiben solle.*

(fol. 356 = S. 382)

§ 1	I.	Frucherwerb bei Gründen
		a) welche einer Bebauung bedürfen
§ 2		b) bei denen dieß nicht der Fall ist
§ 3	II.	Vertragsmäßige Festsetzung

LXXVIII. Titel. Ob die gerichtlich execution auf die leibgeding und halbbau beschehen möge.

(fol. 356v = S. 382)

LXXIX. Titel. Von denen gebeuen welche auf frembden grunden beschehen.

(fol. 357 = S. 382)

§ 1	I.	Bauführungen auf fremdem Grunde mit eigenem Materiale
		a) wissentlich: Kein Ersatz
§ 2		b) irrthümlich: Eigenthumserwerb
		durch den Bauführer gegen Kostenersatz
§ 3	II.	Bauführung auf eigenem Grunde mit fremdenm Materiale:
		a) bona fide: Erstattung des doppelten Wertes
§ 4		b) wissentlich: Gewalt

LXXX. Titel. Wemb ain hülzenes geben ervolge.

(fol. 357v = S. 383)

§ 1	Abbruch des Holzwerkes
§ 2	Ersatz des Wertes

* Folgt in Fassung 1581 ein weiterer Teil: Wan daß leibgeding durch dottfahl haimbfelt, wann es der aigenthumber verlassen solle.

LXXXI. Titel. Von ansath so auf frembden grunt oder mit frembden sahmen geschicht.

(fol. 358 = S. 383)

§ 1	I.	Saat auf fremden Grunde: Frucherwerb des Grundeigenthümers
§ 2		bei Irrthum: Ersatz wege des Samens
§ 3	II.	Sat auf eigenem Grunde mit fremdem Samen:
		a) irrthümlich: Ersatz des doppelten Wertes
§ 4		b) absichtlich: Gewalt

LXXXII. Titel. Von pflanzung und greftung auf fremden grunt oder mit frembden sachen.

(fol. 358v = S. 384)

§ 1	I.	Pflanzung
		a) auf eigenem Grunde mit fremden Pflanzen
§ 2		b) auf fremdem Grunde mit eigenen Pflanzen
§ 2	II.	Übergreifen der Wurzeln auf fremden Grund

LXXXIII. Titel. Von abhackung der baumb.

(fol. 359 = S. 384)

§ 1	I.	Absichtliches Fällen eines fremden Baumes: Strafe:
		a) nach Ortsbrauch
§ 2		b) in dessen Ermanglung
§ 3	II.	Niederhauen von Stämmen
§ 4	III.	Beschädigung oder Vertilgung von Marktbäumen und Marksteinen

LXXXIV. Titel. Von ausgrabung der baumb.

(fol. 359v = S. 385)

LXXXV. Titel. Von schätzen und vergrabnen guetern.

(fol. 360 = S. 385)

§ 1	I.	Theilung des rechtmässig
		a) auf eigenem oder fremdem Grunde
§ 2		b) auf offenen Straßen und herrenlosen Gründen
§ 3	II.	Theilung des nit verbotener Kunst
		a) auf eigenem
§ 2		b) auf gemeinen und freien Gründen gefundenen Schatzes

LXXXVI. Titel. Wann ainem das viech auf seinem grunt schaden ghuet.

(fol. 361 = S. 386)

§ 1	I.	Viehschaden.
		Betretung des Thieres auf frischer That:
		Pfändung, Schadenersatz
§ 2		bei absichtlicher Beschädigung: Strafe
§ 3		b) Betretung des Thieres auf frembdem Grunde: Pfändung? Entschädigung
§ 4	II.	Betreten fremden Viehs auf eigenem Grunde: Austreibung

LXXXVII. Titel. Von schlachendem viech.

(fol. 362 = S. 387)

LXXXVIII. Titel. Von entlaufung des viechs.

(fol. 362 = S. 387)

§ 1	Gerichtliche Verwahrung des irrenden Viechs durch ein Monat-Ausfolgung gegen Erlag des Fürfangers und der Atzungskosten
§ 2	Verkauf: Ausfolgung des Erlöses nach Abzug der Kosten binnen Jahr und Tag

LXXXIX. Titel. Von wasserflussen guessen auen und wörten.

(fol. 362^{v} = S. 387)

§ 1	I.	Zuwachs der Grundstücke durch Änderung
		Des Flussbettes:
		a) Insula in flumine nata

§ 2		b) Alluvio
§ 3		b) Inselbildung durch alveus relictus
§ 4	II.	Anschwemmung von Fahrnissen:
		a) durch Wassersgewalt
§ 5		b) beim Flößen

XC. Titel. Von den feuchten.

(fol. 363 = S. 388)

§ 1	I.	Überschwemmung der Nachbargründe durch Austritt von Teichen
§ 2	II.	Fischereirecht
		a) Expropriation zu Fischereizwecken
§ 3		b) Verfolgung der Fische beim Austritte des Teiches binnen Tag und Nacht
§ 4		Oxupationsrecht nach Ablauf der Frist

XCI. Titel. Von abkehrung der wasserleuf.

(fol. 364 = S. 388)

XCII. Titel. Von den muhlen.

(fol. 364 = S. 389)

XCIII. Titel. Von neuen tafern und preuheusern.

(fol. 364^{v} = S. 389)

§ 1	Aufrichtung von Schänken und Bräuhäusern
§ 2	Bierbrauen durch Bauersleute?

XCIV. Titel. Von hungerischen weinen.

(fol. 365 = S. 389)

§ 1	Verbot der Einfuhr und des Verkaufes ungarischer Weine
§ 2	Ausnahme

XCV. Titel. Von meuten.

(fol. 365 = S. 389)

§ 1		Erhaltung der öffentlichen Wege:
		a) auf Gemeinde- oder Eigengrund
§ 2		b) auf Holdengründen

XCVI. Titel. Von wegen und stegen.

(fol. 365^{v} = S. 390)

XCVII. Titel. Von thätlichen gewälthen und eingriffen, auch wie und wasgestaat umb ainen gewalt clagt werden mög.

(fol. 366 = S. 390)

§ 1	I.	Persönliche und peinliche Klage um Gewalt
§ 2	II.	Verjährungsfrist:
		a) der persönlichen
§ 3		b) der (peinlichen) Gewaltsklage Wirkung der Litis contestatio
§ 4	III.	Wirkung:
		der Klage um Restitution:
		Zuerkennung einer Entschädigung?
§ 5		b) der peinlichen Klage: Strafe an Ehre, Leib oder Gut

XCVIII. Titel. Was zu einer gewaltsclag von nötten.

(fol. 367 = S. 391)

§ 1		a) Besitz über Jahr und Tag
§ 2		b) Ruhiger Besitz
§ 3		c) Gewaltsame Besitzersentsetzung

XCIX. Titel. Wie die gewaltßclagen zu stellen seint.

(fol. 367 = S. 391)

C. Titel. In was fall die gewaltsclagen stathaben.

(fol. 367v = S. 391)

§ 1	a) Gewaltsamer Eingriff in liegende und fahrende Güter
§ 2	b) in Rechtge und Gerechtigkeiten
§ 3	c) Aufnahme eines fremden Holden ohne Abschiedsbrief
§ 4	d) Einziehung eines dienstbaren Gutes ohne Grundrecht
§ 5	e) Rechtsförmliche Entsetzung durch das Gericht

CI. Titel. Wer umb gewalt clagen möge.

(fol. 368 = S. 392)

§ 1	Entwerte Besitzer: a) Eigenthümer, welcher die Sache mit eigenem Rücken besitzt
§ 2	oder mit Arbeit und Fechsung in Nutz und Gebrauch hat
§ 3	b) Nutzungseigenthümer (Vasal, Leibgedinger u. dgl.)
§ 4	c) Natürlicher Besitzer (Usufructuar; Usuar)
§ 5	d) Untitulierter Besitzer
§ 6	Kann mit Gewwalt nur in continenti vertrieben werden
§ 7	exceptis domini wider die Gewaltsklage?
§ 8	e) Executionsführer und Excent während Während des Ansatzes?
§ 9	f) Seguester
§ 10	g) Bestandmann?
§ 11	h) Grundherr neben dem Unterthan
§ 12	l) Herr neben dem Gesinde
§ 13	k) Eltern und Vormünder für unvogtbare Kinder
§ 14	l) Ehemann für die Frau

CII. Titel. Welche persohnen umb gewalt furgenomben mögen werden.

(fol. 370 = S. 394)

§ 1	I.	Passivlegitimation: a) Thäter
§ 2		b) Anstifter und Gehilfe. Solidarobligation

§ 3		c) Herr wegen Gewaltverübung durch Amtleute oder Gesinde?
§ 4		d) Eigenthümer – Verlust des Eigenthums wegen Gewalt?
§ 5	II.	Einfluß des Besitzwechsels auf die Gewaltklage. a) Gewaltklage wider den Thäter
§ 6		b) Restitutionsklage wider den Erwerber
§ 7	III.	Gewaltklage trotz a) unvollständiger
§ 8		b) vollständiger Restitution

CIII. Titel. Ob die erben umb gewalt clagen oder beclagt werden Künnen.

(fol. 371 = S. 395)

§ 1		Activ- und Passivlegitimation der Erben
§ 2		Insbesondere: Restitutionsklage wider den Miterben, der die Antheile der übrigen am entwerten Gute an sich gelöst

CIV. Titel. Was gestalt die restitution geschehen solle.

(fol. 371v = S. 395)

§ 1	I.	Restitution: sammt Zugehör
§ 2	II.	Schadenersatz
§ 3		Beweismittel
§ 4	III.	Einlassungszwang des Vergewaltigten vor der Restitution

CV. Titel. *Wie die jharszeit in gewaltsachen zu verstehen.*

(fol. 372v = S. 396)

§ 1		Tempus continuum
§ 2		a tempore scientiae

CVI. Titel. Wasmassen ein gewalt zu messigen sei.

(fol. 372ᵛ = S. 396)

§ 1	I.	Mässigung der Gewalt nach richterlichem Ermessen
§ 2	II.	Erschwerungsgründe

CVII. Titel. Ob die obrigkait die gewält zu straffen hab.

(fol. 374 = S. 397)

CVIII. Titel. Von injurien und ehrenhandlen, auch wie und wasgesgtalt einer injurirt mag werden.

(fol. 374ᵛ = S. 398)

§ 1	a) Schmähung
§ 2	b) Beschuldigung der Unwahrheit, ausser zur Vertheidigung
§ 3	c) Lästerung mit Berufung Gottes
§ 4	d) Thätliche Beleidigung, auch ohne Handanlegung
§ 5	e) Schriftliche Beleidigung-Beweis
§ 6	f) Beleidigung durch Geberden
§ 7	g) Missbrauch von Thieren
§ 8	h) durch Werfen und Ausgiessen
§ 9	i) Öffentliche Herabsetzung
§ 10	insebesondere durch ungerechtfertigte Ausschließung von öffentlichen Angelegenheiten
§ 11	k) Ungebührliche Gefangennahme
§ 12	veranlassung unbegründeter gerichtlicher Haft
§ 13	Verantwortlichkeit des Gerichtes?
§ 14	l) Gefangennahme von amtswegen durch ein incompetentes Gericht trotz Weigerung des Beschluldigten auf das ordentliche Gericht oder Auslieferungsbegeherens seitens des Letzteren
§ 15	Gefangennahme durch das ordentliche Gericht?
§ 16	Gefangennahme eines Unbekannten auf genugsame Indicien?
§ 17	Freiwillige Unterwerfung des Beschuldigten unter den Gerichtsstand

§ 18 m) Herabreissen von Kleidern, Wappen, Zerschlagung von Grabsteinen, Herabreissen angeschlagener Generalien und gerichtlicher Briefe

§ 19 n) Beleidigung durch die Tracht

§ 20 o) Anmassung von Wappen, Titeln und Ämtern

§ 21 p) Tilgung des Namens aus einem Buche, in welchem ehrliche Leute verzeichnet sind; Eintrag in ein Malefizbuch

§ 22 q) Vorwurf von Körpergebrechen

§ 23 r) Hinlegen unsauberer Sachen vor die Wohnung

§ 24 s) Verbot des Kaufes oder Verkaufes auf freiem Markte, Ausschließung von der gemeinen Mark

§ 25 t) Hinderung am Anbau oder an der Fechsung

§ 26 u) Ungegründete Diebstahlsbeschuldigung

§ 27 v) Nachstellung wider die Ehre einer Frauenperson

§ 28 w) Ziehen vor Gericht zur Schmähung

§ 29 x) Weigerung der Annahme eines tauglichen Bürgen

§ 30 y) Unbegründete Einwendung wider die Persohn des Klägers oder eines Zeugen

CVIX. Titel. Von denen fällen, welche ainer injuri gleichsehen, aber kein injuriclag geberen.

(fol. 378 = S. 402)

§ 1 a) Ordnungsmäßige Processhandlungen des Gerichtes

§ 2 b) beratio delicti

§ 3 c) Körperverletzung beim Scherzen

§ 4 d) Schwerzweise Angriffe auf die Ehre

§ 5 e) Wörtliche Beleidigung in der Trunkenheit

§ 6 auch thätliche?

§ 7 f) Processuale Vertheidigung durch Beibringen erweislicher ehrenrühriger Thatsachen

§ 8 Behandlung von Schähschriften durch das Gericht

§ 9 g) fruchtlose Hausdurchsuchung behufs Ergreifung eines Verbrechers

§ 10 h) Züchtigung des Gesindes

CX. Titel. Welche persohnen umb injuri clagen mogen.

(fol. 380 = S. 403)

§ 1	a) Unvogtbare
§ 2	b) Gericht oder Obrigkeit
§ 3	c) Väter für seine Kinder
§ 4	d) Ehemann für die Frau
§ 5	e) Herr neben dem Untethanen
§ 6	f) Blutsfreunde
§ 7	g) Stadt oder Markt für seine Bürger
§ 8	h) Erben wegen Beleidigung eines Verstorbenen

CXI. Titel. Welche persohnen unb injuri beclagt mogen werden.

(fol. 380^{v} = S. 404)

§ 1	Passivlegitimation: wider Communen und Obrikeiten – Haftung neu eintretender Genossen?
§ 2	b) wider mehrere Injurianten
§ 3	c) wider Anstifter und Gehilfen

CXII. Titel. Wie und wasgestalt umb injuri clagt mög werden.

(fol. 381 = S. 404)

§ 1	Bürgerliche und peinliche Klage Petit:
§ 2	a) der bürgerlichen Klage: Abbitte oder Buße
§ 3	b) der peinlichen Klage: Offener Widerruf, Geldstrafe, außerordentliche Leibesstrafe

CXIII. Titel. In welcher persohn election steet burgerlich oder peinlich zu clagen.

(fol. 381^{v} = S. 405)

CXIV. Titel. Ob der cläger burgerlich oder peinlich mitt einander clagen oder mehrerlei abtreg begeren möge.

(fol. 381ᵛ = S. 405)

§ 1	I.	Kläger hat die Alternative:
		a) zwischen bürgerlicher und peinlicher Klage
§ 2		b) bei Wahl der ersteren: zwischen Abbitte und Buße
§ 3		c) bei Wahl der letzteren: zwischen landesfürstlicher und außerordentlicher Leibes-Strafe

CXV. Titel. Ob die obrigkait ain injuri straffen möge.

(fol. 382 = S. 405)

§ 1		Obrigkeitliches Einschreiten:
		a) trotz Abtrages an den Beleidigten
§ 2		b) trotz Verlgleiches mit demselben

CXVI. Titel. Wann die injurien underschitlich, ob umb ein iede sonderlich clagt soll werden.

(fol. 382ᵛ = S. 406)

§ 1		Cumulation aller Beleidigungsfacten in einer Klage
§ 2		Verschiedenartige Injurien: mehrfacher Abtrag

CXVII. Titel. Was zu einer injurienclag gehöig.

(fol. 383 = S. 406)

§ 1		Erfordernisse der Injurienklage:
		a) Specificierte Aufzählung der bleidigenden Worte
§ 2		b) Ort und
§ 3		c) Zeit und That
§ 4		d) Stand des Beleidigten
§ 5		e) Angabe der Thatzeugen
§ 6		f) bei Realinjurien: Bezeichnung des verletzten Körpertheiles
§ 7	II.	Außerwesentliche Bestandtheile der Klage:
		a) Betonung des animus injuriandi
§ 8		b) Berufung auf den erhobenen Protest

CXVIII. Titel. Ob man durch ainen gewalttrager umb injuri clagen möge.

(fol. 384 = S. 407)

§ 1	I.	Zulässigkeit processualischer Vertretung:
		a) bei Einbringung der Klage
§ 2		b) in der Vertheidigung des Beklagten
§ 3	II.	Erfordernis persönlichen Erscheinens beider Theile bei Einlegung der Ladung und bei Eröffnung des Endurtheils

CXIX. Titel. Vor welchem gericht umb injuri clagt werden soll.

(fol. 384^{v} = S. 407)

§ 1		Verfahren der Regierung über Injurienklagen der Landleute:
		a) Regel: in den ordentlichen Hofrechten
§ 2		b) über Weisung des Landesfürsten: summarisch

CXX. Titel. Wie die injurien bewisen werden und welcher thail die weisung führen solle.

(fol. 384^{v} = S. 407)

§ 1	I.	Beweislast, wenn Beklagter
		a) nicht geständig
§ 2		b) geständig
§ 3	II.	Beweismittel:
		a) Blutsfreunde des Klägers als Zeugen
§ 4		b) Ein Zeuge nebst Erfüllungseid

CXXI. Titel. Wie lang umb injuri clagt werden möge.

(fol. 385 = S. 408)

§ 1		Verjährungszeit
§ 2		Fristberechnung

CXXII. Titel. Ob die erben des injurirten clagen mogen.

(fol. 385v = S. 408)

§ 1		Erlöschen des Klagerechtes durch den Tod des Beleidigten
§ 2		woferne der Streit nicht befestigt

CXXIII. Titel. Ob wider des injurianten erben clag mög werden.

(fol. 386 = S. 408)

§ 1		Erlöschen des Klagerechtes durch den Tod des Beleidigers
§ 2		woferne der Streit nicht befestigt
§ 3		Unterschied zwischen Civil- und Criminalklage?

CXXIV. Titel. Welch injurien verweislicher sein, und von denen umbstenden so ein injuir scherpfen.

(fol. 386 = S. 409)

§ 1		Gemeine und hohe Injurien
§ 2		Hohe Injurien:
	I.	wegen der Person des Verletzten:
		a) Geistliche
§ 3		b) Obrigkeit
§ 4		c) Eltern und andere ehrwürdige Personen
§ 5		d) Blutsfreunde
§ 6		e) Herr (Gesindehalter, Grund-Oberherr)
§ 7	II.	mit Rücksicht auf die Zeit
§ 8	III.	dem Ort
§ 9	IV.	die Beschaffenheit der That:
		a) thätliche Beleidung
§ 10		Einfluß des verletzten Körpergliedes
§ 11		b) Mehrheit von Thätern
		c) Schwere der Beschuldigung

CXXV. Titel. Ob etliche umbstant ein injuri entschuldigen oder nit.

(fol. 387 = S. 410)

§ 1	Keine Entschuldigungsgründe:
	a) Abwesenheit des Beleidigten
§ 2	b) Trunkenheit
§ 3	c) Zorn
§ 4	d) außergerichtliche Beschuldigung ehrenrühriger Thatsachen
§ 5	e) Gegenbeleidigung
§ 6	f) Ausflüchte bezüglich der Personen des Beleidigten
§ 7	g) Unterlassung öffentlichen Protestestes
§ 8	h) Fofortiger Widerruf

CXXVI. Titel. Aus welchen ursachen die injuriclag fallen.

(fol. 388 = S. 411)

§ 1	a) Klageverjährung
§ 2	b) Verkehr mit dem Beleidiger vor Anbringung der Klage
§ 3	c) Erweisung von Diensten
§ 4	d) Außergerichtlicher Vergleich Strafaufhebungsgrund?
§ 5	e) Verzeihung: enthält noch Keinen Verzicht auf Schadenersatz

CXXVII. Titel. Von praescriptionen und verjhärungen, auch in was fällen und guetern die verjhärung statthab.

(fol. 388^{v} = S. 411)

§ 1	Gegenstand der Verjährung
§ 2	Ersitzungszeit bei Fahrnissen

CXXVIII. Titel. Was zu solcher dreijhärigen ersitzung gehörig.

(fol. 389 = S. 412)

§ 1	Erfordernisse der Ersitzung:
	a) bona fides
§ 2	b) justus titulus

§ 3 c) nicht vitioser Besitz
d) ergitzbare Sache
§ 4 e) fortdauernder Besitz
f) ohne Unterbrechung der Ersitzungszeit

CXXIX. Titel. Von ersitzung der ligenden gueter.

(fol. 390 = S. 412)

CXXX. Titel. *Was zu solcher praescription von nötten.*

(fol. 390v = S. 413)

§ 1 Erfordernisse nach Landesart:
§ 2 a) Beweis durch Urkunden oder Zeugen
§ 3 in deren Ermanglung: Gefährdzeid
§ 4 b) nicht vitioser
§ 5 c) ununterbrochener Besitz

CXXXI. Titel. *Von verjhärung der actionen sprüchen rechten und gerechtigkaiten.*

(fol. 391v = S. 413)

§ 1 I. Eintheilung der Klagen
§ 2 II. Verjährungszeit?
a) für Klagen um Gut
§ 3 b) für persönliche Klagen
§ 4 c) für Klagen um Rechte und Gerechtigkeiten nach gemeinem Rechte
§ 5 nach Landsbrauch

CXXXII. Titel. *In welchen fällen die verjhärung nit stathat.*

(fol. 392v = S. 414)

§ 1 a) Landesfürstliches Fiscal- und Kammergut
§ 2 b) Hoheitsrechte
§ 3 c) Landesfürstliche Gerechtigkeiten
§ 4 d) Landesfürstliche Lehen
§ 5 e) Freiheit von Herrenanforderungen

§ 6	f) Entwendete Sachen
§ 7	g) Geistliche Güter
§ 8	h) Dotalgüter
§ 9	i) Pupillengut
§ 10	k) Sachen, die man im fremden Namen innehat
§ 11	l) wider Kriegsgefangene und cusa reipublittae Abwesende

CXXXIII. Titel. Wie die verjhärlich zeit zu verstehen und in was fallen dieselb stilstee und verwürklich sei.

(fol. 393v = S. 416)

CXXXIV. Titel. Ob die verjhärungsgerechtigkait von einem auf den anderen Komb.

(fol. 393v = S. 416)

§§ 1, 2.	Accessio possessionis
	a) bei Singular
§ 3	b) bei Universalsuccession

CXXXV. Titel. Von underpruch der verjhärung.

(fol. 394 = S. 416)

§ 1	a) Besitzverlust und Besitzesentsetzung
§ 2	b) Ladung und Klage
§ 3	c) Gerichtliches Anmelden, falls Beklagter außer Landes
§ 4	d) Abschlagszahlung
	e) Bürgschaftsleistung

Anhang I

Dr. Wolfgang Püdlers Bericht über seinen Landrechtsentwurf 1573

Wollgeborner herr landmarschalch genediger und gebietunder herr. Eur gn. haben sich gnediklich zu erindern, wasmassen e. gn. mich durch herrn Joachim von Sinczendorff, zu Goggitsch, röm. Kai. mt. etc. rath und regenten des regiments der n. o. landen, meinen gunstigen herrn, gnediklich ansprechen lassen: dieweil höchstgedachte rö. Kai mt. etc. unser allergemedigister herr Dß löblich und notwendig werk der Österreichischen landtafl under der Enns genedigist gern befiedert sachen, daß ich mich sollicher müehe und arbait underwinden und ainer ersamen landschaft zu ehren und wolfart ein neüe landsordnung compillieren, verfassen und aufrichten solle.

Nun hab ich mich zu berichten gehabt, das angeregter werk von irer Kai. mt. etc. meermals ünd fast in allen landtagen eiferig und haftig getriben, darzue auch viel unterschiedliche comissarien erkiest und deputiert werden; es ist aber solliches allzeit stöcket verbliben und hat den wenigisten anfang nit erraichen wöllen. Darumben mir unwierdigen und gering verstendigen nit wenig bedenklich gefallen, daß ich mich umb solliches nambhafts, hoches, weitschweifiges und arbeitsambs werk ôn alle hülf und beistand allain annemben und durch mein hand gehen lassen soll; so hab ich mich dessen auch nit wenig zu besorgen gehabt, das mein vorsteunde compillation und verfassung in villerlai hend kumben, mancherlai censur und bedenken außstehen, auch lezlich durch alle hoche gericht lauffen werde. Zu dem hab ich auch zu gemiet gefiert, daz mier solliche vilfeltige, hochwichtige und tagliche extraordinari arbait neben meinen habenten schwaren ordinari ratsdienst an meinem gesunt schmellerung geberen werde, deßgleichen daz ich meiner wirtschaft und haußhaltung umb so vill weniger vorsein und an derselben mangl leiden müeß, sonderlich weil solliche arbait continuiert und befiedert sein solle. Jedoch ungeacht sollicher und anderen ungelegenhaiten hab ich nach gehabtem langem notwendigen bedenken in dem namen gott des allmechtigen, wellicher zu erhlichen cristlichen und gemainen nucz wolfarigen sachen seinen sondern geist, gnadt ünd segen verleicht, in e. gn. begeren, gsünnen und willen mich ergeben und das erfordert statlich werk auß folgenten beweglichen ursachen an die hand genomben:

Erstlich hat mich e. gn. genedigs ansinnen, hoches und sonders vertrauen, welliches e. gn. zu mir unverdienter sachen in namben und an statt einer hochloblichen, edlen und ersamben landschaft geseczt, zum höichsten bewegt, angesechen das ich mich bei eur gn. und wolgedachter landschaft aller müglichen gnadt, gunst und wilfarung gehorsamist zu getrösten.

Dann wie gnadenreich dankbar und milt sich wolgedachte löbliche landschaft gegen allen denen, so sich zu derselben diensten, nucz und wolfart gehorsamblich gebrauchen lassen, jederzeit wirklich erzaigt, das gibt die wahr und wislich erfarung zu erkennen.

Zum andern hat wolgedachter herr Joachim von Sinczendorff auff e. gn. ansmannen bei mir so embsig und treuherzig angehalten, das ich mich ferer dises vilfeltigen ansuechens mit fueg nit entweren künnen noch sollen.

Fürs Dritt, als das erst und zum thail ander verfast puech e. gn. ich begerter massen zu einer prob umb genedige ersechung ubergeben, haben e. gn. daran ein sonders genedigs wolgefallen getragen und mich schriftlich, auch durch wolgedachten herrn von Sinczendorff mündlich, zu prosequierung des angefangnen werks mermals genediklich vermonen lassen, dem ich hernach billich gehorsambt.

Zum dritten hab ich hierinnen weilent des volgebornen herrn herrn Joachim von Schönkhirchen, gewesnen Stathalters, meines genedigen herrn, säliger und löblicher gedachtnuß, rath insonderhait gephlegt, auch s. gn. zu einer prob den titl von massigung der expensen fürgebracht, wellichen s. gn. alspalt ubersechen und mit seiner aignen hand etliche bedenken ad marginem gestellt, wie e. gn. hienebens gnediklich abzunemben. S. gn. haben mich auch damals mit dem allerhösten stimuliert und ermont, von meinem fürnemben nit zu seczen, sonder ainer ersamen landschaft begertermassen ôn alle waigerung zu wilfaren, mit angehengter vertröstung, wann solliche landsordnung gar beschlossen und wolgedachter lanndschaft fürtrogen werde, so wol er selbst verhülflich sein. das ich meiner gehabten mih und arbeit zu meinem gueten begnüegen contentiert und befridet werden solle, welliches er warlichen, do ime der allmechtig gott daz leben lenger gefrist, mit pestem treuen volbracht het. Dan s. gn. in zeit seines lebens, wie es umb solliche arbeit stehe, mermals gefragt, mich auch zu vortsezung derselben mit grosser vertröstung animiert und gesterkt.

Zum vierten, als e. gn. obbemeltes erstes und zum tail anderes puech dem herren landschreiber Larentzen Saurer, meinem gonstigen herrn zu ersechen ubergeben, hat gedachter herr Saurer dieselben mit sonderm fleis durchlesen und mir nachmals beiligende zwei schreiben zuegeschickt, mich auch damit dermassen an meinem fürnemben gesterkt, das ich lust und lieb gewongen, das angefangen werk vermitlung gotlicher gnaden gar zu beschliessen, wie es denn gotlob nunmer beschechen.

Dasselb aber hab ich in vier unterschiedliche piecher abgeteilt. Im ersten puech wierdt von dem gerichtlichen proceß und allem dem, so dem gerichtlichem wesen anhengig, im andern von allerlei contracten, pacten und verpintlichen handlungen, im dritten von testamenten, auch allen andern schriftlichen und mindlichen letzten willen sambt der succession und erbrecht ab intestato, im vierten von allerlei sachen, welliche auf dem land am maisten gewöndlich und breüchig, auch etlichen davon herriereten straffmessigen handlungen ausfierlich tractiert und orderlich gehandlet.

Solliche Landsordnung aber hab ich nit nach gedunken oder auf ainen gefasen wohn gestelt, sonnder aus denen geschribnen weltlichen und gaistlichen rechten, auch derselben glossen, scribenten, consulenten, decidenten, tractaten, und repertorien, auch ungeverlich auß /60/ underschiedlichen püechern mit sonderm vleiß gezogen, danebens hab ich etliche teutsche püecher, lands-ordnung, gerichtsordnungen und statutten, deßgleichen daz generall puech, so bei der n. o. canzlei verhanden, item daz consuetudinari puech, welliches bei der n. o. regierung, item die Khirchpergerischen oder Waltherischen tractätl gebraucht. Und ob woll mein compillation etwan das ansehen bei etlichen haben möcht, alß ware der maiste thaill auß obbemelten tractatln gezogen, so hab ich doch darauß uber 40 oder aufs allermaist 50 pletter nit gebraucht, wie ich dann auf begeren dasselb specifice erleüttern und außfüeren kan. Ich hab auch den innhalt obbemelter bletter von neuem durchsehen, und meines verhoffens nit allain denselben ordenlicher und formblicher gemacht, sonder an villen orten augiert, gemert und gepessert.

Sonderlich die materi von erbrecht ab intestato, welliche ich mit lautern, schonen und nüzen sibpaumben erclärt und uber einen jeden ain besondere application gemacht. Waß aber soliche fibpaum für nachgedenken, mihe und arbait genomben, das wirdt ainer vill leichter erwegen alß nochthain kinnen.

Ich hab damüt nit wenig wochen zuegebracht, und wolt zwar nit zweihundert thaller pares gelts nebmen, daz ich mir mit solichem schwärem nachsinnen ferrer so wehe geschechen wolt lossen; dann die maisten sibpaum vermogen unter ainer figur dreierlai ehe und drei unterschiedliche geschwistret, namblichen die auf der rechten hand vattern allain, die in der mit von baiden panden, die zue der linken seitten von der muetern allain.

Waß aber causam formalen, den stilum und puechstamlichen inhalt anlangt, hoff ich, man werde an notwendiger gueter, richtiger ordnung kainen mangl finden. Dann sovil erstlich die vier piecher belangt, ist das gerichtlich wesen derhalben in das erst puech verleibt und an den spicz gestelt. Das solliche ordnung in corporu iuris und andern jurisdischen piechern auch befünden wierdt, wie dann alle andere 3 püecher allain der ursach halben verfast, daz man wissen solle, was bei gericht in ainem der dem andern faal gebillicht oder erkennt solle werden.

Darauf folgt daz puech von contracten, dann die contracts handlungen gehen aller vernunft und erfarung nach denen lezten willen vor, wie daz leben dem todt.

Nachmals folgt daz drit püech von testamentlichen und andern lezten willen, damit daz menschen leben beschlossen wirdt.

Das 4. buech handlet von allerlai extra ordinari landsachen, wie in corpore iuris solliche und dergleichen materi auch erst nach denen lezten willen gehandlet werden.

Will man alßdann die maleficz- und landgerichtsordnung, so der zeit zu hoff stehet, zum bschluß für daz fünft püech seczen, so kann solliches mit guetem fueg woll beschehen. Dann mit denen maleficzen wirdt unser corpus iuris auch beschossen.

West also nichts, daz sollicher lands ordnung, sovil die küerz erdulden mag, manglen soll, allain daz den personis und von denen obrigkaiten und ambtern, welliche bei ainer e. landschaft im gebrauch, nichts tractiert wierdt. Solliches ist aber in der landgerichts ordnung, so des 57. jars püblicirt, zuvor beschechen; darbei mag es berueen. Will man aber alle materien in ain ainiges püech zusamen pauschen, so kann solliches woll sein und der erst thail obbemelter landgerichts ordnung in dise neue lands ordnung gezogen und für daz erst puech gestelt, der ander thail aber mag nach allerhand gelegenhait in die titl meines ersten puechs, welliches von gerichten handlet, ôn sondere mhie eingespikt und untergebracht werden.

Von gemainer landschaft sonderbaren freihaiten und privilegien hab ich nichts tractiert, dann mir dieselben nit communiciert worden; wil mans aber zu disem werk stellen, so mügen si zum beschluss meines vierten püechs gar ordenlichen placz finden. Dieweill aber darinnen gehaimbe sachen begriffen, welliche etwo nit jederman zu divulgieren, stöll ichs in ainer ersamen landschaft bedenken, was hierinnen zu thuen oder zu lassen.

Die lehens recht hab ich hierinnen auch nit berüert, dann solliche materi wierdt in corpore iuris nit ordinarie sonder extraordinariter beschriben, ist auch so außfierlich und weitleufig, daz si ain aignes puech allain geberen, ich auch darzue etlich vill monath bedürftig sein wierde. Dieweill man aber umb befiederung bei mir stark angehalten, hab ich die vier volenden piecher derzeit gehorsamblich übergeben wöllen, und sofer sich wolgedachte ersame landschaft gegen mir der gebier nach und wolverdienter massen, daran mir gar nit zweifelt, erzeügt, ir auch mit angedeutem puech von lehenssachen nochmallen gedient, will ich solliche mhiesame arbait willig und gern über mich nemben und dieselb sovil müglich befierdern, auch hoffenlich ehers zu end bringen, alß die andern 4 puecher revidiert und beratschlagt werden.

Dieweill auch solliche ordnung etwas lang, wierdt ein register nach übersechnem und beschloßnem werk von notten sein.

Was der titl und rubricken continuation antrift, hab ich darzue sondern vleiß gebraucht, daz si aller gebier nach ein guete und gleiche folg aufainander haben sollen, und ist kaine on sondere bedenken der andern fürgestelt oder nachgesezt worden, wie dann in specie außgefiert nöcht werden. Ich will es aber umb geliebter kuerz willen der zeit underlassen, und damit wo von nötten alzeit gefasst sein.

Was die articl, saczungen und decisionen, so unter die titl und rubriken gestelt, anlangt, die hab ich auch nit ôn underschaid oder nach wohn, sonder mit sonderm fleiß auf ainander geordnet, und also in dem nigro, wie es die juristen nennen, so woll alß in dem rubro oder titl ein wolzimete güete ordnung und disposition gehalten, welliches der inhalt auch bezeugen wierdt, und kan mich dessen mit grunt woll berüemben, daz in rubro et nigro ein solliche feine aufainander laufente und lautere condepentenz ist, welliche in corpore iuris oder andern jurisdischen piechern immidiate nit zu befinden, darinnen ich der jurisden censur woll erdulden kan.

Das aber solliche text, saczungen und ordnungen nit alzeit anainander hangen und stehen, sonder ire absacz haben und articlweiß gestelt worden, daz ist mit fürsezlichem willen und sondern fleiß beschechen. Dann die geschicht seint unterschiedlich und bedurfen absonderlicher ordnung und decision. Es wär auch ain grosser unformb, wann man dieselb fürfal anainander alzeit heften und gleich alß widerwartige materi in ainen tögl seczen wolt. So vill aber die gleichformigkait der handl erleiden mögen, hab ich mich beflissen, was zusamen gehörig, anainander zu heften. So ist auch ainer gueten saczung art und rechte aigenschaft, daz si kuerz sei, wie in andern lands- und statordnungen zu ersehen, darzue dann derlai absacz von nötten. Den stilum anlangent, versiech ich mich, man soll davon auch nit vill desiderieren, dann ob er gleich nit aufgemüzt, noch hochprächtig, so ist er doch mittermassig klar und verstantlich, welliches meines erachtens das pest ist, wie dann solliches Cicero und Quintilianus, so in derlai fallen maister gewesen, bezeugen und sagen: virtus orationis est perspicuitas, und wie Ennius schreibt: ornari res ipsa negat contenta doceri. Und dieweil die warhait, wie auch ain lateinisch sprichwort, kaines schmuks bedarf, so hab ich mich meerers des marks alß der glatten pain, auch der frücht dann der schönen pletter beflissen, zumall cum leges non verbis sed rebus impositae sint, wie die juristen sagen.

Und ob woll daz ganz unverschaidenlich werk der 4 verfasten picher etwas lang und manichem ain abscheuchen zum lesen geberen möchte, so haben doch so vil ansehenlich, vilfeltig und underschiedlich materi warlich in kain andere eng noch kierz gepracht mögen werden. Dann angeregte puecher halten die fürnembsten tractat alle juristerei in sich und sein nichts annderß, alß ain gewinschter summari begriff des ganzen kaiserlichen rechtens und der hielendischen landbreüch. Derhalben nit woll müglich gewesen, solliches werk zu kierzen, ich het es dann halbieren und unvolkumen machen wöllen. So ferr es aber ie für zu lang gehalten, so mag man etliche titl, deßgleichen in nigro allerlai saczungen, deren man am maisten geratten kan, außlassen, darzue ich mein guetachten auf ersuechen gern geben will – wie mir dann nit zweiflet, es werde sich solliches bei der revision und beratschlagung selbst fein in die hand geben und dise verfassung etwas kürzer werden, sonderlich, do es kain algemaine durchgeunte ordnung für alte 4 ständ sein, sonder sich allein auf die drei höchern stand reimen und erstrecken solle. Do es auch nach beschechner verpesserung in druck gedeien soll, wüert der dritt oder fast halb thail diser schriftlichen leng eingehn und verschwinden. Das alles bei ainer ersamen landschaft cognition und discretion stehet.

Dann ferrer, damit ich ad causam finalem und zu erklärung aller meiner gehabten intention schließlichen komb, so ist mein willen, gmiet und fürnemben nie dahin gestanden, das ich einer löblichen ersamen landschaft ein unverklerlichs, volkumnes und perfects werk fürpringen wolt, dann sollichs nit mir allein, sonder vilen ansechentlichen leuten zu schaffen gäb, sonder mein mainnung und propositum ist dachin gestanden, wolbemelter ersamen landschaft gleich wil locos comunes, das ist manicherlai und vil tausentveltig unterschiedliche geschicht, welliche sich bisher in facto begeben und noch täglich zuetragen möchten, als einen gemainen schatz aller gerechtigkait, billigkait und aequitet fürzutragen, daraus dann wolgemelte landschaft nach irem gueten gefallen und hochem verstand ausklauben und erwellen solle, was ir zu wolfart des lands, befiederung des rechtens und notturft des gerichts gefellig und gemaint sein will. Darumben stöl ich daz ganz werk in mehr wolgemelter landschaft censur, bedenken und verpesserung, auch eines jeden merkverstandigen urtl.

Was mich aber solliche gestelte landsordnung für sorg, mihe und arbeith kost, das wierdt das starck, miesam und langwierig werk hoffentlich selbst genuegsam bezeugen. Doch kann ich hienebens mit gründ unvermeldt nit lassen, das ich bei dritthalben jar nacheinander damit zuegebracht, fürs erst.

Am andern hab ich meinem ordinaridienst einen weg als den andern beiwohnen und abwarten, auch zu disem werk die tag und zeit zuepringen müessen, deren ich von dienst sonsten frei gewesen, als die ferien, fest- und sontag, erichtag, pfinstag und sambstag nach essen. Desgleichen hab ich in zuegstandnen schwachaiten, wann ich mich anderst ein wenig wol befunden, solliche arbeith prosequiert und wegen begerter befiederung mir damit oft saur lassen werden, auch bei vier, fünff stunden nacheinander laboriert.

Fürs dritt ist solliches ganz puech sibenmal unterschiedlich durch meine hend und augen geloffen.

Dann erstlich, ehe ich ain der die ander materi gemacht, hab ich mir einen jeden titl als von zeugen, keufen, schermen, testamenten, cridahandlungen und was die andern al seint, keinen davon ausgeschlossen, besonders fürgenombem und darüber (wie oben beriert) die text, glossen, scribenten, consulenten, decidenten, tractaten und repertoria, welliche uber gleichmassige titl geschriben, sambt denen teutschen püchern, so auch davon gehandlet, nach ordnung überlesen und also die invention bekomben.

Zum andern hab ich die gelesen materi, ehe und zuvor ich etwaß gestelt, in etliche fragstuck und circumstanz stellen und daneben die allegationen, auß wellichem puech oder orth ein jeder articl genomben, daselbst verzaichnen miessen.

Fürß dritt hab ich das ganz werk mit meiner aignen hand selbst gestelt und in die federn gebracht.

Zum vierten nach volbrachter stellung hab ich einen jeden titl, ehe und zuvor er abgeschriben worden, widerumb uberlesen, corrigieren und pessern miessen.

Zum fünften, wann alsdan mein handschrift abcopiert worden, hab ich einen jeden titl wider von neuem ubersechen und mit dem schreiber collationieren miessen, dann solliches andern, so nit rechts erfaren und selbst stöller, nit zu vertrauen gewesen.

Zum sechsten, ehe solliche landsordnung zu standen geschriben und von ainer darzue erpetnen canzleicperson ad mundum in daz uberraicht puech abgeschriben worden, hab ich von pessers forms wegen daz werk noch ainmal ansehen und sonderlich auf das achtung haben müessen, damit ein saczung nit zwier einkhomb oder widerwartige decisionen darinen befunden wüerden. Ich habs auch damals mit etlichen neuen titln gemeret, danebens dem abschreiber maß und ordnung geben, wie er sich mit denen titln sippaumen und in ander weg verhalten soll.

Und als er daz abschreiben compliert und vollendet, hab ich für daz sibentmal daz ganz puech von anfang biß zu end mit ime collationiert und nach notturft ersechen.

Was nun solliche sibenfeltige erdenkung, stöllung, ubersechung und collationierung für zeit, mihe und arbeit genomben, gib einem jeden verstandigen ich gönstiklich zu erwegen, eracht auch, do etliche von ainer ersamen landschaft erküste heren commissarien so starkes werk zusamen getragen hetten, si wuerden

den damit proportionabiliter mer zeit verzert und ainer ersamen landschaft etlich tausent gulden darauf geloffen sein.

Es werde nun solliche mein miehsame arbeit judiciert und geurtlet wie da well, so mogen e. gn. mir sicherlich glauben, wann ich anfangs gewest, als ich hernach mit der that befunden, das mir solliches werk so vil zeit nemben und so statte, schware mihe Kosten soll, wolt ich mich in der warheit darumben nit angenumben haben. Do man mir auch beraiter tausent ducaten der zeit aufleget, ein solliches oder gleichmassiges werk in so kurzer zeit und bei andern meinem vilfeltigem obligen zu verfertigen, künt ichs warlichen nit verdienen; trag auch sorg, ich hab mir etliche järl an meinem gesunt und leben abgearbeit.

Solliches wierdt aber nit derwegen gemeldt, das ich dises werk über gebier commendieren, aufmuczen und beriemen oder aber ainer ersamen landschaft mas und ordnung anteuten wolt, wie und was gestalt sich wolbemelte landschaft gegen mir der refusion halben verhalten sol, sonder allein das e. gn. ausfierliche erinderung entphiengen, was sich mit disem begeerten werk von anfang biß zu end verloffen.

Ich bin des geringfiegigen verstants und der ungezweifleten hofnung wol, ein ersame landschaft werde mich dermassen gnaden- und miltreich ausser aller masgebung zu bedenken, zu begaben und zu remunerieren wissen, das ich daran zu meinem angenemben gueten gefallen wol content und zufriden sein, mich auch dessen zu erfreüen und die zeit meines lebens unterthaniklich zu bedanken wirdt haben. Sonderlich weil ich der canzlei person, welliche sollichs werk beharlich, fleissig und treulich abgeschriben, fünf monath lang meinen tisch ôn all entgelt vergonstigt, wie ich dann sollicher refusion von e. gn. ich schriftlich und mündlich vertröst worden; und zweiflet mir zum wenigisten gar nit e. gn. werden nochmallen hierin mein genediger herr, fiederer und patron sein.

Deßgleichen wöllen e. gn. mit gnaden verhülflich sein, damit obbemelte canzlei person seiner vleissigen, härrigen und treulichen arbeith halben einer wolverdienten genaden gab habhaft werde.

Wo entgegen e. gn. oder ainer ersamen landschaft ich die tag meines lebens rathsam, wilferig und dienstlich sein kann, wil ich mich jeder zeit dermassen willig, gehorsam und dankbar erfinden lassen, daran e. gn. und wolgemelte landschaft ein vilgnedigs gefallen und gniegen haben und tragen sollen.

Füe wolgemelter landschaft und e. gn. mich hiemit gehorsamblich und dienstlich beüelchen.

E. g. d[ienstwilliger]
Wolffganng Püdler
Dr. etc.

Anhang II

Erledigung von Püdlers Bericht (o. Anhang I) durch die Landstände, 19 XII 1573

(s. o. Einleitung B/1)

Die herrn der dreier stend von prelaten, herrn und der ritterschaft dises erzhörzogthumb Osterreich in gegenwürtigem landtag versamblet haben dises, herrn Wolgangen Pudlers, beder rechtn Doctors, rö. kai. mt. etc. rath und regenten etc. schriftlich fürbringen nach langs vernomen und nehmen sein herrn Pudlers pißheer gebrauchten vleiß, hoche bemuehung und verrichte löbliche arbait, die er mit zusamen bringung und verfassung der landtafel gehabt, z ein sondern wolgefallen und danksagung an un bewilligen ime hiemit umb desselben willen zu ainer vererung ain tausent taller, die ime die herrn verordenten presentiern werden.

Die drei stend versechen sich auch gänzlich und wellen ine herrn Doctor

Pudler hiemit darumben freüuntlich ersuecht haben, er herr Pudler werde seinem selbst erbitten nach in diser sach und sonst hinfuro wie pißheer bei ainer ersamen landschaft das peste thuen, darumben dann eine weitere geburende ergeczung beschechen solle.

Neben dem haben auch wolermelte stend der canzlei person, welche der herr doctor zu abschreibung seines verfasten conceptes gebraucht, ain hundert taller zu geben verordnet.

19. December A° 73.

RECHTSHISTORISCHE REIHE

Die nachfolgende Liste führt die Titel der "Rechtshistorischen Reihe" ab Band 300 auf. Eine vollständige Übersicht aller bisher in der Reihe erschienenen Bücher finden Sie auf www.peterlang.com

Band 300 Jan Kohlmann: Der Marsch zu den Gräbern von Karl und Rosa. Geschichte eines Gedenktages. 2004.

Band 301 Christian Rainer Schlicht: Die kumulative Schuldübernahme in der Rechtsprechung des Reichsgerichts und in der zeitgenössischen Literatur. 2004.

Band 302 Hans Peter Glöckner: Positive Vertragsverletzung. Die Geburt eines Rechtsinstituts. 2006.

Band 303 João Manuel Azevedo Alexandrino Fernandes: Die Theorie der Interpretation des Gesetzes bei Francisco Suárez. 2005.

Band 304 René Funk: Die Wahlprüfung der volksgewählten Abgeordneten der Volksvertretungen im Frühkonstitutionalismus. Eine Untersuchung der Wahlprüfung in den Kammern der Abgeordneten des Großherzogtums Baden, des Königreichs Württemberg und des Großherzogtums Hessen. 2005.

Band 305 Carolin O'Sullivan. Die Ahndung von Rechtsbrüchen der Seeleute im mittelalterlichen hamburgischen und hansischen Seerecht (1301-1482). 2005.

Band 306 Martin Jürgens: Staat und Reich bei Ernst Rudolf Huber. Sein Leben und Werk bis 1945 aus rechtsgeschichtlicher Sicht. 2005.

Band 307 Florian G. Dürselen: Franz Beyerle (1885-1977). Leben, Ära und Werk eines Rechtshistorikers. 2005.

Band 308 Kai Bandilla: Urheberrecht im Kaiserreich. Der Weg zum Gesetz betreffend das Urheberrecht an Werken der Literatur und Tonkunst vom 19. Juni 1901. 2005.

Band 309 Stefan Mieth: Die Entwicklung des Denkmalrechts in Preußen 1701-1947. 2005.

Band 310 Catharina Lodemann: Die Geschichte des französischen *acte de gouvernement*. 2005.

Band 311 Christina Wicke: Kodifikationsbestrebungen und Wissenschaft in Hessen-Darmstadt im vorkonstitutionellen Zeitalter. Zu der Beteiligung der Gießener Rechtsprofessoren an den Gesetzgebungsarbeiten in Hessen-Darmstadt in der Zeit zwischen 1769 und 1820. 2005.

Band 312 Christiane Chlosta: Nur dem Gesetz unterworfen? Eine rechtsgeschichtliche Untersuchung zu Idee und Wirklichkeit richterlicher Gesetzestreue unter besonderer Berücksichtigung der Aufwertungsrechtsprechung und des richterlichen Prüfungsrechts. 2005.

Band 313 Kathrin Dirr: Hoheitsrechtliche Streitigkeiten zwischen den Kölner Erzbischöfen und der Stadt Köln auf Grundlage reichskammergerichtlicher Verfahren des 16. und 17. Jahrhunderts. 2005.

Band 314 Michael Racky: Die Diskussion über Gewaltenteilung und Gewaltentrennung im Vormärz. 2005.

Band 315 Petra Thiemrodt: Die Entstehung des Staatshaftungsgesetzes der DDR. Eine Untersuchung auf der Grundlage von Materialien der DDR-Gesetzgebungsorgane mit zeitgeschichtlichen Bezügen. 2005.

Band 316 Julius F. Reiter: Entstehung und staatsrechtliche Theorie der italienischen *Carta del Lavoro*. 2005.

Band 317 André Book: Die Justizreform in der Frühzeit der Bundesrepublik. Die Beratungen der Kommission zur Vorbereitung einer Reform der Zivilgerichtsbarkeit in den Jahren 1955 bis 1961. 2005.

Band 318 Frank Zentz: Das amerikanische Strafverfahren als Element der Besatzungspolitik in Deutschland. Erziehung zur Demokratie durch den *Court of Appeals* 1948-1955. 2005.

Band 319 Friederike Quaisser: Mietrecht im 19. Jahrhundert. Ein Vergleich der mietrechtlichen Konzeptionen im Allgemeinen Landrecht für die Preußischen Staaten von 1794 und dem gemeinen Recht. 2005.

Band 320 Stefan Burghard: Professor Dr. Wilhelm Kahl – Leben zwischen Wissenschaft und Politik. 2005.

Band 321 Günter Baranowski: Die *Russkaja Pravda* – ein mittelalterliches Rechtsdenkmal. 2005.

Band 322 Christina Schneider: Die SS und das „Recht". Eine Untersuchung anhand ausgewählter Beispiele. 2005.

Band 323 Werner Schubert (Hrsg.): Zivilprozessreform in der Weimarer Zeit. Quellen zur Emminger-Zivilprozessverordnung vom 13.2.1924 und zu den Arbeiten der Zivilprozesskommission des Reichsjustizministeriums (1922-1930). Eingeleitet und herausgegeben von Werner Schubert. 2005.

Band 324 Felix Gaul: Der Jurist Rudolf Isay (1886-1956). Ein verantwortungsbewusster Vermittler im Spannungsfeld zwischen dynamischer Rechtsschöpfung, ökonomischem Wandel und technischem Fortschritt. 2005.

Band 325 Konstanze Braun: Dr. Otto Georg Thierack (1889-1946). 2005.

Band 326 Eckart Klein / Stefan Chr. Saar / Carola Schulze (Hrsg.): Zwischen Rechtsstaat und Diktatur. Deutsche Juristen im 20. Jahrhundert. 2006.

Band 327 Stefan Botor: Das *Berliner Sühneverfahren* – Die letzte Phase der Entnazifizierung. 2006.

Band 328 Andreas Köhler: Die Sorgerechtsregelungen bei Ehescheidung seit 1945. Scheidungsstrafe und verordnete Gemeinsamkeit. 2006

Band 329 Lars Düwel: Die Nichtigkeit und Anfechtbarkeit der Ehe in der Rechtsprechung des Reichsgerichts zwischen 1900 und 1945. 2006.

Band 330 Katalin Polgar: Das Oberappellationsgericht der vier freien Städte Deutschlands (1820-1879) und seine Richterpersönlichkeiten. 2007.

Band 331 Julia Schweitzer: Schiffer und Schiffsmann in den Rôles d'Oléron und im Llibre del Consolat de Mar. Ein Vergleich zweier mittelalterlicher Seerechtsquellen. 2007.

Band 332 Diana-Catharina Kurtz: Das Institut der Adoption im preußischen Allgemeinen Landrecht und im französischen Code civil zwischen Rezeption römisch-rechtlicher Prinzipien und verändertem Familienverständnis. 2006.

Band 333 Dino Joakim Duderstadt: Spiel, Wette und Differenzgeschäft (§§ 762-764 BGB) in der Rechtsprechung des Reichsgerichts und in der zeitgenössischen Literatur. 2007.

Band 334 Ronald Hoffmann: Die Domänenfrage in Thüringen. Über die vermögensrechtlichen Auseinandersetzungen mit den ehemaligen Landesherren in Thüringen nach dem Ersten Weltkrieg. 2006.

Band 335 Joachim Windmüller: *Ohne Zwang kann der Humanismus nicht existieren...* – „Asoziale" in der DDR. 2006.

Band 336 Sven Christian Gläser: Die Mediatisierung der Grafschaft Wertheim. Der juristische Kampf eines kleinen Reichsstandes gegen den Verlust der Landesherrschaft und seine Folgen. 2006.

Band 337 Benjamin Schleyer: Friedrich Wilhelm Bornemann (1798-1864). Eine Juristenkarriere im Preußen des 19. Jahrhunderts. 2006.

Band 338 Die Reform des Ehescheidungsrechts von 1976. Quellen zum Ersten Gesetz vom 14.6.1976 zur Reform des Ehe- und Familienrechts (Parlamentarische Ausschussprotokolle – Anglikanische Denkschrift von 1966 zur Scheidungsrechtsreform – Schlussabstimmung 1969 in der Eherechtskommission des Bundesministeriums der Justiz). Eingeleitet und herausgegeben von Werner Schubert. 2006.

Band 339 Andreas Feld: Das Bayerische Gesetz zum Schutz des Eigentums an Erzeugnissen der Literatur und Kunst gegen Nachdruck vom 15.04.1840. Vorgeschichte und Zustandekommen. 2007.

Band 340 Bernd Wörner: Adelbert Düringers Einfluß als Richter am Reichsgericht in Leipzig auf dem Gebiet des Personengesellschaftsrechts. 2007.

Band 341 Jan Jelle Kähler: Französisches Zivilrecht und französische Justizverfassung in den Hansestädten Hamburg, Lübeck und Bremen (1806-1815). 2007.

Band 342 Jörn Eckert / Pia Letto-Vanamo / Kjell Modéer (Hrsg.): Juristen im Ostseeraum. Dritter Rechtshistorikertag im Ostseeraum 20.-22. Mai 2004. 2007.

Band 343 Ferdinand von Werhe: A.E. Wassermann. Eine rechtshistorische Fallstudie zur „Arisierung“ zweier Privatbanken. 2007.

Band 344 Martin Klaus Römermann: Kündigungen und Kündigungsschutz im Franquismus. 2007.

Band 345 Thomas Hoffmann: Der Landrechtsentwurf David Hilchens von 1599. Ein livländisches Rechtszeugnis polnischer Herrschaft. 2007.

Band 346 Ingo Ullmann: Die rechtliche Behandlung holsteinischer Leibeigener um die Mitte des 18. Jahrhunderts. Dargestellt unter besonderer Berücksichtigung der Schmoeler Leibeigenschaftsprozesse von 1738 bis 1743 sowie von 1767 bis 1777. 2007.

Band 347 Petra Fischer-Langosch: Die Entstehungsgeschichte des Familiengesetzbuches der DDR von 1965. 2007.

Band 348 Lasse O. Johannsen: Die rechtliche Behandlung ausreisewilliger Staatsbürger in der DDR. 2007.

Band 349 Ralf Schlottau: Deutsche Kolonialrechtspflege. Strafrecht und Strafmacht in den deutschen Schutzgebieten 1884 bis 1914. 2007.

Band 350 Hartwig Brandt / Ewald Grothe (Hrsg.): Rheinbündischer Konstitutionalismus. 2007.

Band 351 Nora Lutze: Der Verwandtenunterhalt nach den §§ 1601 bis 1603 und §§ 1610 bis 1612 BGB in der Rechtsprechung des Reichsgerichts. Unter Berücksichtigung der Entstehung des BGB. 2007.

Band 352 Frank Thiäner: Das Verhältnis von Aufsichtsrat und Abschlussprüfern in der rechtshistorischen Entwicklung bis 1937. 2007.

Band 353 Britta Heymann: Ernst Melsheimer (1897-1960). Eine juristische Karriere in verschiedenen staatlichen Systemen. Mitarbeiter im Preußischen Justizministerium in der Weimarer Republik, im Justizministerium Preußens und des Reiches sowie Richter am Kammergericht in der NS-Zeit und Erster Generalstaatsanwalt der Deutschen Demokratischen Republik. 2007.

Band 354 Susanne Adlberger: Wilhelm Kisch – Leben und Wirken (1874-1952). Von der Kaiser-Wilhelms-Universität Straßburg bis zur nationalsozialistischen Akademie für Deutsches Recht. 2007.

Band 355 Moritz Waibel: Josef Berchtold (1833-1894). Ein Leben gegen den Ultramontanismus. 2007.

Band 356 Aline Levin: Erinnerung? Verantwortung? Zukunft? Die Beweggründe für die gemeinsame Entschädigung durch den deutschen Staat und die deutsche Industrie für historisches Unrecht. 2007.

Band 357 Ferdinand Krause: Die hergebrachten Grundsätze des Berufsbeamtentums. Eine rechtshistorische Analyse. 2008.

Band 358 André Tiebel: Die Entstehung der Schutztruppengesetze für die deutschen Schutzgebiete Deutsch-Ostafrika, Deutsch-Südwestafrika und Kamerun (1884-1898). 2008.

Band 359 Holger Ruff: Sittenwidrige Rechtsgeschäfte in der späten Kaiserzeit. Die Entwicklung der reichsgerichtlichen Rechtsprechung zu § 138 BGB von 1900 bis 1914. 2007.

Band 360 Frank Rohrer: Strafjustiz im Dritten Reich und in der SBZ/DDR. Die personelle und organisatorische Neuordnung des Justizapparates in den totalitären Diktaturen (1933-1955) mit ihren Auswirkungen auf die Rechtsprechung zum politischen Strafrecht. 2007.

Band 361 Hans-Georg Knothe / Marc Liebmann (Hrsg.): Gerichtskultur im Ostseeraum. Vierter Rechtshistorikertag im Ostseeraum. 18.-20. Mai 2006 in Greifswald. 2007.

Band 362 Christina Meß: Das Vertragsrecht bei Adam Smith. 2008.

Band 363 Quellen zur dänischen Rechts- und Verfassungsgeschichte (12.-20. Jahrhundert). Herausgegeben von Ditlev Tamm, Werner Schubert und Jens Ulf Jørgensen. 2008.

Band 364 Günter Baranowski: Die Gerichtsurkunde von Pskov. 2008.

Band 365 Mark Spengler: Die Entstehung des Scheckgesetzes vom 11. März 1908. 2008.

Band 366 Ivan Biliarsky / Radu G. Păun (eds./éds.): The Biblical Models of Power and Law. Les modèles bibliques du pouvoir et du droit. Papers of the International Conference, Bucharest, New Europe College 2005. Actes du colloque international, Bucarest, New Europe College 2005. 2008.

Band 367 Thomas A. Roth: Ausgestaltungen der Rechtsfähigkeit im 19. und 20. Jahrhundert. Zur Rechtspersönlichkeit natürlicher Personen in den bedeutenden deutschen Zivilrechtsordnungen. 2008.

Band 368 Björn Alexander Rautenberg: Der Fiskal am Reichskammergericht. Überblick und exemplarische Untersuchungen vorwiegend zum 16. Jahrhundert. 2008.

Band 369 Thorsten Miederhoff: *Man erspare es mir, mein Juristenherz auszuschütten.* Dr. iur. Kurt Tucholsky (1890-1935). Sein juristischer Werdegang und seine Auseinandersetzung mit der Weimarer Strafrechtsreformdebatte am Beispiel der Rechtsprechung durch Laienrichter. 2008.

Band 370 Philipp Nordloh: Kölner Zunftprozesse vor dem Reichskammergericht. 2008.

Band 371 Judith Freund: Die Wechselverpflichtung im 19. Jahrhundert. 2008.

Band 372 Hans-Michael Empell: Gutenberg vor Gericht. Der Mainzer Prozess um die erste gedruckte Bibel. 2008.

Band 373 Rainer Schröder: Die DDR-Ziviljustiz im Gespräch – 26 Zeitzeugeninterviews. 2008.

Band 374 Christian Neschwara: Ein österreichischer Jurist im Vormärz. „Selbstbiographische Skizzen" des Freiherrn Karl Josef Pratobevera (1769-1853). 2009.

Band 375 Stefan Ullrich: Untersuchungen zum Einfluss des lübischen Rechts auf die Rechte von Bergen, Stockholm und Visby. 2008.

Band 376 Johanna Gertrude Schmitzberger: Das nationalsozialistische Nebenstrafrecht 1933 bis 1945. 2008.

Band 377 Christian Brom: Urteilsbegründungen im „Hoge Raad van Holland, Zeeland en West-Friesland" am Beispiel des Kaufrechts im Zeitraum 1704-1787. 2008.

Band 378 Christian Böse: Die Entstehung und Fortbildung des Reichserbhofgesetzes. 2008.

Band 379 Tobias Röhnelt: Timm Kröger. Leben und Werk. 2009.

Band 380 Andrea Elisabeth Sebald: Der Kriminalbiologe Franz Exner (1881-1947). Gratwanderung eines Wissenschaftlers durch die Zeit des Nationalsozialismus. 2008.

Band 381 Angela Kriebisch: Die Spruchkörper Juristenfakultät und Schöppenstuhl zu Jena. Strukturen, Tätigkeit, Bedeutung und eine Analyse ausgewählter Spruchakten. 2008.

Band 382 Nana Ozawa: Louis Adolphe Bridel – Ein Schweizer Professor an der juristischen Fakultät der Tokyo Imperial University. Die geschichtliche Bedeutung der Yatoi zur späten Meijizeit. 2010.

Band 383 Christian Weißhuhn: Alfred Hueck 1889-1975. Sein Leben, sein Wirken, seine Zeit. 2009.

Band 384 Andreas Hunkel: Eduard Dietz (1866-1940) – Richter, Rechtsanwalt und Verfassungsschöpfer. 2009.

Band 385 Meike Guskow: Entstehung und Geschichte der Europäischen Charta der Regional- oder Minderheitensprachen. 2009.

Band 386 Markus J. Jahnel: Das Bodenrecht in „Neudeutschland über See". Erwerb, Vergabe und Nutzung von Land in der Kolonie Deutsch-Südwestafrika 1884-1915. 2009.

Band 387 Matthias Günter Steiner: Die Klöster und ihr Wirken – eine der Wurzeln des Stiftungswesens? 2009.

Band 388 Cornelia Staats: Die Entstehung des Bundes-Immissionsschutzgesetzes vom 15. März 1974. 2009.

Band 389 Cai Niklaas E. Harders: Das Bundesjagdgesetz von 1952 sowie die Novellen von 1961 und 1976. Vorgeschichte, Entstehung des Gesetzes sowie Problemfelder. 2009.

Band 390 Matthias Pohlkamp: Die Entstehung des modernen Wucherrechts und die Wucherrechtsprechung des Reichsgerichts zwischen 1880 und 1933. 2009.

Band 391 Sebastian Baur: *Vor vier Höllenrichtern...* Die Lizentiats- und Doktorpromotionen an der Juristischen Fakultät der Universität Heidelberg. 2009.

Band 392 Christoph Salmen-Everinghoff: Zur *cautio damni infecti*: Die Rückkehr eines römischrechtlichen Rechtsinstituts in das moderne Zivilrecht. 2009.

Band 393 Till Meno Sellschopp: Der Weg zum Revokationsrecht der Ehegatten nach § 1368 BGB. Zugleich ein Beitrag zur Geschichte des ehelichen Güterrechts. 2009.

Band 394 Marc Biermann: Das Staatseigentum an öffentlichen Sachen im Gemeingebrauch in der ersten Hälfte des 19. Jahrhunderts. Die Theorie des reinen Hoheitsrechts an den öffentlichen Sachen von Rudolph von Jhering und Friedrich Ludwig Keller im Zusammenhang mit dem Baseler Schanzenstreit von 1859/62. 2009.

Band 395 Markus Tüxen: Kollegialprinzip oder Einzelrichter. Die Entwicklung des zivilrechtlichen Spruchkörpers bei den Landgerichten sowie den Oberlandesgerichten seit 1879 unter besonderer Berücksichtigung der Reformen von 1974 und 1976. 2009.

Band 396 Adam Polkowski: Die polnische Zivilprozessordnung von 1930/33. Unter Berücksichtigung des deutschen, österreichischen, russischen und französischen Rechts. 2009.

Band 397 Barbara Riedi: Die Porten der Unteren Strasse, ihr Ladungsrecht und der Strassenunterhalt. Rechtshistorische Betrachtungen zur Verkehrs- und Wirtschaftsgeschichte Graubündens. 2009.

Band 398 Stefanie Jessica Loroch: Zeitungsrubrik: Gerichtssaal. Strafprozessberichterstattung in Münster im 19. Jahrhundert (1848-1890). 2009.

Band 399 Dirk Henning Hofer: Karl Konrad Werner Wedemeyer (1870-1934). Ein Juristen- und Gelehrtenleben in drei Reichen. Eine Biographie. 2010.

Band 400 Thomas Simon (Hrsg.): Hundert Jahre allgemeines und gleiches Wahlrecht in Österreich. Modernes Wahlrecht unter den Bedingungen eines Vielvölkerstaates. 2010.

Band 401 Dörte Mentz: Die Beweislastumkehr in der Rechtsprechung des Reichsgerichts. 2010.

Band 402 Werner Schubert (Hrsg.): Oberster Gerichtshof für die Britische Zone (1948-1950). Nachschlagewerk Strafsachen – Nachschlagewerk Zivilsachen. Präjudizienbuch der Zivilsenate. Eingeleitet und herausgegeben von Werner Schubert. 2010.

Band 403 Yong Lei: Auf der Suche nach dem modernen Staat. Die Einflüsse der allgemeinen Staatslehre Johann Caspar Bluntschlis auf das Staatsdenken Liang Qichaos. 2010.

Band 404 Andreas Schwenk: Die Formbestimmung des § 313 BGB a. F. (§ 311 b Abs. 1 BGB n. F.) bei Verträgen über Grundstücke in der Rechtsprechung des Reichsgerichts. 2010

Band 405 René Schorsch: Eberhard Georg Otto Freiherr von Künßberg (1881-1941). Vom Wirken eines Rechtshistorikers. 2010.

Band 406 Ulrike Köbler: Werden, Wandel und Wesen des deutschen Privatrechtswortschatzes. 2010.

Band 407 Björn Florian Faulenbach: Rolle und Bedeutung der Lehre in der Rechtsprechung der Internationalen Gerichtshöfe im zwanzigsten Jahrhundert. 2010.

Band 408 Guangyu Fu: Das Causaproblem im deutschen Bereicherungsrecht. Eine rechtshistorische Untersuchung. 2010.

Band 409 Andreas Kimmelmann: Die Folter im Beweisverfahren der Leges Visigothorum. Chindasvinths Gesetzgebung im Spiegel der westgotischen Rechtsentwicklung. 2010.

Band 410 Jacqueline Schmaltz: Die Entwicklung der Industrie- und Handelskammern. Zwischen Pflicht und Kür. 2010.

Band 411 Hermann Nehlsen: Bayerische Rechtsgeschichte vom frühen Mittelalter bis zum 20. Jahrhundert. 2011.

Band 412 Kathrin Spoerr: Recht und Revolution. Deutsche Ökonomen und ihr Einfluss auf das Recht der Weimarer Republik – eine Zeitschriftenschau 1917-1920. 2011.

Band 413 Moritz von Köckritz: Die deutschen Oberlandesgerichtspräsidenten im Nationalsozialismus (1933-1945). 2011.

Band 414 Annika Lillemor Lara Rabaa: Die Ehe als Rechtsinstitut im Badischen Landrecht von 1810. Unter besonderer Berücksichtigung der gesellschaftlichen Entwicklungen im 19. Jahrhundert. 2011.

Band 415 Christian Hattenhauer / Klaus-Peter Schroeder (Hrsg.): 200 Jahre Badisches Landrecht von 1809/1810. Jubiläumssymposium des Instituts für geschichtliche Rechtswissenschaft der Ruprechts-Karls-Universität Heidelberg und der Heidelberger Rechtshistorischen Gesellschaft vom 23. bis 26. September 2009. 2011.

Band 416 Tobias Alexander Krammerbauer: Die Ministerverantwortlichkeit und die Vorformen sonstiger Verfassungsgerichtsbarkeit in Württemberg zwischen 1815 und 1918. 2011.

Band 417 Werner Schubert (Hrsg.): Quellen zur GmbH-Reform von 1958 bis zum GmbH-Änderungsgesetz von 1980. Eingeleitet und herausgegeben von Werner Schubert. 2011.

Band 418 Gisela Emling: Johannes Heckel. Leben und Wirken (1889-1963). 2011.

Band 419 Jochen Kirschbaum: Die Etablierung der Historischen Rechtsschule an der Ludoviciana (1814-1824). 2011.

Band 420 Sören Koch: Unaufgeforderte Hilfeleistung in Notsituationen. Eine rechtshistorische und rechtsvergleichende Studie zu den zivilrechtlichen Aspekten der Nothilfe mit besonderer Berücksichtigung des Rechts der Geschäftsführung ohne Auftrag. 2011.

Band 421 Friedrich Carl von Savigny: Die Prinzipienfragen in Beziehung auf eine neue Strafprozeß-Ordnung. Ausgearbeitet im Justizministerium für die Gesetzrevision. Eingeleitet und herausgeben von Werner Schubert. 2011.

Band 422 Stephan Faulwetter: Von der Zunft zur Handelskammer. Zur Entwicklung des Gewerberechts in thüringischen Staaten. 2011.

Band 423 Moritz Eisenhardt: Sanierung statt Liquidation. Die Geschichte des Vergleichs zur Abwendung des Konkurses unter besonderer Berücksichtigung der Vergleichsordnung von 1927 und 1935. 2011.

Band 424 Gerd Kleinheyer: Beiträge zur Strafrechtsgeschichte. Herausgeben von Franz Dorn, Mathias Schmoeckel und Jan Schröder. 2011.

Band 425 Ralf Maertens: Das Landgericht Altona (1879-1937) und die Anfänge des Landgerichts Itzehoe (1937-1945). Unter besonderer Berücksichtigung ihrer Tätigkeitsberichte und rechtspolitischen Stellungnahmen. 2011.

Band 426 Mark Friedrich: Ferdinand von Martitz (1839-1921). Rechtshistoriker, Staatsrechtler und Völkerrechtler zwischen dem Ende des Deutschen Bundes und dem Beginn der Weimarer Republik. 2012.

Band 427 Sebastian Krusche: Die Bundesrechtsanwaltsordnung vom 1. August 1959. Vorgeschichte und Entstehung. 2012.

Band 428 Marju Luts-Sootak / Sanita Osipova / Frank L. Schäfer (Hrsg./eds.): Einheit und Vielfalt in der Rechtsgeschichte im Ostseeraum. Unity and Plurality in the Legal History of the Baltic Sea Area. Sechster Rechtshistorikertag im Ostseeraum, 3.-5. Juni 2010 in Tartu (Estland) / Riga (Lettland). 6th Conference in Legal History in the Baltic Sea Area, 3rd-5rd June 2010 Tartu (Estonia) / Riga (Latvia). 2012.

Band 429 Margret R. I. Bootz: Die Hamburger Rechtsprechung zum Arbeitsrecht im Nationalsozialismus bis zum Beginn des 2. Weltkriegs. 2012.

Band 430 Heiko Zech: Die soziale Frage im Konkursrecht 1879-1900. 2012.

Band 431 Jan C. Lorenzen: Das Bundesnaturschutzgesetz vom 20. Dezember 1976. Die Entwicklung des Naturschutzrechtes in Deutschland von den Anfängen bis zur Neukodifikation des Bundesnaturschutzgesetzes von 1976. 2012.

Band 432 Ulrike Ingrid Bernhardt: Geschichte des Weinrechts im Deutschen Kaiserreich (1871-1918). Mit einem Überblick zur Vorgeschichte und Weiterentwicklung bis zur Gegenwart. 2012.

Band 433 Elisabeth Otto: Das Verwaltungsrecht in der SBZ / DDR bis zur Verwaltungsneugliederung im Jahr 1952. 2012.

Band 434 Werner Schubert: Zur Geschichte der Justizverfassung in Schleswig-Holstein im 19. und 20. Jahrhundert. Quellen und Studien. 2012.

Band 435 Stefan Ellenberg: Herrschaft und Reform. Zur Diskussion um die Aktienrechtsreform und den Konzern in der Weimarer Zeit. 2012.

Band 436 Jasmin Sonntag: Gesetzgebung und Verwaltung im Dalbergstaat 1802-1810. 2012.

Band 437 Martin Komusiewicz: Die Diskussion um das Verhältnis von Rechtsanwaltschaft und Notariat seit dem Ende des 18. Jahrhunderts bis zum Erlass der Bundesnotarordnung. 2012.

Band 438 Henriette von Breitenbuch: Karl Neumeyer – Leben und Werk (1869-1941). 2013.

Band 439 Günter Baranowski: Russische Rechtsgeschichte: Texte und Erläuterungen. Teil 1: Von den Anfängen bis 1612/13. 2013.

Band 440 Werner Schubert (Hrsg.): Staatsanwaltschaftsrecht (1934-1982). Quellen zu den Reformprojekten (Organisation – Innerer Dienstbetrieb – Ermittlungsverfahren – Verhältnis der Staatsanwaltschaft zur Polizei) und zur Anordnung über Organisation und Dienstbetrieb der Staatsanwaltschaft (OrgStA). Eingeleitet und herausgegeben von Werner Schubert. 2013.

Band 441 York Zieren: Das Schiedsverfahrensrecht der ZPO (1877-1933) unter Berücksichtigung der Genfer Übereinkommen von 1923 und 1927 sowie der Rechtsprechung des Reichsgerichts. 2013.

Band 442 Stefan Wolf: Das Jenaer Studium der Rechte im Dritten Reich. Zwischen Tradition und nationalsozialistischer Ideologie. 2013.

Band 443 Bernhard Klose: Das Verblassen eines Makels. Das Nichtehelichenrecht der DDR als Teil der gesamtdeutschen Entwicklung. 2013.

Band 444 Peter Opitz-von Bardeleben: Das Generalgouvernement Niederrhein. 2013.

Band 445 Nadine Göppner: Vorgeschichte und Entstehung des Atomgesetzes vom 23.12.1959. 2013.

Band 446 Frank L. Schäfer / Werner Schubert (Hrsg./eds.): Justiz und Justizverfassung / Judiciary and Judical System. Siebter Rechtshistorikertag im Ostseeraum, 3.-5. Mai 2012 Schleswig-Holstein / 7th Conference in Legal History in the Baltic Sea Area, 3rd-5th May 2012 Schleswig-Holstein. 2013.

Band 447 Sandy Schenker: Gegen Täuschungen und Gesundheitsgefährdungen durch schlechte Nahrung. Zur Entwicklung des Nahrungsmittelrechts durch Rechtsprechung und Gesetzgebung zwischen 1871 und 1927. 2013.

Band 448 Youn Seok Choi: Der Besitzerwerb des Erben. Historische Entwicklungen, die Lösung des § 857 BGB und ihre Anwendungsprobleme. 2013.

Band 449 Johannes Kalb: Die innerstädtische Auseinandersetzung in Regensburg am Ende der Reichsunmittelbarkeit. Eine historische und rechtliche Untersuchung. 2014.

Band 450 Thomas Habbe: Lastenausgleich. Die rechtliche Behandlung von Kriegsschäden in Deutschland seit dem 30jährigen Krieg. 2014.

Band 451 Günter Baranowski: Russische Rechtsgeschichte: Texte und Erläuterungen. Teil 2: Von 1613 bis 1682. 2015.

Band 452 Wilhelm Brauneder (Hrsg): Landrechtsentwurf für Österreich unter der Enns 1526. 2015.

Band 453 Maximilian Elsner von der Malsburg: „Arisierung" von Privatbanken am Beispiel des Bankhauses E. J. Meyer in Berlin. 2015.

Band 454 Tanja Claussen: Johann Julius Wilhelm Planck (1817-1900). Leben und Werk. 2015.

Band 455 Werner Schubert (Hrsg.): Das Reichsjustizministerium und die höheren Justizbehörden in der NS-Zeit (1935-1944). Protokolle und Mitschriften der Arbeitstagungen der Reichsjustizminister mit den Präsidenten der Oberlandesgerichte, des Volksgerichtshofs, des Reichsgerichts sowie mit den Generalstaatsanwälten. Eingeleitet und herausgeben von Werner Schubert. 2015.

Band 456 Christian Vahl: Die gesetzliche Regelung des Seefrachtvertrags im deutschen Recht. Eine rechtshistorische Betrachtung unter besonderer Berücksichtigung der Beratungen des Seerechtsausschusses der Akademie für Deutsches Recht (1934-1942). 2015.

Band 457 Ruomeng Yang: Die Rezeption der europäischen Privatrechte in China und die konfuzianische Tradition. Das Beispiel des Deliktsrechts im frühen 20. Jahrhundert. 2015.

Band 458 Piotr Wittmann: „Der da sein Practic auß Teutschen Tractaten will lernen". Rechtspraktiker in deutschsprachiger Praktikerliteratur des 16. Jahrhunderts. 2015.

Band 459 Georg Rasche: Richter, Sachverständige, Handelskammern. Preußische Justizverwaltung und kaufmännische Interessen zwischen 1879 und 1907. 2015.

Band 460 Daniel Hupe: Von der Hierarchie zur Egalität in den Zivilrechtskodifikationen des 19. Jahrhunderts vor dem BGB. 2015.

Band 461 Wilhelm Brauneder (Hrsg.): Landrechtsentwurf für Österreich unter der Enns 1573. 2015.

www.ingramcontent.com/pod-product-compliance
Ingram Content Group UK Ltd.
Pitfield, Milton Keynes, MK11 3LW, UK
UKHW021826290926
8980IPUK00004B/274

9 783631 570074